中山大学校史编写组

组　长：吴定宇
副组长：陈伟华
组　员：（以姓氏笔画为序）
于　影　邓　伟　李广琼
李春梅　陈　璜　肖向明
宋婷婷　黄　凰　游修庆

中山大学校史

（1924—2004）

主　编　吴定宇
副主编　陈伟华
　　　　易汉文

中山大学出版社

·广州·

图书在版编目（CIP）数据

中山大学校史（1924—2004）/吴定宇主编；陈伟华，易汉文副主编. —广州：中山大学出版社，2006.5
ISBN 7-306-02689-5

Ⅰ. 中…　Ⅱ. ①吴…　②陈…　③易…　Ⅲ. 中山大学—校史—1924～2004
Ⅳ. G649.286.51

中国版本图书馆 CIP 数据核字（2004）第 110812 号

责任编辑：刘学谦
封面设计：大　象
责任校对：陈　霞
责任技编：黄少伟
出版发行：中山大学出版社
编辑部电话（020）84111996，84113349
发行部电话（020）84111998，84111160
地　　址：广州市新港西路 135 号
邮　　编：510275　　传真：（020）84036565
印 刷 者：广东南海系列印刷公司
经 销 者：广东新华发行集团
规　　格：889mm×1194mm　1/16　32.5 印张　800 千字
版次印次：2006 年 5 月第 1 版　2006 年 5 月第 1 次印刷
定　　价：68.00 元

孙中山

中山大学校训

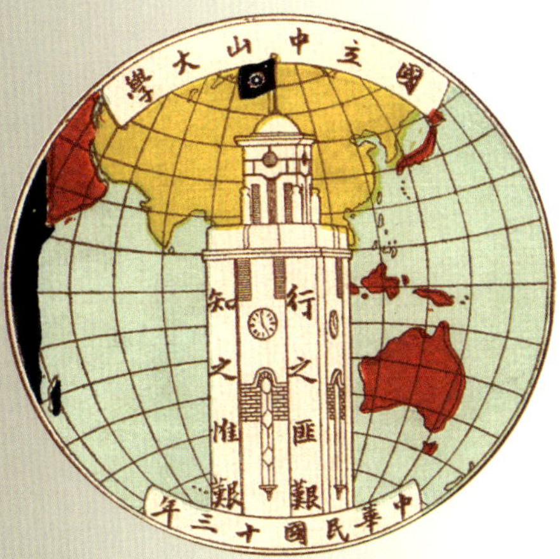

中山大学校歌

邹鲁 原词
集体 改词
陈洪 曲

邹鲁

许崇清

冯乃超

黄达人

文明路时期校门

中山大学南校区北门

石牌时期校南门

康乐园时期校南门

石牌时期中山大学全景图

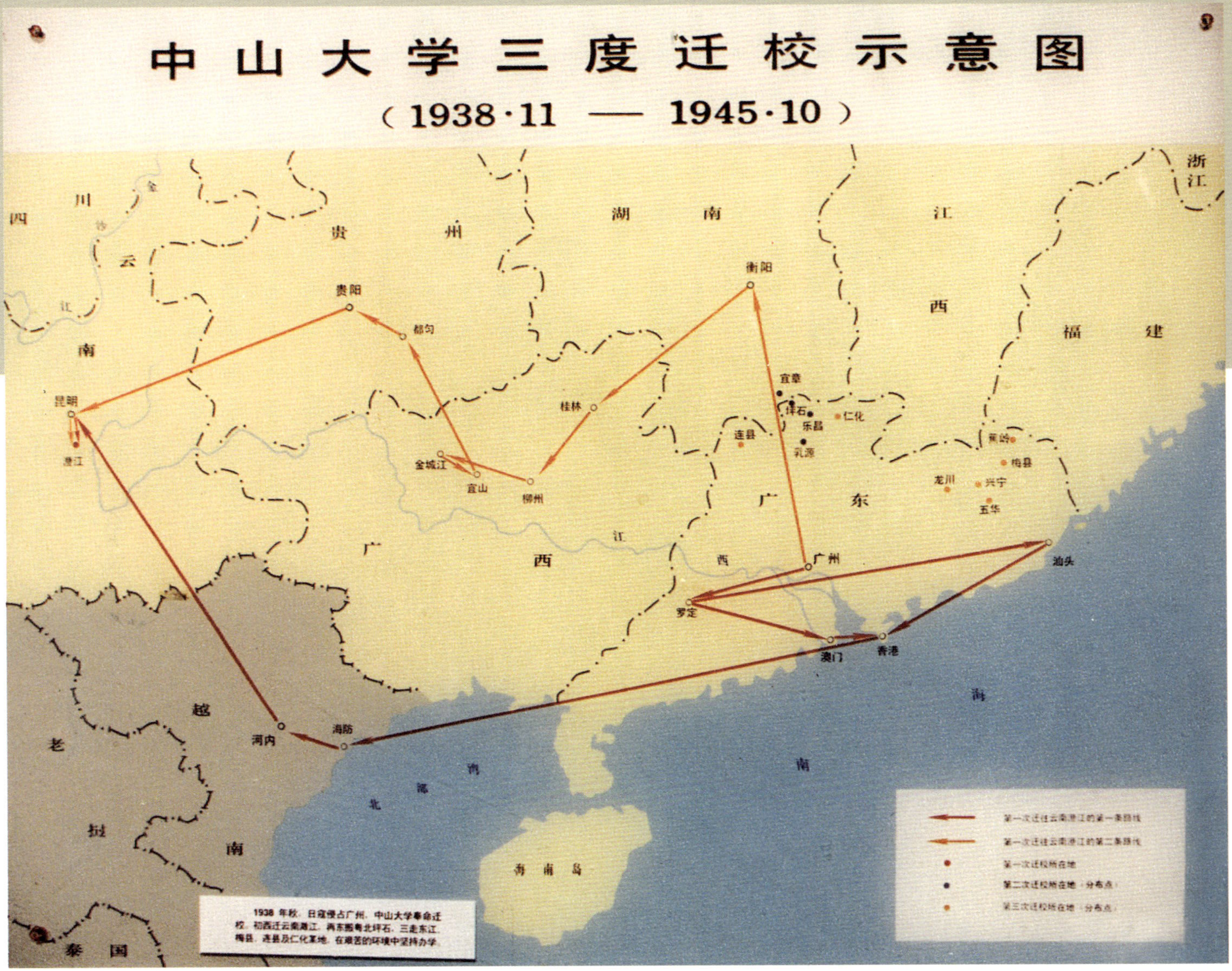

中山大学抗战时期三度迁校示意图(1938-1945)

石牌时期钟楼

中山大学南校区校办公楼

中山大学南校区铜像

陈寅恪故居

中山大学南校区小礼堂

中山大学北校区综合大楼

中山大学珠海校区

中山大学东校区

中山大学沿革图

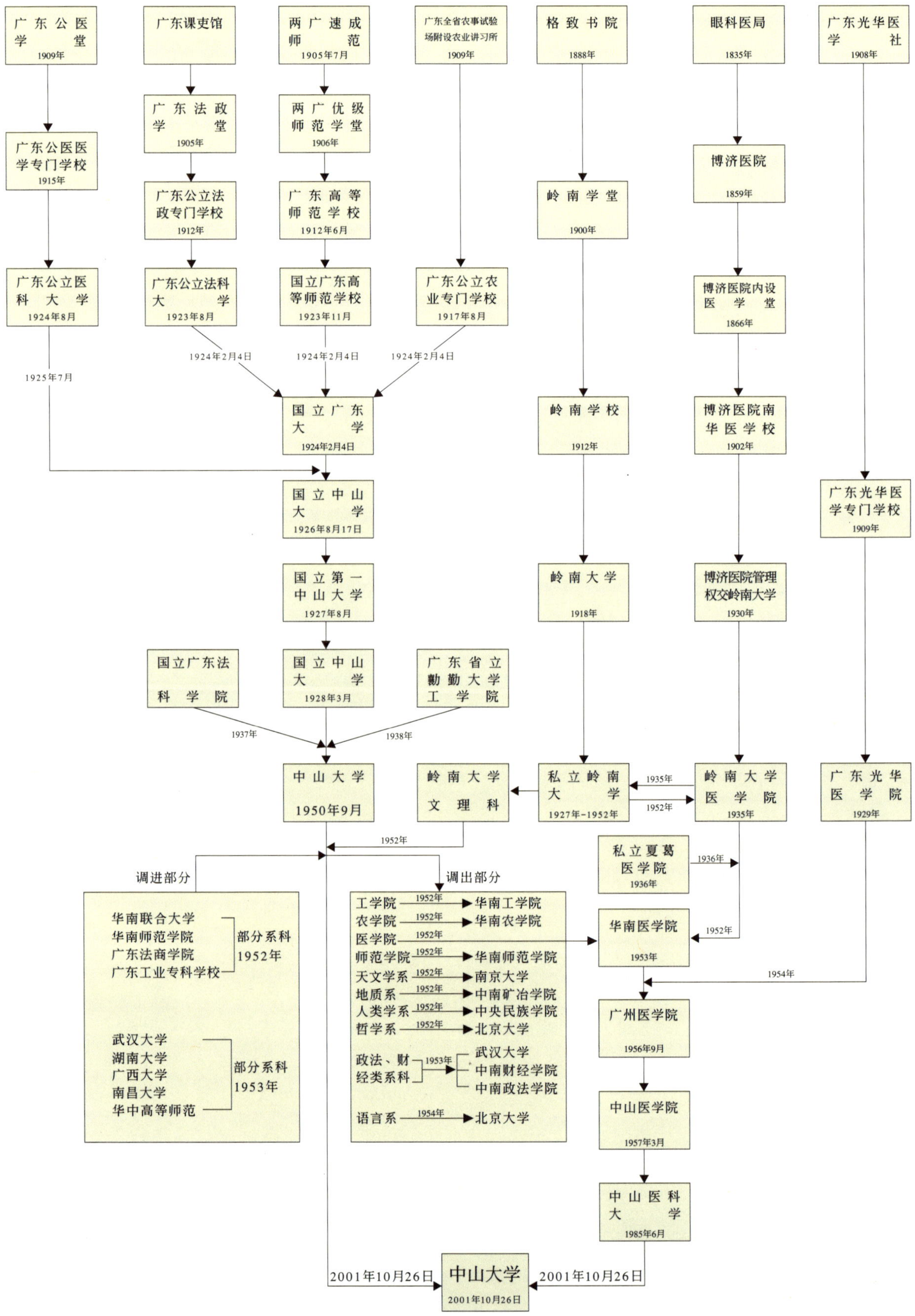
广东公医学堂 1909年
广东公医医学专门学校 1915年
广东公立医科大学 1924年8月
1925年7月
广东课吏馆
广东法政学堂 1905年
广东公立法政专门学校 1912年
广东公立法科大学 1923年8月
两广速成师范 1905年7月
两广优级师范学堂 1906年
广东高等师范学校 1912年6月
国立广东高等师范学校 1923年11月
广东全省农事试验场附设农业讲习所 1909年
广东公立农业专门学校 1917年8月
1924年2月4日
1924年2月4日
1924年2月4日
国立广东大学 1924年2月4日
国立中山大学 1926年8月17日
国立第一中山大学 1927年8月
国立中山大学 1928年3月
国立广东法科学院
广东省立勷勤大学工学院
1937年
1938年
中山大学 1950年9月
格致书院 1888年
岭南学堂 1900年
岭南学校 1912年
岭南大学 1918年
私立岭南大学 1927年-1952年
岭南大学文理科
眼科医局 1835年
博济医院 1859年
博济医院内设医学堂 1866年
博济医院南华医学校 1902年
博济医院管理权交岭南大学 1930年
岭南大学医学院 1935年
1935年
1952年
广东光华医学社 1908年
广东光华医学专门学校 1909年
广东光华医学院 1929年
1952年
调进部分
华南联合大学
华南师范学院
广东法商学院
广东工业专科学校
部分系科 1952年
武汉大学
湖南大学
广西大学
南昌大学
华中高等师范
部分系科 1953年
调出部分
工学院 1952年 华南工学院
农学院 1952年 华南农学院
医学院 1952年
师范学院 1952年 华南师范学院
天文学系 1952年 南京大学
地质系 1952年 中南矿冶学院
人类学系 1952年 中央民族学院
哲学系 1952年 北京大学
政法、财经类系科 1953年 武汉大学 中南财经学院 中南政法学院
语言系 1954年 北京大学
私立夏葛医学院 1936年
1936年
华南医学院 1953年
1952年
1954年
广州医学院 1956年9月
中山医学院 1957年3月
中山医科大学 1985年6月
2001年10月26日
2001年10月26日
中山大学 2001年10月26日

目　录

序一 ………………………………………………………………………………………… (1)
序二 ………………………………………………………………………………………… (6)

第一编　伟人手创　山高水长（1924—1925）

第一章　兴办“广大” …………………………………………………………………… (2)
　第一节　中山手创 ……………………………………………………………………… (2)
　第二节　筹办经过 ……………………………………………………………………… (7)
第二章　“广大”掠影 ………………………………………………………………… (15)
　第一节　开学伊始 ……………………………………………………………………… (15)
　第二节　初具规模 ……………………………………………………………………… (16)
　第三节　传道授业 ……………………………………………………………………… (20)
　第四节　课堂内外 ……………………………………………………………………… (23)

第二编　筚路蓝缕　创造辉煌（1925—1937）

第一章　治校方略 ……………………………………………………………………… (30)
　第一节　体制之变 ……………………………………………………………………… (31)
　第二节　机构图览 ……………………………………………………………………… (34)
第二章　易名风波 ……………………………………………………………………… (40)
　第一节　风乍起 ………………………………………………………………………… (40)
　第二节　《章程》出台 ………………………………………………………………… (43)
　第三节　尘埃落定 ……………………………………………………………………… (49)
第三章　激浊扬清 ……………………………………………………………………… (51)
　第一节　六条办法 ……………………………………………………………………… (52)
　第二节　双“管”齐下 ………………………………………………………………… (55)
　第三节　两驾“马车”与一种精神 ………………………………………………… (58)
　第四节　成效初现 ……………………………………………………………………… (66)
第四章　迁往石牌 ……………………………………………………………………… (71)
　第一节　一波三折 ……………………………………………………………………… (71)
　第二节　八方筹款 ……………………………………………………………………… (73)
　第三节　营建经过 ……………………………………………………………………… (75)

第四节　新校落成 ……………………………………………………………………（80）

第五章　春华秋实 ……………………………………………………………………（81）
第一节　文学院 ……………………………………………………………………（82）
第二节　理学院 ……………………………………………………………………（93）
第三节　法学院 ……………………………………………………………………（100）
第四节　农学院 ……………………………………………………………………（106）
第五节　工学院 ……………………………………………………………………（110）
第六节　医学院 ……………………………………………………………………（112）
第七节　研究院 ……………………………………………………………………（116）
第八节　预科与附属中学 ……………………………………………………………（124）
第九节　图书馆、广东通志馆 ………………………………………………………（125）

第六章　家事、国事皆关情 …………………………………………………………（128）
第一节　第二课堂 ……………………………………………………………………（128）
第二节　“知识下乡” …………………………………………………………………（130）
第三节　投身大革命 …………………………………………………………………（135）
第四节　与子同袍 ……………………………………………………………………（138）

第三编　万里烽烟惨淡天（1937—1949）

第一章　颠沛流离 ……………………………………………………………………（150）
第一节　与子同仇 ……………………………………………………………………（150）
第二节　烽火兴学 ……………………………………………………………………（166）
第三节　学人本色 ……………………………………………………………………（199）

第二章　又见石牌 ……………………………………………………………………（211）
第一节　惨淡办学 ……………………………………………………………………（211）
第二节　恢复元气 ……………………………………………………………………（220）
第三节　校园风雷 ……………………………………………………………………（236）

第四编　风雨中大（1949—1976）

中山大学篇

第一章　新的开端 ……………………………………………………………………（246）
第一节　军管时期 ……………………………………………………………………（246）
第二节　百废俱兴 ……………………………………………………………………（248）
第三节　制度建设 ……………………………………………………………………（252）

第二章　雨霁风清 ……………………………………………………………………（255）
第一节　院系大调整 …………………………………………………………………（255）
第二节　移址康乐园 …………………………………………………………………（260）
第三节　教学与科研 …………………………………………………………………（263）

第三章　风雨渐作 …………………………………………………………… (272)
第一节　康乐园风雨 …………………………………………………… (272)
第二节　教学改革 ……………………………………………………… (274)
第三节　科研一瞥 ……………………………………………………… (284)

第四章　风骤雨狂 …………………………………………………………… (293)
第一节　浊流袭来 ……………………………………………………… (293)
第二节　“教育革命” ………………………………………………… (298)
第三节　再遭折腾 ……………………………………………………… (310)

中山医学院（医科大学）篇

第五章　“文革”前的发展 ……………………………………………… (311)
第一节　华南医学院的成立 …………………………………………… (311)
第二节　组织系统及学校规模 ………………………………………… (316)
第三节　教学与科研 …………………………………………………… (317)

第六章　遭遇“文革” …………………………………………………… (320)
第一节　黑云压城 ……………………………………………………… (320)
第二节　“卫生革命” ………………………………………………… (321)
第三节　逆境中的科研 ………………………………………………… (323)

第五编　云开雾散　康庄大道（1976—2001）

中山大学篇

第一章　好雨知时节 ………………………………………………………… (328)
第一节　新的一页 ……………………………………………………… (329)
第二节　阔步前进 ……………………………………………………… (332)
第三节　更上层楼 ……………………………………………………… (341)

第二章　深化改革　进一步发展 ………………………………………… (349)
第一节　乘势而上 ……………………………………………………… (349)
第二节　校园新貌 ……………………………………………………… (351)
第三节　谱写新篇 ……………………………………………………… (355)

中山医学院（医科大学）篇

第三章　改名为医科大学 ………………………………………………… (364)
第一节　初展宏图 ……………………………………………………… (364)
第二节　硕果累累 ……………………………………………………… (366)

第四章　持续发展 …………………………………………………………… (370)
第一节　十年辛苦 ……………………………………………………… (370)
第二节　开放办学 ……………………………………………………… (372)
第三节　改革崛起 ……………………………………………………… (374)

第六编　强强联合　新的里程（2001—2004）

第一章　强强联合　开创新纪元 …………（378）
第一节　源远流长 …………（378）
第二节　新里程碑 …………（380）
第二章　日新月异 …………（384）
第一节　办学新径 …………（384）
第二节　再拓空间 …………（386）
第三章　再创辉煌 …………（389）
第一节　突飞猛进 …………（389）
第二节　群英荟萃 …………（394）
第三节　逐步推进 …………（399）
第四节　成绩斐然 …………（404）
第四章　开放性办学 …………（413）
第一节　学术交流 …………（413）
第二节　精英聚会 …………（423）
第五章　再攀高峰 …………（428）
第一节　增加投入 …………（428）
第二节　捷报频传 …………（429）
第三节　杏林硕果 …………（438）
第四节　任重道远 …………（441）

参考文献 …………（449）

附录
一、中山大学历任领导（正职） …………（454）
二、中山大学现任领导及职责 …………（456）
三、中山大学现行管理机构 …………（457）
四、中山大学院系及教学相关单位 …………（458）
五、中山大学博士、硕士学位授权一级学科 …………（460）
六、中山大学博士学位授权点 …………（461）
七、中山大学硕士学位授权点 …………（466）
八、中山大学专业学位授权点 …………（473）
九、中山大学本科专业设置 …………（474）
十、中山大学高等继续教育专业设置 …………（478）
十一、中山大学网络（现代远程）教育专业设置 …………（481）
十二、中山大学国家基础科学研究与教学人才培养基地 …………（482）
十三、中山大学国家、部、省重点实验室及专业实验室和工程研究中心 ……（483）

十四、中山大学国家级重点学科 …………………………………………………………（484）
十五、中山大学博士后科研流动站 ………………………………………………………（485）

后记 ……………………………………………………………………………………（486）

序一

李延保

20世纪20年代，孙中山先生一手创办了一文一武两所学校，武校为黄埔军校，文校为国立广东大学，即中山大学。中山大学80周年校庆之际，吴定宇教授组织修撰《中山大学校史（1924—2004）》（副主编陈伟华、易汉文）。今日稿成，近百万言，捧在手中，即有沉甸甸之感。

中山大学初成立时称国立广东大学，为了纪念孙中山先生，于1926年改名为国立中山大学。孙中山先生在认真考察中西教育的基础上指出："为文官者，其途必由仕学院，为武官者，其途必由武学堂。"基于这种理念，孙中山先生亲手创办了黄埔军校和广东大学一文一武两校①。从某种意义上说，中山大学的发展历程也可称得上是中国大学发展的一个缩影，称得上是中国高等教育发展的一个缩影。但中山大学又的确是不平凡的一所学校，她渗透了孙中山先生兴复中国和兴复中华民族的理念。她的发展，凝聚着中国人的智慧，也寄托着中国人的希望。中山大学在中国教育史上的出现，可谓得天时，顺民意，她在中国教育史甚至世界教育史上书下了浓墨重彩、不可缺或的一章。

中国传统大学多以书院体制构筑其体，中国现代大学建制，仿自西方。前者多强调和讲究修身养性与人格培养，后者更注重科学教育和人文熏陶。中西文化传统虽然有着不同的文化特质，但生于斯，长于斯，中国现代大学不可能脱离中国文化的底色而独立存在。孙中山先生所倡导的，在这种中西文化交汇中创建和成长起来的中山大学因此也具有独特的气质和风韵。

中山大学曾几易校址，数度重构学校主体，为中国探索适合中国国情的教育模式提供了宝贵的经验。中山大学（广东大学）最初的校园破旧狭小，在国民政府及民间的共同资助下于20世纪30年代新营石牌校址。石牌时期的中山大学规模宏大，气势雄伟，是中国甚至世界高校史上之不可多得之大手笔。当时流行有"中山大学校，半座广州城"之语。1924年国立广东大学成立时，学校仅有文、理、法、农、工5科16个系，到1937年，学校已拥有文、理、法、工、农、医、研7个院，23个系，另有文学院第一、二外国语组，广东通志馆，天文台，化学工业研究所，两广地质调查所，模范林场，稻作试验场，医院，中小学等近20个附属单位②。见者莫不叹为观止。正如郎加纳斯所说："崇高是伟大心灵的回声。"中山大学的宏伟其实就是中国人强国强教育的愿望和雄心的体现。抗日战争期间，中山大学被迫三易校址，辗转于云南澄江、粤北坪石以及粤东梅县、连县和仁化等地。在20世纪50年代的院系调整中，中山大学从石

---

① 参见本书第一编第一章。

② 参见本书第二编第五章。

牌校址迁入原岭南大学的校址康乐园。21世纪前后，中山大学又对办学空间进行了开拓，1999年中山大学与珠海市人民政府签署合作建设中山大学珠海校区协议，2001年中山大学和中山医科大学合并组建新中山大学，2004年9月位于广州大学城内的中山大学广州东校区正式启用。目前，4个校区共同组成中山大学的整体：南校区以文、理等基础学科的研究生培养为主；北校区以医科为主；珠海校区容纳了一部分新办的、适合珠海地方特色的应用学科；东校区新办了工科和传播设计学科，突出交叉学科与新兴学科。中山大学珠海校区的建立，是中山大学发展史上一件具有里程碑意义的大事。其建设经验表明，中国高校在扩大办学空间的过程中，完全可以通过与地方政府的合作，走出一条低成本扩大的新路来①。

从1924年到2004年，中山大学主要经历了三次主体大建构。1924年前后，中山大学（初名国立广东大学）在孙中山先生的倡导下和民众的拥护声中创建。此中，国立广东高等师范学校、广东公立法科大学、广东公立农业专门学校、广东公医医科大学的资源被成功优化整合，形成一个整体，中山大学从此开始在中国的教育史和教育格局中发挥着重要作用，产生着重大影响②。20世纪50年代，在全国性的院系调整中，中山大学的主体又一次重构。此次建构，将原属中山大学的工学院、农学院、医学院、师范学院等院系划出，同时并入其他院校主要是岭南大学的文学院和理学院的力量③。这次建构是在全国性院系大调整的氛围中进行的，院系大调整是对中国的教育资源的整体规划和重新布局，它与中国的历史、体制有很大的关系，因此，其意义需要全面、综合衡量。2001年，中山大学和中山医科大学合并组建新中山大学，强强联合，两校优势互补，资源全面整合④。

中山大学的血脉来自广东高师、法科大学、农业专门学校及岭南大学等各大院校，同样，在广东的许多其他学校，诸如中山医科大学、华南理工大学、华南农业大学、华南师范大学、暨南大学、广东外语外贸大学等，也都与中山大学有亲缘关系，分分合合中也无形地树立了中山大学在广东的龙头地位，由此也铸就了她的广博、开放和雄健。

20世纪50年代，广东有两所著名大学，即中山大学和岭南大学。岭南大学是有教会背景的大学，其前身是1888年在广州沙基创办的“格致书院”，其分校遍及香港、上海、海南、新加坡、西贡等地。岭南大学有不少在学界负有盛名的大师级学者，如陈寅恪教授是国学大师；容庚教授是中国著名的古文字学、金文学家；姜立夫教授是哈佛大学博士，回国后最初在南开大学任教，创办数学系，后到岭南大学创办数学系，他曾筹建了“新中国数学会”（任会长），是中国数学界的元老和泰斗。院系调整前，岭南大学设有文学院、农学院、理工学院、医学院等院系，具有相当强的实力。当时有“北燕京，南岭大”之说。她还曾领风气之先，在国内率先允许男女同班上课。岭南大学的体育选手在广东、全国乃至远东运动会上也常有出色的表现。院系调整将岭南大学的文、理两个学院并入中山大学，充实了中山大学原有相关学科，并使其阵容处于全国前列。

---

① 李延保、黄达人：《中山大学珠海校区的建设及发展设想》，载《中国高教研究》，2001（2）。

② 参见本书第一编第一章。

③ 参见本书第四编第二章。

④ 参见本书第六编第一章。

在20世纪50年代的全国高校院系调整中，中山大学医学院、岭南大学医学院以及广东光华医学院共同组成独立的华南医学院。为纪念孙中山先生，华南医学院于1957年改称中山医学院，1985年改为中山医科大学，后逐步发展成为一所多学院、多层次的综合性医科大学。中山医科大学原直属卫生部，1960年被国务院评定为全国64所重点大学之一，1978年被教育部确定为全国88所重点大学之一，2000年6月由卫生部划归广东省管理，是全国4所重点医学院校之一，也是中国南方最负盛名的医科大学。中国现代病理学先驱梁伯强教授，中国放射学创始人之一的谢志光教授，中国现代寄生虫学奠基人之一的陈心陶教授，中国现代眼科学奠基人之一的陈耀真教授，还有秦光煜、林树模、钟世藩、周寿恺、陈国桢、罗潜、白施恩、汤泽光、叶鹿鸣、李仕梅等著名专家都曾在校内任教。

一时代有一时代的教育，故对教育模式的探索也永无止境。学校既是文化营地与人才摇篮，也是教育的大本营，更是教育模式探索和实践的园地。一所学校是一部历史，层积着各个时期的校园文化生活，记载和延续着学校的学术传统和文化精神。文化精神可以使人震撼，催人感悟，给人熏陶。中山大学处于改革开放前沿的广州，一边往往可得风气之先，一边又被浓郁的商业气息所包围。文化精神对她而言显得更为重要。中山大学印有明显的地域特色，深受广东地区的人文地理环境的影响。为此，她非常注重和谐人文环境的营造。学术理念、人格精神、名人逸事等都是人文精神的组成部分。可以这么说，孙中山对于中山大学而言，不仅仅是倡导者、组建者，他更是一种文化象征和文化资源，是一种思想，是一种办学思想和理念。对中大人而言，孙中山这三个字就值得人们为其奋斗一生。通常，学校发展主要的因素应包括这两个方面：一是大师。大师级的学者和教授是学校的灵魂。二是优良的校园文化。中山大学是中国高校中有其特殊地位的历史名校，在这方面有得天独厚的先天优势。

什么是中山大学的人文精神传统？近年来，中山大学曾组织过多次讨论。在这方面，中大人的言行中透露出三个明显的特征：第一是民主的精神；第二是务实的作风；第三是爱校的情结。

一所大学有一所大学的文化传统，大学的传统是与这所大学历史密切相关的独有的文化精神的传承，优秀的、并被社会公认的传统是学校的特色和品格。中山大学作为科学的殿堂，培养人才的摇篮，一直在坚持崇尚科学、尊重知识、尊重人才、尊重教师的创造性活动，尊重学生学习和选择的权力，尊重所有人的人格和应有的权益。在努力做到不唯上，不唯权，不唯官，只唯实、唯民、唯学、唯德，以是否有利于学校事业的发展，是否有利于教学、科研和学科建设，是否有利于中山大学的教工和学生的根本利益做为判断事情的价值标准①。中山大学创建以来，她秉承孙中山先生题写的“博学、审问、慎思、明辨、笃行”的校训，逐步形成“科学、民主、求实、务新、包容”的文化传统和讲求“革命性、科学性、开放性”的办学传统。正如《国立中山大学规程》所规定的那样：“务以国民革命之精神振兴国民智力之开展，一方面挥弘各种科学艺术，以备国人之享受，一方面挥弘教育之党化，以坚革命之工作。务洗他国学院与社会隔阂之弊端，而成精神与学业为一致之方。”②

① 李延保：《现代大学精神和大学的文化传统与品格》，载《中国大学教学》，2002（5）。
② 《国立中山大学规程》，参见本书第二编第三章。

孙中山先生把他治国救民的观念倾注到办教育培养人才之中，他要求学生“读书不忘革命，革命不忘读书”，“要立大志做大事，不要做大官”，他号召人们“革命尚未成功，同志仍需努力”，他亲手题写了校训“博学、审问、慎思、明辨、笃行”。这些，成为了中山大学办学的理念和治学的传统。随着历史文化的层累，中山大学的传统日渐丰富。时间在流逝，这些优良品格却日益闪亮。正如鲁迅在1927年中山大学的开学致语中说：“在平静的空气中，度着探求学术的生活。但这平静的空气，必须为革命的精神所弥漫……否则，革命的后方便成为懒人享福的地方，中山大学也还是无意义。”革命时期，中山大学不少师生为国捐躯。如在刑场上举行婚礼的陈铁军和抗战时期率八百壮士与日本侵略者浴血鏖战的民族英雄谢晋元团长等。康乐园里的岭南大学中也不乏爱国志士，如陈少白、史坚如等。抗战时期，中山大学进步学生响应号召到农村去发动、教育和组织民众，为扩大抗日救国力量出智出力。邹鲁主持广东大学时常以孙中山先生“要革命不能不读书”的话勉励学生，强调“革命非有学问不可”，并注重抓好教学、科研两方面的工作。1932年的《国立中山大学组织大纲》，开宗明义，中山大学“以阐扬三民主义，研究高深学问，培植专门人才，发展社会文化为宗旨”。

中山大学的历史与学术大师紧密相联。鲁迅、郭沫若等人都曾任教于此。傅斯年在此创立了语言历史学，傅斯年、顾颉刚、钟敬文、容肇祖、杨成志等人为中国民俗学的发展作出了突出贡献。王力教授是中国现代语言学的奠基人，是中国近代卓越的语言学家之一，他在中山大学创办了语言学系。著名国学大师陈寅恪教授，精通10多国文字，他在历史学、宗教学、语言学、考据学、文化学及中国古典文学领域里卓有建树。他一贯坚持自由之思想，独立之精神，晚年双目失明之后历时十余年完成了《柳如是别传》，书中旁征博引各种文史典籍600种以上。

中山大学的历任校长也多博学多才。张云是国际著名的天文学家。许崇清学贯中西，精通多国文字，是最早向国内介绍爱因斯坦相对论的学者。陈序经属中国首批国家一级教授。

中山大学地处广州，具有良好的“开放性”地缘，这种有利条件从中山大学创办之初就为学校所利用。中山先生要求大学以“研究世界日新之学理、技术为主”，办学伊始便在法国里昂市建立大学海外部并实行开放性办学，向全国招聘名师来校任教。在筹办广东大学的35名筹备委员中，海外留学归来者有31人。沿海发达的经济催生了许多新兴行业，对人才有着新的需求，中山大学在新专业的设置上往往能作出快速反应。改革开放以来，及时调整专业结构和人才培养模式，从只有文理科的综合性大学调整为拥有人文科学、社会科学、自然科学、技术科学和管理科学等多学科的综合性大学。当前，学校正在从“大教育”和“系统工程”角度，有机整合国家、社会及科研院所等各方面的力量，共同构建创新人才教育和培养体系。

大学之道，在明德，在亲民，在止于至善。学生是最宝贵的财富。创造一所品牌大学既要看科研成果又要培养出一流的学生。研究型大学主要为社会输送学术带头人和高水平的建设人才，所以关键是培养学生的科学精神和务实作风，要求学生从细微、扎实的工作做起，一步一步做大学问。学校非常重视人文管理，倡导“对人的尊重、对学术的敬畏、对遵守规则的自觉”，努力实现“以人为本”、“以育人为本”，为学生的全面发展、培养创新精神和创造力潜质营造良好的校园文化环境。现代大学精神具体表现在国际品格、以人为本、依法治校。中山大学一贯强调包容和开放，这是她的优势。

当前，中山大学的发展理念是：坚持以人为本，注重学术导向，着眼人才培养，倡导和谐合作，建立现代大学管理制度。其发展目标是：立足广东，面向海外，服务地方，辐射全国，把中山大学建设成为一所居于国内一流大学前列，在国际上有较大影响的、高水平的国际化、研究型、综合性大学，努力向世界一流大学的目标迈进。其办学思路是，以人才为本，以服务为宗旨，以质量为生命，以改革为动力，以提高为目标，以特色为优势，以创新为前导。打好"四张牌"，即珠海校区和大学城校区建设；利用港澳扩大中山大学的海外影响，实施国际化发展战略；积极参与广东经济社会发展；立足学科前沿，加强学科建设，提高教学质量和水平，增强科技实力。[①] 中山大学地处广东，得到了省市的大力支持，也得到国家的大力支持，继入选为"211工程"学校之后，中山大学又被纳入"985工程"学校建设名单。目前，国家已完成对中山大学建设第一期投入的12个亿，二期建设也已经顺利开始。这些都是中山大学宝贵的财富，也是她未来发展的有利条件。

表面看来，中山大学同中国其他大学一样，其发展的脉络和线索并不复杂。但相对而言，中山大学的革新与发展又更具有立体性和全方位性。她因特殊的历史文化背景，蕴含着非同寻常的文化。要理清中山大学的自我发展体系，要整理其中的精神气韵，确非易事。由时间积淀而成的历史已属难写，而当一个特殊的历史客体曾经历了特殊的时代氛围时，那更是难上加难了。中山大学无疑是一个特殊客体。吴定宇教授领衔的中山大学校史编写组的编写者共11人，自2003年6月开始启动，至今已历时两年有半。全书以中山大学的发展线索为纲，依其发展阶段分成6编，总计25章，近百万字。粗略估计，过眼的资料不下几千万字，经过筛选而抄写、复印或扫描、拍照的资料也有上千万字[②]。编写者在尽可能充分占有资料的情况下，条分缕析，细加咀嚼，数次增删，不可不谓铢积寸累，寸字寸心，其中艰辛，也可想而知。

中山大学自诞生至今，数次迁校易址，又经历炮火和战乱，档案文献不免散乱，即使幸得保存，也因炮火和风雨而面目沧桑。因此，如果没有严谨求实的态度，没有吃苦耐劳的精神，没有相当的胆识才情，所勾勒出来的校史很可能止于蜻蜓点水，也难免面目残缺，神气俱损，更不用说回到历史的细节，回到历史的现场了。吴定宇教授主编的这本校史"力图在对每一阶段的教学、科研、管理、对外活动等方面基本情况的具体描述中，突出人物和事件，凸显每一阶段的教学理念、办学特点和对社会的贡献，注重对事件作客观如实的叙述"[③]。编撰者以做学问的精神来编写校史，不隐恶，不虚美，史料翔实，取舍有度。或工笔细画，或淡笔勾勒，或浓墨重彩，或笔法春秋，其面目清新，其气质可人。中西文化相融合，中西教育理念相吸纳，这无疑丰富了中国大学的内涵，也给书写中国高校的历史增加了一些难度。读罢吴定宇教授、陈伟华博士等人编撰的这部校史，却不禁为其中的史德史情和史思所感动，并以此序向他们表示崇高的敬意和衷心的感谢。

---

① 李延保：《向高水平大学迈进》，载《高教探索》，2001（3）。
② 见本书"后记"。
③ 见本书"后记"。

序二

吴宏聪

在世纪之交的前后10多年间，中国高等教育有了很大发展，取得了显著成绩。若干所知名的大学纷纷庆祝百年诞辰，颇引起社会关注。我也趁“热”，读了好几部知名学校的校史，它们各有特色，使我很受启发。

校史的写法，向无定例，一般是按照中国历史发展情况，以1949年新中国的成立划线，分为前后两大阶段，然后再分为若干时期，钩沉史实、备述沿革、院系建构、设备情况、科研成果、师资力量、发展规模、学生活动以及今后发展方向等等，读了让人明白，中国高等教育近百年来是如何从风风雨雨中走过来的。有的校史因种种原因，将写作下限定为1949年，虽不完整，但亦不失研究价值。这些校史是中国现代历史的一个重要组成部分，折射了中国向现代化迈进的艰辛历程。读了这些校史，我的最大感触是：大学作为社会的精神文化中心，一部校史除了要史料翔实，写出其沿革、建构等等外，还应该让人了解该校的办学理念、学术传统和大学精神，才能拓宽视野，引起人们的思考，进一步总结经验教训，再创辉煌。现承中山大学校史编写组不弃，以即将付梓的《中山大学校史（1924—2004）》（主编吴定宇，副主编陈伟华、易汉文）手稿见示，并“命”我作序。全书近百万字，是一部叙事宏大的校史，先睹为快，当然是一个学习的好机会，不胜感激。

中山大学是孙中山先生1924年创办的，原名国立广东大学，1926年改名国立中山大学，迄今已有80余年历史。与欧美创办于几百年前的大学相比，她很年轻，但在国内大学中，也算得上是一所“老”字号的大学。中山大学的办学理念是什么？学校传统和大学精神又有何表现？这不是我所能回答的问题。学校创办伊始，孙中山先生即以中华民国陆海军大元帅的名义公布《大学条例令》。第一条开宗明义，指出：“大学之旨趣，以灌输及讨究世界日新之学理、技术为主，而因应国情，力图推广其应用，以作社会道义之长进，物力之发展副之。”① 孙中山先生北上前两天，还亲笔为学校写下了“博学、审问、慎思、明辨、笃行”的训词。1925年，孙中山先生不幸去世，嗣后主政者均秉承孙中山的办学旨趣和训词治校办学，他亲笔题写的训词，“也就成为中大办学的理念和治学的传统”②，为广大师生所认同，并在历史传承中不断被赋予时代的内涵。细读吴定宇、陈伟华等同志编撰的校史，这条线索还是分明的。中山大学在1924年创办之初只有文、法、农、理、医5科，到了1939年，她一跃成为拥有文、法、理、工、

① 中山大学档案馆编：《孙中山与中山大学》，中山大学出版社1999年版，第33页。

② 李延保：《珍视传统，凝聚精神——代序》；李尚德主编：《凝聚中大精神——中大精神与校园文化建设大讨论文集》，中山大学出版社2001年版。

农、医、研、师范8个院的综合大学。中山大学的崛起，引起了国内外教育界、学术界的重视，被誉为华南最高学府。抗日战争时期，中山大学几经搬迁，历尽艰辛仍弦歌不辍，不失为国内一个学术重镇。1949年迎来了全中国的解放，历史翻开新的一页，中山大学与时俱进，在传统教育向现代化教育转型中作出了贡献。

《中山大学校史》最引人瞩目的是办学伊始，学校领导即大力延揽各方人才，翻开校史所录20世纪二三十年代教师名单，真是名师荟萃。其中有许多名家是引领风骚，在其所从事研究的学术领域中是顶尖的人物，他们在校期间或长或短，其学术个性、学者风范和治学方法、态度，已凝聚成为文化积淀，成为中山大学宝贵的精神财富。中山大学学者之间，尽管观点不尽相同，亦彼此互相尊重，以坚持自己的学术观点，保持严谨的治学态度为职志。国学大师陈寅恪先生标举的"独立之精神，自由之思想"，正反映了"五四"以后民主与科学的诉求，成为尊重学术个性、思想自由的一面旗帜。[①] 1958年，文化学术界掀起"插红旗拔白旗"大批判运动，风靡全国。中山大学仍有特立独行之士，不避风险，公开质疑"插红旗拔白旗"大批判运动，他说：又红又专当然好，先红后专也行，只专不红总不算犯罪，拔白旗不要把一切学术都"拔"掉了（大意）。这种为学术求宽容的态度，也正是"独立之精神，自由之思想"的延伸，历久不衰，成为中山大学学术自由的优良传统。

我觉得1949年至1976年这一段校史最难写。中华人民共和国的成立是真正的改朝换代，为了适应时代的要求，满足国家经济建设的需要，对旧的教育制度、教学内容乃至于施教方法的改革都是必要的。学习苏联，强调三基（基础知识、基本技能、基本理论）教育，提倡个人独立思考都是对的，此后，教育生机勃勃，成绩也很显著。但1949年后"运动"多，学术批判也多，《武训传》批判、《红楼梦》研究批判、胡适资产阶级唯心主义体系的批判以及胡风文艺思想批判，都提到意识形态的层面，上纲上线。胡风的批判后来还成为"政治问题"，株连甚广。1957年又发生一场反右派的斗争，这些显然不利于教学工作之进行，无助于正确开展文艺批评和学术批判，大大地阻碍了学术发展。1949年后中国大学教育最大改革是"一边倒"，学习苏联。20世纪50年代进行了院系大调整。这种改革，教育学上的主要依据是"以培养工业建设人才和师资力量为重点，发展专门学院，整顿和加强综合大学"[②]。但是在大范围内的教育资源重组的情况下，全国只保留14所综合大学，其余私立大学和教会大学一律裁撤和兼并，而综合大学也只有文理两科，废院设专业，工、农、法、医、师范、财经等学院分出去，自立山头。时至今日，学院陆续升格为大学，学院制早已恢复；专业设置，为了适应市场经济发展的需要，"百花齐放"，林林总总。院系调整时被撇在一边，遭到裁减兼并的政治、经济学科的专业和研究中心的设置如雨后春笋。前后对比，院系调整的利弊得失，恐怕还待重新考虑，其功绩不能轻易抹煞，其过失也必须认真对待。

1961年教育部为贯彻执行中央提出的"调整、巩固、充实、提高"的方针，公布实施了《高教六十条》，它是从实际出发，总结了中国高等教育在新中国成立以来的11年间的经验教训而制定的，这在教育史上是一件大事。《高教六十条》在总则里明确提出以教学为主的方针政策，取得了显著成绩。20世纪60年代前期，为教学最为稳定的

① 参见本书第四编第二章第三节。

② 中央教育科学研究所编：《中华人民共和国教育大事记》，北京教育科学出版社1983年版，第70页。

时期，但这期间也受到不少冲击，妨碍了《高教六十条》的实施，这也是学校领导和教师都左右不了的事情。

我认为1949年后的教育改革最值得注意的问题有两个：一是不顾中国国情，完全照搬苏联一套，把1949年以前受日、德、英、美等国影响，经过几十年磨合已基本上可与国际“接轨”的大学建构完全打乱了，逼得我们今天走了一些弯路，使中国大学教育的发展推迟了好多年。二是1958年“大跃进”时不适当地提出“兴无灭资”的口号。“兴无”是必要的，但不加区别地把资本主义国家的文化、学术一概视为异端，加以排斥、批判，既堵塞了中国学术与资本主义国家学术的沟通渠道，又失去了与世界先进学术交流学习的机会，一头钻进了“闭关自守”、“画地为牢”的怪圈，严重地阻碍中国科学的发展。到了“文化大革命”时期，在轰轰烈烈的“破四旧”的高潮中，把“封、资、修”一锅端，古今中外的学术文化与牛鬼蛇神一样，均在“横扫”之列。这样一来，广大师生无所适从，学生不知道学什么，教师也不知道教什么，结果“停课闹革命”，造成史无前例的大学多年停止招收本科生的尴尬局面。吴定宇等同志编撰的校史在第四编第四章对此有叙述，该章对其利弊秉笔直书，可以看出编撰者的史德，同时也有利于总结经验教训，提高认识。

至于大学精神，近年各校校庆活动中差不多都提出了这个问题。中山大学于2001年开展了历时一年半的全校性“中山大学精神与校园文化建设”的大讨论，仁者见仁，智者见智，虽一时无统一结论，但集思广益。经过讨论，“所谓大学精神，是大学在办学的历史过程中形成的办学理念和大学人共同的价值追求……是大学文化的精髓，核心，是大学之魂。……大学精神是指导学校行为的基本信念，基本准则，是学校和社会互动的产物”① 已成为共识，这是大讨论的一大收获。

行文至此，我不禁想起1927年顾颉刚、钟敬文等教授在中山大学成立了中国第一个民俗学会，并创办《民间文艺》（后改名为《民俗》），傅斯年等教授在这里创办《语言历史研究所周刊》的中大往事，这两种刊物，开风气之先，在全国都具有广泛影响。这些，也为中山大学的学科建设打下了坚实的基础。中山大学是最早被教育部批准成立研究院的3所国立大学之一（北京大学、清华大学、中山大学），是第一个创办语言学系的大学，又是中国实行改革开放后较早派学术代表团出国访问的大学，“筚路蓝缕，以启山林”，功不可没。我举这些实例，并不是为中山大学唱“赞歌”，而是试图放开视野，把办学理念与学术传统联系起来，把开拓进取、务实求新作为中山大学精神的简单诠释。

根据国家“211工程”提出的任务，各校重新定位。把中山大学建设成为一所居于国内一流大学前列，在国际上有较大影响的、高水平的国际化、研究型、综合性大学，努力向世界一流大学的目标迈进。这是时代的要求，也是中山大学师生共同努力的目标，导向明确，措施有力。中山大学2001年迎来了与中山医科大学合并的契机。通过“211工程”与“985工程”的实施，学校的综合实力和国内外影响力均日渐提高。这里，我们也不妨举两个实例：第一，2001年11月，联合国教科文组织（UNESCO）将该机构在亚洲的惟一一个科学与技术政策教席设在中山大学，中山大学成为全球5个获

① 李延保：《现代大学文化精神与历史传承》，载《中山大学学报》，2004（6）。

此殊荣的机构之一。[1] 第二，2003 年，主持 AMS 项目的诺贝尔奖金得主丁肇中教授来校访问，他认为中山大学光电材料与技术重点实验室有一个很好的团队，有一批能专心工作、具有相关学科背景的科技工作者和科学家，是一个世界性实验室，绝对有能力在空间站上承担重要的研究项目。后经科技部批准立项，中山大学正式参加丁肇中领衔的 AMS—国际空间站上惟一大型科学实验，与国际同行共同负责和研制热控制系统，该系统将成为 AMS－02 项目在太空运行的装置。[2] 这一办学新思路，依我个人理解，它是着眼于未来，兴学育才，打造精英，体现了学校领导要实现学校跨越式发展战略的信心和与时俱进的主流意识，把学校工作推上了一个新台阶，催生了中山大学的新形象。

我于 1946 年到中山大学工作，有幸与许多教工、同志共同见证了半个多世纪以来在石牌和康乐园里发生的一切。中山大学源远流长，有光荣的历史传统，现在已拥有 4 个校区，办学规模、办学层次和科学研究都进入了一个新阶段。面临着新的机遇和挑战，我们将在上级领导和社会各界支持下，同心协力，再攀高峰。

吴定宇等同志编撰的《中山大学校史（1924—2004）》，史料翔实，取舍适中，“近而不浮，远而不尽”，就史论“史”，从一个侧面展现了近 80 年广东甚至是中国的高等教育发展史。我认为组织人力、投入时间写这本校史是很有意义的。是为序。

---

① 《2001 年中山大学大事记》，载《中山大学年鉴 2001》，中山大学出版社 2002 年版，第 285 页。

② 《我校正式加盟丁肇中领导的 AMS》，载《中山大学校报》（新）第 60 期，2004－1－12。参见第六编。

此外，我的母校之一[illegible]2002年，上[illegible]18项[illegible]的诺贝尔奖金获[illegible]中教授来
校访问，[illegible]中山大学[illegible]在实验[illegible]一流的团队，有一批[illegible]
工作，其[illegible]学科[illegible]的科[illegible]世界[illegible]
[illegible]重要的研究项目，[illegible]科技部[illegible]，中山大学正式参加了[illegible]的
[illegible]
[illegible]
[illegible]，体现了[illegible]
[illegible]，[illegible]中山大学的新[illegible]

我于1946年到中山大学工作，[illegible]
[illegible]中山大学[illegible]
[illegible]，[illegible]进入了一个新阶段，[illegible]
[illegible]

[illegible]《中山大学校史（1924—2004）》[illegible]
[illegible]80年[illegible]
[illegible]，我认为[illegible]，[illegible]是为序。

第一编

伟人手创 山高水长

（1924—1925）

第一章　兴办“广大”

第一节　中山手创

孙中山先生自幼接受儒家文化的教育，深受经世致用风气的熏陶。他在1894年说：“自成童就傅以至于今，未尝离学，虽未能为八股以博科名，工章句以邀时誉，然于圣贤六经之旨，国家治乱之源，生民根本之计，则无时不往复于胸中。”① 中国文化中“文能安邦，武能定国”的传统观念，深深植根在他的心田。后来他在海外游学，更受到西方近现代文化思想的启蒙，深刻认识到了培养和造就人才对改造中华、建设中华的重要作用。他在1894年写就的《上李鸿章书》中，把“人能尽其才”置于“富强之大经，治国之大本”四大主张之首②。所谓“人能尽其才”，就是“教养有道，鼓励有方，任使得法”③。而要做到“教养有道”，就要做到在全国广办学校，普及教育；全国人民不分贵贱，皆勤奋学习；通过由浅而深、由简及繁的学习，使全国人民的精神得以振奋，使他们的智慧和能量不断地发挥出来。中山先生承认人的聪明才干有差异，但他强调学校在培养人才方面有无可替代的作用：“质有愚智，非学无以别其才；才有全偏，非学无以成其用。有学校陶冶之，则智者进焉，愚者止焉，偏者专焉，全才者普焉。”④ 倘若不因材施教，则会造成“贤才亦以无学而自废，以至于湮没而不彰”的恶果⑤。

学校培养出的人才，必然要服务于社会。中山先生在对西方多个国家的教育认真考察的基础上，结合中国的实际情况，提出了他的用人之道：“务取其长而久其职。”⑥ 这也就是今天我们所说的用人要用人所长。他说：“为文官者，其途必由仕学院，为武官者，其途必由武学堂，若其他，文学渊博者为士师，农学熟悉者为农长，工程达练者为监工，商情讲习者为商董，皆就少年所学而任其职。”⑦ 中山先生兴奋地写道：“人既尽其才，则百事俱举；百事俱举矣，则富强不足谋也。”⑧

---

① 孙中山：《上李鸿章书》，见《孙中山选集（上）》，人民出版社1956年版，第16页。
② 孙中山：《上李鸿章书》，见《孙中山选集（上）》，人民出版社1956年版，第7页。
③ 孙中山：《上李鸿章书》，见《孙中山选集（上）》，人民出版社1956年版，第8页。
④ 孙中山：《上李鸿章书》，见《孙中山选集（上）》，人民出版社1956年版，第8页。
⑤ 孙中山：《上李鸿章书》，见《孙中山选集（上）》，人民出版社1956年版，第8页。
⑥ 孙中山：《上李鸿章书》，见《孙中山选集（上）》，人民出版社1956年版，第9页。
⑦ 孙中山：《上李鸿章书》，见《孙中山选集（上）》，人民出版社1956年版，第9页。
⑧ 孙中山：《上李鸿章书》，见《孙中山选集（上）》，人民出版社1956年版，第8页。

孙中山先生在从事推翻满清统治的革命活动中，十分重视教育，他不但在国内外积极创办学校，培育革命所需要的军事政治人才①，而且还频繁地到各学校去演讲，宣传自己改造中华的主张，并把到学校演讲当作他革命工作的重要组成部分。辛亥革命不久，中山先生提出了“学问为立国根本”的重要命题，该命题最初就是在他的演讲中出现的。他认为辛亥革命的成功“皆得力于学说之鼓吹”，“都系一般学界同志之热心苦业”，更希望“今破坏已完，建设伊始，前日富于破坏之学问者，今当变求建设之学问。”②

众所周知，孙中山先生所进行的革命活动，并非一帆风顺，但他虽屡受挫折，却百折不挠，毕生为实现自己的理想奋斗不已。在长期的革命实践活动中，他痛感急需培养和造就较高层次的文、武人才。

20世纪20年代初期的广州，是中国革命的中心和发源地。但直至1923年，广东全省的学校还寥若晨星，仅有岭南大学、国立广东高等师范学校、公立法科大学、公立农业专门学校、公立医科专门学校等几所高等学校，广东的教育事业显然不能适应蓬勃发展的革命形势的需要。1923年12月21日，时任大元帅的孙中山来到岭南大学（现中山大学南校区所在地）演讲，其时讲台设在该校的怀士堂（现通称小礼堂）里。面对热情洋溢的听众，他严肃指出：岭南大学仅有一千几百名学生，而要使中国转弱为强，化贫为富，就“不是一个人单独能够做成功的，必须要有很多的人才，大家同心做去，那才容易。要有很多的人才，那么造就人才的好学校，不可只有一个岭南大学。广东省必要几十个岭南大学，中国必要几百个岭南大学，造就几十万或几百万好学生，那才于中国有大利益”③。这话，预示了孙中山先生在教育方面将会有大手笔、大动作。

果然，翌年（1924年）初，孙中山先生在广州创办了一文一武两所学校：1924年1月24日筹办黄埔军校，2月4日颁布两道大元帅令，“着将国立高等师范、广东法科大学、广东农业专门学校合并改为国立广东大学”，“派邹鲁为国立广东大学筹备主任”，着手筹办国立广东大学④。

邹鲁（1885—1954），字海滨，广东大埔县人，8岁入私塾，25岁毕业于法政学堂，之后受聘在粤商自治会教书。早年加入同盟会，追随中山先生从事革命工作。邹鲁对办学有浓厚的兴趣，19岁时便在家乡试办乐群中学，后来还在广州创办了潮嘉师范学堂，积累了丰富的办学经验。孙中山先生对邹鲁很器重，曾任命他为大总统特派员，使他成为代行大总统职权者（共5人）之一，入粤负责讨伐陈炯明的军事工作。1923年春，逐陈炯明出广州后，孙中山回到了广东，第三次建立革命政权，邹鲁则卸去特派员和代行大总统职权，担任广东省财政厅长。同年，邹鲁受中山先生委托，担任国立广东高等师范学校校长，担任校长后，他便辞去了财政厅长的职务。1924年1月，中国国民党召开第一次全国代表大会，邹鲁当选为中央执行委员，兼任青年部长。邹鲁热心教育，有丰富的办学经验，并且在处理复杂事务方面颇具才干，孙中山用其所长，把筹

① 参见关于孙中山先生的各种传记著作。

② 孙中山：《在北京湖广会馆欢迎会的演说》，见《孙中山全集》第2卷，中华书局1982年版，第422～423页。

③ 孙中山：《学生要立大志做大事不可做大官——对岭南学生欢迎演说词》（1923年12月25日），见《孙中山演讲说集（三编）》，上海民智书局1925年版，第269～282页。

④ 影印件见中山大学档案馆编：《孙中山与中山大学》，中山大学出版社1999年版。

办国立广东大学的重任放在了他的肩上。

创办黄埔军校和国立广东大学，是中山先生晚年最重要、最辉煌的业绩之一，也是20世纪中国教育史上的一件大事。国立广东大学从筹办之日起，就一直得到中山先生无微不至的关怀和大力支持。国立广东大学与中山先生结下不解之缘，主要表现在以下几个方面。

创立国立广东大学的筹备工作困难重重，在中山先生的关心和支持下，诸种困难都得到克服。

将原国立广东高等师范学校、广东法科大学、广东农业专门学校等数校合并，并不是一件简单的组建工作，其间牵涉到人事、财务、财产、行政、校舍和教学等诸多方面的问题，复杂而棘手。为了排除筹备工作的障碍，孙中山在1924年2月9日给广东省省长廖仲恺发出训令：

大元帅训令第五二号

令广东省长廖仲恺

为令饬事：照得国立高等师范、广东法科大学、广东农业专门学校三校业明令合并，改为国立广东大学，并派邹鲁为国立广东大学筹备主任在案。除训令该筹备主任即日将各该校接管、从速筹备成立外，仰该省长即分别转饬各该校遵照。嗣后所有用人、行政，悉由该筹备处主管办理，以归划一，而促进行。此令。

（中华民国陆海军大元帅之印）

中华民国十三年二月九日。①

可以看出，该训令已经明确赋予了筹备主任职权，这对筹备建校工作的开展十分有利。

在孙中山的支持下，邹鲁得以名正言顺地使用各种职权，有计划、有步骤地进行建校工作，但他在实际工作中又面临了“经费短缺”和“校舍少而分散且破旧”两大难题。在孙中山先生大力支持下，难题也迎刃而解。

当时，陈炯明的武装力量尚盘踞广东一带，广东境内被大、小军阀割据，社会尚不安宁。革命政府不得不继续进行艰苦的军事斗争，但由于主要税源被打着孙中山旗号的滇桂等军把持，其财政也极为困难，因此政府所拨发的教育经费自然非常有限，当时合计三校经费，也仅50余万元，以此经费，极难维持正常校务。中山先生很赞同邹鲁提出的“教育为神圣事业，人才为立国大本。……不惜竞投巨资，莫非为国家奠定基础”和“大学为最高学府，经费尤应充裕”② 的观点，在财政艰难的境况下，毅然大幅度增加了国立广东大学的教育经费，并先后多次饬令广东省省长和驻军首长，加拨税契、省外筵席捐作为补充，并将田土业佃保证费、水泥厂和北江石矿的全数收入、省河盐税附加、田税附加、进口洋布匹头厘费等收入也拨为国立广东大学的办学经费，还特别命令

① 中山大学档案馆编：《孙中山与中山大学》，中山大学出版社1999年版，第3页。
② 中山大学档案馆编：《孙中山与中山大学》，中山大学出版社1999年版，第7页。

各地方当局、各军队、各机关不得挪用和截留①。他还于1924年6月7日令广东省省长杨庶堪，照准邹鲁拟请大元帅摊派各县劝捐经费和各县应解大学筹备数目的呈文，并“令仰该省长即便遵照，通令各县按照所派数目，依限筹足解缴，以资开办”②。不仅如此，孙中山还带头为筹校捐款2万元。在他的带动下，各级官员和机关纷纷解囊捐助，如省长廖仲恺捐了2万元，驻粤桂军司令刘震寰捐了1万元。这些举措，使国立广东大学走出了开创时无米之炊的困境。

国立广东大学由三校合并而成，校区分散于市内各处，各校原有校舍也破旧不堪，并不时有坍塌的事故发生。同时，由于报考的学生增多，师生规模比以前扩大了许多，原有的校舍显然不够用。孙中山先生获知这些情况后，于1924年6月21日颁布大元帅训令第298号，令广东省长廖仲恺、湘军总司令谭延闿、中央直辖第三军军长卢师谛，将第三军卢军长所部，及湘军病院驻扎的番禺学宫之堂屋腾出，拨定为国立广东大学宿舍，“行令仰该省长、总司令、军长即便分别遵照办理”③。中山先生也察觉到“学校散在各处，管理上十分不便，而且校舍毗连市区，车马喧阗，也不适于修养及求学”④。于是命邹鲁觅得广州东郊外的石牌，作为新校址。这些举措为日后中山大学的建设和发展奠定了坚实的基础。

中山先生一直关注着国立广东大学日常工作的运转，解决了学校教学和规范管理中许多棘手而重大的问题。

1924年6月9日，中山先生任命邹鲁为国立广东大学首任校长⑤。在1924年6月21日广东大学举行校长就职和学生毕业典礼时，他委托总参议胡汉民代表大元帅在会上宣读了训词：“学海汪洋，毓仁作圣，大学毕业，此其发轫。植基既固，建业立名，登峰造极，有志竟成。为社会福，为邦家光，勖哉诸君，努力自强。”⑥

中山先生还经常听取邹鲁关于广东大学的工作汇报，随时了解情况，制定相应的法令和采取相应的措施。1924年8月13日，中山先生颁布了《大学条例》令：

第一条　大学之旨趣，以灌输及讨究世界日新之学理、技术为主，而因应国情，力图推广其应用，以促社会道义之长进，物力之发展副之。

第二条　大学之规模、实质须相称。其只适于设一单科者，得以一单科为大学；其适于并设数分科者，得合数分科为一大学。

第三条　大学得设研究院。

第四条　大学除国立外，并许公立及私立。

第五条　私立大学须设定财团，有大学相当之设备，及足以维持该大学岁出之基金。

第六条　公立及私立大学之设置及废止，须经政府认可。分科之增设或废止亦同。

---

① 中山大学档案馆编：《孙中山与中山大学》，中山大学出版社1999年版，第7~9页。
② 中山大学档案馆编：《孙中山与中山大学》，中山大学出版社1999年版，第12~16页。
③ 中山大学档案馆编：《孙中山与中山大学》，中山大学出版社1999年版，第24~25页。
④ 邹鲁：《回顾录》，岳麓书社2000年版，第324页。
⑤ 中山大学档案馆编：《孙中山与中山大学》，中山大学出版社1999年版，第8页。
⑥ 中山大学档案馆编：《孙中山与中山大学》，中山大学出版社1999年版，第23页。

第七条　公立及私立均受政府监督。

第八条　大学得授各级学位。①

同一天，中山先生还颁布大元帅训令第420号，令国立广东大学校长邹鲁按《大学条例》"查照遵行"②。同年9月1日，又颁发大元帅指令第983号，令邹鲁

呈投拟定《国立广东大国［学］规程》及特别会计规程暨预科各科组课程，缮具清册，请鉴核令遵由。

呈、册均悉。所定国立广东大学各规程及本、预科各课程均尚妥协，立予照准，仰即知照。册存③。

中山先生所颁发的上述大元帅令，使广东大学办校有法可依，处理校务诸事有章可循；学校教学和管理工作也更符合规范化的要求了。在中山先生的关怀和指导下，国立广东大学建校之初虽然诸事纷繁，但各项工作都开展得井然有序。

中山先生把改造中国的希望寄托在青年学生身上，他用自己的理想、精神和人格去教育和影响广东大学的学生。也正如邹鲁校长所说："大元帅于物质增进本校之后，尤注意于精神增进。"④

1924年正是国民党和共产党第一次合作之时。中山先生日理万机，且身体也因积劳成疾，肝部处于癌变前期，但他仍然坚持定期到广东大学礼堂给党、政、军人员和各学校教职工、学生演讲三民主义。据邹鲁校长回忆，中山先生每次来校演讲，"极少随从，只有王惠龙、马湘等三四个人。演讲时由黄君昌穀笔记，笔记誊清后，总理命我读校"⑤。中山先生演讲时常把右手按在肝部，强忍肝部病变所引起的疼痛，坚持演讲完毕。

1924年11月3日，孙中山先生在黄埔军校演讲，演讲的开头是："诸君今天在这地听讲的，有文学生，又有武学生。"所谓文学生，指广东大学学生；所谓武学生，指黄埔军校学生。孙先生说这句话，是有根据的。因为听讲的文学生，也并非仅仅几个代表，他派了船，专门把广东大学的师生接到了黄埔，让他们与军校师生一道听他演讲。中山先生语重心长地说："你们黄埔的武学生，都是从各省不远数百里或者数千里而来，到这个革命学校来求学，对于革命都是有很大希望，很大抱负的；广大的文学生，今日也是不远数十里到黄埔来听革命的演说，研究革命的方法，对于革命的前途，也当然是很希望成功的。大家要希望革命成功，便要牺牲个人的自由，个人的平等。把各人的自由、平等，都贡献到革命党内来。……更把自己的聪明才力，都贡献到党内来革命，来为全党奋斗。"⑥

在孙中山先生的关心和支持下，国立广东大学很快成立，并于1924年11月11日

① 中山大学档案馆编：《孙中山与中山大学》，中山大学出版社1999年版，第33～34页。
② 中山大学档案馆编：《孙中山与中山大学》，中山大学出版社1999年版，第35页。
③ 中山大学档案馆编：《孙中山与中山大学》，中山大学出版社1999年版，第36页。
④ 邹鲁：《回顾录》，岳麓书社2000年版，第131页。
⑤ 邹鲁：《回顾录》，岳麓书社2000年版，第124页。
⑥ 中山大学档案馆编：《孙中山与中山大学》，中山大学出版社1999年版，第46～57页。

举行了隆重的成立典礼大会。但因为中山先生要于11月13日离粤北上，公务相当繁忙，无法脱身莅临大会，他便将儒家经典《中庸》第20章中讲述儒家求知行事方法的"博学之，审问之，慎思之，明辨之，笃行之"摘录下来，手书国立广东大学成立训词："博学、审问、慎思、明辨、笃行"①，并委托广东省长胡汉民代表他致训词。这是中山先生给其创办的广东大学留下的最后遗训，他的教育理念浓缩在这句训词中，80余年来成为广东大学（中山大学）所遵循的校训，也是其灵魂所在。

（执笔：吴定宇）

第二节 筹办经过

1924年2月4日，孙中山先生颁布两道大元帅令："着将国立高等师范、广东法科大学、广东农业专门学校合并改为国立广东大学"，"派邹鲁为国立广东大学筹备主任"②。1924年2月9日，孙中山又发布第52号大元帅训令，命令省长廖仲恺"转饬各该校遵照。嗣后所有用人、行政，悉由该筹备处主管办理，以归划一，而促进行"③。廖仲恺和邹鲁接到孙中山先生的训令之后，迅速着手国立广东大学的筹办工作。2月20日，廖仲恺省长发出第314号训令："法科大学及农科专门学校，悉属省立性质，校长原为本署委任，现既奉合并改为国立大学，各该校校长，自应即予取消，以便筹备主任及时接管办理。"④ 第二日，高师校长邹鲁就任国立广东大学筹备主任一职，并接管广东农业专门学校、广东法科大学两校。

国立广东高等师范学校、广东法科大学、广东农业专门学校三校均已创办多年，具备了相当的办学基础。

国立广东高等师范学校，创办于1905年7月，最初设两广速成师范及管理练习所，用以培养师资；后来又办初级师范简易科，再后又改为两广师范学堂⑤。"光绪三十二年（1906年，笔者注），粤督岑春煊，奏请改建广东贡院为两广优级师范学堂，规模略仿日本东京高师，是年六月鸠工，九月立案，翌年十二月落成。……监督王舟瑶，用分年选科之制；初招选科及体操专科，选科分文学科，史舆科，数理化科，博物科四班；体操专科，则专事体育者。光绪三十四年（1908年，笔者注），开办全科，学制四年。全科者，合公共科与分类科而言——第一年公共通习，二至四年，分类专习。犹高师时期之预科，与本科是也。及宣统元年（1909年，笔者注）七月，优级师范选科毕业；学校为师范生实地练习起见，是月开办附属高等小学一所；明年七月，附属中学成立"⑥。1911年正月，添设附属初级师范。"民国元年（1912年，笔者注）二月，本院

① 影印件见中山大学档案馆编：《孙中山与中山大学》，中山大学出版社1999年版。
② 影印件见中山大学档案馆编：《孙中山与中山大学》，中山大学出版社1999年版。
③ 《给廖仲恺的指令》，《给邹鲁的训令》，见《孙中山全集》第九卷，中华书局1986年版，第452页。
④ 《省令取消两校校长》，见《广州民国日报》，1924-2-22。
⑤ 《国立广东大学概览》"本校沿革概略"部分，1926年，第1页。
⑥ 《国立广东大学概览》"本校沿革概略"部分，1926年，第1~3页。

更名为广东高等师范学校，后冠以国立名称，监督王舟瑶先经辞职；二月，黄锡铨继任，未几，又辞去；七月，唐萱任校长，十二月又有事他去，由金曾澄继之。民国二年七月（1913年7月，笔者注）厄于龙军之役，校具荡然，因之停学旬日，八月，行政公署，行知教育部，委托本省民政长管辖本校经费，以国款支用。金校长旋以丁忧去职，廖道傅继任之。民国三年（1914年，笔者注）一月，行政公署，拨修理校舍，添购仪器费合六千五百余金；复调取高等方言、高等实业两校图书、仪器补充之；校中组织，日渐恢复；八月增设图工专科。民国四年（1915年，笔者注）一月，复设图工体乐专科，教员讲习所；三月建筑学校园。民国五年（1916年）四月间，因滇桂军与龙军冲突，影响教育，因致辍课，九月复课。民国六年（1917年，笔者注）一月，举办兵操模范队一连；七月，童子军成立；九月十日，金曾澄莅校视事。民国七年（1918年，笔者注）夏，开办夏令馆及义学。民国八年（1919年，笔者注）三月，增设单级国民小学一班；十一月各级招收女生。民国十年（1921年，笔者注）三月，开办附设国语传习所；四月改行选科制度。民国十年（1921年，笔者注）以后，除文史、英语、数理化、博物四部外，添设社会科学部。各方办理，日有起色；学生程度，亦锐进，只因困于经费及战事牵连，进行计划，不无稍阻耳"①。1923年11月27日，孙中山下令广东师范高等学校改为国立，30日，任命邹鲁为校长。邹鲁接任后，大力筹集学校经费，筹得田土保证费、省河筵席捐、民产保证局等款项为高师经费。从此，"教育生机，顿成佳像；图书设备，大力增拓；广罗师资，多开科目，于以演成今日之玮观"②。

广东法科大学由广东课吏馆发展而来。1905年，两广总督岑春煊和广东学使于式枚联合奏请广东课吏馆改为广东法政学堂，并于1906年改建广东学署东偏为校址。同年，"办速成科，二年毕业。讲习所，年半毕业。随办别科，三年毕业"③。1909年，在广州天官里后街建筑新校舍。"其时以提学司沈曾桐奏请恢复学署，选学员约千人，办10个班，另找校外班学员千人左右，发行校外讲义，极一时之盛"④。1911年发起辛亥革命的国民军占驻学校，曾经使教务停顿。1912年，学校改为广东公立法政专门学校，同时改监督为校长。之后，历任校长依次为陈融、吴英华、区大原、叶夏声、张乃璧、何礼文、金章、陈达材、黎庆恩等。1923年秋，"黎校长依据民国七年（1918年，笔者注）第七次全国教育联合大会议决的新学制——高中直接升入大学——高专一级，无存在之必要；上书当道，请将法专改为法科大学"⑤。省长廖仲恺批示同意。"八月，招考大学预科班三，补习班一，其原有专门部，除转编本科外，均仍其旧焉"⑥。

广东公立农业专门学校也经历了一个发展的过程。"宣统元年（1909年，笔者注）时，广东农业试验场成立；翌年附设农业讲习所及林业讲习所，以养成技术助理，及推广人才为宗旨。修业年期，定为两年。民国六年（1917年，笔者注），改建专门学校，以期深造。是秋告成，名曰广东公立农业专门学校，校长由试验场长黄遵庚兼任，先办农科，三年毕业，随加预科一年，共为四年毕业。民国九年（1920年，笔者注）六月，

① 《国立广东大学概览》"本校沿革概略"部分，1926年版，第2~3页。
② 《国立广东大学概览》"本校沿革概略"部分，1926年版，第3页。
③ 《国立广东大学概览》"本校沿革概略"部分，1926年版，第3页。
④ 《国立广东大学概览》"本校沿革概略"部分，1926年版，第3页。
⑤ 《国立广东大学概览》"本校沿革概略"部分，1926年版，第4页。
⑥ 《国立广东大学概览》"本校沿革概略"部分，1926年版，第4~5页。

省署改委邓植仪接任试验场长及校长；十年（1921年，笔者注）三月，广东省长公署，因试验场长之请，将该附设之蚕业巡回讲习所，拨归农校兼办，其修业年限，由六个月至一年为期；是年暑假，添设林学科，招生一班，修业年限，定为四年。民国十二年（1923年，笔者注）七月，广东省地方农林试验场，及附设观测所，前所属各区模范苗圃，改归学校办理。所有政府历年指定造林地，如南华山、鼎湖山、白云山等处，共有面积三万亩以上。及划定罗浮山试验场所，面积三千余亩，均由校规划进行。①

1925年7月，又有广东公医大学并入国立广东大学。广东公医大学的前身是私立公医医学专门学校。该校创办于宣统元年（1909年）。“由达保罗、钟宰铨、梁恪宸、潘佩瑜等40余人，每人捐资百金，创办校址。初设于羊城西关之十三甫，宣统二年（1910年，笔者注）春迁长堤，赁铺屋为之，是年秋，议决建筑医院；三年（1911年，笔者注）春，医院落成，聘达保罗医生任医院职务。民国元年（1912年，笔者注）男女学生日众，因应女界之要求，分设女医校院于河南鳌洲。后女校停办，专办男校。复因地狭人稠，扩充新校院之动机以起，先是校园中人为东关病者就医便利计，设赠医所于三拱门，因见百子岗、蟾蜍岗等地，可为建筑医校与医院之用。是地本为丛葬坟场，呈准胡都督饬由陈警察厅长道引诣勘拨给。二年（1913年，笔者注）春间，登报广告，定期给费迁坟”②。但一年之后，政局变化，粤政府推翻了给地案。1915年冬，学校呈准巡按使，拨还百子岗地段。1916年，学校在百子岗开工建筑新校舍，新舍于1918年3月落成，后又建学生宿舍1座，教授住室4间，校长住室1间，并在新校舍右边增建留医院1座，这些即后来广东大学医科学院及其附属医院的建筑物。学校在1909年创办之后，几经波折，惨淡经营。前清时，曾呈准粤政府立案。民国时期，于1915年冬，为教育厅准予备案，并将修业期限定为4年。1917年，学校将学制改为了5年。1924年改称广东公立医科大学，并将修业时间改为6年。

1924年2月邹鲁接管广东农业专门学校、广东法科大学两校之后，即于当月24日召集三校学生在广东高等师范学校礼堂举行大会，会上宣布筹建国立广东大学，并报告了筹备经过和进行计划等。3月3日，广东大学召开首次筹备会议，着重讨论并通过了国立广东大学筹备处组织大纲，其内容如下：

（一）筹备处设筹备主任一人，筹备员若干人，构成筹备会议，决定关于广东大学之建设规划。

（二）筹备主任为筹备会之主席，统筹筹备处一切事务，并执行筹备会议所决定之案。

（三）筹备员由筹备主任聘定，协助筹备主任拟定计划，提交筹备会议决施行。

（四）筹备处于筹备会议之下，得设各该科委员会，分科研究所属各项规划。

（五）各特科委员会设主任一人，由筹备主任就筹备员中推选，为各该特科委员会会议之主席，并指导整理各该特科委员会所属事务。

① 《国立广东大学概览》“本校沿革概略”部分，1926年版，第4页。

② 《国立广东大学概览》“本校沿革概略”部分，1926年版，第5页。

（六）各特科委员会委员，由各特科委员会主任推荐，除现任广东法科大学、高等师范及农业专门学校教职员，均有俸职。

（七）各特科委员会所决定之方案，统由各该特科委员会之主席，提交筹备会议采决施行。

（八）筹备会得设秘书一人，事务员若干，承筹备主任之指导，助理所属事务。

（九）筹备会议，每周开常会一次，如筹备主任认为有必要时，得临时召集开会。

（十）各特科委员会之组织，由各该科委员会酌订，提出筹备会议采决执行。①

根据筹备处组织大纲，筹备主任邹鲁多方函聘筹备委员，成立筹备处，最后聘定廖仲恺、胡汉民、汪精卫、伍朝枢、马君武、孙科、许崇清、蒋梦麟、李守常（李大钊）、石瑛、胡适、王星拱、王世杰、周览（周鲠生）、皮宗石、郭秉文、吴稚晖、李石曾、易寅村、杨庶堪、陈树人、熊希龄、范源濂、顾孟余、任鸿隽、杨铨（杨杏佛）、胡敦复、黄昌谷、关恩助、程天固、徐甘棠、梁龙、何春帆、陈耀祖、邓植仪35人为筹备委员。

接管广东农业专门学校和广东法科大学之后，根据筹备处组织大纲和各校的实际情况，学校将国立广东高等师范学校改为文科和理科，将广东法科大学改为法科，将广东农业专门学校改为农科；另设预科和工科，并设立6个特科委员会，以研究筹划各科的课程内容和所需的设备。

分科之后，三校按如下办法合并：

（一）高师、法大、农专学生依照所学学科，归入广东大学各学院学科。

（二）原有三校在校学生归入大学之后，其待遇照旧，至各校原定毕业时为止。原有三校之休学学生在准予复学期限内，得如本大学各科继续其学业，但仍不得超过1925年10月。

（三）原有三校在校学生，不愿履修大学课程者，得仍照未改大学以前各校之课程修业。修业时只得广东大学某学院某科毕业证书，不给学位。

（四）以上二、三两条，仅于1927年7月以前适用。

（五）原有三校在学学生归入大学以前已修之科目由各学院审查后，认为所授与大学程度相当时，准其免修；其不相当者，由各学院酌量情形，另定办法。

（六）原有三校已毕业学生，一律为广东大学同学会会员。

（七）未改大学以前，原有三校毕业生，如欲得本大学学位者，准其补习大学课程，其应补习之科目及学分，由各学院规定之。

（八）凡前在原有三校毕业，现在本大学转任教职员者，如欲履修大学课程，亦得酌量选修。惟至多每学期不得超过六学分。其欲多选科目者，应酌量

① 《大学筹备处之组织》，见《广州民国日报》，1924－3－20。

情形，改为兼任教职员。[①]

邹鲁任筹备主任之后，积极聘请国内外饱学之士来校做教授。到1924年7月，所聘定海内外名人有：张真如（英美两国哲学博士）、费鸿年（生物）、谢无量（国学）、周鲠生、皮宗石（理科）、许崇清（教育）、周佛海（经济）、萧诚、王雪艇、黄国华、梁龙、马洪焕等。

筹措经费，是筹备工作的一项重要内容。前节已叙及，“其时教育经费为数甚少，三校合计不过五十余万，且復时时欠缺。现状尚难维持，遑论改大。”[②] 为保证筹备工作的开展和国立广东大学的顺利开办，孙中山亲自动手筹措资金。因此，尽管军事紧迫、财政困难，广东大学的教育经费却不降反增。他还先后以大元帅的名义拨给广东大学数宗款项作为办学经费，并以行政命令敦促各方执行。

为尽可能地筹款，国立广东大学筹备处专门设立了财政委员会，由当时的财政部长叶公绰、建设部长林森、广东省长廖仲恺、政务厅长陈树人、财政厅长郑洪年、两广盐运使邓泽如、广州市政厅长孙科、财政局长陈其瑗、公安局长吴铁城等人任委员。随后，学校又成立广东大学经费运动委员会，发起声势浩大的广东大学经费运动。1924年3月7日，广东大学经费运动委员会在广东高等师范大学大礼堂召开联席会议，就筹措经费问题作出几项重要决议：（甲）用中日英三国文字发表宣言书，其要点为：（一）改大之必要，（二）改大须争回经费，（三）改大有裨于社会文化事业，（四）力争庚子赔款及关馀；（乙）致电国内外机关及团体；（丙）联络各界举行示威大运动。至其宣言及电文，已举出委员起草，大约日间即可拟就。[③] 同时，学校还积极展开对外宣传活动，通电全国，力争关馀及庚子赔款充作广东大学的办学经费，并派人在广州市内分途演讲，散发传单，以引起社会的援助。

随后，国立广东大学经费运动委员会分派专员，分别联络各界共同筹备经费。1924年3月13日，国立广东大学经费运动委员会在广东高等师范学校钟楼召开欢迎报界会议，《现象报》朱乃斌，《广州民国日报》吴荣新，《七十二行商报》郭赞泉，《光报》廖云翔，《国华报》孔公伟，知用学社《学声》编辑陈书农，世界新闻社周定彝、陈润秋，海明通讯社罗广福等人参加了会议。会上，各报记者均表示支持广东大学经费运动，并提出了一些建设性的意见。廖云翔主张“该会联络各界，一致进行”。孔公伟提出“合全学生界之力，作一大规模之运动，以唤起一般社会之注意。另刊西文出版物，专向各国宣传”。吴荣新建议“联络教育界，再合各界之力，作大规模之经费运动，以供一切文化事业之需求”，并表示《广州民国日报》“愿担任一星期特刊，以作此种运动之宣传”。会议决定稍后即“联合教育界及各界开一大会，以求博得群众之同情，而便于进行”[④]。广东大学经费运动正式拉开序幕。报界的支持，为经费运动提供了有力的舆论和宣传保证。同年3月23日，广东大学经费运动委员会邀集广东总工会、广州欧美同学会、广东全省教育会、广州学生联合会、广东全省商会联合会、广东大学筹备

① 《三校合并办法》，见《广州民国日报》，1924-5-14。
② 《国立广东大学概览·发刊词》，见《国立广东大学概览》，1925年版。
③ 《广大经费运动》，见《广州民国日报》，1924-3-8。
④ 《教育经费运动之开始》，见《广州民国日报》，1924-3-14。

会等在广东高等师范学校举行会议。广东大学经费运动委员会请求一致赞助敝会争回关馀赔款、创办大学，以谋中国文化事业之建树。到会代表纷纷表示支持。广州学生会代表伦湛恩发言表示："此次经费运动，纯属一种文化运动。关馀赔款之争回，敝会极端赞成。"商会联合会代表邓公沛表示："学生诸君有志争款兴学，系谋我粤省百年大计，商界一致赞成，共谋进行。"随后，广东大学筹备会代表邹鲁向大会介绍了此次争款兴学的种种经过，并指出若争款成功，将造福于广东、西南、整个社会和国家。最后，各代表共同议决出了争款办法："（一）由各团体联名发表争回关馀赔款兴学之宣言；（二）由各团体联名通电中外各界及政府；（三）宣言电文发表之后，由各团体结合全体人民，举行示威运动，全体到沙面表示诚恳请求各国领事之赞成。"①

广东大学的经费运动，得到了社会各界的支持。1924年3月13日，广东学生联合会致电北京公使团，强调"粤省应得关馀，粤人势必继续力争，务使广东人民之财，供应广东地方之用。此目的一日不达，则一日不肯罢手"。争回的款项主要用于创办国立广东大学。电文称："现粤政府已将高师、法大、农专三校合并，筹设大学一所，此诚建设上第一要着。惟款项巨大，无所从出。现粤中学界数万人意见，即将广东应得之关馀，移为兴办大学经费，此为我粤省真正之民意。"② 5月12日，广东省教育会、广东全省商会联合会、广东总善堂总所、广东学生联合总会、广东总工会、留东同学会、国立广东大学经费运动学生委员会联合发表《请争广东关馀及欧美各国退回庚子赔款为广东大学经费宣言书》。宣言书指出，社会国家的进步在于人才，而人才的培养在于教育。教育是立国之要端，大学是储才之根本。国立广东大学，"萃西南各省之秀，实南方最高最大之学府"，规模宏大，需要巨款。因此请争广东关馀和各国退回庚子赔款为办校经费，如能得此款项，"实能收教育上最普遍最高深之功效"。异日学府宏开，人才辈出，实乃神州赤县之光。③ 紧接着，国立广东大学经费运动委员会，又与留东同学会、广东省教育会、广东全省商会联合会、中华工学会、广州学生联合总会等联合发表《关于日本退还庚子赔款用途提议之声明》，指出"广东现正筹设综合大学，期为西南事业之中枢"，若能争得日本退还的庚子赔款，"以此款设立一应用研究所及广东大学图书馆，实乃吾人共同之希望。诚恐外界不察，以为吾人之意见，未能一致，使人无所适从，用特不惮辞费，郑重声明。深望邻邦当局，了解广州在中国之地位，使与北京、上海有同等参加此项事业之机会，庶几文化无偏枯之弊，而事业有圆满之功。"④

在争回庚子赔款以作广东大学经费的事件中，邹鲁投入了大量精力，耗费了许多心血。他还特以中国国民党中央青年部长的身份，将此事在中央执行委员会第四十次会议上提出。他指出："各国庚子赔款，定为教育经费，系吾党政纲。争庚子赔款一部分为广东大学经费，系本会之决议案。现各国庚子赔款已陆续决定退回，军阀群思染指，……吾党亟宜本政纲决议，对内对外，严重宣言，一以打消军阀之阴谋，一以发皇吾党之主张。"⑤

邹鲁还特地走访了驻粤英领事，争取将部分庚子赔款用于广东大学的筹建。当时英

① 《各界之教育经费观》，见《广州民国日报》，1924-3-24。
② 《学生会主张关馀办学》，见《广州民国日报》，1924-3-14。
③ 《筹划广大经费运动，请争关馀及赔款宣言书》，见《广州民国日报》，1924-5-12。
④ 《退还赔款用途宣言，表明坚决一致之主张》，见《广州民国日报》，1924-5-14。
⑤ 《力争赔款为广大经费》，见《广州民国日报》，1924-7-11。

国领事尚在犹豫，担心款项被挪作别用，邹鲁于是向其力陈孙大元帅注重教育的决心。此后邹鲁又拟定正式公函，请英领事转交该国驻北京公使转达英政府核办。邹鲁还与胡汉民致电正在伦敦的蔡元培，请他作为代表去与英政府交涉，"并声明此款用途，除一部分为广大扩充校舍建筑费外，余悉在英国购买机械、仪器、图书"①。经数番努力之后，终于争回款项20余万元。

在制度、师资、经费、生源等诸种办学要素皆齐备之后，国立广东大学定于1924年9月15日正式上课。当时，学校并没有举行开学典礼与成立典礼。9月30日，学校举行了第二次校务会议，会上议决了此事，决定组织筹备会议，选择日子补行成立典礼。后又经校务会议复议，将开学典礼及成立典礼日定于1924年11月11日。这一日，也就成为国立广东大学的校庆日②。

据1925年出版的《国立广东大学概览》，学校及各系负责人③如下：

校长：邹鲁

代理校长：褚民谊

文科

学长：陈钟凡

中国文学系主任：吴康

英国、外国文学系主任：陈长乐

哲学系主任：黄希声

史学系主任：萧鸣籁

理科

学长：徐甘棠

数学系主任：徐甘棠

物理系主任：柳金田

化学系主任：陈宗南

生物学系主任：费鸿年

地质学系主任：黄著勋

法科

院长：梁龙

法律系主任：卢兴原

经济系主任：梁明致

政治系主任：黄季陆

农科

院长：邓植仪

农艺系主任：欧华清

农艺化学系主任：利寅

---

① 《胡邹为广大力争校款》，见《广州民国日报》，1924-5-30。

② 1951年，中山大学校长许崇清、副校长冯乃超致电中央人民政府副主席宋庆龄，建议将中山大学校庆日改为11月12日（孙中山先生的诞辰），以符合原纪念之意。从1951年开始，学校将11月12日定为中山大学的校庆日。

③ 《教职员表》，载《国立广东大学概览》，1925年版，第1～14页。

推广部兼林学系主任：黄植
农场主任：黄晃
预科主任：林炳光
秘书长：李晓生
会计主任：赵德新
图书馆主任：吴康（兼）
注册部主任：郑梓楠
出版部主任：谭克敏
庶务部主任：邹就丞

（执笔：吴定宇）

第二章 “广大”掠影

广东大学为孙中山先生于1924年手创，她与黄埔军校共同作为国民革命军事、科学人才的根据地和摇篮。

国立广东大学的创立，也体现了孙中山“联俄，联共，扶助农工”的三大政策，自然，她也是第一次国共合作的结晶。

俄国十月社会主义革命对晚年孙中山影响较深，他多次讲到要学习十月革命的成功经验，他教诲两校的学生，要绝对服从革命事业，要有献身革命事业的精神。显然，这也促使他后来派遣了留俄学生。

国立广东大学的创办，也有中国共产党的贡献。李大钊当时就是应聘的筹备员之一。李大钊后来还推荐了曾与他一起在北京建立共产主义小组的张申府到国立广东大学任教授兼图书馆长。1925年9月，毛泽东兼任广东大学附中教员，每周到校讲学两小时，讲授农工政策。其他共产党员如孙炳文、熊锐、吴玉章、王若怡、章伯钧等也曾被聘为广东大学教授或兼职教师。

1926年春夏之交，广东大学特别区党部举办以中共广东区委军委书记周恩来为负责人的军队政治干部训练班。国立广东大学政治研究班聘请了恽代英、黄日葵、张太雷、邵力子、孙炳文、熊锐、于树德、阮啸仙等人为教授。

这时的国立广东大学，文科分设中国文学、英国文学、史学、哲学、教育学五系和高师的文史、英语、社会三部；理科分设数学、物理学、化学、生物学、地质学五系和高师之数理化、博物二部；法科分设法律学、政治学、经济学三系；农科分设农艺学、林学、农艺化学三系和农业专门部；医科不分系，附设第一、第二医院及护士学校；预科分设文、理、法、农、医五组，另附属初级师范及中小学，全部依据西方新学制办理；各科设学长、预科及附校设主任，分别办理教务；设秘书处、会计处、图书馆，分别办理校务、组织校务会议，以评议、筹划重要校务；设工科筹备委员会，拟增办工科，并设法国里昂大学海外部，遣派留法学生。

第一节 开学伊始

1924年6月21日，国立广东大学校长邹鲁遵令在原高师礼堂就职任事，同时举行原国立广东高等师范、广东法科大学、广东农业专业学校三校毕业生的毕业典礼。原三校师生及毕业生共2000多人参加了大会，党政要人胡汉民、陈树人、许崇清，军政部长程潜等也出席了大会。受孙中山委托，大元帅府总参议胡汉民以大元帅名义向原三校毕业生致训词，张继、徐谦、许崇清，以及教师朱秩如、潘震亚等依次上台演说，勉励毕业生出校以后，将所学贡献于国家。①

早在1924年5月，筹备处就制定了招考新生的办法。办法规定："师范学院，决定停止招考高师在附师班新生，法科学院、农科学院，亦停止招考专门班新生"，"大学只招考文、理、法、工、农五科预科学生"②。筹备主任邹鲁于1924年6月3日将筹备工作进程、准备招预科生等情况呈现报于孙中山审查。邹鲁提出，现在工科学理较深奥，且注重实际应用，考虑到学生的实际，所以，先招预科生。6月初，邹鲁还致函全国各省的教育厅，特别说明国立广东大学为大元帅孙中山所创办，原有三校学生改校合并，尚急需增添招考预科学生，并且具体列出了招考事宜的详情。邹鲁还为此制订《预科招生简章》③，其要点有：拟招预科新生690名，其中文科组200人、理科组150人、法科组180人、农科组100人、工科组60人。考生必须为旧制中等学校毕业者，或新制中等第四年修业完竣者，或有上述同等学历者。考试地点为：广州的在本大学，外省的在各代办招生处。考试分初试和复试两种，初试不及格者不得应复试。报名日期：广东省内6月10日至8月25日；委托的代办招生处报名日期至7月15日截止。简章还规定，严格审查考生的证书、说明书和体格检查。

国立广东大学第一次招考预科生的情势良好。全国各地报名者共有1260人，经过初试和复试之后，最后录取372人。尽管录报人数之比较小，但学校实际上也还未完成招生计划，372名录取人数不到招生计划520名的五分之四。可见，国立广东大学的预科生招考重质不重量。据1924年下学期统计，广东大学有本科生764人，预科生532人，附属师范、中学、小学及幼稚园学生1228人，全校学生共2524人。④

（执笔：肖向明）

第二节　初具规模⑤

《国立广东大学规程》规定：校长由行政元首任命，其权责是对外代表全校，对内主持本校事务。学校的组织体系大致如下：

设大学参议会，其组织及职权，依照《本校特别会计规程》⑥而确定。筹集经费，审定每年岁入岁出预算，并制定基金保管之方法。由省议会议长、广东省长、广东教育厅长、广东财政厅长、广州市市长、广东教育会长、广东大学校长和各科学长，及资望财力能助大学之维持及发展而经大学聘请者构成，但聘请之人至多不得超过5人，任期3年并得连任。国立广东大学校长召集大学参议会，为参议会之主席。

---

① 《广大毕业纪盛》，见《广州民国日报》，1924-6-23。
② 《广大招考预生》，见《广州民国日报》，1924-5-28。
③ 《国立广东大学规程集》，1926年版，第24页。
④ 梁山、李坚、张克谟：《中山大学校史（1924—1949）》，上海教育出版社1983年版，第9页。
⑤ 本节主要依据《国立广东大学概览》"组织"和"学制课程"部分（1926年版）两部分写成。藏中山大学图书馆校史室。
⑥ 《国立广东大学规程集》，1926年版，第81页。

又设大学校务会议，其职权是：①议决大学一般进行计划及关于学生入学毕业程度事项。②议决各科各系之设立、废止及变更。③议决科目或讲座之设立或废止。④议决学位之设定。⑤议决奖学金之设置及给予。⑥议决大学内部规制之制定、废止及变更。⑦审议预算。⑧议决关系全校之学术讲演及出版事项。⑨议决关于大学之纪律事项。⑩议决校长交议事项；各分科教授会或预科教授会提议或请求的审议事项。⑪审议其他关于大学全体事项。

校务会议由校长、各分科学长、预科主任、全校教授互选若干人（任期一年，但此项人员总数不得超过分科学长之总数）组成。校务会议开会时，以校长为主席，以秘书长为书记。

为了革新校务，国立广东大学组织了评议会。根据《本校评议会组织大纲》①，评议会组成人员为：每科全体教员举出代表一人（但出席校务会议者不得当选），附中及附小全体教员各举出代表一人，每科学生举出代表一人，附中学生举出代表一人，秘书处全体职员举出代表一人，秘书长、图书馆长、会计主任、军事教育部主任、童子军主任、附属医院院长、体育部主任、医务主任、农场主任、校园主任、舍务主任。校长遇必要情况时，随时召集或出席评议会。评议会职权：①评议校长或校务会议交议事项。②建议扩充整理及改革校务事项。评议会设主任一人、副主任一人、书记两人，均由会员互选之。

学校设立了教授联席会议，以方便联络与整理各科教务，方便获取各种校务改良的建议。据《本校教授联席会议规则》②：会议由校长及全体教授组织。会议每月至少开常会一次，定每月第一个星期六下午一时开会，但校长认为有必要时，或有教授5人以上之提议，由校长召集开临时会议。会议以校长为主席（校长有事不能出席时，由列席教授推举临时主席）。校长指定秘书一人为书记。校长和教授均可以提案，但教授的提案须有3名教授以上副署。提案须先送校长，以备编入议事日程并预先函告各教授。若临时动议须得列席教授5人以上之附议，方成议案。本会议可应审查事项时，由列席教授投票选举若干人为审查员。

教授的作用在国立广东大学办学过程中得到特别重视。《国立广东大学规程》③ 规定，大学本科各分科，设分科教授会，以分科教授组成；分科各系设系教授会，由各系教授组成。分科教授会的职权：①编制各该科之课程施行细则。②审议各该科学生入学升级及毕业事项。③审议关系各该科之学术讲演及出版事项。④筹划各学系科目及设备之联络事项。⑤草拟各该科预算。⑥审议其他校长或校务会议交议、各系教授会提议及请求审议的事项。各分科教授会以各分科学长为主席，而分科学长由校长就该分科教授中指任，任期两年。各系教授会职责：①编订各该系课程施行细则。②筹划各该系教学上之设备。③审议其他校长或校务会议及分科教授会交议事项。系教授会以各系系主任为主席，各系系主任由各系教授互选，任期一年。

全校还设各种特项委员会，如文理科选科指导委员会、法科选科指导委员会、图书馆委员会、出版委员会、争赔款临时委员会、聘任委员会、学生纪律委员会、考试委员

① 《国立广东大学规程集》，1926年版，第9页。
② 《国立广东大学规程集》，1926年版，第10页。
③ 《国立广东大学规程集》，1926年版，第4页。

会、购置审查委员会、海外部（主要派遣留学里昂中法大学的学生），以分理各项事宜。1925年2月6日，孙中山令将里昂中法大学海外部依照原案定为国立广东大学海外部之一。海外部学习名额暂以60名为限。1925年未经考试，派文科教授吴康、附小主任谢清及大学毕业生龙詹、张农、李佩秀、董绮文、陈书农、颜继金、郑彦棻、彭师勤、刘克平、林祖泽赴法留学。1927年起改为考试录取后再派遣。①

除秘书处、会计处及文、理、法、农各科学长和预科主任等办事处外，又于文科、理科学院设图书总馆和体育部，统一管理全校图书及体育事宜。法科、农科两学院分设图书馆、体育部等，便于联络办理一切。文理、法、农三院均设校医、舍务两部，办理医疗、寄宿事务。农科设有推广部及农场，办理农林推广及师生研究实习事宜。

国立广东大学职员的构成是：秘书长、秘书及事务员、图书主任、仪器主任、会计主任、学院院长。②

国立广东大学创办时设文、理、法、农四科，1925年秋，收归公医医科大学为医科，1926年春，增设专修学院，招收校外学生入学。三校合并改为广东大学之后，原有学生，有不愿履修大学预、本科课程者，仍循原章修业，故本、预科外，专设有高师及专门部以办理之。③ 故此时广东大学所设科系为：文科设中国文学、英国文学、史学、哲学、教育学五系，以及高师的文史、英语、社会三部；理科设数学、物理学、化学、生物学、地质学五系，以及高师的数理化、博物两部；法科设法律学、政治学、经济学三系以及法政专门部；农科设农学、林学、农林化学三系以及农业专门部；医科不分系，附设第一医院、第二医院、护士学校，另设解剖学研究室。此时中学大多为四年制，故设预科以提高学生水平，使其适应大学学习，预科相应设置文、理、法、农、工五组，后来增加医科组，学生修习两年再升入本科。

学制及课程④：国立广东大学分预科和大学本科及研究科。预科修业年限定为2年；本科修业年限定为4年；医科学制为6年。每年8月起至次年7月底为一学年。每学年分两学期，第一学期为8月至次年1月，又称上学期；第二学期为2月至7月，又称下学期。

预科各组（含文、理、法、农、工及后来的医科组）采用年级制。各组学生均必修的课程是国文、第一外国语、第二外国语、数学、数学演题、政治概论、体育。文科组和法科组开设地理、历史、伦理学；理科组、农科组和工科组开设物理、化学，理科组的预备数理化科与工科组开设机器画（即机械制图），理科组的预备生物地质科与农科组及医科组开设动物、植物、自在画（即绘图）。

学校还制定了处置预科不及格学生的办法。⑤ 其规则是：各科成绩低于50分的不准补考；50分~59分的准予补考（在开课后两周举行），其成绩按九折计算；如补考仍旧不及60分的与上述低于50分而不准补考的，还可以继续上课，等学年结束时考核第二学期所学，成绩须70分以上方为合格；第二学期该科成绩合格的，可以补考前一学期不及格的科目，分数仍以九折计算。修满学年规定科目，全部及格者，准予毕业，

① 梁山、李坚、张克谟：《中山大学校史（1924—1949）》，上海教育出版社1983年版，第6页。
② 《国立广东大学规程集》，1926年版，第6页。
③ 《国立广东大学概览》，1926年版，“组织”部分第6页。
④ 各学科课程参见《国立广东大学概览》中的“学制课程”部分，1926年版。
⑤ 《本校处置预科不及格学生办法》，载《国立广东大学规程集》，1920年版，第29页。

授给预科毕业证书。

本科分设文、理、法、农、医科学院，未转入广东大学的原来高师、法政、农专的学生仍旧依照各校原有的章程、课程读至毕业。文科采用单位制，“单位”即学分，一个单位为一个学分。学生在校必须学满160学分（一学期中每周授课一小时为一学分）。学习课程分必修与选修两种。每学年所修科目，至多不得超过22学分，至少不得少于18学分。学生每科目之学期总成绩满60分方算及格，然后给予该科目原定单位。但某科目逾缺席定限时，则该科目之学期总成绩虽及格，亦不给予单位。凡必修学科的成绩如有不及格的应重修；选修的学科成绩不及格的也须重修或改修其他科目。文科各科所采用学习制度不同，课程设置多少不等。

理科采用选科制，办法与文科基本相同。科目分必修和选修两种，学生除每学期须按规定修习本系必修科目外，可任选别系科目补足额定修习的单位。每学期修习的单位限额与文科相同，单位计算每周上课一小时、自修一小时且历时一学期为一单位，实验时间则以两小时为一单位。

法科采用年级制与选科制相结合的办法，分必修课和选修课两种，必修课与选修课均须按课程上规定的学年次序修习。除了课程所定课时，各课程另设演习课时，演习的种类由教授会确定。特别规定，法律、政治、经济三系不适用单位制。

农科也采用年级制与选科制相结合的办法，内部分为农学和林学两部，学生入学时须认定其中一部，课程也分必修课和选修课两种。除了撰写论文以外，农学学生须修满144学分（单位），林学学生须修满141学分（每一学分系每一学期每周讲授一小时或实习二小时以上计算）。

医科则采用学年制，各科课程时有改变。

各科学院各学系根据专业需要设置课程，中山主义讲座为各科各系必修；第一外国语（英语）为各科必修，第二外国语（法、日、德、拉丁等语）为英文系必修、其他系选修，中山主义讲座和外国语计算学分①。各科、系每学年举行考试，以决定学生的升级、留级。学生最后一学年撰写毕业论文，参加毕业考试。毕业论文要经过论文鉴定和口头复试，学生提交的毕业论文，先经论文鉴定合格后才能参加口头复试。学生各科成绩不及60分的为不及格，但计算学年成绩须加上平时成绩。采用年级制的本科生每学年有三分之一以上的科目不及格的，不得升级，已考试及格的科目可以免修。本科生每一科目全学年缺席课时超过该科目授课课时五分之一以上的，不得参与该科目的学年考试，有特殊原因的由教务会议议决变通办理。修满各学科规定学年、科目，修业成绩全部及格者，准予毕业，授予该科的学士学位。②

（执笔：肖向明）

---

① 梁山、李坚、张克谟：《中山大学校史（1924—1949）》，上海教育出版社1983年版，第10页。

② 《国立广东大学概览》中“考试毕业学位”部分，1926年版。

第三节　传道授业

国立广东大学的教课事宜由教授、讲师、助教及助理员承担。教授是教学、科研以及学术交流的骨干力量。《国立广东大学规程》之“教职员之任用及待遇”① 规定：教授由校长提出，经聘任委员会审查合格后聘任。聘任委员会由校长征得校务会议同意，在教授之中任命7至9人组成，任期一年，每分科至少有委员一人。第一次聘任委员会由校长征得大学筹备会同意指定担任。国立广东大学教授除有特别情形及特定情况外，第一次聘任以一年为期，续聘至四年者任期无限，但须经大学校务会议议决，由校长解除聘约。教授为专任教职，在不妨碍本校教课范围内且经大学校务会议同意，方可在校外兼任教务或其他职务。《本校教员待遇细则》② 规定：教授兼任校内职务，不另支薪水。根据其在校年期进级，每三年期满月薪递进一级，如校长认为必要时可特为进级。教授连续服务满6年者，经所属分科教授会议同意，可休息一年，照支全薪。教授在职满20年退职后应享受年金。为了促进学校与其他国立公立大学的教学与学术的交流，国立广东大学还制定了《本校交换教授暂行规章》，对校际教授的交流、交换作了详细的规定。③

讲师的聘任手续与教授聘任规定相同。讲师聘任以一年为期，续聘时，凡未特别明确年期的，其聘约亦以一年为期。讲师的解约手续参照教授解约的规定。讲师的薪俸按教课课时计算。助教经各系教授会或各分科学长的提议，由校长提交聘任委员会审查合格后，由校长聘任。助教在所属分科教授指导下，助理实习事务并得分任教课。助理员依各分科学长的提议，由校长任用。助理员承所属学系教授指挥，助理实习事务。

细则还规定：聘请教员以一年计算，每年薪水由8月1日起至次年7月底止。第一学期开学后聘请的教员，其第一个月薪水，在该月15日前授课的支一个月全薪，在该月15日之后授课的仅支一个月的半薪，其余按月计算至7月底止。教员除有特别情形或特定者外，月薪由200元起，每一级加20元，至500元为止。教员中途辞职或学校辞退教员，均须先期两个月正式用书面通知。学校辞退教员，除其在职期间应领薪水外，另送一个月薪水；但对任职满3年的教员，则另送3个月薪水。教员辞职薪水计至授课停止之日止。

《本校教员兼课条例》④ 规定：专任讲师如在校外或本校附属学校兼课，必须先得到校务会议许可，如同意其兼课者即改为讲师。专任讲师每周任课最多不得超过15小时；讲师在本校所授科目同一学期不得超过3科。讲师每周授课时间，无论校内外，总计不得超过20小时。

国立广东大学秘书处注册处1926年5月编制的《国立广东大学全校职员表》表

---

① 《国立广东大学规程集》，1926年版，第5～6页。
② 《国立广东大学规程集》，1926年版，第12～13页。
③ 《国立广东大学规程集》，1926年版，第11页。
④ 《国立广东大学规程集》，1926年版，第13页。

明，这个时期学校的教授多来源于留洋学生，依次为留美、留日、留法、留英学生；另一部分为国内大学如北京大学、广东高等师范、两广方言学堂出身；也有前清举人、贡生等。大学部教师共有119人，教授、讲师均为53人。①

并入广东大学之前，原来学校就拥有一批学有所成、颇有名望的教授和专家。如理科的邓植仪、丁颖、沈鹏飞、侯过、利寅等。为调整和充实师资队伍，学校陆续聘请来不少学有专长的著名学者，如文科的郭沫若、郁达夫、成仿吾、穆木天、郑伯奇、冯友兰、周佛海、陈启修、陈钟凡等；理科的何衍璿、张云、陈可忠、陈宗南、王若怡、黎国昌、费鸿年、黄巽等。他们给学校带来了新的教学与研究的风气。国立广东大学成立时，杨寿昌教授为文科学长，郜重魁教授为理科学长，梁龙教授为法科学长，邓植仪教授为农科学长。②

为使学生方便，国立广东大学颁布了《学生入学须知》（以下简称《须知》）③。

《须知》规定了入学手续、报名、检查体格、考试手续等。华侨学生及外国学生的入学资格另有规定。《须知》特别规定：无论投考本科预科，须于考试前检查体格。检查体格注意于肺脏、心脏等重要脏器，不合格者不得参加初试。预科招收毕业于旧制中等学校者，或在新制中学四年修业完竣者，也招收具有同等学历者。预科初试科目有国文：作文（文言至少300字）、解释文义（用白话解释文言）；英文：文法、作文、翻译（英汉互译）；数学：算术、代数、平面几何。复试科目有中外历史、中外地理、英文默写等。本科招收国立各大学预科毕业生、公立或私立大学预科毕业生、高等专门学校毕业生、新制高级中学毕业生。

学生报名时必须当场呈缴证书，所有申请先准报名、随后补缴证书等情事概不通融。至于当年毕业尚未领到证书者，必须具有该生毕业学校之校长公函证明本年正式毕业。报名所填科组及姓名、年龄，如经考取入学后，不得请求更改。已经缴纳的试验费及相片概不退还。

考取各生须于10日内觅妥保证人（保证人以有正当职业及固定住址者为合格保证人，以后失其资格时仍须另觅保证人）到注册部报到，填写入学愿书及保证书，办理注册。如逾期不来注册者，除有特别理由报明核准外，否则取消入学资格。

入学时学生应缴学费，预科文科、理科、工科、法科、农科各组学费为全年总数平分两学期缴纳，先缴第一学期。具体如下：文科理科工科组30元，法科组36元，农科组24元；每名学生入学时一次缴纳保证金10元，毕业时发还；杂费（体育费、实习费、图书费、制服费、学生会费、医药费、寄宿费）入学时一次缴足全年总数。本科费用：学费方面，文科法科学生50元，理科工科学生40元，农科学生30元；实验费按实验的学分计算，每学期每一学分收费1元；其余收费依照预科规定征收。

《须知》附录的《国立广东大学学生转学及收受转学生规则》对学生转学问题做了规定。《广东大学法科学院选科生章程》为补充法科学院本科的缺额招收选科生做了具体的规定。《国立广东大学旁听生规则》对旁听生的学历、求学目的、学费、权利、纪

① 《国立广东大学概览》，1926年版，第1~14页。
② 梁山、李坚、张克谟：《中山大学校史（1924—1949）》，上海教育出版社1983年版，第7页。
③ 《国立广东大学概览》“学生入学须知”部分，1926年版。

律等作出了说明。①

为训导学生品行、维持全校风纪，学校制定了《本校学生纪律委员会章程》②。学生纪律委员会由校务会议在教授中选任每科组成，任期一年，校长及分科学长、预科主任为当然委员，校长为主席。该委员会的职权，除开除学生事项须经校务会议议决外，有监察学生及决定学生纪律事项之权。以会员三分之二以上出席会议为法定人数，以出席人数三分之二的同意为通过议决案。议决事项函知校长后分别执行。

学校注重校纪，《本校学生请假及旷课规则》③ 严格规定，学生除例假及特别放假外，出校或缺席均须请假。请假必先声明时段，若逾期作记过处分；未经请假擅自旷课者，将缺席时间双倍计算（如一小时作两小时），并另行察看情节酌定惩罚；学生对于一科目连续缺席至3次者，由该科教员或学监报告学长通信训诫，训诫后复缺席3次者以犯规论；学生打钟后5分钟才到教室者作迟到论，15分钟才到教室者作缺席论，下课钟未鸣以前退出教室者作早退论，迟到或早退两次均作为一次缺席；学生于开课后一星期不返校或放假前一星期预先离校者，其旷课次数以双倍计算；学生未得到学长及教员许可而缺席者，除由学长酌量办理外，其缺席次数以3倍计算。

学生管理的法规，还有《本校学生团体在礼堂开会规则》、《本校海外部派遣留学里昂中法大学学生章程》、《本校宿舍规则》、《本校军事教育章程》、《本校学生会章程》等，分别有章可循。

关于学生培养方面，有一件事特别值得注意。1925年11～12月，国立广东大学为第一批留俄孙文大学学生启程赴俄的制装费申请补助。这批学生的名单有：王志鸿、邹仕恬、黄菊、朱瑞、方陶、廖化机、李琳、李彦良、陆那杰、刘慕强、邵负昌、黄永伟、朱国桢、邓汉钟、方檀 、林耀寰、黄发莲、区就宪等18位。校长邹鲁在11月24日致国民政府呈文中说道，现据职校学生王志鸿等十八人呈称：窃生等昨经考入莫斯科孙文大学，并闻启程在即。惟查此次留俄学生，其制装费及川资共计大洋二百五十元，其中由中央党部津贴每人大洋一百元外，其余大洋一百五十元，须各生自备等。伏思本校为西南最高学府，且为先总理所创办，对于研究革命方策，发扬东方文化之举，自应极力鼓吹。今中国学生选派留俄孙文大学，即为中俄智识阶级第一次之携手，本校对此更应特别提倡。而对于本校学生之考取者，理宜津贴制装费。盖非此不足以奖励将来也。况查各军官学校，共保送留俄学生四十五人，及自行考取之军校生若干人，均由该校按人数发给制装费大洋一百五十元。并查执信学校，亦考取八人，该校亦各发给制装费优待学子，诚属得宜。且动程在即，生等多属家居远方，一时实难筹措。故敢据上情由，特呈请钧会转呈校长准予津贴制装费每人大洋一百五十元，谅区区小数，校中极易筹拨。且此举尤足表现本校热心革命之精神，不贻外人以口实，而不让执信、军校等校专美于前也。再生等入校时缴纳之保证金，亦请同时退还，俾充川资，其理固甚明。所呈各节，恳请照准，并即批示祗遵等情。据此。当以该生等赴俄留学，系为研究革命方策，且多属寒士，自应由校津贴制装费，以示优待。惟职校经费正值拮据，而该生等首途在即，未免延误，可否由钧府令行财政厅，将该生等应自备之制装费每人大洋一百五

① 此三项规则参见《国立广东大学概览》，“学生入学须知”部分，1926年版，第6～8页。
② 《国立广东大学规程集》，1926年版，第14～15页。
③ 《国立广东大学规程集》，1926年版，第22～23页。

十元，共大洋二千七百元，由库拨发，俾该生等得早日成行。①

12 月 2 日，国民政府立即着令广东财政厅长宋子文解决了经费问题。

（执笔：肖向明）

第四节 课堂内外

国立广东大学创办后，积极开展了教研活动，并十分注重学术交流。

文科教职员与学生组织广东大学文科乐群会，旨在本着“敬业乐群”的精神，从事艺术创作与欣赏，发展心能、提高情感，创造“美”与“善”的共同生活。该会分音乐、书画、戏剧、文艺、雕刻、游戏六项。平时研究或练习，每人须至少认定一项；举行游艺大会时，由各会员表演所长，或陈列展览其创作作品。该会的集会方式有大会、游艺会、研究会、郊游会四种，经费来源主要是会员常费、学校补助、捐款。学校为了奖勉体育发展，在 1926 年 5 月 20 日举办了体育演讲大会。②

文科学院编制了课程指导书，对大学部、高师部的学分（修满 160 单位）、必修选修课程作了仔细的说明和规定。选课时须携带前学期的成绩表以便指导员审查；属于各系的科目由各系的指导员署名认可，不专属于某一系的科目由普通指导员署名认可。各系指导员为：中文系吴康、杨寿昌；外国文系陈长乐、何乃成；史学系萧鸣籁、伦达如；哲学系教育系黄希声、陈荣；普通指导员徐甘棠。

文科学术活动比较活跃，学术讲演较多。如陈钟凡教授讲演《唐诗之修辞学》、《儒家之态度及其精神》。1926 年 4 月 12 日举行孙中山纪念周，学校特邀请伍朝枢讲演《欧大战前各国之形势与战后世界之变迁》，次由周恩来讲《国民革命当中之工农运动、学生运动》，再由法国学者穆南讲《商业都市与文化都市之对抗——加尔达果与罗马》。③ 出版文科学院丛书、季刊两种。设世界语为公开讲座，由黄尊生教授担任，演讲国际语问题及简易速成法。④

1926 年春，创造社的创始人及组织者郭沫若、郁达夫、成仿吾、王独清等一班人的到来，给国立广东大学带来了一股新鲜的空气。⑤ 此后，创造社的重要成员郑伯奇、穆木天、何思敬相继从日本毕业，也应聘来校担任文科和法科教授，使国立广东大学成为创造社人才的聚集地。在文科学长郭沫若的直接领导和带动下，整顿文科，文科学院的学术活动开展得有声有色。此一时期，郭沫若在学术研究和文艺创作方面有学术论著《周秦以前古代思想之蠡测》、历史剧作《三个叛逆的女性》等。

---

① 中国第二历史档案馆编：《中华民国史档案资料汇编》第四辑（二），江苏古籍出版社 1991 年版，第 1640 页。

② 《广大开体育演讲大会》，见《广州民国日报》，1926－5－21。

③ 《昨日广大举行总理纪念周中伍朝枢周恩来穆南三先生演讲》，见《广州民国日报》，1926－4－13。

④ 《广大新设之公开讲座》，见《广州民国日报》，1926－3－25。

⑤ 《广大学生欢迎郭沫若》，见《广州民国日报》，1926－3－26。

1926年4月成立了以“发扬东方固有文化，介绍新文化”① 为宗旨的国立广东大学东方学报社，成立会上推举校长褚民谊为社长，编辑部主任为郭沫若等。该社每月出版《东方学报》一期，由社员负责分任每期撰稿一篇。

理科学院也制定了学生选课指导书，办法与文科学院相同。各系指导员分别是：数学系、物理系徐甘棠；化学系陈宗南；生物系费鸿年；地质系黄著勋；普通指导员徐甘棠。生物系的费鸿年教授还在校内另辟小办公室和实验室，添置图书资料仪器设备，为教员之间讨论研究提供便利。此法效果颇著，物理、化学等系纷纷起而效之。每星期六晚上，他们还举行讲演，内容涉及科学和时事。② 生物系与南方生物学会在1926年5月至6月间共组生物采集队，于广州近郊采集植物300余种，后陆续整理编成《广州植物志》③。地质系冶金科派人去增城采集矿石回校冶炼，其成品金质九成以上、银质七成以上。④ 理科学生发起成立了化学会。⑤

法科学院根据自身学科特点，制定了一些特殊的规则。其中“演习规则”⑥ 规定，每一演习科目每学年至少演习三次。演习方法分为四种：①应用。由教师依平时所授的学理，指定一题及其参考资料、注意事项，学生自行演习；②调查。或为实地调查，或为书籍上调查，由教师酌情确定并随时指示参考资料、调查方法，学生自行调查；③翻译。学生一人或二人任选一外国图书或论文，教师认可后指示译法及参考资料，学生自行翻译书之全部或一部分。④批评。教师指定书籍或论说，学生在一定时间内读完，然后将阅读时的心得疑问或驳论做成一小册，演习时提呈报告。

为训练学生依照议会议事的形式进行有秩序的讨论，法科学院建立“假设议会”⑦。“假设议会”以学习宪法学生组织，其他学生也可申请参加，实习时由教师出席指导。

为四年级学生制定的“特别研究规则”⑧ 规定，研究问题确定后，指导教师指导学生搜集关于此问题的参考资料，确定所用调查方法，以及回答学生研究上的诸多疑问。研究同项问题的学生，分组合作。例如中国法制史或政治经济史研究，对某一问题沿革研究依材料时代等标准，由同组学生分别部分搜集材料，合力整理；又如广东田赋整顿计划研究，对现在的税率及征收手续，可依地域标准分别调查、通力合作。研究结束以论文作为成果形式。

法科学院也举办了许多讲演。1924年4月，梁龙教授讲演《欧洲各国政治经济学派源流及其势力之发展》，黄典元教授演讲《日本帝国大学政治经济学会设置及活动之状况》。⑨ 6月，孙中山大元帅府大理院长吕志伊演讲《五权宪法中之考试弹劾两权》；著名教育家徐特立赴法国留学回来顺道来校讲演三日，内容有法国大学教育，法国普通教育及该国之自治教育，中国学生留欧洲情形各问题等。⑩ 政治学与经济学的教授、学

---

① 《本校东方学报社简章》（修正案），载《国立广东大学规程集》，1926年版，第86页。
② 梁山、李坚、张克谟：《中山大学校史（1924—1949）》，上海教育出版社1983年版，第7页。
③ 《组织生物采集队》，见《广州民国日报》，1926－5－28。
④ 《广大冶金科提炼增城金矿》，见《广州民国日报》，1926－6－21。
⑤ 《广大化学会开成立会》，见《广州民国日报》，1926－6－9。
⑥ 《本校法科学院演习规则》，载《国立广东大学规程集》，1926年版，第53页。
⑦ 《本校法科学院假设议会组织规则》，载《国立广东大学规程集》，1926年版，第56页。
⑧ 《本校法科学院特别研究规则》，载《国立广东大学规程集》，1926年版，第54页。
⑨ 《成立法科学院》，见《广州民国日报》，1924－4－11。
⑩ 《徐特立之讲演》，见《广州民国日报》，1924－6－26。

生成立了以研究政治经济学术为主、促进社会文化副之为宗旨的政治经济学会。[①] 1926年4月26日，法科学生百余人赴广州市政府各厅局参观，了解行政组织。[②]

农科学院对学生选课作出详细规则，学长依据学生认定的选修科目安排学生，并与指导员接洽；农学与林学学生互选科目由指导员与该科教授会同商定。[③] 学校在清远设立第一蚕种改良所，选制健全的蚕种，间接或直接按产价分配给农民。为了扶助广东各县兴办蚕业，每年由农科派出教员分赴各地，教授蚕桑方面的应用技术，普及和改良蚕桑，学校还与地方合办巡回蚕业讲习所。林学会注重联络感情，研究林学，促进林学，其活动包括研究、调查、演讲、办刊、推广等。[④] 农科学院还新设制糖学科，聘请留美制糖专家周厚枢主持研究推广糖业制造。[⑤] 每届毕业生必赴顺德考察蚕业和农民状况。[⑥]

医科学院革新医科，颁布《校务革新决议案》，革除各种弊病[⑦]。还成立医学会，研究医科学术，促进医学的进步。医学会分学艺部和事务部，学艺部设解剖、生理、病理、药物、外科、内科、产妇科七股。本校教师、校医，医科学院医生、学生均为医学会会员。[⑧] 教员王日光等联络社会各界发起卫生展览会，给民众宣传卫生常识。[⑨]

国立广东大学学生会，"内谋自治事业之实施，外促社会国家之进步"[⑩]，常以"读书不忘革命，革命不忘读书"自勉，发起学术演讲会，敦请专家、名流到校演讲。1926年6月，国立广东大学新任校长顾孟余向全校学生作《学术与革命》的讲演[⑪]；北大教授、《性史》一书的编写者张竞生被学生会特请莅校演讲《恋爱与革命》、《性的真义》、《中山先生多育说与制育和优种学的讨论》等题目。[⑫] 他们成立了平民学校，历时长久，成绩显著。

为活跃学术研究气氛，学校秘书处出版部于1926年4月开始出版不定期杂志《学艺丛刊》，内容有学术、文艺讨论，社会改造研究，世界潮流批评，东西方名著介绍等，形式有著述、翻译、文艺、小说、杂志等项。[⑬]

为加强与国内各国立大学的联系和交流，国立广东大学还与国立北京大学共同发起组织了宗旨为"谋各国立大学学术上之合作，谋各国立大学制度上与课程上之联络，计议并促成全国教育与文化事业"的国立大学联合会[⑭]。1926年7月至8月间，广东大学接到北京暑期科学教员研究会的邀请，校务会议议决指派陈宗南、黎国昌两位教授赴会，以期发展吾国文化，交换南北学术。[⑮]

---

① 《成立法科学院》，见《广州民国日报》，1924-4-11。

② 《广大法科学生参观市厅各局》，见《广州民国日报》，1926-4-27。

③ 《本校农科专门部学生选修学科暂行规则》，载《国立广东大学规程集》，1926年版，第47页。

④ 《本校林学会会章》，载《国立广东大学规程集》，1926年版，第52页。

⑤ 《广大改良糖业之进行》，见《广州民国日报》，1925-5-12。

⑥ 《广大农科生考察顺德蚕业情形》，见《广州民国日报》，1926-6-3。

⑦ 《广大医科学院周年纪念大会情形》，见《广州民国日报》，1926-6-26。

⑧ 《本校医学会简章》，载《国立广东大学规程集》，1926年版，第57页。

⑨ 《医科学院将开卫生展览会》，见《广州民国日报》，1926-5-22。

⑩ 《本校学生会章程》，载《国立广东大学规程集》，1926年版，第113页。

⑪ 《广大学生会举行学术演讲》，见《广州民国日报》，1926-6-3。

⑫ 《广大今日请张竞生演讲》，见《广州民国日报》，1926-6-25。

⑬ 梁山、李坚、张克谟：《中山大学校史（1924—1949）》，上海教育出版社1983年版，第7页。

⑭ 《国立大学之联合会章》，见《广州民国日报》，1924-7-1。

⑮ 《广大派员参加北京科学研究会》，见《广州民国日报》，1926-6-17。

据《国立广东大学概览》“设备”部分，国立广东大学教学设施可分为辖地、建筑物、图书、仪器、标本、机械等。

一、辖地[①]

国立广东大学由多所学校改并而成，校舍分布在广州市4个地方。校本部、文理两科学院、图书总馆及附校位于文明路的原高师所在地（今鲁迅纪念馆），面积约120亩。校园主要建筑物有大钟楼（大钟楼被作为后来国立中山大学的校徽标志图案，它是改组的中国国民党第一次全国代表大会会场和孙中山演讲三民主义思想的场所）、礼堂。法科学院在天官里后街（今法政路），面积约14亩。处在广州东山之隅的农科学院占地广阔，包含学院、附属第一农场及白云林场、苗圃等，共约占地400亩。1920年，经广东省政府指定和试验场造林地3处：南华山、鼎湖山、白云山，统计造林面积3万多亩；1922年4月，划定罗浮山试验场地3300余亩，隶属学院管辖之苗圃八区，面积400～500亩；1924年8月，农科学院划定第二农场（后为中山大学石牌时期的校址），面积2700余亩。

二、建筑物[②]

文科理科学院，工程非常巨大，占地很广，是大学的总办事机关。大概情形为：前门分三门，中间的较大，两旁的较小。1925年春天才建好。外观很雄伟。进去为大运动场、球场。中央为大钟楼、礼堂，左侧为东讲堂，建筑形状、课室数目与西讲堂相同，一部分为理科生物、地质两系的实验室及教室，其余为附属师范的教务机关及教室。右边是西讲堂，上下两层，课室共200多所，为大学及文理两科并预科教学之用；再进，东者为雨操场两大所，西者为图书总馆、教职员宿舍、学生宿舍，校园及手工成绩室等项，则居东西两端。最后一部分，中为附属小学，左为新建小学，右为原有附属小学。

法科学院院门建于1926年春，进为礼堂，左为印刷场、图书分馆、讲义室、职员住室等，右为院长办公室及各部办事处，中部则为教务处；再进为各班讲堂及研究室，不下百余间；其后进及东边为游戏场及运动场等。东西校园广栽红白梅花，盛开时美其景曰“雪红林屋”。

农科学院院舍分数部：其一为上下两层的建筑物。上层为院长办公室、各部办公室、图书分馆、实验室、研究室及教职员住室等；下层为教室、贮藏室、仪器室、膳堂、休息室、标本室各部等。尚有新建学生宿舍为凹字形、上下两层的洋楼。空气清爽，花木环绕，具有田舍气息的茅亭草屋布局其外，颇具专业特色和天然兴趣。

医科学院设在百子路，为原广东公医医科大学校址，本部与附属第一医院相连，面积共150亩。医科学院本部建筑物分三大座：学院本部、解剖室、宿舍，解剖室极具西洋特色；它另设附属第一、第二医院，其一位于医科学院本部东侧，其二位于西堤。

① 《国立广东大学概览》，“设备”部分，1926年版，第1页。
② 《国立广东大学概览》，“设备”部分，1926年版，第1～3页。

三、图书

国立广东大学设图书总馆一所，供文科、理科、预科师生使用，又设分馆两所于法、农两学院，以供该两科之用。总馆藏有书籍类：中文旧书33000册，中文新书2450部，西文书籍3471册，日文书籍约400册；尚待整理编号上架的书千数百册。书籍总计共有36000余册。杂志类：中文50余种，外文49种。报刊类：中外文日报25种；交换书刊有50～60种。①

法科学院图书分馆藏书1498种，计13814本。其中有中国古籍书715种，计12794本，多由课吏馆所移交；新书464种，计569本；日文书籍219种，计417本；英文书籍27种，计188本；英文读本46本。另有中文日文英文杂志百余种，计1017本。②

农科学院尚未建立图书分馆，暂就学院之西开辟一阅览室，所有中外书籍约4000本，图表约500幅，杂志约70种。农科学院连同原来农业专门学校及试验出版物约50～60种。③

医学院图书严重不足，资料匮乏，有医药月刊约40余份，且以英美出版者为多，日文占五分之一，难以满足读者的需要。④

四、仪器、标本、机械

理科学院：物理系仪器972件，化学系仪器1057件，生物系标本4095种，地质系标本1630种。⑤

农科学院：农艺系仪器，属土壤学用者12种，24件；检查米麦仪器20种，43件；地质矿物用仪器、标本871件；作物标本65件；病虫害标本、仪器85件；新式农器40种；其他农具约70种，统计约380余件。农艺化学系仪器110种，计4400余件。林学系标本约300种，图表约300种，测量仪器50余种，360余件。蚕桑部用仪器、标本55种，约500件。养蚕用具20余种，计300余件。畜牧部还有牛羊猪、外国纯种鸡等若干。物理部仪器220余种，计300余件，附设观测所的观测仪器15种，计18件。⑥

医科学院之仪器，仅足敷用。显微镜约有20余具，物理化学仪器，所藏不多。⑦

整体上，国立广东大学处于创办之初，各种教学科研资源比较缺乏，有待充实与提高。

（执笔：肖向明）

① 《国立广东大学概览》，“设备”部分，1926年版，第3页。
② 《国立广东大学概览》，“设备”部分，1926年版，第3～4页。
③ 《国立广东大学概览》，“设备”部分，1926年版，第4页。
④ 《国立广东大学概览》，“设备”部分，1926年版，第8页。
⑤ 《国立广东大学概览》，“设备”部分，1926年版，第4页。
⑥ 《国立广东大学概览》，“设备”部分，1926年版，第4～5页。
⑦ 《国立广东大学概览》，“设备”部分，1926年版，第8页。

第二编 筚路蓝缕 创造辉煌

（1925—1937）

第一章 治校方略

1924年2月4日，孙中山指令创办国立广东大学。同月21日成立了广东大学筹备处，经过数月的研讨，8月22日出台了《国立广东大学规程》①。这是广东大学最早的规程，该规程于9月1日开始实施。1926年4月13日，筹备中山大学委员会第二次会议召开，讨论并通过了《筹备中山大学委员会章程》。4月20日，筹备中山大学委员会第三次会议召开，通报国民政府已核准委员会所呈章程及筹备名单，并议定从这次会议至1926年6月17日的第十次筹备会议着重逐章逐条讨论并通过《国立中山大学规程》。该规程于1927年3月1日国立中山大学举行开学典礼之时正式公布②。1928年9月，中山大学又组织修订并实施了新的规程③。1932年，邹鲁重任中山大学校长，再次组织修订《国立中山大学组织大纲》④，修订后的组织大纲于1933年5月6日公布。

中山大学在1924至1937年的组织系统基本上由这4个规程所确立。期间，学校的主体体制出现了3次变动：1925年11月邹鲁被免去校长职务，国民政府于12月派汪精卫、谭延闿、伍朝枢、顾孟余、陈公博组成广东大学管理委员会，由顾孟余任主席（当时顾未到，由陈公博代任）；1926年3月1日，广东大学取消管理委员会，恢复校长制，褚民谊任校长；1926年10月，学校将校长制改为委员制；1927年6月，学校按国民政府规定，取消委员制，改回校长制。

该时期学校的负责人情况如下：

1924年2月—1925年11月　邹鲁
1925年11月—1926年2月　顾孟余（陈公博代）
1926年2月—1926年6月　褚民谊（代）
1926年8月—1926年10月　戴传贤（经亨颐代）
1926年10月—1927年6月　委员会主任：戴传贤；副主任：顾孟余；
委员：徐谦、丁维汾、朱家骅
1927年6月—1930年9月　戴传贤（正）、朱家骅（副）
1930年9月—1931年6月　朱家骅
1931年6月—1932年1月　许崇清（代）
1932年2月—1940年4月　邹鲁

广东大学管理委员会制是一种临时制度，其存在时间总共不到3个月。委员制是学校在改名改制的过程中，为了更好地处理其间错综复杂的关系，群策群力，使学校顺利

① 《国立广东大学规程》，载《国立广东大学规程集》，1926年版，第1～11页。
② 1927年3月1日公布《国立中山大学规程》，见《国立中山大学开学纪念册》，第22～32页。
③ 《大学规程》，载《国立中山大学法规集》，1930年版，第3～17页。
④ 1933年5月6日公布《国立中山大学组织大纲》，载《国立中山大学法规集》，1937年版，第1～11页。

实现过渡而产生。委员制为经亨颐和戴传贤等人共同构想，由戴传贤于1926年9月向中央执行委员会提出，国民政府于当年10月16日发布命令，令学校改行委员制，以戴传贤、顾孟余为正副委员长，徐谦、丁维汾、朱家骅为委员。及中山大学改名完成，学校走向正轨，政府按照当时的大学组织法，于1927年6月又发布命令，取消委员制。委员制在中山大学总的存在时间不到一年。总体说来，学校以校长制为主。但实际上，不但实行委员制时的学校组织系统与实行校长制时的学校组织系统有所不同，实行校长制时，学校的组织系统也有所不同。

第一节　体制之变

一、委员制

据1927年3月1日公布的《国立中山大学规程》[①]，本时期的委员制情况大致如下：

委员会设委员5人，包括一正一副委员长，均由国民政府特任。委员会依法聘请及停止教授、讲师任解职员之职务，总辖本校一切校务（学校训育部直隶中央党部，一切规程由政治训育部另定）。委员会设秘书一人，直隶于委员会。

学校设评议会、教授会议与教务会议及行政会议。

评议会：由大学委员和教授互选出来的评议员组成，主席为委员长。主要议决事项包括：①设立和废止讲座。②设立、废止及变更各学系各研究所及各补充会。③设立、废止及变更校内务事务各机关。④规定、废止及变更各种规则。⑤推定各行政委员会。⑥决策本大学预算及决算。⑦议决中央党部、国民政府及大学委员会咨询事件。⑧议决将向中央党部及国民政府提出建议的高等教育事件。⑨校内的其他重要事件。

评议会议决的事项由大学委员会依事件交教务会议或事务各机关执行。如果大学委员会认为不便执行，可交由该会复议，但须添加理由。如再照原案通过，大学委员会仍可以暂缓执行，但须最迟在12个月内提交评议会再议，若仍照原案通过，大学委员就必须立即执行。

该会设立之期由委员会决定，在未设立之前其职权由大学委员会实行。

教授会议与教务会议：各系的教授组成各系的教授会议，互选一人为主席；各科的教授组成各科的教授会议，由该科各系教授会议主席中互选一人为主席。教务会议由各系教授会议主席、各科教授会议主席及图书馆主任组成，并互选一人为主席。如一系教授仅有2人，则轮流为主席，各任一年。如仅有一人，则这个人就作为系教授主席出席科教授会议及教务会议。事务主任、注册部主任得出席教务会议。教务会议主席的责任是召集教务会议并总持教务处执行议决案，系教授会议议决该系教务；科教授会议议决该科教务；学校教务会议管各科教务及下列事项：①审议学生之入学及考试事件。②审议本校之学术讲演及出版事件。③草拟预算之按科分配。④向评议会建议增废学系。⑤

① 1927年3月1日公布《国立中山大学规程》，载《国立中山大学开学纪念册》，1927年版，第22～32页。

其他教务之不专属于任何一科的事务。各教授会议主席和教务会议主席任职均为一年，可连任。

行政会议：大学设置下列各委员会协助大学委员会及事务管理处各部区及图书馆，规划本校一切事务：①组织委员会，协任调查及制定大学内部组织各事；②预算委员会，协作编制大学预算案；③审计委员会，协任稽核账目审查决算案；④庶务委员会，协任规划庶务之进步，庶务主任为因职委员；⑤管理委员会，协任校内纪律管理事务，事务主任为因职委员；⑥图书委员会，协任规划图书馆扩展及进步，图书馆主任为因职委员；⑦仪器委员会，协任规划大学各科各所各院园场仪器之扩张及保存；⑧建筑委员会，协任大学新添建筑之计划及筹划已有建筑之保存；⑨出版委员会，协任本校出版物之计划及文稿之审定；⑩临时各项委员会，协任临时某项事务之应付，即以所任事务定其名称，事毕撤销。各项委员会的成员，须是本校教授及重要职员。上列各委员会的委员，除因职委员外，皆由大学委员会提交评议会同意任命。各委员会的人数除因职委员外以3～5人为限。任期常为一年，特别情形及大学委员会和评议会同意的人除外。上述各委员会互选主席一人，在评议成立之前由大学委员会派定。

设事务管理处总管全校教务以外的事务，设事务主任一人，执行行政会议一切决议案。事务主任主管事务管理处兼文书部主任，由大学委员会聘任，但不得由教务会议成员兼任。事务管理处统文书、注册、会议、校产、仪器、出版、卫生、海外、庶务各部及第一医院、第二医院、农场、校园，总持一切事务。各部及各医院、农场、校园设主任一人，由大学委员会聘教授兼任，分掌各该部内一切事务。

大学委员会及上述各委员会主席，合同组织行政会议，职掌下列各事：①筹划及应付全校行政大事；②联络各项行政委员会；③负责全校职员考勤；④审定各行政委员会及各事务机关的详细规划。

事务主任、图书馆主任均为行政会议会员，大学委员长为行政会议主席。

二、校长制

据1930年2月编印的《国立中山大学法规集》中所载《大学规程》①，该时期中山大学校长制的大致情况如下：

校长：设正、副校长各一人，由国民政府任命。校长总理校务，副校长辅助校长处理校务。校长室设秘书一人，必要时再添助理秘书。

设有评议会、教授会议及教务会议、事务会议、事务管理处以及图书馆、庶务、出版等特种委员会。

设教务主任、事务主任、图书馆主任各一名，由校长聘任或在教授中聘请兼任。

教务会议由教务主任、事务管理处主任、各科主任、各系主任、图书馆主任及注册部主任组织，以教务主任为主席。教务会议议决事项有：①学生入学及考试；②学术讲演及出版；③学系增废；④其他不专属于任何一科的教务事务。

事务方面，学校设事务管理处，事务管理处主任由校长聘任，掌管教务及图书馆以外的全校事务。事务管理处下设文书、会计、注册、庶务、出版、海外六部。各部均设

---

① 《大学规程》，载《国立中山大学法规集》，1930年版，第3～17页。

主任一人，由校长聘任，分掌各该部事务。事务会议由事务管理处主任及各部主任组织，事务管理处主任为主席。

财务方面：由事务管理处编制预算，送评议会议决。

特种委员会：为协助校长规划事务，设庶务委员会（规划庶务及建筑的修理和保管，庶务部主任为当然委员）、图书馆委员会（规划图书馆的扩张和建设，图书馆主任为当然委员）、出版委员会（规划本校的出版事项，审查出版的稿件，出版部主任为当然委员）等3个特种委员会及各临时委员会。

各委员会委员以3~7人为限，当然委员之外的委员，由校长于教授及重要职员中选定，提交评议会同意后，聘请兼任。除临时委员及特殊情况外，委员任期均为一年。

就中山大学的实际情况看来，即便同是校长制，各个时期校长的任命、职权及具体的机构设置均有所不同，详情如下表：

	校长主要具体职权	主要组织机构
《国立广东大学规程》[①]	1. 作为校务会议的主席（第28条） 2. 指定人组织其他种常务或临时特务委员会（第37条） 3. 提出聘任教职员名单，聘任通过聘任委员会审查者(第41条) 4. 提经校务会议同意任命聘任委员组成聘任委员会，经由大学筹备委员会同意指任第一次聘任委员会（第41条） 5. 解除无限任期的教授的聘约（第42条） 6. 决定聘任助教（第50条） 7. 任用各科学长所提议助理员（第51条） 8. 经由大学校务会议同意聘任大学秘书长（第53条） 9. 决定经由校务会议议决的秘书长的解职手续及薪俸（第54条） 10. 任用秘书及事务员（第55条） 11. 指任图书主任及仪器主任（第56条） 12. 经由校务会议同意任免会计主任（第57条） 13. 任命分科学院事务员（第58条） 14. 将校务会议所议决的事项交由所属机构执行。对自认为执行不便的事项向校务会议提出复议（第30条）	1. 参议会 2. 校务会议（1926年3月6日广东大学第69次校务会议议决组织评议会） 3. 秘书处（改名中山大学之后撤秘书处分设事务处和教务处） 4. 各分科及各系教授会议 5. 海外部 6. 预科 7. 各委员会
《大学规程》	1. 聘任教职员（第6条） 2. 特许本校职员在外兼职（第9条） 3. 聘任各科各系各研究所主任（第13条） 4. 聘任各种研究所及试验所的主任（第21条） 5. 任评议会主席（第37条） 6. 聘任各部主任（第50条） 7. 推荐各特种委员会主席交评议会，获评议会同意后将其聘请（第60条） 8. 聘任图书馆主任（第62条） 9. 聘请预科各组主任（第67条）	1. 评议会 2. 教授会议（包括各科及各系教授会议） 3. 教务会议 4. 教务处和事务处统属文、法、理、工、农、医各科。事务所统文书、会计、庶务、注册、出版、海外六部，及舍务、工程两办事处

① 《国立广东大学规程》，载《国立广东大学规程集》，1926年版，第1~11页。

《大学规程》①	10. 将评议会所议决事项交由事务处、教务处或其他所属机构执行；对自认为执行不便的事项向校务会议提出复议（第40条）	5. 特种委员会（庶务委员会、出版委员会、图书馆委员会） 6. 图书馆 7. 预科
一九三三年五月六日公布《国立中山大学组织大纲》②	1. 聘任校长室秘书及助理秘书（第4条） 2. 聘任院务会议所提议的教职员（第5条） 3. 特许教职员在外兼职（第8条） 4. 聘任事务长和校务长（第11条） 5. 聘任教授任各院院长及各学系、各研究所主任（第12条） 6. 担任校务会议主席（第34条） 7. 召集校务会议开会（第36条） 8. 将校务会议所议决之事项交由事务处、教务处或其他所属机构执行；对自认为执行不便的事项向校务会议提出复议（第40条） 9. 聘任教务处统各部主任（第42条） 10. 聘任事务处的文书、会计、庶务三部主任（第51条） 11. 命会计主任负责出纳、会计事务（第58条） 12. 在教授及重要职员中选定各特种委员会的委员及主席，提交校务会议同意后聘请兼任（第62条） 13. 提经校务会议同意，打破各委员会人数及任期限制（第63条） 14. 提议《大学组织大纲》，将校董会议议决后的《大学组织大纲》呈请教育部备案（第64条）	1. 撤评议会，设校务会议 2. 撤掉1928年规程中的特种委员会中的庶务委员会，设大学董事会 3. 1932年7月，教务处主任改称教务长，统属文、法、理、工、农、医各学院及高中部、附中、附小及图书馆、注册、出版、体育、军训四部，附校馆部各置主任一人，事务员若干。事务管理处主任改称事务长。为节省经费，其统属除文书、会计、庶务三部，及舍务办事处，其他如海外、工程各部一律裁去

可以看出，改名中山大学以后，学校校长的职权有所增强，在具体的机构设置上，各个时期也有不同。

（执笔：陈伟华）

第二节 机构图览

本时期国立中山（广东）大学的组织系统图主要有如下几种③。

① 《大学规程》，载《国立中山大学法规集》，1930年版，第3～17页。

② 1933年5月6日公布《国立中山大学组织大纲》，载《国立中山大学法规集》，1937年版，第1～11页。

③ 《组织系统图》，载《国立中山大学现状（1937）》，第24页。

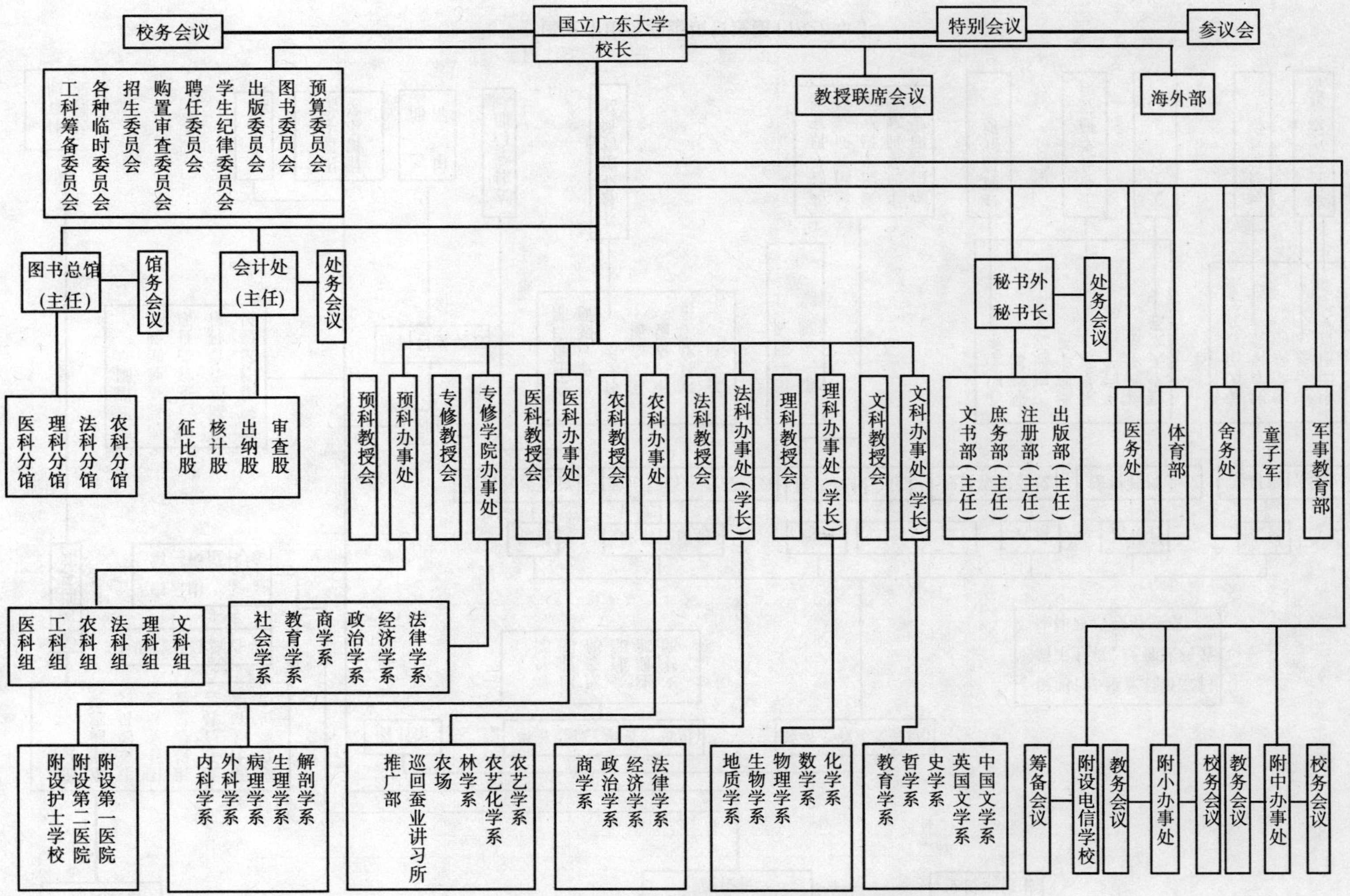

国立广东大学组织系统图（1926 年）
（广东大学时代）

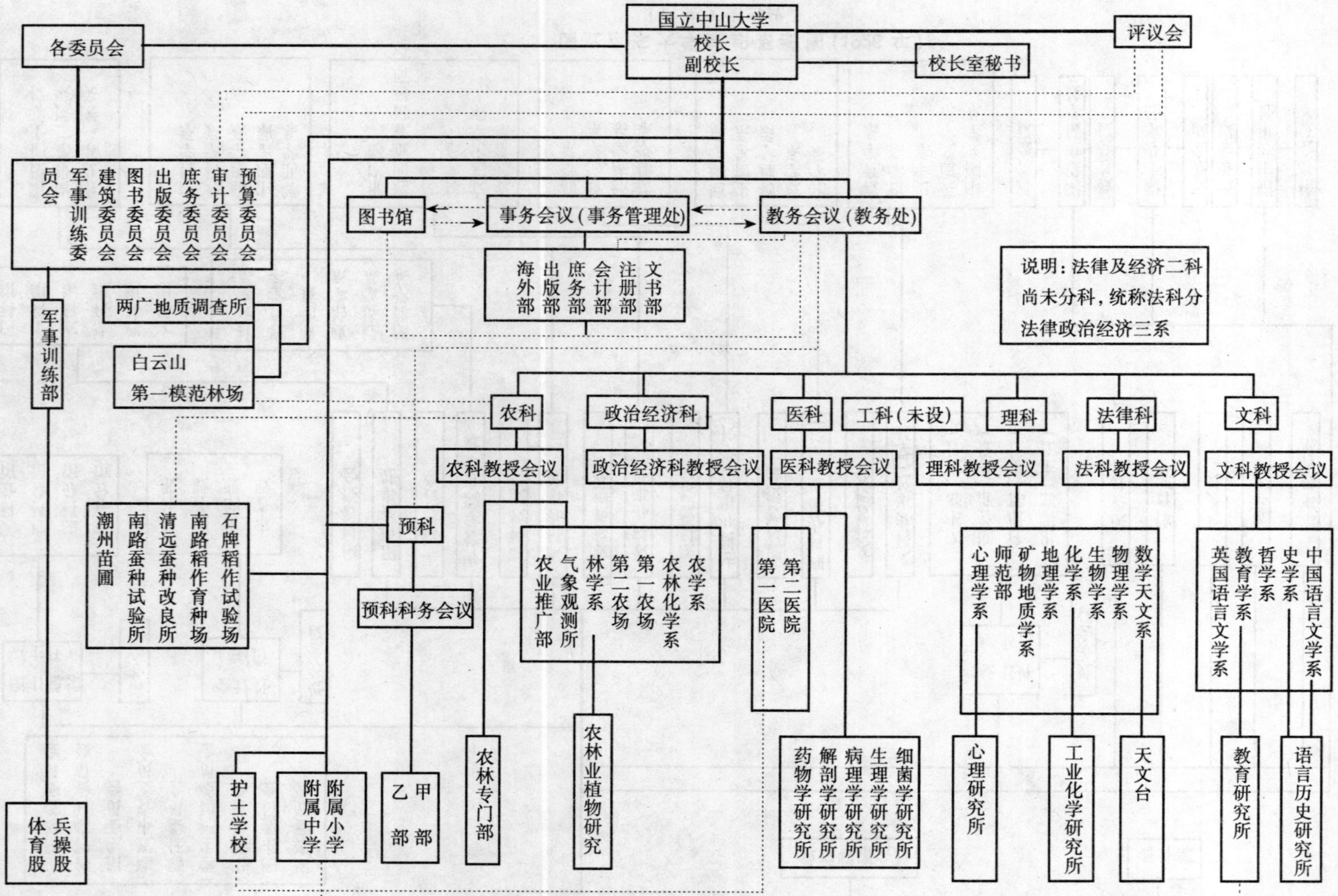

国立中山大学组织系统图（1927年）

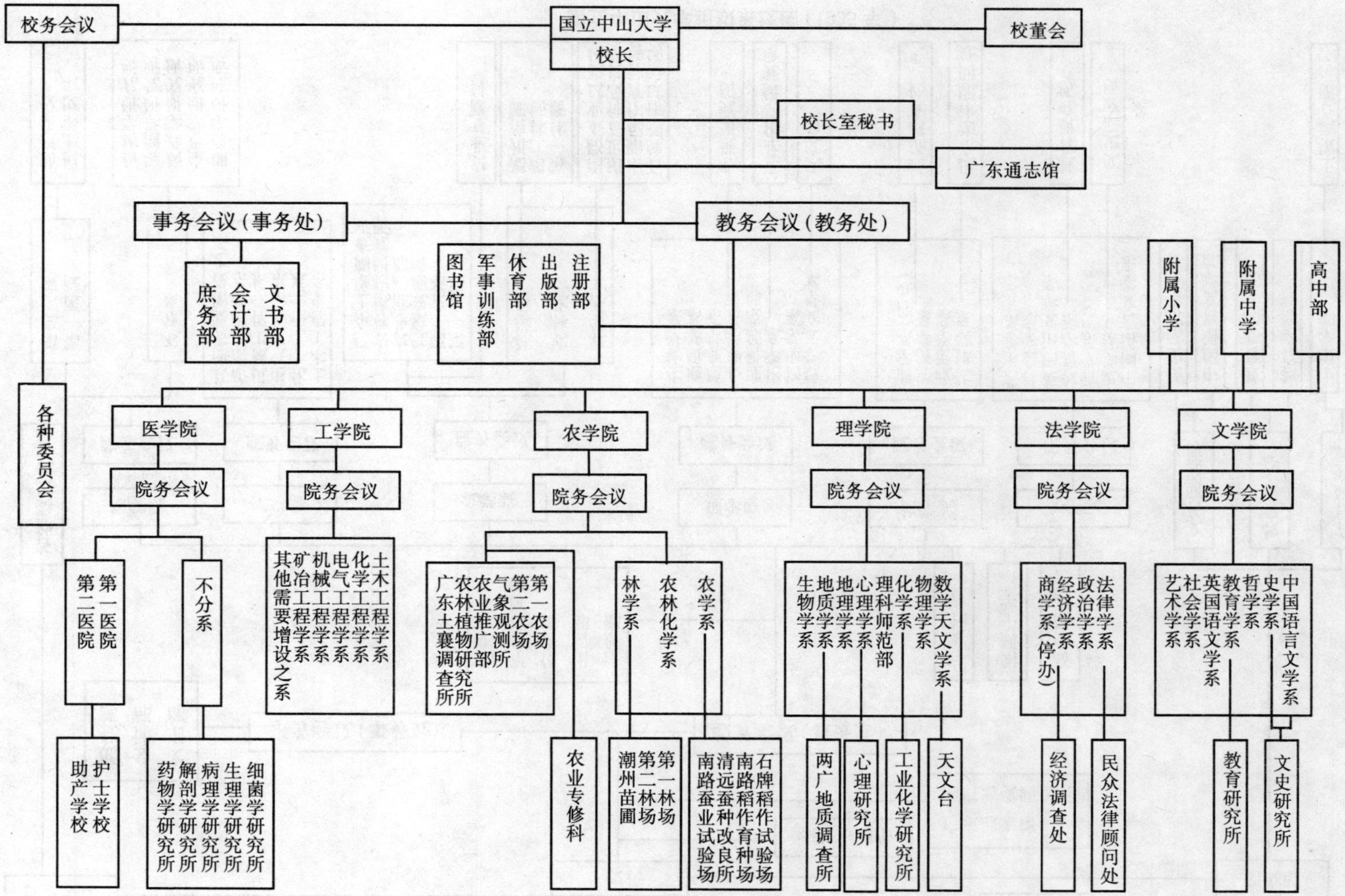

国立中山大学组织系统图（1932－1934年）

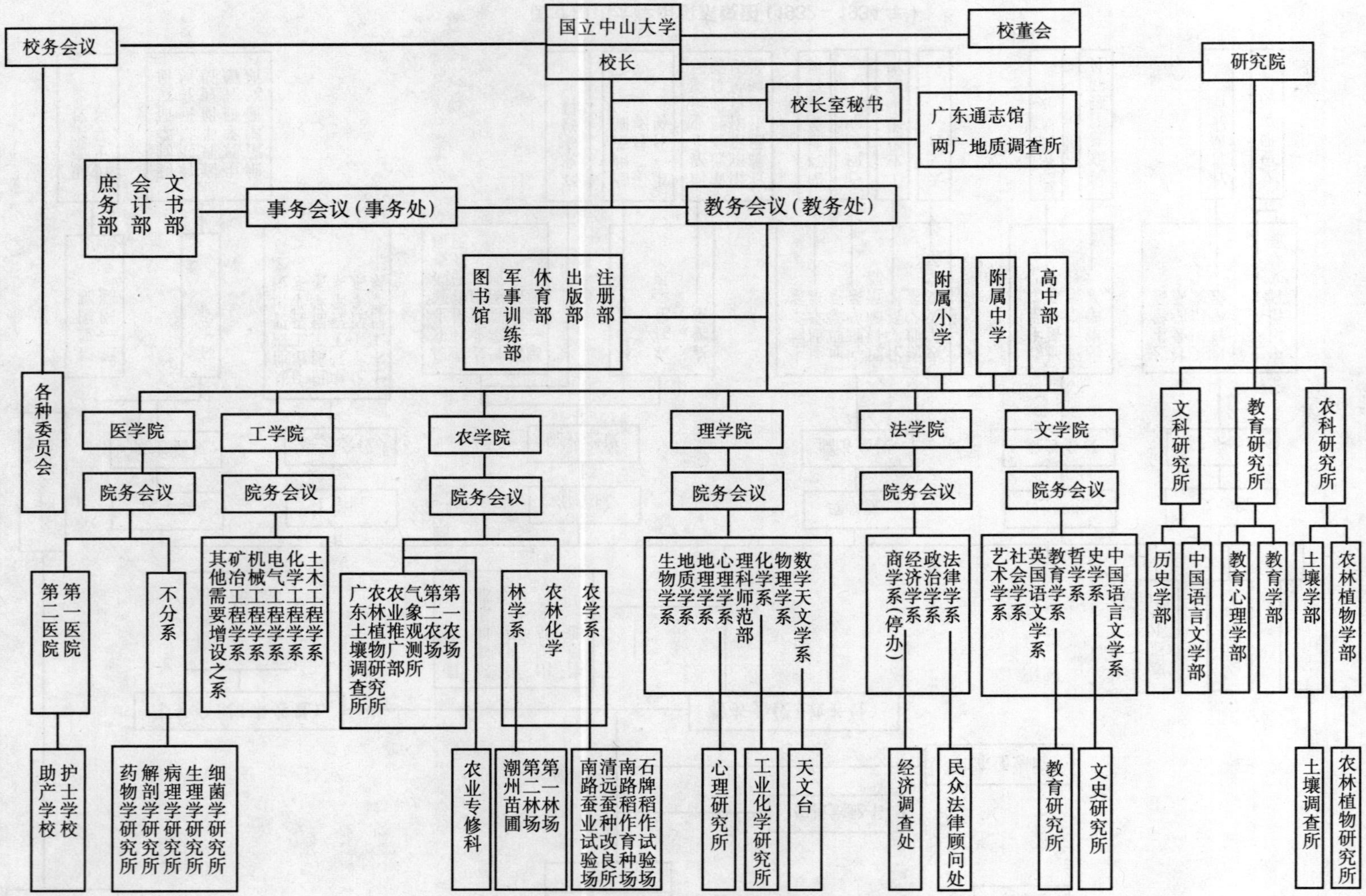

国立中山大学组织系统图（1935年）

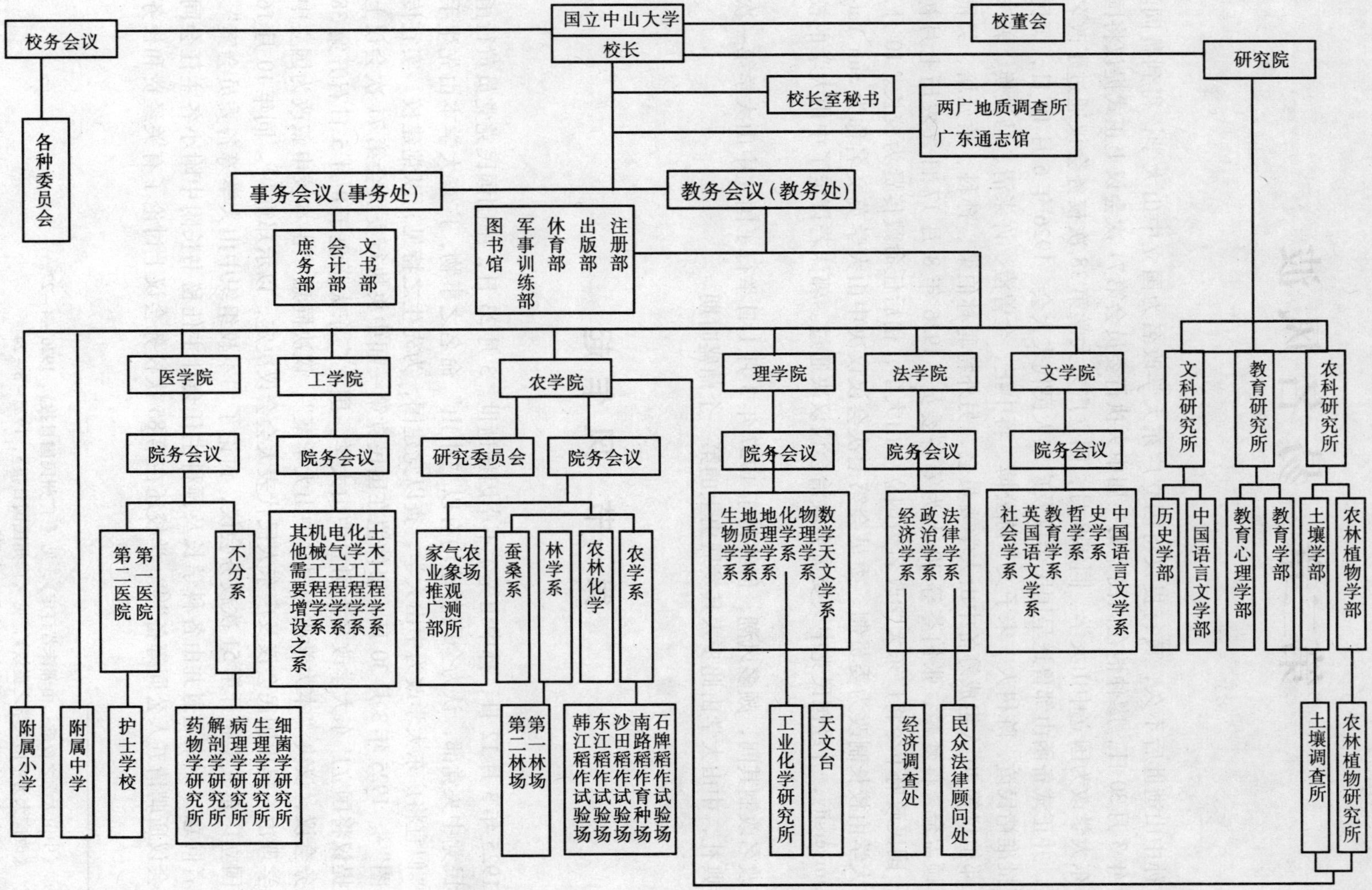

国立中山大学组织系统图（1936年）

第二章　易名风波

孙中山逝世后不久，黄行提议将国立广东大学改名为国立中山大学，得到赞同。1925年3月30日，廖仲恺在国民党第一届中央执行委员会第71次会议上正式提议将国立广东大学改为国立中山大学。同年8月，国立广东大学第38次校务会议通过了改名提案，并正式备函由邹鲁送呈国民会议及广东人民代表大会。1926年6月19日，国民政府批准褚民谊、陈树人、宋子文、陈公博、蒋中正、金曾澄、许崇清、马洪焕、郭沫若、邓植仪等40人组成筹备中山大学委员会，另外特聘林伯渠、孙科、蔡元培、吴稚晖、顾孟余、蒋梦麟、张伯苓等30人为筹备委员。1926年8月17日（农历七月初十），国民政府下令将广东大学改名为国立中山大学，稍后任命戴传贤为校长。10月，中山大学由校长制改为委员制。委员会第七次会议议决中山大学英文名称为Sun Yat-sen University，并经国民党中央委员会政治会议议决通过。郭沫若订定了中山大学的校歌①。

改名改制其间，颇多风潮，但终得于1927年3月1日举行了国立中山大学第一次开学典礼，中山大学由此步入其发展史上的第一个鼎盛时期。

第一节　风乍起

1925年3月12日，孙中山先生不幸因病逝世。3月23日，中国国民党党员黄行函致国民党中央党部，认为全国各地均有以“中山”命名之事物，广东大学本由先生手创，“似宜将广东大学改为中山大学，查以党建国，为先生之特见，以党建校，实宜传之要图”②。1925年3月30日，廖仲恺在国民党第一届中央执行委员会第71次会议上正式提议将国立广东大学改名为国立中山大学。国立广东大学也于8月5日召开第38次校务会议，议决“本大学改为国立中山大学案”。议决同意“由本校申叙改为国立中山大学理由，提出国民会议及广东人民代表大会会议决定，以示郑重”③。同年10月16日，国立广东大学召开第51次校务会议，讨论了“本校组织中山大学筹备委员会案”，与会者同意“照案通过并由各科学长及预科主任会计主任秘书长附中附小各主任会同校务会议所聘请五人公同筹备”④。学校还在第85次校务会议上讨论了有关经费和校务

① 《中山大学之校歌：由郭沫若订定》，见《广州民国日报》，1926-4-27。
② 《改广大为中山大学之提议》，见《广州民国日报》，1925-3-24。
③ 《国立广东大学十四年度校务会议纪事录》，第2页。
④ 《国立广东大学十四年度校务会议纪事录》，第20页。

维持等问题。[1]

国立广东大学校长邹鲁根据校务会议决定，向国民政府呈请，申明学校为先大元帅所手创，亦为先大元帅所演讲三民主义之地，拟改为国立中山大学，以作纪念，并拟将1925年11月11日，也就是学校成立一周年纪念日这一天作为改名国立中山大学的日子。中央执行委员会第108次会议议决此事。批示："呈悉，该校既经中央执行委员会议决改名为中山大学，自应积极筹备，俾名副其实。所请拟于本年十一月十一日成立，为期过促，应从缓议。"[2] 1925年9月17日《广州民国日报》[3] 报道了该消息。

接受广东大学校长邹鲁的呈请之后，中国国民党中央政治委员会第69次会议对此事进行了讨论，决定调查国立广东大学的办学情况，以制订更好的改名改制方案，促使学校更好地发展。国民政府为此特成立了调查广东大学委员会，"派甘乃光、马洪焕、陈公博为调查广东大学委员会委员，以甘乃光为主席"[4]。调查学校的情况，本意是为了使改名工作更好地进行，但在当时一家颇有影响的媒体看来，则是另外一番情形。《广州民国日报》这样报道：广东大学为国民党所设立学校，各教员对于党义平日须研究有业，方能指导学生，为国民而奋斗，惟近查该校所用教员，多不明白党义，且对于开支各种款项，亦不甚适宜，而各教员上课钟点，所定之薪水，尤不公允，党及政府故拟决定调查该校内容，以求改良整顿之法。查办委员会之组织，拟由中央党部青年监察教育厅三机关组织之，昨日经政治委员会第六十九次会议议决，乃派甘乃光（监察院）马洪焕（教育厅）陈公博（青年部）等为调查广东大学委员，而以甘乃光为主席[5]。

不难看出，在该报道中，已看不出改名与纪念孙中山之间的丝毫联系，"调查"反而成了整顿和治乱的需要。该报还刊发陈孚木的《调查广东大学之重要意义》，其立场观点与上文无异。

一石激起千层浪。广东大学的师生立时对此作出了回应。他们通过张贴标语、召开集会等方式来抗议该媒体的歪曲报道，最后还形成了四条共同意见：（一）发表宣言说明中山先生创办广东大学之真意义。（二）选代表询问政府究竟查办抑调查，如系调查，则民国日报实张大其词，呈请党部惩办。（三）民国日报编辑陈孚木十六日的《调查广东大学之重要意义》有挑拨性质，呈请党部开除其党籍。（四）更正十五日学务专栏内，广东大学校长问题之新闻，并查究其访员。[6] 广东大学的师生还打算派代表前往报社编辑部进行严厉质问。

对此，《广州民国日报》显得沉着而冷静。该报于1925年10月21日第3版刊发《广大学生蠢动之原原本本》对之进行回应，认为广东大学师生们行动的导火线是该报的报道，但其实质是保邹鲁，怕调查广东大学使邹鲁失去校长职位而殃及自己，他们于10月19日召集的学生联合会是胡闹。该报还发表社论《我们对于广大的态度》[7] 来对

① 《国立广东大学十四年度校务会议纪事录》，第59页。
② 《国立广东大学校务会议纪事录（1925－1926年）》，1926年版。
③ 《广大实行改为中山大学》，见《广州民国日报》，1925－9－17。
④ 《广州民国日报》，1925－1－22。
⑤ 《派员查办广东大学》，见《广州民国日报》，1925－10－16。
⑥ 《广东大学近日之骚动》，见《广州民国日报》，1925－10－20。
⑦ 孚木：《我们对于广大的态度》，见《广州民国日报》，1925－10－22。

广东大学师生的言行进行分析辩驳，并于22日刊发《广大学生纠纷内幕》[①]，对此问题进行了详细报道。他们认为“原来是民社分子在内鼓动”。该报又于10月29日发表《值得查办的广东大学》，支持当局的查办行动。

中国国民党广东大学特别区党部因此组织召开了党员大会，马洪焕代表汪精卫解释了调查的事由，暂时稳定了广东大学师生们的情绪。但此后教师们获悉调查委员会在10月31日给本校公函里署名仍为“查办委员会”，情绪又波动起来。校教授联席会于11月22日发表宣言，要求免去甘乃光等人的查办委员职务，并表明不惜辞职以示抗议。此时，校长邹鲁在北京参加西山会议，被撤去校长职务。国民政府于11月24日任命北京大学教授顾孟余为主任，成立了包括汪精卫、谭延闿、伍朝枢、陈公博在内的国立广东大学管理委员会，并明示顾未到任前由陈公博代理主任职务。

陈公博的代任并不受广东大学师生的欢迎。之前，就曾经请求撤换陈公博，未被批准，此时陈公博又被委以重任，全校教授联席会成员于是在11月27日决定全体辞职。

教授联席会成员的辞职举动引起了有关方面的极大震动，他们请求成员们复职。因联席委员辞职的本意在使学校能更好地发展，见有关方面的态度如此，教职员联席会议于是在1925年11月29日向管理委员会提出复职的三项条件：（一）恢复本年七月以前教育经费独立原状；（二）管理委员会之职权，只限于为本校筹款，学校内部行政不得加以干涉，实行教授治校；（三）教育方针，不采取党化主义。[②] 11月30日上午9时，又有2000余学生在广东大学大礼堂召开大会，讨论“本校各院院长及各教授辞职问题”。作出如下决议：（一）请愿政府撤甘乃光；（二）保障本校教育经费独立；（三）正式用函挽留各教授；（四）发表宣言，说明挽留各教授之本旨，使社会人士共明真相；[③]（五）开员生全体联席会议；（六）请政府清发本校欠薪；（七）本校风潮未解决以前，请各教授先行上课；（八）全体同学定于今日（三十）下午一时往国民政府请愿。[④]

同日下午，100多广东大学的师生前往国民政府请愿，希望政府惩办甘乃光，维持广东大学经费独立。汪精卫解释了调查该校的原因，并说明组织调查委员会是其中的一道程序，调查委员甘乃光将“调查”写成“查办”，已由他本人刊登申明更正并道歉，他自己也主动请求国民政府给予处分。至于维持经费，则要等到战事结束，有了预算，政府才能实行保障。会谈过程中，学生们再三强调要惩办甘乃光，汪精卫则面带怒色地说：“广大为国民政府直接管理机关，当然受国民政府改组。你们教职员向来不与政府合作，昨日广大教职员会议又复决议不出席今日之管理委员会为抵制，此等举动显然有意与政府为难。”[⑤] 请愿最后不欢而散。

11月30日，顾孟余被任命为校长并由陈公博代理。12月1日下午2时，广东大学师生召开了联席会议。黎兆葵为主席主持了会议。会议报告了11月30日的请愿经过，

---

① 《广大学生纠纷内幕》，见《广州民国日报》，1925-10-22。

② 《广大离校教授来沪后之宣言》，见《上海民国日报》，1925-12-11。

③ 12月12日《上海民国日报》刊登了《广大学生挽留教授宣言》；1925年12月1日《广州民国日报》报道了广东大学学生对教授辞职行为的反应。

④ 《广大教授辞职后之学生表示》，见《广州民国日报》，1925-12-1。

⑤ 《广大员生赴国民政府请愿——汪主席大加训诫》，见《广州民国日报》，1925-12-1。

并请教授们忍辱负重，继续上课。[①]

鉴于学校的状况，国立广东大学国民党特别区党部于12月2日又召开党员大会，请汪精卫就“调查”、“教育经费”及“校长撤换”等问题作具体说明。汪精卫于是就“组设广大调查委员会之经过”、“学校教授辞职事项”、“校长问题”等方面的事情作了报告。汪解释说9月中央执行委员会接校长邹鲁呈请将广东大学改为中山大学函，中央执委会将该事交国民党中央政治委员会议。政治委员会认为此事不能当即议决，需要设委员会进行调查后再作决议，调查学校一事纯属善意。关于校长问题，汪精卫解释说自邹鲁到北京之后，其言行大不相同。他的《告孚木》一文中，已有许多中伤国民政府广州中央执行委员会及政治委员会的话，日前，又发现邹寄经同事及同学的文章，这时政府才开始将他免职，并任北京大学教授顾孟余来当校长。顾肯不肯来，还不能断定，所以政府暂时派代理青年部长陈公博兼任。[②] 这次报告会给了广东大学师生一个基本满意的说法，调查风波于是暂告一段落。

“查办风波”及教授辞职事件发生时，学校里同时又兴起了另外一场风波。学校为了使老师安于本职工作，禁止老师在外兼职。校方此举引起广东教育界的强烈不满，古应芬于1925年10月23日致信国民政府呈称：“查广东大学近日忽发布特别规则，禁止该校教授及专门讲师在外兼职，致职馆教员纷纷辞退，殊于教务进行诸多妨碍。窃查职馆为造就县长人材，实现总理素所主张之县自治而设，广东大学，同是隶属于国民政府之下，似不能此疆彼界不予扶持。为此呈请钧厅转呈国民政府令饬广东大学，准予该校教授及专任讲师在职馆兼职，实为公便等情。据此，查核所陈自为延揽人材，用宏造就起见，理合据情，转呈钧府察核，令饬广东大学遵照。”

国民政府在于同月27日对此作了批示，命令广东大学准予该校教授及专任讲师在课吏馆兼职[③]。

此后，学校的有关规定修订为：“国立广东大学教授系专任职，非在不妨碍本校教学范围内，且经大学校务会议之同意，不得在校外兼任教务或其他职务。”（《国立广东大学规程》第43条）[④]

（执笔：陈伟华）

第二节 《章程》出台

邹鲁被免职后，由北京大学教授顾孟余继任，顾未到任前，由中央党部青年部长陈公博兼代。但顾孟余了解到广东大学的学潮与政潮相关联，他不想卷入漩涡，于是申请辞职。《上海民国日报》刊其电文：汪精卫先生鉴，来电敬悉，弟因故不能遵命赴粤，

---

① 《广大教员学生联席会议》，见《广州民国日报》，1925－12－2。

② 《广大特别党部全体大会》，见《广州民国日报》，1925－12－3。

③ 《广东民政厅请准广东大学教授讲师兼职呈（1925年10月23－27日）》，载中国第二历史档案馆编：《中华民国史档案资料汇编》第四辑（二），江苏古籍出版社1991年版，第1639页。

④ 《国立广东大学规程集》，1926年版，第5页。

详情由某君面呈，广东大学职务，敬请国民政府令简贤能，不胜感祷。①

1925年12月4日，代校长陈公博到校任职，他决定5日如常上课。② 5日，陈公博在校礼堂宣布了办学政见。他表示在他代理校长期间，将着重办好四个方面的事情：第一，每日晚上或星期六，如校外有心研究科学的人，可以进校研究。增加教授所增加的经费，拟由各大企业公司分担。第二，扩充图书馆，拟派人赴南洋等处募集款项，专为扩充图书馆之用，将图书馆改名为广东图书馆，全省人士均可入馆阅览。第三，政府与学校以后须互相联络。学校须参与研究财政问题。第四，聘请名流作系统演讲。③

要扭转学校当时的混乱局面，实现学校的由乱到治，解决教授辞职问题首当其冲。陈公博于是于12月8日召集学生中的全体中枢委员在大钟楼召开了一次谈话会。会上，他同学生们讨论了学校该时期发生的一切事情。到会的委员提出了三个要求：（一）请挽留各教授。（二）请多聘教师。（三）使本校经费独立。陈对此一一应允。④ 广东大学学生于是在12月7日至9日连续召开了会议，表示希望教授回校上课，拥护党及政府。

12月9日，广东大学特别区党部召开党员大会，欢迎陈公博任代理校长。陈借此机会陈述了组设调查委员会的经过，并且又一次强调了他的施政重点。他指出，他在代理期间将办好以下三件事：（一）增设校外班。（二）扩充图书馆。（三）请名流作系统演讲。⑤ 陈公博的努力没有白费。10日，即有教授讲师中的国民党员70多人召开会议，决定：（一）星期一一律上课。（二）电请已辞职教授回校。⑥ 12日，陈公博召开教授及讲师会议，磋商上课问题并通电上海挽留各辞职教授。与此同时，政府方面也向去沪教授发出了请求。但各教授“佥以为汪氏背后有鲍罗庭支配，故决定对于该电置之不理”⑦。

陈公博一方面动员辞职教员返校上课，另一方面设法对已坚决辞职离校者作出合适的安排。12月11日，冯友兰、萧鸣籁、费鸿年、黄季陆、周佛海等38名教授在《上海民国日报》发表离校辞职后的宣言，特别声明他们并非邹鲁的死党，既不替左派偏袒，更不为右派利用。他们是本着学者的良心，以教授的资格，发表言论，进行工作，决不为任何派系捧场。

陈公博又于同月12日召集教授及讲师磋商了上课的问题。出席教员全体议决星期一上课。会后，陈公博即函请各教授讲师，并拟通电上海挽留学校各辞职教授，并报国民政府批准。1925年12月14日《广州民国日报》以《挽留广大教授：国民政府已批准》为题对此进行了报道。经过学校和政府的共同努力，在院级领导方面，除农科学长邓植仪、医科学长褚民谊仍照旧任外，法科学长程天固坚决辞职，于是由余锡恩继任。文科学长陈钟凡已去上海，在其未回校之前，由陈公博暂代⑧。教授方面，也仍有

① 《广大学潮最近之趋势（顾孟余坚辞校长）》，见《上海民国日报》，1925-12-16。
② 《陈公博接任广大校长情形》，见《广州民国日报》，1925-12-5。
③ 《陈公博整理广大之办法》，见《广州民国日报》，1925-12-7。
④ 《陈公博与广大学生会员谈话》，见《广州民国日报》，1925-12-10。
⑤ 《广大党部欢迎陈公博情形》，见《广州民国日报》，1925-12-10。
⑥ 《广大近讯》，见《广州民国日报》，1925-12-11。
⑦ 《广大学潮之近讯·汪精卫来电挽留·各教授置之不理》，见《上海民国日报》，1925-12-17。
⑧ 《广大上课与更换学长》，见《广州民国日报》，1925-12-15。

38名教授离开学校。除此之外，在省内的辞职教授都已回校上课。邓植仪、柳金田、丁颖、温泰华、杨寿昌等17位教授，还回复了就陈公博关于询问《上海民国日报》登载《广大教授辞职宣言》中有较多诋毁革命政府之话语的信。他们表示："同人等对于该宣言不知真相，当然不能负责，相应函复，敬烦查照。"陈公博报国民政府则称："从教授函中益足证明各教授对于政府之心，始终如一。是则昔日疑诸教授为逞意气为人所愚者，至是均已昭然。在校各教授既具此热诚，则断不能与在沪少数之人同负误会政府之实。为此呈请恳将前此批文取消，以示政府与教授绝无隔阂共维教育之至意。"①该请求得到了国民政府的同意。截至12月下旬，广东大学大学部各科未辞职的教授和讲师都已上课。学生来上课的，以预科为最多。文理法三科因教授辞职较多，而且大都已离开学校，所以文理法科本科学生上课仍较少。

在政府和广东大学师生的再三挽留下，尚留在广东的20余名教师打消了辞职的念头，并在12月24日的《广州民国日报》上发表了《广大教员取消辞职宣言》②。该宣言说，各教授是为着大元帅经营教育的苦心，为学术、为革命来投奔本校，希望各人能尽己之力。甘乃光等"擅改调查为查办，实系违背政府命令，挑拨政府与本大学之感情，妨害本大学之名誉，及侮辱同人，有负政府委任，难胜调查大学之责"。教授联席会议的举措，"纯本个人良心之主张，为尊重学校、尊重政府起见，并无丝毫意气及其他作用掺杂其间"。若依政府批词，作正确解释，则为人所愚，是无独立自主之能力，妄逞意气，非研究学理革新事业之态度，二者有一，教授资格，完全消失。同人等若仍恋栈不去，在个人则失其廉耻，在学校则失其尊严，安能阐扬文化，指导民众，是以先后提出辞职，不约而同，以保全个人之人格，维持大学之尊严，非悻悻然忍舍弃先大元帅辛苦设立之大业。现读政府对于陈代校长呈文之批词，已将前批取消，足证政府之前批，原属于一时之误会，又经陈代校长说明种种误会之原因，及调查委员会事实上已不存在，并承认同人等讲学言论自由之主张，对于此次辞职教员，又已一律挽留。同人等以为政府既表示爱护学校，信任教授之诚意，政府与学校之隔阂，既经根本解除，则同人等自应本平日尊重学校、尊重政府之素志，将辞职取消，继续进行原有之职务，而求达所希望之目的。该宣言的发表，表明调查学校而引起查办风波已经结束，改名改制已然深入人心，筹备改名国立中山大学工作已然步入正轨。

这期间，学生方面还开展了择师大同盟运动。他们议定，"好的教授，我们一意挽留他，不好的教授，我们一意不要他"③。"即对于优良之辞职教授及讲师，将其姓名标列，作切实之挽留；其中材者，留不留亦无甚关系，则不列其姓名，听其自然；其庸陋者，非去之不可，俟有相当时机，即可表示，并发出宣言，使社会明白真相。"④

1926年3月23日，郭沫若受聘到校任教并任文科学长。3月28日，广东大学学生为郭沫若、郁达夫、成仿吾及黄尊生等人的到来召开了欢迎会。会上，学生们请郭沫若宣布整顿文科计划，提出要选择优良教师任教。4月20日，褚民谊、郭沫若据文科学生选择优良教师的要求，联名发出通告："对于所有功课，一律重新改选。"此举遭到

① 《广大教授拥护国民政府》，见《广州民国日报》，1925-12-21。

② 《广大教员取消辞职宣言》，见《广州民国日报》，1925-12-24。

③ 《广大学生之择师运动》，见《广州民国日报》，1925-12-5。另该报于12月7日又刊有《广大学生择师运动近讯》。

④ 《广大近讯》，见《广州民国日报》，1925-12-11。

黄希声教授等26人反对，他们致函褚民谊，提出要罢免郭沫若文科学长职，并以罢教施压。黄希声等人的举动激起学生公愤，择师运动进一步展开。国民党广东大学特别区党部对此表示声援，该部于4月22日开党员大会声明援助文科学生择师运动，拥护褚校长、郭沫若学长改革文科计划。23日，文科和文预科召开学生大会，决定成立文科革新委员会，为郭沫若学长的革新计划出谋划策，摇旗呐喊。5月3日，褚民谊将郭沫若的调查结果呈文国民政府，并辞退了不受学生欢迎的黄希声等15名教授。《广州民国日报》对此进行了连续报道，其中一则消息称：广大文科风潮之内幕、文科学生之择师运动，一部分教员藉端反郭。① 郭沫若来中山大学任教之后，任文科学长，除了教学与整顿文科，还参与筹备中山大学改名改制的工作。他为中山大学筹备委员之一。筹备委员会曾委托他订定中山大学校歌，他以孙中山先生的思想为指导，订定如下歌词：

浩然正气此长存，霹雳一声天下惊，叱咤风云卷大陆，倡导三民主义救民族，此乃吾校之衣钵，此乃吾校之衣钵。

白日青天满地红，新兴文化作先锋，匪行之艰知之艰，倡导三民主义重民权，此乃吾校之真铨，此乃吾校之真铨。

中原之大中山大，扶植桃李满天下，博审慎明还笃行，倡导三民主义济民主，此乃吾校之光荣，此乃吾校之光荣②。

在他刚到校任教的3月份，段祺瑞政府开枪打死了北京的群众，广东大学召开了追悼死难烈士大会，郭沫若在会上发表慷慨激昂的演说，号召民众起来打倒军阀，完成国民革命③。

陈公博于1926年1月当选为国民党二届中央执委及常委，2月间，他又被委任为广州国民政府行政委员会委员。不久，他以代理时期已满、本身兼职务过多、精神不能集中为由，申请辞掉了代理校长的职务。陈公博上任初期曾提出要着力做好的那几点也逐渐得以实现④：1926年1月，学校设置了专修学院；学校图书馆也已对外开放；学校与政府也开始密切联系。自1926年2月15日起，学校“函致各机关，征求庶政措施文件，陈列教室，由各科教授担任指导，以资各生研究，然后以研究所得贡献于政府，务期人民与政府合作之充分实现”。请社会名流演讲方面，沈雁冰、谭延闿、孙科与高语罕等都曾在被邀请之列。⑤

陈公博辞职以后，国民党中央政治委员会决定改由褚民谊教授代理校长职。于是自1926年2月22日第67次校务会议起，由褚民谊主持校务工作。褚曾于1924年度第二学期代理过国立广东大学校长，较为熟悉学校情况。1926年3月1日，褚民谊与新成立的国民政府教育行政委员会委员在国立广东大学礼堂举行宣誓就职典礼。同一天，国立广东大学管理委员会被撤销，学校恢复校长制。褚民谊上任之后，即着手筹备改名中

---

① 《广大风潮之内幕》，见《广州民国日报》，1926－4－24；26日又有《广大文科学院续志》的消息刊出。28日有《广大文科风潮之面面观》，30日《广大文科罢课潮已解决》。

② 《中山大学校之校歌由郭沫若订定》，见《广州民国日报》，1926－4－27。

③ 《广大昨日开会追悼死难烈士》，见《广州民国日报》，1926－3－31。

④ 《陈公博代理广大校务之措施——四大计划已次第实现》，见《广州民国日报》，1926－2－18。

⑤ 《广大分聘名流演讲》，见《广州民国日报》，1926－2－22。

山大学事宜，并为此辞掉了其他兼职①。他认为第一步当为改革本校问题。此项改革拟先征求学生及教员的意见并以此为标准。其次是党化问题，应先将各学生完全党化，然后改为中山大学，以便名副其实②。

为了整顿校务，学校采取了一系列举措，2 月 27 日的第 68 次校务会议决定成立全校评议会，评议会由广东大学校长及各科教授代表、学生代表等人员组成，主要议定校中一切设施及革新等事项，或将其作讨论，然后提交校务会议决定。同日召开的第 69 次校务会议对校评议会组成人员和职权作了具体规定。3 月 13 日召开的第 70 次校务会议决定组织筹备中山大学委员会。

3 月 14 日，褚民谊出席了广东大学特别区党部欢迎会，他在会上向与会者介绍了他的办校计划：（一）组织中山大学筹备委员会。（二）严定纪律，促成党化教育。（三）中山大学完成后，免收学费，以达到平民教育化。（四）规定教职员资格，教职员须信仰中山主义及学力优良。（五）扩充教职员及学生宿舍，以育多士。（六）增设各种仪器，藉研究高深学术。"对于党务之发展计划，尤为发挥尽致"。③ 决定聘请筹备中山大学委员后，褚民谊便致函敦促各应选派代表的机关。他强调，改名为中山大学以纪念孙中山先生，筹备伊始，事体重大，"惟有集合名流，共同商榷，庶事无遗误，制倍周详。经拟组织筹备中山大学委员会，并拟聘各委员呈奉核准在案，用特函请台端为本会委员，共商筹备，以策进行"④。4 月 6 日，第一次筹备会议召开。会上决定每周星期二的下午 3 时召开筹备会议，"并已决定中山大学要达到党化地步，将来凡系党员入学肄业，一律免费"⑤。中国国民党中央党部第 18 次常务会议推定青年部长甘乃光⑥，广东省党部第 24 次会议推定省青年部长黎樾廷为筹备中山大学委员。4 月 13 日，第二次筹备会议在大钟楼召开，陈树人、郭沫若、陈其瑗等 30 余人出席了会议。会议讨论并通过了筹备中山大学委员会章程⑦。章程主要内容如下：

第一条，本委员会定名为筹备中山大学委员会。

第二条，本委员会以下列人员组织之：

一、由中央党部、广东省党部、广州市党部、本校特别区党部各派代表一人。

二、由国民政府财政部、教育行政委员会、广东省政府、广东教育厅、广东教育会、广州市政厅各派代表一人。

三、本校各学长、预科主任、秘书长、会议主任、军事教育主任、附中主任、附小主任，并由各科教员推代表一人。

四、本校各科学生及广州学生联合会各推代表一人。

五、由校长聘请教育界名流若干人。

---

① 《褚民谊请辞兼职》，见《广州民国日报》，1926－2－25。
② 《褚民谊对筹备中山大学谈话》，见《广州民国日报》，1926－2－25。
③ 《广大特别党部欢迎褚民谊》，见《广州民国日报》，1926－3－15。
④ 《褚民谊函聘中山大学筹备委员》，见《广州民国日报》，1926－4－8。
⑤ 《中山大学筹备委员会会议》，见《广州民国日报》，1926－4－9。
⑥ 《中央党部推定中山大学筹备委员》，见《广州民国日报》，1926－4－12。
⑦ 《筹备中山大学委员第二次会议》，见《广州民国日报》，1926－4－15。

第三条，本委员会以现任国立广东大学校长兼筹备中山大学委员会主席。

第四条，本委员会须有委员十五人以上出席方得开会，但决议事项须得出席委员过半数同意方为有效。

第五条，关于筹备中山大学之一切事宜，由本委员会会议决定之，但议决案须呈请国民政府核准后施行。

第六条，本委员会会期时间以三个月为限，但遇必要时得以延长一个月。

第七条，本委员会遇必要时得临时组织各种专门委员会（其组织章程另定之），各专门委员会所议决之事项，应提交本委员会采择。

第八条，本委员会办事及会议地点设在广东大学。

第九条，本委员会以每星期二日下午三时至五时为常会时间，但遇必要时，得由主席召集临时会议。

第十条，本委员会得设秘书处及事务员若干人，统由主席调用相当人员充任之。

第十一条，本章程经国民政府核准后施行，如有修改之必要时，得由委员提出本委员会议决，呈请国民政府修正之。

第三次筹备会议于4月20日召开，会议通报国民政府已核准该委员会所呈请的章程及筹备委员名单。

国民政府所批准的国立中山大学筹备委员会名单为：褚民谊、甘乃光、黎樾廷、谢瀛洲、沈宝同、陈树人、宋子文、陈公博、蒋中正、金曾澄、许崇清、伍朝枢、郭沫若、徐甘棠、孔宪铿、邓植仪、李奉藻、陈炳权、黄著勋、陈大训、伍德森、张于潯、金绍祖、汪宗湜、古直、黄希声、毕磊、黎国昌、柳金田、陈宗基、邝嵩龄、曾济宽、梁昌汉、熊锐、潘考鉴、温泰华、徐甘澍、张乃燕、黄兆栋、黎兆葵。特聘筹备委员名单为：林伯渠、孙科、陈其瑷、蔡元培、吴稚晖、顾孟余、李石曾、蒋梦麟、张伯苓、于右任、程天固、高冠天、周柏年、黄枯桐、徐谦、易寅村、李圣章、李润章、沈慈如、沈尹默、范源濂、陈钟凡、陈陶遣、袁希涛、陈振中、徐振亚、许学彬、陈群、王肯堂、李其芳①。

筹备委员会成立之后，学校改名改制工作即全面展开，但事情并非就此一帆风顺了。改名为国立中山大学，并非简单换一个称号，其中还涉及制度的订立以及人事的安排和校务的进行等一系列事情。财政部原划定广东大学的每月经费为9万元，以此经费，学校正常运作已感捉襟见肘，改名改制事务纷繁复杂，更加重了学校的财政负担。不得已，校方以每月经费不足为由，向国民政府申请暂缓改办中山大学，但未获批准。由于北伐的进行，国内经济大受影响，物价出现较大波动，这无形中也增加了学校的财政负担。出于对学校平稳发展的考虑，学校决定由褚民谊于1926年6月间特向政治委员会提请了如下办校事宜：①国立广东大学应否于7月底结束？②国立中山大学应否于暑假后开办？③国立中山大学各科学生学费应否免收？④国立中山大学增设工科所需购置及设置费，请财政部另行拨给。⑤专修学院经费困难，请政府设法维持。⑥大学经费每月拨给9万元，除搭发库券三成外，又搭发有奖公债二成，尤属困绌。请政府准予教

① 广东省档案馆藏《国立广东大学全宗》。

职员薪金内只搭发二成，其他办公费、工资、工食等，概准免即搭发，并请令行财政部遵照。⑦教职员积欠薪金13万余元，欠各商6万余元，请令财政部拨给。⑧本校本年拟招考预科生500名。⑨招考本科生450名。⑩同济大学学生转入本校医科，要求增聘德国教授，应否增聘？下学期将医科医院仿照德国学制。政治委员会就此做了批复，结果是：国立广东大学于7月底结束，于暑假后开办。各科学生学费照收。取消省工业专门学校，改为国立中山大学工科，开办费自筹，由校长会同文法两科学长办理。其他公费、工资免搭发库券。有奖公债的请求不能应允。所积欠薪金等到财政充裕时再给予拨款。照学校所计划招考预科及本科生。准许增聘德国教授医生。[①]

（执笔：陈伟华）

第三节　尘埃落定

转眼7月临近，按照政府的决议，广东大学于7月底须行结束，代校长褚民谊催校长戴传贤到校任职，戴传贤却逗留于湖州养病，就职无期。学校于是在7月24日召开的第84次校务会议上商议了“本校奉令于七月底结束，校务会议照例亦于同时终止。八月以后下学年所关校务无人负责具呈政府请示办法”，稍后以此向政府呈请。呈请很快得到批复：“国民政府拟于戴校长未到校以前，所有校务进行，仍责由校务会议暂时维持管理”[②]。于是接下来第85、86次校务会议对聘任人员问题，各科学长、预科及附校各主任之权责问题，中山大学经费问题，中山大学规程问题，开学日期等相关校务问题进行了讨论。并将讨论结果呈具政府请示办理[③]。

1926年6月，国立广东大学秘书处出版部特印行出版了《国立中山大学讨论号》以为学校改名改制之事作宣传并资纪念。

几经周折，终于万事俱备，1926月8月17日（农历七月初十），国民政府发布命令，正式宣布将国立广东大学改为国立中山大学。[④]

当时，除广东出现国立中山大学外，全国其他地方也出现了以“中山”为名的大学。较有名的有四所：国立第二中山大学（武汉）、国立第三中山大学（杭州）、国立第四中山大学（南京）。国民政府后来于1928年初在上海议决：“将各地中山大学悉易以所在地之名，只留广州第一中山大学”[⑤]。

1927年3月1日，国立中山大学举行了盛大隆重的开学典礼。“是日礼场布置甚壮丽，学校门外高搭牌楼，高悬生花横额”。[⑥] 政治分会代表胡春林、国民政府代表实业

① 《改办中山大学之提案：政治委员会已批复》，见《广州民国日报》，1926－6－21。

② 《广大校务暂由校务会议维持》，见《广州民国日报》，1926－8－3。

③ 《国立广东大学十四年度记事录》，1926年版，第58～62页。

④ 易汉文：《国民政府是何时下令改国立广东大学为国立中山大学的》，载《广东史志》，1999年第2期，第41～42页。

⑤ 《近日教育上重大问题之答案》，见《上海民国日报》，1928－2－17。

⑥ 《本校举行开学典礼纪盛》，载《中山大学开学纪念册》，中山大学出版部，1927年版，第1页。

部长孔祥熙、教育行政委员会委员钟荣光，广东教育厅长许崇清及各级党部各机关团代表等数百人，全校员生等2000余人参加了典礼。正午12时开会，朱家骅委员主席，周鼎培宣布。

开学典礼仪程为：（一）集合；（二）奏乐开会；（三）向总理遗像、国旗、党旗行三鞠躬礼；（四）恭读总理遗嘱；（五）唱国民革命歌；（六）主席致开会辞，朱家骅致辞，其内容有"改造广东大学之经过"，"定名中山大学之意义"，"本校各科今后之设施"，等等；（七）来宾致辞；（八）主席答辩；（九）奏乐；（十）教职员演说，演说者有政治训育委员何思源，教务主任周树人，理科主任邰重魁及教授曾济宽、许楚僧、黄遵生等；（十一）学生代表发言。学生会主席李秀然代表学生会就"学校一切问题之改造"发表了演说。然后是拍照、奏乐、茶会。与会者尽欢而散。

学校在这一日还举行了游艺展览活动。展览会上陈列了学校历年来所搜罗的各学科的新旧标本和贵重仪器，并派了人随时随地进行解说。当时还专门在大礼堂一侧设立了中山纪念室，室内陈列了数百种中山先生的照片以及他的墨宝和著作。

医科、农科、理科各系展览，分布于文理学院、东西教室内，计有30余处，甚为壮观。

游艺会在晚间举行。中大剧社奉献了精彩剧目。许多社会著名歌舞家应邀而来，分别在本校大礼堂、大操场、小学礼堂、雨操场等处表演。学校明远楼下则张灯结彩，以灯谜为观众助兴。[①] 政治分会代表胡春林致辞："本校自改组以来，废校长制，改委员制，成立政治训育部，实施党化教育，要造成一完善的党国最高学府，此关系本党革命前途，何等重大。"国民政府代表孔庸之致辞说："这大学是负有重大使命的。"国民政府教育行政委员钟荣光致辞说："这间大学是全国唯一的大学，将来要容纳很多学生——十几二十国不同国籍的学生，不要拿广东或中国作标准，要知道大学不是一地的学校，也不是一国的学校，是世界的学校，所以应该全世界的学生都有……我很希望这里的中大办得好，使外国的人都来这里读书"。朱家骅作《中山大学筹备之经过和将来之希望》的演讲，指出"最紧要是革命不忘读书，读书不忘革命"。周树人（鲁迅）发表演说，着重强调中山大学学生要"读书不忘革命，革命不忘读书"。另外，许崇清等人也在会上作了讲演。[②]

（执笔：陈伟华）

① 《本校举行开学典礼纪盛》，载《中山大学开学纪念册》，1927年版，第1页。

② 《本校开学典礼日演说词》，载《国立中山大学开学纪念册》，1927年版，第1～22页。

第三章 激浊扬清

1925年11月，邹鲁被免去校长职务。次月，国民政府派汪精卫、谭延闿、伍朝枢、顾孟余、陈公博组成广东大学管理委员会，由顾孟余任主席，当时顾未到，由陈公博代任。1926年3月1日，广东大学取消管理委员会，恢复校长制，褚民谊出任代理校长。该年8月，国民政府下令学校改名国立中山大学，命戴传贤为校长，戴赴任前由经亨颐任代校长。戴到广州后，根据中山大学的现状，提出改校长制为委员会制。10月，学校改校长制为委员会制，戴传贤为正，顾孟余为副，徐谦、丁惟汾、朱家骅为委员。1927年6月，国民政府依据大学组织法，又将学校的委员制改回校长制，戴传贤为校长，朱家骅为副校长。1929年9月，国民党中央通过决议，在中山大学设立董事会，董事会成员为蒋中正、胡汉民、谭延闿、宋子文、古应芬、孙科、陈铭枢、朱家骅、戴传贤，以戴为主任董事，孙、宋、陈三人为建筑董事①。次年9月12日，中山大学董事会在南京召开第一次会议，同时校长戴传贤提出辞职。10月，国民政府任命朱家骅为校长。12月中旬，朱家骅调任国立中央大学校长，金曾澄继任校长。金未到任前，由学校评议会协助事务管理处主任沈鹏飞教授主持校务。不料，金曾澄任校长的消息一经公布，即出现拒金风潮，结果仍以朱家骅挂名校长，校务由沈鹏飞代行。1931年5月，国民党胡汉民派的古应芬、邓泽如、邹鲁等联合汪精卫、孙科、陈济棠和桂系军阀，成立了广州国民政府，与蒋中正的南京国民政府对峙。6月，广州国民政府任命许崇清教授代理校长。在广州的国民党中央执监委员会非常会议也改派胡汉民、古应芬、孙科、许崇清、汪精卫、邹鲁、戴传贤、陈铭枢、李文范9人组成中山大学董事会，由孙科任董事会主席。新大学董事会于6月18日召开第一次会议，决议增加教授薪俸，减免学生学杂费及其他费用等事项。12月，国民政府任命林云陔（时任广东省政府主席）为校长，林未上任即呈请辞去校长职务。许崇清掌管中山大学后，文学院增设社会学系，聘黄文山为系主任；改理学院为理工学院，增设土木工程和化学工程两系。1931年"九·一八"事变后，全国学生运动云起，许崇清对此持开明态度，引起西南军阀的不满。不久，胡汉民返回广东，组成西南政务委员会。1932年2月，该会任命邹鲁为中山大学校长，调许崇清为广东省教育厅长。以胡汉民、邓泽民、萧佛成、陈济棠、许崇清、林翼中、区芳浦、邹鲁为中山大学董事会董事，林云陔为主任董事，负责中山大学的石牌建校事宜②。于是邹鲁再次出任校长并于1932年2月1日到校宣誓就职。20世纪30年代后期，中山大学校内矛盾出激化，派系斗争严峻，邹鲁遂于1940年4月称病辞职，国民党政府教育部任命许崇清再次代理中山大学校长。

---

① 《国民党中央对中山大学维持及建设办法（1923年9月23日）》，见中国第二历史档案馆编《中华民国档案资料汇编》第五辑第一编教育（一），江苏古籍出版社1997年版，第237页。

② 梁山、李坚、张克谟：《中山大学校史（1924—1949）》，上海教育出版社1983年版，第40页。

这期间，虽然学校主事更替频频，但各任领导基本上都能励精图治，革陈布新，力图有所作为。他们积极探索适合学校发展的体制，组织制定了《国立中山大学组织规程》；设立了国立中山大学董事会。他们大力进行校园设施建设，不惜重金添置图书资料和科学仪器，努力使学校的硬件设施达到先进水平；他们还多方引进国内外专家学者，使学校拥有雄厚的师资力量。

为了沟通信息，传达校内新闻，学校特创办了《国立中山大学校报》和《国立中山大学日报》。《国立中山大学校报》创办于1926年，该报以发表公函、布告、校闻、会议录、演讲录为主。《国立中山大学校报》在1928年3月停刊，总计出版30期。1927年5月9日，《国立中山大学日报》创办，该报由政治训育部宣传处与大学事务管理处联合出版，以刊登行政机关及学生团体会社消息为主，不刊登文章。政治训育部被取消后，该报由教务处编辑，事务管理处出版部出版发行。该报于1949年11月初停刊。

这些举措使学校迅速完成改名改制的过渡，稳步进入正常的科研、教学轨道，并迎来其飞速发展时期。学校在改革中呈现出欣欣向荣的景象。

邹鲁又掌中山大学后，学校面貌日新月异。上任伊始，他即开始筹划建筑新校事宜。3月制定出建筑新校的“六年计划”，4月开始建筑农、工两学院。8月重组工学院筹备委员会，10月接管广东土壤调查所，11月接管广东通志馆。及1933年5月，公布了新组织大纲，将评议会改为校务会议，分设文、法、理、农、工、医六学院暨高中、初中和小学，分别设置教务、事务两处及其所属各部馆。1933年6月，又公布了各学院各附校学则。该年11月，举行了隆重的建校9周年纪念活动。1934年2月，设立新制小学实验班。该实验班不放星期日假及寒暑假，一年分为4学期，4年毕业。该年8月，筹备已久的工学院宣告成立，分设土木工程、化学工程、机械工程、电气工程4个学系。1935年5月，教育部核准成立研究院，内分文科、教育、农科三研究所，每所暂设二部，文科研究所设中国语言文学部和历史学部；教育研究所设教育学部和教育心理学部；农科研究所设农林植物学部和土壤学部。校内原有的文史、教育及农林植物3个研究所以及广东土壤调查所依类归附，研究院的院长由校长兼任。研究院于8月份在粤、沪、平招收研究生。该年秋，农学院增设蚕学系。

第一节　六条办法

在国立广东大学改名为国立中山大学以及进行各种制度革新的过程中，先后主要经历了三任领导集体，这三任领导集体的领导核心分别为邹鲁，陈公博、褚民谊，经亨颐、戴传贤及大学委员会。在他们的领导下，中山大学得以顺利实现改名改制的过渡。

邹鲁将改名制之事呈请政府，获准实施。陈公博与褚民谊在整治学校改名前的混乱局面、统一各方思想、使改名改制得到大众的完全认可方面做了大量工作。经亨颐与戴传贤及大学委员会为学校的发展绘制了宏伟蓝图，为学校勃发出旺盛生机奠定了基础。邹、陈及褚的举措在前两节已叙及，这里主要叙述第三任领导集体的革新图景。

为了做好中山大学的革新工作，早在1926年4月间，学校就设立了校务革新委员会，以教授、同学20余人为委员，该会成立后出版革新日报，提出具体主张。他们认为中山大学革新要注意以下几个方面：①整理财政问题。②裁冗员、聘请良好老师问题。③扩充设备问题。④改善员生的实际生活问题。⑤学生参加校务问题。[①] 校务革新委员会促进了学校整饬局面的早日形成。

经亨颐代理校长后力图有所作为。他于1926年9月4日在学校党部、革新委员会及区分部委员会联席会上宣布了校务改革计划，并且向国民政府上万言书，指出要对《国立广东大学规程》和筹备中山大学委员会所定的规程进行革新。其主要意见有[②]：改校长制为委员制，废除学位，强调党化，附中小学划归中学办理，预科并入高中，改造校舍。此外，他还曾拟《国立中山大学规程草案》[③]。但因学校事务千头万绪，整顿起来困难重重，他本人又身兼政府要职，无法全力投入其中。鉴于此，代任不到两个月，他即向国民政府提交了辞职申请。接到经亨颐的辞呈后，国民政府当时并未立即批准，而是打算将辞呈提交常务委员会议，共同讨论，以决定他的去留。1926年9月30日，戴传贤到校履任。10月14日，国民党中央、国民政府决定在中山大学实行委员制，并特任戴传贤为国立中山大学委员会委员长，顾孟余为副委员长，徐谦、丁惟汾、朱家骅为委员。委员会的设立和委员的任命，相当于在事实上获准了经亨颐的辞职。不过，经亨颐与戴传贤关于改校长制为委员制的意见还是得到了国民政府的采纳。

1926年10月17日，委员们[④]举行了就职礼，戴传贤在会上宣布了整理学校方针[⑤]。委员们分工负责，共同处理全校事务。其分工情况为：戴传贤委员长“担任全校之行政、执行支配与实施之计划”，顾孟余“担任校内之政治训练”，徐谦“担任校内之民众运动与学生运动等”，丁惟汾“担任校内党务一切之指导”，朱家骅委员“担任教务方面”。委员会拟暂设总务、文书、编撰、卫生四处[⑥]。委员会虽由5位委员组成，但因其他几位委员在中央皆任要职，所以日常校务实际交由朱家骅全权负责。

委员就任后，即按照国民政府训令革新校务。他们于就职典礼的前一天即10月16日发布告示宣称：从前广东大学因循旧习，毫无成绩，人员既多失职，学生程度亦复不齐，政府决意振兴，已明令改中山大学为委员制，期集一时之人望，为根本之改造，应责成委员会努力前途，彻底改革，一切规章制度，重行厘定；先行停课，切实建设，以下学期为新规之始业。全体学生，应一律复试，分别去取，所有教职员亦一律停职另任。中小学等划出另办，务当极力刷新，尽除积弊，以期名实相符，成为纯粹党化之大学，以副党国之望。并应由教育行政委员会通令教职员学生一律严守纪律，不得干涉改造进行之言行。[⑦]

委员会据政府训令，集思广益，反复磋商，他们根据学校的实际情况最后议定了六

---

① 《广东大学近况》，见《广州民国日报》，1926-8-25。

② 参见《中大经代校长呈政府文之内容》，见《广州民国日报》1926-10-5；1926-10-6。

③ 载《广州民国日报》1926-10-7；1926-10-8。

④ 徐谦有事未到，到会者有中央党部代表何香凝，国民政府代表谭延闿，高等顾问鲍罗庭、褚民宜等（见《中山大学委员就职纪盛》，《广州民国日报》，1926-10-18）。

⑤ 戴到粤后曾向外界宣称期望中山大学成为中国惟一革命最高学府，自愿作一听中央指挥之一忠实革命工人（参见《戴传贤先生到粤之意见》，《广州民国日报》，1926-10-5）。

⑥ 《中山大学之临时组织》，见《广州民国日报》，1926-10-29。

⑦ 《中大委员会议决之规划》，见《广州民国日报》，1926-10-22。

条主要的治校办法。其主要内容①如下：

第一，一切规章，重新制定。政府训令，既重行厘定，故不但广东大学所有规章，不足范围本会，即使中山大学筹备处所有规章，对于本会，亦不生拘效力。故自十月十七日起，所有从前广东大学一切规程、中山大学筹备委员会所拟定之规程草案，及其他暂行规程等，须经本会重行审查起草，并由中央制定施行。

第二，先行停课。中山大学虽为广东大学蜕化而来，而广东大学为旧日各专门学校及师范学校之后身，一切规章制度，与其实际内容，充满多年旧习，既欲根本改造，一切重新建设，就必须先停课。各科教授缺乏甚多，应用书籍又不足，须通盘规划，重新组织。具体办法如下：

大学本科各级、师范科各级及预科各级，一律停课，在停课期内，对于复试及格的学生，务求于短期中，开始"基本学科"和"党化教育"两种训育。

在基本学科的教授方面，经考查，认为本预科学生，其基本知识，均欠充实，于研究上颇多质疑。故决定以本学期的原有授课时间，分别其等级程度，命令他们补习国语、数学、外国语三科，且尤重外语。

在党化教育方面，由中央命令政治训育人员，组织训育部。关于各科级学生，施以政治训育，并指导其政治上工作，其规划及设施，由中央直接命令发表。

在上列两种规划之下，留校学生绝不能旷课。

中小学幼稚园已划出另办，不在停课之列，工专恢复独立地位，也不停课。医科附属医院及图书馆照常运作。

第三，新规定从下学期起开始实行，中山大学的正式开学日期为1927年3月1日。那些1927年度应该升级或者毕业的同学，于第二年上学期令他们加紧完成学业，使他们可以如期毕业或者升学。

第四，全体学生一律复试，分别去取。中山大学由广东大学蜕化而来，此次政府明令，显然只承认原有本、预科各科级的学生。此次新考入的学生，无论其学级若何，皆须一律重新施以本、预科入学试验。对于复试不及格的学生，除身心均不健全的人之外，学校打算为他们另筹修学途径。远道而来之学生，除中央决定退学者外，学校当给那些落第且又不愿在该地留学者一定的资助。

本科预科的考试科目为国文、数学、外国语，强调政治素养。考试方法和日期另行公布。

本学期因停课，故所收学费书籍费，一律退回，实习期间，概不收费。

第五，教职员一律停职另任。为了切实整理全校，以前所有教员，一律停职另任。所谓停职，也并非将原有教职员全部更换，而是借此机会，根据学校的需要，分别先后，重新聘任。具体办法如下：

（甲）职员中与保管交代及其他必要事务特别有关者，暂不停，委员会先

① 《中大委员会议决之规划》，见《广州民国日报》，1926－10－22。

行分别委任，其余则停职听候另委。

（乙）教授讲师，原有员数比较多，因本科停课，故先由委员会聘任本期补习教科所必需的教授讲师，其余待本、预科教程规划妥善后再行聘任。

（丙）所有停职教职员之薪水月俸，除有合约之外国讲师外，一律发至10月底。

第六，中小学等划出另办。中学校划归省办，小学幼稚园划归市办，工专归省直接管理。

上述六条办法，是中山大学实现顺利过渡的主要措施。就当时情形看来，“学生的复试甄别”和“教职员工的重聘”是当务之急和重中之重，也是学校改制的根本。

戴传贤对改革中山大学也有着通盘考虑和比较详细的思路。其改革的要点有：以组织实现纪律；以工作巩固组织；设政治训育部；扩充图书馆；设学生阅览室；设卫生处；在停课期间，给学生基本科学之补习，每日约有六七小时功课，视察学生宿舍，然后定改革或者增建的计划。①

就职会结束后，委员长戴传贤即宣布停学停教，对在职教员学生作彻底调查。学生方面，举行考试，考试不过者，坚决淘汰；考试通过者，也必须一律填写志愿书，方能成为正式学生。师资方面，重新聘定教师。遍请各地有名教授，原有教授，劣者去，优者留。②

10月22日，中山大学委员会在学校会议室召开第四次会议。对考试、免收学费、募集资金等问题进行了议决。议决结果是③：（一）考试应该从速进行，务期于11月第一个星期完成。农科专门部及师范部情形特殊，另行试验。（二）因本学期整顿校务，免收学费。（三）决定募集图书馆及各科实验室基金，第一期额定为100万元，将大约60万元用于第一期建设图书馆及购买最必要书籍，将40万元用于理科、物理学、化学、数学、各系实验室、医科实验及农科设备。（四）修缮图书馆、学生宿舍及大钟楼的大钟。（五）添聘教员。会议决定聘请国内知名学者及北京大学教授中最有学问者来校执教。电托李石曾、吴稚晖、李守常三先生代为物色。医科方面加聘德国学者，电托在柏林的同志及驻德公使代为办理，要求有博士学位，并且曾任大学教授。（六）扩充图书馆。以8万元扩充现有的图书馆，以2万元添置各科学生图书。

（执笔：陈伟华）

第二节　双“管”齐下

“甄别考试”和“教师重聘”是学校革新过程中两条有力有效的措施。甄别考试优

① 《戴传贤关于改革中大之谈话》，见《广州民国日报》，1926－10－22。

② 《中山大学委员就职纪盛》，见《广州民国日报》，1926－10－18。

③ 《中山大学之新气象》，见《广州民国日报》，1926－10－25。

胜劣汰，保证了学生的优良性，教师重聘引来名流任教，增强了师资力量。这两项措施，既淘汰了原广东大学中素质低劣的老师和学生，同时也在一定程度上起到统一思想的作用。学界名流的到来，还在无形中提高了学校的知名度。

中山大学委员会成立不久，中山大学复试委员会也成立了。复试委员会于1926年10月28日召开了第一次会议，随即公布了《大学各本科师范部及各科专门部复试之标准》，具体办法①如下：

本科及各科专门部，复试国文、数学、外国语三科，皆决定最高最低标准。其最高标准，视旧制大学预科，或新制高级中学毕业程度；最低标准，国文则以了解国民革命之意义，且文理通顺为度，数学则以一次方程式为度，外国语则以能造译最浅显之单句为度。考试题目，分为三等。

一等试题　最高标准。

二等试题　最高标准与最低标准之间。

三等试题　最低标准。

受考者根据自己的程度，自主选择试题等级。所选三科试题可处于不同等级。三科内有两科能合最低标准，或有一科能合二等标准者，则视为及格。如三科不能都作，须自己说明不能作的理由，是否曾经习过，以作为整理学生程度决定补习教育计划的材料。不能及格者，则属无可造就，学校无其可留之处。

预科学生复试标准仍照预科往常考试程度，科目限于国、英、数三科，其不及格者，除成绩过差者外，可另行补习。

复试报名时间是11月1日至11月6日。

11月9日和10日，学校组织进行了本科生复试，13日举行了预科生复试。国民政府派孙科到场监考，戴传贤委员长和朱家骅委员也来到现场监考。

委员会会同各科教授对考试进行了评定。按照原定最低去取标准，不及格者有800多人，严格按大学本预科标准，则不及格的人更多。委员会于是召集各科教授，决定放宽标准，再次议定去取标准如下：

（一）本科考试改为，三科之中，有一科能合最低标准者即可录取。

（二）预科考试改为，三科之中，有一科及格者，均予录取。

（三）本科生三门均不及格者，应参照本人历年在本科修学的成绩，其一年生则参照升学转学的成绩，决定是否录取。经审查原有成绩，仍有不及格者，开除学籍。但本校对于此种落第学生，特设补习班，有志补习者，准予补习，允许其于下学期开始时，再应入学考试。

（四）预科生三门均不及格者，开除学籍。但本校另设补习班，准其补习，允许再应入学考试。

（五）旁听特别生，均照往办理。其报名工科的学生，志愿入其他科者，插入程度相当的年级。

经过修改标准的衡定，复试委员会评定，参加复试的本科生966人，及格865人，

---

① 《中大委员会宣布复试办法》，见《广州民国日报》，1926-10-30。

不及格101人；预科生927人，及格752人，不及格175人[①]。

12月1日，学校开始为相关学生进行补习。12月15日，学校还特为因事未能参加复试的学生进行了补考。1927年2月16日至18日，学校又对原专修学院学生进行了编级考试。2月28日和3月2日，对前次复试不及格或因故未复试的学生进行了补考复试，并对转来本校的外地学生进行编级考试。[②]

在甄别复试及委员会的布告中，都有强调党化教育之意。复试，从某种意义上说，也是一次统一思想的行动，它在整饬学校秩序中起了不可忽视的作用。

1926年12月1日起，中山大学开始接收工专学校。广州市教育局于13日派黄炳尉、余超会同该校主任汪宗湜前往接收附小，学校经费暂由中山大学借支，小学定名为中山小学校，仍由汪宗湜任主任。政府下令正式改名中山大学后，该校停课一个学期，教职员工也解除职务重新聘任。

经过甄别考试及重新聘定教师等种种举措之后，整饬、规范逐渐代替了先前的混乱无序。1927年3月1日，中山大学举行了开学典礼。

据1935年《国立中山大学现状》[③]，1927年，全校共有职员292人，学生3125人，其中各学院816人，高中（预科）652人，初中757人，小学900人。

国立广东大学成立以来，一直都很重视延揽名流来校任教。1925年9月，毛泽东兼任广东大学附中教员。著名哲学家冯友兰也在此时被聘为教授兼文科学院哲学系主任。1926年3月18日，郭沫若、郁达夫与刚从法国留学回来的王独清被聘为该校教授。郭沫若是中国现代著名文学社团创造社的创始人，被聘来校任文科学长，他带领实施了“整顿文科”计划，使学校的文科步入良性发展轨道。1927年1月18日，著名学者、文学家鲁迅来校任教，鲁到校后任教务主任兼文学系主任。从1927年2月10日起，鲁迅主持了有朱家骅、傅斯年、何思源、何思敬、何衍璇、许陈琦等人参加的7次教务会议[④]。鲁迅在校期间担任了校、系的重要行政职务，同时还开设了多门课程。因鲁迅素来反感的顾颉刚也于同年4月间来校任教，于是许寿裳和鲁迅于6月间同时提出辞职，获得批准后，他们便离开了学校[⑤]。顾颉刚于1927年4月17日应聘来校任史学系教授。1927年7月以著名地质学家朱家骅、著名矿床学家谢家荣和叶良辅为筹备员，创设了两广地质调查所，该所隶属国民党广州政治分会管辖。著名地质学家乐森浔于1927至1937年任该所技正兼地质系讲师、教授。著名古植物学家斯行健于1926至1928年任地质系讲师兼该所技士，后任该系教授。中国第一代电子学家朱物华应聘来校，任物理系教授。著名植物分类学奠基人之一陈焕镛应聘来校，任植物学系教授兼系

① 《中山大学复试已放榜》，见《广州民国日报》，1926-11-24。

② 《广州民国日报》：《中山大学复试委员会成立》，1926-10-30；《中大委员会宣布复试办法》，1926-10-30；《中山大学考试之定期》，1926-11-1；《中山大学预科复试情形》，1926-11-5；《中山大学本科复试情形》，1926-11-11；《中大复试出榜消息》，1926-11-18；《中山大学消息种种》，1926-11-19；《复试放榜后之中山大学》，1926-11-27；《中山大学定期补考》，1926-11-30。

③ 《国立中山大学现状》，台湾传记文学出版社印行，1971年影印，第66~67页。

④ 《国立中山大学十五年度校务会议纪事录》，1930年，第1~14页。

⑤ 关于鲁迅离开中大的原因，有人认为是鲁迅营救学生无效愤而辞职。鲁迅日记、文章以及友人的回忆表明，他离开中大的直接原因是顾颉刚也来到中大任教。据他的好友许寿裳回忆，当鲁迅听说校方将聘请顾来校任教时，勃然大怒，说道：“他来，我就走。”相关史料可参见许寿裳《亡友鲁迅印象记·广州同住》、鲁迅的《略谈香港》、顾颉刚1927年4月28日致胡适的信等文献。

主任。著名心理学专家汪敬熙被聘为文史科新设的心理学系主任，他后来创办了心理学研究所，并任主任。1928年学校成立语言历史学研究所和教育学研究所，两所聘定马衡、赵元任、傅斯年、顾颉刚、商承祚、何思敬、吴梅、珂罗倔伦、史禄国等为教授，聘陈垣、容庚等为顾问。1930年3月，中国植物生理学奠基人罗宗洛也应聘来校任理科生物系教授。受聘来校任教的著名学者还有孙伏园、俞大维、陈翰琴、许德珩、关应麟等。

（执笔：陈伟华）

第三节　两驾"马车"与一种精神

没有规矩，不成方圆，学校的正常运作，也同样需要完备的规章制度来作保障。这制度的重中之重，即是大学规程或者说是组织大纲。故此，大学规程也成为中山大学革新的重点。1926年4月13日，筹备中山大学第二次会议召开，会议讨论并通过了《筹备中山大学委员会章程》。4月20日，筹备中山大学第三次会议召开，通报国民政府已核准本委员会所呈章程及筹备名单。从这次会议开始至1926年6月17日的第十次筹备会议，着重逐章逐条讨论并通过《国立中山大学规程》。1927年3月1日，国立中山大学举行隆重的开学典礼，同日，公布了重新厘定的《国立中山大学规程》①。因广东大学由多所学校合并而成，校舍分散于市中各处，且多破旧简陋，学校若要谋求发展，就必须正视并解决校舍问题。学校领导注意到这点，并将相关情况呈报政府，申请成立了中山大学董事会。中央执行委员会选举董事9人组织董事会，负责建设学校事宜。在《国立中山大学规程》和大学董事会这两驾"马车"的导引下，中山大学出现良好的发展势头。

一、《国立中山大学规程》

1924年2月4日，孙中山指令创办国立广东大学，21日，广东大学成立筹备处。8月22日制定《国立广东大学规程》，并于当年9月1日开始实施。该规程分宗旨、设科、入学学费及修学、考试、毕业及学位、校长及校务机关、教职员之任用及待遇、财务、附则等9章共71条。其主要内容在第一章第三节已有阐述，此不再述。

《国立广东大学规程》虽有不够完善之处，但它给校务的开展提供了不可或缺的指南和标准，为学校的发展绘制了一幅相对完整的图景。国立广东大学改名为国立中山大学以后，此规程已不再能适应需要，同时，按照政府的训令以及委员会议定的治校方针，制定《国立中山大学规程》也是学校改名改制过程中的既定事项。

《国立中山大学规程》分名称及宗旨、委员会及教务团体及学生、学科门类、学业培植及成绩计算、评议会、教授会议与教务会议、事务系统、行政会议、图书馆、财

① 《国立中山大学规程》，载《国立中山大学开学纪念册》，1927年版，第23～35页。

务、纪律、预科、附则等共13章84条。[①] 其主要内容如下：

名称及宗旨

学校名称为“国立中山大学”，宗旨是“务以国民革命之精神振兴国民智力之开展，一方挥弘各种科学艺术，以备国人之享受；一方挥弘教育之党化，以坚革命之工作。务洗他国学院与社会隔阂之弊，而成精神与学业为一致之方”。

委员会及教务团体及学生

委员会：委员会设委员5人，设正副委员长（1927年6月改回校长制，戴传贤为校长，朱家骅为副校长。与广东大学不同之处在于，广东大学时只设校长一人，校长不在时设一名代理校长　或称署理校长　，而改回校长制时则设正副校长各一人，到1930年10月朱家骅继任校长后，又只设校长一人[②]），均由政府任命。委员会总管本校一切校务，包括教授、讲师的聘任及解聘。委员会设一个秘书，隶属于委员会。校政治训育部直属中央党部，其规程皆由政治训育部另外规定。

评议会：评议会由大学委员及教授互选出来的评议员组成，委员长为主席。教授互选为每6人选1人，任期1年，可以连任，每学年开始第一个月进行选举。评议会设立之期由委员会酌情规定，未设立之前其职权由大学委员会行使。评议会的决策事项有：①设立和废止讲座。②设立、废止及变更各学系、各研究所及各补充会。③设立、废止及变更校内事务各机关。④规定、废止及变更各种规则。⑤推定各行政委员会。⑥决策本大学预算及决算。⑦议决中央党部、国民政府及大学委员会咨询事件。⑧关于高等教育事件将建议于中央党部及国民政府者。⑨关于校内其他重要事件。评议会议决事项，由大学委员会依事件交教务会议或事务各机关执行。

评议会是学校的最高决策机构，其功能相当于广东大学时的校务委员会。实行委员会制后，评议会的职责更加重大，其组织成员有所变化，它实际发挥了校务委员会的作用。评议会共实行了6年多时间，1933年5月邹鲁再次出任中山大学校长，颁布《国立中山大学组织大纲》，将评议会改为校务会议。

政治训育部：筹设立于1926年10月间，目的是对学生实行党化教育。最初聘徐谦为训育主任，何香凝、恽代英、陈其瑗、于树德为训育员。12月中旬，政治训育部正式成立，由国民党中央政治会议委任国民党中央常委会候补委员、国民革命军总参谋长李济深为主任，甘乃光为副主任，何香凝、陈其瑗、何思源、施存统、徐谦、顾孟余、恽代英为委员[③]，后又补充邓中夏、苏兆征、罗绮园为委员。每科设工作人员3人，5科共计15人。12月13日，李济深主持政治训育部召开第一次会议，明确该部内组织机构设一处四部：秘书

① 以下相关内容除特别注明外，皆出自《国立中山大学规程》，载《国立中山大学开学纪念册》，1927年版，第23～35页。

② 参见本编第一章第二节的学校各时期“组织系统图”。

③ 《中山大学聘定训育员》，见《广州民国日报》，1926－10－25。

处、组织部、编辑部、教授部、指导部，并任命了各部负责人。该部训练内容主要是孙中山的三民主义，此外是国民党的知识以及工农商学兵青妇运动知识、政治经济外交知识、各国革命历史、社会政策等。训练方式有演讲、讨论、批评、实习四项。学生中的国民党员，上述四项都要参加，非国民党员则只参加听演讲一项。1927 年 3 月 25 日第六次教务会议决定：政治训育部演讲为必修科，不另计学分。若缺席四分之一，则在该学期总学分中扣除 2 分，缺席四分之二者扣除 4 学分，以此类推。学生体育活动，亦由政治训育部属下的体育指导员负责。它是与学校行政机构平行的机构。政治训育部于 1927 年 5 月 1 日改组，李济深仍为主任，改派何思源为副主任，委员有戴季陶、朱家骅、傅斯年。1928 年 2 月 13 日，该部奉令撤销①。

1927 年 5 月起，政治训育部与中山大学事务管理处一起出版《国立中山大学日报》。②

教务团体：教务团体由教授、讲师、教务助理员等分子组成，正教授不经常设置（与国立广东大学不同，另以教务助理员代替了助教及助理员）。

教授、讲师由大学委员会聘任或者由科教授会议提出，由大学委员会审查合格后，由大学委员会聘任。遇必要时，大学委员会得临时组织聘任委员会襄助审查。凡任本校教授 2 年以上，有极重要的发明或创造，经由国内外同行学者公认，经大学委员会、评议会、教务会议三者同意，由大学委员会呈请国民政府聘任为正教授。聘任期限方面，教授聘期除特别情形外均为一年，每年 6 月 30 日以前未得新聘书者即为解约。在其他时间，大学辞教授或教授辞大学均须提前两个月通告对方。讲师聘期除特殊情况外为一学期，期限一到即自动解约。教务助理员的任解职务适用教务以外普通职员的办法。教职薪金以其在校年期及其成绩为标准，另有详细规定。本校教授连续服务满 5 年者得休息一年，照支全薪。但大学委员会或教务会议得依情形随时变更其时期。

规程还规定了本校教务助理员及其他一切职员是专任职，非在不妨碍本职范围内且经大学委员会之同意，不得在校外兼任校务及其他职务。

学生：由本校预科毕业，或经法定程序入本校，或在本校研究所求学者，统为学生。其他国立大学预科毕业、本大学承认为有同等程度的公立或私立大学预科毕业、新制高级中学毕业（学校保留对此类学校的资格认定权）的学生得应本校入学考试。对具有上述程度且具有下列情形之一的学生，学校特别助其入学，且入学后特别助其求学之便。

学业的认定："凡由本校预科毕业及经入学考试入本科就学者为该所入科修业，迨经过造业考试及格者为该某科造业，发给造业证书。"

"造业得继续在本校研究所业作，其如此满两年以上者，得提出著作于研究所之专任教授，由此专任教授介绍于本校考试委员会及研究所教授会议，如此委员会及此教授会议以适当方法承认此论文为提出者所业科目中之重要发明

① 《中大政治训育部奉令结束》，见《广州民国日报》，1928－1－7。

② 本段内容还参考了中山大学出版社 1999 年出版的黄义祥《中山大学史稿（1924—1949）》第 134～135 页；上海教育出版社 1983 年 11 月出版《中山大学史稿（1924—1949）》第 19 页。

或创作，得经审查为该科进业，并由本校呈请国民政府给以进业证书。”

学科门类

设文史科（原称文科学院，1929 年 4 月修订《国立中山大学规程》时，文史科改称文科）、自然科学科（原称理科学院，至 1929 年 4 月修订规程时，将自然科学科改称理科）、社会科学科（原称法科学院）、医学科（1929 年 4 月修订规程时简称医科）、农林学科等五科。其中，文史科下设中国语言文学（原中国文学系）、法兰西语言文学、英吉利语言文学（原英国文学系）、德意志语言文学、俄罗斯语言文学、东方语言文学、史学七系；自然科学科下设算学天文（原数学系）、物理学、化学、矿物地质学（原地质学系）、动物学、植物学（动物学系和植物学系于 1928 年秋合并，恢复生物学系）、地理学七系；社会科学科（1929 年 4 月修订规程后，将社会科学科分为两个科，即法律科和政治经济科，不分系）下设经济学、政治学、法律学三系；医学科不分系；农林科（1929 年 4 月修订规程时改称农科）下设农学、林学、农业化学三系。上述法兰西语言文学、德意志语言文学、俄罗斯语言文学、东方语言文学等四系以及地理学系当时正在筹备之中，尚未开办。打算筹设工学科，并设第一、第二、第三外国语补充教务会，附属于文史科，科学补充教育会附属于自然科学。①

学校教材组织下设中学教员造成所、司法官吏造成所、行政官吏造成所、公署技师造成所（随时分类）、公署医师造成所（随时分类）、特别政治人员造成所以及其他临时受国民政府委托组织之造成所。上述造成所以学校已有的教材为本加以补充，它们的临时决定则呈请国民政府核准。

除医学科外，各学科学生修业必满 8 学期方可应造业考试，医学科必满 10 学期。

学业培植及成绩计算

造业前学生学业培植分五类：基本学科、辅助学科、分支学科、实地工作、第一第二第三外国语，其所占百分比至少分别为 25%、5%、10%、30%、10%。

医、农两科按照其特殊情形将比率变通。

每系应分年将本系基本、辅助及其他学科以单位②计算法列为系统表作为计算依据。学校依照学生的意愿决定是否将所授之科目定为单位表中科目，考试时注重考察学生的吸收和活用。考试及格时才算取得此一科目单位。

考试成绩不及 60 分者为不及格；必修课不及 40 分必须重修，选修课则按学生意愿；40 分以上的不及格者得于一学期后补考，但补考不得超过一次。

在同一学年有 3 种必修课目不及格者，无论是否在 40 分以上，均将其该学年作废，其不及格科目无论在 40 分以上与否均须重新学习。

凡缺课时间达到该课四分之一，不得参加该科目的考试。特殊情况者由大学教务会议议决再向大学委员会提出变通的建议。

---

① 参见本编第一章第二节的学校各时期“组织系统图”。
② “单位”，类似“学分”。

学生修课达到规定标准时，向学校申请造业考试。

1927 年秋入学的学生绝对实行以上各条，以前入学的学生随情形变通办理。

教授会议与教务会议相关内容请见第一章第一节。

事务系统

事务管理处总管全校教务以外的事务，设事务主任一人，执行行政会议一切决议案。事务主任为事务管理处领袖兼文书部主任，由大学委员会聘任，但不得由教务会议成员兼任。事务管理处统文书、注册、会议、校产、仪器、出版、卫生、海外、庶务各部及第一医院、第二医院、农场、校园，总管一切事务。各部及各医院、农场、校园设主任一人，由大学委员会聘教授兼任，同时即为事务会议会员，分管各该部内一切事务。

图书馆

图书馆主要职责：①供给校内教职员学生平时读书的参考图书，并为其读书提供方便。②供给校内工役补充知识之用。③供给校内教职员学生作专门研究时之材料。④为校外学者作专门研究时参考之用。⑤收集及保存珍稀文籍。⑥设立规模巨大之科学文艺杂志收集及阅览所。⑦收集国民党及中国革命历史材料及世界各国革命历史材料，并设普通社会政治知识书报阅览室。⑧发达图书馆学。

“本校图书馆之最大目的在为中国南方最大之一刊物保存所，将来由国民政府令行各处印刷出版业者，凡有出版必交本校图书馆一份，为之保存，供当世及后人查用。”①

图书馆设主任一人主持馆务。

财务

学校每年度制定预算案呈请国民政府批准后，由本校委员会率审计委员会及会计部执行。预算案制定的手续另定，但由评议会最后决定。预算案内图书仪器费经常费至少须占全部支出的 30%。预算中须划出设备临时补充费用作临时购置。学校的出纳会计事务由本校会计负责。在国民政府未筹备充足经费和未制定一切学校缴纳学费办法之前，本校学生须照旧缴纳学费及其他校费。

纪律

学校一切关于纪律及惩戒事项的最高决定机关为评议会。各项纪律条例另行制定，呈请国民政府批准。

预科

预科是根据学校的实际情况而设立。预科在学级上等于高级中学的最高年级，但因为他们被预备培养成大学本体学生，所以学校对他们实行与普通高中不同的训练。本校的教授除了他们所研究的项目与预科功课不相干，因充分理由得到大学委员会的许可者外，每人须在预科担任 2 小时或 2 小时以上的功课。预科设教务主任一人，由大学委员会从教授中聘任，预科教务主任为教务会议会员。

① 《国立中山大学规程》，载《国立中山大学开学纪念册》，1927 年版，第 30 页。

预科在事务上隶属于大学本体。

投考预科须具备如下资格之一：（一）初级中学毕业。（二）与初级中学相当的学校毕业（本校保留对此类学校的承认资格）。

投考本校各科入学考试大体可以及格而本校认为有一部分尚待补习者，学校得令其在本校预科补习一年或者半年，所补习的课程因情况而定。

预科修业期为2年，有日课、学期、学年、毕业四种考试。其学业培植及成绩计算另有规则，在课程布置及教授方法上采用高级中学的通则，学校另有详细规定。

附则

附则规定，规程的修改由大学委员会或全校教授五分之一提议，经评议会议议决，呈请国民政府批准公布。学校评议会及各项委员会未成立以前，凡属于大学评议会及各项委员会的职权暂由大学委员会代行。规程自国民政府批准公布之日施行。

对比《国立广东大学规程》和《国立中山大学规程》，此时的中山大学与广东大学在办学宗旨、行政组织及学科设置等方面皆有较大的不同。

办学宗旨方面，《国立广东大学规程》强调“国立广东大学以灌输及研究高深学理与技术并因应国情力图广其应用”①，而此规程则强调国民革命精神，强调党化教育，强调教育与社会结合，甚至主张废除学位制度，取消“毕业”二字。

在行政组织方面，二者主要有三点不同：第一，由原来的校长制改成了委员会制。第二，将原来掌管全校事务的秘书处改成了教务处与事务管理处，另外增设了图书馆部。第三，将原来的校务会议改成了评议会。

学科设置方面，取消了学长或院长制度，统一改设科主任。各院系有所调整，名称亦有改变。原来设文、法、理、工、农五科，现在将科系进行调整，改设为文史、自然科学、社会科学、农林学、医学五科。将中国文学系改称中国语言文学系，英国文学系改称英国语言文学系，数学系改称数学天文学系，地理学系改称矿物地质学系，农艺学系改称农学系，林艺学系改称林学系，农艺化学系改称农林化学系，法科改为法律科与政治经济科，且不分系。

另外，在教师职称分级及聘任方面也有不同。此时已不经常设置正教授，并用教务助理员代替了助教及助理员。此规程规定本校教授连续服务满5年者得休息一年（但大学委员会或教务会议得依情形随时变更其日期）。而《国立广东大学规程》的相关规定是：教授继续服务满6年者，得依所属分科教授会之同意休息一年，照支全薪（第45条）。

1928年9月，中山大学又制定了组织规程和各学院学则，增设了理化师范部，并奉国府令组建了大学董事会。1931年，学校将法律与政经科重合为法学院，并增设社会学系于文学院，增设土木工程与化学工程二学系于理学院，并改称理工学院，另外，废止了预科，设立高中部、附中。

1932年中山大学修订了《国立中山大学组织规程》，其中有两处重要修改，其一是

① 《国立广东大学规程》，载《国立广东大学规程集》，1926年版。

将原来的各科一律改称“学院”（见《组织大纲》第四章第十七条）；其二是恢复了1927年以前的校务会议（见第六章各条）。

二、中山大学董事会

戴传贤以中山大学求材困难、建设缺乏、经费支绌、校舍朽隘等现况为理由，于1929年正式呈请国民党中央重视学校的基本建设。

1929年9月23日，国民党中央执行委员会第37次常务会议通过了《对中山大学维持及建设办法案》，决定组织中山大学董事会，并公布了董事会规程，规定由中山大学董事会负责建设中山大学。法案内容如下：

第一条　中山大学为惟一纪念总理之学校，与其他国立学校历史性质均有不同。在本大学基本建设未完成，而一般教育学术又尚在幼稚时期之今日，中国国民党不能不尽力维护，应由中央执行委员会选举董事9人，组织董事会，担负建设本校之任务，其要点如下：

第一　董事任期3年，但得连选连任。

第二　董事选出时，由中央执行委员会指定主任董事一人，其任期与董事同。

第三　董事会之责任如下：

一、主持本校教育方针，维持本校学风；

二、建筑校舍，增置财产，筹划经费，扩充设备；

三、决定本校预算，监查本校之财产及出纳；

四、决定本校一切章程规则及人员之名额俸额；

五、决定各科系处部院场所及附属学校主任之进退。

第四　董事会之任务，由主任董事负责实施之。

第五　董事会每年开常会三次，其时期如下：

一、暑假放假前后10日内；

二、秋季始业前后10日内；

三、寒假假期内。

董事会开会地点及日期由主任董事负责通知。

第六　董事会设秘书一人。

第七　董事会之名义不用之于对外。

第二条　关于大学财政事项，其办法如下：

甲、请迅拨大洋20万元修理校舍。

乙、大学经常费之预算，请每月拨足14万元毫银，本年10月份起，由财政部令广东财政特派员照拨。

丙、请决定财政、铁道两部负责筹拨新校舍建筑费200万元，在民国二十年（1931年，笔者注）内拨足。

第三条　民国十九年（1930年，笔者注）秋季必须开办工科，其设备费定50万元，自本年十一月份起，按月拨给5万。

第四条　董事人选如下：蒋中正，胡汉民，谭延闿，宋子文，古应芬，孙科，陈铭枢，朱家骅，戴传贤。由董事9人中推戴传贤为主任董事，孙科、宋子文、陈铭枢为建筑董事。①

三、一种精神

1924年11月11日，国立广东大学举行开学典礼，孙中山先生因故未能出席典礼，但他委托广东省省长胡汉民代致了其亲笔题写的国立广东大学训词：博学、审问、慎思、明辨、笃行。

“博学、审问、慎思、明辨、笃行”出自《中庸》，原文是“博学之，审问之，慎思之，明辨之，笃行之。有弗学，学之弗能，弗措也；有弗问，问之弗知，弗措也；有弗思，思之弗得，弗措也；有弗辨，辨之弗明，弗措也；有弗行，行之弗笃，弗措也；人一能之己百之，人十能之己千之，果能此道矣，虽愚必明，虽柔必强。”② 古直在1926年6月出版的《国立中山大学讨论号》上撰文《中山大学与中山精神》，对中山先生的精神进行了初步探讨，指出：“中山之精神一曰贞固，二曰公诚，三曰自由，四曰廉洁，五曰好学”。这种精神应渗入中山大学办学理念之中。③ 在当时，学校很注重的两点是：“大学与社会相结合”和“实行党化教育”。朱家骅委员在国立中山大学开学典礼上指出：“我们中山大学是要为革命的利益，为革命的工作，使成为中国建设革命的事业的中心，使大学与社会结合。”④ 这种思路明显地体现于《国立中山大学规程》中。因此，学校在制定新章程时，特别注意了以下几点：（一）由大学教授组成的评议会来主持大学一切事务，使教授与大学能有非常密切的联系，使大家能共同担负责任，使大学民主化、科学化。取消了“毕业”二字。（二）把基本科目、辅助科目、实地工作、外国语等教科适当地分配，使学者能够教学相长，教研并进。（三）使大学与社会相联系。

新制定的《国立中山大学规程》与当时的大学制度相比，也有其特殊之处，主要体现为：（一）贯彻实行党化教育精神。主要特点有：①废除了学位制度；②文史科设哲学史（还打算细分为一般哲学思想、逻辑统计、心理学、教育四个组，一般哲学思想组的学生必修经济等为副科）；③文史科设俄国文学系、东方文学系；④以法科为社会科学科，由经济到政治，由政治成法律；⑤图书馆兼收集中国及各国革命历史材料，不单师生可以使用图书馆，学校工友也可以使用；⑥校中教务及事务由教授及重要职员自己负责的组织来进行处理，使大学教务事务逐渐实现民主化。（二）充分发挥学院的优势，在党化的教育下，使其学问为社会所用。①以教授评议会为立法机关，使大学实现学者民主自治；②如果以合法手段取得证书，可以继续在学院做研究，不再有所谓的期年限制，也不再有“毕业”；③学生习课用单位（类似学分）选习制，教程中所定单

---

① 《国民党中央对中山大学维持及建设办法案（1923年9月23日）》，见中国第二历史档案馆编：《中华民国史档案资料汇编》第五辑第一编·教育（一），江苏古籍出版社，1997年版，第236～237页。

② 《中庸》，见《四书五经（上）》，岳麓书社1991年版，第11页。

③ 古直：《中山大学与中山精神》，载《国立中山大学讨论号》，1926年，第12页。

④ 朱家骅：《本校筹备之经过和将来的希望》，载《国立中山大学开学纪念册》，1927年，第2页。

位因年分配；④在学业调练上，分配基本、辅助等科目，另有实地工作、外国语等，使这种受训练者，成就有根据的基业，打下做学问的基础；⑤学业调练方面，以学生受教授指导自行选择工作为本体，彻底要求学生在教授的指导下，实现以研究成思想，以思想作研究；⑥在学院里设置研究所，使大学不仅是教书的地方，并且成为发达学术的机关。（三）力求对党国有实际效用。①

上述学校精神也可概括为"读书不忘革命，革命不忘读书"。时任教务主任的周树人（鲁迅）在中山大学开学典礼上的致词中也对此作了强调。他说："我想中山大学，并不是今天开学的日子才起始的，三十年前已经有了。中山先生一生致力革命，宣传，运动，失败了又起来，失败了又起来，这就是他的讲义。他用这样的讲义教给学生，后来大家发表的成绩，即是现在的中华民国。中山先生给后人的遗嘱上说'革命尚未成功，同志仍须努力。'这中山大学就是'努力'的一部分。为要贯彻他的精神，在大学里，就得如那标语所说，'读书不忘革命，革命不忘读书'。因为大学是叫青年来读书的。"② 他指出："中山大学在广东革命政府之下，广东是革命青年最好的修养的地方，这不用多说了，至于中山大学同仁应共同负的使命，我想，是在中山大学的名目之下，本着同一的目标，引导许多青年往前进，格外努力。"③ 他教导学生们说："要改革的地方很多：现在地方上的一切还是旧的，人们的思想还是旧的。这些都尚没有动手改革。我们看，对于军阀，已有黄埔军官学校同学去攻击他，打倒他了。但对于一切旧制度，宗法社会的旧习惯，封建社会的旧思想，还没有人向他们开火！中山大学的青年，应该以从读书得来的东西为武器，向他们进攻——这是中大青年的责任。"④

（执笔：陈伟华）

第四节　成效初现⑤

一、文史科

文学院（当时称文史科）在学校正式改名中山大学以前的建设及成绩主要有以下几个方面⑥：

（一）实行了选科制。国立中山大学第一次教务会议议决决定：本校逐渐改为学分制，惟当寓学科依年编列之意于学分辄得选择之中，并应由文史科先行实行。文史科于是依此制定课表。制定课程表时不再以年级编课程表，而将科目分为必修和选修两类。

① 参考《国立中山大学开学纪念册》相关内容，1927年版，第32~34页。
② 《本校教务主任周树人（鲁迅）演说辞》，载《国立中山大学开学纪念册》，1927年版，第15~16页。
③ 《本校教务主任周树人（鲁迅）演说辞》，载《国立中山大学开学纪念册》，1927年版，第16页。
④ 《本校教务主任周树人（鲁迅）演说辞》，载《国立中山大学开学纪念册》，1927年版，第16~17页。
⑤ 本节数据主要源自《国立中山大学开学纪念册》，1927年版，第31~74页所载各科概况报告。
⑥ 参见本章第二节。

（二）科目方面，除极少数外，其科目一律于开学之次日上齐。（三）教务方面，预备多聘几位教务助理员，以适应加得各课目的分量的需要。（四）聘任名师，拟开办统计工作室，筹备教育学组和语言历史科学研究所。已聘有汪敬熙、俞大维，拟聘两位英国文学教授，一位教英国文学，一位教英国语言。所聘之人须有著作，有教书经验，并且政治思想上能合当时的革命的中国。已托英国文人及新闻家兰斯勃利照所开条件办理。还委托法国的伯希和德国的米勒各代聘一位东方语言历史学的教授，希望该人具有丰富的目录学知识。又托人在俄国聘一位俄文教授，以便暑假后开设俄文班。本时期，该科学生发动了声势浩大的择师运动①。

二、自然科学科

该科以前分设地质、生物、化学、物理、数学5个系，改组后，将生物系分为植物学和动物学系，为方便研究生物，还特在粤秀公园另开中山动物园。鉴于中国南方物产丰富，“且以地近热带，故动植物分布之状况，最受世界学者之注意”，由动、植物两系共同组织中山大学南方生物调查会，为本校教授及国内外学者提供文献资料，后又开办生物技术员养成班，以辅助该会的调查采集工作。

因“数学系”的名称不甚妥当，将该系改称算学天文系。前地质系则更名为矿物地质学系，本科原有一理科图书馆及一生物系图书室，现将前者改为算理化图书室，供算学天文、物理、化学三系师生员共用，将后者改为博物图书室，供动物、植物、矿物地质三系师生共用。除原有图书外，又添置2万多块钱的书籍。理科原来仅有生物系设立研究室，改名中山大学后，自新学期起，则理科六系各筹研究室，注重研究方向，并向各国订购4万多块的仪器，以应研究的需要。

数学天文系张云教授等在自然科学所所在地附近大学本部东北隅的校山上修筑天文台。

师资方面：原有教授黎国昌、郜重魁、陈宗南、何鲁、黄巽、张云、何衍璇、费鸿年、林乔年、柳金田，以及讲师李翼纯等16人，新学期又增添了教授黄际遇、王若怡、叶良辅、陈可忠、李敦化、朱家骅，兼教授张禄、叶祖芳、张巨伯，讲师雷瀚等14人，皆“负名望于科学界者也”。

截止到改名开学，共有学生121人。

改名后的第一个学期内主要进行3个计划：①举办公开科学讲演。②刊发中山大学自然科学杂志。③编辑中大自然科学丛书。在接下来的一个学期内及以后的时期内，将逐渐实现5个方面的事情：①教授以研究为主，教学为副。②改纯以学分为标准的选课制。③添设研究科，以培养专门人才。④增添地理学系。⑤招收本科各系、各年级插班学生。

三、社会科学科

大学委员会成立之后，改法科为社会科学科，包括政治科学、经济科学和法律科

① 参见本编第二章第二节。

学。改社会学为必修科。

在课程设置方面，依学年设置课程。第一学年侧重概论教育和原理教育，目的是使学生了解该学科的一般性质和特殊性质。第二学年主要设经济史、法律史、政治史、经济思想史、法律思想史、政治思想史以及各学科的学史，目的是使学生知道他们所研究的社会现象有史的变迁。第三、四学年注重学生所学理论和方法的现实性，将政策及当时的社会问题、经济问题、法律问题以及行政、司法上的程序都引入研究讨论范围之中。

社会科学科在该时期改良了教室及图书馆，增加了图书馆的开馆时间，使新时间比原来增加了5个半小时。此外，还增添社会科学方面的图书，并主张将社会科学科集中于大学本部，使其可以和其他的科别互相联系，并可以利用大学本部的图书馆。

该科学生成立有社会科学研究会，并印有刊物。

到改名后的新学期开始，该科共有教授和讲师28人，学生320人，其中法律、政治、经济三系学生分别为112人、115人、53人。

四、农林科

广东大学改名中山大学后，沈鹏飞兼任科主任，学科设置及组织如下图。

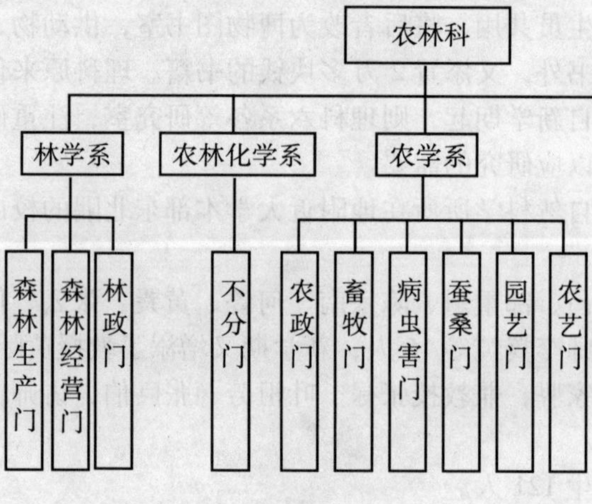

沈鹏飞兼任林学系主任，邝嵩龄兼任农学系主任，利寅兼任农林化学系主任，唐启宇兼任推广部主任，李乃尧兼任农场主任。

拟在6年之内增设农政林政系、蚕桑系、病虫害系，并将农场扩拓，增设营业部。预设组织如下图：

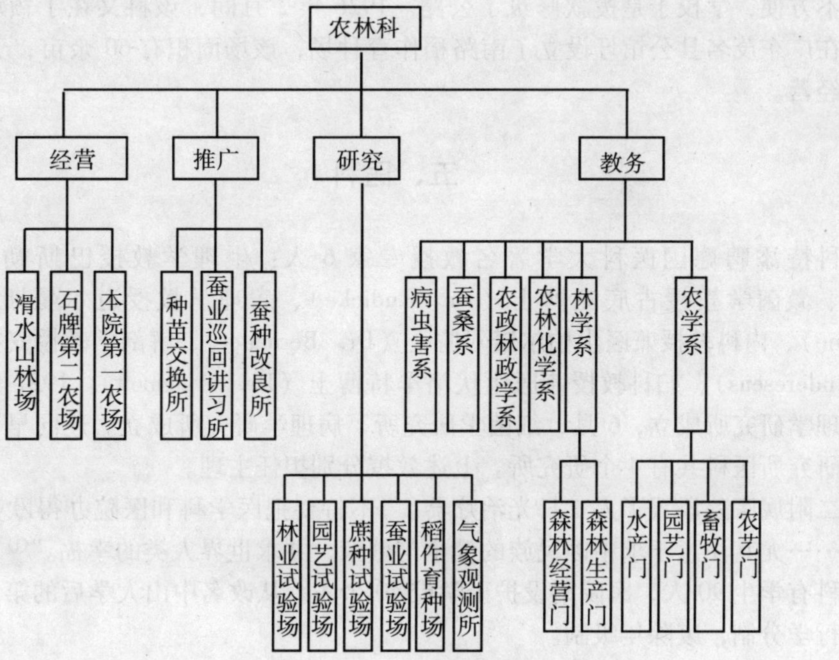

其设备情况如下：

建筑方面：原有院舍一座，农学系课堂一座，学生宿舍一座。改名中山大学后，修造门前马路，新建厨房、学生排球场、第二农场各一所，瞭望亭二所，正在开工第一农场工厂、农具室、花工室，计划建筑蚕室和实验室，拟建林学系课堂、农林产制造室、图书馆、职员住室、礼堂、陈列所及各种畜舍。

仪器：因建筑物之需要，购置费有所减少，将添置化学器具 17 种，330 件。

场地：由政府新拨滑水山林地 8300 余亩，四会周唐官田 400 余亩，清远第一蚕种改良所租用桑地 80 余亩，南路稻作育种场租用育种田约 30 亩。

图书：由学校规定 10 万元为总馆及各分馆购书，该科各教授将最紧要的参考书共约千余本列单交总馆采购。

教务情形及计划：本科及专门部学生，复试不及格者，都要按照规定补习至本学期开始，然后继续授予各项专门课程。

新聘唐启宇博士讲授农政及农业经济科目，另聘德国教授 2 人讲授农场管理及林场经营科目。

农科课程也进行了重新编排，并准备编订各项课程标准。

广东大学改为中山大学后，模仿美国办农科。设农林试验场、推广部，通过教学出人才，通过农林试验场出科研成果，通过推广部应用到生产上去。这样一个教学、科研、生产三结合体制，便学自美国。其调查研究，包括农业调查、土壤调查这一做法，基本上也是美式的。农科学长是留美回国的学者邓植仪。广东大学改名中山大学初期，农科继续得到发展，并在农场及稻作育种方面取得了较为显著的成绩。在此其间，农科继续开发了第二农场，使此场总面积达到 3000 亩左右。农场还从两方面进行了开垦经营：一是开辟荒山 200 亩，种植各种果树、苗圃、森林及豆类、竹笋、咖啡等作物；一是开垦水田 10 亩，试植农艺系改良的小姑山、银粘两个新稻种。因该场远在石牌，交通非常不方便，学校于是拨款修筑了公路。1926 年 2 月间，该科又在丁颖教授等的带领下，在广东茂名县公馆圩设立了南路稻作育种场，该场面积有 60 余亩，于 1927 年 3 月开始经营。

五、医科

医科特添聘德国医科大学著名教授专家 6 人：生理学教授巴斯勒博士（Dr. Basler）、微菌学教授古底克博士（Dr. Kudicke）、病理学教授道尔曼斯博士（Dr. Dormanne）、内科教授兼医生柏尔诺阿博士（Dr. Bernauer）、解剖学教授安得来荪博士（Dr. Anderesens）、妇科教授兼医生伏洛牟特博土（Dr. Frammolt）。1927 年 5 月，医科的生理学研究所成立，6 月，细菌学研究所、病理学研究所成立。连同早已成立的解剖学，研究所医科共有 4 个研究所。上述教授分别担任主理。

第二附属医院添置了人工日光治疗器。“不特要把医学科和医院办得欧美各国的一样好，……尤其注意于求中国民族的健全与繁荣，并求世界人类的幸福。”①

本科有学生 90 人，医院附设护士学校 40 余人。从改名中山大学后的第二个学期起全部实行学分制，废除年级制。

六、预科

预科设有文史、自然科学、社会科学、农林学、医学等五科。陈宗南为主任。陈上任后，将文史、社会科学两科改称预科甲部，其余为预科乙部。预科很注重国文、外国文及数学，希望借此给学生打下良好的基础。预科还请本科的教授兼任功课，以提高学生的素养。为了增加学生的革命精神和政治工作的热情，各班每周举行一次政治训育。

截止 1927 年 3 月，学生情况为：甲部一年级 297 人，乙部一年级 169 名；甲部二年级 257 名，乙部二年级 113 名。补习班为 66 名。总计 902 名。

（执笔：陈伟华）

① 《本校医学科概况报告》，载《国立中山大学开学纪念册》，1927 年，第 72 页。

第四章 迁往石牌

今则大学全部俱迁入矣，教室、研究室、试验室、办公室，各处所办事处，教职员宿舍、男女生宿舍，与工厂、电灯厂、自来水厂、蚕桑馆、试验场，乃至鸡舍、牛房、猪房，莫不咸备。去年公路筑七十余里者，今筑至百余里。去年农场、林场之植物三百余万株者，今至四百五十万株。三年前荒芜之山丘，至今轮焕一新。觇国者至目之为文化城。虽一草一目，皆经心血之灌溉。在人莫不以为可喜，而余于此乃有三惧焉：宏伟之校舍，所以充实光辉，发扬学问，以贡献于国家社会，若虚有物质，而无精神，是上之为虚縻国帑，下之为徒竭民膏，可惧者一。校舍之适宜，为学生便于藏修；倘安于舒适，此后不能刻苦耐劳；甚至从田间来者，不复能再归田间；则此校舍之设，无异养成残废之人，可惧者二。多量之种植，为生产教育也；或不加爱惜，予以摧残；或管理不善，所人不如所期；不特此后生产教育不能完成，人将视生产为畏途矣，可惧者三。本校建筑时之困难，渐成过去；本校建筑后之忧惧，正在未来。万一不幸，所惧之事，不能免焉，则余艰难困苦以建此校，实适成为罪过矣。瞻望前途，中心惕虑。愿与我员生互相策勉，凛承总理创办本校以救中国之旨，日就月将，俾文化发扬，人才蔚起，则余亦少减罪戾焉。是则余之厚望也夫！［《国立中山大学现况（1935）·序》节录］①

第一节 一波三折

前一节已提到，戴传贤以中山大学求材困难、建设缺乏、经费支绌、校舍朽隘等理由请求中央重视学校的基本建设。接到呈请后，国民政府很重视此事，即于1929年9月23日召开国民党中央执行委员会第37次常务会议，议决通过组织设立中山大学董事会。董事会的主要任务即建筑新校舍。当时选举决定由蒋中正、胡汉民、谭延闿、宋子文、古应芬、孙科、陈铭枢、朱家骅、戴传贤为董事，戴传贤为董事会主任②。1930年10月国民政府任命朱家骅为校长。1930年12月中旬，朱家骅调任国立中央大学校长，又任命金曾澄为校长，金到任前，由学校评议会协助事务管理处主任沈鹏飞教授主持校

① 《国立中山大学现况（1935）》，传记文学出版社1971年版，第6页。

② 董事会的职责有：一是主持本校教育方针，维持本校学风。二是建筑校舍、增置财产、筹划经费、扩充设备。三是决定本校预算，监查本校之财产及出纳。四是决定本校一切章程规则及人员之名额俸额。五是决定各种系处部院场所及附属学校主任之晋选（《国立中山大学法规》1937年版，第11～12页）。

务。金曾澄出任校长的消息一公布，即发生拒金风潮，仍以朱家骅挂名校长，校务由沈鹏飞代理。北平政府瓦解后，蒋中正的南京政府接过了它所树立的“民国会议”和制定约法的大旗，并借此堵反对派的嘴，但遭到胡汉民等反蒋派的反对，蒋中正于是在1931年2月软禁了胡汉民，并于5月5日至17日在南京召开“民国会议”，通过了《中华民国训政时期约法》等法案。这些事件激怒了反蒋派，他们纷纷南下广州，胡汉民派、汪精卫派、桂系、孙科派等仿孙中山召开非常国会的先例，召开国民党中央执监委非常会议，另立中央。1931年5月28日，广州国民政府宣布成立，1931年6月，广州国民政府任命许崇清教授代理校长。广州的国民党中央执监委员会非常会议上改派胡汉民、古应芬、孙科、许崇清、汪精卫、邹鲁、戴传贤、陈铭枢、李文范9人组成中山大学董事会，由孙科任董事会主席。

由于反蒋派的咄咄近逼，蒋中正于1931年12月15日宣布下野。12月22至29日，国民党宁、粤、沪三方合一，在南京召开四届一中全会，宣告组成“统一政府”，由林森任国民政府主席，孙科任行政院长。1932年1月1日，林森、孙科等宣誓就职，广州国民政府宣布取消。但此时胡汉民仍被软禁于南京。

这期间学校人事虽多变动，但建筑石牌新校成为大家共同的目标。

国立中山大学由原国立广东大学改名改制而来，而广东大学校园是由原来的国立广东高等师范学校、广东公立法科大学、广东公立农业专门学校和广东公立医科大学的校园组成。高师在广州市文明路贡院，法大在广州市天官里后街，农专在东山，医大在南堤。校舍破旧且地处闹市，既不适宜修习学问，也不宜于培养学生的勤俭节约之风。建校之初，邹鲁即建议孙中山先生指定石牌为建筑新校的地方。他认为该地虽然在城市郊区，但远隔闹市，不但风景清幽，而且地盘非常之广阔，如果加以合理的设计，一定是一个非常好的求学环境。

邹鲁的建议得到了孙中山的同意后，邹鲁当即着手新校的建设。但筑校之事进展并不顺利。因为一方面有地方人士的阻挠，另一方面1925年孙中山先生逝世，邹鲁被免去校长职务，建筑新校计划一度被迫搁下。[①] 期间学校主要领导频频更换，且任期较短，所以大都无暇顾及建校事宜。戴传贤任校长时，曾组织拟定《关于大学之维持及建设办法》，正式呈请中央拨款建校。该办法由戴传贤及蒋中正、古应芬、宋子文等人拟定，其中规定：由中国国民党中央执行委员会选举董事9人，组织董事会，并指定董事一人。董事会担任中大建设任务。董事人选为：蒋中正、胡汉民、谭延闿、宋子文、古应芬、孙科、陈铭枢、朱家骅、戴传贤。戴传贤为主任董事，孙科、宋子文、陈铭枢为建筑董事。该办法获中国国民党第三届第37次常务会议决议通过。[②]

但因为当时战争正在进行，国民政府无法如期拨款到位，戴传贤又身任国民政府要职，公务繁多，无法常在校主持校务，所以石牌建校工作仍又无法付诸实行。

1932年2月，邹鲁重任中山大学校长，他下定决心建造新校。经过运筹，石牌新校建设正式拉开序幕。因建校所需经费十分庞大，而其主要来源又是政府拨款，限于战事、经济不振等多方面的因素，政府不可能一下子拨齐所有的建校款项，故根据实际情

---

① 《国立中山大学现况（1935）》，传记文学出版社1971年版，第6页。

② 《国民党中央对中山大学维持及建设办法案》，中国第二历史档案馆编：《中华民国档案资料汇编》第五辑第一编·教育（一），江苏古籍出版社1994年版，第22～23页。

况，建筑新校工程分三期进行，每期2年，总共6年。

第一期工程于1934年9月完成。该年秋天，农、工、法三学院迁入新校开学。11月11日举行了新校落成及文法两学院奠基典礼。第二期工程也于1935年秋天如期完成。文理两学院及校本部迁入新校。原在广州市法政路的附属初级中学校则迁入大学旧校，与高中部分用校舍。至此，学校已经初具规模。但因政府拨款不能如期到位，第二期工程积欠了大量建筑费用，第三期工程一度被迫延期。后邹鲁组织拟定《国立中山大学建设经费案》，申请在原有经费的基础上再追加经费，并连同孙科、居正、叶楚伧、许崇智、林云陔、李文范、刘纪文等8位委员共同署名向中国国民党五届一中全会提交议案。此案获准通过，得政府拨款100万元①。经费的补发及追加，基本解决了第三期工程的经费问题，使工程得以继续。但正当建校工程顺利开展时，“七七事变”爆发，神州大地烽烟四起，次年广州陷落，中山大学不但被迫中止第三期筑校工程，而且被迫迁校，辗转于罗定、龙州、澄江、坪石、东江等地。

（执笔：陈伟华）

第二节　八方筹款

建设中山大学石牌新校经费的主要来源是政府拨款。戴传贤和邹鲁两任校长曾为此3次向政府请求拨款。

第一次请款在1927年。当时戴传贤任校长，他组织中山大学董事会拟定《关于大学之维持及建设办法》，正式呈请中央拨款建校。该办法获中国国民党第三届第37次常务会议决议通过。其拟定者为戴传贤及蒋中正、古应芬、宋子文等人，其中关于建校经费的内容是：关于大学财政事项，其办法如下：①迅拨大洋20万元修理校舍。②大学经费的预算，从本年10月份起，由财政部每月拨足14万毫银。由本年10月份起，由财政部令广东财政特派员照拨。③请决定由财政铁道两部，在1931年内拨足建筑费200万元。1930年秋开办工科，定设备费50万元，自本年11月起，按月拨给5万。②但当时正值战事，国民政府拨款无法如期到位，筑校事宜只能搁浅。

第二次请款在1932年，此时邹鲁重任中山大学校长。12月22日，以邹鲁为提案人，关素人、李绮庵、崔广秀、邓青阳为连署人向中国国民党中央执行委员会第三次全体会议提出《请设法拨款建筑中山大学新校舍及总理纪念堂并饬财政部请拨该校经费案》③。此提案关于中山大学新校建筑费用的主要内容有：

第一，戴传贤前校长曾呈奉中央拨款筑校，至今未到位。学校根据校情决定分期筑校，农学院最先建筑，其费用约886000元，分30个月建成，请政府1931年10月份起

① 《五届一中全会记》，载《中国国民党历次代表大会及中央全会资料（下）》，光明日报出版社1985年版，第400页。

② 《国民党中央对中山大学维持及建设办法案》，中国第二历史档案馆编：《中华民国档案资料汇编》第五辑第一编·教育（一），江苏古籍出版社1994年版，第22～23页。

③ 《本校向三中全会提议请维护校务》，见《国立中山大学日报》，1932－12－23。

每月拨款3万元。但此项建筑费自1931年10至12月份仅领过9万元。1932年1月份起，经费停发，致使工程延误。工学院设备费50万元，原计划由1930年11月份起，每月拨给5万元，但多次请求拨经费，均无款到位。本校现已有文理法医农工六学院，除医学院仍拟照旧外，农学院一院需建筑费88万余元，将五院合计，加上总理纪念堂、医院及其他附属机关，合计一切费用非1000万元不能措办。若非中央设法筹拨款举办，则本校建设“均徒托空言”。

第二，在1930年以前，本校每月由广东财政特派员公署拨款14万元，入不敷出。1930年以后，学校增设工科，并作出改善教授待遇的举措，增加教授薪金。政府每月需发足20万才能够用。政府应允除原领14万元之外，每月再增加45000元。但1930年9月份至11月份3个月仅领过125000元，后因财政部结束，停止发薪，一年以来，虽万般节俭，积欠薪金款项达五六十万元。故请政府清发该年底所欠每月的经常费45000元，并请以后照案继续拨给。

第三次是在1935年，邹鲁又连同孙科等7位委员共同署名向中国国民党五届一中全会提出了《国立中山大学建设经费案》。12月5日，大会对此进行了审查。批准照原案通过，其第三期工程费每月10万元，编入下年度预算；该年度超出预算部分，交政府筹拨。①

此外，建校经费的来源还有以下几种渠道：①请求西南政务委员会拨款。②拍卖校产。将农学院旧址及附中校址，招标拍卖。③募捐。拟订募捐章程向国内各省省政府、广东省各县政府、各商会及美国、加拿大、日本、欧洲、东南亚等地华侨募捐，凡负担某一建筑物建造费用者，则冠以其名作纪念。④借债。向交通银行及国华银行借得60万元。② 据国民政府教育部1937年11月25日颁布的《教育部关于嘉奖民国二十五年捐资兴学三万至十万元人员呈》所附的“捐资兴学事实表”所载，为捐助兴建中山大学石牌新校址，广西的黄旭初、李宗仁、白崇禧于1933年6月24日捐粤币6万元，折合国币48000元；广东南海霍芝庭于1934年12月31日捐粤币6万元，折合国币48000元；福建永定胡文虎、胡文豹兄弟于1935年2月3日捐款折合国币36400元。③

邹鲁校长力图在石牌建造国内第一流的校舍，所以在营建过程中，无论是挑选校址、筹集款项，还是规划、设计、施工，他都全力以赴，力求完美。特别是筹款，三期建设共需经费2019万元，把他弄得焦头烂额。他曾深有感触地说：“为了筹款，除没有叫人爸爸和向人叩头之外，可说一切都已做到。”④ 为了克服经济上的困难，邹鲁校长大力提倡生产教育，决计把占地4万余亩的石牌新校址除建筑物外，其余都开辟为农场、林场和花圃，一方面将农产品贡献社会，一方面实现自给自足，“补充本校消费部分的开支”⑤。

（执笔：陈伟华）

① 《五届一中全会记》，载《中国国民党历次代表大会及中央全会资料（下）》，光明日报出版社1985年版，第400页。

② 《本校董事会及建筑董事会联席会议记录撮要》，载《国立中山大学现状（1937）》，第443～462页。

③ 《民国二十五年三万元以上未满十万元捐资兴学事实表》，中国第二历史档案馆编：《中华民国档案馆汇编》第五辑第一编·教育（一），江苏古籍出版社1994年版，第102～103页。

④ 邹鲁：《回顾录》，岳麓书社2000年版，第328页。

⑤ 邹鲁：《回顾录》，岳麓书社2000年版，第328页。

第三节 营建经过

石牌新校区的全部工程费约2019万元。建设计划分三期，每期2年，6年完成①。各期费用预算②如下表：

第一期

区别	费用	金额（单位：元）	备考
农学院	建筑费	1,130,000	
	设备费	500,000	
工学院	初期建筑费	1,014,509	
	设备费	2,000,000	购买书籍约50万元，仪器机械约150万元
理学院	建筑费	500,000	本院数学、天文、物理、化学、生物、地质、心理七学系的建筑费用
	设备费	670,000	拟添购书籍23万元，添购仪器约44万元
全校自来水电灯	建筑费	400,000	
工厂	建筑费	400,000	
马路	开辟费	200,000	
教职员住宅	建筑费	560,000	拟建70间，每间估计8,000元
宿舍	建筑费	660,000	
合计第一期预算数8,034,509元。			

第二期

区别	费用	金额（单位：元）	备考
工学院	中期建筑费	600,000	此期拟设航空、建筑、组织、工学等系教室及附属工厂、实验室
	设备费	1,200,000	
医学院	建筑费	400,000	
	设备费	200,000	购买书籍约50万元，仪器机械约150万元
法学院	建筑费	350,000	法律、政治、经济、商学四系建筑费
	设备费	100,000	

① 《本校董事会及建筑董事会联席会议记录撮要》，载《国立中山大学现状（1937）》。藏中山大学图书馆校史室，第443页。

② 《附录三期建筑计划表》，见《一年来校务概要》（秘书萧冠英稿抄本，1938年7月）。藏中山大学图书馆校史室。

区别	费用	金额（单位：元）	备考
文学院	建筑费	400,000	中国语言文学系、哲学系、史学系、教育学系、社会学系、英国语言文学系、艺术学系等七系建筑费
	设备费	100,000	
宿舍	建筑费	720,000	
教职工住宅	建筑费	400,000	
运动场	开辟费	500,000	
马路	开辟费	100,000	
合计第二期预算数507万元。			

第三期

区别	费用	金额（单位：元）	备考
工学院	后期建筑费	800,000	此期拟设兵器、火药、纺织、窑业等五学系并附属工厂及各系研究所、实验室
	设备费	1,800,000	
医院	二期建筑费	600,000	热带病院、眼科医院、耳鼻喉科病院、生理学研究所等
	设备费	100,000	
图书馆	建筑费	300,000	
	设备费	150,000	
博物院	建筑费	300,000	
	设备费	150,000	
大学办事处	建筑费	250,000	
教职员住宅	建筑费	560,000	
宿舍	建筑费	500,000	学生宿舍8座，工人宿舍1座
运动场	开辟费	300,000	
纪念堂	建筑费	1,000,000	
马路	开辟费	240,000	
总计第三期预算数705万元			
三期合共预算数2,019万元（广东毫券计算）			

各期建设情况及费用来源[①]如下：

第一期

该期建筑从1933年3月开始，1934年9月结束，比预定时间提前了一年半，农、

① 《新校建筑状况》，载《国立中山大学现状（1937）》，第1~3页。

工、法3个学院迁入新校址。

建成建筑情况：农学馆1座，建筑工学院土木工程学系教室1座，电气工程机械工程教室共1座，理学院化学教室1座，农学院简易蚕室、调桑室及附属房舍数座，稻作场、办公室及附属房舍数座，男宿舍6座，女宿舍1座，膳堂2座，暨马路全段，植物标本园，绒球篮球场，自来水厂等，共约200万元。自来水厂及电灯厂虽已购置，但尚在筹建。该期工程于1934年秋间完成。按照需用容积酌量支配，先将农、工、法三学院迁进新校上课，那些赶建未及的设施，如大礼堂、校警驻所、贩卖部等类，则均用竹木暂行盖搭以应急。当时还有自来水厂及电灯厂尚在筹建中。

费用来源：主要有西南政委会的肥田料附加费、洋米税，以及海内外捐款和财政部长孔祥熙每月所拨的补助费。

第二期

该期工程于1934年10月开始，1935年10月竣工。该期工程竣工后，除医学院、医院照旧仍在市区不迁外，大学本部、文理两学院及所属部门均迁到石牌新校址，原在广州市区法政路的附属初中部，迁进大学部旧校址与高中部合并，称为附属中学。

建成建筑情况：有大门石牌坊1座，文学院全座，法学院全座，农学院的农林化学馆1座，园艺温室1座，农场总务股办事处、森林股办事处、农艺股办公室、农场贮藏室及农场主任办公室各1座，蚕学馆1座，乳牛房1座，理学院之数学天文物理教室共1座，生物地质地理教室共1座，工学院之化学工程教室1座，发电厂1座，机械实习厂及铸铁厂各1座，弱电流实验室材料试验室各1座，男女生宿舍共4座，教职员宿舍1大座，学生膳堂1座。

该期工程总计费用257万余元。原定于1935年秋天间完成，鉴于各渠道集资效果欠佳，当时执掌广东军政大权的陈济棠（也是学校董事会董事）下令广东国民党军政人员捐薪一个月，又向交通、国华两银行借款60万元，才解决了经费问题。第二期原定两年时间，实际仅用一年时间。第一、第二两期工程费用达500万元以上。

第三期

由于积欠各建筑公司款项过巨，第三期工程一度延缓，后在学校的努力之下，于1936年7月开始新校址第三期工程的建设。1937年“七七事变”爆发，全民抗战，学校每月所领经费从1937年9月起停发。由于建筑经费来源告竭，所计划工程未完成者一律停工，石牌新校舍的第三期工程被迫中止。

该期工程计划建筑有：工学院强电流实验室1座，锻冶钣金实习工场、木工实习工场各1座，电话室1座，热力机实验室1座，研究院1座，天文台1座，观测所1座，图书馆1座，体育馆1座，教职员食堂1座，教职员住宅大小共46间，工人宿舍2间，蚕学馆冷藏库1座，农场猪舍1间，稻作试验场堆肥室、铜钢室各1间，邮政局及停车场、候车场共3间，并将校门大道沥青路，工学院前、南堤三合土路暨法学院三合土路、学生宿舍三合土路兴筑，全校地面高低不平之处分别填掘，加铺草皮，重要渠道次第整理。百子路医学院建筑细菌学研究所1座，附属第一医院加建院舍1座，护士宿舍1座。统计约需工程费170万元。还计划兴建农、工两学院所需的场所。

费用来源：主要来源于政府拨款。由于政府拨款不能按时到位，各渠道筹款也不十分顺畅，致使一、二期工程拖欠了大量工程费用。该期工程的建设一度被延缓。及1935年冬，校长邹鲁赴南京参加国民党五届一中全会，连同中委孙科、居正等8人向会议提议，将一、二期工程不敷数194万余元由财政部在1935年度先就亏垫之数追加预算，拟付清偿；以后按照胡汉民等21委员所提议的月拨10万元原案，自1936年度起编入预算，按月继续照拨，暂以3年为期。邹、孙等人的提议获得通过。从1935年12月起，由财政部陆续汇付补助费，共法币120万元，并由国民政府核定。1936年度中山大学建筑临时费每月10万元，由1936年7月起照案拨支。但该项建筑费，教育部明令要侧重教学设备，因此从中划出了三分之一作为科学设备费。

截止1937年4月15日，费用在千万元以上的工程[①]如下表所示（单位：元）。

所属单位	建筑名称	承建人	工程费
文学院	文学院1座	大来公司	280, 992, 030
法学院	法学院1座	合泰公司	274, 818, 945
理学院	生物、地理、地质三系教室1座	兴兴公司	352, 438, 465
	化学系教室1座	合泰公司	247, 254, 420
	物理、天文、数学三系教室1座	合泰公司	140, 755, 770
	天文台一座	锡源公司	44, 412, 360
工学院	化学电机土木工程系教室3座及合土马路	宏益公司	1, 085, 660, 650
	机械实习厂铸铁厂2座	福盛公司	82, 671, 290
	弱电流实验室及材料试验室2座	成安公司	100, 243, 852
	自来水厂	大来公司	39, 354, 040
	自来水沉淀池及石栏护墙等	大来公司	15, 820, 360
	发电厂1座	宏益公司	98, 468, 771
	木工场及锻工场2座	福盛公司	65, 630, 200
	强电流实验室1座	福盛公司	208, 675, 420
	强电流三合土椿	广华公司	15, 727, 500
	电话室1座	福盛公司	75, 000, 000
农学院	农学院	珠江公司	216, 526, 000
	化学馆及农产制造室温室3座	锡源公司	199, 431, 730
	农场主任室总务股农艺股3座	源记成公司	32, 290, 780
	蚕学部调桑室简易蚕室男女宿舍厨房工人房厕所共6间	宏益公司	85, 324, 690
	蚕桑院本馆牛房园艺温室共3座	源记成公司	83, 163, 050
	蚕学馆冷藏库	源记成公司	32, 986, 680
	石牌稻作试验场	大来公司	20, 800, 000
	蚕学馆冷藏库1座	源记成公司	32, 986, 680
	森林股工厂产品室农器室共3座	源记成公司	21, 052, 540
	茶研究部工场1座	张泗记	24, 000, 000

① 《新校建筑状况》，载《国立中山大学现状（1937）》，第463～495页。

医学院	细菌研究所1座	共和公司	157, 000, 000
	第一医院护士医院1座	大来公司	36, 950, 000
研究院	研究院1座	张泗记	66, 694, 730
体育部	体育部1座	德联公司	89, 234, 700
	大运动场一个	兴兴公司	66, 258, 900
图书馆	图书馆1座	兴兴公司	654, 566, 920
娱乐场	娱乐场1座	梁锦记	14, 088, 340
教职员宿舍	甲，丁，戊种教职员住宅各7座	仙记公司	90, 355, 540
	乙种教职员住宅7座	锡源公司	28, 635, 420
	丙种教职员住宅10座	锡源公司	56, 148, 110
	己种教职员住宅各8座	锡源公司	64, 675, 320
	教职员宿舍1座	兴兴公司	233, 849, 350
	教职员食堂1座	福盛公司	27, 500, 000
学生宿舍膳堂	甲乙丙男生宿舍3座，女生宿舍1座	大来公司	422, 570, 540
	丁戊男生宿舍2座	大来公司	203, 378, 250
	女生第二宿舍1座	大来公司	64, 802, 600
	男生第六、七、八宿舍3座，甲乙组膳堂2座	锡源公司	254, 855, 230
	男生第九宿舍	兴兴公司	61, 197, 170
	丙组膳堂	永南公司	24, 597, 200
工人宿舍茶房	水厂工人宿舍2座	大来公司	11, 750, 000
	发电机械铸铁工人宿舍1座	永发	10, 003, 580
纪念风景建筑物	总理铜像石座1座	源记公司	10, 400, 000
	南门石牌坊1座	源记成公司	49, 423, 500
道路湖渠泥井草皮等	学生宿舍前环路	大来公司	23, 303, 000
	丁路及池西路	兴兴公司	36, 477, 930
	农学院前及化学教室前马路	兴兴公司	36, 844, 700
	文学院前三合土马路	兴兴公司	13, 544, 800
	教职员宿舍前三合土路	江南公司	10, 162, 480
	法学院附近甲乙丙三段道路	李锦	17, 592, 240
	校门大道及总干马路土方工程	陈兴记	169, 533, 800
	校门大道等处沥青马路	陈兴记	56, 000, 000
	校门大道花沙路	陈兴记	16, 266, 290
	教职员住宅区路胚泥渠地盘间格等	陈兴记	10, 390, 410
	南堤三合土马路	陈兴记	36, 818, 100

（执笔：陈伟华）

第四节　新校落成

1934年11月11日，在新校址隆重举行新校落成典礼及中山大学建校10周年校庆，同时还举行了文、法学院和第二期工程奠基仪式。林森、孙科、居正、戴传贤、于佑任、孔祥熙、李宗仁、白崇禧、朱家骅、许世英等政府要员，中央大学罗家伦、南开大学张伯苓、北平师大李蒸世、四川大学王兆荣等校长，吴康、古直、陈安仁、方孝岳、王越、陈钟凡等学者都纷纷发来贺电，写出贺诗、贺词，高剑父、赵浩公等画家赠送了贺画，李宗仁、白崇禧、陈济棠、于学忠、余汉谋等还赠送了时钟、银鼎、银盾和书刊。[①] 新校区占地一万余亩，除建筑物外，均为农场。“凡植竹木果树二百万株有奇，复辟道路至白云山林场，联贯为一。林场种树约160余万株，是不特可增河山之美丽，而资全校员工之修养，亦有足多焉。预计5年后有收益者，可得50万株。每年每株以1元计，则年可得50万元。10年后300万株皆有收益。每年每株以1元计，则年可得300余万元。畜牧园艺尚不与焉。盖欲使向来消费之教育，化为生产之教育。此后理、工、医各科亦将分门计划，达此目的。”[②]由于占地面积之大，当时流行有“中山大学校，半座广州城”之语。

---

① 张掖编：《国立中山大学成立十周年新校落成纪念册祝贺、电函、祝词、诗赋、各具赠品》，第7～60页。藏中山大学图书馆校史室。

② 张掖编：《国立中山大学成立十周年新校落成纪念册祝贺、电函、祝词、诗赋、各具赠品》，第7～60页。藏中山大学图书馆校史室。

第五章　春华秋实

1924 年国立广东大学成立时，仅有文、理、法、农、工 5 科（学院）16 个系，改名中山大学后，经过几年努力，学科建设取得长足进步。国民政府教育部有两个统计表，反映出该时期中山大学的发展。

一是《全国各大学概况表》（1931 年）：[①]

中山大学	经费		编制				教职员			在校生			毕业生			设备价值	图书册数
			本科		专科												
	岁出	岁入	院	系	科	组	教员	职员	互兼	合计	男	女	合计	本科	专科		
	1, 592, 059	1, 775, 782	5	23	2	2	185	368	38	1, 379	1, 251	128	295	272	23	186, 084	243, 800

二是《全国公私立大学独立学院、专科学校一览表》（1936 年 1 月）[②]：

校名	校址	校长	别号	所设院系	备考
中山大学	广州	邹鲁	海滨	理（数学天文、物理、化学、生物、地理、师范部） 工（土木、化工、电机、机械） 农（农学、林学、农林化学、农业专修科） 医 文（中国语言文学、英国语言文学、史学、教育、哲学、社会） 法（法律、政治、经济）	附设文科研究所中国语言文学、历史学两部；教育研究所教育学、教育心理两部；农科研究所植物部、土壤部

到 1937 年，学校已拥有文、理、法、工、农、医、研 7 个院 23 个系，另有文学院第一外国语组、文学院第二外国语组、广东通志馆、天文台、化学工业研究所、两广地质调查所，农学院的模范林场、稻作试验场以及研究所、医院、中小学等 19 个附属单位，其规模日趋宏大，其体制日趋完备，堪称巍然壮观。

鲁迅、郭沫若、冯友兰、顾颉刚、傅斯年、赵元任、周谷城等大批学界巨子来校任

① 国民政府教育部：《全国各大学概况》，中国第二历史档案馆编：《中华民国史档案资料汇编》第五辑第一编・教育（一），江苏古籍出版社 1997 年版，第 248 ~251 页。

② 国民政府教育部：《全国公私立大学、独立学院、专科学校一览表（1936 年 1 月）》，中国第二历史档案馆编：《中华民国史档案资料汇编》第五辑第一编・教育（一），江苏古籍出版社 1997 年版，第 248 ~303 页。

教，极大地活跃了中山大学的学术氛围，促进了中山大学的优良学风校风，推动了中山大学学术科研的发展，使中山大学成为南中国乃至整个中国的学术重镇。

众志成城，该时期，中山大学各教学及科研单位都得到了比较充分的发展，它们以不俗的实绩构筑了中山大学发展史上的第一个辉煌。

第一节　文学院（文科）

一

文学院在国立广东大学成立时称文科学院，由前国立高等师范学校的文史部改组而成，设中国文学、英国文学、史学、哲学、教育学五系及高师文史、英语、社会三部。1926年10月至1927年3月广东大学改名中山大学后，将文科学院改称文史科，下设中国语言文学、法兰西语言文学、英吉利语言文学、德意志语言文学、俄罗斯语言文学、东方语言文学、史学七系①。1928年修订《国立中山大学规程》及各学院学则时将文史科改称文科，设中国语言文学、哲学、史学、教育学、英国语言文学五系②。1931年9月改称文学院，增设社会学系。1928年1月成立语言历史研究所，2月设教育研究所。1935年中山大学成立研究院后，上述两所归研究院。1937年学校因战乱西迁时，该院设有中国语言文学系、哲学系、史学系、英国语言文学系、教育学系、社会学系、第一第二外国语组，期间曾短时设有心理学系和艺术学系③。

1924年国立广东大学成立时，特聘杨寿昌教授兼任学长（院长），这年冬天由吴康代理院务。1925年春，改聘陈钟凡教授任学长（院长）；秋，陈钟凡以江浙将爆发战争为由辞职，吴康重主院务。次年春，吴赴欧留学，改聘郭沫若为学长（院长）。1927年学校改名为中山大学以后，文科学院改为文史科，聘傅斯年教授为主任。1928年夏，傅请假北上，由庄泽宣代理；秋，改聘刘奇峰代理主任。1931年9月，刘奇峰因病辞职，改聘吴康继任。1935年秋，吴康奉派出国考察，学校改聘范锜主理院务。

历年负责人如下：

1924年秋—1924年冬	杨寿昌
1924年冬—1925年春	杨寿昌（吴康代）
1925年春—1925年秋	陈钟凡
1925年秋—1926年春	吴　康
1926年春—1926年秋	郭沫若
1926年秋—1928年夏	傅斯年
1928年夏—1928年秋	庄泽宣（代）

① 《国立中山大学规程》，载《国立中山大学开学纪念册》，1927年版，第25页。
② 《国立中山大学规程》，1929年版，第3～4页。
③ 《国立中山大学现状（1937）》，第70页。藏中山大学图书馆校史室。

1928年秋—1930年9月　　　　　　刘奇峰（代）
1930年9月—1932年2月　　　　　刘奇峰
1932年2月—1936年秋　　　　　吴　康
1936年秋—1938年夏　　　　　　范　锜

各系系主任更替情况如下：

中国语言文学系：鲁迅（兼）、傅斯年、顾颉刚、罗常培、罗庸、古直、龙沐勋、曾运乾、李笠等。

史学系：傅斯年（兼）、顾颉刚（兼）、葛定华、朱谦之。

哲学系：傅斯年（兼）、何思敬、曹汝匡、罗鸿诏、吴康（兼）。

英吉利语言文学系：江绍原、刘奇峰、张葆恒、张宝树。

教育学系：庄泽宣、许逢熙、林本。

心理学系：汪敬熙。

社会学系：黄文山、周谷城、何思敬、胡体乾、傅尚霖。

1936年度，文学院计有教授44人，副教授6人，讲师12人。①1935年度毕业学生232人，比1926年增加了225人。至1935年，文学院共计毕业学生876人②。

截止1937年，文学院内有大小教室18间，各学系研究室7间，总办事处及图书分馆、书库、会议室、会客室、教职员休息室、院长室、秘书室、阅报室、档案室、诸物室、校警室、传达室、洁室各1间，图书分馆藏书数千册，并打算于近期内以4万金购置书籍。此外，还打算购置心理仪器。③

中国语言文学系1931年度编订新课程，定《五经四书》、《老庄》、《史传》为必修课目，使学生多读古籍，多作笔记，注重训诂和名篇背诵。英吉利语言文学系：首重语言和文法，次重近代文学的研究，使学生能说话，能作文。强调学生多读名家著述。必修课还包括法德日文。教育学系：增设哲学的、文学的、社会学的等各种基本学科，使学生博通群籍，成为优秀的教师。史学系：改变以前古史家侧重古籍与古物研究的做法，而将史学作为社会科学的一种，注重各种基本学科，注重文化史与近代史，注重理论史学。社会学系：注重中国社会以及近代史的研究，一二年级注重基础理论的研究，三四年级注重实际问题及专家学说的探讨。哲学系：除基本课程外，尤其注重中国及西洋哲学史、历史哲学、文化哲学、中西哲学派别研究、中西哲学专家研究，此外还比较关注印度哲学、佛教哲学，一二年级以基本学科为主，三四年级重专门研究。④

本时期该院聘有大批海内外名师，计有郭沫若、鲁迅、成仿吾、郁达夫、王独清、许寿裳、孙伏园、傅斯年、徐信符、陈懋、伍俶、黄尊生、何思敬、顾颉刚、崔载阳、龚如里、马衡、赵元任、商承祚、吴梅、珂罗倔伦、史禄国、汪敬熙、俞大维、周谷城、胡体乾、邓初民、肖隽英、古直、朱谦之、曾运乾、谭太冲、萧鸣籁、张掖、王文炳、容肇祖、罗常培等。文学院不少教授有着留学海外名校的经历。哲学系吴康是法国巴黎大学文学博士，曹汝匡毕业于美国哥伦比亚大学；英文系张葆恒为北平清华学校毕

① 《国立中山大学现状（1937）》，第25页。

② 《本校各学院历年度毕业生人数统计表》，载《国立中山大学现状（1937）》，第29页。

③ 《国立中山大学现状（1937）》，第101页。

④ 参见《邹鲁报告本校概况：民国二十一年九月十二日上午九时在政务会联合纪念周》，(《国立中山大学二十年度下学期教务概况》附录二，第81～82页；《国立中山大学文学院概览》，1933年版，第9页。

业、美国司旦福大学经济学学士、美国芝加哥大学法学博士、英国伦敦大学研究生；社会学系教授傅尚霖英为国伦敦大学经济政治学院哲学科学博士；史学系朱希祖毕业于日本早稻田大学；教育研究所庄泽宣是哥伦比亚大学哲学博士，崔载阳是法国里昂大学博士；中文系方孝岳曾求学于日本早稻田大学，黄希声是美国加州大学教育心理科硕士；社会学系何思敏曾求学于东京帝国大学；教育系雷通群是美国司旦福大学硕士；文学院胡毅教授是美国芝加哥大学博士，袁擢英教授是法国里昂大学文科博士。另，哲学讲师陈荣捷是美国哈佛大学文学硕士、哲学博士；文学院讲师潘瀛江是法国南锡大学博士。

此外，文学院还有一类有着特殊背景的教师，如文科教授石光瑛是前清举人，罗献修是前清邮部贡生。朱家骅当年曾经这样自夸："文科原毫无成绩凭借，现全部新建设，聘到几位负时誉的教授，或可继北大当年在此一科的趋向和贡献，一年后当于风气和成绩上比上当年之有学海堂。"①

傅斯年、罗常培都曾任中国语言文学系主任，何畏（何思敬）兼哲学系主任，顾颉刚、朱谦之都任过史学系主任，汪敬熙任过心理学系主任，庄泽宣兼教育系主任，刘奇峰兼英国语言文学系主任。这些名师皆开设有带有自己学术专长和特色的课程，深受学生欢迎。罗常培教授开设课程有声韵学、声韵学专著研究、声韵学史、经学史等。史学系教授兼语言历史学研究所代主任商承祚开设课程有殷周古器物研究、殷周古器物铭释、殷周文字研究等。兼教育研究所主任的庄泽宣开设课程有教育概论、各国教育比较论、成人及儿童教育研究等。岑麒祥开设课程有语言学、音韵学、方言调查、语言学实习等。方孝岳开设课程有模范文选、韵文习作、应用文习作、中国文学批评史、文学专书等。兼研究院历史学部主任的朱谦之开设课程有史学概论、史学方法论、历史哲学、太平天国革命史、历史哲学专题、中国文化史专题、中国社会经济史专题等。何思敬开设课程有社会经济学、社会学方法论和近代社会史等。邓初民开设课程有中国社会史、思想方法论等。

为提高学生的研究兴趣，文学院特增设各科研究室，要求学生每人认定一门专题研究，在规定时间内，由专任教授指导。文学院还推行导师制，实施生活学习指导。此外，文学院还大力发展文化事业，如设立教育实验区，进行社会调查等，希望借此起到教育社会化的效果。

文学院教授本时期著述颇多，1932 年 4 月统计②就有近 300 多部。如杜钢伯的《名原考异》二卷、《中庸伪书考》一卷、《周秦经学考》一卷、《论语正义补正》20 卷、《经解要目》一卷、《赋诗证微》一卷；陈钟凡的《中诸子通谊》、《古书读校法》、《汉魏六朝文学》、《两宋思想述评》、《韵文通论》、《中国文学批评史》、《经学通论》、《史目表补》；李石岑的《人生哲学》上卷、《李石岑讲演集》、《李石岑论文集》、《现代哲学小引》、《希腊三大哲学家》、《超人哲学浅说》、《体验哲学浅说》、《人生之意义与价值》、《西洋哲学史》、《唯物论史》、《辩证法史》、《西洋哲学小史》、《西洋哲学概论》、《伦理思潮大要》、《未来的哲学》、《历史哲学发展史》；范锜的《最近欧美教育思潮》、《世界改造之原理》（又名《中国国民革命之使命》）、《三民主义教育原理》、《教育哲

① 参见《朱家骅启事》，见《国立中山大学日报》增刊，1928-2-27。

② 《本校职员著作之大概》及《本校职员著作之大概补遗》，连载于 1932 年《国立中山大学日报》：4-15；4-21；4-22；5-26。

学》、《哲学概论》；李孟楚的《唐宋方言考》、《老子古注》、《魏晋南北朝老学志》、《转注正义说儒》、《六朝碑志文编》；符佑之的《英译唐诗选》、《英译唐诗选续集》、《板诗歌数百首》；周谷城的《中国教育小史》、《中国社会之结构》、《中国社会之变化》、《实验主义伦理学》、《生活系统》、《农村社会新论》、《战后世界政治之关键》、《文化之出路》；闻宥的《东冬分部辩正》、《转注理感论》、《殷虚文学孳乳研究》、《甲骨学之过去与将来》、《研究甲骨文之两条新路》、《甲骨文地名考》（译）、《经典释文与广韵反切考》、《甲骨文形饰之研究》、《上代象形文学中目文之研究》、《古铜器形制探源》、《论所谓六书》、《中国文学之本质的研究》、《明朝词》二卷、《秦式铜器研究》、《头之研究》、《中国入声之地理的研究》（译）；葛定华的《史学概论》、《西洋最近史》上卷、《世界最近外交史》、《西洋思想史（英文版）》、《历史教学法》；黄菩的《德国经济之复兴》、《社会进化史》等16种；高延梓的《劳动问题》、《评论》等7种；潘尊行的《原始中国语试探》、《中国字形之分析》等13种；韩待桁的《日本文艺论集》、《西洋文艺论集》等15种；陈德荣的《心理学史》（译）、《行为主义》等18种；崔载阳的《初民心理与各种社会制度之起源》、《与涂尔干学说之比较研究》、《近世六大家社会学》、《道德教育学》、《苏俄小学课程》、《教育与建国》、《比利时德可乐利新教育法》、《新教育的原则及实际》、《世界战时的学校动员》、《各国教育制度的哲学背景》等11种；张粟原的《古代社会》、《辩证法的唯物论》、《马克思主义经济学之基础理论》、《社会科学理论之体系》、《遗传与环境》、《进化论浅释》、《人类学大意》、《社会科学概论》、《现代人类学》、《俄国社会进化史》等9种；曾运乾的《礼经礼记通论两卷》、《周官经通论一卷》等11种；伦达如的《国文修辞学》、《文学概论》等5种；古直的《隅楼丛书五种》、《客人三先生诗选》等29种；徐锡龄的《中国文盲问题》、《民众教育概论》等16种；段凌辰的《辞赋学》、《中国文法纲要》、《汉志诗赋署广疏》、《中国文学概论》、《八代文论史》、《李长吉歌许集注》；杨东莼的《本国文化史大纲》、《中国学术史讲话》、《古代社会机械唯物论批判》、《世界第二次大战问题》、《世界之现状》、《辩证法的唯物观》、《新唯物论的认识论》、《斯宾挪沙唯物论》、《资本主义发展史》；李白华的《社会机能上的佛教》（日本）、《社会机能上的佛教》（北魏）、《日本人情人史的发展》（日本国民性研究之一）；曹群的《白话诗集》等。

1932年10月31日，文学院成立了以文学院院长吴康为主编、史学系教授朱希祖为副主编的国立中山大学文学院专刊编辑委员会，文学院专刊第一期“出版后颇得国内外学术界之称誉，认为是华南最有权威之刊物”①。

这一时期，文学院所属语言历史学研究所和教育学研究所的成绩尤其突出。

二

（一）学制

该院自学校改名起就实行学分制。以学期为单位，每科每周授课1小时，考试及格为1学分，实习2小时1学分。本科生至少须学8学期，修满160学分才能毕业。一、

① 《文学院专刊第二期即将出版》，见《国立中山大学日报》，1935-6-20。

二年级学生每学期须修20～24学分，三、四年级须修18～22学分。科目分必修与选修两种。成绩以百分计，60分为及格。平时成绩至少占全学期成绩的50%，其余为期考成绩。每学期有3科不及格（学分总计在8学分以下）者不得升级，该学期其他科及格学分亦作废，必修科目必须重修。两学期方能修完的科目，以两学期的平均成绩计分。留级1年仍不及格者，着令退学。期考不及格，但40分以上的准补考1次，一学年内有5科不及格者，着令退学。1935年学校颁布的《国立中山大学组织大纲》则将补考成绩由40分以上修改为50分以上。文学院很重视第一、二外国语的学习，特别规定：第一外国语（暂定为英语）为本科各系共同必修课并在学期考试外举行特别考试，标准另定，该考试在每学期两周内由文科主任、英语系主任及该科目教员组织委员会举行。第二外国语有德文、法文、俄文、日文4种，学生得任选习1种。第二外国语为英国语言文学系必修课目，其他各学系选修课目。但学生选习此类外国语，无论其为必修选修，至少须连习2年始计学分。① 文学院自1934年秋起，专门成立第一第二外国语组，以加强对外国语的教学与研究。

（二）课程

此时期的学分制与国立广东大学时期的单位制有着较大的不同。实行学分制后，因各科必修具体科目各年均有变化，这里仅录1936至1937年度各系必修课（括号内数字为每科学分数）以观其概貌。

1. **中国语言文学系**

一年级：党义（学分另计）、文学概论（2）、中国文学史（3）、文字学（2）、经学通论（3）、诗学通论（2）、模范文选（2）、散文习作（1）、论孟研究（2）、第一外国语（4）、军事训练、体育。

二年级：党义、音韵学（2）、词学通论（3）、学术文选（2）、历代诗选（1）、韵文习作（2）、毛诗（2）、第一外国语（3）、体育。

三年级：党义、骈体文选（2）、唐宋词选（2）、春秋左氏传（2）、楚辞（2）、应用文习作（1）、第一外国语（3）、体育。

四年级：党义、诸子评议（3）、中国文学批评史（2）、论文指导、体育。

2. **哲学系**

一年级：党义、军事训练、体育、第一外国语（4）、哲学概论（2）、论理学（2）、伦理学（3）、美学（3）、社会学原理（3）。

3. **史学系**

一年级：史学概论（2）、党义、中国通史（3）、西洋通史（3）、中国近百年史（3）、欧美近百年史（3）、日本近百年史（3）、军事训练、体育。（本年级以通史为研究中心）

二年级：党义、史学方法论（2）、世界古代中世文化史（3）、中西文化交通史（3）、中国古代中世文化史（3）、体育。（本年级以古代史为研究中心）

三年级：党义、历史哲学（2）、世界近世文化史（3）、中国近世文化史（3）、隋

① 参见1929年5月教务处汇编《国立中山大学教务会议议决各种章程》及1937年5月总办公厅编印《国立中山大学法规集》中《文科学则》。

唐五代史（3）、体育。（本年级以近代史为研究中心）

四年级：党义、中国史学史（2）、清史（3）、考古学及考古实习（3）、论文指导（3）、体育。（本年级以论文为研究中心）

4. 英国语言文学系

一年级：初级作文（3）、英国口语（3）、文学背景（3）、诗学入门（3）、一年法文（4）、党义、体育、军事训练。

二年级：中级作文（3）、英国文学史（3）、二年法文或德文（4）、近代戏剧（3）、李察孙以前英国小说（3）、党义、体育。

三年级：中级作文（3）、近代英国文学（3）、近代英国小说（3）、莎士比亚（二）（3）、党义、体育。

四年级：欧洲文学名著（3）、莎士比亚（二）（3）、文学批评（3）、戏剧舞台技术（3）、论文指导、党义、体育。

5. 教育学系

（子）上学期

一年级：党义、军事训练、教育概论（4/学期）、普通心理（4/学年）、英文（4），辅系或选修体育。

二年级：党义、教育心理（4/学年）、教育社会学（4/学年）、教育统计（2/一学年）、哲学概论（2/一学年）、英文（3），系或选修体育。

三年级：普通教学法（4/一学期）、中国教育史（3/一学期）、学校行政（3）、测验理论与实施（4）、英文（3）、体育。

四年级：党义、西洋教育史（3/一学年）、教育哲学（2/一学年）、教育行政（2/一学年）、教学实习（四/一学年）、专题研究、体育。

（丑）下学期

一年级：党义、现代教育背景（4/一学期）、普通心理（3/一学年）、英文（4），辅系或选修、军训、体育。

二年级：党义、教育心理（3/学年）、教育社会学（2/一学年）、教育统计（4/一学年）、哲学概论（2/一学年）、英文（3）、辅系或选修（辅系课目须依所认组别在各系选修）、体育。

三年级：中学教育（4/一学期）、比较教育（3/一学期）、智力测验（3）、英文（3）、选修、体育。

四年级：党义、教育哲学（3/一学年）、西洋教育史（3/一学年）、教学实习（4/一学年）、专题研究、体育、选修。

6. 社会学系

（A）一、二、三年级共同必修课：第一外国语。

（B）四个年级共同必修课：党义、体育。

（C）一年级必修课：社会学原理（3）、人类学概论（3）、社会问题概论（3）、社会进化史（3）、社会统计学（3）、普通心理学（4）、演化论（3）、军训。

（D）二年级必修课：现代社会学（3）、社会经济学（3）、农村社会学（3）、中国社会史（3）、社会心理学（3）。

（E）三年级必修课：社会调查（3）、都市社会学（3）、社会思想史（3）。

（F）四年级必修课：中国社会思想史（3）、社会研究法（3）、社会事业（3）、论文指导、专题研究（3）。

7. 第一第二外国语组

第一外国语组（英文）。

中、社、教、史、哲一年级：

模范文选读（1）、学术文选读（1）、翻译（1）、作文（1）。

中、社、教、史、哲二年级：

学术文选读（1）、翻译（1）、作文（1）。

中、社、教、史、哲三年级：

时文选读、名著翻译、修辞学。

三

（一）语言历史学研究所

语言历史学研究所筹备于1927年7、8月间，次年1月正式成立，傅斯年任首任所长。该所成立后，聘定教授有马衡、陈垣、赵元任、傅斯年、顾颉刚、商承祚，珂罗倔伦、史禄国等。该所的筹备及发展都有较好的规划，为迅速发展壮大自己，该所自筹设之初即注重从“聘定教授”、“设置各研究组”、“招收研究生”、“成立各研究学会”、“发行定期刊物及丛书”等五个方面努力。因此，尽管该所主持人更换频繁，但仍取得了不俗的成绩。

语言历史研究所成立后不久，由傅斯年等3人筹备的中央研究院历史语言研究所也宣告成立，该所也聘傅斯年为所长，傅斯年于是在1928年11月辞职离开中山大学，语言历史学研究所主任由顾颉刚教授代理。顾颉刚代主任数月，1929年2月也离校前往北平，由商承祚教授代理主任。商承祚教授于1930年辞职离校，文科主任刘奇峰教授于1931年1月兼任所主任，并将该所改名为文史研究所，隶属文科。这时刘奇峰教授继续维持中国语言文学研究会，并创办了辑刊。1932年夏，刘奇峰辞职，所务中断。同年11月，校长邹鲁聘史学系朱希祖教授任文史研究所主任，该所活动得以恢复。朱希祖接手后，随即恢复民俗学会，继续出版民俗周刊，并将以前文史辑刊改为文史月刊，按月刊行。研究生也得以继续招收。1935年，研究院成立，文学院所属文史研究所、教育学研究所分别被改组为文科研究所和教育研究所，并将其归隶研究院。该所的民俗学会是1927年11月1日由顾颉刚、钟敬文、容肇祖发起成立，容肇祖为主席。它是中国第一个民俗学会。

该所的组织系统为：

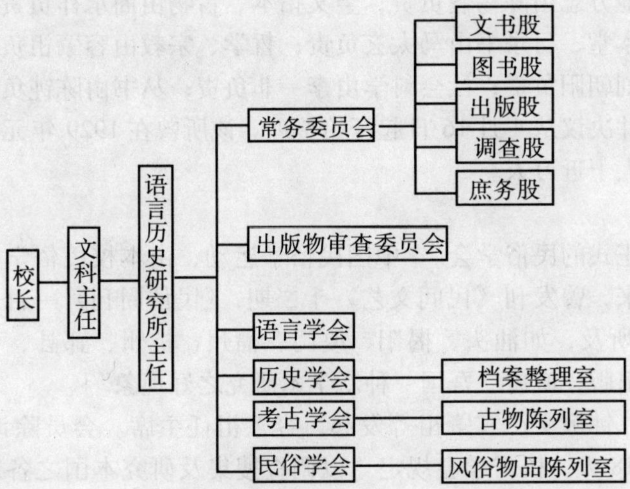

“本研究所以作语言与历史之科学的研究，并以造成此项人才为宗旨。”① 围绕此宗旨，所内设立了事务委员会和出版物审查委员会，并制定了各委员会的章程。事务委员会下设文书股、出版股、图书股、调查股、庶务股5个股作为办事机构。出版物审查委员会则负责审查该所一切出版物。所内设考古、语言、历史、民俗四学会，另设古物陈列室、风俗物品陈列室、档案室等，分属考古学会、民俗学会和历史学会。1928 年 4 月，该所开办了民俗学传习班，先后出版了《民俗周刊》（初名《民间文艺》，1927 年 11 月 1 日创刊，出 12 期后扩大范围改名）和《国立中山大学语言历史研究所周刊》（1927 年 11 月 1 日创刊）。其研究工作集中于古物、档案、民俗三方面，尤以西南边疆少数民族之研究为重心。该所特聘俄国人类学者史禄国为教授，先后派员赴西康、云南、广西、贵州、广东各地调查少数民族情况。调查研究结果在该所周刊发表，计有《风俗研究专号》（第 11、12 期合刊），《西南民族研究专号》（第 35、36 期合刊），《瑶山调查专号》（第46、47 期合刊），《疍户专号》（《民俗周刊》第76 期），《民间故事专号》（《民俗周刊》第51 期），《新年专号》（《民俗周刊》第53、54、55 期合刊），《清明专号》（《民俗周刊》第60 期），等等。此外，该所还出版了《孟姜女故事集》、《楚辞中的神话与传说》、《苏粤的婚丧》、《开封歌谣》、《迷信与传说》、《民俗学问题格》、《福建三神考》、《台湾情歌》等民俗学会丛书数十种。民俗学会下设风俗物品陈列室，搜集少数民族风俗物品，并分类陈列。

1928 年 3 月 27 日，语言历史学研究所召开第一次会议，决定筹办以顾颉刚任总编辑的《语言历史学丛书》，会议决定罗常培、丁山、马太玄等人负责语言学；商承祚、黄仲琴、余永梁等人负责考古学；顾颉刚、傅斯年、容肇祖负责历史学；何思敬、顾颉刚、钟敬文负责民俗学；马太玄、徐信符、容肇祖等人负责目录学。其后，民俗学会召开专门会议，就编印《民俗学会丛书》和在《民俗周刊》多刊专号问题作出了相应的决议。4 月 10 日，语言历史学研究所就整理旧书问题召开会议，议决：语言文字学由丁山负责；经学由罗常培担任；史学由陈功甫负责；文学、艺术由徐信符、钟敬文、陈

① 《国立中山大学语言历史学研究所概览》，1930 年版，第 16 页。本节所引数据和材料，除特别注明外，皆源于此文献。

德芸、夏廷棫负责；地方志由陈锡襄负责；金文拓本、古物由商承祚负责；金石书、碑帖由黄仲琴负责；善本堂、目录书由马太玄负责；哲学、宗教由容肇祖负责；教育学由蒋径三负责；科学由刘朝阳负责；社会科学由李一非负责；丛书由陈钝负责；杂书由顾颉刚和杨振声负责。并决议从4月16日起开始整理。该所曾在1929年元旦期间开设展览会3天，各界参观人士近万人。

民俗学会

它是中国第一个正式的民俗学会。“中国民俗学运动，由本校民俗学会开其端。该会自民十六年成立以来，曾发刊《民间文艺》十二期，《民俗周刊》一百二十二期及民俗丛书数十种。影响所及，如汕头、揭阳、厦门、福州、杭州、鄞县、半湖、北平诸地，均有民俗刊物之出版，诚树立吾国一种新学术研究之好现象”①。

该学会由顾颉刚、钟敬文、容肇祖等发起，容肇祖任主席。会员除该所教职员15人外，还有校外学者18人。民俗学会规定“以调查搜集及研究本国之各地方各种族之民俗为宗旨。一切关于民间之风俗习惯、信仰、思想、行为、艺术等，皆在调查、搜集、研究之列。”② 会员来源主要要有：“（一）本所研究生为当然会员。（二）本校本科学生得自由入会，为普通会员。（三）本校教职员愿协助本会者，得自由入会，为特别会员。（四）校外同志赞成本会宗旨愿协助本会进行者，经上列三种会员二人以上之介绍，得入会为赞助会员。”③ 顾颉刚、容肇祖、董作宾、陈锡襄等人原在国立北京大学从事歌谣、方言和风俗习惯的研究，顾颉刚于1927年被派往江浙一带购书，共购回“图书十二万余册、碑帖三万余张”④。

1927年11月1日，该所出版了《语言历史学研究所周刊》（主编余永梁）的创刊号，该刊计划每星期出1册，每册定价5分，全年52期，定价两元两角（不包括邮费）。同一日，由钟敬文主编的民俗学研究刊物的创刊号也刊出，该刊原拟名为《歌谣周刊》，出版时改名《民间文艺》，后为放宽范围，以及容纳宗教风俗材料起见，自第13期后改为《民俗周刊》。每期定价4分，全年53册，定价一元八角（不包括邮费）⑤。

民俗学会与教育研究所联合开办民俗学传习班，分别由何思敬讲《民俗学概论》，庄泽宣讲《民间文学与教育》，汪敬熙讲《心理学与民俗学》，崔载阳讲《民俗心理》，刘奇峰讲《希腊的神话》，顾颉刚讲《整理传说的方法》，马太玄讲《中印民间故事的比较》、《关于中国风俗材料书籍的介绍》，陈锡襄讲《搜集风俗材料的方法》，容肇祖讲《北大歌谣研究会及风俗调查经过》，余永梁讲《殷周时代风俗断片》，钟敬文讲《歌谣概论》等课程。功课授完后，即分别给予题目，让学生着手做各种调查整理研究工作。修业期为3个月。其报告经教授评阅及格者，准予发给修业证书。⑥ 1928年3月27日，该所公布了《民俗学传习班招生章程》，1928年4月23日，民俗学传习班开始

---

① 《文科研究所〈民俗〉复刊号将出版》，见《国立中山大学日报》，1936-6-18。
② 《国立中山大学语言历史学研究所概览》，1930年版，第25页。
③ 《国立中山大学语言历史学研究所概览》，1930年版，第25页。
④ 《国立中山大学语言历史学研究所概览》，1930年版，第21页。
⑤ 《国立中山大学语言历史学研究所概览》，1930年版，第45页、第114~115页。
⑥ 《民俗学传习班招生章程》，《国立中山大学语言历史学研究所概览》，1930年版，第49页。

上课，共有学生22名。[1]

民俗学会将搜集到的风俗物品分类陈列于室，供参观和研究，其分类计有装饰、乐器、家具、烟具、文具、工具、玩具、赌具、神物、官绅科举遗物、印刷物、摄影、丧葬等13类[2]。

考古学会

该会于1928年12月14日正式成立，商承祚教授为主席。“以根据遗物遗迹研究古代之风俗制度、文物艺术等为宗旨”[3]。该会下设古物陈列室。古物陈列室曾购进大批甲骨碑像、金石陶器等，并出考古学会丛书、史料丛刊各若干种。

语言学会

1929年11月2日，语言历史学研究所开事务委员会，决定请闻宥先生筹备语言学会。不久学会成立。该会以“调查并研究本国各地方及与本国同语族之语言为主旨，同时并搜集关于此项语言之文献”[4]。

历史学会

1929年11月2日，语言历史学研究所开事务委员会，决定请沈刚伯筹备历史学会。旋即，历史学会成立，以“整理本国史及研究外国史为宗旨”，下设档案整理室。

国立中山大学语言历史研究所成立之后，成绩颇丰，成立后两年即出版民俗学会丛书31种，考古学会丛书2种，史料丛刊5种，在古物收藏方面也足可称道。下面分类列出：

1. 出版物

（1）丛书

（a）史料丛刊（5种）：林时对著《荷闸丛谈》，陶成章著《教会源流考》，朱襄廷著《庄史案辑论》，费信著《星槎胜览》，赵汝适著《诸蕃志》。

（b）考古学会丛书（2种）：胡光炜著《甲骨文例》，罗振玉考释商承祚类次《殷虚文字类编十四卷附书契考释一待问编十三卷》。

（c）民俗学会丛书（36种）：钟敬文、杨成志合译《印欧民间故事型式表》，谢云声之《台湾情歌》，顾颉刚编著《孟姜女故事研究集》（全3册），钟敬文与刘万章合编之《苏粤的婚丧》，钟敬文与刘乾初合译《狼獞情歌》，钟敬文的《楚辞中的神话与传说》、《民间文艺丛话》、《妙峰山》，容肇祖的《迷信与传说》，刘万章的《广州民间故事》，陈元桂的《台歌谣》，白寿彝的《开封歌谣》，白启明的《河南谜语》，魏应麒的《福州三神考》，张乾昌的《梅县童歌》，张清水的《海龙王的女儿》等。

（d）秘笈第一集：赵守纯《雪鸿山馆纪年》，顾秉谦《三朝典要》，冯子材《军牍汇存》，姚文田《说文解字考异》，俞正燮《癸巳类考》，陈元龙《格致镜原》，金之俊《金文通公集》、《明太祖实录》、《明英宗实录》、《甲申纪事》。

（2）定期刊

（a）本所周刊：1927年11月1日创刊，已出至111期，计出专号10册。包括：

---

① 《国立中山大学语言历史学研究所概览》，1930年版，第58～61页。
② 《国立中山大学语言历史学研究所概览》，1930年版，第2页。
③ 《国立中山大学语言历史学研究所概览》，1930年版，第20页。
④ 《国立中山大学语言历史学研究所概览》，1930年版，第20页。

《风俗研究专号》、《切韵专号》、《西南民族研究专号》、《瑶山调查专号》、《尚书的文法及其年代专号》、《本所年报》、《史记天宫书之研究专号》、《方言专号》、《天文学史专号》、《百期纪念专号》。

（b）民俗周刊：1927 年 11 月 1 日创刊，原名《民间文艺》，后改名《民俗周刊》，至 1929 年 12 月 25 日止共 92 期，其中专号 12 册，包括《神的专号》（一）、《槟榔专号》、《传说专号》、《歌谣专号》（一）、《歌谣专号》（二）、《民间故事专号》、《新年专号》、《清明专号》、《神的专号》（二）、《妙峰山调查专号》、《胥户专号》、《神的专号》（三）、《神的专号》（四）。

2. **收藏品**

（a）档案：包括民政 11240 份、教育 11100 份、财政 600 份、实业 11240 份、警政 10400 份、交通 650 份、司法 400 份、统计 120 份、慈善 140 份、总务 750 份。

（b）古物及书画：共有 1700 余件。

（c）风俗物品：计有 13 类。包括装饰类 356 件、乐器类 61 件、家具类 106 件、烟具类 17 件、文具类 10 件、工具类 28 件、玩具类 94 件、神物 746 件等，除神像冥币符等 691 份外，大小物品共 773 件。此外尚有民俗书籍、坊间流行唱本等 2245 册。①

（二）教育研究所

1927 年秋，中山大学添设教育系，同时筹备成立教育学研究所，隶属于文史科，为文科三研究所之一。聘庄泽宣为主任，并由校长允拨毫洋 6000 元为开办费，3000 元为第一年经常费（薪金除外），10 月份开始招收研究生。② 该所于 1928 年 2 月成立，初名教育学研究所，为国内最早的专门教育研究机关，1935 年 5 月，奉教育部核准立案，改名教育研究所，为该校三研究所之一，设教育学及教育心理两部。③ 先后在该所担任研究或指导工作的有崔载阳、陈礼江、邰爽秋、唐惜芬、林砺儒、范锜、胡毅、许逢熙、王越、林本、尚仲衣等教授。该所主要工作有：①中小学国文教学研究；②民众教育研究；③教育行政研究；④教育心理研究；⑤一般问题的研究。④ 1928 年 2 月起，该所开始发行定期刊物《教育研究》，初定年出 8 期，自 41 期后交由神州国光社广州分社印刷发行。前 40 期中有如下专号：《菲律宾教育考察专号》、《欧美新教育运动专号》、《读法专号》、《日本教育研究专号》、《中学教务表册研究专号》、《中国教育与生产问题专号》。1929 年 3 月，该所设立丛书委员会，分任编著及审查丛书稿件，并与上海民智书局订立承印合同。至 1933 年，计出版丛书有《儿童自由画研究》、《中学作文教学研究》、《学看外国文研究》、《如何使新教育中国化》、《中学国文校内阅读研究》、《法德英美教育与建国》、《普通教学法》、《德国青年运动》等 18 种，正在印刷《欧洲中等教育》、《中学教务研究》。⑤

① 《国立中山大学语言历史学研究所概览》，1930 年版，第 109 ~ 121 页。
② 《教育学研究所概况》，载《国立中山大学文学院概览》，1933 年版，第 145 页。
③ 《国立中山大学现状（1937）》，第 322 页。
④ 《本所研究事业十年》，国立中山大学研究院教育所，1937 年版，第 11 页。
⑤ 《教育学研究所概况》，载《国立中山大学文学院概览》，1933 年版，第 145 ~ 147。

（三）社会研究所及其他

1934 年 12 月，文学院社会学系筹备成立了社会研究所，用以对社会作科学研究以及培养和造就专门学术人才。编有《社会研究》（季刊）。该刊用中西文印行，亨有国际声誉，其创刊号出版于 1935 年 11 日。

此外，文史科的教育学系以及哲学系等，也陆续成立研究会或学会。1928 年 5 月 9 日，教育系学生将该系同学会改称教育研究会。哲学系学生于 1930 年 11 月间成立了哲学学会。

（执笔：陈伟华）

第二节　理学院（理科）

一

理学院初成立时称理科学院，设物理、数学、化学、生物、地质五系，改名中山大学后所定《国立中山大学规程》将其改称自然科学科，数学系改为数学天文系，地质系改称矿物地质系，生物系分为动物系和植物系，其余照旧。1928 年 9 月，动物系和植物系又合并为生物系，另将原文科开设的心理学系改属理科，不久心理学系停办。1929 年 4 月，又将自然科学科改称理科，矿物地质系仍改称地质系，并于 1929 年秋率先在理科成立地理系。该院曾于 1928 年度上学期起增设师范部，为中学培养师资，分数理化与博物两班，本科修业 4 年，免修学费。师范部于 1930 年后停办。1928 年春成立化学工业研究所，附属于化学系。1929 年夏，天文台完工，附属于数学天文学系。1929 年 4 月，广州政治分会创设的两广地质调查所由中山大学接收，附属于地质学系。1930 年，在理科增设土木工程、化学工程两系，改理科为理工学院。1934 年 8 月，工学院成立，土木工程、化学工程两系划归工学院，理工学院改称理学院。①

1937 年度，理学院设有数学天文学系（从三年级起分数学、天文两组）、物理学系、化学系、生物系、地质学系、地理学系。附设天文台（附设于数学天文学系）、化学工业研究所（附设于化学系）、两广地质调查所（附设于地质学系）。

该院负责人更换比较频繁，1924 年 8 月到 1926 年 8 月，徐甘棠作主持；1926 年 8 月到 1927 年 2 月，黎国昌继任；1927 年 2 月到 1927 年 7 月，部重魁执掌；1927 年 7 月至 1932 年 6 月，陈宗南入主该院；陈之后则是何衍璇。

1928 年改订《理科学则》，规定理科实行年级学分混合制。在校 4 年 8 个学期，修满 160 学分才能毕业。每学期每周授课 1 小时，考试及格者为 1 学分，每周实验 2 小时满一学期者也为 1 学分。每学期以 20 学分为标准，规定最少不能少于 18 学分，最多不

① 参见《国立中山大学现状（1937）》，第 159～160 页。藏中山大学图书馆校史室。

能超过24学分。1936年度第二次教务会议议决修正的《理科学则》改为最多与最少的限度由各学系规定。但又限定最多不能超过24学分。理科对外语学分专门规定：第一外国语英文为第一学年必修科目，必须取得8个学分，德文或法文12学分，修满方能毕业。科目分必修与选修。评分、考试等与文科学制基本相同。①

邹鲁对该院的发展颇为关注，他在1932年9月作本校概况报告时指出："一方面应注意于科学之应用，以匡救国家之危急，一方面更兼究科学之原理，以提高学术之地位，同时对于科学家之人格，尤宜使莘莘学子，充分修持，期能毕生尽瘁于学术，此皆本院所负之使命，应全力以赴者也。"②

理学院在该时期也得到很大发展。1926年理学院全院毕业学生仅4人，1935年毕业学生62人，其间1933年，理学院的毕业生达98人。截止1935年，全院毕业生总计为377人。③ 1937年度全院共有教授30人，副教授5人，讲师10人④。1937年度，全学院所存仪器共值30万元；标本及模型约值30万元；机械约值6万元；图书杂志约值10万元；药品约5万元；家具约值3万元。⑤

这一时期，何鲁、何衍璇、张云、刘俊贤、黄巽、朱物华、陈宗南、黄锡雄、费鸿年、辛树帜、陈焕镛、孙云铸、斯行健、谢宗荣、张作人、罗宗洛、朱洗、安哈安姆、柳金田、古文捷、庸辛元、李翼纯、萧锡三、董爽秋、何杰、米士、克勒脱那等大批著名学者都任教于此。

科研方面也取得较大成绩。除每季出版自然科学一种外，还刊行丛书多种，计出版有何衍璇的《整数论》，袁武烈的《微分方程式简要》，苏熊瑞的《投射几何》，何衍璇与袁武烈合著的《解析几何》，李翼纯的《采矿学》、《冶金学》，黄巽的《电学及热原理》，张云的《变星研究》、《普通天文学》、《星球和原子》，何衍璇、苗文绥、李铭燊合编的《微积分概要》，董爽秋、张镜澄的《植物形态学》。此外还有天文台的两个月刊，地理系的考察报告，生物系的丛刊等10多种。⑥ 另据1932年出版部整理，当时理学院老师的中外文著作在百种以上⑦。

二

（一）数学天文学系

广东大学改为中山大学后即开设天文课，并改数学系为数学天文系。从1932年起，数学天文系二年级开始分数学与天文两组。系主任先为著名数学家何鲁，后为何衍璇、

① 参见《理科学则》；见1937年5月总办公厅编印《国立中山大学法规集》；1929年5月教务处汇编1930年出版的《国立中山大学教务会议议决各种章则》。

② 《邹鲁报告本校概况：民国二十一年九月十二日上午九时在政务会联合纪念周》，见《国立中山大学二十年度下学期教务概况》附录二。

③ 《本校各学院历年毕业生人数统计表》，见《国立中山大学现状（1937）》，第29页。

④ 《国立中山大学现状（1937）》，第161页。藏中山大学图书馆校史室。

⑤ 《国立中山大学现状（1937）》，第169页。藏中山大学图书馆校史室。

⑥ 《国立中山大学理学院概览》，1936年版，第10页。

⑦ 参见《本校职员著作之大概》（连载），见《国立中山大学日报》1932：4－21、4－23、5－2、5－6。

刘俊贤。该系有著名的天文台，此台于1926年开始筹建①，1929年夏落成开幕。1936年在石牌新校址建筑新天文台，面积为旧台的4倍，1937年秋落成。中山大学天文台建成时，世界著名的天文台大都分布在北纬40度以上，40度以下的很少，因而位于北纬20多度的中山大学天文台，对于天文科研和教学实习都很起作用②。该台设有赤道仪室、计时室和放影室。计时室在最下层的地窖中，气温不变，有法国制天文标准时钟一座，此钟时刻即子午仪所测定之恒星时。该台主要仪器有法国制15厘米口径子午仪一台，德制赤道仪一台，另有法制20厘米反射望远镜、15厘米析光望远镜及其他天文仪器，此外还有气象仪器多种。该台的主要工作有下列几项③：

（1）供本系天文组员生实测与研究。

（2）承担全国一部分的天文工作。如1936年6月19日参加苏联及日本两地日全食观测。中国日食观测委员会组织两个观测队分赴苏、日观测日全食。中山大学派留学日本、在东京天文台实习的助教邹仪新参加赴日观测队。邹仪新后来被日本新闻界称为该次日全食观测成功的惟一女性观测者。

中山大学天文台人员还承担了首次决定广州市的经纬度、广州市时政的主理，此外还承担了广东军阀陈济棠的空军所需的出没时刻计算和航空学校天文学教学。

（3）天文台历年的主要工作有：太阳黑子观测、变星研究、时刻确定、经纬测量、气象观测等。

出版有《国立中山大学天文台两月刊》（每年一卷、两月一期。该刊与外国天文台及天文学会交换出版品达140余种）、《广州市气象观察年刊》和《变星观测委员会年刊》等。

（二）物理系

该系首任系主任为柳金田，改名中山大学之后由黄巽接任。黄巽任期内添置了许多高级物理仪器和大量的物理图书。他还依照朱物华教授的建议，组织购置了许多应用电学及无线电学仪器，为物理学系的发展打下了非常坚实的基础。1932年12月，该系应邀成为中国物理学会机关会员。1933年朱志涤接系主任职后，补充磁电学、光学、力学、热学各仪器，并且增设真空术科目，购置了制造真空管的仪器用作该科实习。1935年秋，柳金田再次任系主任，柳深感系内仪器图书仍甚缺乏，计划多量添置，又察觉气象仪器并入天文台后影响该系实习，遂建议学校将农学院气象及天文台气象统一教授及实习，计划在白云山摩天岭建筑气象观测所一座，以备实习。④

（三）化学系

陈宗南教授为首任主任。陈兼任化学系主任时，曾花数万元添购图书仪器药品。1926年秋，中华教育文化基金董事会聘陈开展化学讲座，每年补助该系6000元。该系各项设备也不断得到充实。系内设研究室、实验室、陶瓷工场、制革工场、制纸工场、

① 《中大教授请设天文台之理由及其计划》，见《广州民国日报》，1926-11-27。
② 梁山、李坚、张克谟：《中山大学校史（1924—1949）》，上海教育出版社1983年版，第55页。
③ 梁山、李坚、张克谟：《中山大学校史（1924—1949）》，上海教育出版社1983年版，第55页。
④ 《国立中山大学理学院概览》，1936年版，第35页。

车场等，为学生提供实习探研之用。陈宗南上任时，“所有各种设备，如实验室仪器等，均为国内各著名大学之最称完备者”。……1932年黄锡雄任主任，黄“对于系务，亦多建树”①。1935年春，康辛元继任系主任。同年秋，化学系迁入石牌新校，该系及化工系共有教室两座，每座除研究室及事务室外，各有4个大实验室。无机、有机、定性、定量各实验室设在化工馆。工业化学、化学工程及工业分析等实验室设在化学馆。无机实验室及定量分析室各有实验位置192个，有机实验室可同时容纳48人实习。1928年春，成立了化学工业研究所。1931年该系员生为联络感情及共同研究起见，特成立化学会，以促进社会化学之发展为宗旨。1934年春，中国化学会第二届理事会第二次会议决定，公推本校为该会机关会员。②

设备方面，“高师时代之无机化学、有机化学及理论化学之仪器，虽颇齐备，但不过仅十六人至二十人（每班计）使用而已。而工业化学实验则全付阙如”③。1928年工业研究所成立，添工业分析仪器及工业化学仪器16000元。1930年由美国购入一批理论化学仪器，由德国购入药品一大批。较重要仪器选列如下：

定量分析仪器：Agate mortor with pestal；platinum crucible，wire，foil，electode，Analytical balance with weights；各式Standard Burette；Electric Overn；Electric Furnace等。有机仪器：Combusiton furnaces 三种；Servel Hermetic type ice box 等。理论化学仪器：Westphal balance；Torsionbalance等。工业化学仪器有Jaw Crusher，Pulverizer等。工业分析有Parr Oxygen bomb Calorimeter，Parr Peroxide bomb Calorimeter等。

现有新旧西文化学书籍1800册，还收藏有各国最近出版的有名杂志。④

（四）生物系

生物系原为广东高等师范学校的博物部，广东大学时始改为生物系。费鸿年任主任。1925年黎国昌继任，后黎被聘为自然科学部主任，学校改聘郜重魁担任。1926年曾分为动物学和植物学两系，黎主前，郜主后。第二年，黎与郜均离校，改由费鸿年任动物学系主任，陈焕镛任植物学系主任。1928年，两系合并为生物系，由辛树帜主持系务。1931年辛辞职，罗宗洛继任。1932年，罗离任，费复任，不到一年，费又离职，董爽秋继任。

该时期各仪器设备估价在3万多元。动植物参考书约1520余卷，散文献约3000册，杂志130种，所值约10万元。自1927年起，该系开始自行采摘标本，1928年成立采集队，连年分赴西南各省，如广西的瑶山、大明山，贵州南部苗岭山脉的云露山、斗逢山及西部的梵净山，湖南西南部的金童山，广东北江乐昌，瑶山及海南岛等地。广西瑶山动植物资源蕴藏极为丰富，以前外地人极少进入。中山大学生物系助教黄季庄与瑶胞交了朋友，得以自由进出瑶山。在系主任辛树帜带领下，生物系采集队前后去了七八次，采集到大量动植物标本，其中植物标本种类繁多，填补了世界动植物标本的空白，“引起全世界生物学者之特别注意，而有瑶山区（Proviniea Yaotsica）之称，作为代表

① 《国立中山大学理学院概览》，1936年版，第51页。
② 《国立中山大学理学院概览》，1936年版，第51页。
③ 《国立中山大学理学院概览》，1936年版，第51页。
④ 《国立中山大学理学院概览》，1936年版，第51页。

南中国之一特别区域"①。生物系采集队将采集的标本进行分类、标签，受到各方的称赞。生物系的成果受到国际学术界的重视和推崇。

本时期，中国植物学界分类学的奠基人之一的陈焕镛教授，中国实验胚胎学、植物生理学的奠基人朱洗教授、罗宗洛等人都在此任教。陈焕镛1913年至1919年在美国哈佛大学学习，获硕士学位，1927年到中山大学植物学系任教授兼植物学系主任。朱洗是浙江临海人，1925年进入法国蒙伯利埃大学生物系学习，1931年获法国国家博士学位，1932年回国，1933年2月到生物系任教。② 罗宗洛于1930年在日本帝国大学获农学博士学位后来校任教，1932年离开中山大学。

（五）地质系

广东大学时期，即设有地质系，它是我国最早的地质教学单位之一（仅迟于国立北京大学地质系）。首任系主任为黄著勋，1928年朱家骅曾自荐兼任地质系主任，后聘请他的老师叶格耳（Jackel 也有译作杰克尔）为系主任，之后系主任依次为哈安姆（A. Heam）、张席禔、何杰等。建系初期，教授及研究人员有张席禔、何杰、李学清，外国地质专家德国人叶格耳教授、瑞士人哈安姆博士及奥国人古力齐等。1929至1930年哈安姆任主任，组织四川调查团及川边调查团。1929年初接收两广地质调查所。张席禔任地质系主任几年间，地质矿产调查遍及两广各地。"对于西南各省地质调查研究，进行不遗余力，所得结果，贡献于地质学界者甚多。"中国地质学会改选时，选张为该会理事。③

地质系自成立以来，往各地考察调查约十余次，足迹遍布两广。历时较长者有1929年往四川考察4个月，1930年参加中美合作组成的中亚考察团往蒙古考察5个月，川边考察9个月。

该系成立后即由教师、科研人员、学生共同开展中国境内有关地区的野外及室内地质科学研究。除以广东、广西及浙江等省为主的区域地质研究外，并曾从事地层、古生物、构造地质、地貌、矿产等方面的专题研究。区域地质研究成果发表于两广地质调查所历年的《年报》、《专刊》、《特刊》，《集刊》、《古生物志》、《临时报告》中。专题报告分见于《中国地质学会志》、《国立中山大学自然科学季刊》、《科学》杂志、《北平研究院院务汇报》、《中国科学》、《科学记录》等刊物中。主要有：《广西下泥盆纪腕足类及瓣鳃类化石》（张席禔，1929年）、《广州市附近地质》（哈安姆、古力齐、李承三，1930年）、《内蒙古地质矿产考察》（张席禔，1931年）、《内蒙古第三系及其与欧洲美洲的比较》（1931年）、《四川、西康之间的地质构造》（李承三，1931年）、《西康贡嘎山之地质构造》（哈安姆，1932年）、《中国东南部之中生代造山运动》（张席禔，1933年）、《广东连滩笔石页岩之发现》（张席禔，1933年）、《广西哺乳类动物化石》（张席禔，1934年）、《广东境内燕山运动的构造型相》（陈国达，1937年）。

该系师生上述各方面的科研成果以及陈国达等在其后所作的地质专题研究，后来成

① 《国立中山大学理学院概览》，1936年版，第76页。

② 童第周：《朱洗先生生平及其学术成就》。浙江省临海市政协文史资料委员会编：《临海文史资料·第五辑·生物学家——朱洗》，浙江省台州日报印刷厂印刷，1990年版。

③ 《张席禔教授被选为中国地质学会理事》，见《国立中山大学日报》，1935-3-1。

了1956年我国提出自己的大地构造理论“地洼学说”的基础。该学说所阐明的地壳第三构造单元“活化区（地洼区）”概念，今天已被许多国家所引用，正逐步形成了以我国为起源的国际性学派，被苏联学者认为是“决定当代地质学发展的新理论”之一①。

地质学系与两广地质调查所在教学、研究及调查方面人力互相调配，设备共同使用。两广地质调查所归地质系后，地质系的教学实习与两广地质调查所的业务工作结合起来。

（六）地理学系

鉴于我国对地理人才的需要，中山大学于1929年秋决定添设地理学系，“冀以造就专门地理人才，从事探求本国地理，并以培植中上学校地理教师，俾于华南及东南亚洲树立科学地理基础为宗旨”②。该系隶属理科，初时，国内人才缺乏，聘请德国教授克勒脱纳（Prof. W. Greder）任系主任负责规划系务。又聘人类学教授、俄国人史禄国用英文教亚洲地理。它是我国大学在理科中最早建立的地理学系。在此以前，中国学校的地理课只教经济地理，属文科。1932年夏，克勒脱纳返国，9月，聘请德国教授卞沙（Wolfgang Fanzer）为系主任。德国教授注重实习，假日或假期经常带学生出外实地考察，学术水平较高。自1932年7月至1937年7月，该系共培养了毕业生29人，其中不少人后来成为著名学者。如中国科学院地理研究所所长黄秉维，南京地理研究所所长周立三，北京大学教授林超，北京师范大学地理系主任周廷儒，中山大学地理系主任吕逸卿等③。1932年克勒脱纳回国后，继任系主任者依次为卞沙教授、王益厓教授、蔡源明教授、孙宕越教授等。孙宕越是该校选派留学法国学习地理的学生，他与吴尚时在1934年夏同时学成回国，同时，该系讲师吕逸卿亦从菲律滨气象台实习完满回校。此时，系中事务、教务悉由本国人主持。教授也增为5人，课程较前更为充实，一年之内，有12次实习性质的野外工作，特殊研究性质者，年均每周至少1次。④

地理系从1933年春起，创办了学术杂志《地理学季刊》，并于1937年6月创办《地理集刊》。

（七）两广地质调查所⑤

两广地质调查所由广州政治分会于1927年7月间创立。1929年4月，广州政治分会裁撤，由中央政治会议议决暂归国立中山大学接管。最开始租东山庙前西街51号民房为临时办公所，1929年夏迁入文德路教育厅官舍，并于1930年夏天投资14000元对房屋进行了修缮。1935年夏迁入中山大学旧法学院，同年秋迁入中山大学石牌新校，与地质系同楼。

至1937年，历任所长是：朱家骅（1928—1931）、朱庭祜（1931—932）、何杰（1932—1937）。何杰任期期间，邹鲁兼任所长一个学期。

---

① 梁山、李坚、张克谟：《中山大学校史（1924—1949）》上海教育出版社1983年版，第53页。

② 《国立中央研究院函请本校地质系共同提倡实用地质学》，见《国立中山大学日报》，1937-5-31。

③ 梁山、李坚、张克谟：《中山大学校史（1924—1949）》，上海教育出版社1983年版，第54页。

④ 《国立中山大学理工学院概览》，1936年版，第103页。

⑤ 本节数据主要源自《附两广地质调查所概况》。见《国立中山大学现状（1937）》，第169~202页。藏中山大学图书馆校史室。

该所原定设所长1人，秘书1人，技正6人，技士10人，技助10人，绘图员3人，事务员2人，其他雇佣若干。其内部组织分为地质、矿产、陈列、出版、事务各组，并附设地质图书馆。按研究性质，可分为矿物岩石研究室、古生物研究室、化验室、油页岩研究室、试金室、制图室、切片及摄影室、仪器室。

矿物岩石专家李学清，中国地质学家朱庭祜，古植物学家斯行健，著名矿床学家谢家荣教授、叶良辅教授，著名地质学专家乐森璕等名人都曾任教于该所。

该所自成立到1937年，派人去两广及其他各省调查工作数十次。其主要调查情况如下：

年　份	调查情况
1927年	①10月调查广九路线及香港地质。②12月调查广东曲江、仁化、始兴、南雄等县地质矿产
1928年	①在广东内分三队调查：赤县河一带；粤汉铁路沿线；英德翁源两县。②在广西调查分两队：贵县、横县、永淳、宾阳一带；南丹、河池、马平、象县、宜山等处。③参加中山大学专团考察西沙群岛鸟粪
1928年秋到1929年春	①在广东方面，派出东江、西江、北江、南路4队。②广西方面派出桂林、柳江、涛江3队。
1929年夏秋两季	考察四川、汶川、大雪塘、冰川井，研究峨眉山、自流井、重庆、成都间的地质及地质构造
1930年	春，调查浙江省西北及西南两部；夏，调查广州市附近地质；秋，组织西康调查团，在川边工作达10个月
1931年	春夏间，广东方面派出两队：调查韩江流域地质矿产；调查西江、高要、德庆、封川及粤桂交界处地质。
1931年冬至1932年春	共派出8队：①调查广东花县、佛岗、龙门、河源等县；②调查茂名、化县、吴川等县；③调查东莞、宝安二县；④调查电白、信宜、茂名、罗定四县；⑤补充1931年韩江流域未完之处；⑥调查台山、开平等县；⑦调查罗定、云浮、阳江等县；⑧调查广西容县、北流、博白、桂平等处
1933年	分长短期调查。长期：广东调查中山全县以及梅县、蕉岭等县和京九铁路沿线；广西调查西南部和陆川、博白、岑溪一带以及富川、贺县、钟山等。短期：广东调查东莞的煤矿、增城帽峰山的金矿等。参加两粤交界十万大山的调查团等；广西调查富县、贺县、钟山一带
1934年冬至1935年夏	A：广东：①派一队人调查惠阳县及惠州城西南一带山岭及河源县城北沿东江两岸至龙川县边境。②派另一队调查韩江流域及福建邻接各地及梅县、蕉岭等。③又一队调查海南岛的琼崖县及黎境五指山一带。 B：广西：①一队调查武鸣、果德、武宣等县。②一队调查灌阳、昭平、恭城全县及苍梧、平乐的一部分，以及凌云、乐业田等县。③又一队调查百色、田阳等
1935年秋	调查广东矿产
1935年冬及1936年春	派出两队：一队调查南丹、河池、东兰各县；一队调查桂林东的信都、怀集两县及广东的开建、广宁、四会、清远等县

地质图测制方面：

至 1936 年，该所共制总图 15 幅，分图 50 幅。

矿产调查方面：

广东：乳源狗牙洞煤田，曲江煤田，云浮铁矿，茂名电白油页岩，增城帽峰山金矿，钦县锰矿，钦县石膏矿，西沙群岛鸟粪。广西：迁江合山煤田，罗城寺门煤田，武宣锰矿，西湾煤田，富贺钟锡矿，河池南丹锡矿，奉议金矿，武鸣金矿。

出版刊物：

年报（Annual Report）已出版 8 册，内载报告 41 篇。特刊（Special Publication）已出版 15 号。古生物志（Palaeontological Memoir）已出两册。临时报告已出 30 册。地质图，总图 15 幅，分图 50 幅。

（执笔：陈伟华）

第三节　法学院（法科）

一

广东大学时设法律、政治、经济、商学四系。1927 年国立中山大学开学典礼后，改法科为社会科学科，设法律、政治、经济三系，以何思源、何思敬为正副主任。1928 年何思源离校，校长戴传贤兼社会科学科主任。1929 年 4 月，修改大学规程，改社会科学科为法律科及政治经济科，不分系，不久又合并改称法科学院，仍设三系。戴传贤兼正院长，何思敬为副院长。1931 年 9 月学校实行学院制后称法学院。同年，法学院设商学系。商学系在 1932 年度因学生太少而停办。戴传贤之后法学院长依次为刘光华、薛祀光、郭冠杰、邓孝慈、郑彦棻、黄元彬。各学系之外，法学院在这一时期还设有《社会科学论丛》季刊编辑委员会和外国语委员会两个特种委员会以及民众法律顾问处、经济调查处和中国经济史研究室。1928 年春成立《社会科学论丛》编委会。该刊初为月刊，出 4 卷 9 期后改为季刊。邹鲁重任校长后，该丛书按有关规定于 1932 年 4 月底交由出版部接办。

历任负责人具体任期为：

1924 年 2 月—1925 年 9 月　梁龙
1925 年 9 月—1927 年 9 月　程天固
1927 年 9 月—1928 年 9 月　何思源
1928 年 9 月—1930 年 9 月　戴传贤
1930 年 9 月—1931 年 7 月　刘光华
1931 年 7 月—1933 年 7 月　薛祀光
1933 年 7 月—1933 年 12 月　郭冠杰
1933 年 12 月—1935 后 8 月　邓孝慈

1935 年 8 月—1937 年 8 月　　邓彦棻

1937 年 9 月—1940 年 12 月　　黄元彬

老师们勤于笔耕，著述颇丰。据 1932 年 5 月份出版部的整理，其译著、专著在百部以上。计有郑里镇的《国民经济学》、《农业经济学》；胡恭先的《中国刑法》、《比较宪法》、《罪刑法定主义及其最近之趋势》、《刑事政策之思潮》、《民约说之历史及其批评》、《狱制改善论》、《德意志刑法学界新旧两派之论争及其批评》、《刑法理论之变迁》、《关于刑法学者因果关系论之批评》、《民主思想在美国及各州宪法上之影响》、《国民会议与约法》、《满蒙问题与国际关系及今后吾人应有之觉悟》、《日本在华纺织厂之现在及其将来》、《日本财阀势力之解剖》、《法学通论》；任启珊的《行政法总论》、《行政法各论》、《民法总论》、《商法总论》、《世界政治概论》、《政治信用论》、《政治经济论文集》、《外交学》、《中国外交史纲要》、《中国国防形势论》、《日本满蒙积极政策述评》、《经济政策总论》、《经济政策各论》、《经济史大纲》、《中国经济史（人）大纲》、《中国财政史》、《对于中国公债政策之大研究》、《四库全书问答》、《〈水经注〉疑问录》；黄元彬的《平时国际公法》、《战时国际公法租借地性质之研究》、《劳动法典草案》、《中国劳动政策之方案》、《中国产业政策之方案》、《中国货币论》、《中国国际贸易数量及数量指数之推算方法》、《广东造产初期物质建设纲领》、《青岛问题管见》、《太平洋会议问题》、《游欧美后第一意见书银问题》、《英国停止金制与各国金纸两制的分野》、《英国停止金制之决定要素与今后之货币政策》；朱公准的《中国财政史纲要》；詹哲明的《英美帝国主义底研究》、《现代陆军》、《市区政治底使命》；郑里镇的《国民经济学》、《农业经济学》（译）、《唯物史观研究》（译）；万灿的《德国社会民主农业政策》、《远东国民经济概况》、《德国法律》（译）；郭冠杰的《英帝国之没落》、《史的唯物论》、《男女关系之进化》（两册）等。①

1936 年度，全院面积为 183 英井 30 平方尺，包括可容纳 500 人的大礼堂、大小教室 12 间。1936 年 8 月清点时，图书馆藏书计有 11000 余册。② 1936 年度至 1937 年度，该院计有教授 21 人，副教授 5 人，教师 8 人，合计 34 人。自 1932 年度到 1936 年度，每年都有增加③。1935 年共计毕业学生 140 人，比 1926 年多了 101 人。自 1926 年到 1935 年，法学院共计毕业学生 841 人。④

三

1929 年 1 月 15 日中山大学第 15 次教务会议议决的《法科学则》⑤ 规定：本科各系修学期间定为 8 学期，分前后 2 期，以前 6 学期为前修学期，后 2 学期为后修学期。本

① 《本校教职员著作之大概》（续），见《国立中山大学日报》，1932 -5 -6。

② 《国立中山大学现状（1937）》，第 120 ~125 页。藏中山大学图书馆校史室。

③ 《法学院最近五年度教员人数统计表》，载《国立中山大学现状（1937）》，第 25 页。藏中山大学图书馆校史室。

④ 《本校各学院历年度毕业生人数统计表》，载《国立中山大学现状（1937）》，第 29 页。藏中山大学图书馆校史室。

⑤ 1929 年 5 月教务处汇编：《国立中山大学教务会议议决各种章则》，第 58 ~61 页。藏中山大学图书馆校史室。

科各系必修外语为英、德、法3种，入学时由学生自行选定一种，但不得中途更改。各学系必修和选修两种。必修科目学生必须全部修习，选修课科目以每学期每周讲授1小时为1学分，在前修学期间学生须修足14学分以上，后修学期间须选4学分。经上科目继续2学期以上者须继续选修。前修学期之必修科目及最少选修科目均习完且及格后才能允许升入后修学期。60分为及格。平时成绩至少占全学期成绩的50%，其余为期考成绩。本科计算学分以学期为单位，但科目须习2学期或3学期而修时间不足者不得记分，多学期修习的课程的成绩以其平均成绩计算，但单学期成绩不能低于55分。每学期有3科不及格者不得升级，并将该学年有效学分作废，留级补习1年。前修学期各学年继续2次不能升级或在前修学期修满10学期不能升入后修学期者着令退学（休学期间者不计）。学生在校至少须满8学期，转校学生至少须在校4学期才能毕业。缺课五分之一不能参加该科考试。成绩在40分以上者可以参加补考（1933年5月公布的《法学院学则》将补考资格由40分以上修改为50分以上）。以一次为限。若一学年内有3科必修课不及格，不论满40分与否，一概不得补考，须留级补习一年。一学年内5科不及格须着令退学。

1933年5月公布《法学院学则》规定：本院采用年级学分混合制。必修及选修课目如下①：

（一）法律学系

一年级：

必修课：党义、宪法、民法总则、刑法、法院组织法（上学期）、经济原理、政治学原理、第一外国语。选修课：哲学概论、心理学、统计学、公文程式（上学期）、第二外国语、经济原理、初级日文。

二年级：

必修课：债法、行政法总论、国际公法、行政诉讼法、社会学概论、第一外国语。选修课：监狱学（下学期）、犯罪、外交史、国际政治、法医学、第二外国语、初级日文、高级日文。

三年级：

必修课：亲属法（上学期）、继承法（下学期）、民事诉讼法、行政法各论、强制执行法（上学期）、国际私法（下学期）、物权法、公司法（上学期）、海商法（下学期）、第一外国语。选修课：中外条约、商事政策、刑事政策（上学期）、社会思想及社会运动、外国法研究、第二外国语、高级日文。

第四年级：

必修课：票据法（上学期）、保险法（下学期）、劳工法、土地法、法理学（下学期）、破产法、实习诉讼法、第一外国语。选修课：外国法研究、判例研究、罗马法、中国法制史、第二外国语。

法律学系第一外国语暂定为德文。

---

① 《国立中山大学法规集》，1937年版，第16~29页。

（二）政治学系

一年级：

必修课：党义、宪法、经济原理、政治学原理、社会学概论、政治史、统计学、第一外国语。选修课：哲学概论、心理学、经济史、政治地理、公文程式（上学期）、第二外国语。

二年级：

必修课：行政法总论、国际公法、外交史、政治学史、民法概论、工业政策、第一外国语。选修课：社会心理学、中国经济史、中国近代政治史、商学原理、银行学、货币学、第二外国语。

三年级：

必修课：刑法概论、地方自治、行政法各论、财政学、帝国主义论、交通政策、社会问题及社会政策、第一外国语。选修课：政治学名著研究、经济学史、中国财政论、中国货币金融论、劳工法、会计学、新闻学、第二外国语。

第四年级：

必修课：商业政策、国际政治、市政论、各国政党论、中外条约、农业政策、第一外国语。选修课：政治学名著研究、社会思想及社会运动、中国法制史、中国政治思想史、合作论、国际私法、土地法、审计学、官厅会计（下学期）、第二外国语。

（三）经济学系

一年级：

必修课：党义、经济原理、经济史、经济地理、统计学、社会问题及社会政策、民生总则、第一外国语。选修课：政治学原理、社会学概论、哲学概论、心理学、宪法。

二年级：

必修课：党义、农业政策、工业政策、货币学、银行学、会计学、债法、第一外国语。选修课：中国经济史、商业经营论、国际公法、政治史、外交史、行政法总论。

三年级：

必修课：帝国主义论、财政学、交通政策、物权法、商业法概论、经济统计、第一外国语。选修课：经济学名著研究、中国货币金融论、公司论、社会（思潮?）及社会运动、高等会计、信托论、行政法各论、第二外国语。

四年级：

必修课：经济学史、中国财政论、商业政策、国际金融论、合作论、劳工法、第一外国语。选修课：中国经济思想史、经济学名著、国际政治、交易所论、土地法、中外条约、第二外国语。

（四）商学系

一年级：

必修课：党义、经济原理、统计学、商学原理、经济地理、商业史、商业数学、民法总则、第一外国语。选修课：社会学概论、心理学、经济史、第二外国语。

二年级：

必修课：商品学、商业经营论、货币学、银行学、会计学、债法、公司论、第一外国语。选修课：社会问题及社会政策、广告学、货币、外交史、第二外国语。

三年级：

必修课：工场经营、商业政策、保险论、财政学、公司法（上学期）、海商法（上学期）、经济统计、物权法、第一外国语。选修课：交易所论、工业会计（上学期）、银行会计（下学期）、国际私法（下学期）、中国财政论、帝国主义、第二外国语。

四年级：

必修课：银行实务、国际金融论、票据法（上学期）、保险法（下学期）、交通政策、信托论、市情论（下学期）、贸易实务、第一外国语。选修课：审计学（上学期）、官厅会计（下学期）、国际公法、中外条约、第二外国语。

注：商学系以英语为第一外国语。

三

邹鲁曾在1931年的报告中说："法学院之一切计划，均循着一个大目标进行，此目标即欲办成中国的法学院，不是仅模仿外国之法学院，建设一个适合于中国情形与需要之法学院。"为此，该学院采用了与其他学院不一样的制度。主要有三：一是舍当时最流行的学分制而采用了年级学分混合制。以学年必修制为原则，定各系的基本科目为各系的必修课，又根据各科间的关系，依照规律，分排于各年级。仅以辅助科目和专门问题的研究为选修科目。二是选派优秀学生到国外留学。三是重视关于中国法律政治经济研究的科目，其民众法律顾问处、经济调查处等附属机关也多关注中国经济法律的研究。[①]

在第一方面，该院主要从"注意根据法治精神处理院务"、"注重提高学生对学问的兴趣和自动研究精神"、"积极改进学生生活的内容及方式"、"按照各方面的实际情形力着谋求院务的改进和发展"四个方面入手促使学院的发展。[②]

在第二方面，该院进行了重新整理课程、奖励优秀学生、引导学生进行课外研究、鼓励学生参加校外论文比赛、举行课外学术演讲等活动。其整理课程原则如下：①可合并为一科者合并之。②非须必修科目酌改为选修科目。③授课时数能减少者酌减之。④减少四年的总授课时数。⑤三四年级授课数少于一二年级授课数。此原则由1935年度第七次院务会议议决，全部课程于1936年9月8日全部整理完毕。

在第三方面，提出"生活教育化"。曾实行学生自行试办膳食，学生自行兼理宿舍，并组织了课外生活服务团。

1936年11月组建成立了课外生活服务团，1937年1月14日核准备案。其宗旨为：①依同学自己的力量求得充实的课外生活。②群策群力协助各项院务。③培养学生的服务精神和处事能力。1936年度参加者80余人，共分7个组织：①学生研究组：分设读书部、座谈部、论文部、译述部、出版部。②演讲辩论组：分设演讲部、辩论部。③旅

① 见邹鲁1932年9月12日在西南政务委员会联合纪念周上关于中山大学概况的报告，《国立中山大学二十年度下学期教务概况》附录二。

② 除特别注明者，本节资料和数据皆源自《国立中山大学现状（1937）》，第103～150页。

行考察组：分设旅行部、考察部。④康乐组：分设体育部、音乐部、戏剧部。⑤卫生组。⑥图书组。⑦美术组。

1936年第二学期起，该院推行了导师制度。其办法是：由一年级学生征得导师同意自由认定教授1人为导师；各学系主任为该系的当然导师；逾期仍未认定导师者则由本院指定；第一导师指导的学生不超过10人。

此外，该院还设立了毕业同学职业介绍所。

在第四方面的举措主要有设立法科编译所、民众法律顾问处、经济调查处、法学院研究室、中国经济史研究室等机构。

法科编译所成立于1928年夏，初有编译员7~8人，以法科主任兼所主任。至1929年，译书十余种，计150万字以上。主要译著如《中国产业地理志》、《近世法学通论》、《马尔萨斯人口论》、《产业经营学》、《科学事务管理法》、《劳动能率研究》、《民法总则》、《国富论》、《经济原论》、《劳动法概论》、《舆论》、《交通总论》、《事业统计学》、《财政学》，《资本主义之进化》等及日、美、英等国名著①。

民众法律顾问处设立于1930年11月，以解答民众法律事件的疑问及增进学生法律知识为宗旨。由教授任正副主任及指导，以助教兼任干事，一面作实际练习，一面助理民众询问法律事务。该处在1936年度以后在宣传自己、扩展自身对社会的义务帮助、进行犯罪调查、编印通俗法律专报等方面增加了投入。

经济调查处于1931年3月设立，其宗旨是调查本国经济实况，研究本国经济变迁，以明了本国社会。聘教授任主任委员，以助教兼研究员或调查员。该处自成立后，即将工作计划分三期进行。第一期为广州经济状况调查，主要调查事项有广州工人生活费指数、石牌附近农村经济及广州批发物价指数等。第二期为广东全省经济状况调查，主要调查事项有广东金融问题、广东粮食问题、广东丝业经济、广东族田制度、广东工业调查及广东对外贸易等。第三期为华南各省经济调查。该处将调查结果结集出版，计有《广东经济年鉴》、《广东之银业》、《广东纸币史》（分上中下篇）、《广东典当业》、《广东烟酒税发展变革概况》、《广东工人家庭之研究》、《民国十二年至二十二年广州劳资争议底分析》、《广东批发物价指数季刊》（1934年合刊及1935年1月至1936年6月合刊各一册）、《广东工商业固有簿记调查汇编》、《广州之新兴工业·第一编·橡胶业》（与广州市社会局合作调查之报告）等。

法学院研究室于1932年11月成立。"其主旨为培植学术专才，养成优越学风；其办法由校长就每届毕业生之成绩优异者，酌任若干人为本院助教，着认研究学科，选定指导教授，在室专心研究，且严定审查成绩与奖惩等规则，以冀确能造就有用专才。"②

中国经济史研究室成立于1935年10月，最初规定"以蒐集与整理中国经济史料为宗旨"③，后修改为"其主旨在蒐集整理中国之经济史料，研究中国经济状况之变迁，藉以阐明中国经济发展之程途，以为中国现社会实际运动者理论上行动上之参考"④。以法学院院长、经济系主任及该室主任为指导委员会当然委员，另聘对中国经济史有特

① 《中大法科编译所一年来的成绩》，见《广州民国日报》，1929-6-20。

② 《国立中山大学现状（1934）》，1935年版，第70页。

③ 《法学院中国经济史研究室章程准备案》，见《国立中山大学日报》，1935-11-1。

④ 《国立中山大学现状（1937）》，第108~109页。藏中山大学图书馆校史室。

别研究的教授为指导委员、助教兼任研究员，挑选三四年级相关学生为练习员，与研究员合作或认定专题研究。该室成立时李超桓教授为主任，祝伯英、邓初民、任启珊、吴森永4教授为指导委员。至1937年，已整理准备出版之丛书有：李超桓《经济史概论》，陈啸江《西汉社会经济研究》、《三国经济史》、《两晋经济史》，邵君朴《周代封建社会之两大问题》，关燕祥《中国奴隶制度史》①。

（执笔：陈伟华）

第四节　农学院（农科）

一

农学院的前身可追溯至广东农林试验场及农林讲习所组成的广东农业专门学校，国立广东大学成立时，农专归并为农科。1926年，随广东大学之易名，改为国立中山大学农林科，1929年改称农科，1931年改称农学院。原址在东山石马岗，石牌新校建成后全部迁至石牌。② 学院负责人依次为邓植仪（1924.8—1927.9）、沈鹏飞（1927.9—1932.1）、邓植仪（1932.2—）③。

戴传贤和朱家骅当校领导时，想依照美国办农科，但因广东政局动荡和美国学者待遇要求过高，未能请到美国学者，最后聘请到德国林科学者芬次尔（Fenzed）来农科任教兼第一模范林场主任。④ 1937年，农学院有教授19人、副教授1人、讲师12人、技术助理职员26人、事务助理职员7人。⑤

本时期农学院主要设农学（先称农艺）、林学、农林化学（先称农艺化学、农业化学）3个学系。1934年度第一次校务会议议决增设蚕学系⑥，于是设立蚕桑系，暂不分门。农学系主要分6门：农艺、园艺、蚕桑（后独立成系）、畜牧、病虫害和农政。林学系于农林科时期分先森林生产、森林经营、林政3门，其后不分门。农林化学系初不分门，后分2门，土壤肥料和农产制造，另设农业专门部。分系与大学本科同。⑦

农学院有较多附属单位，本时期计有农场、模范林场、稻作试验场、农林植物研究所、土壤调查所、气象观测所、蚕种改良所等。

1928年11月中山大学第九次教务会议议决通过的《农科学则》规定：本科学制分

① 《国立中山大学现状（1937）》，第147页，藏中山大学图书馆校史室。

② 《农学院》，载《国立中山大学现状（1935）》，传记文学出版社1971年影印，第211页。

③ 梁山、李坚、张克谟著：《中山大学校史（1924—1949）》，上海教育出版社1983年版，第147页。

④ 梁山、李坚、张克谟著：《中山大学校史（1924—1949）》，上海教育出版社1983年版，第57页。

⑤ 《农学院》，载《国立中山大学现状（1937）》，第204页。

⑥ 《农学院学则》，载《国立中山大学法规集》，1937年版，第57页。

⑦ 《国立中山大学农林科概览》，1928年，第1页；《农学院》，载《国立中山大学现状（1935）》，传记文学出版社，1971年影印，第211页；1929年5月教务处汇编《国立中山大学教务会议议决各种章则》，1930年版。

大学本科及农业专门部二级，各以4年为普通毕业期限。大学本科以“造就高深学术研究人才”为宗旨，“专门部注重实用之训练”，学制4年。旧制中学毕业或完成新制高中一年级或相当程度可投考专门部。专门部毕业生经国文、外文考试及格，可以入大学本科三年级肄业。修足规定的60学分之后，作为毕业。① 专门部于1931年度停招，改设两年制专修科。据1933年4月15日公布的《农学院学则》，该院采年级及学分混合制。各门课分为必修课及选修课，选修课分主课副课及自由选习课。本科第一二年级及专修科第二年级除修习规定之必修科目外，须修选习科目。选习科目的规则是：主课门内选修课目学分数最少须占选修学总分的二分之一，副课门内选修学分数最少须占规定选修学分总数三分之一，其余分数可自由选习。学生须修满32学分方能升入二年级，修满70学分方能升入三年级，修满112学分方能升入四年级。专修科学生不得直接升入本科。本科学生须在学8学期，除修足规定学分，且须完成平时及假期之农场实习与工作、研究论文、农场或林场的经营报告，成绩及格才能够毕业。专修科学生须在校4学期，修满期内规定的学分，并修足暑期课程规定的学分，才能够毕业。各科成绩以百分计算，满60分为及格，及格即能取得该科学分。课目成绩分平时成绩及期考成绩，平时成绩至少占该课目学期成绩的50%。学习一年才能完成的课目，两期的平均成绩作为该科成绩。补考成绩只能代替期考成绩，仍须与平时成绩合算才能作为该科目的学期成绩。每学期补考1次，在每学期开课后两星期内举行。学生所习课目在一学年内有3门必修课不及格的，则该学年所得学分作废，学生留级补习；有5门必修课不及格者着令退学。凡留级补习到第二年仍不能升级者着令退学。②

二

该院在农场经营、林场经营、稻作研究、农林植物研究及土壤研究方面富有成果。

（一）农场经营

中山大学农场位于广州市石牌，创办于1925年，起始面积为2700余亩，至1937年扩充达12100亩。本场设农艺、园艺、畜牧、森林及蚕桑、总务6股。设总务1人，综理场务，各股除总务外，设技师、技助、技术员，分理各股经营事项。总务股办理文书统计、营业购置、交通治安、肥料运输与工人管理及其他不属各股事项、日常工作等。农艺股以经营稻蔗茶为主，有茶园共200亩，植蔗65亩，稻田106亩。园艺股以经营果树、园艺为主。蚕桑股以栽桑为主。畜牧股除种植牧草及饲料作物外，以繁殖乳牛、发展乳业、改良猪种鸡种为主。森林股主事造林、补植，经营香蕉、荀竹等附属作物。

（二）林场经营

农学院另有第一、二模范林场。

第一模范林场于1927年春开办，由政府拨广州白云山一部山岭为场地，设办事处

① 《农科学则》，1929年5月教务处汇编：《国立中山大学教务会议议决各种章则》，1930年版。

② 《农学院学则》，载《国立中山大学法规集》，1937年版，第56～64页。

在白云山黄婆洞。内部组织分为总务、林务及工务3股。设主任1人，由校长聘农学院教授兼任。总务兼会计1人，书记兼收发1人，外设特警5名，林警14名，其余有长工、散工。面积总计21800亩，划分为27个林区，内设苗圃6处，面积共131市亩。森林标本园1处，面积9.2亩。林木试验区8处，面积共39.9亩。该场自1929年春开始造林，到1937年4月，计有各种林木2841540株。设林木标本园1处，计有林木标本210种。有自制种子标本142件，自制林木标本49件。①

第二模范林场于1933年6月设立于惠州西湖。截止1937年，未有独立经费，实际上相当于第一林场的分场，常简称为惠州分场，有面积9248亩5分1（616.57公顷），造林1380余市亩，所植株数共33688株。②

此外，农学院在昆虫、蚕桑、肥料、森林、茶、果树、畜牧、农产加工等方面也作了不少调查研究，取得了较好成绩。其成果有《广东农业调查报告》、《番禺、东莞、中山、增城糖业调查报告》、《广东蚕业调查报告》、《广东化学肥料营业施用调查报告》、《广东虫害初步调查报告》、《广东柑桔类调查报告》、《模范林场之马尾松造林、油桐造林、樟树造林、桉树造林之研究》、《广东广宁森林调查报告》、《气候观测所报告》、《西沙群岛调查报告》。续出《农声》月刊。在邓植仪、丁颖、张巨伯等教授带动和指导下，农学院培养了不少专家学者，如著名的昆虫学专家蒲蛰龙、赵善欢，土壤学专家谢申、陆发熹，水稻专家梁光商，植物分类学专家蒋英，园艺专家黄昌贤等。③

（三）稻作研究

该院共有稻作试验田5个。南路稻作育种场为最早建成，于1927年2月在茂名县公馆圩成立，面积60余亩；1930年4月成立了面积为86亩的石牌稻作试验场；后又于虎门沙角设立面积为94亩的沙田稻作试验场；1935年在梅县成立面积为71亩的大沙河唇韩江稻作试验场；1937年在惠阳县梁化圩成立了面积为320亩的东江稻作试验场④。

水稻试验工作主要由丁颖教授领导进行，由林亮东、谢申、赵善欢等协助。其试验研究工作分为六项⑤：①稻种改良工作，如纯系分离育种，交配育种试验，水稻自然杂种试验，水陆稻品种比较试验，育成品系比较试验，特性观察及分类研究。②土壤肥料试验。③气候关系试验。④耕作法试验，如早造直播试验、沙田秧距与植株试验、密植试验等直播法与移植法比较试验。⑤稻热病与胡麻叶枯病等病害调查及防治试验。⑥稻螟虫、标葱蝇等虫害调查及防治试验。1936年，丁颖教授以巴西野生稻与栽培稻本地竹粘杂交，育出1400多粒株⑥。至1937年，已育成中山一号，并进行了稻热病及稻螟虫与标葱蝇的调查研究。丁颖在1949年以后曾任中国农业科学院院长兼水稻研究所所长。

---

① 《第一模范林场》，载《国立中山大学现状（1937）》，第244～245页。藏中山大学图书馆校史室。
② 《第二模范林场》，载《国立中山大学现状（1937）》，第247页。藏中山大学图书馆校史室。
③ 梁山、李坚、张克谟：《中山大学校史（1924—1949）》，上海教育出版社1983年版，第61页。
④ 《农学院》，载《国立中山大学现状（1937）》，第204～205页。藏中山大学图书馆校史室。
⑤ 《农学院》，载《国立中山大学现状（1937）》，第228页。藏中山大学图书馆校史室。
⑥ 《农学院最近育成千种穗之水稻新种》，见《国立中山大学日报》，1936－8－13。

（四）农林植物研究

中山大学于1928年秋设立植物研究室，聘陈焕镛教授兼主任。陈焕镛教授1949年后曾多次代表我国出席国际会议，在领导和规划植物研究方面有过卓越贡献。该所的蒋英是有名的植物分类专家。该室最初拟对广东省植物进行全面研究，为改良和发展广东农林事业提供根据。1929年该室被扩充为农林植物研究所，既对植物分布作科学调查，也对经济植物进行研究。该所下设研究员、标本室管理员、助理员、技助、技术员、采集员、技工等，分别担任研究室、实验室、标本室、事务室及采集队的工作。① 该所在标本采集方面做了大量的工作。以1936年度为例，该所组织了贵州队、广东队、海南队和湖南试探采集队5队人马分赴各地进行采集。1936年秋至1937年春，邓世纬、邓良、刘善珍、侯宽昭、黄志、刘心祈等人分别在连县、阳山、鼎湖、清远、乐昌、乳源、顺德、信宜、温塘山等地采集标本、种子及苗木，收获颇丰。邓世纬作领队的采集队在黔中、黔南一带工作，不幸于8月份在贞丰遇上病疫，3人病故。② 该所设有植物标本园，其中苗圃60余亩，有苗木5万盆。出版英文研究专刊“Sunyatsenia”（《中山学报》，抗战前夕出至第3卷），英文著述 *Outlines Of Chinese PLant Families*（《中国植物各科纲要》），其中的《双子叶植物》、《单子叶植物》、《裸子植物》及《蕨类植物》等均已出版；中文专著有《广东栽培植物图谱》，陈焕镛著《中国经济树木学》，陈焕镛、胡先骕合著《中国植物图谱》等。③

（五）土壤调查研究

该所于1930年秋成立，初隶属农林局。1932年秋拨归中山大学农学院，由院长邓植仪兼所长，聘彭家元教授为技正，谢申等为技士。该所对广东94个县、面积60余万平方公里的土地逐县进行了调查，进行了土样化验，并对各县土壤肥沃程度进行了分析和统计工作，并将结果陈列于室，以供参观和研究。邓植仪教授每逢假日假期出发调查，寒暑无间，每县需费时数月，始能竣事。在他的带动下，该所从1930年至抗日战争前夕，完成了广东全省交通干线的初步土壤调查，并刊印了番禺、中山、东莞、南海、顺德、新会、惠阳、博罗、增城、宝安、从化、花县、曲江、佛冈、大埔、蕉岭、梅县、潮安、澄海、三水、高要、广宁、四会、紫金、揭阳、海丰、陆丰等28县的土壤调查报告书。1934年秋，邓植仪教授又利用暑假对长江、黄河流域各省土壤和农业状况进行了实地考察，并写成报告书。他于1935年出席国际土壤学大会，顺道考察了南洋及英、美、比、荷、丹麦、瑞士、德、意、法等14国的土壤和农业。该所研究成果除上述各县土壤调查报告外，有邓植仪、彭家元合著《土壤学》，邓植仪著《广东土壤提要初编》，彭家元著《广东土壤肥沃度概述》等④。该所在研究室内工作、野外工作、出版物等方面作出了较大成绩。研究室内工作包括继续进行广东重要土区的胶体物

---

① 梁山、李坚、张克谟：《中山大学校史（1924—1949）》，上海教育出版社1983年版，第60页。

② 《附农林植物研究所廿五年底现状》，载《国立中山大学现状（1937）》，第248页。藏中山大学图书馆校史室。

③ 《附农林植物研究所廿五年底现状》，载《国立中山大学现状（1937）》，第249页。藏中山大学图书馆校史室。

④ 梁山、李坚、张克谟：《中山大学校史（1924—1949）》，上海教育出版社1983年版，第60页。

质的物理及化学特性的鉴定；完成了已化验的广东20多个县的土壤肥沃程度的统计和对相关数据的整理；将春天所得的各县土样在该年夏秋两季化验并制成土壤图及报告书。搜集土壤辟室陈列，以供教学和科研之用。野外工作方面，派人调查了揭阳、海丰、陆丰、紫金、鹤山、开平、高明的土壤，打算整理好后即行化验。出版方面收获颇丰，发行了南海、番禺、四会、广宁、潮安、澄海、梅县等20多个县的土壤调查报告。①

（执笔：陈伟华）

第五节　工学院（工科）

早在国立广东大学成立之时，校长邹鲁就已敏锐地洞察到中国百废待兴，建设人才极为缺乏，认为非常有必要开设工科。1925年，聘萧冠英、桂铭敬、陈国机、何自立、叶家垣、谭华基、区其伟、李敦化、邓盛仪、李其苏、郑允衷、王志远为筹备委员，萧冠英为主席。其后又续聘李青、金肇祖、罗清滨、陈子英、张乃燕、黄秉哲为筹备委员。曾开会13次，筹备大致就绪，并招收工科预科生。1926年，国立广东大学改名国立中山大学，接收广东公立工业专门学校，将其作为工业专门部，以萧冠英为部长。该年冬，工业专门部划归广东省办，工科的筹设被中断。1931年，学校重组筹备委员会，聘黄肇翔、胡章、陈宗南、李仲振、朱汝梅、杨锡宗、康辛元、曾锐庭、黄巽为委员，黄肇翔为主席，计划该年秋成立工科。不料，该委员会又宣告结束。于是学校将原来的设想加以变通，在理学院增设土木工程与化学工程两学系，改称理工学院。1932年春，邹鲁再次出任校长，认为无论从抗击敌人侵略，还是从发展经济角度看，都应培养通晓各种门类高深科学知识的人才，故必须设工科，培养工业技术人才，以应国家建设之需。于是仍聘萧冠英为主席，聘何衍璇、刘均衡、曾广弼、黄锡雄、黄巽、程耀椿、梅观涛、桂铭敬、方棣棠、罗雄才、林清许、叶卓林、罗赞元、萧锡三、李翼纯、黄著勋、杨锡宗、朱汝梅、古文捷、胡慕瑗、徐学瀣、姚万年、吴鲁强、康辛元为委员，于该年8月成立工学院筹备委员会。从1932年秋至1934年秋，该委员会开会11次，各委员分工合作，进行制订学则、编排课程、购置设备、筑建院舍等一系列事项。1934年8月，工学院在中山大学的文明路旧址组织成立，以萧冠英为院长，分设土木工程（原属理工学院）、化学工程（原属理工学院）、机械工程、电气工程4个学系，开招新生。1934年10月，石牌新校落成，工学院全部迁入石牌②。

1934年7月公布的《工学院学则》规定该院设土木工程学、化学工程学、电器工程学、机械工程学、矿冶工程学5系③。

① 《附农科研究所土壤调查所概况》，载《国立中山大学现状（1937）》，第250~251页。藏中山大学图书馆校史室。

② 《工学院》，载《国立中山大学现状（1937）》，第253－254页。

③ 《国立中山大学法规集》，1937年版，第38页。

该院行政设置为：院长1人，各系主任1人，机械工场主任1人，秘书1人，助教、教务员、事务员、技术员、管理员、绘图员若干。

各系历年负责人如下：

土木工程系：

1931—1932年　陈宗南

1932—1937年　方棣棠

化学工程系：

1931—1932年　陈宗南

1932—1935年　黄锡雄

1935—1937年　康辛元

电气工程系：

1934—1937年　刘均衡

机械工程系：

1934—1937年　黄秉哲

工学院采用学年制，修业期限定为4年，并须在场实习满1年。各系课程分为基本课程、辅助课程、专攻课程、实地工作、外国语5种。第一第二外国语参照各课程性质内容及其互相关系分别编配于各年级，如在学4年未学完，则在工场实习期间延长修业1学期。工场实习必须在第四学年功课学完并取得及格的成绩后才进行。实习期满须写出实习心得报告书，并经系务会议审查合格后才算毕业。学生考试，工学院归纳为6种：平时、学期、转系、转院、编级、毕业。其他在学的考试及其补考、成绩计算等，与其他各学院差不多。有比较严格、具体的实习规则。实习分校内校外两种，学生实习时应各备记录，详记实习情形及其心得，做成报告交本学院考查，在实习时学生不能擅自变更所指定之事项。在实习中，该实习处所若有报酬及薪金或奖金等赠给时，应将事由报告院长，经许可后方准领受，校外实习所需费用由各生自备，并应遵守各处一切规章。工学院对外语要求极严，制定有详细的《工学院外国语教学标准》。①

因实习安排在第五年级，故其学制实为5年，此前在理工学院于1931年度所设土木工程、化学工程两系在校生的校外实习，则利用寒暑假期间进行。

在课程设置及教学方面，工学院注重循序渐进及理论和实践相结合。课程分基本课目、辅助课目、专攻课目、实地工作、外国语5种。第一学年为普通基本学识，第二年级为普通工程学识，第三年级为专门学识，偏重理论，第四年级为专门学识，注重实用与设计。各年级应习课目固定编配，必须全部修习，不采用学分制。

该院从1935年开始发行了定期刊物《工学季刊》，以萧冠英、方棣棠、康辛元、罗雄才、徐学瀚、古文捷等13位教授为编辑委员会委员，萧冠英为编委会主席。②1935年12月11日公布的《工学院编辑委员会章程》规定："本大学工学院为发表研究所得，并介绍国内外工程学术起见，特编辑丛书，并发行定期及不定期刊物。"③ 编辑委员会委员的成员：①工学院院长及各系主任为当然委员，院长为主席委员。②工学院

① 《工学院学则》，载《国立中山大学法规集》，1937年版，第38～45页。

② 《工学院筹备出版季刊》，见《国立中山大学日报》，1935－2－28。

③ 《工学院编辑委员会章程》，载《国立中山大学法规集》，1937年版，第43页。

每系选出教授2人为委员。③工学院不分系教授选出2人。[①]

工学院成立3年以来，毕业生情况如下：

土木工程学系：1935年44人；1936年71人；1937年65人。

化学工程学系：1935年26人；1936年14人；1937年23人。

至1937年，土木工程与化学工程两系各有一二三四年级，机械和电气工程两系各有一二三年级，各年级共有学生442人。[②]

（执笔：陈伟华）

第六节　医学院（医科）

一

国立广东大学医科由广东公立医科大学改组而来，称医学院，1926年10月国立中山大学改革后称医科，学校实行学院制时改称医学院。该院主持者最初称学长，后称主任，再后称院长。设院长1人，分学理和临床两部。学理部包括解剖学、生理学、病理学、细菌学、药物学5个研究所。临床实习分内科、外科、儿科、妇产科、眼耳鼻喉科等。设附属第一、第二医院。其师生规模不大，1937年有教授15人，副教授3人，没有讲师。[③] 学生很少，1935年度毕业学生仅39人[④]。

医科是中山大学成立初期重点办理的学科，比较全面地引进了外国先进医疗技术。邹鲁在1932年的报告中着重指出："本大学医学院采用德国制"[⑤]。戴传贤和朱家骅做校长时，聘请了多名德国教授，采用德国教材，用德文讲授，医院设备也都德国化，附属医院用德语查房，用德文写病历、开处方。医学院院长及细菌学研究所主任为德籍教授古底克（Pro Dr. Kudicke），巴斯勒教授（Dr. Basler）兼任生理学研究所主任，范尔鲍教授兼任药物学研究所主任，道尔曼斯教授（Dr. Dormanns）兼任病理学研究所主任，安德莱荪教授（Dr. Anderesen）兼任解剖学研究所主任，伏洛牟特教授（Dr. Frammolt）兼任妇科主任，西雅教授兼任第一医院助产学校主任。医科最初没有招收研究生，从助教中挑选成绩优异的派往德国留学，毕业后回院工作。所以，本国教授也多有留德经历。外国教授辞职返国后，本国教授接任主持工作。如安德莱荪教授辞职

① 《工学院编辑委员会章程》，载《国立中山大学法规集》，1937年版，第43页。

② 《国立中山大学工学院现状（1937）》，第254页。本节主要文献来源为该书及《国立中山大学现状（1937）》第253～276页。

③ 《医学院》，载《国立中山大学现状（1937）》，第278页。本节文献除特别注明外均源于此。藏中山大学图书馆校史室。

④ 《本校各学院历年度毕业生人数统计表》，载《国立中山大学现状（1937）》，第29页。藏中山大学图书馆校史室。

⑤ 《邹鲁报告本校概况：民国二十一年九月十二日上午九时在政务会联合纪念周》，载《国立中山大学二十年度下学期教务概况》附录二，第83页。

后，由潘士华教授接任，巴斯勒教授辞职后由梁仲谋教授接任，道尔曼斯教授辞职后由梁伯强教授接任，古底克辞职后由李挺教授接任。其后又在中国教授梁伯强等人的努力下，结合华南地区的常见病及华南地区民族的生理病理特点，作了大量的解剖调查研究，成绩显著，还培养了大批专家，如杨简、王典羲、叶少芙、罗潜、张梦石、姚碧澄、朱师晦、罗耀明、曾宪文、李士梅等，他们后来都成为华南医学界教学科研的骨干。① 1937 年度潘士华任解剖学研究所主任，梁伯强任病理学研究所主任，李挺任细菌学研究所主任，梁仲谋任生理学研究所主任，叶少芙任第一医院护士学校主任，保路美任药物学研究所主任。

历任负责人如下：

1927 年 3 月—1928 年 2 月　　陈元喜
1928 年 2 月—1933 年 7 月　　古底克
1933 年 7 月—1934 年 7 月　　马　丁
1934 年 7 月—1935 年 1 月　　刘　璟
1935 年 1 月—1935 年 4 月　　左维明
1935 年 4 月—1937 年 6 月　　刘祖霞
1937 年 7 月—　　梁伯强②

该院的各项制度在不断的完善之中，1933 年 6 月 8 日公布有《医学院学则》。该学则规定：该院采学年制，修业 5 年，实习 1 年，共 6 年。分为初级修业和高级修业两种。第一至第四学期为初级修业，修习课目包括解剖学（包括胎生学、组织学）、解剖学实习、生理学（包括生理化学）、生理学实习、无机化学、有机化学、动物学、植物学。修习期满、考试及格后为高级修业。高级修业期为第 5 至第 10 学期。必修课目有：①病理总论及各论（包括病理解剖及组织实习）；②药物学（包括毒物学及处学方）；③细菌学（包括细菌实习）；④寄生虫学（包括寄生虫实习）；⑤卫生学（包括社会卫生学）；⑥法医学；⑦局部解剖学；⑧内科学（包括内科诊断学及内科临床实习）；⑨外科学（包括整形外科骨折及脱臼学，外科临床实习、绷带及外科手术）；⑩小儿科（包括婴儿学及临床实习）；⑪皮肤花柳科（包括临床实习）；⑫妇产科（包括产科模型及临床实习）；⑬眼科（包括临床实习）；⑭耳鼻咽喉科（包括临床实习）；⑮精神病及精神病学；⑯各临床课目的门诊实习。德文为必修外语。考试分学年考试、初级考试及毕业考试 3 种。学年考在第一、第三及第四学年终结时举行。初级考试时得组织考试委员会，除以各该科目教授为考试委员外，得由医学院院长函请校长指聘其他学院教授为考试委员，并以医学院正副院长为主席。须修业满 4 期才有应考资格，并且须呈列解剖学听讲证、理学听讲证、德文修业及格证等 11 份证书。考试时间为每学年终结时。毕业考试为每年 6 月至 7 月底举行。医学院组织毕业考试委员会，以各科目主任教授及校长所指派的副教授为各该科目的考试委员，并以医学院院长为主席。应考者须呈列相关证书。③

该院为了培养医学高深专门人才，每年还派出若干人留学德国，1933 年 4 月 18 日

① 梁山、李坚、张克谟：《中山大学校史（1924—1949）》，上海教育出版社 1983 年版，第 62 ~ 66 页。
② 《国立中山大学现状（1937）》，第 284 ~ 302 页。藏中山大学图书馆校史室。
③ 《医学院学则》，载《国立中山大学法规集》，1937 年版，第 72 ~ 86 页。藏中山大学图书馆校史室。

公布的《遣派医学院助教留学德国暂行规则》对此作有详细规定。

二

医学院设有解剖、病理、生理、药物、细菌5个研究所及附属第一、第二医院，这些单位在该时期皆得到长足发展，在科研、教学及社会服务方面取得显著成绩。

（一）解剖学研究所

该所成立于1926年，是基础医学主要科目解剖学课程的教学基地。该所设主任1人，助教1人，技术员1人。德国人安得来荪（Dr. Anderesen）为首任主任，安离任后潘士华接任。设有助教协助教授上课及作解剖学的研究工作并指导学生。技术员组织标本模型、处置尸体以及绘制彩图供教师授课指示用，并帮助制造显微镜组织片。教学方面通常配有挂图、幻灯、标本、模型等辅助课件，同时注重尸体解剖及显微镜下之组织实习。平均每周实习10小时，授课6到8小时，包括人体正常解剖学、组织学及发生学。此外，又于每学年之下学期开设局部解剖学，此专为二、三、四、五年级而设，为临床应用的解剖学，亦可使学生同时温习前期的系统解剖学，并加以补充。该所有大课堂及显微镜实习室1间，可容百余人，有殓房1所，地下浸尸池6个，注射室1间，尸体贮藏室1间，尸骨浸渍室1间。课堂南侧有标本及模型供览处，作上课或课后指示说明用。后侧有挂图室（有大彩图460余幅）。此外有尸体解剖室，标本陈列室，教授及助教的研究室、制造室，制有组织标本4000余件，并有显微镜、放大反射镜、双眼扩大镜等。①

（二）病理学研究所

1927年6月成立，首任主任为德国医学家道尔曼斯。1932年初道尔曼斯辞职，改由梁伯强教授兼主任。另设有助教3人，技术员2人。

按学校规定，病理学总论及各论要在第三及第四年级授完。此种授课的弊端，在于不利于实践与理论的结合。因学生在四年级需要进行临床实习，而此时其他方面的病理理论尚未学完。该所根据实践经验将病理学改在三年级中两学期授完，效果颇佳。此后规定：三年级：授病理总论50小时，各论110小时，标本实习160小时，共计320小时，两个学期授完。授课内容与华南常见病紧密相联。两学期里，展览肉眼病理标本约1500余例，显微镜病理标本约1200例，并附说明及简图，以备学生课余实习之需。此外，每星期还于中午及黄昏没有功课的时候举行病理尸体解剖数次，供参观。四年级：为满足本校学生的需要，每星期特设1小时讲授内分泌腺、神经系、运动器、皮肤、生殖器等处的常见病，在讲授过程中尤其注重标本的指示。后又增加了病理尸体解剖实习，每具尸体由两名学生执行解剖，一人解剖头胸部，一人解剖腹部。学生每人至少须参加病理解剖实习两次，并作记录及显微镜检查，于星期天或其他假日举行。五年级：学生除课余时参观尸体解剖外，还规定每星期2小时（30次）为临床病理实习，以使临床经验和病理解剖学相互联系；每次先指定讨论题目，由学生叙述各种重要病症的临

① 《国立中山大学现状（1937）》，第284~285页。藏中山大学图书馆校史室。

床征候，并引用肉眼标本及显微镜标本加以证明，教授仅作指导。该所刚成立时的尸体解剖材料非常有限，后来，邹鲁设法同广州市警察局商定“凡遇无亲属承领之路毙尸体，概由本研究所领回解剖”。在检验材料方面，该所每年由各方医院送来检验病理组织材料约四五百例（免收费），该所还向各方征集到典型人体肉眼病理标本数千种，这些标本被浸于药液中，保存着天然的颜色。这些标本以脏器系统分12类，又以病症顺序为先后，陈列整齐，分装于33个大橱，分置于4个陈列室，并用中、德文标记，供学生及社会人士参观，使观者如读全部病理学①

兼任主任梁伯强为同济大学医科毕业生，任助教3年后赴德国学习病理学2年，回国后回同济任副教授，1931年来中山大学医学院。1932年德国专家期满返国，由梁接班。梁设法与公安局及有关医院取得联系，并由其供应方便尸体，作了大量尸体解剖研究（达数百具）。到抗日战争爆发前夕，他已制成了几千个病理标本，在所内建成了较为完整的病理学教学科研基地，他还对华南的地方病及华南各族人民的血型等病理、生理特点作了系统的研究，为中国病理学作出了重大贡献，为国际病理学界所重视②。

（三）生理学研究所

生理学研究所于1927年成立。该所在巴斯勒教授任期内，设备大都偏重肌肉生理方面。梁仲谋教授接任后，为适合国情起见，改为重视物质代谢生理、消化生理、感觉生理的检验工作。所添购仪器多属血液生理，如血液成分、血球沉降、血簇类别的检验，与临床、实习多有益处③。

（四）药物研究所

1926年春，政府收回私人设立的公医学校，改为医学院，1929年2月聘德国推平根大学教授范尔鲍任药物学教授，医学院于同年8月建立药物研究所，范兼药物学研究所主任。1936年范氏辞职返国，由保路美教授继任。所内有助教1人，技助1人，研究生数人。该所设有课室、化学实验室、化学药品室、兽厩等。为增加学生对药性的了解，后又添设动物实习课④。

（五）细菌学研究所

该所成立于1927年夏，设细菌学部、血清学部、卫生学部。有课室、实习室、实验室、动物饲养厩、培养基室、消毒室、疫苗室、破伤风素室、冷藏室、制造室、孵卵室、血清凝缩室、绘图室、图书室、血清过滤室、牛马采血室、采血消毒室、全身采血室、包装室等教学及实验用室，有仪器千余种，标本千余种，该所不但从事教学科研，又制造血清及疫苗供应社会需要。进行的科学研究有：中华瓜仁虫之生活史及治疗法；麻疯菌之培养及治疗法；用 Bacteriophage 治疗伤寒病；等等⑤。

---

① 《国立中山大学现状（1937）》，第287~288页。藏中山大学图书馆校史室。
② 梁山、李坚、张克谟：《中山大学校史（1924—1949）》，上海教育出版社1983年版，第64页。
③ 《国立中山大学现状（1937）》，第284~285页。藏中山大学图书馆校史室。
④ 《国立中山大学现状（1937）》，第291页。藏中山大学图书馆校史室。
⑤ 《国立中山大学现状（1937）》，第291页。藏中山大学图书馆校史室。

（六）附属第一医院

该院前身为广东新公医院，建于1916年，占地64亩，位于广州东郊百子岗，共有房屋348间。初时仅分内外科，至1934年，已分内科、外科、儿科、妇产科、皮肤花柳科、眼耳鼻喉科，传染病科7科。设科主任医生、助教医生、实习医生若干人，科主任医生由医科教授兼任。各科除诊症室外各设研究室一所、贫民赠医室一所，病房若干。研究室供学术研究、病人一切检验及医生、学生实习之用。诊症室由主任医生门诊或特诊。赠医室供医科学生在科主任医生或助教医生监督与指导下实习诊病及作学术研究之用。医科学生每星期有一定时间来医院实习，并由主任医生作临床指导。新公医院时院长为美国人达保罗，广东大学时院长为李奉澡先生，改名中山大学后院长为陈元喜。1928年春，德国人柏尔诺继任院长。该院经费由院内门诊留医各费收入项目下拨充。旺期可勉强维持，淡季则颇感困难。学校原定补助每月毫洋1500元，但因校款不足，此项费用也并不能得到保证。该院设附属护士学校。毕业年限初定3年，后改三年半。自改中山大学至抗日战争爆发前，毕业生共8届，78人①。

（七）附属第二医院

该院前身为公医，清宣统二年（1910年）冬由华人集资建成，地处羊城西堤。因考虑此地周围毫无空地，难于发展，于是另在东山百子路建筑第一医院，将本院改为旧公医。该院1925年并入广东大学附属第二医院，广东大学改名后称中山大学附属第二医院。院务主持依次为李其芳、杨子骧、桂毓泰。该院设主任1人，分设内科、外科、儿科、妇产科、皮肤花柳科、眼耳鼻喉科、X光科7科。1937年，该院有主任医生5人，助教医生4人，实习医生若干名。事务方面分设会计、庶务二股，各置专司1人。药局有药局主任1名，助理1人。该院室内门诊用具尚称完备，对于一切手术可以勉强应付，检查室对一般检查可迅速实施。“病室则因房屋太旧，每难如有钱人之要求。”②

（执笔：陈伟华）

第七节 研究院

一

1935年6月1日，国民政府教育部批准中山大学和北京大学以及清华大学设立研究院，由此使中山大学成为中国最早设立研究院的三所国立大学之一。当时暂设文科研究所，包括中国语言文学部、历史学部；教育研究所，包括教育学部、教育心理学部；

① 《国立中山大学现状（1937）》，第292～298页。藏中山大学图书馆校史室。
② 《国立中山大学现状（1937）》，第299页。藏中山大学图书馆校史室。

农科研究所，包括农林植物学部、土壤学部。邹鲁兼任院长。1936 年，国民政府教育部又批准了国立中央大学、国立武汉大学、国立北洋工学院、私立南开大学、私立燕京大学、私立东吴大学、私立金陵大学、私立岭南大学等 8 所国、私立大学设立研究院①。自此，全国设立研究院的大学达 11 所。

研究院设总办事处，办理一切院务；又设院务会议，筹划各种院务工作。总办事处设秘书 1 人，承院长之命计划院务工作，起草章程规则，执行院务会议议决事项，办理国内外学术联络事宜。另设助理、事务员及文书若干人。院务会议由院长、教务长、事务长、秘书，各所主任，各部主任组成，每学期开会两次以上，办理登记研究生学籍、选课及学业成绩、文件收发、院产登记及会计事务、誊写文件及办理庶务等事宜。开会时，大学其他学院有关院长、系主任列席。院务会议职权为：拟订全院进行计划；审订本院预决算及决算；审议本院各项章程及规则；审核研究生之入学及毕业；审议研究生之工作及奖学金之给予；审议其他重要事项。② 各所、部各设主任 1 人，指导教授若干人，职员若干人。农科研究所因设备及工作上之关系，仍附设于农学院，其余各所均设于石牌研究院新址。研究院院长，照章由校长兼任。③

《研究院章程》规定："本大学为招收大学本科毕业生研究高深学术，并供给教员研究便利起见，依教育部颁布之大学研究院暂行组织规程，设立研究院，名曰国立中山大学研究院"④。故此，该院侧重学生能力的培养，并在招生、考试方面严格把关。

研究院采用年级学分混合制。其科目修习以每周上课 1 小时或从事学术工作若干小时满 1 学期者为 1 学分。研究生修业至少 2 年，须修 27 ~ 36 学分并缴论文 1 篇，经院、所考核成绩合格者，才能提出作为硕士学位候选人。研究生因工作需要，经院务会议通过，得延长研究时间，但不得超过一年。研究生的研究工作，由指导教授分别负责指导。其成绩考核，分临时、学期及学位考试三种。以 70 分为及格，60 分以上得补考，不及 60 分者须重修。必修科学期考核由各该所所务会议推定教授 3 人主持，会同评定成绩。规定凡全年成绩有三分之一不及格者，或品行不端违背校规者，或工作不力、不堪造就者，或资格不符、蒙混考入者，经院务会议通过，立令其退学。研究生休学以一年为限，休学满两年以上者，经院务会议通过，令其退学。若其资格不符或蒙混考入，还须追回其已领之奖学金。⑤

学生在学期间，必须修习规定课程获得规定学分方能毕业。1936 年度各学部必选修课情况⑥如下：

中国语言文学部：分理论与实习、专书研究及专题研究三类。第一类包括语言学实习、中国文学史料整理法、古籍校订法、文字声读异同研究法，除最后一门皆为必修；第二类包括专经、文字学专书、音韵学专书、文学专书，皆选修科目；第三类包括中国文学史专题（诗歌、辞赋、词、戏曲、小说）、文字学专题（甲骨文、钟鼎文）和音韵

① 国民政府教育部：《大学研究院统计表（1936）》，中国第二历史档案馆编：《中华民国史档案资料汇编》第五辑第一编・教育（二），江苏古籍出版社 1997 年版，第 1385 ~ 1386 页。

② 《大学研究院院务会议细则》，总办公厅编印，《国立中山大学法规集》，1937 年版，第 163 页。

③ 《国立中山大学现状（1937）》，第 304 ~ 305 页。

④ 《大学研究院院务会议细则》，总办公厅编印，《国立中山大学法规集》，1937 年版，第 156 页。

⑤ 《本院学则》，见《国立中山大学研究院年报》，1937 年版，第 7 ~ 10 页。

⑥ 《研究院》，载《国立中山大学现状（1937）》，第 311 ~ 329 页。藏中山大学图书馆校史室。

学专题（等韵、鼓声、古韵）。

历史学部：包括史学理论、断代史研究、文化史专题及外史四类。第一类包括史学方法实习（分考古、档案、民俗三组）、中国史学方法、历史哲学专题、考古学、人类学；第二类包括两汉史、清史；第三类包括中国文化史专题、中国基督教史（分宗教史、思想史、艺术史三组）、中国社会经济史专题、鸦片战争前外交史。

教育学部：教育研究法、高等教育心理学、高等教育社会学、课程研究、教育行政问题、教育专史研究、教育哲学问题、中国教育问题研究、中学各科教学法、乡村教育研究。

教育心理学部：教育研究法、高等教育心理学、高等教育社会学、学科心理问题、心理学派别、生理心理学、实验心理学、变态心理学、中学各科教学法。

农林植物学部：拉丁文、植物名词学、植物形态学、高等植物分类学、植物分类学法则、植物分类学史、采集及实习、书报讨论、研究论文。

土壤学部：土壤物理、土壤化学、土壤微生物学、植物营养、土壤管理、土壤分类、土壤讨论、研究论文。

研究院组织系统图如下：

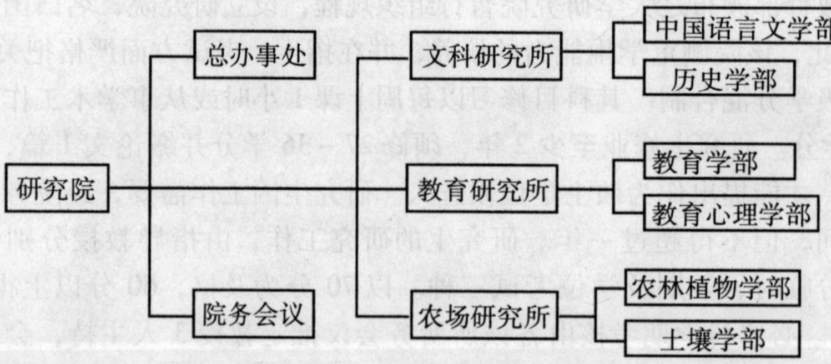

二

该院奉教育部命令，1935 年开始招生，每部每年招生 2 名，每系名额 4 名。1935 年 9 月 1 日至 3 日在该校和上海交通大学以及北京大学 3 处招考。应考者 19 名，录取 10 名。分属如下：文科研究所中国语言文学部 2 名、历史学部 2 名；教育研究所教育学部 2 名、教育心理学部 1 名；农科研究所农林植物学部 2 名、土壤学部 1 名。①

研究院招考人数较少，其招考非常严格。下面以 1937 年度上学期研究生招考情况为例以窥全貌：

招生名额：中国语言文学部、历史学部、教育学部、教育心理学部、农林植物学部、土壤学部每部 2 名共 12 名。

报考者须具下列资格：①国立省立或立案私立大学文学院毕业生；②国立省立或立案之私立文理学（独立学院）毕业生；③本校承认的国外大学相当学系毕业生。

投考时须提交研究计划（须包含所欲研究的主要问题及其重要性与材料方法及步

① 《国立中山大学研究院年报》，1937 年版，第 2 页。

骤）。考试地点设广州本校、上海交通大学和北平北京大学。

考试日期为9月1日至3日。

考试科目：

一、普通科目

国文、外国文（英、法、德文任选一种）、党义。

口试（内容为与所拟计划有关系的基本学科常识的问答）。

二、专门科目

（一）文学研究所

1. 中国语言文学部

（1）语言组：国学概要、语言学、文字学、声韵学史。

（2）文学组：国学概要、诗歌学、词曲学、文学史。

2. 历史学部：中国通史、西洋通史（该两项都包括文化史）；史学史与本国发展变革概况地理选考一种、史学方法。

（二）教育研究所

1. 教育学部：教育学、社会学、教育心理学、教育研究法、口试。

2. 教育心理学部：生物学、普通心理学、教育心理学、统计测试、口试。

（三）农科研究所

1. 农林植物学部：植物分类、植物生理学、组织学、植物生态学、口试。

2. 土壤学部：理论化学、生物化学、土壤学、肥料学、口试。

研究期限暂定两年，每名年奖学金毫洋480元。学校提供住宿，免收学费，在校管训事宜一律适用本科生的规则。

研究生于毕业试验以前必须将规定的学分修习完毕，考试及格，并提出确有独创性的专门研究论文，经该所主任及指导教授严格审定以及院务会议认可方可参加毕业试验。考试及格，本校发给“研究生期满考试及格”证书，并依教育部所定学位授予法授予相当学位。①

由上可见其对考生的资格有严格审定，对考生能力的要求也比较高，不但要求基础扎实，而且要求具备相当的科研能力，投考时须提交包含将要研究的主要问题、重要性、材料、方法及步骤的研究计划。另外，在培养过程中相当严格，不但要求修习完成所规定学分，而且要求所提交的论文具有独创性，且为所主任和指导教授所认可。

1937年夏，中山大学研究院有研究生12人修业期满，成绩合格，取得硕士学位。

自其成立至1938年度，各届毕业人数见下表②：

部别	届别	姓名	性别	籍贯	入所前毕业院校	研究题目	毕业年月
中国语言文学部	1	李丛云	男	广东鹤山	中山大学中国语言文学系	广州方言	1937年6月
	1	黄棨琇	女	广东新会	岭南大学文学院	清代广东文学概论	1937年6月

① 《国立中山大学研究院年报》，1937年版，第3~6页。

② 《本院历届硕士一览表》（朱家骅档案，中央研究院近代史研究所藏）；转引自黄福庆著《近代中国高等教育研究国立中山大学（1924—1937）》，中央研究院近代史研究所，1988年版，第145~147页。

续上表

部别	届别	姓名	性别	籍贯	入所前毕业院校	研究题目	毕业年月
历史部	1	张国治	男	福建闽侯	中山大学历史学系	中国中古经济史研究	1937年6月
	1	潘莳	男	广东南海	中山大学文学院	两汉西域志	1937年6月
	2	江应樑	男	云南昆明	国立暨南大学史学系	云南僰夷民族研究	1938年6月
	2	王兴瑞	男	广东乐会	中山大学文学院	海南岛黎人研究	1938年6月
教育学部	1	梁欧第	男	福建建阳	中山大学教育系	中国书院教育之研究	1937年6月
	1	马鸿述	男	广东台山	中山大学教育系	中学课程之改进	1937年6月
	1	邹鸿操	男	广东新会	岭南大学教育系	中国乡村青年训练问题	1937年6月
	3	严元章	男	广东四会	金陵大学教育系	中国教育行政制度的研究	1939年7月
	3	杨泽中	男	江苏宜兴	江苏省立教育学院	现代三大派教育思潮的研究	1939年7月
教育心理学部	1	谭永恩	男	广东开平	燕京大学教育系	我国学校顽童的几种心理特征研究	1937年6月
	1	陈臣辅	男	广东潮安	中山大学教育系	小学用书问题的研究	1937年6月
	1	李智	男	广东陆川	中山大学教育系	编纂民众字典之理论与实际	1937年6月
	1	富济	男	浙江海盐	大厦大学教育学院	中小学学生学习	1937年6月
	3	吴江森	男	福建晋江	厦门大学教育心理学系	教育填充测验与智慧及能倾的关系	1939年7月
	3	钱蘋	女	江苏武进	光华大学教育学系	问题儿童研究	1939年7月
土壤学部	1	简浩然	男	广东南海	中山大学农学院农业化学系	根瘤细菌之研究	1937年6月
	2	陆发熹	男	广东容县	中山大学农学院农业化学系	广东土壤盐基置换之研究	1938年6月
农林植物学部	2	李日光	男	广东宝安	中山大学农学院	广东药用植物研究	1938年6月
	2	王孝	男	河北北平	国立山东大学理学院	广东蝶形花科之研究	1938年6月
	2	陈璐斯	女	广东台山	中山大学农学院	水松之研究	1938年6月
	3	梁滨汉	男	广东番禺	中山大学农学院	广东爵林科植物之研究	1939年7月

三

（一）文科研究所

该所前身是语言历史研究所，筹备于1927年8月，1928年1月正式成立，以研究学术、发展文化为宗旨，分考古、语言、历史、民俗四学会。1931年1月改名为文史研究所，1932年夏开始招研究生。成立研究院后，改称文科研究所，暂设中国语言文学部和历史学部，继续招研究生，每部每年两名，主任为吴康。中国语言文学部主任为龙沐勋（其后由曾运乾接任），历史学部主任为朱谦之。中国语言文学部暂设语言组、文学组、古籍校订组，并设各组研究室：语言学研究室、文学研究室及古籍校订室。中国语言文学部以研究及整理中国语言文学，并造就此项专门人才为宗旨；语言组以研究中国语言文字，及调查各地方言，藉以推求中国各地语音之转变，及整理古代音韵文字学作为宗旨；文学组以分别研究各时代文学之特点及其源流，进而为各种文件，或某一作家作深密之探讨，藉以编纂最完善之中国文学史，或其他关于中国文学之专著为宗旨；古籍校订组则“以校订及整理群经以下诸曲籍，辨别真伪，纠正讹误，藉以发现前人著作之真面目，并刊行整理贯中，便利学者之书籍为宗旨”。历史学部暂设考古组、档案组、民俗组，并分别设置古物陈列室、档案整理室、风俗物品陈列室，以研究及整理历史文化，并以造就此项人才为宗旨；考古组以应用考古的方法，整理实物，以发现古代之风俗制度、文物艺术等为宗旨。①

文科研究所组织系统图如下②：

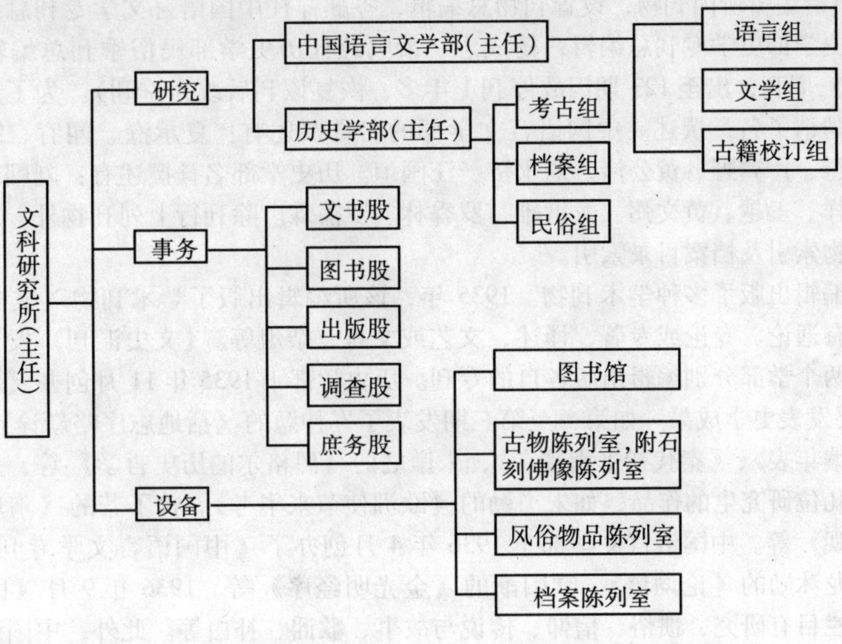

该所历任主任如下：

1927 年 8 月　傅斯年

1929 年 1 月　顾颉刚

1930 年　商承祚

1931 年 6 月—1932 年 6 月　刘奇峰

1932 年 11 月—1934 年 1 月　朱希祖

1934 年 9 月—1935 年 6 月　陈鼎忠

1935 年 9 月—　吴　康

---

① 《本所各种章程》，载《国立中山大学研究院年报》，1937 年版，第 142～163 页。

② 《国立中山大学年现状（1937）》，第 310 页。藏中山大学图书馆校史室。

研究所还采用聘请国内外著名学者来担任名誉导师的方法来促进研究工作的开展。中国语言文学部名誉导师有：章太炎、叶恭绰、张孟劬、马叙伦、陈石遗、唐文治、赵元任、罗常培、高本汉、夏敬观、吴梅、易大厂、温丹铭、谢英伯。历史学部名誉导师有：陈垣、陈受颐、温丹铭、谢英伯、朱易先、张星烺、张孟劬、邓之诚、顾颉刚、傅斯年、岑仲勉、陶希圣、刘节、马衡、黄文山等。中国语言文学部的指导教授及其指导课程大致情况为：岑麒祥开设语言学实习；龙沐勋开设中国文学史料整理法、中国文学专书研究、诗韵史专题；曾运乾开设文字声读异同研究法、音韵学专书、音韵学专题；石光瑛开设专经、文字学专书；陈鼎忠开设专经、文学专书；吴三立开设文字学专题；李沧萍、李笠、龙沐勋开设中国文学史专题；黄朴开设文字学专书；古直、陈洵、方孝岳开设文学专书；徐绍棨开设古籍校订法等。1937 年，又聘缪篆为指导教授。历史学部的指导教授及其课程是：朱谦之开设历史哲学专题、中国文化史专题、中国社会经济史专题；杨成志开设人类学、考古学；萧鸣籁开设中国史学史专题、两汉史、隋唐史；黎东方开设殷周史；吴宗慈开设清史；姚宝猷开设中国基督教史、鸦片战争前外交史等。[①] 为负责编辑所内刊物，设置刊物总编辑，岑麒祥任中国语言文学专刊总编辑，姚宝猷任历史学部史学专刊总编辑，杨成志、萧鸣籁任历史学部民俗季刊总编辑（原所出《民俗》周刊，出至 123 期因故停刊 1 年多，恢复该刊后改为季刊）。为了充实期刊内容，特聘请了名誉撰述。中国语言文学部的名誉撰述有：夏承焘、闻宥、缪篆、王力、潘尊行、卢冀野、黄公渚、刘永济、汪国垣。历史学部名誉撰述有：刘朝阳、容肇祖、林惠祥、王越、黄文弼、龙世雄、罗香林、罗霈霖。除刊行上列刊物外，还编印该所历年刊物索引及档案目录索引。[②]

该所编辑出版了多种学术刊物。1935 年，该所编辑出版了学术刊物《文史汇刊》，主要栏目有通论、专论或专著、译述、文艺或文苑、杂俎等。《文史汇刊》发刊后，文科研究所两个学部分别编辑出版各自的专刊。历史学部于 1935 年 11 月创办《历史学专刊》，主要发表史学成果。如第一至第三期发表了岑仲勉的《括地志序略新诠》、《隋书州郡牧守编年表》、《秦代初平南越考》，朱谦之的《黑格尔的历史哲学》等，另还发表历史学部几位研究生的作品，如朱杰勤的《欧洲使节来华考》、曾了若的《隋唐骈散文体变迁概观》等。中国语言文学部于 1936 年 4 月创办了《中国语言文学专刊》，创刊号发表了龙沐勋的《论词谱》、欧阳渐的《金光明经序》等。1936 年 9 月《民俗》复刊，主要栏目有研究、惯俗、信仰、传说与故事、歌谣、补白等。此外，中国语言文学研究会出版了《文学生活》，史学研究会主办了《现代史学》。

中国语言文学部指导教授岑麒祥受聘为中英庚款留英学生语言科考选委员，他与学校研究院商定，将调查华南地区汉语方言与少数民族语言的任务划归文科研究所承担。历史学部发起了对广州古迹的调查。1937 年 2 月，文科研究所与岭南大学西南调查所联合组织了海南岛黎族考察团。该所与西方学术机关进行了合作。所主任吴康于 1935 年 8 月赴欧，出席了罗马国际东方学会第 19 届大会，并应巴黎大学 1933 年聘，担任该校文科中国学院文学讲座。他又应捷克政府外交部聘，赴捷京大学讲演，并被选为捷京

---

① 《研究院》，载《国立中山大学现状（1937）》，第 311 ~ 329 页。藏中山大学图书馆校史室。

② 参见《国立中山大学研究院年刊（1935—1936 年）》，《国立中山大学现状（1937）》。藏中山大学图书馆校史室。

国家学院通讯会员。吴康还借此行与欧洲各大学商量了如何进行学术交流与合作事宜①。

（二）教育研究所

该所最初称教育学研究所，筹设于1927年秋，成立于1928年2月，原属文学院。研究院成立后，称教育研究所。首任主事者为庄泽宣，下设教育学、教育心理学两部。1938年夏，中山大学成立师范学院，教育研究所改称师范研究所。教育研究所主任兼教育学部主任为崔载阳，教育心理学部主任为许逢熙。设有教育研究室、教育图书室、教育博物室、教育编译室、心理实验室5个室。该所根据每年任务定出研究内容。1937年度研究工作主要有：①义务教育研究：民族中心，小学用书改编。②民众教育研究，包括民校招生、乡村青年训练、民众字典、华侨教育之调查研究等。③教育制度研究：主要有书院教育的研究，中国教育行政制度的研究，现行行政法的分析。④心理学方面研究：包括幼童智力测验、顽童心理、中小学生学习与气候关系等的研究。1937年设有对我国学校顽童的几种心理特征的研究，如问题儿童研究、学校日程进行与心理疲劳的研究、中小学学生学习与气候的关系研究等。⑤其他方面研究：如我国中小学课程的改造，中小学教学法的改造，中小学生国难教育意见调查，现代三大派教育思潮的比较研究。大规模的试验工作有四种：小学实验班，龙眼洞乡村教育实验区，花县乡村教育实验区，石牌乡村服务实验区。该所出版定期刊物《教育研究》月刊，年出8期。该刊于1928年2月创刊，至1937年已出至70多期，有《广东各县教育现状》、《最近各国教育》两个专号；此外还出有教育丛书34种及《教学导视方法》、《怎样写论文》等6种专刊。②

（三）农科研究所

该所前身为农林植物研究所，于1928年成立，当时属农学院。研究院成立后，改属研究院，称为农科研究所，下设农林植物学部（合并原农林植物研究所）及土壤学部（合并原土壤调查研究所）。所主任为黄枯桐，农林植物学部主任为陈焕镛，土壤学部主任由邓植仪兼，指导教授有蒋英、彭家元、黄菩荃等。主要出版物有 *Sunyatsenia Vol.* 2–3、*Icones Plantarum Sinicarum Fase.* 5、《花县、从化、佛冈土壤调查报告》、《宝安、增城土壤调查报告》、《梅县、大埔、蕉岭土壤调查报告》、《澄海、潮安土壤调查报告》、《广宁、四会土壤调查报告》、《曲江县调查报告》。农林植物部研究生主要课程有植物名词学、植物形态学、高等植物分类学、植物分类学法则、植物分类学史、拉丁文和采集及实习、书报讨论等。土壤学部研究生课程有土壤物理、土壤化学、土壤微生物学、植物营养、土壤管理、土壤分类、土壤讨论等。该两部研究生，须于研究期间每月提交研究报告以凭考核。研究期满，则须提出论文，论文经审查合格后，依照教育部规定之学位授予法，授予相应学位。③

（执笔：陈伟华）

① 《研究院》，载《国立中山大学现状（1937）》，第314~315页。藏中山大学图书馆校史室

② 《研究院》，载《国立中山大学现状（1937）》，第325~326页。藏中山大学图书馆校史室。

③ 参见《国立中山大学研究院年刊（1935—1936）》。藏中山大学图书馆校史室。

第八节　预科与附属中学

一、预科

国立广东大学创办时，因国内高中尚未达相当数额，故暂设预科，以林炳光为主任，分文、法、理、农、工5个组，采用学年制，两年毕业，按照学生所修习的课程，分转本科。1925年秋，广东公医并入该校，预科增设医科组。1926年秋，第一届预科生毕业，并依原规定按学习科组转为本科。1926年，学校改名国立中山大学，并实行委员制，预科亦同时改组，废文、法、理、农、工、医等组别，设甲、乙两部，甲部预备升入文科或法科，乙部预备升入理科、农科或医科。两部皆注重实用学科基础。预科改组时，停课一学期，1927年3月开始复课。1927年夏，邝嵩龄继任主任。邝嵩龄采取了5项办学措施：①变更课程。②增设了各组主任：有国史地组主任、外国语组主任、数理化组主任。③厉行校规，所有恶习一律涤除。④增设各班顾问，使学生学业可随时得到指导，进而得益。⑤增设教师办事室，使学生有询问之定所，以谋教学两方面之沟通。1930年7月，学校根据教育部第686号令精神，废止办预科，改设高中部，原附属中学改为附属初中。预科总共办了6年，毕业学生大约有1000多人。[①]

历任主任分别为林炳光、黄著勋、黎贯、陈宗南、邝嵩龄。

二、附属中学校

附属中学校最初可以追述到1909年（清宣统元年）两广优级师范所办中小学，当时分文科中学、实科中学、高等小学三部。民国成立后，改名为广东高等师范附属中小学校，中学仍分文科、实科，改办事官为主任。1917年划出小学，专办中学，1922年秋，新学制颁行，改为三三制。1924年，广东高师附中改为广东大学附属中学，1925年8月，与附属师范合并。附属师范设立于1911年（清宣统三年）春，到1915年，开始定每年招生1班。按照教育部有关规定，预科1年，本科4年。1915年4月，设图工音体教员讲习所1班，年半毕业。1910年讲习科改为2年毕业。1921年8月，预科兼收女生。1923年秋改行新制。1926年，附校高中除师范科外，又增设了文理科各1班。学校改名国立中山大学后，将附校拨归广东省教育厅办理，改名省立中山中学。1927年7月，又将该校拨回中山大学办理，校名改为国立中山大学附属中学，学校也迁往法政路法政学校旧址。又因为大学预科甲乙部一二年级与附中文理科二三年级程度相同，所以决定将附属中学高中文理科只办一年级。1930年成立高中部，将附中高中一年级各班划归高中部办理，附中改名附属初级中学。1931年秋，开设女生班，1935年春，初中设春季始业班。1935年秋，大学部各学院迁入石牌新校址，附属中学迁回，并将

① 《国立中山大学预科概览》。藏中山大学图书馆校史室。

高中、初中两部合并，统称国立中山大学附属中学。1936 年 3 月，附中拨归广东教育厅办理，改名省立中山中学。9 月，又拨归中山大学，改称国立中山大学附属中学。附中由高中、初中两部组成，设校主任 1 人，由大学校长聘请大学教授兼任。校主任以下分设教务部、训育部、事务部、图书馆、军事训练团本部及童子训练团本部。① 学制为三三制，前 3 年办初级中学，后 3 年办高中普通科。各年级课程遵照 1936 年 2 月部颁课程办理，增上国语课，每周 1 小时，高中生若预备升入医科，则以德文为外国语；预备升入工科的，将图画改授机械画。初高中在课外活动及自习时间均有教员指导，外国语 1 科另聘外国教师指导。每学期至少举行小考 2 次，期考 1 次，各科除考试外，另注重平时考查。各科教员每月开科会议 1 次，讨论教学进度、图书仪器的添置以及学生成绩的考查等问题，并于每科中选 1 人出席全校教务会议，报告各科教学情形。各生于假期或课余之时，由学校派员率领往各处工厂参观或郊外采集标本。每周会同训育部教员实地指导各生课外活动，并进行各项比赛。平时发现学生成绩低劣，即通知其家长共同督促。如学生家长太远，则通知其保护人就近注意其学行。学期终结时，联同训育部将其学业操行成绩，制成家庭报告表，通知学生家长，使其着意鼓励。②

1936 年度上学期教员总计 103 人，初高中学生上学期共 30 班 1311 人，下学期 31 班 1357 人。图书馆藏书在 25000 册以上。③

从 1926 年至 1935 年，共计毕业：预科（高中）2571 人，初中 1114，小学 1148，合计 4833 人。④

（执笔：陈伟华）

第九节　图书馆、广东通志馆

一、图书馆

至 1937 年，中山大学图书馆的发展大致可分为三个时期。第一时期是从两广优级师范至高师（清光绪三十二年至民国元年，即 1907 年至 1912 年）。此期属图书馆之草创期。当时设备极其简单，藏书楼分两层，楼上为藏书室，楼下为阅览室及学生休息室。设管理员 1 人，掌管一切图书事务。第二期是高师至广东大学时期，1912 年至 1924 年为图书馆建设期。两广优级师范改为高师一年间，因几易校长，图书馆也疏于建设。1913 年 7 月又因为龙军战役，图书散失严重。1914 年 1 月，行政公署调取高等方言及高等实业图书馆的图书补充，图书情况有所恢复。1915 年以后因学校经费不足

① 《附属中学校》，载《国立中山大学现状（1937）》，第 341 ~ 343 页，藏中山大学图书馆校史室。
② 《附属中学校》，载《国立中山大学现状（1937）》，第 348 ~ 350 页。藏中山大学图书馆校史室。
③ 《附属中学校》，载《国立中山大学现状（1937）》，第 352 ~ 348 页。藏中山大学图书馆校史室。
④ 《附校历年度毕业生人数统计表》，载《中山大学现状（1937）》，第 30 页。藏中山大学图书馆校史室。

和战事频繁，图书馆的计划多受阻碍。邹鲁来高师后，通过筹田土证费、省河筵席捐、民产保证局等款用于建设图书馆，使馆藏图书大大增加。此时，图书馆开始效仿欧美制度，编制新式目录，使馆务出现欣欣向荣的景象。第三期是1924年至1937年，此为图书馆之发展期。国立广东大学成立之后，将国立广东高等师范学校、广东法科大学、广东农业专门学校和广东公医大学四校的图书馆合并为广东大学图书馆。学校也设置图书馆委员会，专事馆务。分设文、法、农、医分馆，又增置数万元价值之图书，编印各种图书书目。1927年聘杜定友主理馆务，并广求专门人才，增加经费，改良编制，扩大规模。1933年筑石牌新校时，预定建筑费50万元。因新馆沿未建成，暂借工学院楼下为馆。新馆建成后将包括书库（能容100万册以上）、参考室及杂志室，最少能容1200人。据1935年清点，该馆总藏书163295本。①

该馆在初创时期不设主任，陈文耀为主管。高师以后开始设主任，历任主任有黄希声、吴康、徐甘棠、袁同礼、童冠贤、何思源、杨振声、李泰初、高廷梓、范锜、邹善群、谢明章等，此时主任为杜定友。

在发展过程，图书馆的制度和组织不断改换，也不断得到完善。至1937年，其组织系统为：设主任1人，综合全馆事务，主任之下分设总务、征集、编目、流通、参考五部，另设图书委员会以作辅助，并有训练委员会对图书馆人员进行图书馆专门学识的训练。馆外设文、理、法、医、农、工各学院图书馆及研究所阅览室。图示如下：

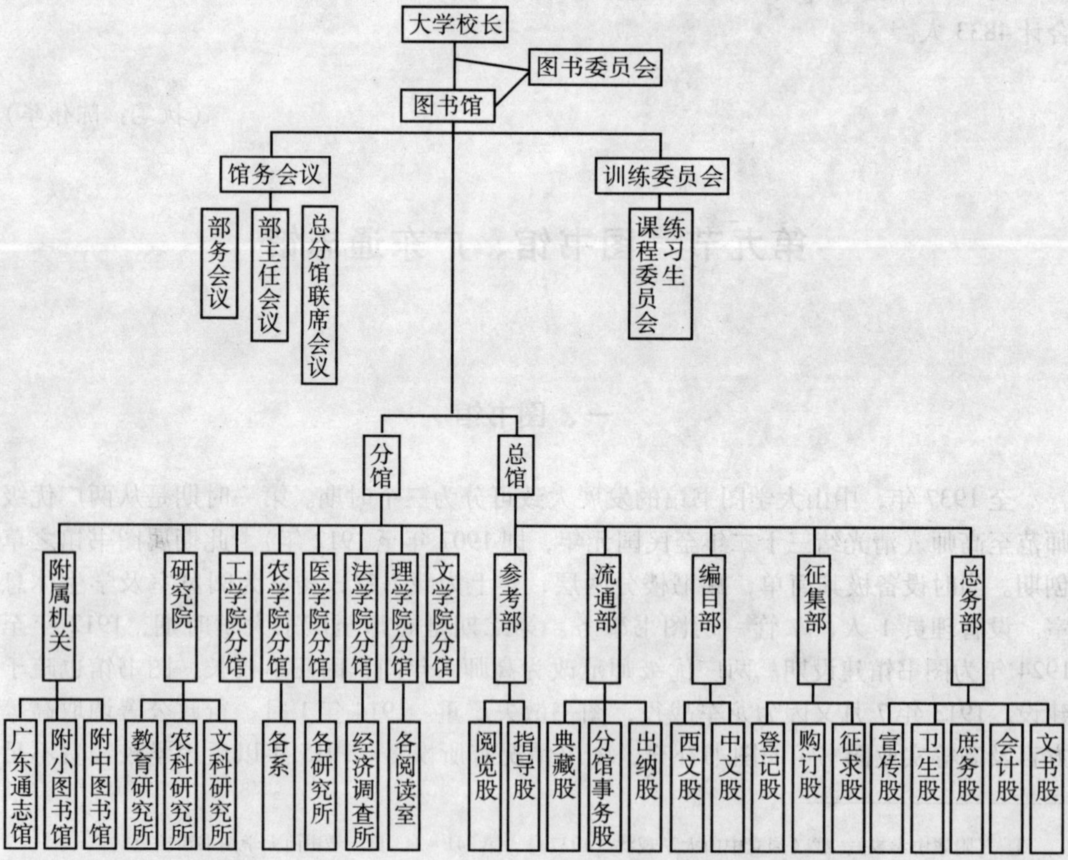

① 《图书馆》，载《国立中山大学现状（1937）》，第35～38页。藏中山大学图书馆校史室。

二、广东通志馆

广东通志馆设于1915年，目的是招纳专门修纂广东通志的人才，为修纂广东省通志提供人力和物力。1910年当局因不满撰述者业绩平平一度关闭该馆。1927年复开，以许崇清为馆长。1930年又停。1932年广东省政府议决将修志的责任交给中山大学，于是此馆也更名为国立中山大学广东通志馆，校长邹鲁兼馆长，总理馆务。

当时馆长之下设主任1人，专任修纂5人，兼任修纂若干，事务员若干。后因经费不足，人员有所减少。聘理学院教授徐甘棠为主任，只聘专任修纂2人，兼任10人，徵访员11人，缮校员1人，书记2人，公役2人。

1935年该馆藏图有：广东十万分之一地图1套共4部，邮务区图1幅，土壤图5幅，各县图稿161幅，广东各府厅图7册，广东各府厅州图105幅，铁路图4幅，测量图地图9幅，新绘全省图稿1幅，各县图稿10幅。藏书有：省志3部，府志12部，州厅县志122部，九通1部，大清会典2部，东华录5部，李文忠公全集1部，清史列传1部，其他杂志共781册，旧志稿105册，旧采访册87册，新志稿16册，新徵访册219册。另将订定纪、表、略、录、列传。①

至1937年度，“列传”由馆主任温丹铭兼纂，已出版自周至五代的列传4卷。另聘萧汉槎纂修“汇传”。“外交”为冒鹤亭主编，已编成初稿，经修改即可出版。“古迹略”由陈梅湖专纂，10卷名贤第宅类已脱稿，正打算先印单行本，“陵墓类刻”正在着手编辑。“教育”由饶聘伊主编，分历代学校、清季学堂、民国以来教育三期。一、二期已完工，第三期也即将完工。“金石略”相继聘蔡哲夫、黄仲琴担当此任。“物产”由江侠菴主编，已成6万字的定稿，另有10万字数月后可成。此外，“宗教”、“艺文略”、“宦绩略”等也都正在编纂之中。②

（执笔：陈伟华）

---

① 《广东通志馆》，载《国立中山大学现状（1935）》，传记文学出版社1971年影印，第255~326页。
② 《通志馆概况》，载《国立中山大学现状（1937）》，第441页。藏中山大学图书馆校史室。

第六章　家事、国事皆关情

除了在校舍建设、教学与科研等诸多方面取得了较大的成绩之外，中山大学学生的课外生活也多姿多彩，校园里涌现了许多社团和组织。此外，中山大学还充分利用校内的教育资源，走教育与实践相结合的道路，创办了乡村教育实验服务区和教育实验区，举办了中国第一个民俗学传习班，设立了民众法律顾问处，服务社会与进行科学实验并举。这一时期也是日本军队入侵、中国处于水深火热之中的时期。中山大学的师生读书不忘救国，积极投身于抗日救亡运动之中。

第一节　第二课堂

这一时期，中山大学涌现了许多学生组织和社团，其中比较有影响的有中国国民党中山大学（广大）特别区党部、共产党与共产主义青年团、新学生社、社会科学研究会、民权社、孙文主义学会、突进社、艺术研究会、中国青年同盟、中山大学抗日剧社等①。

中国国民党中山大学（广东大学）特别区党部

由邹鲁于1924年10月25日向国民党中央提议成立，直属国民党中央领导，其组织按行政系统，分为若干个区分部。出版有《革命生活》旬刊，1926年5月，又出版了《五月号》册子。

新学生社

成立于1923年，领导人是共产党员阮啸仙等，主要成员是广东大学生、共青团员。出版有《新学生》半月刊。其政治主张是拥护国民革命，打倒帝国主义和军阀；反对教会教育，反对“不彻底的假革命者”。广东大学是新学生社的主要阵地。“1924年底，广东大学有新学生社社员160人，一年后，人数增加近一倍。新学生社在1924、1925年的广东学生运动中起了很大作用”。②

1926年1月，共青团广东区委发出第21号通告，决定取消新学生社，加强国民党青年部的工作，提出“统一学生运动”的口号。1926年春，新学生社在广州和中山大学解散。

C·P（共产党）和C·Y（共产主义青年团）

---

① 梁山、李坚、张克谟：《中山大学校史（1924—1949）》，上海教育出版社1983年版，第23～33页；黄义祥编著：《中山大学史稿（1924—1949）》，中山大学出版社1999年版，第71～87、154～160页。

② 梁山、李坚、张克谟：《中山大学校史（1924－1949）》，上海教育出版社1983年版，第25页。

这两个都是秘密组织。中共广东区委员会于1923年分别设立了党和团的学生运动委员会，领导学生运动。广东大学成立后，学生中即有党团的活动。广东大学于1926年1月正式建立党的支部，有党员六七十人，曾任负责人的有饶君强（饶卫华）、叶浩秀、徐文雅（徐彬如）等。1926年已有共青团员300人左右。中山大学（广东大学）的党团组织办有公开的刊物《做什么》（*What to Do*）周刊。该刊于1927年2月7日创刊。此外还有内部刊物《支部生活》周刊（1927年1月初创刊），以学习理论、研究工作方法、评论思想动向等为主要内容。“中共广东区委负责人陈延年、恽代英、肖楚女等经常参加中大（广大）学生党团的会议。据中大（广大）老一辈党团员回忆，陈延年等的话题，大都来源于学生的实际生活，如怎样全心全意为人民服务，挑重担子，同群众一起前进，怎样正确处理革命和恋爱的关系，等等，给同学们留下了难忘的印象。”①

社会科学研究会

成立于1926年12月24日，由文科学生毕磊领导，理科学生欧阳继统负责日常事务，会员近160人，另有广州市内各大（专）、中学校学生骨干40余人。研究会内分社会学、经济学、政治学、社会问题、国际问题等5股18组，进行社会科学研究。该会正式向学校当局立了案，有少量经费；有公开的会址，设在大礼堂东侧。“鲁迅曾多次捐赠经费予以支持和鼓励。”②

民权社

由国立广东原高等师范学校学生于1923年发起的全市性学生组织，成员有广州市各校学生运动活跃分子，多数是广东大学学生。1924年广东大学约有社员70余人，以后继续发展。其政治主张是拥护国民党，反对军阀。出版《民权》半月刊。1923年9月16日的创刊宣言说：要想解决中国现在的变乱，只有民众觉悟，联络起来，“去打倒反革命派——军阀官僚，来赞助革命派——国民党”，“取回我们神圣约法所赋予的种种主权，恢复我们民众的主人翁地位”。为达此目的，一方面要同国民党共同奋斗，另一方面要作研究、讨论、计划，以建设一切。民权社在1925年秋季以前，是同新学生社对立的力量，以后逐步同新学生社合作。其主要成员在1925至1926年发生分化，有的加入了共青团和共产党，有的加入了孙文主义学会，另一些人不愿再卷入“政治旋涡”，1926年春后民权社解体。

孙文主义学会

1925年秋成立，成员有近百人，主要在黄埔军校。

中山大学抗日剧社

成立于1932年1月9日，主要成员有李克筠等六七十人。吴永年（吴华、吴济生）任对外交际，李克筠、肖宜越（肖希明）、黄志潜（黄直）、陆剑仙、李五欢（李森林）、戴镇藩、吴郁年（吴振刚）、唐宇森（唐健）等也是负责人。曾公演《工场夜景》、《钱》、《活路》（楼适夷作）等抗日独幕剧。1934年初，该社以中山大学学生会纪念“一·二九”的名义，在中山大学附属小学礼堂演出《暴风雨中的七个女性》和《年夜饭》等剧目。上演后，为特务跟踪，剧社多人被捕，主要领导人或被杀，或被迫

① 梁山、李坚、张克谟：《中山大学校史（1924—1949）》，上海教育出版社1983年版，第24～25页。
② 梁山、李坚、张克谟：《中山大学校史（1924—1949）》，上海教育出版社1983年版，第26页。

离开广州，剧社于是停止了活动。

艺术研究会

该会是1933年5月由文学院师生组建而成。会员有教师吴康、朱谦之等，学生陈国达等300余人，曾开展文学音乐艺术等多种活动。

踏绿社

负责人为陈原，是研究和推广世界语的组织。

中国青年同盟

以中山大学、勷勤大学学生为骨干，1935年7月成立。

突进社

主要成员有张华林、饶彰风、黄焕秋等。该社先后出版了《突进》、《在抗战旗帜下》等刊物。

此外还有抗声社、民社、知用学社、女权运动大同盟、新文字社、勇进会等组织。

第二节 “知识下乡”

中山大学师生还通过创办服务实验区和创建教育实验区等多种方式深入社会，深入农村，既服务大众，又在实践中获得学识的长进。其中较著名者有中山大学乡村服务实验区和龙眼洞教育实验区等。

一、乡村服务实验区

中山大学乡村服务实验区设立于1936年4月，该服务区以石牌附近10乡和龙眼洞各村为工作对象。这10个区分别是岑村、长湴、下元岗、上元岗、东圃、石牌、冼村、猎德、杨箕、寺贝底。1936年度的工作因猎德的交通困难，所以实际上只有9个区。

服务区办事处由法学院院长郑彦棻兼任主任，容华铿作助理，谈荣森和李道一任干事，唐灏光任书记，另外还有1名工人。

他们自叙下乡服务的最高目的，是图谋推广发展乡村事业，尤其希望通过大众教育来实施救亡工作。“希望依此来培养民族的武力，作准备自卫抗战的斗争。”① 他们认为：“乡村是民族复兴力量之大本营，乡友之训练与组织，农村力量之培植，确是目前救亡运动一种重要工作。”②

为此，他们制定了17条服务公约③，主要内容是：坚信乡村为民族生存基本力量的大本营；坚信乡村建设为民族复兴的正确途径；坚信本区工作为我们建设乡村复兴民族工作的起点；一切工作以民族国家为立场；一切工作以乡村民众为对象；忠于职守；责任未尽，决不放弃；把乡村民众的痛苦当成自己的痛苦；不怕苦，不言苦；必须遵守

---

① 郑彦棻主编：《国立中山大学乡村服务实验区报告书（1）》，1936年版，第217页。

② 郑彦棻主编：《国立中山大学乡村服务实验区报告书（2）》，1937年版，第2页。

③《乡村服务实验区征求工作同学启事》，见《国立中山大学日报》，1936-9-25。

指导者的指导；对于指定的工作决不规避；一切行动要大公无私；对于本区工作尽量贡献意见；决不浪费分毫，务求乡村事业合理化；决不把都市的奢侈生活带到乡村去；决不争论功绩，乐意接受批评，随时自我批评。

乡村服务实验区主要开展研究与实践两方面的工作。其主要工作事项如下：

1. 个别研究工作

（1）关于乡村政治方面：①乡村的自治组织；②人口调查及统计；③村民自卫组织的训练；④乡村的法律问题（内包含乡村内各种纠纷的调解）。

（2）关于农业及经济方面：①改良农业生产方法；②农村合作社运动；③统计农产品的生产量。

（3）关于建设方面：主要是乡村的交通、水利、卫生以及游乐场所的设计。

（4）关于文化方面：①乡村的儿童教育；②文盲的救济；③乡村壁报、周报及阅报室的设备；④组织乡民演讲会以及乡民剧社。

2. 实践工作

（1）民族复兴运动：主要包括民族复兴运动的宣传、训练和组织。

（2）备战训练：主要内容有①战时粮食储备；②战时武装准备；③战时乡民总动员。

乡村服务实验区历时有一年多，取得了不俗成绩。其工作大致可以分为两个阶段。第一阶段从1936年4月到10月，第二阶段从1936年10到1937年8月。组织者于1936年和1937年分别出版了《国立中山大学乡村服务实验区报告书（1）》和《国立中山大学乡村服务实验区报告书（2）》。

第一阶段工作概况如下：

在这一阶段，主要工作目标是接近乡民，熟习乡村情形，以建立起良好的基础。

这一阶段的工作大致可分为研究和实践两个方面。在研究方面，成立了农村社会问题研究委员会、农业研究委员会、教育研究委员会、宣传委员会、合作事业研究委员会5个研究委员会。

实践方面，既有外务实践，也有内务实践。内务方面：搜集及整理各分区工作资料、出版乡村周报、审订搜求各种适宜于乡民的书报、组织宣传委员会；外勤方面：关注各乡的公共卫生、水利、交通等事项。为此，他们开设民众夜校、阅书报处、壁报、知识传递队、乡村访问会、游艺会、乡民联欢大会、读书会，开展种痘、清洁活动，举行演讲比赛、棋类比赛，创设互助会、国术研究会、村友会、问事处、国耻纪念会、乡民大会，推行正当娱乐，进行家庭访问活动，每村设乡村公园，挨户调查农村经济，举办收获节，创设服务代笔处、知识传递训练班、农业问事处、农业改良、生活问题解答处，开辟乡村交通等[①]。

他们还对各区的人口、土地等情况进行了调查统计，制作出了各种统计表，计有：各分区人口概况调查表、各分区土地概况调查表、各分区乡校员生人数比较表、各分区雇农工资概况调查表、各分区民众夜校学生人数比较表等。

---

① 郑彦棻主编：《国立中山大学乡村服务实验区报告书（1）》，1936年版，第217页。

这一阶段中，各院系参加平时工作和暑期工作的人数情况如下表：

院别	系别	参加平时工作人数	参加暑期工作人数
文学院	中文系	9	7
	英文系		
	教育系	22	13
	社会系	35	7
	史学系	8	
	哲学系		
法学院	法律系	21	10
	政治系	16	
	经济系	15	5
农学院	农学系	13	11
	林学系	2	1
	农林化学系	2	
	蚕学系	2	
工学院	土木工程系	2	
	化学工程系	2	
	电气工程系		
	机械工程系	2	
理学院	数理天文系		
	物理系	6	1
	化学系	6	1
	生物系		
	地质系		2
	地理系	1	3
合　计		170	60

各院系参加特种委员会人数如下表：

院别	系别	合作事业研究委员会	宣传委员会	教育研究委员会	农业研究委员会	农村社会问题研究委员会
文学院	中文系		3	1		
	英文系					
	教育系		1	5		
	社会系	1	1	1		8
	史学系		2			
	哲学系					
法学院	法律系		2	1		
	政治系		1	1		
	经济系	5	6			
农学院	农学系				13	
	林学系				2	
	农林化学系				3	
	蚕学系				1	
工学院	土木工程系			1		
	化学工程系					
	电气工程系					
	机械工程系					
理学院	数理天文系		2			
	物理系					
	化学系					
	生物系					
	地质系					
	地理系					
合　计		6	18	10	19	9

第二阶段工作概况如下：

该阶段因猎德区的交通困难，所以只有上元岗、下元岗、岑村、长湴、东陂、石牌、冼村、杨箕、寺贝底9个区。

经过第一阶段的工作，接近乡民、建立良好的实验基础等工作已经完成，于是工作重心也发生了转移。第二阶段实验区的主要工作包含政治、经济、自卫与文化4个方面，对政治训练尤其重视。

第二阶段的工作分上下两个学期进行。至1937年8月，共有262人参加了服务，总人数较上一年度有增加。其中文学院上学期合计76人，下学期合计70人，暑期合计

25人；法学院上学期合计36人，下学期合计43人，暑期合计11人；理学院上学期合计17人，下学期合计14人，暑期合计12人；工学院上学期合计6人，下学期合计7人，暑期合计13人；农学院上学期合计13人，下学期合计19人，暑期合计6人；医学院上学期3人，下学期3人。

其工作经费由学校支发。

在文化生活方面，实验区主要在普及教育、戏剧运动和集团生活3个方面开展了活动。

他们主要通过开办夜校、实行文化战士制、印发刊物等方式实现普及教育，该年度内共计开办夜校11所，学生总数在千人以上。[①] 刊出了《乡村生活》两期。

戏剧运动主要由戏剧研究会领导开展，同时担任演出者。此外，村民自发组织的乡村小剧团也进行演出，一年来共计演出戏剧60余次。其节目《打回老家去》、《汉奸的子孙》、《平步登天下》、《撤退赵家庄》等在当时引起了较大反响。“自今因演出成绩的优良，已于广州话剧界取得了地位，又工作的紧张，也急促地养成了多数的戏剧人才”。[②]

实验区主要通过国耻纪念会、宣传大会、各村联欢会、临时集会等几种形式进行群众集会，以组织群众、联系群众和发动群众。

在经济方面，实验区极积改进农业技术，发动农村合作运动，并进行农村访问，开展生活问题的讨论。他们进行了堆肥实验、改良稻作品种实验以及清除害虫活动，并开办了上元岗及下元岗信用合作社。

在政治教育和自卫训练方面，实验区试行了服务团、壮丁队以及学生自治会，还在各乡村举行体育比赛；此外，实验区服务队还化解了当地许多械斗。

在卫生事业方面，实验区开展清洁运动，举办卫生讲演，并给村民施种牛痘预防天花。

除了开展提高村民素质的活动之外，在实验区服务的人员，也通过选修课程、开办演讲会、进行学术研究和举办座谈会、联欢会、旅行聚餐等多种方式提高自身的素养。

二、龙眼洞乡村教育实验区

龙眼洞乡村教育实验区主要是由中山大学教育系及教育研究所与番禺县政府合作开办。1934年11月16日，教育系及教育研究所召开了该年度第二次联席会议。会议讨论了“关于开办民众教育实验区案”，议决“推请周葆儒先生、崔载阳先生、雷通群先生担任指导员，并请各指导员与番禺县详商开办事项”[③]。

其组织系统如图[④]：

---

① 郑彦棻主编：《国立中山大学乡村服务实验区报告书（2）》，1937年版，第43页。
② 郑彦棻主编：《国立中山大学乡村服务实验区报告书（2）》，1937年版，第43页。
③ 《教育系及教育研究所本年度第二次联席会议纪录》，见《国立中山大学日报》，1934-11-21。
④ 《龙眼洞乡教实验区近讯》，见《国立中山大学日报》，1934-12-12。

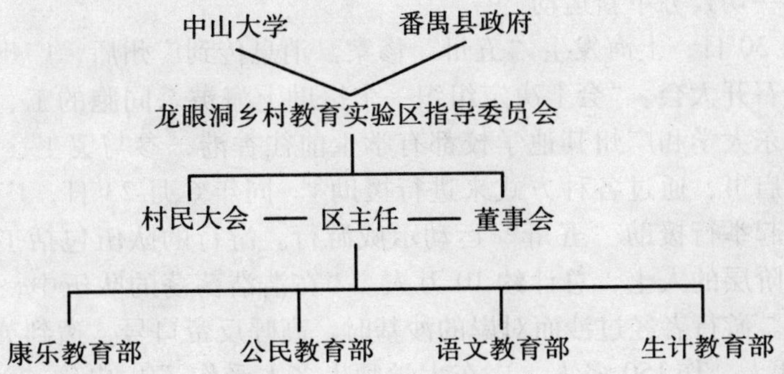

国立中山大学与番禺县共同设立的龙眼洞乡村教育实验区指导委员会处于指导地位，委员会委员由中山大学教育系及教育研究所联席会议推选3人，番禺县政府推选1人联合组织，委员会设主席1人，代表该会执行会务并召集开会，担任会议主席。时任主席为周葆儒，李智君任秘书。区主任设正副2人，正主任由乡长兼任，副主任委任乡立小学校长兼任。区办事地点设在龙眼洞一洞宗祠及乡立小学校内。1935年元旦举行了实验区成立典礼。

1936年9月30日，委员会召开了1936年度第一次会议，会议对这一年半以来的工作进行了总结。实验区的乡村小学在改进乡村社会中心的实验、民族中心小学课程的实验、集团教育实验、乡村青年训练、推进义务教育、识字教育等方面都取得了较好成绩。①

（执笔：陈伟华）

第三节　投身大革命

中山大学的师生虽身处象牙塔，但他们治学不忘革命，治学不忘救国。在中国的民主革命过程当中，中山大学的师生以极大的热情投入到了革命的洪流之中，他们通过发起和参加各种集会和游行，积极创办刊物，深入发动人们群众，为革命献计献策，出人出力，作出了不可磨灭的贡献。

国民党广东大学特别区党部这样评论这时的中山大学（广东大学）的学生运动：广东大学“学生方面的言论，据各种刊物所表现的，可以说完全是革命化。他们的言论，第一，承认本党的主义策略是适合中国现在的需要；第二，拥护本党；第三，反抗一切腐败顽固的现状。事实方面，他们参加种种学生的游行，比以前踊跃得多了，他们参加革命的实际工作，如宣传青年运动农工运动等，比以前努力得多了。尤其值得注意的，就是他们已经明瞭青年运动的目的和策略，很能热烈地做谋青年本身利益的工作

① 《龙眼洞乡村教育实验区指导委员会廿五年度第一次会议录》，见《国立中山大学日报》，1936-9-30。

——择师运动和一切校务革新运动”①。

1925年5月30日，上海发生“五卅”惨案。消息传到广州后，广州学生和群众即在广东大学操场召开大会。“会上决定组织一个援助上海被杀同胞的工、农、兵、学大同盟。嗣后，广东大学和广州其他学校都有学生前往香港，参与罢工、罢课。”② 他们还在各大报刊登启事，通过各种方式来进行援助③。同年6月23日，广东大学学生会主席毕磊等人发起举行援助“五卅”运动示威游行。游行的队伍包括工人、学生、市民、军人等各个阶层的人士，总计约10万人。“在浩浩荡荡的队伍中，广东大学学生走在队伍的前列。游行者经过沙面对岸的沙基时，高呼反帝口号，遭到英法帝国主义者开枪射击，死53人，伤150多人，广东大学师生多人受伤。”④ 史称“沙基惨案”。惨案当晚，“广东大学召开师生紧急大会，声讨帝国主义的罪行，并组织爱国会，分赴广东北江英德至曲江一带、西江肇庆至梧州一带，对群众作沙基惨案实况报告”。省港大罢工发生后，“广东大学接待、安排了从香港罢课回来的学生；一百多位同学深入罢工工人宿舍、食堂进行慰问、采访，走上街头宣传，并为工人向各界募捐。”⑤ 1926年的“五卅”惨案纪念日，广东大学学生又特别召开纪念大会，到会学生700多人，褚民谊校长在会上发表了演说⑥。

1927年，“四·一二”政变之后，追随蒋介石的广东军事当局紧随其后，4月15日，当局派军事武装力量开赴中山大学。这一天“广州市被捕者即达二千四百余人，其中中大三十多人”⑦。“四·一二”政变以后遇害的师生“到底有多少，至今无法计算”⑧，“教职工中，有教授熊锐、孙炳文，理科职员刘秀文，卫生事务员苏家骥。学生中有毕磊（文本二）、叶浩秀（文本四）、李应兹（文本四）、吴炳泰（文本四）、蓝裕业（文史科）、洪灵菲（文史科）、区夏民（文史科，女）、陈铁军（文史科，女）、欧阳业瀛（文预一，女）、吴笑梅（文预一，女）、邵贞昌（法本二）、袁德韻（法本一）、杨承丙（法本三）、沈青）（法科）、陈辅国（法预二）、张肇志（法预一）、欧阳继统（理本二）、邹师贞（理科）、陈铁儿（理科，女）、郑作贤（农本一）、敖昌睽（农科）、黄承先（农专）、陈嗣炎（医本五）、金世杰（医本三）、罗其屏（医本三）、卢福茂（医科）、甘吉杰（医科）、李铭兰（医科）、沈厚望（法科）、曾昭秀（预科）、何鸿柱（附师，17岁）、刘启贤、彭德禄、张兴、陈培仁、廖家桢、余创之、余冠英、邓季甫、陈德滨等。”⑨ 文科学生张肇志在被捕牺牲前，写下遗诗：“沉沉黑狱过新春，主义彰明慷慨陈，虽是此身随物化，珠江夜夜照孤磷（原字是“火”字旁）”⑩。

---

① 《广大特别党部报告》（自4月20至31日），载中国国民党中央执行委员会《党务月报》第2期（1926年）。转引梁山、李坚、张克谟：《中山大学校史（1924—1949）》，上海教育出版社1983年版，第27~28页。

② 梁山、李坚、张克谟：《中山大学校史（1924—1949）》，上海教育出版社1983年版，第28页。

③ 《广东大学国立广东大学上海五卅惨案后援会启事》，《广州民国日报》1925-6-18；《广大五卅惨案后援会通电》，《广州民国日报》1925-6-16。

④ 梁山、李坚、张克谟：《中山大学校史（1924—1949）》，上海教育出版社1983年版，第28页。

⑤ 梁山、李坚、张克谟：《中山大学校史（1924—1949）》，上海教育出版社1983年版，第29页。

⑥ 《广大学生纪念“五卅”之热烈》，《广州民国日报》，1926-6-1。

⑦ 梁山、李坚、张克谟：《中山大学校史（1924—1949）》上海教育出版社1983年版，第33页。黄义祥著：《中山大学史稿（1924—1949）》第154页的相关数据为“其中中大师生二三百人”。

⑧ 梁山、李坚、张克谟：《中山大学校史（1924—1949）》，上海教育出版社1983年版，第35页。

⑨ 黄义祥著：《中山大学史稿（1924—1949）》中山大学出版社1999年版，第157页。

⑩ 梁山、李坚、张克谟：《中山大学校史（1924—1949）》，上海教育出版社1983年版，第36页。

为了援助北伐，广东大学学生会特组织成立了援助北伐军委员会。该会于1926年6月4日召开第一次会议，并作出如下决议：（甲）宣传方面：（一）印小册子；（二）印标语；（三）印总理遗像；（四）发宣言。（乙）组织宣传队，规定队员十人，携带上项品物，随军出发宣传。（丙）请求学校函请政治训练部，准其随同工作，并指挥本会宣传队，及供给伙食。（丁）请学校津贴经费，计第一次二百元。（戊）陈绍贤提议，于暑假开一次游艺会，筹款援助北伐军饷，并藉此向民众宣传[①]。中山大学还组织了童子军进行援助。[②]

在大革命的洪流中，中山大学（广东大学）的师生以实际行动践行了孙中山先生的“读书不忘革命”的教导，为中国的民主革命作出了不可忽视的贡献，当中涌现了大量可歌可泣之人事。

谢晋元，字中民，广东省蕉岭县人。1924年就读于广东大学期间，他不堪目睹帝国主义侵略中国，血腥屠杀中国人民，决心弃文从武，投身国民革命。他于离校之际以诗明志：河山破碎实堪伤，休作庸夫恋故乡；投笔愿从班定远，千古青史尚留芳。1925年12月，谢晋元考入了黄埔军校第四期，他先入步兵科，后转政治科受训，在学期间勤学苦练，于1926年10月提前毕业，参加北伐战争，在战争中屡立战功。1937年“八·一三”淞沪抗战爆发后，时任国民党第五军88师262旅中校参谋主任的谢晋元奉命从无锡赶到上海北火站附近核心阵地，参加抗战，向日寇打响了第一枪。10月26日深夜，为掩护数十万大军西撤，谢晋元临危受命，率该团一营800壮士（实452人），进驻四行仓库，作断后掩护。他要求全体官兵与阵地共存亡，誓死抗战。他们与日军激战四昼夜，抗击日寇数万大军，打退日军近10次进攻，杀死敌人200多，伤敌无数，成功完成了掩护大军撤退的任务。当时，各界人士纷纷撰文赞颂他们。88师长孙元良致函颂扬谢晋元：“此役杀敌致果，实开震天动地之历史伟绩，我黄帝兆亿子孙，全世界千百万后世人，必以血诚读此史页。”[③]

1926年3月，郭沫若受广东大学聘请来校任教，并担任文科学长。郭沫若此番来校是由瞿秋白建议，由林祖涵（林伯渠）安排进行的。1925年，瞿秋白在上海主编《新青年》杂志，他看到了郭沫若在《洪水》上发表的文章，对其很是赏识，于是由蒋光赤引见相识，从此来往密切。当时郭沫若已辞去了学艺大学的职务，也想到革命大本营的广东去看看。那时郁达夫和王独清也在上海，三人商议之后，由郭沫若复信广东大学添聘郁和王二人。广东大学当时复信同意。林祖涵当时是共产党员，任国民党中央执行委员兼农民部部长。他派弟弟林祖同把聘书连同路费带到上海交给郭沫若。3月23日，郭沫若抵达广东大学。在广东大学期间，郭沫若结识了一帮共产党和国民党的朋友，如毛泽东、周恩来、林伯渠、阳瀚生、李一氓、叶挺等，以及蒋介石、汪精卫、邓演达、何香凝等。北伐军出发时，郭沫若毅然投笔从戎，参加了北伐革命军。周恩来特地约他到家里谈话，并安排北伐军总政治部秘书长孙炳文出面，向北伐军总司令蒋介石和总政治部主任邓演达推荐郭沫若为总政治部宣传科长。蒋介石正为人选而着急，立即

① 《广东学生援助北伐军委员会工作》，见《广州民国日报》，1926-6-5。

② 《中山大学童子军最近之活动消息》，见《广州民国日报》，1927-6-1。

③ 政协蕉岭县文史编辑委员会：《蕉岭文史（第八辑）纪念抗日英雄谢晋元将军殉难五十周年专辑》，1991年版，第20页。

同意，还让他兼任行营秘书长，军衔为上校。郭沫若在北伐誓师大会上发出誓言，“革命不成功，誓不回广东”。郭沫若辞去了广东大学的文学院长职务，于1926年7月21日随西路军北伐。①

1927年12月，为了挽救革命，中国共产党领导广州工人和革命士兵举行武装起义。中山大学的共产党员、共青团员和部分革命学生参加了革命。廖家桢、黄春源等人在起义前后负责与工人、学生联系，缝制红旗标语，张贴布告，传递消息，运送武器。吴毅在战斗中牺牲。陈铁军（陈燮君）是工人赤卫队队长周文雍得力助手，也是中山大学最早的一个女共产党员。1927年4月蒋介石发动政变，蒋介石追随者，广东当局于4月15日入中山大学抓人。那次，陈铁军幸得逃脱，并把消息通知了正在医院里的邓颖超，使她得以及时转移。周文雍被捕后，她成功地参与了营救活动，还协助周文雍做作了大量的工作。广州起义失败后，中山大学又一次为革命献出了一批优秀儿女。廖家桢全家被捕，他本人不久即遭杀害。陈铁军也被捕，后与周文雍同时就义，年仅27岁。陈铁军与周文雍在长期的共处中产生了深厚的感情，但为了革命，他们将儿女私情埋在了心底。英雄就义之时，这一对爱侣在刑场上举行了庄严的婚礼。在革命低潮之际，不断有中山大学师生被反动派杀害。1932年，陈铁军的妹妹陈铁儿（陈燮园）与爱人亦同时被捕牺牲。②

（执笔：陈伟华）

第四节　与子同袍

面对日本帝国主义的入侵，国立中山大学的广大师生发扬爱国主义精神，以饱满的热情汇入到抗日救亡的洪流中。

一、“九·一八”抗日游行

1931年，日军制造“九·一八”事变，武装侵占我国东北。消息传来。中山大学全体师生员工无不激愤悲切，以各种形式展开了对日本帝国主义侵略行径的控诉和反抗。中山大学学生会改组筹备会发出宣言，控诉日寇的暴行。宣言最后呼吁道：“同胞们！反抗！反抗，死力的反抗！反抗与我们不共戴天的日本帝国主义!!!”

1931年9月23日上午，中山大学全校师生员工2000多人在学校大礼堂召开反日救国运动大会。会议开始的时候，全场起立为国难默哀3分钟，大会讨论并通过了以下决议案：①电请全国同胞，一致奋起呼吁，以息内争而御外患；②请政府召集军事将领，召开对日军事会议，并创设民众军事训练所救国队；③请政府通令全市市民下半旗3日，以及停止一切娱乐，以致哀悼；④制黑纱写白字“国难”缠肩上，以表哀悼；

① 刘茂林编著：《郭沫若传奇》，社会科学文献出版社1994年版。

② 梁山、李坚、张克谟：《中山大学校史（1924—1949）》，上海教育出版社1983年版，第71～72页。

⑤即日组织宣传队，进行大规模宣传；⑥全市学生武装大游行；⑦以全体同学名义，召集全市各校，召开反日大会，通电国内外，宣布日本种种破坏和平之暴行；⑧请政府即日通电对日经济绝交，并限24小时内日领日侨一律出境；⑨请中央非常会议通令下级党部领导民众举行对日示威运动；⑩促民众以省港罢工的精神对日本经济绝交。附小员生提议：电请张学良尽责守土，勿复退让，必不得已时，宁战而亡。大会表决通过。大会还通过三项决议：①发出四道通电，分别致电全国同胞、全国武装同志、全世界学术机关、全世界民众。②组织成立国立中山大学反日救国运动大会，并成立大会执行委员会，共有21人。③选举许崇清等人为执行委员会委员。

24日上午，中山大学反日救国运动大会假座同德会召开第一次执行委员会议，会议决定即日下午全体员生列队赴非常会议及国民政府请愿对日绝交。下午2时半，全校员生2000余人浩浩荡荡从前门出发，先行队伍为大学与高中同学，次为附中，再次为附小学生。队伍沿途高呼口号，经文明路，再转永汉北路，直下越华路，先到非常会议，再到国民政府递交请愿书，直到下午5时方才散开。[①]

中山大学全体员生的请愿书递交之后，国民党中央于9月26日作了回复。回复如下："请愿书一件谓日军侵占东省请与绝交并交涉赔偿损失各等由请愿书悉，该校全体员生工友等，一致奋起共纾国难之精神，至堪嘉尚，中央对于此次日本暴行事件，业有种种详细之考虑，该会所请愿各点，或则已由中央领导实行，或则早经训令国民政府详细调查此事件所以发生之真相，俾作为具体应付之对策，在最短时期内，中央当有更具体之方针，宣示于国人，望该会全体员生工友等，体念此意，一致在中央指导之下，继续奋斗，实所切盼。"[②]

9月26日上午，全市学生到中山大学操场召开抗日运动大会，到会学生约有1万多人，会场到处贴满了"促蒋下野，以组织统一政府"、"对日绝交"、"打倒日本帝国主义"等标语。会后，全体学生列队到市区示威游行。[③]

为了纪念东三省国难事件，遵照国民政府的规定，从9月27日开始，全校下半旗3日，全体员生工友臂缠黑纱3日，停止一切娱乐3日。[④]

9月28日，中山大学反日救国会发出《告全世界学术机关电》，呼吁世界学术机关对日本侵略者加以制裁。中山大学反日救国会又发出《告张学良电》，呼吁张学良为国守土，勿再退让。[⑤] 为了揭露日本帝国主义的侵略本质，号召全国民众起来抗日，中山大学反日救国会又发出《告全国人民书》。原文如下：

全国人民公鉴：日帝国主义者，破坏世界和平，违反非战公约，藐视国际交谊，弁髦国联协约，忍害公理，灭绝人道，藉口敦睦中日邦交，维持东亚和平，实则蓄谋占我疆土，夺我主权，侵略野心，久为吾人所意料。万案之血渍未干，而无理之中村案突起，近更趁我天灾人祸救死不遑之时，丧心病狂，进兵辽宁，夺我主权，毁我府库，杀我同胞，恣意横行，毫无顾忌。此种暴行，

① 《本校员生工友反日救国之悲壮热烈》，见《国立中山大学日报》，1931-9-26。
② 《中国国民党中央执监委员非常会议指令》（第41号），见《国立中山大学日报》，1931-9-29。
③ 《全市学生抗日大会昨在本校开会》，见《国立中山大学日报》，1931-9-28。
④ 《大学布告》（一），见《国立中山大学日报》，1931-9-29。
⑤ 《本校抗日会昨发出两通电》，见《国立中山大学日报》，1931-9-29。

匪特开国际之创闻，实为非人类所有之兽性行为，其贻羞人类，辱没文明，至于此极。凡有血气，谁不痛愤！夫辽宁为我国之疆土，东北之屏障，辽宁失，则满蒙亡，满蒙亡，则全国危，是知辽宁之安危，即全国安危之所系，此而不战，国家之羞，此而不战，民族之耻，吾恐行将并吞满蒙，直捣燕豫，而国亡矣。该日本此举，为数十年所处心积虑之阴谋，不但有侵略东省之全部计划，且有并吞全国之野心，是可忍孰不可忍，凡我国民，当一致奋起，精诚团结，为政府后盾，誓与倭奴永远经济绝交，并准备武力与倭奴作殊死战，宁为枪下之鬼，不作岛鬼之奴，国存与存，国亡与亡，世界公理未泯，彼倭奴甘为破坏远东和平之戎首，必受国际相当之裁判，而为正义之声援，嗟呼，三韩已覆前车，东省又沦倭劫，国家存亡之际，吾人生死之关，燕处燎堂，危亡迫于旦暮，鱼游沸鼎，烹脔即在崇朝，谁非黄帝子孙，孰忍坐视，宁为玉碎，救此危亡，大义所存，死且无憾，深望全国同胞，一致奋起，共赴国难，国家民族之存亡，均在此举，愿国民其速图之。①

为了便利教师和学生研究日本侵略我国东三省事件，图书馆特意将馆藏关于日本和我国东三省的图书誊写出目录和书码，公布在图书馆出纳部借书处，并刊登在校报上，便于大家查找借阅。②

1932年1月26日，中山大学赴京请愿团从广州出发，前往南京请愿，目的在于促使政府即刻行动对日绝交，促使政府迅速出兵收复东北失地，促使政府切实行动起来援助东北义勇军。请愿团抵达上海之后，“一·二八”淞沪抗战爆发，一部分同学留在上海参加军事工作，其余乃于2月5日离开上海返回学校。③

“九·一八”事变发生后，东北各省学生流离失所，有许多学生由于证书遗失而造成诸多麻烦。为了解决这些问题，1936年12月23日的《国立中山大学日报》刊登了教育部颁发的《东北学生升学转学办法》，为想来此求学者提供政策咨询。④

二、支援马占山部和十九路军抗战

1931年11月间，日军攻占黑龙江，东北军马占山部奋起抗击。中山大学反日救国会于11月16日致电马占山，表示对马占山部的支持。电文如下：倭贼寇边，幸公等奋勇杀退，捷讯传来，举国欢忭，仍盼努力为民族生存而战。敝校全体员生工友，誓为后盾，谨电驰慰，尚希亮察。⑤ 为支援马占山抗日，学校全体员生工友于11月21日上午召开大会，通过决议案18件，包括请政府出兵援助马占山部、募捐军费、援助马占山部等。大会还制定出了详细的募捐办法：①由校长、各学院院长、各系主任、高中主任、初中主任、附小主任、军训部主任和每学院，各推举学生3人组成募捐委员会，全校员生工友总动员3天出外募捐。②本校员生工友捐款办法如下：教授全月薪水半数；

① 《悲凉沉痛之本校反日会告全国同胞书》，见《国立中山大学日报》，1931-9-30。
② 《图书馆启事》，见《国立中山大学日报》，1931-9-29。
③ 《本校赴京请愿团之经过报告》，见《国立中山大学日报》，1932-3-11。
④ 《教部颁发东北学生升学转学办法》，见《国立中山大学日报》，1936-12-23。
⑤ 《本校反日救国会昨致马占山电》，见《国立中山大学日报》，1931-11-17。

职员全月薪水十分之一；大学和高中同学每人1元，初中每人6毫，附小每人4毫；工友每人1毫（最低限度）。[①]会后，全校师生积极捐款。中山大学反日救国会将捐款中的首批款项15000大洋，电汇上海中国银行转交马占山部，支援抗战。

中山大学及广东各界捐款援助马占山部和十九路军收入及开支如下表：[②]

	部门	银毫	港银	大洋
收入	高中部	5,786元8毫9仙	859元3毫5仙	5元
	法学院	6,464元9毫3仙	40元	
	本校工友	15元8毫		
	教职员特别队（第九队）	1,661元3毫	1元1毫	
	附中	5,186元13毫		2元
	附小	3,012元		
	农学院	1,240元8毫		
	医学院	1,708元		
	文学院	3,552元6毫	112元2毫	12元
	理工学院	4,964元1毫	94元6毫5仙	8元
	中大体育协进会	163元2毫		
	薛觉先先生	1,302元3毫8仙	335元	1元
	鹤山县立中学	105元		
	五洲中学	124元6毫		
	文德中学	19元		
	博华学校	87元6毫		
	南海各界抗日救国会六区分会	650元		
	珠江公司	46元		
	惠州平岗中学	60元		
	顺德第九区第一小学校	86元		
	广州公司	30元		
	合 计	36,166元3毫3仙	1,964元5毫7仙	28元

① 《本校全体员生工友昨开大会纪盛》，见《国立中山大学日报》，1931-11-23。

② 《本校援黑捐款余款转助十九路军》，见《国立中山大学日报》，1932-3-8。

支出	第一次	会计部经手由丝业银行电汇上海中国银行转交马占山大洋 15，000 元加 3. 175 申算折合毫银 19, 762 元 5 毫
	第二次	林教务主任批支华文印募捐片一单银毫 352 元
	第三次	募捐委员会支还反日救国会垫支各项银毫 175 元
	第四次	庶务部经手支马景会君经手各项毫银 60 元
	第五次	庶务部经手支竹竿 600 枝，银毫 2 元 4 毫
	第六次	庶务部经手支竹竿 500 枝，银毫 2 元
	第七次	庶务部经手支竹竿 200 枝，银毫 8 毫
	第八次	周鼎培等经手支在台山城西华公司印刷援黑捐款刊品一单，银毫 12 元
	第九次	许质庵经手车力杂费银毫 1 元 1 毫 5 仙
	第十次	许质庵经手扣针三大盒，银毫 2 元 5 毫
	第十一次	许质庵经手浆粉车力杂费银毫 2 元 2 毫 5 仙
	第十二次	许质庵经手加印募捐片 3 种，银毫 16 元
	第十三次	许质庵经手上海白布半疋，银毫 8 元 5 毫
	第十四次	谭乃仁、周鼎培、彭振兴等经手卖出全数捐款内次银及假银损失计银毫 390 元 1 毫
		以上共支出银毫 20, 789 元，除支出外尚存银毫 15, 377 元 3 毫 3 仙，港银1, 914 元 5 毫 7 仙大洋 28 元
	第十五次	1932 年 3 月 4 日上午 11 时，将次款全数送往惠州会馆第十九路军驻粤办事处沈载和主任

1932 年“一·二八”淞沪抗战发生，中山大学反日救国会立即发表宣言，要求政府增援十九路军抗战。宣言指出，淞沪抗战是中华民族死生存亡的时刻，呼吁全国同胞武装起来，打倒日本帝国主义。[①]中山大学与广州各校学生积极组织捐款援助十九路军，并停课开展抗日宣传活动。2 月 26 日，《国立中山大学日报》刊登了以校长邹鲁领衔的发起募捐的倡议书。倡议书指出：“暴日逞凶，称兵犯境，既侵占我东北，复袭击我沪宁”，“幸我十九军将士忠勇御敌，迭奏奇功；扫荡强寇，振我国威”，“同人等诚以我校同事抗日救国之忱，素不后人，爰发起募捐之举”。[②] 2 月 29 日，学校停课一天，开会哀悼上海抗日阵亡将士，并为死难同胞志哀。[③]

十九路军抗日阵亡将士追悼会于 5 月 20 日在苏州举行，中山大学校长邹鲁、中山大学义勇军主任何春帆和中山大学反日救国会制备挽联寄交苏州。邹鲁校长的挽联为：取以义，成以仁，拔剑卫天，撒遍沪江流碧血；直为壮，曲为老，挥戈反日，振兴华族醒黄魂。何春帆主任的挽联为：仓皇一夜，塞北沦亡，谁教万里沃壤，甘遗倭奴；慷慨三军，江南效死，留得千秋碧血，凭吊英魂。中山大学反日救国运动大会的挽联为：愤遭异族侵凌，守土捐躯，百世英名传粤峤；痛瞰神州残破，反戈逐日，千秋碧血照申江。[④]

---

① 《本校反日会为对日侵沪宣言》，见《国立中山大学日报》，1932－2－05。
② 《本校教职员发起募捐援沪之原函》，见《国立中山大学日报》，1932－2－26。
③ 《大学布告（一）》，见《国立中山大学日报》，1932－2－29。
④ 《邹校长何主任挽抗日阵亡将士联》，见《国立中山大学日报》，1932－5－16。

三、援助东北义勇军

1932年2月23日，《国立中山大学日报》发表倡议书，号召大家在援助马占山部和十九路军之外，起来积极援助东北义勇军。倡议书指出："追锦州撤兵，热河、天津均告危急，忽有东北民众自卫义勇军各地轰起，日军到处受困，使其三路攻热，七日占领的企图，无形打消"。倡议书号召大家"不要忘记了我们国民自卫救国的力量——东北义勇军"[①]！学校中日问题研究会多次在《国立中山大学日报》上刊登倡议书，号召同学们为东北义勇军募捐冬衣。大家踊跃异常，纷纷捐助，不数日已经捐得单军服68件，呢绒军服8件，棉大衣2件，呢绒大衣2件，短衫裤背心等20余件，共计100余件。这些衣服，由中日问题研究会于1932年12月13日通过招商局广利输运往上海东北义勇军后援会，转送前线[②]。

抗日剧社的活动

2月10日，高中部抗日剧社在广东省教育会举行了第一次公演，演出了《工场夜景》、《钱》、《活路》3个独幕剧。[③] 同年5月举行第二次公演时，由于大学部和初中部的同学也参加演出，剧社改名为国立中山大学抗日剧社。剧社骨干李克筠以易扬为笔名，创作了剧本《打回老家去》、《抢米》、《空袭》等。吴永年、黄志潜、李五欢等人同左翼戏剧家联盟取得联系，成立了秘密的戏剧家联盟广州分盟。

从剧社成立算起，到1934年5月李克筠被捕、剧社被封闭，剧社存在了2年零4个月。从剧社1932年2月10日第一次公演算起，到1934年3月8日最后一次公演为止，共演出了12次，平均每两个月公演一次。剧社的演出场地，多数是租用省教育会礼堂，少数是用中大附小礼堂。每场大约有观众1000人，累计看过中大抗日剧社演出的校内外群众至少超过12000人以上。由于当时群众抗日情绪高涨，演出的内容和技巧也比较好，几乎场场满座，有些场次还有观众宁愿站着看到底的。至于台上台下一齐喊"打倒日本帝国主义"的场面，更是经常看到。[④] 中山大学抗日剧社的演出活动，收到了很好的宣传效果。

四、留日归国学生转学[⑤]

由于中日战争的进行，许多留日学生纷纷归国。为此，中山大学特地制定了转学办法。条例如下：

第一条　留日归国学生转入本校者，除本办法有特别规定外，依照特别旁听生临时规则办理。

---

① 丘峻：《为援助东北义勇军致反日会会员书》，见《国立中山大学日报》，1932－02－23。

② 《东北义勇军冬衣第一批已寄发》，见《国立中山大学日报》，1932－12－21。

③ 《本校高中抗日剧社举行夜谈会》，见《国立中山大学日报》，1932－02－25。

④ 吴振刚：《抗日剧社当年是怎么样在广州进行抗日救亡工作的》，见陈嘉编：《抗日剧社和易扬》，2001年版，第153～154页。

⑤ 《大学布告（二）》，见《国立中山大学日报》，1932－2－26。

第二条　留日归国学生请入本校特别旁听，须呈验留日学生经理处，及日本学校之学生证，但最近回国已将经理处学生证缴回经理处者，得只缴学校学生证呈验。

第三条　在日本各大学之大学部，或专门部肄业者，得照原级转入本校各学院。但专门部肄业生，未在国内高中或在大学预科毕业者，除依照特别旁听生临时规则第七条办理外，其属二三年级者，并须国文、英文、数学三科考试及格，始得改为正式生。

第四条　在日本各高等学校肄业者，得照原级转入本校高中部，但曾在国内高中或大学预科毕业者，得转入各学院一年级。

第五条　在日本各大学高等专科肄业者，由各院长按照特别旁听生编级办法办理。

第六条　在日本预备日文，而未入学者，依照该生在国内学历办理。

第七条　在日本高等师范或医学专门肄业者，依照第三条之专门办法办理。

五、中山大学学生义勇军

1932年“一·二八”淞沪抗战以后，全国各地大学纷纷成立学生义勇军，进行军事训练，准备进行抗日战争，效力疆埸，为民族争光。1932年3月5日，《国立中山大学日报》刊登了中山大学义勇军编制大纲。大纲如下：

甲：编制

1. 本校高中一年级以上及大学一二三四年级之男生均编为本大学学生义勇军受军事训练，女生编为救护队，其编练纲领另定之。

2. 计全校学生共2180名内，女生160名拟编为两总队，每总队编3大队，每大队编3中队，每中队编3区队，每区队编3分队。

3. 每分队（即班之易名）以学生12名编成之。

乙：训练

1. 本大学学生义勇军训练计划须参照本校情形另定之。

2. 本军之大学队拟定军事学科每周8小时，术科每周4小时，高中队军事学科每周4小时，术科8小时。

3. 召集本校曾经训练之干部学生施之以特别训练，任为分队长，不足额再挑选精干之学生充之。

4. 每日以下午3时至5时为学生义勇军训练时间。

5. 不受训练者以旷课论，其处分规则另定之。

6. 学生义勇军一切照军律办理。

7. 义勇军须一律穿本校规定之军服，以壮军容（军服各生自备）。①

同日，中山大学学生义勇军办事处发布第一号布告，校长聘任何春帆为学生义勇军

① 《本校义勇军编练大纲》，见《国立中山大学日报》，1932－3－5。

办事处主任，并于即日就职，组织成立学生义勇军。同时发布布告，定于3月7日上午举行学生义勇军成立大会，要求高中一年级以上和大学各年级学生准时参加。①

3月7日上午，学校在大礼堂举行学生义勇军成立典礼，邹鲁校长、何春帆主任及各界来宾和学校师生共2000多人参加②。9日上午，学生义勇军在学校大礼堂举行宣誓典礼，出席者有各学院教职员、义勇军教官、参加义勇军的全体学生。大会宣读誓词之后，由监誓员训话，随后大家高呼口号："全校学生武装起来，誓与暴日决战！""实行军事训练，发扬本校义勇军光荣历史！""精诚团结，共赴国难！""我们青年要实行铁血的精神，为国牺牲！" "严密抗日战线，奋斗到底！" "打倒凶残的日本，恢复国土！"③

根据编制大纲，学校义勇军办事处将全校学生按照学生名册，分别按年级依次进行了编队，并制定出了《学生请假规则》、《讲堂规则》、《操场规则》等。在军事部门的协助下，学校从各军事单位聘请了诸多军事教官和军事教员。学校第12次教务会议讨论决定，学校各借读生、旁听生、特别旁听生等，一律要求参加中山大学学生义勇军训练。由医学院负责编队，本校所有高中一年级至大学各年级女生，均应该加入训练，以便进行学生义勇军的救护事宜。所有学生编队完成之后，义勇军办事处发出通知，决定从1932年3月21日开始训练。"拟以三个月为一段落，术科则注重战斗教练，野外演习；学科则涉及各种典范令四大教程，俾同学于短期时间，得军事之智识，有战斗之准备，一旦有事，可以执戈御敌，可以挥众前驱，以备抗日之需。"④

附：学生义勇军大学部学科教育计划纲领表（1932年3月至6月）⑤

第一期	
科目纲领	教授内容
军制学	国军编制之要旨及编制概要
战略学	战略与国防设备之关系，战时陆军与海空军之联系，战略上攻势守势之研究
战术学	各兵种之性能，与战斗一般的要领。阵中要务
兵器学	各种兵器之性能，与结构及其使用法、保存法之大要
地形学	各种地形之义解，地图现示法及测图法
筑城学	各种城壕构筑法，障碍物设置法，防御阵地之构成，攻击作业，要塞编成之概要
后方勤务概要	后方勤务系统，行李辎重兵站之编组，战时军队之给养，卫生运输之勤务
步兵操典	各个操练，部队操练
野外勤务	野外勤务补助学，部队联系之概要，侦探警戒各勤务，及行军宿营之原则
步兵射击教范	步兵各种射击教育，射击学理，机关枪手枪之射击方法
军队内务规则	军队各级官服务规则，及诸种勤务

① 《国立中山大学学生义勇军办事处布告》（第1号），《国立中山大学学生义勇军办事处布告》（第2号），见《国立中山大学日报》，1932－3－7。

② 《本校义勇军举行成立典礼之盛况》，见《国立中山大学日报》，1932－3－8。

③ 《本校义勇军举行宣誓典礼纪详》，见《国立中山大学日报》，1932－3－10。

④ 《报告办理组织义勇军经过情形》，见《国立中山大学日报·国立中山大学义勇军特刊》，1932－3－21。

⑤ 《学生义勇军大学部学科教育计划纲领表》，见《国立中山大学日报·国立中山大学义勇军特刊》，1932－3－21。

陆军礼节	军人及部队敬礼法，阅兵仪节
旗语	
军语释要	
第二期另订	

附记：

①此计划表参照广东中等以上学校军事训练学科之纲领为标准以增订之。

②本表军制学以下10科为必修之学科，其军队内务、陆军礼节、旗语、军语四种自行修习。

③交通学一科列为第二期修习。

④本校规定每周教育12小时，大学生学科8小时，现定上课时间在每星期一三五日，计得6小时，连星期六特施以军事讲演计算共合8小时。故此表依据规定时间数计划合附说明。

六、"一二·九"运动在中山大学

1935年，北平爆发"一二·九"运动。消息传到广州，翌日，中山大学学生首先起来响应。12月11日，中山大学第一次抗日大会在大礼堂举行，共有3000多人参加，会上一致作出决议：响应北平学生的爱国运动，通电全国抗日救亡，12日到广州市内举行抗日示威大游行。

12月12日上午，中山大学各学院的学生2000余人，集合在学校大礼堂召开抗日救国大会，推举张农、李树、黄继梅、黄弘通、曾矩庭、李康秀等为临时主席团。大会讨论并通过了下列提案：①通电响应北平学生抗日运动。②通电联络上海学生共同救亡。③通电全国民众奋起救亡。④用本校全体学生名义发起组织全国学生救亡联合会。⑤通电慰藉北平受伤同学并请政府释放被捕学生。⑥电请邹校长在京就近督促中央抗日，并反对冀察政务委员会之组织。⑦通电质问政府压迫学生抗日运动之理由，并要求政府允许人民抗日言论自由。⑧通电质问蒋中正对日真正态度。⑨电请中央政府立即对日宣战。⑩通电全国同胞声援奋起组织人民抗日救国军。⑪本校全体同学立即举行示威大游行。具体办法如下：时间：本日下午1时。集合地点：本校图书馆前。由主席团派员通知附中附小届时集队参加。集队以每班为一组，每系为一队，每学院为一大队。附中附小共为一大队。排队次序依次为文法理工农医，各班代表负责维持该班秩序。推出张农教授为总领队。主席团各主席负责率领各该院队伍。出发巡行期间，实行封锁各宿舍，不准同学逗留学校。联合全校教职员工一致参加示威巡行。巡行路径及传单口号由主席团负责指定和印发。出发巡行时，各同学一律穿着制服。⑫请求西南政府取消出版物审查委员会，恢复言论自由。⑬由本校发起组织全市学生抗日宣传队，唤起民众抗日救亡。⑭请求学校拨款交理工学院从速制备大帮防毒面具。⑮本校抗日运动所需经费，应请求学校准予移用本校救国会经费。⑯巡行时如有同学中途退出应作汉奸论。①

12日，全校学生在学校图书馆前集合，列队出发到市内会同附校学生举行抗日示威大游行，计全校学生参加游行的不下5000人，并沿途分发告同胞书。②

① 《本校学生昨举行抗日救国大会》，见《国立中山大学日报》，1935-12-13。

② 《本校学生昨举行抗日救国大会》，见《国立中山大学日报》，1935-12-13。

13日和16日，中山大学分别召开全校抗日大会。① 12月16日，北平学生举行了反对组织冀察傀儡政治机构的第二次示威大游行，遭到政府镇压，中山大学抗日救国会于18日发电表示慰问。电文指出："贵地同学行动英勇，威武不屈，纵成效未能即见，第次一片正气，已足塞天地传千秋而无愧矣。"②

12月17日晚，中山大学教职员工代表在文明路大钟楼开会，决定联络广州市各大学教职员工一起共同进行抗日救国活动。会议决定派出教授分赴各大学进行联系：任启珊、崔载阳教授赴勷勤大学师范学院、广东法学院、广州法学院、光华医学院，杨之春、傅尚霖两教授赴岭南大学，方棣棠教授赴勷勤大学工学院，黎东方教授赴勷勤大学商学院，李函谷、陈廷璠两教授赴广州大学、国民大学。各大学代表都表示同意一致行动。22日下午，各大学教职员工代表在文明路中山大学附中大礼堂举行谈话会，会议决定发电慰问北平教育界，电促南京政府对日抗战，通电全国，一致奋起抗敌救国。③这三项电文拟出后，分送市内各大学教职员工签名整理，并于12月30日发出。④

12月30日，中山大学在新校大礼堂召开全校抗日大会，教职员和各学院学生到会者有2000多人。会上，邹鲁校长发表了讲话。⑤

31日，在新校大礼堂召开了全校抗日大会。各学院学生重新推选曾振声、钟远藩、李康寿等5人为临时主席团，曾振声为主席。大会决定：①即日联络全市学生，举行总动员抗敌示威大巡行；②定于1月4日上午继续召开第二次大会。大会即席推派代表，先行出发本市联络各校学生，于即日下午1时在文明路旧校大操场集合，出发进行示威游行。下午1时许，各院系学生即出发市内，齐集旧校大操场，中山大学附属中学，以及执信、庚戌、市三中等学校学生也陆续来到。尽管由于元旦放假，这次参加示威游行的学生人数仍然达到了2000人。总领队由中山大学各学院推举5人担任，队伍先赴西南政务会请愿。请愿要点有二：①请政府准许学生以及民众抗日救国集会行动言论出版自由；②请西南政委会宣布对日外交态度。西南政务会派代表进行答复后，学生前往市内继续游行。游行直到下午6时许才结束。⑥

学生的抗日救国运动愈演愈烈，以至于在1936年1月6日的全校抗日救国大会上发生"嬉止院长教授发言"事件，1月9日的游行示威活动中出现"毁教育厅门额"事件⑦。中山大学校长邹鲁分别致电西南政务委员会和南京政府教育部，请求处分。1月13日下午，中山大学全体教授教员在文明路旧校大礼堂开会，即席推举文学院陈安仁等7人为主席团，会议决定：①推举主席团7人代表全体教授教员大会慰留校长并请校长即日返校主持校务；②分别致电西南政务委员会和南京教育部，引咎自责。⑧

1937年"七七"抗战爆发后，广大爱国学生纷纷组织成立各种抗日救国团体。在

---

① 《本校学生昨继开抗日救国大会》，见《国立中山大学日报》，1935-12-14；《本校员生工友昨开抗日救国大会》，见《国立中山大学日报》，1935-12-17。

② 《本校抗日救国会电慰平市学生》，见《国立中山大学日报》，1935-12-19。

③ 《本校教职员抗日工作近讯》、《本市各大学教职员代表谈话会要讯》，见《国立中山大学日报》，1935-12-23。

④ 《本市专上教职员昨联发三要电》，见《国立中山大学日报》，1935-12-31。

⑤ 《邹校长昨对本校全体学生训话》，见《国立中山大学日报》，1935-12-31。

⑥ 《本校学生昨举行第二次抗日巡行》，见《国立中山大学日报》，1936-1-4。

⑦ 《校长公函》，见《国立中山大学日报》，1936-1-13。

⑧ 《昨本校全体教授教员大会纪盛》，见《国立中山大学日报》，1936-1-14。

中国共产党的领导下，众多的青年团体联合起来，组织成立了“广东青年抗日先锋队”（简称“抗先”，在粤东和粤西地区则称“青抗”），后来，许多“抗先”队员到东江、珠江、北江、中区、南路、韩江、西江等地参加抗日武装斗争。①

随着日本帝国主义侵略中国的步步进逼，中山大学的教职员工和广大学生纷纷通电政府和社会各界，要求政府出兵抗日，收复国土，洗雪国耻。

1933年3月7日，中山大学全体教职员工在校长邹鲁和各学院院长带领下，联名致电政府，要求政府出兵抗日。电文指出：“尤望全国同胞，一致奋起，督促政府，联合全国武力，与敌周旋，国家危亡，在此一举。”②

1935年3月23日，针对日本帝国主义高唱“中日亲善”和“中日合作”之说，以及南京政府外交部宣称中日亲善为对日外交根本政策的局势，中山大学95名教授联名发出通电，号召全国人民起来，共同抗击日本帝国主义的入侵。通电指出，作为中山大学教授，目睹日本侵逼日急，无餍要求日加，而谋国者畏难苟安，茫无所措，惟有媚敌降敌以求全。“窃恐中日合作之日，即东北永久沦亡之时，而中华民族亦不复齿列于国际之林矣。”③

1935年6月19日，中山大学校长邹鲁发表3道电文，分别致电国际联盟会和九国公约签字国各国政府，揭露日本侵略中国华北的真实面目，并请制裁日本的侵略行为。以及致电政府和全国人民，号召一致奋起，抗日救亡。④

1936年11月20日，中山大学80名教授联名发出通电，要求政府出兵抗日。电文如下：

> 窃以对日抗战，为我国家民族救亡图存之唯一方案。……同人等虽身处南中，而心驰北地，感念国事，悲痛不已。且默察舆情，纵观大势，佥认此次抗日斗争，实乃我国家民族复兴之良机，庸敢不辞斧钺，响应北平学生主张，联名籲请我贤明政府，勿再踌躇顾虑当机立断，决然拒绝一切荒谬谈判，剋日出兵河北，增援绥晋，以救危亡，国家幸甚，民族幸甚。临电悲愤，不胜迫切待命之至。⑤

次日，中山大学全校员生又对南京国民政府和北平傅作义将军发表通电，支持傅作义将军抗击日军，要求南京国民政府对日作战，为整个民族争生存。⑥ 1936年11月24日，中山大学研究院同学会通电全国，号召大家起来一起对日作战，表示“同人等虽鲁钝，亦愿放弃研究室生活，肩枪荷弹，饮马‘云中’，为我父老兄弟诸姑姊妹作前驱也”。⑦

（执笔：游修庆）

---

① 杨康华：《平地惊雷——回忆“一二·九”运动在广东》，见中国青年出版社编：《激流》，中国青年出版社1981年版，第167~179页。

② 《本校全体教职再电政府出兵抗日》，见《国立中山大学日报》，1933-3-7。

③ 《本校教授通电反对中日亲善》，见《国立中山大学日报》，1935-3-23。

④ 《邹校长为暴日侵略华北昨发三要电》，见《国立中山大学日报》，1935-6-20。

⑤ 《本校教授联名吁请政府出兵抗日通电》，见《国立中山大学日报》，1936-11-20。

⑥ 《本校全体员生致傅主席作义电》，见《国立中山大学日报》，1936-11-21。

⑦ 《本校研究院同学会促全国人民共起抗日电》，见《国立中山大学日报》，1936-11-24。

第三编

万里烽烟惨淡天

（1937—1949）

第一章　颠沛流离

1937年7月7日，抗日战争全面爆发。1945年8月，抗日战争结束，中华民族取得了最后胜利。经过解放战争，中国共产党领导全国人民于1949年10月建立了中华人民共和国。多年的战争，给中山大学造成了巨大损失。但同时，中山大学广大师生砥砺气节，团结一致，抗击外敌，追求进步，救国不忘读书，读书不忘救国，取得了显著的成绩，在中国现代教育史上谱写出了流光溢彩的一页。

第一节　与子同仇

一

从1937年8月起，日军开始长期轰炸广州。从1938年5月28日起，日军飞机大规模轰炸广州市区，一次来的飞机最少是12架，最多的时候是52架，丢下的炸弹都是300～500磅的巨弹，每天来袭最少3次。5月29日、6月6日，整日都是在轰炸中，广州全市民众简直没有喘息的时候。商店、民家、学校、幼稚园、医院，甚至于屋顶上铺了法国国旗的韬美医院，全都是日军轰炸的目标。5月28日和29日，广州每天死伤的人数在1000人以上。6月6日，死者1200人，伤者多得无法统计。①

日军对广州的大轰炸，给广州带来深重灾难，中山大学也未能幸免。1937年8月到9月和1938年3月到6月，中山大学石牌校本部和市区附中校舍被日机轰炸多次，部分校舍被炸毁，死伤近20人，图书设备也损失不少。1937年10月5日，针对日机轰炸中山大学，校长邹鲁对报界发表谈话，揭露日本帝国主义轰炸中山大学的真实目的，并从文化的角度揭示了中山大学坚持抗战的意义："倭寇对我国侵略，不但欲占领我全中国，且欲侵凌世界，及毁灭世界文化，故开战以来，对于我国文化机关特别加以摧残，肆意轰炸：天津之南开大学，河北女师，河北工学院，沪江大学，吴淞同济大学，南昌之葆灵女校，武昌之文华中学等，此世人之共知者。本校为总理手创之大学，而石牌新校尤为总理所计划，故规模最大；员生素受总理主义之特别熏陶，故抗敌精神亦最发扬，敌人早有以中山大学为抗日之大本营之名词，所以抗战以来数次轰炸本校。本校

① 夏衍：《广州在轰炸中》。该文原载1938年6月8日《新华日报》，现收入《广州抗战纪实》，广州市政协文史资料委员会、广州市人民政府参事室、白云区政协文史资料委员会、从化市政协文史资料委员会合编，广东人民出版社1995年版，第380页。

周围三万余亩，并无其他建筑物，敌人报纸曾目之为文化区，如非敌人故意消灭文化机关，绝无数次轰炸之理。有谓总理规划此校，规模宏大，致被敌机轰炸；然其他规模之大不如本校者，亦遭轰炸，可见敌人专欲消灭我文化机关无分规模之大小。”①

1938 年 6 月 5 日中午 12 时左右，日机数架盘旋于中山大学文法理三学院暨附中上空，先后投弹 2 大枚，其中 1 枚落在校门前，大学与附中号房应声而塌，当场炸死 2 人，炸伤多人。1 枚落在高中宿舍前之避难壕，当场炸死 2 人，炸伤多人，房屋多间被炸坏。事后，校长邹鲁对各文化机关暨各大中小学发表通电。称“暴敌此次侵略我国，注意毁我文化机关，尤欲毁我纪念总理为革命精神中心之唯一大学，昭然若揭。本校员生虽蒙此惨难，誓踏已死同学血迹，益加奋斗，决以全力保此革命策源地之纪念总理唯一大学，策进国家民族之抗战力量”。②

校长邹鲁并有《哭张生兰光》一诗，悼念在轰炸中牺牲的学生。③

6 月 6 日，日机再次轰炸中山大学，文学院东堂教室南部被毁，图书仪器悉遭毁坏，幸好员生提前躲避，没有造成人员伤亡。事后，校长邹鲁再次致电各文化机关暨各大中小学，谴责日本帝国主义的罪恶行径，并表示中山大学的全体员生将不屈不挠，继续奋斗，为取得抗战的最后胜利而努力。④

国立中山大学受敌机投弹调查表（英尺计算）⑤。

日期	地点	弹类及数目	炸裂泥土阔度	炸裂泥土深度
1937 年 8 月 31 日上午 6 时	蚕学馆西边竹林	炸弹 3 枚	一枚约 30 英尺	20 英尺
			二枚约 20 英尺	15 英尺
	螺旋岗山腰	炸弹 1 枚	约 18 英尺	约 11 英尺
9 月 22 日上午 3 时	第五宿舍前 10 码化粪池	炸弹 1 枚	约 12 英尺	约 8 英尺
	农学院面前左边马路	燃烧弹 1 枚	约 3 英尺	约 1 英尺
	理学院南边	燃烧弹 1 枚	约 7 英尺	约 3 英尺
	传达室后	燃烧弹 2 枚	约 7 英尺	约 2 英尺
	法学院西边山脚树林	炸弹 1 枚	约 12 英尺	约 7 英尺
	温室西边山脚	炸弹 1 枚	约 15 英尺	约 7 英尺
9 月 23 日上午 4 时	办公厅前绒球场	炸弹 2 枚	一约 20 英尺	约 11 英尺
			一约 15 英尺	约 9 英尺
9 月 24 日上午 4 时	传达室后 10 码	炸弹 1 枚	约 13 英尺	约 7 英尺

① 《国立中山大学现状·序》，1937 年版。现藏于中山大学图书馆校史室。邹鲁校长的这篇序言前面，有编者题记：“本年本大学现状编成，原欲请校长作序，不料芦沟桥事变突起，校长在京，主持抗战大计，无暇握管，兹谨录其廿六年十月五日本校被寇机炸后，对报界发表之谈话，冠之篇首，以作校长之序言。”

② 《本校附中昨遭敌机轰炸》，见《国立中山大学日报》，1938 –6 –6。

③ 见《国立中山大学旅川同学会会刊》（创刊号），1939 年 4 月。藏中山大学图书馆校史资料室。

④ 《寇机再次轰炸本校》，见《国立中山大学日报》，1938 –6 –8。

⑤ 萧冠英：《一年来校务概要》（稿抄本），1938 –7 –7。

续上表

1938年3月1日上午7时半	农场主任室附近	炸弹3枚	约12英尺	约8英尺
	农场办事处附近	炸弹3枚	约10英尺	约6英尺
	森林股办事处附近	炸弹1枚	约12英尺	约8英尺
1938年6月5日正午12时	文明路旧校附中大门号房被毁	炸弹1枚	约20英尺	约18英尺
同日	附中学生宿舍前防空壕	炸弹2枚	穿入壕内7英尺许阔约8英尺	
6月6日晨	附中东讲堂教室	炸弹1枚	南向4间课室俱自屋顶落弹至地瓦砾横飞	

日机的骚扰甚至狂轰滥炸，使美丽的校园弹痕累累，再也安放不下一张平静的书桌，为了保障师生员工的安全，在轰炸中坚持办学，学校采取了很多措施。

首先，学校修建了许多防空设施。如学校在某实验室下面修建了防空地下室1所，在各学院附近以及附校均增设防空壕。为保障教职员工的安全，学校在防空地下室的各出入口均设消毒室，每一间消毒室都设防毒滤气机，各室均装有从德国进口的钢制防毒门和从美国进口的保险防毒门，用来防备毒气侵入。为了换气，在各室上面装置打风机4架，可以供整个防空地下室各室换气。地下室特设有电机房和电池室，以便于发电和动力之用。地下室还有厕所、浴室、医药房、上下水管、污水井、食水井等设施。地下室顶部距离地面的厚度有40英寸，地下室原高12英尺，原有面积3200平方英尺，以每人占8平方英尺计，可以容纳400人。在这样的基础之上，学校又扩建了4000平方英尺，同样计算可以容纳500人。除去墙壁和机械装置占用面积，实际可容纳600人。中山大学当时共有教职员工2000余人，这个地下室无法完全容纳。为此，学校又在各个学院附近增设防空壕。防空壕的壕身和壕拱全用四隅砖（两块砖长的厚度为44厘米）士敏土砂浆砌成，结实程度已经超过德国制定的38厘米的标准。学校当时完成的防空壕共有10余座。石牌校区各学院各宿舍和附校的防空壕在1937年8月开始建筑，3个月完工。① 中山大学防空地库建筑表如下：

号数	长度（英尺）	宽度（英尺）	容纳人数	建筑费	所在地
一号	（一）232	10	460	8,184.43	理学院与第五宿舍间
	（二）100	5	100		
二号	220	10	440	5,424.12	教职员宿舍
三号	（一）307	10	615	8,583.30	法学院北与女生宿舍间
	（二）36	5	30		
四号	（一）260	10	520	9,720.96	文学院北与第二宿舍间
	（二）70	5	70		
五号	23	20	80	1,891.40	研究院

① 萧冠英：《一年来校务概要》（稿抄本），1938-7-7。

续上表

号数	长度（英尺）	宽度（英尺）	容纳人数	建筑费	所在地
六号	448	5	576	946.46	六七八九宿舍
七号	（一）135	5	180	1,000.00	农学院北
	（二）45	8	90		
	（三）38	6	50		
八号	773	4	770	3,800.00	医学院
九号	1610	4	1600	876.00	附中
总计可容人数为5581名					

注：

一、二、三、四号系两边砖壁顶砌砖拱。

五号，四边砖壁，顶盖钢筋三合土。

六号，用杉板及板盖，顶面盖砂泥。

七号，用杉及板，顶盖砂泥。

八号，掘濠杉板沙包泥土盖顶。

九号，露天。

其次，有意识地在学生和教职员中间进行防空知识的宣传和防空训练。该项活动早在抗战全面爆发之前即已开展。如1935年12月11日，学校在文明路旧校址大礼堂举行防空军训常识公开演讲。主讲者将各种器械图表加以解释，并开放听音机、警报机、探照灯，发射通信弹、照明弹，穿着防毒面具、防毒衣帽鞋手套，分解高射炮模型，使用烟幕伪装消毒药品等。① 1936年11月，中山大学的学生集体前往参观广东省防空展览会：11月21日上午9时至11时为中山大学学生参观时间，人数为1778人，11月25日上午10时半至12时为中山大学附中学生参观时间，人数为2000人。② 1935年12月9日的《军事训练部布告》指出："现代战术日新月异，由于空袭突飞猛进，都市危险，倍诸乡村，以故城市人民，对于防空常识，急宜普及，以备万一。"③ 学校要求学生在听防空知识演讲的时候，穿着军服，打脚绑，扎皮带，模拟空袭实况进行训练。1935年12月19日的《国立中山大学日报》登载了《广东防空各种灯火、船舶灯火、车辆灯火管制规则》，向中山大学师生员工宣传日机轰炸时进行灯火管制的方法。1935年12月24日的《国立中山大学日报》登载了《防空工作急于一切》和《防空问题》的演讲，向全校学生和教职员工介绍防空知识。

日机轰炸期间，学校在灯火管制、师生的着装等方面均有规定。"为避免空袭视线起见，本校员生工警宜改穿灰黑或草青色服装，藉避危险。"④ "现值非常时期，本校所设铜钟，已成为警报符号。自明日上课起，应予暂停鸣钟，只由各学院用手摇钟，以免淆乱听闻。"⑤ "敌机夜袭时，不但电灯须先熄灭，即一切油灯蜡烛手电筒亦不得燃点照

① 《附中军训生参加防空演讲纪要》，见《国立中山大学日报》，1935-12-14。

② 《大学布告》山字第292号，见《国立中山大学日报》，1936-11-21。

③ 《军事训练部布告》（第15号），见《国立中山大学日报》，1935-12-10。

④ 《大学布告》山字第524号，见《国立中山大学日报》，1937-9-15。

⑤ 《大学布告》山字第525号，见《国立中山大学日报》，1937-9-15。

射。”“嗣后遇空袭时，无论何人，不得故扬火焰，违者作汉奸论，拘解重办。”[①] “关于空袭警报通知办法，兹定如本校接到警报，在临时电话机未装妥以前，暂由总办公厅电知工学院，由院转知发电所照防空处规定之防空报警办法响号，水厂闻声同时发响，俾广听闻，而资准备。”[②]

最后，日机空袭的时候，学校进行休课。1937 年 9 月开学后，日机轰炸使上课时断时续。为保障师生生命安全，学校决定休课 3 周。文、法、医 3 个学院于 1937 年 10 月 22 日复课，理、工、农 3 个学院于 10 月 25 日复课。复课后两个月，谣言日军进攻华南，同时教育部又命令中山大学筹备迁校，因此学校提前休课一个月，为迁校做准备。学生则返乡或者留在市内，从事救亡工作。休课时间满后，因时局暂时稳定，经请示教育部，学校获准暂在原校上课。1938 年 5 月和 6 月，日机的轰炸使中山大学多名师生员工伤亡并造成校产被毁，学校决定再次休假整理。四年级学生因为时局关系，已经分别地方考试，可以结束学业。一二三年级的学生，则根据教育部的要求，根据学习和服务抗战并进的原则，利用暑假期间，回乡或者留在市内，或者到抗战前线，从事抗战动员和其他各项抗战工作。[③]

在学校规定的上课期间，教授必须回校上课，否则学校停止发放薪水，或者解除聘约。附中居主任数月未能到校，学校调教务主任张瑞炬接任。[④]

学校采取的一系列措施，有效地维护了学校秩序，使中山大学在抗战爆发后的第一年里，坚持了正常的教学和科研。校长室秘书萧冠英在总结这一年来中山大学的工作时说：“廿六年度的开始，适在战争发生之时。本校位处华南最前线，在敌机不间昼夜的狂袭之下，仍照部令力持镇静，维持课务。在学期之开始与终结，虽均被敌机狂炸，新旧两校中弹多处，颇受损失，然于课务亦无多大影响也。”[⑤]

二

遵照教育部的规定，学校在抗战爆发初期接收了大批留日返国学生，以及各地转学学生和借读学生，分配到各个学院和各个年级。具体情况如下：

① 《大学布告》山字第 529 号，见《国立中山大学日报》，1937－9－18。

② 《大学公函》，见《国立中山大学日报》，1937－8－23。

③ 萧冠英：《一年来校务概要》（稿抄本），1938－7－7。

④ 萧冠英：《一年来校务概要》（稿抄本），1938－7－7。

⑤ 萧冠英：《一年来校务概要》（稿抄本），1938－7－7。

国立中山大学各学院各年级借读学生人数统计表①

院别	系别	年级					系别合计	院合计
		一年级	二年级	三年级	四年级	五年级		
	中文	4	7	3	5		19	
	史学		2	1	2		5	
	教育	7	10	10	5		32	
文	英文	2	4	5	1		12	87
	哲学							
	社会	3	5	7	4		19	
	合计	16	28	26	17			
	法律	2	7	6	4		19	
法	政治	7	12	19	1		39	96
	经济	8	17	6	7		38	
	合计	17	36	31	12			
	数天							
	物理	2	2	2	2		8	
	化 学	1	3	4	2		10	
理	生 物	2		2	3		7	27
	地 质			1			1	
	地 理		1			1		
	合 计	5	6	9	7			
	化 工	1	2				3	
	土 工	5	7		1		13	
工	电 工	1	1	1			3	23
	机 工	2	2				4	
	合 计	9	12	1	1			
	农学	4	8	7	1		20	
	林学	1	1				2	
农	农林化			1			1	23
	蚕学							
	合计	5	9	8	1			

① 萧冠英：《一年来校务概要》（稿抄本），1938－7－7。

续上表

院别	系别	年级					系别合计	院合计
		一年级	二年级	三年级	四年级	五年级		
医	不分系	2	1	3			6	6
	合 计	2	1	3				
总计		54	92	78	38			262

1937 年度下学期　　　　1938 年 7 月 7 日制

国立中山大学各学院各年级转学生人数统计表①

院别	系别	年级					系别合计	院合计
		一年级	二年级	三年级	四年级	五年级		
文	中文							3
	史学		1				1	
	教育	1					1	
	英文							
	哲学							
	社会			1			1	
	合计	1	1	1				
法	法 律	1	6	5	4		13	36
	政治	3	4	3			10	
	经 济	5	7		1		13	
	合 计	9	17	8	2			
理	数天							4
	物理	1					1	
	化学							
	生物	2					2	
	地质	1					1	
	地理							
	合计	4						

① 萧冠英：《一年来校务概要》（稿抄本），1938－7－7。

续上表

院别	系别	年级					系别合计	院合计
		一年级	二年级	三年级	四年级	五年级		
工	化工							
	土工							
	电工	1					1	2
	机工	1					1	
	合计	2						
农	农学	3	1				4	
	林学							
	农林化							4
	蚕学							
	合计	3	1					
医	不分系	1					1	1
	合计	1						
总计		20	19	9	2			50

1938 年度下学期　　　　1938 年 7 月 7 日制

为了传授与抗战有关的科学知识和技术，加强抗战教育，从 1937 年度开始，学校对各学院的课程作了调整，并结合各专业的具体特点，改开或增开与抗战有关的课程。

各学院增设抗日课程具体如下：①

文学院战时课目表

课目	学分
国难抗战文	二
民族文学	三
历代抗敌诗选	二
战争哲学	二
太平天国革命史	二
近七十年中日交涉史	二
战时教育问题研究	二
民众组织研究	二
战时教育	三
民族教育	二
战时教育问题研究	三
国防社会组织	三

① 萧冠英：《一年来校务概要》（稿抄本），1938－7－7。

日本社会研究	三	
民族问题与国际问题	二	
战时社会统制	三	
战时都市行政	三	
日本战时工业问题	三	

法学院战时课目

课目	**时数**	**系级别**
空战法规	一	法律系
战争经济学之原理		政系
战时财政学	二	经 三　　政 三
战时经济政策	二	各系级

农学院战时课目

课目	**时数**
农村服务	二
战时农村问题	二

工学院战时课目

课目	**时数**	**系级别**
航空机	二	机械系三年级
防空防毒及演习	四	机械系一、二、三、四年级
近代战术概要	二	同上
兵器学及内外弹道学	三	机三、四
军用机械学	三	同上
防空建筑	二	
汽车修理及飞机坦克车机件之装拆		
兵器修理及配件制造		
防空防毒		电工一、二、三、四
汽车驾驶法		电工一、二
汽车驾驶法及修理法		电工三、四
电气通讯		电工二、四
电气通讯（电报电话机之修理及信号装置）		电工三
飞机修理		电工四
兵器概论		同上
摄影		同上

土木系随时举行各种军用土木工程演讲，各教授尽量介绍军用土木工程参考书。

化工系各年级学生于开学一月内，授以防毒知识及技能，定一月内授完。

本系员生均应认定战时化学工作，包括研究、制造、调查、训练、编译各项。

医学院战时课目

课目	年级	备考
战争外科学	四、五年级	各科授课时数不一，由各教授自行决定
防毒学	四、五年级	此项战时课目于廿六年度上学期开始讲授完毕后即恢复正常课目
毒气病理学	三、四、五年级	
军队卫生学	四、五年级	
战时救护学	一、二、三年级	

学校图书馆为了方便本校师生员工和广州市民了解战局和抗战文献，1938年3月份在学校石牌图书馆特意举办战时图书展览会，其内容分为：图书——关于抗战图书，搜集将近千种，暂分为十大类：①抗战论著，②抗战技术，③抗战情况，④战时经济，⑤战时社会，⑥战时国际，⑦苏俄国情，⑧暴敌真相，⑨战时地理，⑩战时期刊。每类分成为若干小类，置一书架，各标贴美术图文，以清眉目。阅读者可以自己按照类别取书，无需细翻目录之苦。战时书目——抗战以来，国内文化机关，多有编刊战时书目者，但是完善书目者很少。中山大学图书馆有鉴于此，特意集中各地书目，并调查最近新刊，另编成战时书目千种，附印于图书馆主任杜定友先生所作《国难杂作》中。警报统计。图书馆乃逐日按照报纸记载作出统计并公布，使读者一目了然。剪报——分华北、华中、华南三部分，各地战讯分别剪贴于薄上，自战事之起点及其过程中，具有系统的剪贴，试一翻阅，自可明了。地名索引——战事既开展，故特着手编制战地地名索引以便参考。各地战场线之变化，我敌阵线以红蓝箭头标示出来，逐日按照报章记载而移动。抗战画片挂图，每周出版新书，均特开辟一室及书架，分类陈列以供阅览，同时准备改编明见式目录以免逐张翻阅之烦。① 这次展览取得了很好的效果。据统计，从1938年3月17日起至3月底为止，阅览人数达到1595人，每日平均133人，约占在校学生的六分之一。所阅书报除在架前自由检阅者无以统计外，共有32100本，其中以阅读杂志者为最多，计1488本。考虑到此次展览仅限于留校农工两院，其他学院以及附中同学未能参阅，图书馆决定再加以筹备后，迁往附中图书馆展览一个月。②

医学院四年级学生奉教育部的命令，赴南京受训3个月。此外，六年级学生郑文畅、陈韬、张家乐等29人也拟于1937年11月上旬赴南京受训，后来因事未能成行。③

学校文、法、理、工、农5个学院1937年入学的新生，原来计划在入学之后全部进行军事管理，以便于集中训练。由于石牌校部屡次遭到日机袭击，文、法、理3个学院的学生迁入市内旧校上课，暂时予以走读，学校只对留在石牌校区的工、农两个学院的新生进行了军事训练。学校还有368名学生没有接受军事训练，经呈报国民军训会批准，于1938年5月26日进行了补试。④

学校经费本来不是很宽裕，抗日战争爆发之后，教育部规定从1937年9月份起经

① 萧冠英：《一年来校务概要》（稿抄本），1938－7－7。《图书馆战时图书展览近讯》，见《国立中山大学日报》，1938－3－17。

② 《图书馆战时图书展览近况》，见《国立中山大学日报》，1938－4－11。

③ 萧冠英：《一年来校务概要》（稿抄本），1938－7－7。

④ 萧冠英：《一年来校务概要》（稿抄本），1938－7－7。

费按照七折支发，学校更是感觉困难。为此，学校采取了一些措施：一是暂停广东通志馆的工作，附小因为环境关系予以停办。二是教职员工的薪水除薪俸低的人八五折之外，其余照七折发给。三是疏散了一批人员，约200人，减少支出2万元。尽管学校极力节省，但是每个月仍然不敷使用约2万元。因为广州经常遭受空袭，需要花钱购置防空设备；学校筹备迁校，耗费日益增加；建设费停发之后，拖欠建筑商人和洋行订购书籍仪器机械费用，需要挪用经常项目费用来支付；各学院研究参考需要使用的图书杂志，仍然需要筹款购置。1937年12月，因时局关系，学校筹备迁校，由于搬迁费未蒙教育部发给，学校原有经费项目又没有可以挪用的，因此不得不减少教职员工的薪水。1938年1月份，教职员工的薪水以七折复七折发给（该办法声明以一个月为限）。由于筹备迁校，寒假延长，教职员工的工作较为简单，对于学校的此项措施，教职员工均表示理解。广州屡遭空袭，医院来诊病人很少，医院的收入锐减，除本校教职员工的医药费八折外，不够数目者，由学校设法补贴。学校各个学院暨附中的免费生，也由于经费不足，补助办法也相应做了一些变更。①

三

“七七”事变之后，中山大学以抗日大本营蜚声中外，广大师生积极投身于各种形式的抗日活动之中。如召集广州市各大学教授讨论救亡会议，通电九国公约各签字国，捐款慰劳前方将士，收集乱铜乱铁，募集公债，举行庆祝胜利大巡行，等等。

为了抗日，中山大学先后成立了战地服务团、御侮救亡工作团、抗敌后援工作团、抗战教育实践社、抗日先锋队等组织。

（一）募制寒衣

广州各界募制寒衣慰劳前方将士委员会于1937年11月29日成立。该委员会成立后，决定募制寒衣20万件，慰劳前方将士，并决定中山大学负责募制寒衣4000件。此次募制寒衣，一律照价折交现金，统交市立银行代收，由该会代制。中山大学的教职员工和学生认捐棉衣，一概按照衣价交纳现金，一件棉衣交纳国币1元8角，2件棉衣交纳国币3元6角，依此类推。参照全校员生人数和薪俸多少制定出来的认捐办法如下：①大学教授，每人3件，应交纳国币5元4角。②大学讲师，每人1件，应交纳国币1元8角。③附中教员，每人1件，应交纳国币1元8角。月薪在毫券180元及以上者，每人2件，应交纳国币3元6角。④大学、附中、附小职员，月薪毫券50元以上者，每人1件，应交纳国币1元8角。⑤附小教员，每人1件，应交纳国币1元8角。⑥大学学生，每人1件，应交纳国币1元8角。⑦附中学生，每4人认3件，每人应交纳国币1元3角5分。⑧附小学生，由刘主任负责劝导担任以共认20件为额。②

（二）御侮救亡工作团和抗敌后援会工作团

为了积极进行抗日救国工作，暑假期间，学校成立了广东民众御侮救亡会中山大学

---

① 萧冠英：《一年来校务概要》（稿抄本），1938-7-7。

② 《大学布告》山字第568号，见《国立中山大学日报》，1937-12-16。

工作团，设立指导部，推定正副团长等40余人。进入8月份以来，由于日机轰炸，学校课务受阻，御侮救亡工作渐趋停顿。自从10月25日各学院分别复课以来，御侮救亡工作又提上日程。为了征求全校员生的意见，1937年11月13日，学校在附中钟楼会议室召开救亡工作团指导员及团长、学生代表等临时会议，商量开展救亡工作办法，到会的有教授陈安仁等20余人。会议拟定了救亡工作大纲。[①] 经过会后的积极筹备，11月25日，各指导员及正副团长宣誓就职，推定队长，分别编队。大会由广州市民众抗敌后援会派人来校监督，萧冠英院长为主席领导行礼并致词，词毕各就职人员举右手宣读誓词。誓词如下："□□□以鉴于外侮日亟，国难日深，本爱国之天责，誓在本校御侮救亡工作团领导下，接受上级指导，齐一步骤，从事御侮救亡工作，以期解除国难，复兴民族。如有违背斯言，甘受最严厉之处分。宣誓人□□□谨誓。"[②]

为了统一名称，1937年12月，广东御侮救亡会中山大学工作团改称国立中山大学抗敌后援会工作团。12月8日，学校举行抗敌后援会工作团成立典礼暨团队长宣誓仪式[③]。

后援会工作团成立后，公布了救亡工作大纲及团员志愿技能调查表。各院系员生工友分头工作，开展各项活动，如筹备中山大学及附中抗先队、工作团干事会、女同学救亡团体、寒假返乡工作团等，文学院开设战时短期训练班，法学院举办暑期工作团，创办法学院抗敌剧社。还有工友自动辞职北上参加机械化部队训练上前线杀敌。组建了中山大学北上服务团暑期随军服务团，成立了民众夜校，慰劳伤兵难民，劝募公债，征集寒衣，移菊花展览会之所得以慰劳前方将士，参加广州市庆祝鲁南大捷大巡行，公祭黄花岗，追悼抗日阵亡将士死难同胞大会等。中山大学工作团学生代表出席在汉口举行的中国学生救国联合会，被选为常务委员。广州市遭受日机轰炸之后，即有中山大学学生发布《中大员生暑期工作计划大纲》。又有学生印发《市民防毒要览》，分赠本校教职员工和学生以及市内外各个机关团体，以助展开防毒工作。为了增加同学的救亡知识，以及了解抗战国际演变，每周星期三下午延请党政军暨教育界负责者以及社会名流来校演讲。[④]

中山大学抗敌后援工作团虽然制定了严密的工作计划和行动纲领，并展开了实际行动，取得了一些成绩，但由于广州的沦陷和中山大学的搬迁，许多工作计划被打断，并没有得到实施。

国立中山大学抗敌后援工作团工作大纲如下：[⑤]

（一）总说

（1）本大纲以教育部颁行各项训令及办法为遵循方针。

（2）本大纲以在不违背课业进行下，实施救亡工作为主要方法。

（3）本大纲以拥护全面抗战为最高任务。

（4）本大纲以信赖政府，团结民众，长期抵抗，最后胜利为中心信念。

---

① 《本校御侮救亡工作临时谈话会纪要》，见《国立中山大学日报》，1937－11－18。
② 《本校御救团指导员正副团长昨举行宣誓就职礼情形》，见《国立中山大学日报》，1937－11－29。
③ 《本校抗援会工作团举行成立典礼》，见《国立中山大学日报》，1937－12－9。
④ 萧冠英：《一年来校务概要》（稿抄本），1938－7－7。
⑤ 《国立中山大学抗敌后援工作团工作大纲》，见《国立中山大学日报》，1937－12－20。

（二）基本原则

（1）本团工作以研究抗战，实践抗战，强化前方，稳定后方为第一原则。

（2）本团工作应兼眼前需要与远大目标，并重政治训练与技术训练。

（3）本团工作应有严密步骤，由认识需要而实施训练，由经过训练而实行活动。

（4）本团工作应遵守战时教育的指针，一切课程及知识要战争化，一切工作及行动要教育化。

（三）工作纲领

1. 一般工作

（1）军事训练——除由军训部就术科中增加阵地战、游击战、消耗战、运动战外，应增设下列各种训练：

1）交通运输、工程、谍报、汉奸侦查、测绘、电信、纠察、战地服务各种工作；

2）国防技术，如机械、电气、化学兵器、燃料、前方将士之食品等。

上述工作可依其个人志愿选择，编成队伍，分班训练。

（2）救护与自卫训练——救护训练、秩序训练、技术训练须同时举行，拟由本校医、工、理各学院及军训教官或医院人员担任教授急救、看护、防空、防毒、药剂装配、行军卫生等技识。

（3）政治训练——拟举行周会或暂借总理纪念周举行国际情势、日本情势、抗战前途、民运工作及救亡意识等精神讲话。

（4）出版抗战刊物——拟出版国际宣传及抗战研究刊报各一种，集中本团团员力量，以前者作为本团向国外宣传之喉舌，用英、法、德、日等国文字广播我国为世界道德、和平、公理、正义誓死自卫、抗战到底之决心，期求博得国际舆论及友邦人士之同情与援助；以后者作为本团研究抗战学术、发表抗战理论之专刊。期于社会科学或自然科学方面有所创造发明，贡献政府以备采纳。

（5）抗战知识讲座——拟于课外时间举行定期抗战知识讲座，广延专家及学者作抗战经济、抗战军事、抗战文化及民众之训练与组织等演讲。

（6）战时问题研究室——本团应设法与本校图书馆、实验室、研究所等合作，举办大规模之战时问题研究室，分门别类，征集研究人员，厘定研究专题，或接受政府指定问题，作集体研究之合作与分工，以解决各种抗战需要。可分战时政治、战时外交、战时经济体系、战时文化、战时社会、战时军事六大类，即自然科学与社会科学按照抗战需要以充实国防为原则。

（7）捐募运动——捐募运动为抗战期中中华国民之天职，第一步应先举行党政军及豪富献金运动，以符“有钱出钱”之原则，而激励无钱者出力之义愤，余如征集慰劳金，征集慰劳品，征集医药品，征募棉衣，征募军用品，搜集碎铜乱铁，征集阵亡将士抚恤金，一日一分，节约储金等，均须依次举行。

（8）宣传活动——经常之宣传活动，以不妨碍课务为原则，拟用段落举行办法，实施下述之活动：

1）街头演剧——由本团戏剧社团主持，于课余时间公演之；

2）轮回演讲——以各院工作团为单位，轮流出外演讲；

3）流动歌咏——用街头歌咏、电台广播，或歌咏教授等方法，于假日或夜晚行之。

除上列三项外并须从事后面各种工作：壁报；漫画；改编舟车上之卖药商或小贩者之抗战歌咏；请政府通令各戏院（无论电影或戏剧）须配合抗战，激励人民，禁止报纸登载诲淫诲盗及神怪小说，须播输民族斗争意识为原则。

(9) 抗战民众夜校——本团为协助政府，动员民众，普及教育，参加抗战起见，应附设抗战民众夜校，以在学习抗战技术过程中，获得文字知识为主。惟必须根据三民主义，配合目前民族解放斗争精神与技术训练，编辑战时教科书，以资教授。

(10) 集体的自我教育——在本团之组织下，建立正常的集体生活，规划战时学习内容及战时工作，遵守团体纪律与精神，实行工作检查与自我批判，检验抗战理论，实践救亡活动。于社会方面，则须举行改善人民最低限度之生活，难民之安置，战时儿童保育问题之研究与协助政府实施运动。

(11) 座谈会、讲演会、讨论会、研究会及其他。

2. 专门工作

本团之专门工作，应根据各院系学习内容与研究兴趣而规定。譬如理工学院工作团应偏重于机械技能之训练，如装驶车船、辟修桥路、装修电气、制造军用品、防空防毒等；农学院工作团应偏重于生产技能之训练，如园艺、造林、除虫、垦荒、种粮、水利、肥料等；医学院应偏重于救护技能之训练，如急救、看护、治疗、手术、医药配制、毒气预防等；文法学院应偏重于宣传组织技能之训练，如演讲、戏剧、慰劳、调查、情报、出版及民众组织与训练等，宜由各院工作团斟酌环境需要，制成各自之完备方案，以与课程活动相联系，与原有工作相配合，交由本团指导部通过施行。

（四）实施程序

(1) 制发本团团员志愿技能调查表。

(2) 收集上项调查表分类统计及登记姓名。

(3) 拟定各院工作团专门工作计划。

(4) 公布分组，并准备训练。

(5) 举办一般工作。

(6) 举办专门工作之各种训编。

(7) 集体检讨及报告。

为实施上述各项，须由校长、教务长、事务长及各院长（即指导员）组织中山大学救亡工作实施委员会，内分政治、外交、经济、社会、文化、军事、组织、秘书各部，各部设一人或二人负责（由教授中聘任之），以辅助委员会之进行，每周开会一次，开会时可请团长参加。

（三）中山大学战地服务团

中山大学战地服务团是抗日战争初期，中山大学师生组建的群众性抗日救亡组织。该组织成立于1937年底至1938年初，校长邹鲁为名誉团长，邹鲁夫人梁定慧为团长。该团的成立宗旨是"为动员知识分子，参加前方工作及广集后方物力，济援战地苦难军民"。该团的主要工作是北上慰问军队，以及在香港、澳门、南洋募捐药品、物资和钱款，转赠前方将士。

中山大学战地服务团选派20人组成北上的第一战区工作队。该团人员除团长外，男团员有冯伯恒、方持正、张克明等，女团员有陈璇珍、刘惠华、梁妙琼等。北上成员一行20人，于1938年2月底在广州集合，3月3日从广州出发，先后到达武汉、郑州、开封、考城、徐州、台儿庄、潼关、西安、洛阳、长沙、南昌等地，表达中山大学师生员工对抗战将士们的慰问。当服务团到达武汉时，叶剑英将军在武汉专程看望战地服务团，介绍当时抗战的形势，表示欢迎服务团到西战场去工作。

服务团成员北上采取集体消费方式，团员无薪志愿服务，沿途零用都由自己负担。到徐州后，大家所带费用差不多用完，于是队本部议决由队按月津贴每人5元零用。他们在军队中进行了抗日宣传鼓动活动，宣传方式主要有：①口号宣传。包括街头演讲、按户访问和个别谈话三种。②歌咏宣传。除演唱一般流行的抗日救亡歌曲之外，还搜集本地民谣，把它改编成具有民族形式的抗战歌谣。③戏剧宣传。④文字宣传。主要有壁画、标语、图画、漫画，宣传抗战形势、抗战故事、抗战知识等。这些宣传，受到群众的热烈欢迎。1938年10月23日，服务团在醴陵途中从报章中得知广州陷落，便折回广西桂林，后又辗转入粤北而到潮汕，推派一部分成员留在龙川工作，另派3位成员由汕头回香港向梁团长报告，1939年元旦抵香港。

中山大学战地服务团东江队和香港总会救济难民队在老隆办起了一所平民医院，设立民众诊疗所，为治疗伤兵和平民做了不少工作。

服务团北上前的筹备和出发后的给养，需要得到社会各界人士的赞助。当时广州受日本飞机的轰炸，中上层市民大部分都迁往香港避难，市面上十分萧条，因此在广州募捐困难。服务团决定到香港设立办事处进行募捐。1937年11月，中山大学战地服务团驻港办事处成立，地址设在香港华人行五楼。服务团团长梁定慧亲赴香港主持。他们的工作得到了香港社会各界人士的支持。为发起募捐，服务团成立了征集委员会，聘请香港热心人士担任委员，请香港名流担任顾问。为了在香港扩大影响，服务团于1937年12月15日举办赈灾游艺会。通过义演、信函、"一仙运动"和慰劳袋运动等活动，服务团在香港和澳门等地募捐到了大量的款项、药物和物资。服务团除留下极少部分作为活动费用外，将大部分款项和物资都转送抗日将士。如第二十集团军总司令商震在武汉表示："中山大学战地服务团由香港送来银鹰金星纪念章一座，另救伤药品三十九大箱。隆情厚意，不远千里，良足深感。"

从1940年1月24日起，梁定慧团长及秘书潘达刚等人由越南前往星马慰问侨胞，报告该团的工作情况，并向侨胞募集药费，历时4个月，于5月26日返抵新加坡。梁定慧团长等人，先后经过柔佛、马六甲、森美兰、吉隆坡、彭亨、怡保、太平、金保、槟城等埠，所到之处，受到侨胞的热烈欢迎。该团在马来亚募集药费，得到侨胞的热心赞助，计柔佛5万元（国币，下同），马六甲24000元，芙蓉3000元，吉隆坡14万元，霹雳4万元，槟城4万元，其他如彭享、新加坡等地预计可达供50万元。此外，新加坡热心侨商陈永氏，所捐30万元，指定为医院设备之用。

1940年8月，中山大学战地服务团设在老隆的平民医院迁往桂南续办。医科毕业生以及受过救护专业训练的成员前往桂南续办医院，其余的则于9月下旬前往。1941年，香港沦陷前夕，港澳居民疏散，中山大学战地服务团驻港办事处工作亦宣告结束，返回内地。梁定慧团长由香港前往南宁，代表服务团进行了慰问伤兵、义兵、救济难民等活动。后来，沿海各省城市以及香港等地相继被日本帝国主义占领，所有抗日机关团体都转入农村工作。1942年，梁定慧团长带领服务团成员也转入农村进行宣传工作以及妇女工作。①

中山大学战地服务团募捐收入及开支情况如下：②

部分募捐收入情况：

活动名称	时间	地点	募捐情况
游艺筹款	1937年12月15日	香港	港币2413元3毫3仙
赠券劝销活动	1938年5月31日结束	香港	港币1429元
卖花活动	1938年6月5日	澳门	国币23元2角，毫银1012元7角5分，毫券495元1角，铜元9283枚，港币207元6角1分
“一仙运动”	1938年8月13日至19日	香港	港币25525元1毫
澳门花界拨第三期局款		澳门	粤币139元，毫银470元。
瑞兴百货公司捐拨门市10日收入全部货价5%		香港	港币1391元1毫9仙

募捐慰劳袋及转捐情况：

<table>
<tr><td rowspan="2">募到</td><td>时间</td><td>地点</td><td>数量</td></tr>
<tr><td>1938年9月20日起</td><td>香港</td><td>捐赠慰劳袋898个，交款委办280个，战地服务团成员自制2000余个</td></tr>
<tr><td rowspan="6">转捐</td><td>批次</td><td>数量</td><td>接受单位</td></tr>
<tr><td>1</td><td>8大箱约1600个</td><td>广东省宝安县</td></tr>
<tr><td>2</td><td>17小箱约793个</td><td>广东省东江别动队</td></tr>
<tr><td>3</td><td>6箱约400个</td><td>香港鹤山商会，鹤山筹赈会，鹤山自卫团</td></tr>
<tr><td>4</td><td>10大包1010个</td><td>澳门妇女慰劳会，广东省中山县唐家湾抗日自卫团第六队</td></tr>
<tr><td>5</td><td>慰劳袋1114个，袜子408打，毛巾83打</td><td>交广西银行转赠第五路军</td></tr>
</table>

① 《国立中山大学战地服务团工作第一年》，藏中山大学图书馆校史室；《活跃的中山大学战地服务团》，见《中山大学学报》（哲社版），第105～110页，1986（1）。

② 《国立中山大学战地服务团工作第一年》。藏中山大学图书馆校史室。

中山大学战地服务团港币账各月份分类支出表：

时间	办事处经常费	购置费	办公费	特别工作策动费	药物及慰劳品费	捐赠费	制装费	交通费	前线工作队经费
1937.11	129.28	79.16	65.44	100.00	33.07	——	——	——	——
1937.12	139.98	——	15.00	577.96	267.60	——	——	——	——
1938.1	201.86	694.00	37.12	82.00	583.45	——	412.93	26.85	——
1938.2	136.06	78.23	5.15	——	248.00	——	195.12	58.80	——
1938.3	88.05	6.75	6.20	——	——	——	——	——	2000.00（注：2000元港币1937年3月份换国币94，算得2120元）
1938.4	71.19	5.82	8.45	——	——	——	——	——	——
1938.5	99.79	8.27	7.20	——	——	——	——	——	——
1938.6	99.05	25.66	10.40	124.00	668.13	——	——	——	——
1938.7	147.67	248.92	12.60	148.41	2,902.60	670.00	53.20	60.00	——
1938.8	202.34	51.70	15.50	1,200.83	2,862.10	22.00	10.00	156.10	——
1938.9	195.62	92.97	12.60	597.41	3,642.81	5,049.00	——	——	——
1938.10	180.45	12.92	14.00	——	2,588.09	——	——	——	——
1938.11	163.02	2.00	11.00	14.00	1,974.35	——	——	——	——
1938.12	139.67	5.76	9.00	84.80	1,884.91	2.00	——	——	——
1939.1	159.40	22.65	6.20	——	576.15	——	——	——	——
1939.2	166.24	1.10	6.10	4.00	——	2.00	——	——	——
总数	2,319.67	1,335.91	241.96	2,933.41	18,321.26	5,745.00	671.25	301.75	2,000.00

抗战开始后，中山大学研究院教育研究所代主任尚仲衣教授，积极宣传抗日，在他的主持下，《教育研究》连续出版战时特刊。他亲自撰写了《民族危难中的教育政策问题》、《中国教育应有的转向》、《致下乡做救亡工作的青年》等文章，指导抗日救亡运动的开展。他还以教育研究所为阵地，在广州组织抗战教育实践社，举办自修班和特种训练班，培养抗日救亡力量。他还自兼自修班的班主任，并安排教育研究所的师生担任自修班的教学工作，他还曾以自修班学员为基本队伍，组织抗战教育服务团，前往宝安县等地开展抗日救亡工作。①

（执笔：游修庆）

第二节　烽火兴学

1938年10月中旬，广东当局纷纷撤离广州，中山大学奉命迁校。抗战8年，中山大学几度迁徙，数易校址，校舍和校产损失惨重。虽然条件极为艰苦，但中山大学坚持教学和科研，为其历史添上了可歌可诵的一笔。

① 梁山、李坚、张克谟：《中山大学校史（1924—1949）》，上海教育出版社1983年版，第93～94页。

一、澄江办学

（一）搬迁澄江

1938年10月21日，日军占据广州。在日军的枪炮声中，中山大学于10月19日至21日分批离开广州。

关于迁校经过，当时负责迁校工作的校长室秘书萧冠英教授事后向全校师生报告道：

> （日本帝国主义）穷兵黩武，泥足深陷，不自悔惧，于去年（1938年）十月侵犯华南。当时五年烽火，一日数惊，冠英受邹校长负托之重，为保存学校，保存文化起见，不得不谋他迁，以图恢复课业。盖此不仅使师生减少施教研究精神上的不安，且亦求图书实验设备的充分应用，然后能宁静致远，以维民族永久的生命于不堕。十月十九、二十、廿一那三日，我们全体的员生工友就忍痛分批离去此经营数十载伟丽可爱的文化城，而迁罗定了！至于比较重要而有价值的图书仪器约六百箱早已事先寄存于沙面、香港、九龙等处，其余大部分的书籍器材机械则赶速搬迁，然因本校远处石牌，运输车辆又缺少，迁延时日，直至教寇压境，烽烟四起，市民奔走骇汗之时，二十一时始行停运，而其时所雇拖轮，竟驶避他处，几经设法，然后将各船只驶离穗垣。但那时回顾市内已火光熊熊，机声轧轧，枪炮射程几达沙面，此为十月廿一晚的情形。幸各押运员役，冒死维持，勉励船夫撑离险境，竭一夜一日之力，才到顺德县属的勒流，其时敌机频在天空盘旋投弹，员役奔走凫水上岸，情状至为狼狈，于是各人即行集会商议，图谋补救办法，当即议定由李沃维乘小船到江门及陈村两处，雇请轮船与报讯，奔走辛勤，至为艰苦，而其时又因主管银钱之人，既乘员生运输船先行，而原雇既收定银之轮船，临时失踪，迫得醵资另行租雇轮船，然后始能将各船集拖行。是次以陈伯中、李沃维、李俊白、萧潘等为最尽力，其余各员役，亦能本着牺牲的精神，尽其最大的能力，冒难犯死，来保存我们的校物，保存我们□□□□的文化，是最值得称颂的。其时各院长及主任等有些是随各船只从水路出发，有些是循陆路经肇庆、云浮等地方互相照应。及抵达罗定，我们的校物共有一千一百八十五箱，共重一十四万四千零五十市斤，约七十二公吨，虽然是还有一小部分的图书仪器不及运出，但我们已尽了最大的力量，□□□□良心上是无所用其惭愧的，但此种不得已的损失，我们仍感觉着异常的遗憾。学校迁抵罗定之后，校物也平安抵达，我们的初意原拟在罗定恢复上课，嗣以敌机不断进援，各方又情报隔绝，人心浮动，觉得要将同学读书的心情安定下来，势无可能，冠英乃与各同事商议重迁，拟于桂滇等省选择适宜地点，除请邓孝慈教授就近在滇选觅校址，及分派黄幹桥、石兆棠两副教授赴桂勘察情形外，后成立运输委员会，内分总务、押运、编配、调查、收支各组，每组设主任一人，推定秘书长、教务长、总务长、各院长、图书馆主任、文书部主任、庶务部主任、会计室主任，及教授数人为委员。并推

定邹卓然为主席，张掖为总务组主任，杜定友为押运组主任，虞仰泉为编配组主任，张梦石为调查组主任，盛礼约为收支组主任。每组配设干事数人，订定章则，出发前由调查组主任率同事在梧州、桂平、贵鲜、南宁等地方设站，另请崔载阳、刘均衡、胡兆辉各教授及助教蔡启生、讲师叶锡荣等往龙州，以备接应。由去年（1938 年）十一月底，将各院部的图籍器物分为大湾、罗镜、罗定三队，派定押运员役雇备民船，先后起行。十二月初在南江口集合，改用大号民船，由轮船拖带，共分四批起运。冠英与邹总务长旭升教授及法学院长黄质中教授，工场主任胡启安教授，文书部主任虞仰泉先生等往南江口检查校船。……在本年（1939 年）正月初间的时候，冠英已先抵龙州，觉龙州因环境及给养关系，仍不适宜于设校，乃即决定迁赴云南澄江。而其时复接校长□□□□□□随即与龙州各机关接洽轮输校物出口及领取护照等事，并赴同登，那同登详查沿途交通运输事宜，大致就绪，即往河内布置运输中站，与驻河内许总领事念曾，海防刘副领事家驹、黄莫京先生及北圻铁路当局接洽过境、减费，暨各种通行便利的事务。请图书馆杜主任在同登设站招待员生过境，租赁车辆，编配联络，照应校物的运输，又请邓教务长及各院长教授等先赴昆明及澄江等地方，规划校舍，布置上课各事宜，即在澄江县城普福寺先行成立办事处，由刘均衡教授主持，邓教务长则来往昆澄之间，筹划一切。一月廿八日，越南方面事务大致已妥，冠英即行，遄赴昆明，于二月九日与邓教务长来澄江，二月十日举行开学礼，布告三月一日上课。计由一月到澄，筹备不满两月，即能复课，此皆由各同事同学们具爱护学校之热忱，乃能有此效果，实不能不令我们感觉异常兴奋的。至龙州方面为一总汇点，所有员生临时住宿，领取护照，运输编配等事务，均由邹总务长虞主任负责办理，经几许之困难，直至本年（1939 年）二月中旬将全部校物经改编后实共一千一百二十一箱，于数日内运输完毕，陆续抵达昆明。在昆明的时候复须与西南运输公司商洽租赁车辆，将各校物迁运至归化，然后由归化雇用驮马牛车等接运至澄江。至于员生的输送，除集训生由军训部主任蔡佩文教授、刘求南及各教官率领，由粤北经湘桂等地前来澄江，因车辆难雇，于三月六日始行抵南宁，内有二百多名经龙州越南入滇，四十六名由百色经贵州入滇，余约六十名有三分之一经香港来滇，三分之二留在韶关，由广东省政府分发各处工作。各处员生沿途由梧州、南宁、龙州，经同登或由汕头、香港、北海、广州湾等地经海防来澄者，二十余批，计有一千多人，沿途设站招待接引。河内方面，由张掖、卢幹东两教授负责。海防方面，由张云教授、梁瓯第处员负责。香港方面，古文捷柳金田萧鹏魂三教授负责。昆明至澄江方面，由石兆棠副教授、罗禹培助理秘书负责。各人都是埋头苦干，捱尽了几许的艰辛，经历了几许的劳怨，但为着保存我们的学校，保存我们□□□□的文化，虽然是艰苦，也都是乐意去做的，迢迢远道，越悬崖，过山峡，经历了几千里的长征，来到这遥远的边区——澄江，得以恢复课业。”①

① 萧冠英：《本校迁址澄江的经过及今后我们努力之动向》，见《国立中山大学日报》，1939－11－18，1939－11－20。

这里需要说明的是，尽管1938年随着华南地区形势的恶化，中山大学早已经准备迁校，但是关于迁校的具体安排，中山大学事前并未作好计划。1938年10月，中山大学迁到广东西部的罗定，一个月之后又拟改迁广西南部的龙州，但是学校仍在考虑选择一个更为合适的地方。当时，曾于1935年左右担任过中山大学法学院院长的邓孝慈教授（云南盐津县人）住在昆明，中山大学校长邹鲁打电话给邓孝慈，请他在云南找地方。邓孝慈又和也在法学院担任主任的副教授吴信达商量，吴信达是云南澄江人，建议把学校迁往云南澄江。吴信达的意见被学校采纳，于是正在前往龙州的中山大学师生，又改迁云南澄江。①

学校此次搬迁，路途遥远，加上正值战乱，行程十分艰苦，尤其是负责押运校产工作的师生更为艰辛。当时参加押运图书仪器设备的图书馆主任杜定友教授曾绘制一幅搬迁路线图，并附有记述：

> 西行志痛
>
> 使命：押送图书，脱离险境，由广州运至云南澄江。
>
> 行期：自中华民国二十七年十月二十日零时三十分至二十八年二月二十三日下午五时三十分，凡一百一十五天②。
>
> 行程：经过广东、广西、云南、香港、安南（今越南），停留十八站，凡一万一千九百七十余里。
>
> 行侣：离广州时，同行者中大图书馆同仁及眷属四十三人，中途离队者十四人，受重伤者一人，病故者一人，到达目的地时仅二十七人。
>
> 交通：步行、滑杆、骑马、公共汽车、自用汽车、货车、火车、木船、太古船、邮船、飞机。
>
> 饮食：餐风、干粮、面摊、粉馆、茶楼、酒店、中菜、西餐，甜酸苦辣。
>
> 起居：宿雨、泥屋、古庙、民房、学校、街门、客栈、旅店、地铺、帆布床、木床、铁床、铜床、头二三四等［舱］、大舱、天堂地狱。
>
> 广州沦陷后一百三十天
>
> 无县人杜定友泣记。③

中山大学教职员陈啸江曾用诗歌记录下了学校西迁时的旅程。④

又据国民政府教育部编制的《抗战以来公私立专科以上学校财产损失统计表（1939年4月）》所公布的材料，中山大学死伤人数达12人，财产损失达6217828元，财产损失数额居全国各公私立大学之首。⑤

澄江在云南省中部，离昆明大约60余公里。1935年，昆明至玉溪的公路已经修通到呈贡县的马金铺以外，从马金铺到澄江的23公里支线公路，也已经修通10多公里到

---

① 杨应康：《中山大学在澄江》，见《中山大学学报》（哲社版），1989（4），第69～72页。

② 包括头尾天数应为126天。参见邬和镒：《中大赴滇办学记》，载《文史纵横》，2001（2）。

③ 梁山、李坚、张克谟：《中山大学校史（1924—1949）》，上海教育出版社1983年版，第97页。

④ 陈啸江：《西行回忆（起南宁迄昆明）——迁校鸿雪录之二》，见《国立中山大学日报特刊》，1941－5－4。

⑤ 国民政府教育部编：《抗战以来公私立专科以上学校财产损失统计表》，中国第二历史档案馆编：《中华民国史档案资料汇编》第五辑第二编·教育（一），江苏古籍出版社1997年版，第372页。

了中关坡，到澄江县城仅有十来公里未修通。未修通的这段路，走小路只有七八公里。若沿着南盘江盘旋的滇越铁路，从徐江渡和滴水车站到澄江县城，步行也只需要四五个小时。在决定搬迁澄江的时候，中山大学曾要求云南省公路总局（报经云南省政府同意）5个月内修通中关坡至澄江路段，并表示可以补助部分工程费用。省公路总局派出技术人员进行勘查，中山大学也派出工程人员协助设计研究，公路不到4个月即修成了。以后，这条公路就成为澄江至昆明的主要公路干线。①

学校师生大部分经过广西镇南关到达越南河内，乘滇越铁路到达昆明，然后再转澄江。另有一部分则从广西柳州到贵阳再转昆明，之后再到澄江。还有的师生则从百色、香港方向到昆明再转澄江。②

为方便师生前往云南澄江新校址，学校编印了《赴滇指南》，分别在香港、龙州、同登、河内、昆明等地设立办事处，办理师生赴滇手续及给予旅途方便。从1939年1月30日开始至2月28日止，全校共组织15批750人搬迁到澄江。另外，还有几百名学生，因参加中等以上学校学生的集训，从广州撤退到粤北连县，后获知学校迁往云南澄江复课，除留下几十人由当局分派留在粤北工作外，分别结队从连江西行，长途跋涉，徒步赴滇，历经粤、湘、桂、黔、滇5省，最后赶到澄江复课。③

到2月底止，各院系共到教职员245人（校本部人员未计在内），学生1736人。④

（二）各院系安置

各院系师生员工安排妥当后，学校于1939年3月1日开学。

学校西迁云南澄江，校长邹鲁没有随队前来，他因病请假到当时的陪都重庆治疗。学校搬迁及到澄江办学后的校务，均由校长室秘书、工学院院长萧冠英教授代理主持。

1939年5月，根据国民政府教育部颁布的规定，中山大学设立教务、训导、总务三处，设教务长、训导长、总务长各1人，分别由邓植仪、邹谦、邹卓然教授担任。校长室设秘书1人，仍由萧冠英担任（后为黄际遇），会计室设主任1人（王骏人），研究院设院长1人（崔载阳），均由教育部直接委派。教务处分设注册组、出版组、图书馆；训导处分设生活指导组、体育卫生组和军事管理组；总务处分设文书组、出纳组和庶务组，各组均设主任1人。各处均设有办公室，训导处后增设校医室，总务处后增设工程组。⑤

各学院所设学系，均按教育部订定的学系名称订正。订正后各院系名称如下：⑥

文学院：中国文学系、外国语文系英文组、哲学系、历史学系。

法学院：法律学系、政治学系、经济学系、社会学系。

理学院：数学天文学系、物理学系、化学系、生物学系、地质学系、地理学系。

工学院：土木工程学系、化学工程学系、电机工程学系、机械工程学系、建筑工程学系。

---

① 杨应康：《中山大学在澄江》，见《中山大学学报》（哲社版），第69~72页，1989（4）。
② 杨应康：《中山大学在澄江》，见《中山大学学报》（哲社版），第69~72页，1989（4）。
③ 梁山、李坚、张克谟：《中山大学校史（1924—1949）》上海教育出版社1983年版，第97页。
④ 梁山、李坚、张克谟：《中山大学校史（1924—1949）》，上海教育出版社1983年版，第99~100页。
⑤ 梁山、李坚、张克谟：《中山大学校史（1924—1949）》，上海教育出版社1983年版，第100~101页。
⑥ 梁山、李坚、张克谟：《中山大学校史（1924—1949）》，上海教育出版社1983年版，第100~101页。

农学院：农学系、森林学系、农业化学系、蚕丝学系、农业经济学系、畜牧兽医学系。

医学院：不分系。

师范学院：教育系、公民训育系、国文系、英语系、史地系、数学系、理化系、博物系。

研究院：文科研究所分设中国语言文学部和历史学部；师范研究所分设教育学部和教育心理学部；农科研究所分设土壤学部和农林植物学部。

1939 年夏，学校开始设先修班，招收高中毕业失学青年。首届经考试入学仅招 18 人，及后逐年增加。抗战期间共办 6 届，历年毕业升入各大学者近千人。

澄江一直是滇中三县二州的府治所在地。府城有一定的规模，寺庙和古建筑比较多，坝区村寨林立。中山大学迁来后，主要利用这些建筑以及自盖简易房屋作为校舍。当时，中山大学在澄江设有文学院、医学院、农学院、工学院、理学院、师范学院、研究院共 7 个学院、30 余个系，还有一个学部。学校各单位在澄江的具体分布如下：①

文学院：设在占地约 2 万平方米的城内孔庙和孔庙背后的凤麓小学一部分、玉光楼、观音阁，城外北面的斗母阁和翠竹庵。

医学院：设在城内西门旁边的土主庙、火龙庙、南门城楼，城西南面的小西城村、小里村。

师范学院和研究院：设在城内玉皇阁、建设局、极乐寺及城西北的五灵庙。

农学院：设在离县城 2 公里的鲁溪营、吉里村、洋廖营。

法学院：设在城东南面的离城 4 公里的圩溪镇，上备乐、下备乐两村。

工学院：设在县城东南面离城 3 公里的金莲乡、中所、梅玉村，同时在村东自盖部分简易房屋。

理学院：设在县城东面离城 3 公里的东龙潭、大仁庄、东山村、跨马村。

学部：设在县城的普福寺内。

在澄江，每个村子都建有两座寺庙，一座建于村头，被称为上寺，一座建于村尾，被称为下寺。上寺和下寺，除大殿之外，两厢为一楼一底的三开间，再加上门楼，一座寺庙总计有八九间房子。住在村中的师生，大都集中在这两座寺庙中。

学校因陋就简，利用土坯或者木柱做成桌脚、凳脚、床脚，再铺上木板，解决床、凳子和桌子缺少的困难。教室设在寺内，有些殿、阁还作为宿舍，而庙中又塑有菩萨，学校就用篱笆、旧布把神殿间隔开来。实习用的机器因为道路条件差，无法运来澄江，学校便在离澄江县城约 20 公里外的呈贡归化村设立实验室。晚上没有电灯照明，大家就用汽灯、蜡烛甚至油灯照明。② 在这种艰苦的环境中，中山大学仍一如既往坚持办学。

（三）校园生活

中山大学搬迁澄江以前，除教育部分发借读学生间有人申请贷金之外，其余各个学院中申请贷金者，人数很少。“惟自迁澄后，三四五等月，贷金学生，均达 1200 余人。

① 杨应康：《中山大学在澄江》，见《中山大学学报》（哲社版），1989（4），第 69～72 页。

② 杨应康：《中山大学在澄江》，见《中山大学学报》（哲社版），1989（4），第 69～72 页。

经详细审核，将瞒报家贫，彰明较著者，公布取消其贷金资格，停止续贷后，每月贷金学生，仍有600余人。”① 1939年9月，学校发布学生申请贷金办法。办法规定，各学生应当于规定日期内，向所属学院领取申请书，照式填写，附原籍县市长开具家境清贫证明书，以及同学3人保证书，呈交院长审查汇报核办。如果因为战争关系，确实无法取得县市长证明书，则在申请书备考栏目内注明，免交该项证件。新生申请贷金日期，则在开学后再行公布。② 中山大学的公费学生，原先每人每年发给国币120元，由于物价飞涨，学生生活困难，1940年1月22日，学校发布通知，决定给公费学生每人每年再给予书籍费30元，分上下两学期发给。③

整个澄江时期，中山大学师生的生活都十分困难。邹鲁在告同事同学书中指出：“本校迁澄后，虽得按时上课，然交通、卫生、警卫、各方面仍多缺憾，于喘息甫定百事草创之际部署备感困难，……乃数月以来，米价高涨，百物腾贵，一般同事同学，依然埋头教学，日则节膳忍饿，面多菜色，夜仍焚膏继晷，目注芸编，苦斗精神，始终不懈。而生活之困窘，今且更甚，一斗粗米费逾五十元，一碗白饭贵至三四角，物价房租，飞涨至数倍、十数倍而势犹未已。……爰据本校于去年二月迁澄以来之物价指数，迭请教育部酌予改善待遇，俾诸同事同学稍得安心教学，并于三月上旬派员赴昆明，与云南省政府、两广同乡会、法国总领事，分头接洽，将积存公米，照收价粜与本校；又向西贡购入越米转运诸澄，藉抒眉急，均荷热心援助，允诺实行，意至可感，然仍未足减诸同事同学之丝毫痛苦。”④

由于学校搬迁，《国立中山大学日报》亦被中断办刊多时。1939年9月25日，《国立中山大学日报》复刊，编号为2580（迁澄江后第1号）。“以印刷之不备，纸张之缺乏，以及种种困难，而改用油印，缩小篇幅，节减分量，乃不得已之举。对于各院部处场所，除各院部等主管人派送一份外，只能多派一份，发贴壁间，以供众览，其余则未多送。”⑤

1939年8月21日，全校师生员工举行到澄江后的第一次联合纪念周暨毕业典礼大会，欢送5名毕业研究生和462名毕业本科生及外校借读生41名。会上，萧冠英教授就师生员工在国难中坚持办学问题作了长篇讲演。⑥

澄江地处边隅，学校附近山岭连绵，森林丛集，颇多可为掩护疏散之处，自可无虞。但是邹卓然总务长对于预防空袭一事，极为郑重，在城内外先行分别勘查，依照地区划分，制定城内各校舍空袭疏散地点说明一份，以及城外法、理、工、农、医五院空袭疏散地点说明及地形图各一份。并致函各院部，要求如有空袭警报发出，各院部必须依照制定地点疏散。此外，还附发图式各种，张贴适宜地点，以供大家阅览，使全校员生工友等，平时得以认识道路，以免临事不致于仓促。⑦

抗战爆发后，教育部要求各大学兼办社会教育，作为实施爱国教育的基本方针。由

① 《大学布告》，见《国立中山大学日报》，1939-10-5。
② 《学生贷金证明书权宜办法》，见《国立中山大学日报》，1939-9-27。
③ 《大学布告》，见《国立中山大学日报》，1940-1-24。
④ 《邹校长告同事同学书》，见《国立中山大学日报》，1940-5-10。
⑤ 《启事》，见《国立中山大学日报》，1939-9-25。
⑥ 《演讲录》，见《国立中山大学日报》，1939-9-25。
⑦ 《预防空袭疏散地点》，见《国立中山大学日报》，1939-10-4。

于广州备遭轰炸，中山大学的兼办社会教育工作，一直未能实施。学校搬迁澄江之后，重新组织成立社会教育推行委员会，由校长函聘崔载阳院长为该委员会主席，各学院院长、教务长、训导长、事务长，暨林本侨、徐锡龄、许浈阳、陈铭新教授为委员，并以徐锡龄教授为委员会主任干事。社会教育推行委员会于1939年8月份开会两次，修正通过了《社会教育推行委员会组织大纲》，大纲要求：①各学院分别组织社会教育推行委员会分会。②推行社会教育，各院员生应一致参加。③各学院应设推行社会教育干事及助理干事一人或数人，以资责成。委员会还通过了中山大学《二十八年度兼办社会教育计划大纲》，规定本年度全校推行社会教育事业有8种，由各学院分别依专长举办具有专门性质的事业至少一种，另外协助别院举办其他性质之事业至少一种。8种工作的内容为：①公共卫生运动。②肃清文盲运动。③国民精神动员运动。④函授学校。⑤农业推广。⑥地方自治指导。⑦交通事业工程指导。⑧实用科学技能传习。中山大学的社会教育工作，计划分成两期推行。第一期时限是1939年10月到1940年6月底，该期将澄江附近区域25个乡镇，划分为7个施教区，每个学院负责一个区，要求各个学院积极筹备推行。社会教育推行委员会于1939年9月1日正式成立，10月3日搬进学校新建平房办公。[①] 各学院也相继成立社会教育推行委员会分会，聘任负责办事人员，开展社会教育工作。[②] 中山大学学生参加兼办社会教育工作办法如下：

第一条　本办法根据部颁《各级学校兼办社会教育办法》第七条及《本大学二十八年度兼办社会教育计划大纲》第七八两项之规定制定之。

第二条　本校兼办社会教育，各院学生，均应于学期开始时，按照自己专长与兴趣，选定至少一种工作参加。

第三条　本校兼办社会教育，各导师对于其受导学生之参加工作，须加以鼓励与督导。

第四条　本校兼办社会教育，各教授授课时，如所任科目有足与社会教育发生关系者，应妥为取得联络，务求理论与实际得以相互证验。

第五条　各院负责教务工作之职员，对院内学生之参加推行社会教育工作，应协同该院负责推行社会教育工作人员，订立考核成绩办法。推行社会教育工作成绩作为社会服务成绩列为操行成绩之一种，应每学期至少考核一次，录入学生成绩记录表格之内，并认为核给战区学生贷金时之重要参考。凡学生未经参加推行社会教育工作，或参加而不力者，拒给战区学生贷金。

第六条　学生参加推行社会教育工作，其有特著勤劳与成绩者，得由本校社会教育推行委员会主席联同各该院院长，呈准校长发给名誉奖或服务奖金，以资鼓励。

第七条　本办法呈奉校长核准后施行。[③]

---

① 《本大学社会教育推行委员会筹备经过》，见《国立中山大学日报》，1939－10－9。《本大学社会教育推行委员会筹备经过（续）》，见《国立中山大学日报》，1939－10－11。《本大学社会教育推行委员会筹备经过（续）》，见《国立中山大学日报》，1939－10－12。

② 《本校各院社教之推进》，见《国立中山大学日报》，1939－10－6。

③ 《大学布告》（山字第804号），见《国立中山大学日报》，1939－10－7。

1939年11月11日，是中山大学成立15周年暨孙中山先生诞辰日，学校在师范学院操场举行庆祝大会。会场布置庄严整齐，门外悬挂“庆祝总理诞辰暨本校十五周年纪念”横匾一方，两旁悬挂对联，会场中间竖立着数丈高的旗杆，国旗高飘，会场周围贴满彩纸，五彩缤纷。后面设置主席台，会场四周满布旗帜，点缀鲜花。上午10点钟左右，学校师生进入会场，校长室秘书萧冠英以及学校教务长、总务长、各学院院长等入座。萧冠英秘书报告了学校办校经过，以及学校一迁罗定、再迁澄江、苦心经营、重兴校舍、继续开学等经过。澄江县王县长、文学院代表、理学院代表、农学院代表、工学院代表、师范学院代表等先后发言。之后，全校师生演唱校歌，高呼口号，鸣放鞭炮，接着举行游艺会和种种演出，再在文庙和师范学院分别举行展览会3天。①

学校成立15周年，文学院吴康教授撰纪念祝辞如下：

> 民国二十八年十一月十一日，为本大学成立十五周年纪念日，于是本校以粤京沦陷，迁来澄江，已九月矣，抗战发动，逾二周年，寇焰日炽，复兴有日。瞻前路之光明无穷，美大学之方兴未艾，爰为辞以祝之曰：
>
> 皇皇黉宫，石牌广宅，倭寇来侵，遂沦夷狄，夹载两迁，择境数易，初入三罗，旋临桂邑，终抵澄江，湖山澄碧，再辟黉宫，重开学籍。济济青年，千里行役，剑目怵心，请求学术，撷取春华，远收秋实，培养抗战，建国能力，张我国防，遏彼蚕食，尽驱岛夷，我战则克。念我总理，手创民国，卅载革命，曰在学殖，逦命邹公，口授国策，创建本校，昭示典式。三民主义，躬主讲席，百书成②，国门不易，岁月易逝，十五周历。故国河山，犬羊足迹，悠悠澄江，雪鸿日夕，东望故乡，白云水隔，遐想珠海，金波玉液，石牌广原，胡骑充斥，为问风光，可能如昔？嗟哉国士，扶危匡厄，天下兴亡，匹夫有责，还我河山，扫除倭敌，再造中华，重奠禹域，民族之光，垂千万亿，此责谁人？吾校天职。愿我青年，宏文博识，完成革命，攘夷杀贼，抗战功成，建国立则，以报总理，以光史册，千秋万祀，永永无极！③

校庆期间，各学院举行展览会。农学院各系均有多种物品参加展览，如农学系农艺组有农作物标本6种，植物病害组有澄江县农作物病害标本26种，以及各种菌体形态图5大幅。蚕学系有澄江饲育成功之蚕丝标本数十种，内分蚕儿4种，蚕茧10种，桑10种。森林学系有木材标本100余种，内分广东木材标本约100余种，外国木材标本12种，云南木材标本10余种，森林图表4种，森林幻灯片约50种，云南产药用植物标本30种，林产制造品2种。农林化学系有农产制造出品如腐乳甜醋油等约六七种。土壤调查所有澄江县土系标本及图表共数十种④。

由于物理系的实验依赖电力，实验室设在呈贡县的归化，以便就近利用工学院发电厂的电力。化学系的实验室和工学系、化工系共用，所有物品，均在工学院展览。数天

① 《庆祝总理诞辰暨本校十五周年纪念情形》，见《国立中山大学日报》，1939－11－11。
② 该处原文如此，疑漏刻一字。
③ 吴康：《本校成立十五周年纪念祝辞》，见《国立中山大学日报》，1939－11－11。
④ 《农学院参加展览会各种标本》，见《国立中山大学日报》，1939－11－11。

系则有几何模型以及各种天文仪器。地理系则有各种地图、地形仪、幻灯片以及照片。由于展览会场太小，生物系只展出其拥有标本的1%，而且仅限于动物标本。地质系也只是展出其标本仪器的一部分①。

文学院的展览内容分成两个部分，第一展览室在各系组研究室内，陈列各系组教授以及学生作品，如各教员著作及已经出版专著、未出版稿本，学生毕业论文及其他文稿等。另外还有字画等美术作品多种，文学院隶属出版物等。壁报有哲学系员生所办《彗星》第一期，内容丰富，缮写版面，均极为精美。还有学生统计的图表多种。中文系主编的灯谜达到156种，非常有趣。第二展览室即文学院图书分馆，事前为该馆认真布置，焕然一新，里面陈列着中西图书多种，西文图书尤为丰富，琳琅满目。从11日下午到13日下午，参观者摩肩接踵。文学院还印有《文学院概况》的小册子，赠送各界人士和参观者②。

此次展览会本来计划各学院集中在文庙举行，后来由于地方不够，于是决定师范学院的展览改在学院所在地举行。师范学院的展览共分为6个部分：①实验小学学生成绩展览。②社会教育巡回展览，各种图画由该院教育系三年级学生绘制，准备展览会结束后分赴各乡展览。③该院教育系杜定友教授个人作品展览。④各教授著作展览。⑤心理实验表演，共有12种，由该院心理学教授倪中芳主持。各种实验表演极能引发观众兴趣，如“白日见鬼”的实验，颇能打破一般群众的鬼神迷信心理。⑥数理化各种仪器、图表展览。关于数学方面，有该系员生合制之模型多种。物理方面，有光学、电学、力学等项仪器。化学方面，有防御毒气之药品；半微分析之仪器及有机试剂；预防云南瘴症之详细办法；开发云南锡矿之样品及化验表。每天到师范学院参观展览的人数很多，可以和到文庙参观的人数媲美③。

澄江时期，中山大学开展了各种形式的抗日宣传活动，内容十分丰富。中山大学曾在澄江府门口的空房间里，创办了一个书报室，内有报纸、杂志、图书等，供居民阅读，学校派专人保管，其中以抗战内容的书报居多。街头、学校门口辟有《青年生活》、《民众壁报》等。宣传栏由学校组织的宣传组负责，两三天换一次内容。宣传栏的内容很丰富，有诗歌、漫画、随笔、杂文，也多以抗战为主题。学校还举办各种报告会、晚会。澄江原来的城隍庙有一个老戏台，师生们利用这个戏台宣传抗日，演出戏剧，还在澄江北门西头盖了一个简易会场。师生们曾在这里演出过曹禺的《日出》、《雷雨》，还演出过《复活的玻璃》、《孔雀东南飞》、《可怜闺里月》等名剧。师生们喜欢唱反映保卫上海的《八·一三抗战纪念歌》、《战士们冲啊》、《大刀进行曲》等爱国歌曲。

学生的文化生活也十分活跃，他们组织了许多社团，如民风剧团、粤声音乐社、青年生活社等。在这些社团中，以青年生活社的影响较大。青年生活社开展以抗战为中心的各种活动，如兵役宣传、寒衣募捐、飞机募捐、节约储蓄、卫生防疫等。还举办体育活动，如篮球比赛。召开联欢会进行宣传，有时还到附近村寨宣传④。

---

① 《理学院陈列品说明》，见《国立中山大学日报》，1939-11-11。
② 《文学院展览概况》，见《国立中山大学日报》，1939-11-16。
③ 《师范学院展览情形补志》，见《国立中山大学日报》，1939-11-18。
④ 杨应康：《中山大学在澄江》，见《中山大学学报》（哲社版），第69~72页，1989（4）。

1939年度第二学期开始，师院有16名教授联名致信校长，以罢教来要求撤销师范学院院长崔载阳的职务。学校当局于是免去了崔载阳的院长职务，其缺由范锜教授代理。但一部分与崔载阳关系密切的学生，对免去崔载阳院长一事不满，提出“挽崔拒范”的口号，要求学校当局收回成命。1940年春，一些教授和学生提出“打倒萧冠英”的口号，发动“倒萧护校运动”。文、法、理、工、农各学院学生先后罢课，形成全校性学潮。邹鲁的得力助手、校长室秘书萧冠英被迫辞职。①

萧冠英辞职后，在重庆患病的邹鲁，分别于1939年5月30日、1939年7月8日、1940年3月7日、1940年4月1日向教育部递交辞呈，请求辞去中山大学校长的职务，获准给假休养。② 其后，邹鲁致信中山大学师生说：“窃鲁自奉总理创办本校以来，先后两度长校，已十有一年矣，身心虽瘁，成效式微，而年来因战因病，不克回校主持，以致丛愆积咎，未能贯彻总理创建本校之目的，与仰副总理对于本校之远大期望，以慰在天之灵，反躬自省，益凛冰渊，再四思维，惟有退避贤路，庶免长此贻误校务。”“兹蒙政府准予给假调养，得息仔肩，少减罪戾，然鲁之精神，仍无时无地不萦绕本校，深冀诸同事同学此后，仍本过去艰苦为校热诚，继续爱护本校，且能益自淬砺，精神团结，竭力阐扬总理遗教，精研高深学术，创造三民主义文化，以完成抗战建国之大业。”③

1940年4月，国民政府教育部任命教育家许崇清代理中山大学校长。

1938年11月，中山大学校友骆允升、张祥麟、沈仲熙、李文璨4位同学在《新蜀报》刊登启事，征集中山大学旅渝同学会会员，并借巴克药房为登记处。同学会成立后，选举出了第一届理事会。经过多方联系，最后借到中西德育社社址为同学会会址。经费由各位同学分担。邹鲁获知后表示支持，决定由学校每月支付100元为会费。由于川中各地同学陆续加入，该会改名为中山大学旅川同学会。中山大学旅川同学会的宗旨为：联络感情，砥砺学行，促进事业互助，发扬母校精神。该会会址设在重庆，定期出版会刊。同学会会刊上经常登载中山大学师生的文章，探讨抗战中的一些问题，如农业生产问题、教育问题、抗战时期中山大学师生的责任，回忆中山大学的生活，研究一些为大家所关注的社会问题，等等。

同学会会刊创刊号上登载了中山大学校长邹鲁的数首诗歌，如《闻台儿庄捷报》、《中大农场啖荔枝》④。

在中山大学迁回粤北坪石之前，许崇清代校长亲自撰文，在澄江孔庙亭台东侧立了一块石碑，叙述中山大学迁校以及在澄江的史实。这块碑立好后，许崇清代校长曾请澄江人汤继昌拍过一张照片带回广东。中山大学迁走后，东龙潭碧泉的层青阁门头上用墨笔写的英文字“澄江第一景”（原文为 First Scenry of Cheng Chiang）还清晰而又完整地保存着。⑤

① 梁山、李坚、张克谟：《中山大学校史（1924—1949）》，上海教育出版社1983年版，第105～107页。

② 《邹校长辞职呈文及教育部批令》，见《国立中山大学日报》，1940－4－20。

③ 《邹校长告同事同学书》，见《国立中山大学日报》，1940－5－10。

④ 《国立中山大学旅川同学会会刊》（创刊号），1939年4月。藏中山大学图书馆校史资料室。

⑤ 杨应康：《中山大学在澄江》，见《中山大学学报》（哲社版），第69～72页，1989（4）。

二、搬迁粤北

（一）搬迁与安置

1940年8月，国立中山大学在许崇清代理校长主持下，迁往广东北部山区坪石办学。

离开澄江时，学校举行了离澄话别会，编辑了离澄诗文集《骊歌》出版。《骊歌》中收录了中山大学诸多著名教授的诗文，如张云教务长的《年余来旅澄之回顾》，萧冠英秘书的《抗战与中大》，吴康教授的《留别澄江的感想》，陆侃如教授的《中师与澄江》，杜定友主任的《〈澄江生活〉序》，吴康教授的诗歌《抚仙湖》和《重游抚仙湖》，李由的诗《告别澄江》，詹安泰的词《念奴娇》等。许崇清代校长写了《告别澄江民众书》，代表全校师生员工，向澄江人民道谢告辞。文章回顾了学校在澄江时候的活动：

> "初客他乡，生活习惯，不无互异，幸赖各民众之热诚推爱，庇荫有加，使千里游子，于故乡沦陷之后，仓皇迁徙之秋，不致托足无方，尚能安居研读，幸何如之，惟前者曾与省县合筑昆澄公路，以利交通，与县政府合办卫生协进会，以求地方整洁。各学院举办日夜学校，以促进民众教育，协助中小学校，以提高教育水准。开办本校附属医院，以便民众疗治。推行防疫运动，以防流行病之传染。各学会各剧团，举行兵役宣传，表演抗战戏剧，图书馆复公开阅览，举行抗战图书展览会，杜氏集品展览会，以期贯输民众知识，增厚抗战力量。此外，于地方建设，除修理庙宇及公共建筑七十余所外，尚拟建筑大礼堂、总图书馆及增添各学院宿舍，惜以时间及经济关系，未克次第举办，而骊歌忽唱，征马又将在途。"①

中国著名象征主义诗人穆木天此时也在中山大学任教，他写作了诗歌《别澄江》。②

国立中山大学由云南澄江迁往粤北坪石，是由多种因素促成的。广东地方实力派的要求是重要因素。当时广东迁省会于粤北韶关，广东当局认为本省除敌占区外局势较为稳定，而本省及邻省湖南、江西等地区学生入大学读书十分困难，中山大学迁回粤省，可以解决这个问题。国民党在广东的元老们，亦多认为纪念孙中山的大学以迁回广东为合适。广东文化教育界进步人士，积极支持把中山大学迁回粤北，希望中山大学在坪石能与桂林相呼应，开展进步文化工作，把中山大学办成文化运动基地。代理校长许崇清决定迁校后，先到重庆找教育部长陈立夫商量，陈以费用无着落为由没有答应。到了7月初，大概是日寇策划从越南进攻云南之故，陈突然奉蒋中正之命，电令所有迁到云南的大学"立刻准备万一，快速搬迁"。至于当年澄江地区疾疫的流行，则加速了中山大

① 国立中山大学离澄话别会：《骊歌》，1940年8月13日。藏中山大学图书馆校史资料室。
② 国立中山大学离澄话别会：《骊歌》，1940年8月13日。藏中山大学图书馆校史资料室。

学回迁的实现。①

坪石处在广东、湖南交界地方，是粤北通往湖南的门户，粤汉铁路贯穿其间，为南北交通的要冲。学校奉准迁回坪石后，许崇清代校长即聘任重要人员组织迁校委员会及新校址筹备处两处机构。迁校委员会设干事部，专掌回粤人员及公物的运输事务。迁校工作得到各方面的大力支持，尤其是七战区余汉谋将军派出军车解决运输问题。新校址筹备处，则负责选择新校址及办理新校址的修缮、设计建筑等事宜。新校址筹备处先派出先遣人员，并指定各学院新址筹备负责人。主持人员多由教授讲师助教担任。搬迁费用，由教育部拨款40万元，广东省协助30万元，其中以10万元为建置费，以60万元为旅运费。②

坪石时期，尽管条件艰苦，但是中山大学仍然保持着较大的办学规模，师资力量颇为雄厚，学校的各种规章制度也在调适中逐渐完善。

坪石时期，中山大学院系设置情况如下：③

研究院设置：

文科研究所：（1）中国语言文学部：文学组；语言学组
（2）历史学部：史学组；人类学组

师范研究所：（1）教育学部
（2）教育心理学部

农科研究所：（1）土壤学部
（2）农林植物学部

医科研究所：病理学部

院系设置：

文学院：（1）中国文学系
（2）外国语文系英文组
（3）哲学系
（4）历史学系

理学院：（1）数学天文学系
（2）物理学系
（3）化学系
（4）生物学系
（5）地质学系
（6）地理学系

法学院：（1）法律学系
（2）政治学系
（3）经济学系

① 张江明、吴逸民、李坚、曾建昭：《中山大学在坪石时期（1940—1945）的学生运动》，见《中山大学学报》（哲社版），第59～68页，1989（4）。该文根据20多位同志的回忆，经1984年以来多次座谈会讨论后，由作者执笔写成。——该文原注。吴逸民：《关于〈中山大学在坪石时期的学生运动〉一文的几个问题》，见《中山大学学报》（哲社版），第81页，1990（3）。

② 《本校概况纪要》，见《国立中山大学日报》，1940－12－24。

③ 《国立中山大学现状》，1943年版，第8～9页。藏中山大学图书馆校史室。

（4）社会学系

农学院：（1）农学系

（2）森林学系

（3）农业化学

（4）蚕桑学系

（5）农业经济学系

（6）畜牧兽医学系

医学院：不分系

工学院：（1）土木工程学系

（2）化学工程学系

（3）电机工程学系

（4）机械工程学系

（5）建筑工程学系

师范学院：（1）教育系

（2）公民训育系

（3）国文系

（4）英语系

（5）史地系

（6）数学系

（7）理化系

（8）博物系

坪石时期，中山大学职员、教师和技术人员编制情况如下：

国立中山大学职员编制表①

单位		职员人数
校长室		4
教务处	注册组	8
	出版组	7
	图书馆	28
	其他	19
训导处	生活指导组	3
	体育卫生组	4
	军事管理组	3
	其他	32

① 《国立中山大学现状》，1943年版，第13～14页。藏中山大学图书馆校史室。

续上表

单位		职员人数
总务处	文书组	46
	出纳组	19
	庶务组	47
	其他	14
会 计 室		11
总 数		245

国立中山大学教员编制表（1942 年度）①

院系	教授、副教授、讲师人数	助教人数
文学院	35	10
中文系	10	3
外文系	8	2
哲学系	8	2
历史系	9	3
法学院	33	16
法律系	8	3
政治系	6	2
经济系	11	7
社会系	8	4
理学院	36（另兼任 4 人）	26
数学天文系	7	4
物理系	8	5
生物系	6	5
地质系	4（另兼任 2 人）	4
地理系	3（另兼任 2 人）	3
化学系	8	5
工学院	36（特约 1 人兼任 3 人）	25
机械工程系	6	7
电机工程系	8（另特约 1 人）	5
土木工程系	10	7

① 《国立中山大学现状》，1943 年版，第 14 ~ 17 页。藏中山大学图书馆校史室。

续上表

院系	教授、副教授、讲师人数	助教人数
化学工程系	6（另兼任3人）	3
建筑工程系	6	3
农学院	40（另兼任2人）	19
农学系	14（另兼任2人）	3
森林系	7	3
畜牧兽医系	4（另兼任2人）	2
农业经济系	5（另兼任2人）	3
蚕桑系	5	2
农业化学系	5	2
师范学院	61（另兼任1人）	14
教育系	14	3
国文系	10	3
公文训育系	7	1
史地系	6（另兼任1人）	1
英语系	8	1
数学系	6	3
理化系	5	1
博物系	5	3
医学院	25	13
研究院	3（另有兼任12人）	3
共同必修科	33（另系专任34人兼任20人）	5
党义	3（另系兼任1人）	
国文	6（另系专任兼3人另兼任3人）	
外国文	8（系专任兼6人另兼任4人）	
数学	2（另系专任兼3人另兼任2人）	
物理学	1（另系专任兼2人）	
化学	1（另兼任1人）	
生物系	（系专任兼1人另兼任1人）	
中国通史	（系专任兼2人）	
西洋通史	（兼任1人）	
伦理学	（系专任兼2人）	
生理学	（兼任1人）	

续上表

院系	教授、副教授、讲师人数	助教人数
社会学	（系专任兼1人兼任1人）	
政治学	（系专任兼2人）	
经济学	2（另专任兼3人另兼任2人）	
体育	2	5
军训		
其他	8（另系专任兼9人另兼任4人）	
总数	302（另兼任47人）	131

附注：1942年度中山大学实际教员人数为544人：其中专任教授184人，专任副教授58人，专任讲师60人，助教138人。兼任教授25人，兼任副教授2人，兼任讲师20人。附中专任教员22人，先修班专任教员5人。①

国立中山大学技术人员编制表②

单位	技术人员人数	备注
总务处	3	技士1技佐1工程员1
校医室	13	校医4护士9
研究院	7	技佐1技术员6
理学院	9	技佐2技术员7
天文台	2	技佐2
农学院	14	技士1技佐3技术员10
农场	4	技士2技佐2
稻作实验场	7	技士2技佐1技术员4
乐昌演习林	3	技士1技佐1技术员1
农业推广部	1	技佐1
农林植物研究所	7	技士2技佐3技术员2
土壤调查所	7	技士3技佐2技术员2
医学院	7	技士1技佐1技术员4练习生1
附属医院	28	药剂员4技术员2护士长1高级护士20练习生1
工学院	9	技士1技佐1技术员7
工场	2	技术员2
师范学院	1	技术员1
附属中学	1	护士1
总　　数	125	

① 《国立中山大学现状》，1943年版，第30页。藏中山大学图书馆校史室。

② 《国立中山大学现状》，1943年版，第18页。藏中山大学图书馆校史室。

坪石时期，学校各个部门和学院的办学情况如下：

图书馆①

图书馆以往组织，除总馆之外，各个学院设立分馆，但在行政上不相统属，管理方法也不一致。数年以来，各学院人事变更频繁，图书散失不少。自从搬迁到坪石之后，图书馆对全馆组织进行了改革。总馆之下设立主任室、总务室、剪报室、参考室、民众阅览室，以及研、文、理、法、医、农、工、师分馆共 13 个单位。行政管理则集中一致，总馆和分馆之间，不至于有所隔阂。各馆室每日必须填写工作报告，每旬汇总送交主任室核查，并根据工作标准考核成绩。

1938 年日本帝国主义占领广州之前，学校图书馆已经将善本图书 199 箱移存香港九龙，且均为善本图书什志碑帖等稀世珍品。学校搬迁之后，由于经济困难，一直未能把这批图书运回内地。及香港沦陷，这批图书遂遭不测，为学校财产的一大损失！学校迁往澄江时，迁走图书 211 箱约 53847 册，其余来不及迁走的图书约有 10 余万册。澄江时期，图书馆陆续购买征集，图书增加了约 1 万余册。1940 年 7 月，学校筹备迁回粤北，经装箱统计，学校图书馆总馆有 344 箱，分馆有 433 箱。从澄江搬迁粤北，两年时间计共运出图书 393 箱，共 31799 册，留在澄江待运图书 384 箱。到 1942 年度，学校图书馆共有图书 71645 册，比 1941 年增加了 39846 册。

为条件所限制，图书馆设备简陋，书架桌椅，多用新旧木箱堆砌改造而成。馆内设备，多由馆员亲自制造。1942 年新建了一座法学院分馆馆舍，增修师范学院分馆阅览室一座，建筑费用由法学院和师范学院支付。图书馆总馆各室设在市内，时有空袭火警，因此 1943 年 2 月学校决定在市内中区广同会馆后面修建竹织批汤馆舍一座。坪石时期，老师和学生读书风气很浓。据图书馆统计，学校全年阅览人数达到了 229513 人，平均每天 825 人，借出图书 54236 册，收还 51648 册。1942 年，书价飞涨，读者增多，学校图书费则未能大量增加，使图书馆无法大量扩充图书。1942 年 11 月 11 日，图书馆在全校发起征求书籍运动，收到图书什志 5639 册，约值国币 1 万元以上。12 月 7 日，农学院分馆继续举行征书，征得书志 1100 余册。

研究院

1935 年 6 月 6 日，国立中山大学研究院正式成立，研究院下设文科、教育和农科 3 个研究所。1939 年 9 月，教育研究所奉令改为师范研究所。1942 年夏，经教育部批准，学校增设了医科研究所。

研究院各部分主持人及教员研究员部分名单（1943 年度）②

职务	姓名
院长	崔载阳
办公室主任	吴江霖
文科研究所主任	杨成志
中国语言文学部主任	李笠

① 《国立中山大学现状》，1943 年版，第 31 ~ 32 页。藏中山大学图书馆校史室。

② 《国立中山大学现状》，1943 年版，第 49 ~ 51 页。藏中山大学图书馆校史室。

续上表

职务	姓名
历史学部主任	朱谦之
师范研究所主任	崔载阳
教育学部代主任	崔载阳
教育心理学部主任	郭一岑
农科研究所主任	邓植仪
土壤学部主任	谢申
农林植物学部主任	陈焕镛
医科研究所主任	梁伯强
病理学部主任	梁伯强

文学院[①]

1940年冬，文学院在粤北乳源县清洞乡筹备复课。按照教育部的命令，社会学系划归法学院，文学院只剩下中国文学、外国语文、哲学、历史学4个系。原来规划的艺术学系一直没有开办。1941年4月，文学院迁至乐昌县坪石镇铁岭。

1941年1月，吴康教授请假，并辞去文学院长职务。春间，由学校聘任谢扶雅教授继任。5月，谢扶雅辞职。8月，学校聘朱谦之教授主理院务。1942年8月，朱谦之奉准休假进修，学校改聘吴康教授复主院务。

文学院的校舍原系粤汉铁路株韶段职工人员住宅，抗日战争爆发后，广东省银行向粤汉铁路局租借。中山大学迁来粤北之后，学校又向省行转租，分配给文学院使用。由于房舍不够，文学院又陆续增建，先后建有学生宿舍2座，教授宿舍1座，并计划建筑教室和研究室。

到1943年，文学院计有大小教室7间，礼堂1座，员生宿舍共9座，办公室1座，附院长室1间，图书分馆1座，内有书库阅览室多间，及校警室工友室膳团室各1间。

文学院图书分馆藏书计有：中文图书（包括日文图书）10828册，西文图书2607册，中文杂志423册，西文杂志1255册。

理学院[②]

理学院院长从1940年7月至1942年7月为康辛元，从1942年8月起为何杰。

理学院的院址在坪石附近的塘口，院舍多为租赁民房和修缮庙宇而成，并先后增建有化学系实验室1所，生物及地质两系实验室合1所，附设两广地质调查所研究室1所，天文台1所，教职员宿舍1所，以及男生宿舍2所。图书仪器设备，生物地理地质数天诸系稍足研究，物理和化学二系，仅仅能够略微应付学生的学习和实验，原因在于理学院的设备仪器一部分由于广州沦陷而被损失，一部分未能从澄江运回。

① 《国立中山大学现状》，1943年版，第55～62页。藏中山大学图书馆校史室。
② 《国立中山大学现状》，1943年版，第63～75页。藏中山大学图书馆校史室。

法学院①

法学院从澄江迁回到粤北之后，院址设在乳源县属之武阳司，后来和学校一年级教育委员会对调地址，于是搬迁至车田坝。法学院院舍共有45座，包括院本部、教室、礼堂、图书分馆、经济调查处、教职员宿舍、男女生宿舍、工人宿舍、食堂等，大概可以分为3个部分，一部分在山颠，一部分在山腰，一部分在山麓沿河岸。

1939年奉教育部令将文学院下属的社会学系移入法学院，1942年，又奉教育部令在法律系下增设司法组，社会学系下增设边胞民族学组，并开始招收一年级学生。这样，法学院就有法律、政治、经济、社会4个系，以及司法与边胞民族学两组。此外，法学院还设有社会科学论丛季刊编辑委员会、外国语委员会、毕业同学服务指导委员会等特种委员会，以及民众法律顾问、政治研究室、经济调查处、中国经济史研究室、社会研究所等附设机关。

农学院②

农学院设在湖南省宜章县之栗源堡。该院借用当地栗源书院作为教室和各系组办事处，包括1座面积约有200余井的2层新建筑物，面积约30余井的大礼堂1座，面积约10余井的化学实验室1座，男生宿舍3座，女生宿舍2座。学院还租用了2座面积约为10余井的3层民房，1座为男生宿舍，1座为植物研究所。此外，还有森林系、畜牧兽医系、蚕桑系、土壤所、农场办事处以及大部分男生宿舍等（都是将所租当地的祠堂和庙宇等大型建筑，略加修葺而成）共有11座。除院本部之外，乐昌县演习林内还新建办公室1座，职工宿舍1座，各个稻作实验场均建有办公室和宿舍。

迁到粤北之后，学院多方搜求征集，有图书3000册，什志逾千册。还有22箱数逾2000册的图书什志留在澄江未能运回。

农学院各项仪器标本用具甚为丰富，基本上可以满足实习和研究之用。学院各系均有标本上千件，其中植物研究所尤为丰富，在粤北采集不下2000余件，从各大学交换者9000余号，由澄江带回约900余件。

医学院③

医学院迁回粤北之后，初拟定址南雄，继拟定址坪石，最终于1940年11月20日定址于乐昌县。学院借庙宇万寿宫、吉安会馆，并租用民房，稍加修葺，作为院舍，于1941年1月3日开始上课。万寿宫内设有院本部办公室、生理学研究所、药物学研究所、寄生虫学教室，还有课室3间和男女生宿舍数座。学院新建礼堂、课室、附属医院门诊部、护士宿舍、女生宿舍各1座，男生宿舍3座。另租借民房1座，修整华光庙1座（作为女生宿舍）。租赁沙梨园民房1座，作为病理学研究所。改建老君神庙，作为解剖学研究所，内有尸体解剖、注射、药品储藏各室，加建藏尸室和工人室各1所。修葺乳源会馆为细菌学研究所，修整吉安会馆为附属医院留医院，并新建附属医院1座，该院规模宏大，工程费达国币57万元。

医学院附属所院有：解剖学研究所、生理学研究所、病理学研究所、药物学研究所、细菌学研究所、附属医院。其中附属医院经费，除员工薪酬由学校支付外，另由学

① 《国立中山大学现状》，1943年版，第77~88页。藏中山大学图书馆校史室。

② 《国立中山大学现状》，1943年版，第89~110页。藏中山大学图书馆校史室。

③ 《国立中山大学现状》，1943年版，第110~118页。藏中山大学图书馆校史室。

校每月拨发国币750元，为什支之需。至于门诊和留医收入，则用以补充药品，添置医具，补助什支办公费用。尽管有着上述经费来源，但由于物价高涨，特别是药品和医疗器材物价高涨，附属医院的经费仍然感到不足。

国立中山大学医学院附属医院各科留医人数统计表（1942年）①

月份 科别	1月	2月	3月	4月	5月	6月	7月	8月	9月	10月	11月	12月	合计
内科					29	42	32	42	34	43	41	31	294
外科					5	8	17	7	7	6	11	11	72
产妇科					6	2	9	12	13	4	2	5	53
小儿科						1	1		3		2		7
眼科						1	1		3		2		7
耳鼻喉科							2					3	5
皮肤花柳科					5	3	9	10	13	13	12	14	79
合计					45	57	71	71	73	66	70	64	517

注：医学院附属医院留医部于1942年5月成立，故留医人数从5月份统计起。

工学院②

工学院院址在坪石附近的三星坪。除教职员方面现有宿舍和食堂厨房各2座外，工学院的院舍还有：土木工程系课室6座，男生宿舍4座，食堂厨房3座。化工系有课室4座，临时化学实验室1座，男生宿舍3座，食堂厨房1座。机工系有课室5座，工场1座，热工实验室1座，汽车实验室1座，男生宿舍4座，食堂厨房3座。电工系有课室5座，实验室1座，男生宿舍4座，食堂厨房2座。建工系有课室3座，绘图室、美术室、男生宿舍各2座，食堂厨房2座。女生宿舍则租赁民房8间，其中机工电工两系女生共住民房2间，土木化工建工三系女生共住民房6间。由于学生人数较多，宿舍和食堂不敷使用，故另设临时宿舍11间，及临时食堂3座，以供应用。

师范学院③

师范学院的院舍设在乳源县属的管埠。1941年，奉教育部之令，师范学院增设初级部数学班，培训初级中学师资力量，并设立附属中学，以便本院学生参观实习和从事教学实验。

澄江时期，师范学院共有图书10959册（包括中文图书2721册，线装书7769册，西文图书469册），仪器17种，共2599件，体育器材18种。遗憾的是迁回粤北之时，多未运回。1940年，教育部拨发图书费国币35000元，学院特派人前往曲江、桂林、衡阳等地，购回图书万余册，以便员生阅读。

师范学院还发行了中等教育月刊10期，以及中师季刊3期，分寄各个学校，以期促进各中学教师的进修和研究。学院还派出教授巡回辅导粤北各校。

① 《国立中山大学现状》，1943年版，第118页。藏中山大学图书馆校史室。
② 《国立中山大学现状》，1943年版，第119～128页。藏中山大学图书馆校史室。
③ 《国立中山大学现状》，1943年版，第129～138页。藏中山大学图书馆校史室。

先修班①

1939年，学校开始创办先修班。教职员人数和学生人数见下表。

历年度教职员人数比较表

年度	教员人数			职员人数		
	合计	专任	兼任	合计	专任	兼任
1939年	13		13	5	3	2
1940年	31	1	30	5	5	
1941年	33	3	30	7	6	1
1942年	41	6	35	8	8	

历年度肄业期满及保送免费升学学生人数比较表

年度	班级数	修业期满学生人数			保送升学学生人数
		合计	男	女	
1939年	2	94	67	27	47
1940年	3	145	107	38	72
1941年	4	208	168	40	105
1942年	5	304	245	59	148

学校迁回坪石初期，学生人数约为1700人。学校的规模有所扩大，入学学生人数也在增加。1942年度，中山大学注册学生情况为：文学院278人，法学院733人，理学院284人，工学院940人，农学院385人，医学院304人，师范学院543人，研究院18人，先修班336人，附属中学235人，共计学生总数为4056人。② 坪石时期，中山大学的学生主要来自广东和湖南、广西。这些学生大都经历过颠沛流离的逃难生活，许多人甚至失去了海外或者内地家庭的经济支持，只能靠学校有限的学生贷金维持生活。③

① 《国立中山大学现状》，1943年版，第139页。藏中山大学图书馆校史室。

② 《国立中山大学现状》，1943年版，第23～28页。藏中山大学图书馆校史室。

③ 张江明、吴逸民、李坚、曾建昭：《中山大学在坪石时期（1940—1945）的学生运动》，载《中山大学学报》（哲社版）1989年第4期，第59～68页。

1942 年度中山大学华侨生如下表①

系别	总数	申请救济金侨生	新生及澳门甄别试取录侨生	香港大港借读生	香港专科以上学校来校借读生
	931	664	121	58	88
文学院	65	32	17	11	5
法学院	240	176	15	19	10
理学院	72	34	10	1	27
工学院	323	226	43	17	37
农学院	73	51	21		1
医学院	70	50	8	10	2
师范学院	88	75	7		6

注：先修班华侨生 128 人，附中华侨生 19 人，连同各学院华侨生 931 人，计算全校华侨生总共 1780 人。

（二）学校管理

1941 年 7 月，张云接替许崇清任代校长。1942 年 5 月，国民政府任命金曾澄为代理校长。

坪石时期，学校总办公厅、研究院、先修班、学生贷金审查委员会设在坪石镇。

由于学生人数增加，学校于 1942 年度增设了工学院土木系一班，机工系一班，电工系一班，师范学院初级部一班，先修班增设一班，法学院法律系增设司法组，研究院增设医科研究所病理学部②。

学校训导处分为生活指导组、体育卫生组和军事管理组三组。训导处除组织新生入学训练之外，还积极推行导师制。为了贯彻实施导师制纲要，训导处于 1943 年 3 月 10 日至 19 日开展了推行导师制度运动周活动。

坪石时期，学生的课外活动丰富多彩，共有 50 个学生团体在训导处注册。1943 年度的音乐节，训导处于 4 月 4 日和 5 日集中各个学院的音乐团体和歌咏队进行扩大演出。中山大学剧社河北学会以及江西学会等先后十数次举行了大规模的公演活动。此外，还有许多学生根据自己的能力和兴趣积极参加了民众教育、地方自治指导、民众法律顾问、改良风俗工作、农事指导、体育卫生指导、社会调查、农村经济调查、科学宣传等社会服务工作。

由于各个学院分散上课，学校的公共设施也分散各处。学校共有球场 13 所，其中文、理、农、医各 1 所，法学院和师范学院各 2 所，工学院 4 所，三星坪附近还有 1 所全校性大运动场。学校共有校医室 5 所，分别设在校本部、师范学院、农学院和医学院等处。留医室在校本部，可以容留病人 30 余人③。

总务处④原称事务处，1939 年 5 月，学校奉教育部颁发《专科以上学校行政组织规

① 《国立中山大学现状》，1943 年版，第 29 页。藏于中山大学图书馆校史室。
② 《国立中山大学现状》，1943 年版，第 30～32 页。藏中山大学图书馆校史室。
③ 《国立中山大学现状》，1943 年版，第 33～34 页。藏中山大学图书馆校史室。
④ 《国立中山大学现状》，1943 年版，第 35～36 页。藏中山大学图书馆校史室。

程》将其改名为总务处，下设文书、庶务、出纳三组，处内设办公室。学校又奉教育部的命令成立会计室，由教育部派会计主任到学校主持事务。

坪石时期，把学校留在澄江的校产运回粤北是总务处的一个重要工作。当时，学校共有公物1919箱。总务处先将其中1300余箱运到归化，再将校产逐渐运到粤北，留在澄江的部分，也照此办理。自1940年8月至1943年4月，共运输校产17批，校产948箱。后来由于学校经费紧张，加上汽车使用的汽油严重短缺，以至于剩下的校产未能运回。教育部又下令裁减员工，除归化站酌情留下员工看管公物之外，其余各站员工均被裁减，给资遣散。留在澄江的校产也未能运回。

由于学生人数增加，所需要的校舍很多，除了尽量利用公共建筑和民房之外，学校又加建了不少校舍。各个学院和部门分布在不同地方，为了方便联系，总务处择要安设了电话。

学校还实行了公库法。从1943年1月份起，一切校款实行由公库支付并指定由坪石交通银行代理。农学院设在湖南省宜章县栗源堡，离坪石比较远，加上道路崎岖，来往不便，经商量，由广东省银行特派专车行驶于坪石和栗源堡之间，每周2次。

为了更好地进行各个方面的管理工作，学校设有图书委员会、学生贷金审查委员会、公费暨免费学额委员会、社会教育推行委员会、校舍建筑委员会、财务委员会，各个学院还设立有教授聘任委员会。①

抗战发生后，教育部特别为战区的学生和非战区家境清贫的学生设立了贷金制度。中山大学学生申请贷金手续如下：①先到训导处贷金委员会或者各院贷金分会领取请求贷金表一份并填写。②把填写好的表格请本校一名教授证明——签字盖章。③将呈文和证明一起送交各院贷金委员会审查。④请求贷金，按照规定的时间和日期办理。

由于各地生活费用日渐增长，教育部为了减轻一般贷金学生和自费学生的经济负担，又设立有特别贷金和米贴。要点如下：

（1）国立各校战区贫苦学生膳食贷金及国立师范院校学生膳食按照每人每月食米2斗1升计算，如各地米价每市石在50元以下时，由部规定标准发放贷金。如米价每市石超过50元以上时，其超过之膳食贷金由校报部核定增拨。

（2）国立各校自费学生每人月需膳食费超过18元以上时，在同地贷金生膳费核定标准内所超出之数，如家庭无力担负，得由家长请求补助膳食贷金，经校审查呈部核定酌贷超过数之全数或半数。

此外，学校还有各种奖学金。

1940年度，中山大学领取贷金的学生人数有1146人，计领取零用贷金者356人，特别贷金者98人，膳费贷金者692人。膳费贷金每月16元，零用贷金每月3元。特别贷金20元，每学期发一次。②

为了鼓励学生积极向学和帮助有经济困难的学生求学，学校设立有公费学额和免费学额。

国立中山大学公费申请条例如下：

---

① 《国立中山大学现状》，1943年版，第20~21页。藏中山大学图书馆校史室。

② 学术新潮出版社编：《中大向导》，学术新潮出版社1941年版。藏中山大学图书馆校史室。

（一）本大学依照教育部令为奖助家境清贫体格健全资禀颖异操行端谨学业优良之学生起见，自民国二十五年起设置免费学额及公费学额。

（二）免费学额免除学费体育费图书费杂费等之缴纳。

（三）公费学额除依第二条免收学费各费外并依本规程第十一条之规定给予膳宿制服书籍等费。

（四）每年度设置免费学额及公费学额依部章办理于每学年开始前公布之。

（五）免费及公费学额酌量分配于各年级学生。

（六）凡申请免费及公费之待遇者应依左列规定为之：

甲、投考学生——投考学生应于报名时呈缴县长或市长给予之家境清贫证明书，其因特殊情形不及于报名时呈缴者得于录取后一星期内补缴。

乙、在校学生——在校学生应于每学年开始前呈缴县长或市长给予之家境清贫证明书。

（七）录取新生及在校学生其申请免费及公费待遇者，如超过定额时，以入学考试成绩学年成绩较优者给予之。

（八）在校学生操行优良学年成绩每种课目均在七十分以上总平均在七十五分以上者给予免费。学年成绩每种课目均在七十五分以上而总平均在八十分以上者给予公费。至一年级新生免费及公费之给予依入学考试成绩酌定。

（九）凡受免费及公费待遇之学生如操行与上学期学业成绩（医学院另行规定）不及前条规定之标准者，得停止其下学期之免费或公费待遇。

（十）免费或公费学额之给予由免费暨公费学额委员会共同审定以示公开而杜瞻徇。

（十一）公费学额每名每年给予广东毫券一百五十元（折合国币支付）。

（十二）免费及公费学生如有冒充清贫或伪造家境清贫证明书等情事经查明属实者得向各该生或其保证人追缴各费并得停止发给成绩证明书或学业证书。①

1941年度学校有公费学额82名，免费学额200名。

1942年度，由于学生人数增加，学校公费学额增加了30名，免费学额增加了70名。同时，学校还于1942年度修改了有关规程。新规程规定，公费学额除了免收学杂费等费用外，还给予最低限度的膳费，每名每月底数18元，其他不足之数，另请教育部按月拨给。此外，每名每月还给予图书等费用15元。②

学校对于学生转院转系也作出了明确规定：

（1）学生转院转系只于一二年级，若主要必修课相差在两门以内不过7学分之三年级学生亦得请求转系。

（2）学生转院转系于开学后两星期内请求。

（3）学生转院须向原属院长呈准并经所拟转入之学院院长同意，俟受试验及格后

① 学术新潮出版社编：《中大向导》，学术新潮出版社1941年版。藏中山大学图书馆校史室。

② 《国立中山大学现状》，1943年版，第30～31页。藏中山大学图书馆校史室。

再报请校长核定。

(4) 学生转系须向所属院长呈准再呈请校长核定，如系二三年级转系须先受转系试验。

(5) 学生转系试验科目由院长酌定并于开学后第三星期内举行。

(6) 师范学院学生不准转院。

(7) 学生请求转院转系以一次为限。①

文学院朱谦之教授掌院之后，十分注重学术研究。为了激励文学院的学术研究风气，朱谦之教授自费设置"谦之学术奖金"，并于1941年11月18日在文学院公布施行。"谦之学术奖金"具体办法如下：

一、本院院长朱谦之先生为提倡学术研究，特于民国三十年度自费设置谦之学术奖金。

二、奖金名额共四名，本院中国文学系、历史学系、哲学系、外国语言文学系各一名，每名奖金国币一百元，凡本院以上各系学生均可应征。

三、应征人须就下列指定题目写作，论文字数二万以上，文体不限，惟必须缮写清楚。

中国文学系：中国近代文学与音乐之关系

历史学系：瑯琊古代海道交通考

哲学系：莱布尼兹（Leibniz）的宇宙观

外国语言文学系：十八世纪英国文学中之中国题材

四、该项论文限于三十一年三月三十日以前缴到文学院办公室，逾期不收。

五、论文缴齐后，由院长及各系主任会同评阅，决定得奖人选，公布之，并颁发奖金。

六、上开各论文届期若无人应征或应征论文内容无有适合得奖标准者，该名额奖金予以保留另移作别用。

七、本办法呈请校长核准后公布施行。②

(三) 名师

坪石时期，中山大学拥有一批著名教授，他们在艰苦的环境中坚持教学和科研，为学校营造了良好的学术氛围，他们深受学生的欢迎。

许崇清：中山大学校长，广东番禺人。许崇清出身书香世家，做过四届教育局长，7届广东省府委员，两度中山大学校长。许崇清是中国优秀的教育学者，在教育哲学方面颇有建树。他为人和蔼，由于地位关系，少有机会和学生接近，但深受学生爱戴。

张云：广东开平人。武昌高等师范毕业留学法国，获得里昂大学理学硕士和天文学博士学位。1926年来中山大学任天文台主任，至此的15年间他都不曾离开过中山大

① 学术新潮出版社编：《中大向导》，学术新潮出版社1941年版。藏中山大学图书馆校史室。

② 《文学院朱院长自费设置"谦之学术奖金"》，见《国立中山大学日报》，1941-11-20。

学。在此期间，除天文台主任之外，还做过数天系主任、教务长、物理学系代主任。他是国内知名的天文学家，时任中山大学研究院评议员，著有《高等天文学》、《普通天文学》、《变星研究法》等著作。

杜定友：广东南海人，时任图书馆主任。菲律宾大学毕业，回国已有20余年，未曾一天离开过图书生活，一直致力于国内图书事业。先后任广东省立图书馆馆长、复旦大学图书馆主任、南洋大学图书馆主任、民国大学图书馆学系主任、交通大学图书馆主任。1936年7月来中山大学，为中山大学图书整理和发展作出了较大贡献。有著作20多种，被认为是国内惟一的图书学专家。

杨成志：广东海丰人，巴黎人类学院博士。曾于1927年至1930年历遍西南各省调查原始部落，如罗罗、苗人、傣族等，制有极有价值的报告书。又于1931年至1935年到海南岛和欧洲搜集和研究。著有《罗罗经典及文字》（日内瓦出版）、《云南民族调查报告》等，并在世界各人类学杂志，如德国《人类学评论》、英国《人》上发表论文多篇。尚未出版的有《人类学与现代生活》一书。时任中山大学研究院秘书（实际负责人）兼人类学考古学教授。身体短壮结实，长袜短裤，烟斗手杖，精神充溢眉宇，十足探险家考察家风度。

李笠：浙江瑞安人。在国内各大学任教已经20多年，时任中山大学文学院中文系主任、文科研究所中国语言文学部主任。此时他正在从事古文字学的探讨，著体态字形论，在史学方面对史前事迹多有发明，在文字方面对六书范围不能容纳文字钩稽论证，别具说见。出版著作有《史记订补》、《定本墨子閒话校补》、《中国文字述评》等书。他爱听京剧，只要民风剧团开演，他是每场必到。

朱谦之：福建侯官人。他20岁的时候就在大学任教。专精于历史哲学，时任中山大学史学系主任。著作很多，最重要的有《历史哲学大纲》、《文化哲学》、《黑格尔的历史哲学》、《中国文学音乐史》、《历史学派经济学》、《中国思想对于欧洲文化之影响》等。他对学生很诚恳，也很热心指导学生的学习。此时他对于中欧战争很感兴趣，研究中国和欧洲革命的性质区别和发展前途，有着新颖的见解。

洪深：江苏武进人，中国新戏剧学家。清华学校实科毕业，美国俄亥俄州立大学毕业，后来在哈佛大学研究戏剧。战前曾任多所大学英文系主任，并进行戏剧写作和电影导演。抗战开始，他热烈地献身抗战，任政治部第三厅科长，先后带领青年男女在第一战区和第五战区从事宣传工作，功绩甚巨。时任中山大学英文系主任。过去中山大学在石牌时期他也曾一度任教，这是他第二次来中山大学工作。他来中山大学后，英文系读书空气较以前紧张，课外活动更加生动活泼，同时校内演剧空气也非常浓厚，连许多从未登台的同学，也都上台一试了。他对导演的热心和对学问的热诚，令人感动。

胡体乾：吉林永吉人，知名社会学家。曾留学美国，在芝加哥大学专攻社会学。回国以后，在吉林省立大学任教5年，民国二十一年来中山大学社会学系任教。他专精于研究统计学、犯罪学和社会研究法。他为人和蔼可亲，说话慢吞吞的，幽默有趣，说话时喜欢用故事作比喻。他曾一度代理法学院院长，在迁院甫定、万端待理的当儿，他为复课作出了很大的努力。

王亚南：湖北黄冈人，经济学家。曾留学日本和德国，专攻经济学。回国以后，与人合作翻译了一系列古典经济学著作，还翻译了一部欧洲经济史（世界书局），另以笔名编译了一本中国社会经济史纲（生活书店），还有其他一些译著。时任中山大学法学院经济学系主任。

黄际遇：广东澄海人，老教授。18 岁中前清举人，26 岁做大学教授。曾留学日本，到过美国，时任中山大学理学院数天系代主任。他先后执教国内多所大学，因此桃李满天下，中山大学张云教务长就是他的学生，在理学院数天系有“五世同堂”之称。他的数学好，国学也好，此时他在文学院教骈体文。他还有一手好书法，也很健谈。他的长衫前面有两个大口袋，一左一右，据说一个放眼镜和铅笔，一个放镖。他走路很有力，衣袖总是卷起的，嘴里衔着的一个烟斗据说有几十年历史了。

丁颖：广东茂名人，中山大学农学院院长。是国内稻作专家，发现了野生稻，并将其育成良好品种。他此时兼任国营西南甘蔗繁殖场场长。

陈焕镛：广东新会人。美国哈佛大学毕业，世界著名的植物分类学家。

杨邦杰：湖南武冈人。曾留学日本，专攻蚕学，为国内蚕学界老前辈。1929 年来中山大学任教，时任蚕桑学系主任，并受农林部委任主持西南各省蚕桑事业的推广，在云南、桂林、耒阳、攸县、乐昌、栗源堡等地设有工作站，常常亲自前往主持，颇为忙碌。

蒲蛰龙：时任畜牧系主任，专门研究蚜虫分类学。天才绝佳，善乐器，小提琴一项有“农学院马思聪”之称。

梁伯强：广东梅县人。同济大学毕业，后在德国获医学博士学位。回国后，曾任同济大学教授。1932 年 3 月来中山大学，对于东方血液型有特殊研究和贡献，享有国际声誉。任中山大学医学院病理系研究所主任。

陆侃如：江苏人。北京大学毕业，后进清华研究院。留学法国，获巴黎大学文学博士。回国后任中国公学大学部国文系主任，复旦、暨南、安徽等大学教授，以及北平燕京大学国文系主任。他是国内有名的作家，对于楚辞诗经有着专精的研究。时任中山大学师范学院国文主任，兼任史地系主任。他和他的夫人冯沅君都在文学院担任功课，并合著有《中国诗史》等书。①

（四）校园生活

坪石时期，中山大学在国内很多省份招收学生。中山大学学生从各地前往粤北坪石读书，可以走以下几条路线：②

路程起止	全程日数	沿途餐宿情形	里程	备考
香港至坪石	14	第一天到赤坎，第二天到廉江，第三天到石角，第四天到良田村，第五天到陆川，第六天到郁林，第七天到桂平，第八九天在桂到石船上		
泰和吉安至坪石	3	第一条路：先到吉安，夜宿茶陵，经耒阳到坪石；第二条路：第一天宿赣州，第二天宿南雄，第三天宿曲江		

① 学术新潮出版社编：《中大向导》，学术新潮出版社 1941 年版。藏中山大学图书馆校史室。

② 学术新潮出版社编：《中大向导》，学术新潮出版社 1941 年版。藏中山大学图书馆校史室。

续上表

路程起止	全程日数	沿途餐宿情形	里程	备考
梅县至坪石	4	第一天宿兴宁，第二天宿忠信或者连平，第三天宿曲江，第四天到坪石	梅兴约为60公里，兴曲约为400公里	
茂名至坪石	11	第一天到镇隆，第二天到池洞，第三天到杨村，第四天到容县，第五、六天到藤县，第七天到石龙，第八天经柳州到桂林，第九天到衡阳，第十天到坪石		镇隆到梅村沿地有小旅馆，其他有大旅馆
长沙汀至坪石	5	第一天到瑞金，第二天到赣州，第三天到南雄，第四天到曲江，第五天到坪石		
长沙至坪石	2	第一天船到湘潭，第二天乘特快车到坪石		长至湘票价1元，长坪票价12、13元

坪石多山，到处是石级山径和弯弯曲曲的溪水。青山绿水，鸟语花香，大自然的美景，陶冶了中山大学学子的情操。饭后散步成了他们生活上的必修和共同科目。散步，是中大人的消遣，也是中大人的交流机会。

坪石地方狭小，因此，中山大学的神经枢纽——校本部设在坪石，各学院分布在围绕坪石100里的范围之内，坪石便成了中山大学学生的集中地。大家买书要来坪石，买文具要来坪石，改善生活要来坪石，要领钱、要办手续也要来坪石。每周星期六下午，学生们从四面八方涌向坪石，大街上、商店里，摩肩接踵、万头攒动。懂生意经的老板，捏着指头算日子，每周星期日，屋内屋外连同商品弄得格外鲜亮。牛奶店、咖啡店、面包摊、水果摊，都因为学生的需要而出现了。物价渐渐提高，大米从30元一石，渐渐涨到40、50、60……120元，领取贷金的学生和领取薪水的小职员叫苦连天。坪石时期，中山大学的学生读书风气很盛，宿舍里、教室里、图书馆里，都可见读书人。早晨起来读英文的、唱歌的、爬山的，晚上练习哑铃的、翻双杠的多彩多姿。中山大学学生，由于一再搬迁，经见得多，知道了地方化的作风是行不通的，于是普通话在群众中流行开来。学校里研究的风气和写作的风气相当浓厚，各学院各个系里的讨论会、研究会纷纷成立，刊物也如雨后春笋一样。①

研究院为了丰富全院师生的课余生活，于1941年3月27日在该院会堂举行音乐晚会，请黄友棣先生作小提琴独奏，共演奏了11项曲子，包括世界名曲和黄友棣先生自己创作的曲子。演奏会上，黄先生还演讲了音乐对于人格修养的作用。②

在坪石的4年多时间里，爆发了几次规模较大的全校性学生运动。简叙如下：

① 学术新潮出版社编：《中大向导》，学术新潮出版社1941年版。藏于中山大学图书馆校史室。
② 《研究院音乐夜会纪要》，见《国立中山大学日报》，1941-4-7。

"倒孔运动"：1941 年 12 月，太平洋战争爆发，香港告急。许多文化界知名人士急欲飞离香港却买不到飞机票。而孔祥熙的二小姐却包了一架飞机，运载家具和洋狗飞回重庆。这事激起公愤，在云南昆明的西南联大首先掀起"讨孔运动"，于 1942 年 1 月 6 日游行示威。这一运动得到中山大学学生的响应。1942 年 1 月 30 日下午，法学院首先召开群众讨孔大会，会后 200 多名学生到坪石镇游行示威。接着，文学院一、二、三年级学生百余人，在该院礼堂召开讨孔大会，即席推选黄杰文、陈婉芬等 9 人组成讨孔委员会。师院学生通过座谈会成立讨孔委员会。运动迅速扩展到全校各学院，形成全校性的讨孔浪潮。国立中山大学讨孔委员会成立，并以该会名义通电全国各报馆、学校，影响甚大。①

争取"饱和光"：太平洋战争爆发后，中山大学部分依靠海外接济的学生，侨汇断绝。许多依靠贷金生活的学生，因物价暴涨，生活受到严重威胁，学生们难于饱腹。同时，由于太平洋战争爆发，煤油价格上涨 10 倍，也就谈不上买油点灯夜读书，解决饱和光成了广大同学的共同要求。② 1942 年春，各院系学生代表在车田坝举行联席会议，推举农学院的欧阳象才、工学院的张盛澄等同学为代表，率领学生队伍到校本部游行请愿，要求学校增加并发放贷金和灯油费。张云代校长派校长室秘书黄际遇教授与学生代表谈判。他在向代表说明学校所能处理的经费的范围后，表示愿意协助学生向教育部申请增加生活贷金和灯油费。双方经过协商，决定由学校电教育部转达学生三项要求：①增加学生贷金款额。②另发学生晚间学习灯油补助费。③今后贷金款额随物价上涨而定期调整。此外，由学校预借一笔现款帮助学生解决眼前生活困难。结果 50% 的学生增加或获得生活贷金和灯油费。③

"驱齐运动"：师范学院院长齐泮林主持院务十分松弛，引起该院师生不满。"饱和光"运动胜利结束后，全部公费的师院学生要求改善伙食，达到与其他学院同等水平。这一合理要求提出后，齐泮林不仅拒绝，还辱骂学生，引起学生的愤慨。学生们于 1942 年 5 月 29 日起掀起了驱齐运动。他们在师院礼堂召开驱齐大会，指责齐泮林治院无方，要求他引咎辞职。学生的行动，得到师院各系主任和许多教师的支持，他们致函齐泮林，指出他的错误，要求他引退。齐于 6 月 1 日下午指使打手 30 多人，手持凶器追打驱齐学生，致博物系邝慎仿等 10 多人被殴伤，学校一片混乱。陆侃如、穆木天等 15 名教授上书校长金曾澄，各年级、系代表和学生 184 人联合上书学校当局，要求惩办凶手和事件制造者，并保障学生的人身安全。师院全体女学生包围齐泮林的住宅，要求惩凶。齐泮林迫于压力，悄然离开师范学院。学校当局解除了齐泮林的院长职务，并请师院教务主任陆侃如教授代理主持院务。

---

① 张江明、吴逸民、李坚、曾建昭：《中山大学在坪石时期（1940—1945）的学生运动》，载《中山大学学报》（哲社版），1989 年第 4 期，第 59 ~ 68 页。

② 吴逸民：《关于〈中山大学在坪石时期的学生运动〉一文的几个问题》，载《中山大学学报》（哲社版），1990 年第 3 期，第 80 页。

③ 张江明、吴逸民、李坚、曾建昭：《中山大学在坪石时期（1940—1945）的学生运动》，见《中山大学学报》（哲社版），1989 年第 4 期，第 59 ~ 68 页。

三、再次迁校和复员广州

正当中山大学在坪石的发展走上正轨，教学和科研也开展得有声有色的时候，随着全国抗战形势的变化和日本帝国主义的最后挣扎，中山大学不得不面临新一轮的搬迁。

1945年1月上旬，日军侵犯粤北，警报频传。1月15日，有消息说日军开始从连县、东陂窜向坪石，16日据报日军已经侵入湖南省宜章县栗源堡，随后又窜到管埠和梅花等地，坪石陷入了日军的包围之中，坪石远郊还发生了激烈的枪战。事情发生得非常突然，学校只得宣布紧急疏散。1月17日，学校的一部分公物和人员，由粤汉铁路前往乐昌县城，会商应变办法，但是日军追踪而至，公物尽遭焚烧和抢掠。1月21日，学校师生转道前往仁化，分赴石塘、仁化县城、扶溪等地。其时，师范学院附属中学已经先赴扶溪乡复课。仁化各地迫近日军前线，日军曾经窜到扶溪骚扰，中山大学在这里无法安顿下来。金曾澄代校长于是派人在扶溪设立本部办事处，自己率领一部分员生，从陆路往东边前行，赴龙川，不久选定梅县为校本部驻地。研究院、文学院、理学院、医学院、先修班，以及师范学院附中一部分员生，也陆续迁来这里。法学院在蕉岭路亭，农学院在五华歧岭，工学院在兴宁东坝朱屋，师范学院在龙川龙母，均于3月间先后复课。未迁乐昌的一部分员生，由总务长何春帆率领，于1945年1月20日，从坪石突围，沿着连坪公路，赴连县，路上遇到日军，幸好因应得宜，安全脱身，并到达连县三江，之后陆续去连县的员生也很多。学校又派员警赴栗源堡和笆篱堡，护送教务长邓植仪以及各院员生等抵达三江，成立中山大学连县分教处。学校以晏苹图书馆，以及三江西、南、北城楼等处为校舍，研究院、文学院、理学院、法学院、工学院、师范学院、先修班都在此处分别部署。农学院则设在连县东陂西岸，医学院设在连县县城。师范学院附中来不及成立，附中学生来到连县的，则由学校介绍进入国立第三华侨中学、连州中学等学校借读。在连县的员生公推教务长邓植仪为中山大学连县分教处主任，负责连县分教处的事宜。订立分教处组织章程，均呈送教育部和校长核批。梅县和连县两处地方，均遵照教育部的规定，于1945年秋间分别招考新生。1945年8月14日，日本帝国主义宣布无条件投降。东江本校、连县分教处，以及仁化区员生等，均于10月份先后坐船回到广州石牌校址。连县分教处，遵照学校的命令将在连、坪、临、乐等地所存的公物，分别集中整理，运回本校，分派人员在连县和坪石两处留守，负责办理运输公物事宜。1946年3月，连县分教处所集中整理的公物运回学校。①

学校这次仓促迁校和复员广州，员生中间不少人遇难，涌现出了许多可歌可泣的事迹。1945年3月3日，坪石沦陷，中山大学工学院卫梓松教授因病未能走避，被敌所困，宁死不屈，为国殉难。1945年12月15日，学校在文明路旧址附小礼堂举行了卫梓松教授追悼会。②

理学院黄际遇（任初）教授从事教育数十年，道德文章深为中山大学师生景仰，在随校复员广州时，不幸于1945年10月21日在北江清远坠水遇难。学校张云、王星拱、金曾澄、邓植仪等人发起成立了治丧委员会，于12月16日在学校文明路旧址附小

---

① 《本校二十二周年概况》，见《国立中山大学二十二周年校庆特刊》。藏中山大学图书馆校史室。

② 《卫梓松教授追悼会今日与死难员生追悼会同时举行》，见《国立中山大学校报》，1945-12-15。

礼堂举行了追悼会，由张云和张作人报告黄际遇教授生平。治丧委员会组织成立了黄际遇教授著作出版委员会，并筹集奖学基金以重纪念。①

1945年10月23日，士丹利公司的祥发轮船从汕头出发，载客200多人及货物多种，该船于25日在平海附近起火，乘客跳水遇难百余人，其中有中山大学学生11人。江南公司的祥祯轮船于1945年10月25日从汕头出发，载客300多人及货物多样，严重超载。28日凌晨，该船在海上沉没，中山大学师生死亡54人，生还19人。② 学校潮籍死难员生善后委员会于1945年12月23日在学校文明路旧址附小礼堂举行了潮籍殉难员生追悼会。③

1945年12月15日上午，学校假座文明路旧址附小礼堂，举行抗战死难员生追悼会。追悼会由代理校长金曾澄主祭，由卫梓松教授夫人报告卫教授在坪石沦陷时不受敌人利用服毒殉难经过。附中司徒校长报告附中员生在南雄、百顺遇敌殉难事情经过。之后，由金曾澄代校长等相继演讲。④ 中山大学师生纷纷献送对联，表达对于抗战死难员生的哀思。⑤ 文学院院长朱谦之撰联："亮节昭史乘，悲风立沧溟"。容肇祖撰联："粤海痛沉珠山河已复钟簴犹存只恨再生无术，同门伤益友骅骝未聘骏骨先收堪念百年树人"⑥。

抗战期间，中山大学的办学经费和学生人数情况变化如下：

从建校初期直到抗日战争结束，中山大学的办学经费具体情况：⑦

建校初期，月得广东毫券7万余元。

1925年，改由财政部迳拨，月得毫券9万元。

1926年，月得毫券12万元。

1927年10月起，每月增为毫券14万元。

1931年7月起，每月增拨毫券45000元，即月得185000元。12月以后，仍为毫券14万元，但其时兴建石牌新校，奉准于1933年1月起，每月增拨4万元，另拨建筑专款按月汇发国币10万元。

1934年工学院成立，每月增为毫券192500元。

1936年，奉令改发国币，月得国币158000元，计毫券为197000余元。

1937年，增为每月毫券20余万元，惟9月份七折发给，计毫券14万余元。

1938年和1939年，每月折发国币10万余元。

1940年，月发国币16万余元。

1941年，除经费外，另加发薪额三成，补足支薪。

1942年，月得国币30余万元。

1943年，全年为国币6080077元，又追加国币299880元。

1944年，全年为国币9988123元。

① 《黄任初教授追悼会日昨举行》，见《国立中山大学校报》，1945－12－19。

② 《祥发祥祯两轮肇事，本校遇难同学口述情形》，见《国立中山大学校报》，1945－12－08。

③ 《本校潮籍死难员生追悼会昨假附小礼堂举行》，见《国立中山大学校报》，1945－12－26。

④ 《本校死难员生追悼会日昨举行情形》，见《国立中山大学校报》，1945－12－17。

⑤ 见《国立中山大学校报》，1945－12－18。

⑥ 《本校抗战死难员生追悼大会挽章（续）》，见《国立中山大学校报》，1945－12－19。

⑦ 《本校二十二周年概况》，见《国立中山大学二十二周年校庆特刊》。藏中山大学图书馆校史室。

1945 年，全年为国币 57896860 元。

1946 年，全年为国币 59197000 元。

从建校初期直到抗日战争结束，中山大学的学生人数具体情况：①

国立广东大学成立时，约 1000 余人。

1927 年，1468 人。

1930 年，1900 人。

1931 年，2049 人。

1932 年，2602 人。

1933 年，3131 人。

1934 年，2121 人。

1935 年，1838 人。

1936 年，2577 人。

1937 年，3607 人。

1938 年，3498 人。

迁澄江后，1939 年，2433 人。

1940 年，2673 人。

返粤后，1941 年，3160 人。

1942 年，3439 人。以上均属大学学生人数，再将研究院、先修班、师院附中学生人数加上，该年度全校学生为 4015 人。

1943 年，全校学生 4264 人。

1944 年，全校学生 2900 人。

1945 年，全校学生 4699 人。

国立中山大学战前战后学生人数比较表②

学院	1937 年人数	1946 年人数	增减人数	
			增加	减少
文学院	401	355	——	46
法学院	690	878	188	
理学院	206	261	55	
工学院	436	855	419	
农学院	273	360	87	
医学院	139	250	111	
师范学院	——	559	559	
总数	2145	3618	1419	46

中山大学复员广州后，开学日期稍微延迟，学校定于 1945 年 12 月 1 日开学，4 日

① 《本校二十二周年概况》，见《国立中山大学二十二周年校庆特刊》。藏中山大学图书馆校史室。

② 《国立中山大学二十二周年校庆特刊》。藏中山大学图书馆校史室。

至10日注册，11、12两日选课，14日上课。研究院、文学院、工学院、农学院、医学院定于4、5两日在各该院驻市办事处注册，法学院、理学院、师范学院定于6、7两日亦在各该院驻市办事处注册。[①] 新学期的开始，标志着中山大学结束了抗战时期的迁徙流离。

抗战8年，中山大学先遭日机轰炸，再历校址数迁，员生死伤，校产损失，所付出代价不可谓不大，但是中山大学的全体师生员工，历经坎坷，抗日救国不为人后，教学科研力争人前，其精神，其气节，可歌可颂，是中山大学历史上值得大书特书的一笔，是我国文化史和教育史上一曲华彩乐章。

1946年11月，是中山大学复员广州1周年，也是中山大学建校22周年，中山大学的教授们纷纷撰文表示庆祝。黄尊生撰文《创造的中山大学学风》,[②] 其中这样说："孙中山先生手造民国，手创中山大学，照理，中山大学应为全国最尊崇、最荣誉、最有学术地位之大学，足与牛津、剑桥、巴黎、维也纳诸大学，齐驱并驾，而今事实与此悬殊，惟吾人不必妄自菲薄，前程远大，有待来兹，但第一步必要培养成一种良好学风。""中大之学风，应本于孙中山先生之精神，而中山先生之精神，一部分渊源于岭南之历史之环境。""岭南居山海之间，秉炎晶之气，山则有云岭罗浮，水则有珠江南海，……故其人物则有佗王之豪雄，六祖之智慧，熊飞之慷慨，陈秋涛陈岩野之气节，陈白沙湛甘泉之纯粹，屈翁山陈元孝之孤洁，张曲江崔清献之忠荩，李忠简海忠介之耿介，南园前后五子之风流文采，洪秀全孙中山之革命精神。我们要复兴岭南文化，是复兴这些东西，这是岭南民族精神生命之所寄托。""如是，岭南人物应该有一个风格，他应该以罗浮之耸拔为其精神，以梅岭之高寒为其品格，以珠江之晴朗为其风度，以南海之浩瀚为其襟怀，能如是，诚不愧为佗王之子孙，红棉丹荔之人物矣"。这些话，也大致表现了经过8年抗战的中山大学全体师生员工的精神气质和胸襟抱负。

（执笔：游修庆）

第三节　学人本色

中山大学在8年抗战中曾三易校址，辗转迁徙，校舍、图书损失惨重，仪器设备几乎荡然无存。在战火纷飞的年代里，广大师生员工坚持教学、研究、读书，积极参加抗日救亡运动，为抗战和建设培养了人才，为打败日本帝国主义、争取抗日战争的最后胜利贡献了自己的力量。下面分广州石牌时期、云南澄江时期、粤北坪石时期、东江和连县时期四个阶段为序分述之。

① 《三十四年度上学期定期开学上课》，见《国立中山大学校报》，1945-12-1。

② 《二十二周年纪念特辑》，见《国立中山大学二十二周年校庆特刊》。藏中山大学图书馆校史室。

一、广州石牌时期

抗战之初，中山大学的教学科研都有些变化和发展。

1937年1月，为使学生实行乡村服务以增进对农民的了解，中山大学特设乡村服务实验区，以石牌岑村等10乡为实验区，取得良好的效果。是月，推行导师制度，由教授担任，负责指导学生学习与修养事项。4月，研究院组织第一届硕士学位考试委员会。6月，中山大学还因应时局发展的需要，成立了军训筹备委员会，组织学生进行集训。

1938年夏，中山大学接收国立广东法科学院，并入法学院。接着，又接收广东省立勷勤大学工学院，并增设了建筑工程学系。秋天，又奉令加设、建立师范学院，在原有教育研究所的基础上加上文学院的教育系归并而建立。师范学院下设教育系、公民训育系、国文系、英文系、史地系、数学系、理化系、博物系8个学系。抗战前夕，大学部1937年度学生人数为2145人，抗战后复员的中山大学1946年度学生人数为3518人①。1937年度的9月中旬开学之前后，日军飞机对学校轰炸10余次，部分校舍被炸毁，伤亡10多人。正常的教学秩序受到严重干扰，日常教学不能依计划进行。

此时，中山大学师生仍坚持教学，并根据实际开展因地制宜的科研活动。1937年7月初，研究院文科研究所师生赴云南、广西考察瑶族和其他土著民族的生活与文化②；地理系三年级学生赴西北各地考察，了解西北地理大势；③ 农学院继续与中央农业实验所合作，在番禺、东莞等地进行稻种试验和鉴定，还派教师前往高州等地作病虫害调查；1938年4月至7月，在杨成志教授率领下，民俗学会师生10余人对广州市疍民状况进行了调查研究。④ 各学院的刊物如地质学会的《大地》、地理系的《地理集刊》、农学院推广部的《农声》、文学院的《语言文学专刊》、研究院文科研究所的《民俗》和《史学专刊》、工学院的《工学季刊》等仍继续出版。

这一时期的教学与科研的基本内容是加强抗战教育、普及抗战科学知识和传授一些特殊技能。乡村服务实验区扩大农村服务工作；教育研究会举办民众夜校；与教育厅、岭南大学等合办广东区中学教育讲习班；两广地质调查所为地方各界化验矿石及岩石。各学院对教学课程进行了相应的调整。如文学院增开《民众组织课》，创办《抗战周报》、《黄花岗旬刊》；法学院增开适应战时的法律、经济、金融、财政等选修课程；医学院增开防毒、救护等课程；工程院增开军用工程、兵器、汽车、飞机等方面的讲座或课程，编制《市民防毒要览》；农学院也邀请校内外教授、专家作“战时农政问题”的专题讲座。一些刊物如《教育研究》也为抗战教育与研究举办专号。⑤

---

① 《国立中山大学二十二周年校庆特刊》，第20页。

② 《广西瑶人考察队出发》，《本校研究院与云南省政府合作派员入滇考察民族》，分别见《国立中山大学日报》，1937－7－1，1937－7－8。

③ 《地理系西北地理考察团获准备案》，见《国立中山大学日报》，1937－7－8。

④ 《征求调查广州疍民团员启事》，《广州市疍民调查团工作近况》，见《国立中山大学日报》，1938－4－4，1938－4－18。

⑤ 参见梁山、李坚、张克谟：《中山大学校史（1924—1949）》，上海教育出版社1983年版，第89～91页。

二、云南澄江时期

中山大学迁来澄江后，主要利用澄江作为滇中三县二州的府治，利用其寺庙、古建筑较多及村寨密集的特点，加上学校自己所盖的简易房屋作为生活、学习和研究的场所，条件自然十分艰苦。此时，中山大学设有文学院、医学院、农学院、工学院、理学院、师范学院、研究院等7个学院，30多个学系，1个学部。到1939年2月，中山大学澄江的师生员工达2000余人。① 3月1日，中山大学在澄江正式开学。

虽然环境条件差，又受图书资料和仪器设备的限制，各学院只能根据自身的情况，因地制宜进行教学实习及社会调查，开展科学研究。

澄江地处农村，农学院的教学实习十分活跃。他们在鲁溪营进行稻谷良种试验，对澄江的主要农作物水稻、蚕豆等作出全面的调查研究；学校拨了专款建立农作物试验场；他们自己栽桑养蚕；对栽种鲜藕较多的上、下秧郎村制作的藕粉，对萝卜村的优质萝卜的成因进行分析研究。在距离澄江县城30公里的阳宗海附近，开办阳宗林场，研究华山松、云南松的特性，其中森林系主任侯过教授为此多处奔波考察，途中曾遇匪被劫，终于选定此处为实习林场。森林学系师生还为开展森林调查和进行学术研究，于1940年1月成立了森林学会。农艺研究会在澄江安顿后，就继续开展学术活动，创办会员读书摘录，编印农艺文献目录，及在农学院社会教育委员会附设农业问事处，代农民解答问题，等等。农业经济系师生合作，组织平南农村经济调查团，并于1939年12月组织农业经济研究会。兽医学系学生也于1939年12月发起成立了畜牧兽医学会。②

鉴于北平、南京沦陷后，两地植物研究机构所藏的大量标本遭受惨重损失。1938年1月，在陈焕镛教授的倡议下，将农学院收藏的15万个珍贵标本，4000余册中外图书文献及各种仪器设备等分批运往香港九龙保存。9月，陈教授出资建一幢三层洋房，作为香港办事处，将那些图书资料妥为保藏。1941年12月香港沦陷后，又历经艰难险阻，从日寇手中把全部珍藏标本、图书、仪器设备完好地运回广州。③

1939年10月，农学院教授谢申、黎旭祥等带领土壤调查队，对澄江东山南盘江沿岸，中越铁路的滴水、抚仙湖、阳宗海之畔及草甸的土质进行了历时45天的调查研究，最后写出《澄江之土壤调查》一书。师范学院地质系吴尚时教授对抚仙湖地形进行考察后，在中山大学地理学会《地形专号》发表《澄江盆地地形》一文，论证抚仙湖的形成是由于地壳断裂下陷所造成的。此一说法被后来的研究所证实。至1939年广州沦陷后，中山大学地理系孙岩越、徐俊鸣写出我国第一部军事地理学专著《军事地理学》。书中列举大量中外战例，阐述了地理条件与军事活动的关系。1940年，以陈高庸教授为主编的《中国历代天灾人祸年表》出版。该书在英国著名学者李约瑟编著的《中国科学技术史》中被列为参考书。博物系也对澄江境内的植物进行了调查考察，收集了诸多标本，编写出《澄江植物志》。④

---

① 杨应康：《中山大学在澄江》，载《中山大学学报》（哲学社会科学版），1989年第4期，第70页。
② 杨应康：《中山大学在澄江》，载《中山大学学报》（哲学社会科学版），1989年第4期，第69页。
③ 张耀荣主编：《广东高等教育发展史》，载广东高等教育出版社2002年版，第90页。
④ 杨应康：《中山大学在澄江》，载《中山大学学报》（哲学社会科学版），1989年第4期，第70～71页。

研究院文科研究所师生，经常去澄江附近的少数民族地区，搜集该地彝族、苗族的语言、民间歌谣、风俗习惯等资料，并与国民政府军委会西昌行辕合作，经半年时间对大凉山的少数民族进行调查研究，后研究院将所得资料整理出版。研究院历史部与文学院等院系还对澄江的历史人物，如蜀汉兴亭侯李恢、清代康熙年间的吏部左侍郎赵士麟等进行了考证研究；根据各种史料对澄江的“澄江十景”等风景名胜作了引证阐述，并剔除了其中的迷信因素，对此作了科学的解释。① 研究院文科研究所还与史学研究会联合组织路南民族考察团，由江应霖教授率领，于1939年9月前往路南县考察。考察团成员分别前往美则等地调查，取得良好成果。研究院还利用学校从澄江迁往粤北坪石的机会，于1940年组织了暑假学术考察团，沿途考察滇、黔、桂、湘、粤五省边区的文史、教育、农业情况。②

医学院结合澄江的实际情况开办门诊，下乡考察地方性疾病。小西城一位老妇，患甲状腺肿大。医学院结合教学，对此进行了切除手术，十分成功。另有位产妇难产，医学院给她作了剖腹产。这在澄江是首例，曾轰动澄江。医学院康白清教授在城西极乐寺设立诊所，既方便学生实习，又为当地群众解除了疾病的痛苦。这些一直被传为美谈。③ 另外，医学院学生，由学校派赴昆明陆军医院和红十字会医院两处进行毕业实习。1940年1月，为了研究如何增强师生身体健康，医学院成立了康乐会。

工学院电机工程系学生在教师带领下到云南蒙自资源委员会锡矿工程处实习，掌握基本的装备机器的能力。土木工程系学生分两组往叙昆铁路和滇西铁路实习，通过实习加深对书本理论的理解，提高知识技能。④

法学院经济系于1939年5月成立了经济学会，举办学术讲座，出版壁报，组织外国语读书会，并与《昆明日报》联系出版经济专栏。政治系学生也于1939年11月成立了政治学会，研究与当时政治有密切关系的学术问题⑤。

师范学院的教学除学校自己安排的学习之外，师生不避艰辛，走出校门，接触社会，了解实际，开展教学实习和普及科学文化知识。师范学院利用自身优势举办此类活动，明显比其他学院要多。他们在澄江中小学兼课，在凤山小学开办民众识字班，内容涉及认字、写字、唱歌、画画等；在极乐寺创办幼儿班，教知识、学唱歌。其中所唱歌曲多为反映抗战救亡的《松花江上》、《长城谣》、《大刀进行曲》等。师范研究所还与云南省立实验小学合办了该小学的澄江分校，以作教育研究和供师范生实习之用⑥。

随学校迁滇的两广地质调查所，在经费极度紧张的情况下得到学校的及时支持。该所派队出发大理、个旧各地进行调查。他们曾在宜良、澄江间发现震旦纪的大陆冰川、冰矿层，以及欧美所罕见的特种三叶虫中的美资虫化石，具有较高的科学价值。教育部赞扬该所处于如此艰苦环境，犹能坚持不断工作，且创造了学术上的新贡献。⑦

中山大学各学院经常举行各种学术报告会、学术讨论会。澄江地处偏僻，由此而带

① 杨应康：《中山大学在澄江》，载《中山大学学报》（哲学社会科学版），1989年第4期，第71页。
② 梁山、李坚、张克谟：《中山大学校史（1924—1949）》，上海教育出版社1983年版，第102~103页。
③ 杨应康：《中山大学在澄江》，载《中山大学学报》（哲学社会科学版），1989年第4期，第70页。
④ 参见杨应康：《中山大学在澄江》，载《中山大学学报》（哲学社会科学版），1989年第4期，第69页。
⑤ 参见杨应康：《中山大学在澄江》，载《中山大学学报》（哲学社会科学版），1989年第4期，第69页。
⑥ 参见杨应康：《中山大学在澄江》，载《中山大学学报》（哲学社会科学版），1989年第4期，第69页。
⑦ 《国立中山大学现状》，1943年版，第75页。

来的学生视野开拓的不便被这类学术活动极大地克服，学校的学术氛围也随之活跃了，每次学术报告都由院长、系主任或知名教授负责或主持。文学院就曾邀请西南联合大学的冯友兰教授莅校作学术报告。理学院生物系除组织到野外采集动植物标本外，还每月举办“月夜会”，内容丰富形式生动，其中有学术报告、学术讨论、游艺活动等，还继续邀请著名学者作学术讲演。

鉴于抗战形势的需要，1939 年 9 月起，中山大学恢复抗战初期在广州石牌时的社会教育工作，由教务长、训导长、总务长及各学院院长组织社会教育推行委员会，领导全校师生参加，一般工作由各学院分会主持，举办平民学校 3 至 5 个班。“此种成绩，系由各院员生发挥服务精神，及通力合作，群策群力所做成。亦即为本校迁滇期间，对国家对地方之一种贡献。”① 社会教育工作共 8 种：公共卫生运动、扫盲运动、国民精神总动员运动、函授学校、实用科学技能传习、地方自治指导、农业推广、地方交通事业与土木工程指导。此外，结合各学院的学科特点开展活动。法学院设立民众法律顾问处，宣传法律知识和解答民众关心的法律问题；农学院推广农业科学技术，具体解决农业生产的困难。

澄江时期，各院系恢复出版了一些学术刊物。如研究院文科研究所恢复出版了《语言文学》专刊。该刊自出版以来，颇受国内外学术界赞许。其中岑麒祥的《方言调查方法概论》，是当时开展地方语言研究的指导性论著。历史学会编辑出版的《现代史学》也得以复刊。该刊 1932 年秋由历史学系主任朱谦之教授联络各地学者创办，影响巨大。该刊注重历史研究的现代性，运用史料解释当时社会现实的各个方面，关注现代史与社会史的研究，其中，中国经济史的研究成果尤为引人注目。理学院地质学会主办的《大地》月刊，到澄江后改用油印复刊。陈焕镛教授主持的农林植物学部在香港九龙继续出版《农林植物研究专刊》。《农声》杂志于 1940 年 1 月在澄江复刊。该刊结合云南农林生产实际，发表《云南的农林建设》等文章，为云南农业生产出谋献策。师范学院教育研究所坚持出版《教育研究》，撰稿者除了本校师生，著名专家如陶行知、梁漱溟等也常在该刊发表文章。教育理论和对当时教育问题的研究、讨论文章占有较大篇幅，从小学教育的倡导、师范教育的讨论、乡村教育的提倡到战时教育工作的设计，都体现了该刊注意教育与实践相结合的特色。这些刊物的坚持开办，体现了艰难时代国立中山大学师生对读书治学的一贯精神②。

三、粤北坪石时期

随着战事的变动，1940 年 7 月初，日军进犯越南，滇境告急，时局紧张，国立中山大学由云南澄江迁往粤北坪石。

为适应新的抗战局势，1941 年 9 月，成立师范学院初级部及附属中学，后改称一年级教育委员会为新生部。1942 年 6 月，代理校长金曾澄以位于武阳司的新生部只能容纳一部分新生、不能集中训练为由，经行政会议决定裁撤新生部，成立军事训练总队部，另组新生训练委员会主持新生入学训练事宜。该年，研究院增设医科研究所，师范

① 《本校各院员生开设民校近况》，见《国立中山大学日报》，1940－4－11。
② 《文科刊物述要》，载《中山大学学报》（哲学社会科学版），1989 年第 4 期。

学院奉令收容借读生。为公开财政，支配合理，组织财务委员会。学校又组织了教授聘任委员会以落实师资，提高学术，人选皆由教授中互相推定。2月，裁军事管理组，又奉令裁减员工。同年3月，学校建立校舍建筑委员会。从1940年度起，社会学系正式调入法学院。①

就此形势，学校拟定了校务的重点，即组织三民主义研究会，严格考试及军事管理，筹办员生合作社，扩充图书仪器，加强出版工作，奖励学生学术创作。关于学生人数，"以最近统计，则研究院四所暨文理法工农医师七院之三十三系及初级部，先修班五班及附中六班，共学生3968人"②。

坪石办学期间，条件艰苦，但中山大学师生能艰辛办学，使教学、科研活动得以正常开展。在许崇清校长的主持下，陆续聘请了一批著名学者来校任教，其中有李达、王亚南、洪深、梅龚彬、石兆棠、许幸之、胡世华、卢鹤绂等。

坪石4年，中山大学文理科师生克服了难以想象的困难，继续学业与研究。研究院文科研究所的教学方式分为课室讲授、问题讨论、个别研究、读书报告、实地考察及调查等五项，尤其注重最后一项。每星期举行学术讲演会一次，增进研究的效率，讲演者多是研究所内外的专家。③

师范研究所教学方式除教室演讲外，多由教授指导研究生进行研究，方法多采用哲学研究法、调查问卷法、测验法、实验法。每月举行半月会两次，举办方式有演讲、座谈、报告三种，全所师生藉此交换学术研究成果。半月会的演讲者多为校内外心理教育及有关的学术专家。农科研究所的农林植物部的教学方式有室内、野外、通讯研究三种。室内工作注重应用标本室的蜡叶标本与液浸标本的解剖研究，利用图书馆设备参阅各国植物研究杂志图书等，利用实验室的设备作各种实验，听课堂授课，参与书报讨论；野外工作注重野外采集标本，观察植物的天然环境，远足实地考察各种特殊问题，利用植物标本园的设备作各种试验，开展苗圃实验。通讯研究则联合校外专家共同开展，与校外各植物学机构联络而应用其材料。该所土壤学部教学方面采取的方式分为六项：课室演讲、阅读参考书、野外考察、实验室实习、盆栽或田间试验、问题讨论。此外，每星期举行一次讨论会，报告以上六项的心得或结果，同时讨论学习期间所遇到的疑难问题。④

医科研究所的教学方式分理论演讲和实习，每日演讲一小时，实习两小时。理论演讲注重形态与官能变化的互证及我国各地方疾病的说明。而病理组织学及尸体解剖实习则注重研究的启发。此外，研究所设学术讨论会，每星期举行一次，研究员、研究生及进修员生均参加报名，讨论一星期所完成的研究工作。

研究院文科研究所的重点研究在古物、档案、民俗物三方面，尤其以西南边地边民的研究为重心。迁粤北后，继续进行乳源瑶民的调查，对瑶民的体质、文化、语言进行考察。杨成志教授等撰写的调查报告《广东北江瑶人调查报告》在《民俗》季刊第二卷第1、2期合刊发表。1942年春，派人前往海丰发掘新石器时代的石器陶片大小共

---

① 《国立中山大学现状》，1943年版，第5页。

② 《国立中山大学现状》，1943年版，第6～7页。

③ 参见《国立中山大学现状》，1943年版。

④ 参见《国立中山大学现状》，1943年版。

4000余件，并对之进行整理、考证和分类，编写研究报告。恢复设置了古物和民俗物两个陈列室，致力于搜集各地的古物和民俗物。该所创办的《民俗》季刊由杨成志主编，到1943年停刊时出版了131期，发表文章1000多篇。该刊物主要刊载流传民间的故事、传说、谚语、歌谣、谜语以及各民族的社会风尚、民情风俗，刊登对这些收集材料与历史文献中的民俗资料的研究论文。为使资料和研究的系统性，该刊出了《广东北江瑶人调查报告》等不少的专号。鉴于该刊在当时民俗刊物首屈一指的地位，它与《北大歌谣》周刊、杭州《孟姜女》月刊一起，成为民俗学三大"据点"，对促进中国民俗学的发展起到了承前启后的关键作用。①

师范研究所的研究侧重于全国战时教育方案的研讨和实际抗战教育的举办。他们将民族中心小学课程在广东儿童教养院（该院有学童7000人）大规模试行外，还集中研究三民主义教育，刊印《三民主义教育哲学》一书。专题研究涉及中国教育行政制度、现代教育哲学、女中学生训导、战时儿童教育等方面，并主编《教育研究》。②

农科研究所农林植物部迁回栗源堡后，侧重于对经济植物的研究和调查。他们的研究涵盖海南植物志、广东植物志、中国西南各省植物研究、中国经济树木学、中国植物图谱、中国药用植物研究以及多种专科研究。1943年4月，派梁宝汉研究员率队调查粤北滑水山森林植物，采集植物标本。③ 5月初，与农林部第三经济林场在乐昌合办森林植物标本园。④ 土壤学部纯粹研究和应用研究同时并进：研究土壤的发育形态性质及分类，研究土壤的物理、化学、生物学等性质及其与农作物生产的关系，以期改良土壤，增加生产。1943年4月，组织湘省土壤实习考察队，由谢申教授带领研究生赴衡阳、衡山、长沙等地考察实习。⑤

医学研究所病理学部研究侧重于对地方病症的阐明及与中外病理的比较，先后完成22种研究并将成果在国内外发表。他们对日本血吸虫在粤北的传染、阑尾炎、胎儿软骨营养异常症、华南肝硬化、肺炎结核、华南人鼻咽粘膜慢性变化、多种肿瘤等进行了大量研究。此外，所征集的各地方临床病理材料以供研究，为粤湘赣各省医院义务代验临床病理组织物，详细报告研究结果，促进了我国南方医疗的进步。⑥

文学院教学方面，要求各系课程，除必修科目遵照教育部规定开设之外，其选修课内容力求充实，使思想和语言、原理与方法或工具能互相联系，不要有轻重失常或分隔间离的弊病。要求编订课程总目说明书，以总汇要点，并在可能的范围之内，多安排专门的学科讲座，与其他高校交换教学。

研究方面，文学院恢复了在广州时期设立系研究室的制度，充实专门的图书设备，供师生研究之用。在国父纪念周及其他课余时间举行学术讲演，恢复1939年度在云南澄江发起、每月第一个星期日举行的学术讨论会，由教授、讲师出席参加，推荐一人作

① 肖向明：《民俗学运动在中大》，载《广东民俗》，1998年第4期；吴定宇主编：《走近中大》，四川人民出版社2001年版。

② 参见《国立中山大学现状》，1943年版，第129~131页。

③ 《研究院农林植物部派员调查滑水山森林植物》，见《国立中山大学日报》，1943-5-5。

④ 《农林植物研究所在乐昌开辟森林植物标本园》，见《国立中山大学日报》，1943-5-14。

⑤ 《本校湘省土壤实习考察队已于本月二十日出发考察》，见《国立中山大学日报》，1943-4-21。

⑥ 参见《国立中山大学现状》，1943年版，第111~119页。

研究报告：如院长吴康作《康德知识论之分析》，冯建统教授演讲《作诗概论》等。[①]并且，为唤起学生的研究兴趣，文学院还要求教师指导学生组织学术研究团体及学术调查团，分期赴国内或国外调查考察，增加新的知识和新的材料，促进研究的发展。1942年，中文系四年级学生在钟敬文教授的带领下，往桂林、衡阳一带考察，查阅地方志，参观图书馆，收集了大量的桂、湘两省的民俗学资料。中文系主任岑麒祥与全国语文学界的名流吴敬恒、罗常培、黎锦熙等发起组织中华语文学会。[②] 另外，文学院编印定期刊物如《文学院专刊》、《现代史学》，供师生发表专门研究的论文和文艺作品之用。《文学院专刊》在1943年出了第4期。该刊以语言文学的论文为主，刊载有古直的《曹子建诗说》、方孝岳的《国家流别》。哲学方面有吴康的《希腊哲学之唯物思想》、祝百英的《论康德》。文艺作品主要是詹安泰的《无庵词》等。[③]

理学院除正常课堂教学外，尤重实习科目。生物、地质、地理三系学生，每逢星期日及假期，由教师领导前往郊外实习一次，学生须将其实习及结果报告教师。生物系自1928年成立采集队以来，连年分赴西南各省如广西瑶山、大明山，贵州南部苗岭山脉的云露山、斗篷山及西部的梵净山，湖南西南部的金童山，广东各县及海南岛沿岸等地，或者陆上采集，或者海滨搜寻，所得标本，为世界生物学界所注目。地质系往各地考察调查一年约10余次，足迹所至，遍及两广。地理学系往各地考察人文地理，每年也有10余次，其地域多在西南各省及广东沿海一带。1941年，地理学系师生对坪石附近的白石渡、新塘坪、斗下坪、湖塘、神步、宜章等地作了多次考察，研究这些地区的地理情况及武水崖岸曲流的成因；1943年5月，与韶关市坪石水文站合编《曲江潦水初步分析》一书，10月，地理系在调查、考察基础上，完成了广东省政府委托编写的《广东省政治经济图》6幅和分县图108幅的任务。化学、物理两学系，除经常前往各种工厂参观外，每年组织考察团，往全国各重要城市及日本东京、横滨等地考察，增进了学术了解。数学天文系注重学理研究，假期也自动往各地旅行，调剂生活，增广见闻。[④]

理学院附属天文台不仅为本校天文组的同学提供实测和研究，也承担了中国天文研究工作的一部分，进行日食观测、变星观测、太阳黑子观测、广州市经纬度的测定、气象观测等；出版月刊，解答外界的天文问题，安装一系列的天文观测实验设备。

两广地质调查所为配合抗战需要，加紧调查粤北各地的矿产资源。据《两广地质调查所概况呈报表》（1943年）记载，他们的研究包括：粤汉铁路沿线地质矿产及粤北地层之研究；广东乐昌九华钨及萤石等矿及火成岩之研究；粤北铁矿及煤矿调查及铁工厂原料问题之研究；粤北锡矿及金矿之详探及矿床研究；曲江银铅矿砒矿钨矿之详勘；广东二十万分之一地质图之绘制。他们还参加了全国二十万分之一地质图的测制，尤重国防矿产燃料、药用矿物及稀有金属的探寻。[⑤] 他们定时编制月份工作要报，确定研究范围和研究重点。他们的成果有蒋溶、陈国达等的《广东全省地质矿产记》；陈国达

---

① 《文学院举行学术讨论会与纪念周》，见《国立中山大学日报》，1943-4-14。

② 《语文学界名流发起组织中华语文学会》，见《国立中山大学日报》，1943-4-22。

③ 参见《文科刊物述要》，《中山大学学报》（哲学社会科学版），1989年第4期。

④ 《国立中山大学现状》，1943年版，第66页。

⑤ 中国第二历史档案馆编：《中华民国史档案资料汇编》第五辑第二编·教育（二），江苏古籍出版社，第630页。

《广东灵山地震志》；胡伯素译《矿床生因分类学》；莫柱孙、方瑞濂等《乐昌西瓜地铁矿》；刘连捷《南雄之氟石矿》；莫柱孙、张伯楫《乳源梅花街锑矿》；莫柱孙、刘连捷等《乐昌九峰地质矿产》、《云南澄江地质》；莫柱孙、杜衡龄《广东连县区地质》；刘迺隆、张伯楫《广东曲江钨矿及银铅矿》；莫柱孙、杜衡龄《广东连山县砂金》；张伯楫、刘迺隆《广东曲江县锑矿》；莫柱孙、杜衡龄《广东连县矿产志》；等等，以供政府及实业界参考。[①] 该所还出版地质集刊、特刊和临时报告等，恢复了古生物志，创办了地质专刊。

法学院教务行政方面推行导师制；改善成绩登记及选课手续，务求简单、合理；教师担任课目采取集中分组制，使各课目教学互相联系，达到研究集中的效果；设置学术研究讲座，每周敦请校内外学术界名流作学术演讲一次，成效显著；增进各课程与现实社会的联系性，学以致用；提高毕业论文的水平。[②]

经济学系设经济调查处及中国经济研究室。为增加学生研究兴趣，辅导学生出版刊物如《经济科学》等。《经济科学》从1942年至1944年出版了6期，该刊由著名经济学家王亚南主持，强调经济科学的实践性和应用性，要求结合中国实际，寻找中国经济的发展途径。重要文章有王亚南的《当前的经济问题与经济计划》，林家骧的《我国战时公债政策之理论与实践》、谭壤的《我国国家资本建造上的诸问题》，郑启校的《货币数量说检讨》，等等。法律系为了切实获取各种关于法令及解释方面的资料，增进学生研究法律的学识，与各地法院取得了较为密切的联系，法院将新颁法令通知法学院，用书函讨论研究。1942年该系四年级学生在教师的带领下，赴衡阳、桂林调查各地法院组织、司法情形以及监狱状况。[③] 社会学系恢复了原有的《社会学报》月刊、《社会研究》季刊等。《社会研究》的内容大体分为社会学理论、社会问题研究、社会调查和社会分析，其中社会问题研究的成绩突出。政治学系设立政治研究室，师生对政治的研究除原理探讨外，对现实问题以专题研究，共同讨论，以求合理解决。[④]

农学院设有农学、森林、农林化学、蚕桑、畜牧兽医及农业经济六系，农学系又分农艺、园艺、病虫害三组，农林化学系分土壤肥料、农产制造、生物化学三门。各系除在各自的实验室、农场、林场从事试验研究外，并设有农林植物研究所、稻作试验场、土壤调查所进行各种研究事业，其他农艺、园艺、茶蔗、森林、蚕桑、肥料、昆虫、植病、畜牧、农具、农业经济、农产制造等，都有各自的专门研究。这些由教授及技师共同组织的农林研究委员会策划实施。农学院尤重推广，藉各农林场所的事业进展以及各系组的试验研究的成果，特设推广部掌握管理农林业一切推广事宜，将农学院试验所得的良法、良种推广给农民，改良农业，并且编印各种报告、丛书、定期刊物，推广社会教育，设立民众学校，给农民灌输农业知识，如农艺研究会主编的《农艺通讯》等。[⑤]

农林植物研究所详细勘查了广东及海南岛植物的分布状况，目的是使国人对于广东的植物有充分的认识并加以利用，作为改良及发展广东农林事业的依据。他们逐渐将研究范围扩展至西南各省。著述主要有陈焕镛《中国经济树木学》，陈焕镛、胡先骕《中

① 《国立中山大学现状》，1943年版，第75页。
② 参见《国立中山大学现状》，1943年版，第87~88页。
③ 《国立中山大学现状》，1943年版，第87页。
④ 参见《文科刊物述要》，载《中山大学学报》（哲学社会科学版），1989年第4期。
⑤ 参见《国立中山大学现状》，1943年版，第89~110页。

国植物图谱》（共五卷）等，出版专刊 *Sunyatsenia* 六卷。奉交通部、农林部之命，组织林木勘查团湖南分队。① 土壤调查所在 1942 年底完成粤北连县、乐昌、南雄三县的土壤调查及室内工作，编就报告书及土壤分布图。先后调查湖南阳明山、莽山两处高山的土壤分布，以及广东仁化、始兴的土壤调查。编制广东 17 县土壤主要植物营养含量图表，成立标本陈列室。② 气候观测所专任气候观测事项，将观测所得结果，按日制成报告公布，最后汇编成年报。

医学院③解剖学研究所自迁乐昌以来，一切均能按计划顺利进行。解剖学为医学院前期一、二年级学生的主要课目，教授解剖学的挂图、幻灯、标本、模型，注重尸体解剖及显微镜观察实习，平均每星期实习 10 小时，授课 6～8 小时，内容包括人体正常解剖学、组织学、发生学。每学年下学期为二、三、四、五年级学生教授局部解剖学，为临床应用，同时使学生温习前期所学。生理研究所设小型工匠室，自制各种动物性机能生理学实习仪器，征求生理化学实验药品，使各项实习循序进行。病理研究所根据学生多仪器少的特点，改进教授法，每课实习时间延长。理论演讲注重逻辑思维的启发，并绘制许多理想的彩色"简笔画"，以补助形态变化的说明；又设计各种动物与理化实验以及简单模型，演示自然现象的真谛；标本实习（含肉眼及显微镜的）注重正常与病理形态的比较观察及其临床症候的互相对照。尸体解剖增加至每年百例，以方便解剖实习及推动地方病症的研究。

1942 年 12 月奉教育部令成立医科研究所，先设病理学部，从事地方病症即地理的病理学的研究，培养病理学师资和专门人才。此外，杨简、梁伯强、李瑛、梁次涛的 3 篇论文参加 1943 年 5 月在重庆举行的第六届全国大会演讲。药物学研究所拥有难得的化学药品 50 种、仪器 133 件，仪器皆由本所自行设法制成，实验结果与进口设备无异。他们编著了 50 余万字的《药理学》一书。细菌学研究所教员担任细菌免疫学课程，讲演后实习或示教；另辟参考书室，每课前后陈列有关讲题的书籍多种，供学生阅读。实验方面，经常为本院附属医院及粤北各地医院检查病人材料，包括镜检、培养法、血清检查及动物实验等，同时为卫生机构检查饮料凉品及鉴定各种疫苗。制造多种诊断菌液血清及抗原，供各处医院检查室之用。保育重要菌种近百种，对授课及研究帮助极大。研究方面，著作《细菌学图谱乙》，专文研究有关于牛痘接种、天花、瑶民血型及卫生考察报告等内容。应校内社团及校外学术组织邀请，作关于卫生防疫或免疫学理论方面的公共演讲。开办技术员训练班。

工学院设有土木工程、化学工程、机械工程、电机工程和建筑工程 5 个学系。机械工程学系设有专供各系学生实习之用的机械工场。工学院特别在每年一年级学生中举行英文比赛，提高学生的英文应用水平。中山大学坪石时期的建筑多由建筑工程学系卢炳烈教授主持设计。④

工学院十分重视学生对实地、实物的观摩、考察。如 1941 年，土木工程学系学生前往粤汉铁路罗家渡参观、考察铁桥；化学工程学系学生于 1942 年赴曲江、南雄等地

① 《国立中山大学现状》，1943 年版，第 108 页。
② 《国立中山大学现状》，1943 年版，第 110 页。
③ 参见《国立中山大学现状》，1943 年版，第 111～118 页。
④ 梁山、李坚、张克谟：《中山大学校史（1924—1949）》，上海教育出版社 1983 年版，第 103 页。

考察化学工业；1943年4月，机械工程学系学生前赴湖南、广西各工业区考察工业；[①]余文照教授带领土木工程学系毕业生到曲江考察，参观各种工程计划[②]等。

师范学院[③]原为辅导粤桂闽三省的中等教育，迁往粤北后，重点辅导广东的中等教育。派教授出发巡回辅导粤北各校，选出富有中等教学经验及研究兴趣的教授为辅导委员，辅导内容主要是中学英文、国文、数学、地理、历史等科的教学。设置各科教材教法委员会。创设初中教员进修班，改善中等教育的师资。协助广东省教育厅举办广东省中等学校教员暑期讲习会。设置小学教育通讯研究处，招收通讯研究生，分特别、普通两类。组织社会教育服务团开展坪石的民众教育，设立战时民众教育馆，开办民众识字班，出版壁报画报，实行坪石文盲总调查等。设置实验小学校。

全院男女学生读书空气浓厚。"晨曦初上即闻书声；课余时图书馆几无席；山颠林际水涯，时见学生持卷吟诵。加以环境清幽，世俗纷华之习无自而入，学生精神易于集中功课。[④]"他们还利用中英辩论会、音乐晚会、师生同乐会等开展课外活动，培养服务精神。此外，各系学会、中师剧团、歌咏团等，培养学生的团体生活习惯。国文学会为提高学生国文学研究兴趣，发扬批评精神，出版《国文评论》；该院剧团经常独立或与其他团体合作演出话剧《大地回春》（田汉）、《日出》（曹禺）、《心防》（夏衍）等。

师范学院出版定期刊物《中等教育》月刊、《中师》季刊两种。师范学院中等教育辅导委员会坚持出版中等教育刊物。研究以中学各科教材与教法为中心，完成如侯氏非文字智力测验、张雅琨与蔡文显合编的英诗大学教本、公训系编的中国公民科补充教材、英语系参与合办的英语杂志等。

1941年11月，全校性学术刊物《中山学报》创刊号出版。《发刊词》写道："中山大学是华南的最高学府，她有宏大的规模和光荣的历史，而国父生前讲述三民主义就在本校，尤其值得纪念。"抗战以来，学校一再迁移，给办学带来很多困难。"但是中山大学的同事同学，大家都依然能够专精一志，致力于学术的研求，因为大家都很明白，无论从大学建立的本旨说，从民族国家的遭遇说，我们今天都应该排除万难，为传播文化、研讨学术而努力。《中山学报》的刊行，正是这种努力的部分的表现。"[⑤]

坪石时期，校外的学术交流也比较活跃。学校邀请国内外学者来校讲学交流。1943年6月，特约教授罗廷光应师范研究所之邀，作教育学术的讲座，有《各国教育行政之背景与趋势》、《我国学制改革问题》、《文武合一的教育》等。[⑥] 同月底，陈寅恪教授应文科研究所聘请，围绕魏晋南北朝史研究，在为时一个星期的讲学里每天一个专题，共演讲《五胡问题》、《清谈问题》、《魏晋南北朝读书方法之"合本事注"》、《南朝民族与文化》、《宇文泰及唐朝种族问题》等。[⑦] 文科研究所还邀请知名学者杨东莼讲演《中国文化史》。西北大学郑德鸿教授应工学院土木工程系的邀请，来校作《薄钣理

① 《工学院机械工程系四年级翼社前赴湘桂考察工业》，见《国立中山大学日报》，1943-4-6。

② 《本校工学院余文照教授率领土木系毕业生昨赴曲江考察》，见《国立中山大学日报》，1943-5-15。

③ 主要参考《国立中山大学现状》，1943年版，第129~138页。

④ 《国立中山大学现状》，1943年版，第131页。

⑤ 张云：《发刊词》，载《中山学报》第1卷第1期，1941年版。

⑥ 《特约教授罗廷光先生抵校》，见《国立中山大学日报》，1943-6-14。

⑦ 吴定宇：《学人魂——陈寅恪传》，上海文艺出版社1996年版，第140页。

论之最近发展》的专题报告。法学院请英国贾慧宜女士讲演《战时英美大学生之生活与思想》。英国文化考察专员蒲乐道赴校进行文化合作。英国雷威克教授来校为英语系作英文作文法、英国诗学等演讲。美国教授葛德石应理学院邀请作了地理系与地质系之新发展、中国在航空时代之地位等报告。①

中山大学各学院教授也应邀到外单位讲学或从事科学研究活动。如朱谦之教授应邀前往国立桂林师范学院和广西大学等院校，作有关文化类型学等报告。岑麒祥教授1941年8月应广东省中等学校教员暑假讲习会邀请，到曲江向全省中学语文教师讲汉语语法问题。教务长邓植仪教授应湖南新农学会邀请，前往长沙作关于湖南农业问题的报告。蒋英教授应邀赴湖南衡山讲学。张云教授应中国日食观测委员会邀请，担任1941年9月21日中国日全食东南观测队队长等。② 1943年4月，陈安仁、郑师许等辗转前往重庆参加中国史学会成立大会及第一届年会。③

四、东江、连县时期

该时期可以说是颠沛流离的抗战时期一段难忘的“插曲”。

这一时期时间甚为短暂，从1945年初春至10月，前后不到10个月时间。此时中山大学各院系分别迁往粤东梅县、连县和仁化等地，不但各院系分散，一个学院甚至一个系也被分成两地或三个地方。图书、仪器、设备等教学科研资料在搬运过程中也损失严重。在这种特殊情况下，中山大学虽然恢复了上课，但教学、科研等实际上并不能有效地展开。后来又忙于庆祝抗日战争胜利和准备复员回迁广州母校，有关教学、科研活动的资料也保存甚少。

（执笔：肖向明）

① 梁山、李坚、张克谟：《中山大学校史（1924—1949）》，上海教育出版社1983年版，第110页。
② 梁山、李坚、张克谟：《中山大学校史（1924—1949）》，上海教育出版社1983年版，第111页。
③ 《本校出席中国史学会》，见《国立中山大学日报》，1943-4-9。

第二章　又见石牌

经过7年的颠沛流离，1945年10月间，中山大学师生员工开始陆续从东江、连县、仁化等地迁回广州旧址办学。

这时抗战虽已胜利，但内战将起，国内局势动荡，经济萧条，办校资金欠缺。在恶劣的条件下，中山大学师生员工惨淡经营，在短时间内重建学府，并在教学、科研等方面作出了不少成绩。同时，中山大学师生员工关心时局，胸怀社会，积极投身于反饥饿、反内战、反独裁的爱国民主运动之中。

第一节　惨淡办学

刚刚复员的中山大学，原校舍几经轰炸和驻军，破坏严重，学校的图书资料、仪器设备等分散各地，有的已经散失，有的在战火中被焚毁。迁回广州的中山大学百废待兴。在广大师生员工的共同努力之下，复员工作进展迅速。此期间学校主要举措有查找、运回学校公物，修葺、添建校舍，完善后勤设施，恢复正常教学，图书馆开馆，学院增设科系，研究院改制等。

一

复员广州后，为尽快恢复校内一切事宜，中山大学成立了复员委员会，分组负责专项工作。分组及负责人名单如下：接收组主任黄仲文、副主任严明，交通组主任赵善性，工程组主任罗雄才，设备组主任崔载阳，副主任简浩然，迁运组主任邓植仪，管理组主任任国荣，警卫组主任何春帆，保管组主任朱志淞。在各负责人的带领下，各项复员工作开展得有条不紊。

1945年11月24日，复员委员会召开会议，通过校舍分配决议案。根据复原委员会的决议，各院系地址分配如下：文学院、理学院、法学院、工学院、农学院、研究院在石牌原址；医学院在东山百子路原址；总办公厅在化学教室原址；师范学院在体育馆以及化学教室一部分；先修班在文明路旧校高中部及华侨宿舍附近饭堂；附中在文明路旧校景堂院原法学院及附小饭堂；附小在文明路旧校平山堂（附小未恢复前暂作各院部驻市办事处）；学生宿舍在石牌原址（由管理组接受保管）。[1] 但此时石牌、文明路、百子路的校舍均被军队占用，学校有关负责人多方奔走、洽商，历时两三个月，才将校

① 《十一月廿四日复员委员会议决案》，见《国立中山大学校报》，1945－12－3。

舍陆续收回，交各院系使用。校舍接受情况如下：1945 年 11 月 25 日，接收文明路旧校舍部分房舍，到 1946 年 3 月份，文明路旧校驻军才全部撤出，房舍交由学校接管。12 月 6 日，医学院百子路院舍全部接收完毕，7 日迁入办公。石牌校舍接收一部分后，于 12 月 5 日在石牌设立办事处就近办理一切事宜，聘侯过为主任。至 12 月 8 日，石牌处已有 200 余学生迁入住宿，教职员家属约有 120 人，各院部工友 20 余人，校警 20 余人。[①] 1946 年 11 月，占用石牌图书馆的驻军物资才全部迁出，至此石牌校舍全部收回。在抗战期间，石牌校舍先被日机轰炸，后被侵华日军司令部占用，校舍破旧不堪，原有家具和水电设备荡然无存，复员后的中山大学的办学条件极为窘迫。

尽管如此，中山大学仍然定于 1945 年 12 月 1 日正式开学，12 月 4 日到 10 日注册，11、12 两日选课，14 日上课。后因驻军未撤，上课时间被迫延迟到 1946 年 1 月份。截止 12 月 15 日，1945 年度上学期新生报到、旧生注册及补课人数达 2506 人。各学院注册情况如下：[②]

院系所	新生报到（人）	旧生注册（人）	补课（人）
研究院		13	
文学院	56	181	44
法学院	138	344	155
理学院	92	75	62
工学院	30	315	199
农学院	43	149	57
医学院	45	116	91
师范学院	36	191	74

到校之后，学生宿舍不分学院年级，每房住 4 人，后因学生众多，宿舍不敷分配，改为每房住 5 人。每人发两块床板和两张条凳，一张小书桌。上课时学生自带一张小凳和一块画板进行教学。膳堂尚未正规，有些同学几个人合在一起在浴室自己煮饭，经济条件宽裕的同学到饭馆去吃饭[③]。教职员宿舍同样紧张。石牌教职员宿舍共 190 余间，除每层四角的大房间住 4 人外，其他房间一律住 2 人。如此安置后，尚有一部分教职员无法安插，学校将各院院舍、教员研究室及其他剩余房间改作教员宿舍，暂时安住。经过近一个学期的努力，学校校舍、学生宿舍、学生膳堂以及水电供应等处，才得以全部修复。1945 年下学期学生注册总人数 3597。1946 年度招生，新生报名达 6000 人。为考生便利，学校特意在体育馆及东山百子路中山大学医学院、广州惠爱东路中山大学附属中学等处分设考场。为解决考生交通问题，学校同粤汉沪铁路管理局广州段商洽，于考试期内特备火车接载。由大沙头车站至石牌中山大学南门每日上午 7 时至 9 时开车 3 列，下午由 5 时半起在石牌南门开往广州大沙头。广州公共汽车时代公司也于考试期前

① 《石牌近况》，见《国立中山大学校报》，1945－12－8。
② 《本学期新旧生报到注册人数，注册组统计公布》，见《国立中山大学校报》，1945－12－19。
③ 《回顾与足迹——中大化工校友会纪念特刊》，校友会专刊编辑组，1994 年版，第 7 页。

和考试结束时在文德路和石牌特设交通汽车数十辆，以方便考生乘坐。[①] 1946 年第一学期学生注册人数总计 4127 人。此后各学期的注册人数均在 3000 以上。

复员之初，石牌校舍驻军尚未完全撤离，校本部以及各院办事处均设在文明路平山堂。石牌校舍各部大致布置就绪之后，校本部所属部分和各学院办事处才陆续迁入石牌办公。1945 年 12 月 27 日，文学院率先将原设文明路的办事处迁入石牌办公。1946 年 1 月 5 日，总务处、文书庶务组迁入。1 月 6 日，校长室、会计室、出纳组、贷金组迁入。1 月 7 日，理学院迁入。1 月 11 日，教务处迁入。1 月 14 日，训导处和法学院迁入。1946 年 1 月 11 日，学校开通了来往石牌和文明路平山堂之间的校车。

学校各部门、各院系复员之后，积极进行恢复工作，为正常教学创造条件。教务处负责修复校舍、查找运回图书仪器、制定公共必修课的教学办法和标准等项事宜。训导处主要负责重订学生奖责、学生法则、学生请假规则、学生团体组织章程、学生宿舍规定、学生出版壁报等项规章制度；推行导师制；指导学生进行课外活动；筹组学生自治会；增加体育设备、推行卫生工作；等等。总务处致力于购置校具，增建校舍和学生宿舍，添置床板、上课桌椅等各项办公设备和研究设备等事项。各院系则根据自身的情况，展开复员工作[②]。

1945 年 12 月 20 日医学院率先正式上课，之后，文学院（1946 年 1 月 21 日）、工学院（1 月 24 日）、农学院（1 月 25 日）、法学院（1 月 30 日）、理学院（2 月 5 日）、师范学院（2 月 11 日）等也先后陆续开课。开课之后，各学院积极进行教务整理。考虑到那些因战事影响未能随校上课的同学，各学院根据各院教学情况为他们安排了补课事宜。如农学院规定：每系学生各随原级上课，并准多选下年级之学科。一年级准选下年级一个科目，不得超过 3 学分；二三年级准选下年级两个学科，3 ~ 6 学分。第一学期未了之功课，由各系教员另定时间补足，其余第二学期之功课，设法尽量调到上学期讲授。[③] 从 1946 年 2 月 18 日起，农学院的上课时间，每天上午提前到 6 时开始，下午则延至 5 时半结束。每科增加的课时，限制在该科的四分之一到三分之一。法学院对 1944 年度上学期注册留仁（化），未到东江、连县上课的各年级学生进行补课。毕业班另开补课班，上学期补课 4 周，下学期补课 12 周；其他各年级随原级补课，补足升级的应修学分之后，才准予注册升级。理学院也对各年级学生采取了分别补课的办法。工学院四年级学生，在学校未正式上课之前，由各科任教老师指定应补修范围，并指导各补课学生先行修习。各学院的教学工作逐渐恢复正常，其他各种学术活动也渐次展开。各学院都先后开展了学术演讲、学术交流、教学实习、社会调查等活动。

图书是学术研究的源泉，但是因图书馆馆址无着，书架桌椅缺乏，不能开馆，大批图书无法借阅。为了保证正常的教学和学术研究活动，图书馆一方面多次呈请购置书架桌椅，指拨馆址，另一方面同省立图书馆商洽（时杜定友兼任省立图书馆馆长），准许中山大学教师和学生前往借阅。图书馆公告说："兹为适应本校教授及四年级同学选述论文起见，特商准广东省立图（书馆），凭本校图（书馆）初证之借书证，先行借阅。

① 《国立中山大学布告》粤复教字第 4248 号，见《国立中山大学校报》，1946 - 9 - 4。

② 《复员概况》，载《国立中山大学二十二周年校庆特刊》，国立中山大学出版组，1947 - 11 - 11，第 5 ~ 7 页。

③ 《农学院学生补课办法昨订定公布》，见《国立中山大学校报》，1946 - 2 - 20。

已自昨25日（指1946年2月25日，编者注）起在平山堂大礼堂该馆临时办事处分发借书证。凡本校教授持有学院介绍书及学生持有四年级注册证者均可照领。”① 一时前往省立图书馆借书者甚为踊跃。1946年3月2日，经过多次延商，图书馆获准暂借电工教室第39、40、41号为临时馆址，先行展阅报纸杂志434种。凡广州市内所能购到者，均已搜集齐全。4月份，第一批图书约1万册编竣，并于4月3日送入石牌。但因书架无着，无从陈列供查阅。5月份，一部分书架运到，图书馆即于5月6日起照常开放。一时读者踊跃，阅览室异常拥挤，“因座位不敷，后至者每有向隅之叹”②。

抗战时期分散在粤北、云南等地的学校公物，经过有关人员的整理、查找，陆续运回广州；东江、仁化公物复员广州后不久即运回；连县公物一部分于1945年12月6日运抵学校。1946年5月8日，存于坪石的公物全部运回；1946年12月27日，存滇公物全部运抵穗。

图书资料是学校公物的重要部分，抗战期间图书连年迁徙，散落各处，查找任务十分艰巨。复员广州后，图书馆收拾流亡所剩残余，仅存图书45000册。其中一部分是坪石沦陷前迁往湘粤交界处的栗源堡，由馆员涂祝颜保存8个月的存书；另一部分是撤出乐昌时来不及带走的图书，损失已大半，由馆员何家新前往收集运回。抗战前中山大学图书馆藏书30万册，绝大部分已不知所踪。馆长杜定友先生明察暗访，四处奔波，立志要在3年时间内恢复30万册的旧观。初返广州时，市面上散出来的图书，随处可见，每斤不过三四十元。可惜校方已停薪七八个月，杜定友囊中羞涩，只好望书兴叹。③ 1946年1月，据密报得知本市连新路某私人持有大量中山大学图书，当即由校函请军事特派员准予接收。总务长郭嵩龄、图书馆主任杜定友亲自往返洽商，于1月27日全部收回。计有合订本杂志及各省公报961册，普通图书及散本旧杂志2395册，合计3355册。2月初，接受伪广东大学所藏中山大学图书18664册，其中以中山大学出版品为多，约占三分之二；同时从东亚研究会收回图书2000余册。1938年广州沦陷前，图书馆曾寄存本校善本图书于香港九龙货仓，自太平洋战争事发后尽陷敌手，不知所踪。当时中山大学寄存香港九龙货仓善本书12000册，志书13000册，碑帖3万张，医学珍贵图书杂志等27箱，共计199箱。1940年曾提取20余箱运往海防。杜主任返粤后曾多次委托友人陈君葆、何多源在港调查。但因存仓原经手人已离去，无从查悉。1946年1月21日，陈、何两人在香港永源货仓发现图书171箱，多为中山大学图书。“杜主任闻讯后惊喜若狂，当即呈请校长去函交涉”④，并面请广东省教育厅姚厅长派特派员张子春赴港交涉。3月10日，杜定友亲往香港办理寄存图书接运事物。16日，中山大学存港图书以及接收到的敌伪遗留西书727册共173箱运抵广州。同时，因为中山大学所存均系古书善本，而且馆内所有外文书刊多是1938年前的刊物，杜定友特向友人借到西文图书2批，共计279种。这批图书属寄存性质，只能在馆内阅读。杜定友先生，“对于搜集图书不遗余力，除在本市和香港搜回大帮图书外，经常与英、美、法等国领事及新闻处联系，征募图书。昨接法国领事卫博士来函，允赠医学图书全部”⑤。通过多方

① 《图借书办法》，见《国立中山大学校报》，1946-2-26。

② 《图简讯》，见《国立中山大学校报》，1946-5-15。

③ 王子舟：《杜定友和中国图书馆学》，北京图书馆出版社2002年版。

④ 《本校图书在港发现》，见《国立中山大学校报》，1946-1-29。

⑤ 《图征得医学书全套》，见《国立中山大学校报》，1946-4-3。

征集、接收，到1946年4月18日，中山大学图书馆藏书达到约12万册，恢复了在坪石时的数量。

中山大学现存图书统计①

类别	摘要	港币	册	小计	备注
购入	1945年度	349, 917	1910		
	1946年度	79, 547	604	2514	
让售	潘谷神	85, 000	221		
	陈季博	140, 000	554		
	缪培基	200, 000	238	1013	
接受	东亚研究所		2418		
	伪广东大学		2133		另本校出版12444，其他出版3980
	连新路		3355		
	汪公馆		268		
	汪逆公馆		1943		
	海口		1224		12箱
	乐昌		8083	20191	
购入	中英文教会		205		书114，志91
	美国图协会		543	748	书153，志390
收回	连县	108箱			
	坪石	531箱			
	香港	173箱			
	共计	812箱		24466	
待运	澄江	145箱			
	海防	22箱			共估计12万册

平山堂、百子路、石牌等处的校舍以及教授宿舍均遭到破坏。复员之后，学校即面向社会公开招商维修。石牌校舍修缮工程于1945年12月8日分类招标：12月13日，招标重修平山堂校舍围墙；1946年1月4日，学校家私（床板、凳、桌椅等）和医学院修缮工程交商承造。此后，陆续进行了修葺学校宿舍、墙壁、地台、门窗、玻璃、校道等项目的招标。除了维修旧校舍、家具之外，学校还重新添置了一批家具，新建了多幢宿舍，如平山堂教授住宅、石牌校区女生宿舍等。学校的水厂、电厂经过积极维修，于1946年5月下旬恢复正常，投入使用。此外，其他各种生活和服务设施也逐渐建立并完善起来：1946年2月20日，托儿所开办；同月23日，教职员福利食堂开业；4月

① 《中山大学现存图书统计》，见《国立中山大学校报》，1946-4-18。

9 日，石牌邮局成立开业；6 月 3 日，交通银行在学校设立办事处；9 月 4 日，开始安装电话。校舍的维修和生活设施的完善，为教学工作的正常运行提供了有力的保障。

二

复员广州之后，中山大学在人事组织和院系所设置等方面也作了较大调整。1945 年 12 月，中山大学代校长金曾澄因病请辞代校长之职获准，教育部任命王星拱接任。12 月 21 日，王星拱正式接印，出任中山大学校长。王星拱十分熟悉中山大学的办学宗旨和办学情况。早在国立广东大学筹备期间，他就曾被聘为筹备委员，参与草拟办学规章制度。王星拱重视大学教育，主张学术自由。他认为大学教育的任务是研究学术、发扬文化。“今日欧美文明之光辉灿烂，实为大学教育之成果。中国为文明古国，地大物博，人口繁众。然与欧美各国相较，尤觉生产落后，进步迟缓，必须迎头赶上现代文明。况当胜利之后，建国工作经纬万端，需要专才，更为迫切。故学术究讨，实待加倍努力。”[①] 为加强学术研究，王星拱继任校长之后，从全国各地陆续聘来一批知名学者：如文学院的商承祚、王力、王起、杨树达、刘节、岑仲勉、罗香林、方光焘、周达夫、谭戒甫、朱师辙、朱延丰、姚薇元、钟道铭、洪谦、黄文山、孔德、周其勋等；法学院王亚南、萨孟武、薛祀光、高承元；理学院的徐贤恭、钟盛标、潘钟祥及师范学院的蔡乐生等。这些学者的进入，极大地壮大了中山大学的师资阵容。

王星拱任校长之后，积极调整校务。聘定郭嵩龄为总务长；教务长由邓植仪继任；任国荣继任训导长，1946 年 8 月以后，训导长改聘黄尊生；秘书由叶孟安、宋嘉贤继任；医学院院长改聘黄榕增，黄还兼任附属医院主任；其余文、法、理、工、农、师范各学院院长及先修班主任照旧聘任[②]。他们是：文学院院长朱谦之，法学院院长胡体乾，理学院院长何杰，工学院院长陈宗南，农学院院长邓植仪，师范学院院长毛礼锐，先修班主任萧锡三。1946 年起，除农学院和先修班外，其他各学院院长陆续改聘，各院新任职情况为：文学院院长王力，法学院院长萨孟武，理学院院长徐贤恭，工学院院长陆凤书，师范学院院长蔡乐生，医学院院长陈冀平[③]。

1948 年 6 月，王星拱因病辞去中山大学校长职务，教育部任命张云接任。当时张云正在美国讲学，因此由陈可忠代理主持校务。10 月，张云回国辞去校长职务，陈可忠接任校长。

陈可忠任（代）校长之后，各院系领导先后发生了变动。总务长改聘工学院罗雄才；前训导长黄尊生为安心讲学，力辞职务，训导长一职由张作人继任[④]；文学院院长王力辞职，语言学系主任岑麒祥继任院长；师范学院新聘体育系主任袁浚；地理系聘任

① 王星拱：《校庆献辞》，见《国立中山大学校报》，1946－11－13。

② 《邓教务长任训导长续长教务训导，黄榕增教授接长医学院》，见《国立中山大学校报》，1945－12－25。

③ 《国立中山大学学生手册（1947 年）》，1947 年版，第 15～18 页。

④ 《陈代校长已接印视事，聘罗雄才教授兼任总务长》、《训导长昨交接完毕，由张作仁教授继任》，见《国立中山大学日报》，1948－7－7、1948－7－24。

邹豹君担任该系主任①。1948 年 12 月，医学院院长梁伯强因获美国医药助华会奖学金资助出国考察，特请辞去院长兼职。副院长张梦石、杨简亦请辞副院长兼职。后经挽留，继续留任。

为增强本校的师资力量，提高学术水平和教学效能，陈可忠广泛聘请学者名流来校任教。1948 年 12 月，陈可忠到北京聘请杨兆龙先生为法学院院长，萧公权、傅尚霖、李泰华、陈永龄、萧一山、张纯明、汪沅等先生为法工等学院教授。此外，还延聘了顾颉刚、钱清廉诸先生为教授。

陈可忠在职期间，为加强行政效率，健全人事制度，设立人事室，聘黄李庄先生任主任。

1949 年 6 月，陈可忠以健康原因呈请辞职，行政院第 65 次院务会议决议通过并任命张云博士接任校长。6 月 21 日，张云正式接任中山大学校长。接任后，聘李文尧教授任总务长，郑诗许为训导长，训导室秘书聘定黄吉瑞，注册组主任聘定陈孝禅，工学院院长改聘前总务长罗雄才。7 月，师范学院院长陈一百教授辞去院长职务，袁浚教授被聘为该院院长。医学院院长聘定刘璟。在行政机构方面，取消人事室，人事事务改由秘书室办理。

三

1945 年复员广州到 1949 年期间，中山大学院、系、研究所设置先后均有较大调整。

师范学院

于 1945 年奉令改制所属之国文、英语、历史、地理、理化、博物等学系，分别划归为文学院和理学院，仅留教育系并新设体育系。数学系各系分别合并文理两学院相当学系上课②。1948 年 9 月，师范学院增设国语专修科，由岑麒祥兼任该科主任。

文学院

1946 年 10 月，该院增设语言学系。语言学是当时教育部规定的中国文学系全系的必修课，颇受重视。但是当时的学者认为，语言学以全世界各民族的语言为研究对象，并不限于中国；其研究方法与心理学、生理学、物理学相关，而与文学相去甚远，因此语言学不宜隶属于中国文学系。③ 同时，语言学之专门人才也颇为缺乏，因此有必要设立独立的语言学系。1946 年 10 月，经过教育部核准，在文学院院长王力的组织下，语言学系成立。成立之始即招收一年级新生 20 名。为了使各年级均有在读学生，又酌收转系生为二至四年级的学生。其办法如下：“（一）文、法两学院各系二年级学生经审查成绩合格后转入语言学系二年级。（二）文学院中国语言文学系及外国语言文学系三年级学生经审查成绩合格后转入语言学系三年级。（三）文学院中国语言文学组四年级

---

① 《新任文学院院长岑麒祥教授昨接印视事》、《师范学院体育系主任袁浚教授经已抵校》、《地理系吕主任因病请辞系务获准，邹豹君教授继任该系主任》，见《国立中山大学日报》，1948－7－24、1948－11－18、1948－11－27。

② 《国立中山大学学生手册》，1947 年版，“校史”部分第 14 页。

③ 《本校创设语言学系之旨趣》，见《国立中山大学校报》，1946－10－19。

学生经审查合格后得转入语言学系四年级。”① 语言学系开设的课程分必修课和选修课两部分。必修课：第一学年：三民主义（4学分），国文（6学分），英语（6学分），中国通史（6学分），哲学概论（4学分），读书指导（4学分），科学概论、普通数学、普通物理学、普通化学、普通生物学、普通心理学、普通地质学和地学通论任选一科（6学分），全年共修36学分；第二学年：普通语言学（6学分），中国文字学（4学分），第二年英语（6学分），世界通史（6学分），理则学（3学分），伦理学（3学分），社会科学概论、法学通论、政治学、经济学和社会学任选一科（6学分），全年共修34学分；第三学年：普通语音学（4学分），中国音韵学（4学分），中国语法学（4学分），语义学（4学分），古文字学研究（4学分），中国语言文字专书选读（6学分），第三年英语（4学分），全年共修30学分；第四学年：中国语义变迁研究（4学分），古音研究（3学分），方言研究（4学分），中国语言文字专书选读（3学分），西人语言学专书选读（6学分），毕业论文（2～4学分），全年共修22～24学分。选修课：目录学、校勘实习、中国文字学史、中国音韵学史、中国文字变迁史、西洋文字变迁史、广韵研究、韵书研究、诗律学、卜词研究、铜器铭文研究、佛典翻译文学、世界地理、普通人类学、第二外国语、东方语言文学、西方学者中国音韵研究、国语及国音、边疆语系研究、蒙字或藏文、中国修辞学研究、中国文学史、文选、诗选等。

1948年9月，文学院再增设人类学系。中山大学对人类学的研究，早在1928年就开始了，其时在西南民族的调查和研究方面已取得相当大的成绩。“为发展固有之研究基础，多聘专家教授分工合作，得与国内同等机构联络及交换出版物与标本，俾得继续研究我国西南民族暨南洋民族与文化。”② 中山大学历史学研究所人类学组主任杨成志教授建议以人类学组为基础，在文学院设立人类学系，并拟定设立计划及预算呈教育部核准。1948年8月份，教育部批准中山大学文学院自1948年度起增设人类学系，杨成志教授任系主任。同月开始招考一年级新生，考试日期为8月24、25日，共有550人报考，最后录取20人。至此，文学院所属学系由4个增至6个。

理学院

1947年秋，该院天文学系独立。数学天文系正式成立于1926年秋，而天文台于1929年夏成立，为中国独一无二之天文教育机构，1930年起复出《天文台》双月刊，历时7年，从未间断。复员石牌之后，因为数学天文系成立历史悠久，成绩突出，1947年3月份，教育部令其自1947学年起分离，成立独立的天文学系。1947年秋，天文学系成立。当时天文台的创办人张云教授正在美国讲学，为了充实天文系的图书仪器，张云教授向美国各界发起募捐。除了获捐大批图书之外，美国哈佛大学天文台捐赠长14英尺、直径11英寸的天文望远镜。

工学院

拟设立航空工程学系。1944年，教育部曾令中山大学工学院成立航空工程学系。时值抗战时期，战事紧张，学校又几度迁移，故成系之事暂时搁置下来。复员广州之后，工学院于1937年度下学期在机械工程学系设立航空组，为成立航空工程系作准备。1948年6月，工学院1947年度第四次教务会通过决议，拟在1948年度将航空组正式改

① 《本校增设语言学系，酌收转系学生》，见《国立中山大学校报》，1946－10－16。

② 《杨成志教授建议设立人类学系》，见《国立中山大学校报》，1948－6－26。

组为航空工程学系，并拟就设立计划和预算呈部核准。但因种种原因这一计划也被搁浅。

农学院

1948年9月，经教育部批准，农学系在农艺、园艺、病虫害三组的基础上建立三系，即农艺系、园艺系、病虫害系①。

法学院

增设了两个专修科。1947年10月设立书记官专修科，1948年9月增设监狱官专修科。1949年3月，又增设法科研究所，下设法律、政治、经济、社会4个学部②。

研究院

研究院的变动比较大。1946年，教育部颁布《废止大学研究院暂行组织规程》，并订定《大学研究所暂行组织规程》。根据相关规定，中山大学各研究院自1947年起取消，所属文科、师范、农科及医科各研究所分由文学院、师范学院、农学院、医学院兼办。如师范学院研究所于1947年底改为教育研究所。1948年2月，教育研究所设教育学、教育心理学两组，主任分别为蔡乐生和崔载阳。师范学院还成立了教育研究会，分请陈一百、王越、段铮等为顾问，会内分设教育、心理、史地、语文、理化、数学六组。文科研究所划归文学院之后，于1947年2月将语言、文学、历史、人类四组改为四学部，分别由孔德、岑麒祥、朱延丰、杨成志担任主任。7月，文科研究所又奉令改编为中国语言文学研究所（内分文学、语言两部）和历史学研究所（内分历史、人类两部），两研究所主任分别由文学院院长王力和历史系主任朱延丰兼任。③ 医科研究所归属医学院之后，于1947年7月奉令改为病理学研究所。9月，根据《大学研究所暂行组织规程》，医学院恢复办理生理、细菌、解剖、药物各研究所④。

1948年4月，教育部核准恢复办理两广地质调查所，并拨给开办费等。两广地质调查所由教育部直接管理，同时也接受中山大学的指导。8月，教育部聘定潘钟祥担任两广地质调查所所长。10月，该所择定校内青年园旧址为所址，不久即派员分别前往电白、茂名、花县的油页岩煤田和石灰岩矿场进行调查⑤。

经过调整和增设，中山大学院、系、研究所等机构日臻完善，办学规模日益宏大。此时全校计有文学院、法学院、理学院、工学院、农学院、医学院、师范学院7个学院，33个学系，3个专修科和14个研究所。附属单位有先修班、附中、附小、幼儿园、农场、林场、工场、附属医院等。⑥

（执笔：李春梅）

---

① 《农学院农艺、园艺、病虫害三组教部核准改系》，见《国立中山大学日报》，1948-6-2。

② 《本校增设法院书记官专修科》、《法学院监狱官专修科下学期起增设》、《法学院设立法科研究所》，见《国立中山大学日报》，1947-10-21、1948-7-2、1949-3-28。

③ 《文学院增设语言学系及研究所改设学部》，《国立中山大学校报》，1947-2-19；《文学院增聘教授》，《国立中山大学日报》，1947-10-1。

④ 《本校规复生理、细菌、解剖、药物四研究所》，见《国立中山大学日报》，1947-12-15。

⑤ 《本校两广地质调查所教部核准恢复设立》、《本校两广地质调查所所长部聘潘钟祥教授担任》、《本校两广地质调查所择定所址》，见《国立中山大学日报》，1948-4-8、1948-8-7、1948-10-9。

⑥ 有关数据和资料参考了《国立中山大学第二十二届毕业同学录》；黄义祥著：《中山大学史稿（1924—1949）》，中山大学出版社1999年版；梁山、李坚、张克谟著：《中山大学校史（1924—1949）》，上海教育出版社1983年版。

第二节　恢复元气

1945年至1949年期间，中山大学名师云集，师资力量空前雄厚，学术研究异常活跃。学校在教学实习、学术演讲、学术交流等方面显示了其特色和成就。

一

在教学方面，学校重视培养学生的实际知识和应用能力，经常组织学生外出考察、实习。

理学院

理学院地理系学生充分利用假期，将课堂讲授与实地见习结合起来，进行野外实地考察活动。1946年4月，地理系利用春假赴黄埔一带作地理考察及研究黄埔港地理问题。在该系主任吕逸卿教授的带领下，员生及师范生共51人参加了这次考察，是地理系成立以来举行地理考察参加人数最多的一次。由于人数多，分为4组进行考察研究。第一为自然景观组，由陈永汉讲师和陈大年助教指导；第二为人文景观组，由梁溥教授和钟行威助教指导；第三为黄埔港地理研究组，由徐俊鸣教授及罗末兴助教指导；第四为气象观察组，由吕逸卿教授和林趁助教指导。返校之后，地理系与地理学会召开联合大会，报告实地考察成绩，检讨野外工作技术上的问题①。此后，吕逸卿主任以及该系教师还先后带学生到番禺县沙湾市桥一带、南海西樵山、佛山石湾一带进行考察，了解当地的地形、地质构造等情况。为提高学生研究学术的兴趣，加强对地质构造的认识，地质系也多次组织学生进行地质调查与野外实习。1948年11月，陈国达带领学生在湛江、电白、茂名一带考察地质时，在电白、茂名两县勘得大量油页岩，矿质优良，可供提炼汽油、灯油等之用。在缺乏石油的华南地区，该矿有较高的价值。② 理学院其他各系也经常举行实习、考察活动。如生物、博物两系三四年级学生在吴印禅教授及讲师黄维康、张宏达诸先生的带领下，到肇庆鼎湖一带进行野外实习。③ 1948年10月和1949年4月，吴印禅两次率领生物系四年级学生赴台湾采集海洋生物标本。④

工学院

工学院尤其重视学生的实习活动，该院办有专门的实习工厂，供各系锻工、钳工、木工、铸工等实习之用。除了在实习工厂实习之外，各系学生还利用暑假到外面的各大工厂实习。1949年暑假，电工系电力组三年级学生分赴台湾、长沙、柳州、汕头、江门和广州各大工厂实习。⑤ 1948年5月底，土木系学生在系主任林鸿恩教授和黎献勇教

① 《地理系赴黄浦一带作地理实察经过》，见《国立中山大学校报》，1946－4－10。

② 《地质系员生考察粤南地质返校》，见《国立中山大学日报》，1948－11－6。

③ 《生物博物两系学生昨赴鼎湖实习》，见《国立中山大学校报》，1946－6－12。

④ 《吴印禅等日内率领生物系四年级生赴台湾采集海洋生物标本》、《生物系将赴台湾进行海洋生物调查》，见《国立中山大学日报》，1948－10－19、1949－4－25。

⑤ 《工学院电工系三年级生定暑期赴各大工厂实习》，见《国立中山大学日报》，1949－4－21。

授带领下，到岭南大学参观材料试验室及水力实验室，在岭南大学教授梁建卿、刘载加的引导下，参观了该校进行的士敏沙浆及三合土压力试验、士敏沙浆拉力试验、钢筋拉力试验、钢铁硬度试验及流速仪校正试验等项，参观学生获得对各种仪器设备详细构造的深切了解①。土木学会于1949年暑期实习测量，分大地测量、平面测量、铁道测量、选线测量等组，并请陈永龄、赵方民诸教授指导②。工学院各系学生还利用暑假分组赴台湾考察实习。1948年暑假，到台湾考察的有机械系、电工系、电力组、电力研究会以及土木系、机械工程学系、化学工程学系等系会的学生。其中，机械工程学系三年级学生考察了台湾铁路管理局附属松山机械厂、台湾机械造船公司、基隆造船厂等。该学院毕业班学生组织考察团考察了台湾工业实况，为期两个月。考察团次第参观了各大规模厂矿及著名电力、水利、港湾、桥梁等工程，并到各糖厂、纸厂、石油厂、肥料厂、机车厂、发电厂及水利局等机构实习，同时搜集各种有关台湾工业的资料、图片，以供参考。返校之后，于1948年11月10日至12日举办台湾工业资料展览。③

法学院

法学院经济系三年级经建社同学，为了解农村经济状况，于1948年4月组建了农村经济调查团。4月21日，调查团成员在经济系主任彭尘舜教授带领下，到番禺市桥、沙湾等地调查农村经济状况。④ 社会学系经常调查社会状况，以作学业上的参考。1946年底，在龙冠海教授、岑家梧教授的带领下，该系三年级学生到广州市社会事业机关参观考察。1947年4月，该系举行广州市社会工作及社会行政机关总调查并举办调查成绩竞赛。调查历时3周，由龙庆忠主任、刘渠教授、尹德华教授率领，共有该系三四年级学生69人参加。调查队首先分组调查了广州市区100多个社会工作机关，最后就调查的百余机关中选出规模较大、成绩较好者10单位进行巡回总调查，以取得对广州市社工及社政的完整印象。社会学会师生调查广州全市社会工作机关，到佛山调查社会状况。1947年5月，政治学会师生组织市政考察团，分民财组、教育组、社工组、公用事业组，在何作霖教授带领下，考察广州市辖附属各机关。⑤ 法学院学生还组团到台湾等地进行考察。1948年3月10日，法学院经济系台湾考察团一行26人，在吕调阳教授带领下赴台湾考察。他们先后到台北、台中日月潭、台南高雄屏东等地参观樟脑、糖业、茶叶、纺织、肥料、工矿、纸业、玻璃等公司，以及糖业试验所、水泥工厂、炼油厂、制铝工厂、制碱工厂、肥料工厂、远东第一糖厂等数10个单位。至台南时游览了延平郡王祠、荷兰城等名胜古迹，沿途收集了各种经济资料，甚为丰富⑥。

农学院

农学院各系结合各自的专业情况，开展各种形式的实习和考察活动。为增进学生知识及技能，1947年4月，农化系四年级学生到东莞宏业糖厂实习。农艺组学生为获得实地栽培经验，于1947年自动组织工作团，开垦4座宿舍及校湖旁边的荒地两亩，栽培玉蜀黍、番薯、陆稻、烟草、甘蔗、绿豆、红豆、西红柿、马铃薯等作物，栽培数量

① 《工学院学生赴南大参观及实习》，见《国立中山大学日报》，1948-5-31。
② 《土木学会组织暑期实习测量》，见《国立中山大学日报》，1949-5-20。
③ 《工学院一九四九级定期举行台湾工业资料展览会》，见《国立中山大学日报》，1948-11-9。
④ 《经济系三年级经建社同学出发调查农村经济状况》，见《国立中山大学日报》，1948-4-23。
⑤ 《政治学会今日出发考察市政》，见《国立中山大学日报》，1947-5-6。
⑥ 《经济系台湾考察团考察完毕返校》，见《国立中山大学日报》，1948-4-13。

不一，其中玉蜀黍、绿豆、烟草等作物获得好收成。[①] 为了解石牌村经济情况，1948 年 4 月 14 日，农经系二、三、四年级学生在侯晓昌老师的带领下，对石牌村进行抽样调查，内容包括耕地面积、家畜数量、借贷情形、租借问题、农场收入及农场支出等。农经系师生还赴中山县调查农村经济状况。[②] 1948 年 4 月，农学院稻作试验场，"除继续研究工作与培植优良稻种外，陆续添建了稻科风干室及种子人工干燥室等，以利工作研究。"[③] 1949 年 4 月，土壤研究所陆发熹副教授率同技工前往清远、佛冈、英德、曲江、乐昌、始兴、南雄等县进行土壤调查。[④] 农学院学生也多次组团到台湾考察实习。1948 年 1 月 18 日，刘荣基教授率领的畜牧兽医系学生 30 余人，赴台湾参观考察。[⑤] 同年 8 月 6 日，森林系罗浵鉴教授带领森林系学生 5 人赴台考察林业，先后到罗东、台中、嘉义、台南、高雄、屏东等地林场、山林、管理所及有关农村、机关、工厂等地实习或参观考察。[⑥]

师范学院

师范学院于 1946 年底与广东省立民众教育馆在石牌长蹓村合办石牌社会教育区，收容失学民众 200 多人，并每星期举行赠医赠药活动，以便利村民。1947 年 1 月，该区趁农历新年时期，利用漫画、壁报及演讲等形式举办卫生、识字等运动。[⑦] 师范学院尤其重视毕业班学生的教育实习，经常组织四年级学生到中学试教。1948 年 5 月，先后组织学生到中山大学附中试教国文、英文、数学、史地、公民等课程；到蔼文中学试教国文、英文、算术、历史、图画等课程；到广州女师试教教材教法、儿童心理、教育心理、教育行政[⑧]。师范学院还注重教育考察，组织教育考察团分赴各地考察，让学生了解教育实际情况。如 1947 年 12 月，教育系四年级同学在谭祖荫教授的带领下，参观培正中学、广州市农工职业学校，了解学校的行政系统以及一切有关教学与训导情形[⑨]。除了考察广州市各教育行政机关、学校外，还赴湘桂、台湾等地考察教育。为明了湘桂现行教育状况，1948 年 12 月，教育系三八级学生 10 余人组织教育考察团赴汉口、长沙、衡阳、桂林等地考察[⑩]。1948 届毕业班学生于 1948 年 1 月赴台考察教育。在台湾知名人士及本校台湾校友会的协助与接待下，遍访基隆、台北、台中、台南各市，参观学校和社教机关等 30 多个，并应邀出席台湾全省第一届教育会议。考察期间，将参观印象、观感写成通讯，寄交广州的《建国日报》连续刊载，对于台湾省文教现状报道颇为详细。该团回校后整理所得的教育资料 300 多件，写成考察报告发表在《教育研究》复刊号上。同时，还将考察资料、照片等与刘仑先生在台南写生的高山族

---

① 《农艺组同学栽植试验各品种已得收获》，见《国立中山大学日报》，1948－6－28。

② 《农经系明日出发调查石牌村农家经济》，见《国立中山大学日报》，1948－4－13。

③ 《稻作试验场培植优良稻种添建稻科风干各室》，见《国立中山大学日报》，1948－4－20。

④ 《土壤研究所派员调查各县土壤》，见《国立中山大学日报》，1948－4－20。

⑤ 《农学院畜牧兽医系昨出发考察台湾》，见《国立中山大学日报》，1948－1－20。

⑥ 《农学院森林系员生赴台湾考察林业归来》，见《国立中山大学日报》，1948－9－30。

⑦ 《省民教馆与本校师院合办石牌社会教育区》，见《国立中山大学日报》，1947－1－25。

⑧ 《师院教四级 A 组同学下周赴附中试教》、《师院教四级 B 组同学昨赴蔼文中学试教》、《师院教四级 B 组同学昨赴女师试教实习》，见《国立中山大学日报》，1948－5－1、5－11、5－18。

⑨ 《师院教四级同学参观培正学校》，见《国立中山大学日报》，1947－12－6。

⑩ 《师院教育系三八级学生昨赴湘桂考察教育》，见《国立中山大学日报》，1948－12－6。

风土艺术作品一起举办展览[①]。

其他学院也开展了相关的实习活动，如文学院历史系罗香林教授带领高年级学生到广州光塔寺、光孝寺、流花桥等处参观考察文物，藉作史料研究[②]。医学院1949届毕业班学生35人分赴医学院附属医院、广州市中央医院、方便医院、陆军总医院、河南红十字会医院、市立医院实习，并到澳门镜湖医院、台湾空军医院、台湾省立医院、曲江循道会医院、梧州恩达医院、美国山打巴拉拉医院等处实习[③]。

此外，各学院还利用图片、实物等举办丰富多彩的展览会。1947年3月底，理、工、农、医、师各学院纷纷举办青年节和儿童节科学展览，各学院“均有珍贵独具之标本，与呕心杰作之图案画展及其他有关科学种类，俱选备陈列，琳琅满目，不胜枚举，实为本校复员后第一次之伟大展览”[④]。理学院共布置了18个展览室，各种仪器、标本、模型、图表分类陈列，引人注目，观者塞途。其中化学系的分析化学、有机化学、理论化学实验，生物系的显微镜下的生物，地理系的越南史地，天文台的天文仪器观测，观众尤感兴趣。[⑤] 1947年10月，理、工、农、医等院举行科学展览，展出生物、地质、地理、农林、蚕桑等系的各类标本、仪器、建筑机械、图案、医科图片等多种。1949年，为纪念“五四”运动，理学院、工学院再次举行科学展览。理学院展览分为五部分，各部分展出内容如下：天文台：天文望远镜、子午仪等各种天文仪器；化学实验室：化学仪器、化学分析、化学工业品制造；地质标本：岩石镀物、显微镜明片及标本、古生物化石；地理实验室：测候站气象及各种地理仪器、各国精美地图集、幻灯放映地理风景图片；生物实验室：植物分类、生物标本、生理实验及人体各种检验仪器等。工学院展览的内容有：土木系、机工系、电工系、建工系各系的机械、仪器、标本、美术图案、雕塑等数十种。

农学院经常举办科学展览会，1947年10月举办“双十节”科学展览，分9个展览室系统展示农业内容。1948年3月底举行科学展览，内容包括园艺系、农艺系、病虫害系、森林系、畜牧兽医系、农业化学系、蚕桑系、土壤研究所、稻作试验场等9个单位提供的图片和标本。理、工、医各学院均同时举办科学展览。[⑥]

文学院哲学研究会于1947年12月11日在该院会议室举办西洋名画展，展出名画70余幅，俱为李应南教授多年搜集珍藏之珍品，展览会共持续3天。1948年5月，文学院历史学研究所人类学部在文明路旧校址大钟楼举办文物展览会，展览室6间，分为古物、民族、民俗三部分。古物有石器、铜器、书画、碑帧，民族包括西南民族及美洲印第安人。陈列室内容丰富，其中海丰新石器、美洲印第安人尤为引人注目[⑦]。

三二五美术学会于1946年3月举行大规模欧洲历代绘画名作欣赏会和幻灯美术欣赏会[⑧]。工学院建筑工程学系毕业生为赴香港考察建筑工程，于1946年6月14至16日

---

① 《教育系应届毕业班教育考察团考察完毕返校》，见《国立中山大学日报》，1948－2－14。
② 《历史系三年级同学今日考查本市古迹》，见《国立中山大学日报》，1948－4－17。
③ 《医学院本年度毕业生分发各医务机关实习》，见《国立中山大学日报》，1949－9－7。
④ 《本校科学展览参观踊跃，珍品具备陈列》，见《国立中山大学校报》，1947－4－1。
⑤ 《理学院举行科学展览情形》，见《国立中山大学校报》，1947－4－2。
⑥ 《农学院科学展览》，见《国立中山大学日报》，1948－3－27。
⑦ 《人类学部今日起举行文物展览会》，见《国立中山大学日报》，1948－5－4。
⑧ 《三二五美术会举行画展》，见《国立中山大学日报》，1946－3－21。

一连3天举办图案展览，筹集经费。此次展出图案100多帧，内容分建筑设计、都市计划、室内装饰等，是复员以来该系第一次展览①。1948年12月15日，中华全国木刻学会举办第四届全国木刻画展。应该会的邀请，师范学院教师、木刻家刘仑先生的多幅木刻杰作在会上展出，其中《买米的老百姓》受到观众好评。刘教授的另外一幅作品《台湾高山族》，融汉代石刻方法和希腊古画技巧于一体，创造出了一种新风格。该幅作品入选展览会精品集《中国版画集》一书。②

二

中山大学有着优良的学术研究传统。复员广州之后，时局动荡，条件艰苦，但是中山大学的师生很快投入学术研究活动之中，各学院普遍开展了学术演讲活动。

文学院为增进学生的研读兴趣，培养良好的学术氛围，举办了各种学术讲座活动。1946年1月15至19日，举行学术演讲周，分别请文学院院长朱谦之，研究院院长崔载阳，以及该校教授吴三立、钟仁正、张嘉谋、陈安仁演讲。其中，朱谦之院长主讲题为《奋斗八年》、《音乐与学习》、《文艺复兴期欧洲文学中所见之中国》、《战后文化之展望》、《现代史学之新倾向》等③。为增进学生读书兴趣，鼓励他们研究学术的热情，在院长朱谦之的倡导下，文学院1946年2月11日发起读书运动。朱谦之还捐出国币两万元作为出版费用，帮助下列各系出版学术刊物：中文系《现代文学》，外文系*The Atch*，史学系《历史与文化》，哲学系《现代哲学》，师范系《文化与教育》。④ 1946年3月22日，文、法两学院举办联合学术讲演，请著名小说家茅盾（沈雁冰）主讲《和平民主建设阶段之文艺工作》。自1946年5月25日起，文学院开始定期举办文化科学讲座，由朱谦之院长主讲。讲题分为四讲：第一讲文化政治学，第二讲文化法律学，第三讲文化经济学、第四讲文化教育学。每周一讲，分4个周讲完⑤。文学院还主办了新文艺讲座，1946年6月25日，请王力（了一）教授主讲《中国新诗的格律》。“该题共分六讲：一、自由诗，二、诗的长短，三、音步，四、韵脚的构成，五、韵脚的位置，六、商籁。”从25日起，每逢星期二、四、六开讲，分两周讲完⑥。1946年6月底，文科研究所主任杨成志教授赴美进修考察两年期满返校，文学院于7月1日请杨成志教授讲演游美两年观感以及考察教育文化的情形⑦。为引起暑期留校学生研究学术的兴趣，文学院于1946年暑假期间举办暑期学术讲座。7月16日，请清华大学前外文系主任、时任该院教授吴达元先生讲《法国浪漫运动》⑧。为指导毕业生论文写作，从1947年度上学期起，中文系每学期都要请教授进行论文资料和题材的专题演讲。1947年12月底，请

---

① 《工学院建工系举办图案展览，筹募考察经费》，见《国立中山大学校报》，1946-6-14。

② 《中华全国木刻协会举办第四届全国木刻画展，刘仑先生作品被受好评》，见《国立中山大学日报》，1948-12-15。

③ 《文学院昨起举行学术演讲周》，见《国立中山大学校报》，1946-1-16。

④ 《文学院朱院长开捐巨款，倡导出版学术性壁报》，见《国立中山大学校报》，1946-2-27。

⑤ 《文化科学讲座今晨请朱院长主讲》，见《国立中山大学校报》，1946-5-25。

⑥ 《文学院举办新文艺讲座，王力教授主讲新诗的格律》，见《国立中山大学校报》，1946-6-26。

⑦ 《杨成志教授已由美返校》，见《国立中山大学校报》，1946-6-28。

⑧ 《文学院本周举行暑期学术讲座》，见《国立中山大学校报》，1946-7-15。

朱师辙、谭戒有、詹安泰、吴三立主讲[①]；1948 年 3 月，请吴三立、陈登原、陆达节、吴宓、陈望道诸教授轮流主讲[②]；11 月，又请杨树达、朱师辙、方孝岳、詹安泰、吴三立、黄海章诸教授轮流每周向 1949 届毕业学生讲论文材料[③]。

理学院从 1946 年开始举办科学座谈会，敦请该校教授和校外专家进行讲座。科学座谈会第一次集会于 1946 年 12 月 7 日在理学院地理系图书馆阅览室举行，50 余人参加。原定请王星拱校长演讲，王校长因接见英国商业访问团未能到会，临时改请刚从欧美考察归来的周誉侃、程齐淇两教授分别报告德国和美国科学进展的情形以及一般现象。[④] 王星拱校长出席了 12 月 21 日举行的科学座谈会第二次集会并演讲《物理科学之演进》。[⑤] 此后，科学座谈会先后请理学院院长徐贤恭主讲《营养与健康》[⑥]，吕逸卿主讲《广州的气候》[⑦]，工学院建工系主任龙庆忠主讲《番禺南海神庙》等[⑧]。

师范学院定期举办学术演讲。1946 年 4 月 1 日，请名作家、立法委员简又文先生主讲《理想的广东文献馆》；5 月 10 日，请国民党中央党部副秘书长郑彦棻先生主讲《中国与国际现势》。1947 年，请国内心理卫生权威、神经学专家程玉麐博士作系统演讲，先后在该院主讲《神经衰弱及心理卫生》、《电脑图》、《自卑情绪》、《心理分析》、《心理治疗》等，每次听众上千人，极受欢迎。此外，为指导毕业生论文写作，1947 年 4 月 22 日，请杜定友教授主讲《毕业论文写作法》。1948 年 5 月 3 日，与文学院联合举办纪念“五四”运动学术座谈会，主题为《“五四”与中国文化》。6 月 19 日，请全国童子军通讯社总社长、中山大学师范学院陈海光作《童子军教育》专题演讲。1949 年 3 月 23 日，请陈雪屏先生作学术演讲，题为《形相与性情》。

医学院不定期举行学术讲座。1946 年 2 月 27 日，请卫生专家李廷安博士演讲，题为《中国卫生问题》[⑨]。1948 年 5 月 6 日，请刚刚由美归来的黎希干教授演讲；8 日，医学院全体教授设宴为黎希干教授洗尘，黎教授即席讲演在哈佛大学研究考察的经过[⑩]。黎希干教授在医学院还做过《生命之意义》的演讲。

各研究会、学会也经常举办定期、不定期学术讲座，以提高学生的学术研究兴趣。

文科研究所每星期举行一次学术演讲，由该所教授轮流主讲。1946 年上半年主讲的教授和题目分别是：容肇祖的《学生运动的历史观》、《岭南学术》；岑麒祥的《言语的音乐性》、《关于世界语的问题》；陈安仁的《秦汉时代学者的人生哲学》、《中亚文化探原》；钟敬文的《文字之真实性问题》、《文学的艺术性与社会性》；吴三立的《文字与文学》、《黄公度与新诗运动》；郑师许的《明代的海外交通》、《玄奘法师行脚考》；詹安泰的《词的音乐性》、《宋词的修词》；朱谦之的《中国史学最近的新趋势》、

---

① 《中文系为指导四年级生撰写毕业论文，分请教授轮流指导》，见《国立中山大学日报》，1947－12－30。
② 《中文系本学期论文指导演讲下周起分请教授主讲》，见《国立中山大学日报》，1948－3－6。
③ 《中文系请教授指导四年级生论文》，见《国立中山大学日报》，1948－11－20。
④ 《理学院科学座谈会昨举行第一次集会》，见《国立中山大学校报》，1946－12－11。
⑤ 《理学院科学座谈会举行第二次集会，王校长出席演讲》，见《国立中山大学校报》，1946－12－27。
⑥ 《理学院学术座谈会本日第四次集会，请徐院长主讲》，见《国立中山大学校报》，1947－2－1。
⑦ 《理学院科学座谈会集会通告》，见《国立中山大学日报》，1948－5－5。
⑧ 《理学院科学座谈会昨举行集会》，见《国立中山大学日报》，1948－6－4。
⑨ 《医学院昨请李廷安博士演讲》，见《国立中山大学校报》，1946－3－1。
⑩ 《黎希干教授由美返校，昨在医学院全体公宴发表研究考察经过》，见《国立中山大学日报》，1948－5－15。

《经济史分期原理》；李笠的《从屈原说到诗人的傲》；杨成志的《美国民族学的新趋势》①。

理学院地理学会举办地理讲座，每两星期举行一次，敦请专家作学术演讲。先后请丁骕教授主讲《漫谈新疆》；吕逸卿教授主讲《越南山水人物》；梁溥教授主讲《广东怎样分省》②；资源委员会专门委员、该校地质系前任教授陈励刚先生主讲《海南岛地理地质概况》；钟功甫先生主讲《扬子水峡筑坝之地理基础》；广东省政府顾问麦蕴瑜先生主讲《南沙群岛问题》③；杨成志教授主讲《美洲印第安人与亚洲蒙古利亚人之关系》；著名电学专家吴敬寰教授主讲《雷达之构造及其应用》；邹豹君教授主讲《西北问题的侧面》。④ 因经费短绌，地理讲座曾一度暂停。1948 年 4 月恢复办理，请王光玮教授讲演《关于月球的新近知识》；12 月，请人类学系教授戴裔煊教授主讲《岭南人之今昔》。⑤

法学院法律学会于 1947 年 2 月 5 日请谢瀛洲教授讲《中国宪法问题》，请法律系主任曾昭琼教授主讲《进化的犯罪》⑥。政治学会请黄文山委员讲演《原子弹的发现与新文化的创造》，请中山大学教授夏书章博士主讲《民选程序与军人主政》⑦。经济学会请文学院教授杨成志博士讲《原始经济与现代文明》，请彭尘舜教授讲演《怎样研究经济学》⑧。为研讨时事问题，经济学会于 1948 年 5 月 18 日举行专题学术讨论会，题为《日本复兴与中国》，讨论要点包括：美国为何要扶植日本复兴，美国如何扶植日本复兴，日本复兴与中国等⑨。法律、政治、经济、社会各学会于 1948 年 5 月 4 日，举行“五四”学术专题讨论座谈会，主题为《“五四”与中国文化》，参加同学踊跃。⑩

农学院农艺研究会请王仲彦教授主讲《作物育种体系之再检讨》。⑪ 1948 年 4 月 8 日，农艺研究会为研讨推广稻种问题，由丁颖教授邀集各届毕业生以及在校会友举行座谈会，刘萃杰、王仲彦、毛相澄、陈泽霖等教授也参加了座谈会。丁颖教授首先提出 4 个问题，接着组织讨论。“会场情况至为畅快紧张。”⑫ 农化学会请刘萃杰教授主讲《美

① 《文科研究所举行所务会议》，见《国立中山大学校报》，1946－2－15、1946－5－10。

② 《地理学会明日举行学术演讲》、《地理学会举行第二次学术演讲》、《地理学会第三次学术演讲》，见《国立中山大学校报》，1946－11－21、1946－12－14、1946－12－27。

③ 《地理学会第四次学术演讲》、《地理学会第五次学术演讲、《地理学会第六次学术演讲》，见《国立中山大学校报》，1947－1－6、1－18、4－9。

④ 《地理学会第七次学术演讲》、《地理学会第八次学术演讲》、《地理学会第九次学术演讲》，见《国立中山大学日报》，1947－5－8、1947－5－22、1947－11－27。

⑤ 《地理系恢复地理讲座》，见《国立中山大学日报》，1948－12－7。

⑥ 《法律化工两学会今日举行学术讲演》、《法律学会今日举行学术演讲》，见《国立中山大学校（日）报》，1947－2－5、12－22。

⑦ 《社会学会今日举行学术演讲》、《政治学会今日举行学术讲演》，见《国立中山大学校（日）报》，1947－2－12、1947－12－23。

⑧ 《经济学会主办学术演讲》、《经济学会今日举行专题演讲》，见《国立中山大学校报》，1947－1－29、1947－4－22。

⑨ 《经济学会昨举行专题学术讨论会》，见《国立中山大学日报》，1948－5－19。

⑩ 《法文师各学院同学昨举行“五四”学术专题讨论座谈会》，见《国立中山大学日报》，1948－5－5。

⑪ 《农艺研究会今日举行学术演讲》，见《国立中山大学日报》，1948－4－3。

⑫ 《农艺研究会研讨推广稻种问题，丁颖教授邀集举行座谈会》，见《国立中山大学日报》，1948－4－8。

国农业近况》。林学会请黄维炎教授主讲《台湾林业》。[①] 农经学社请谢哲声教授讲《T. V. A. 与 A. A. A. 对于现代农村经济建设之影响》，请刘耀荣教授讲《现阶段的中国货币经济》[②]。农学院生产团请冯子章教授演讲《北平农业研究的新动向》，请陈植教授主讲《海南岛农业概况及其改进步骤》[③]。

师范学院心理学研究会主办心理学系统讲演，先后请余文伟教授主讲《心理学的意义与范围》，阮镜清教授主讲《心理学的研究方法》，王越教授主讲《从骨相学到人格测量》，陈孝禅教授主讲《时髦的心理》，请王书林教授演讲《从社会心理的立场上论中国社会形态》[④]。教育学会请王越教授主讲《力必多》；请许崇清教授主讲《科学与道德》；请广州大学教务长谭维汉教授主讲《学习之派别及其批评》[⑤]。体育学会为提高学术研究，特请吴文忠教授演讲《我国体育的回顾与展望》[⑥]。教育研究会、教育学会经常联合举办学术讲座，请我国名教育家、私立南华学院院长钟鲁齐博士讲《如何准备做一个良善的教师》，请何凯宣教授主讲《男女性生理解剖》，请郭一岑教授主讲《研究心理学应循的途径》[⑦]，1949 年 1 月，两学会联合主办教育大众化座谈会，请教育系主任王越教授指导。王越提出，教育大众化必先简化汉字，使大众对识字不感困难，并希望研究汉字之改造[⑧]。

其他各学会团体为增进学术研究，均定期举办学术专题演讲，研究风气日臻蓬勃。大学研究会请史学系阎宗临教授主讲《德国历史的悲剧》[⑨]。外文学会请林文铮主任主讲《文化与文艺、武化与武艺》。中国语言文学和历史学研究所联合学会请岑仲勉教授主讲《毛诗之一篇》[⑩]。1949 年 1 月 3 日，中山大学人类学会成立。人类学系员生全部到会。人类学系主任杨成志主讲《本校对于人类学研究史略》，指出中山大学关于西南民族及民俗的研究在全国最早作出了贡献。卫惠林教授主讲《人类学史略及其方法》，对各国人类学发展情况介绍甚详。会上通过了章程并选出刘孝瑜等 5 人为常务干事。会后展览了以往的研究成果：民间读物 1500 余种，民俗期刊 100 余种，民族调查摄影数

---

① 《农化学会今晚请刘萃杰教授主讲〈美国农业近况〉》、《农学院林学会近日举行学术讲演》，见《国立中山大学日报》，1948－4－27、1948－5－25。

② 《农经学会明日请谢哲声〈T. V. A. 与 A. A. A. 对于现代农村经济建设之影响〉》、《农学院农经学社主办学术演讲》，见《国立中山大学日报》，1947－5－28、1948－12－25。

③ 《农学院生产团举行学术演讲》、《生产团政治学会今日请陈植、雷荣珂教授讲演》，见《国立中山大学日报》，1948－11－22、1948－12－13。

④ 《心理学研究会社会科学研究会今日举行学术讲演》、《心理学研究会主办心理学系统讲演第二讲》、《心理学研究会第三次学术专题演讲》、《心理学研究会明日举行学术讲演》、《心理学研究会今日请王书林教授讲演》，见《国立中山大学日报》，1948－4－14、1948－4－23、1948－5－12、1948－12－15、1949－1－12。

⑤ 《教育学会明日敦请许崇清教授讲演》、《教育学会地理学会近日分请谭维汉博士王光玮教授讲演》，见《国立中山大学日报》，1948－3－25、1948－4－15。

⑥ 《体育学会今日请吴文忠教授讲演》，见《国立中山大学日报》，1949－1－13。

⑦ 《教育学会教育研究会今日联请钟鲁齐博士讲演》、《科学研究会、教育学会、教育研究会昨分请黄用诹、何凯宣教授讲演》、《农经学会等昨分请刘耀荣郭一岑教授讲演》，见《国立中山大学日报》，1948－6－1、1948－6－10、1948－12－25。

⑧ 《教育学会教育研究会联合主办教育大众化座谈会》，见《国立中山大学日报》，1949－1－12。

⑨ 《史学研究会学术讲座》，见《国立中山大学校报》，1946－11－28。

⑩ 《外文学会明日举行学术讲演》、《研究所联合学会今晨举行学术讲演》，见《国立中山大学日报》，1948－5－6、1948－12－10。

百帧。①

除了各院、系、所、研究会举办学术演讲之外，为了纪念中山先生，继承和发扬中山先生的精神，学校还定期举办国父纪念周，请知名教授演讲。在纪念周上演讲的教授和讲题如下：王星拱校长讲演《理性在人生中之地位》、《理性与人生》；教务长邓植仪教授讲演《中国土地利用之两大问题》；文学院朱谦之院长主讲《中国文化之新阶段》②；名作家、立法委员简又文主讲《理想的广东文献馆》；法学院代院长梅龚彬教授讲演《最近之国际形势与中国》；从南洋考察归来的参政员陈绍贤主讲《南洋华侨教育》③；工学院院长罗雄才教授主讲《科学研究与工业》；唐惜分院长主讲《改制以后的师范学院》。④

为提倡学术研究，推行科学教育，1948 年暑假，中山大学与广东省教育厅、广州市教育局联合举办暑假学术演讲会。8 月 11 日到 22 日，每日上午在附中礼堂演讲，由两名教授主讲。日程安排如下：11 日，黄遵生教授《近百年来西洋学术之发展》，张作仁教授《科学之真谛与价值》；12 日，朱谦之教授《中国哲学之本质体系及其发展》，黄用诹教授《相对论与理曼几何之浅义》；13 日，吴康《西洋现代哲学之知识论》，钟盛标《原子之蜕变》；14 日，岑麒祥《语言与文学》，廖华扬《原子能与原子弹》；15 日，郭一岑《人类行为的社会因素》，吴敬寰《雷达之原理与应用》；16 日，崔载阳《三民主义教育研究之新发展》，刘俊贤《生存竞争之数理》；17 日，阎宗临《欧洲历史演进中之文潮》，徐贤恭《营养与健康》；18 日，杨成志《现代人类科学发展之趋势》，戴笠（戴辛皆）《杨妹问题给予我们的教训》；19 日，黄文山《化学与社会学》，吴印禅《活化石》；20 日，曾昭琼《法律责任与道义责任》，谢申《土壤与人生》；21 日，赵辉明《东西政治思想发展之异趣》，赵卯民《立法之今昔官》；22 日，彭尘舜《民主政治与经济立法》，吕逸卿《广州之气候》。⑤

三

中山大学颇为重视校外学术交流。中山大学的教授经常到校外讲学，参加各种学会的活动。1947 年 1 月，台湾大学函请本校农学院蒋英教授前往研究，考察农林植物。蒋英教授返校之后，将考察资料编成《植物简报》，其主要内容包括研究台湾植物史略、植物园、植物标本馆情况、植物分布概况、台湾移入之经济植物、台湾本产经济植物等。⑥ 同年 12 月 26 日，师范学院陈一百教授赴南京参加中国教育学会第九届年会。中国教育学会是我国研究教育学术历史悠久的全国性团体，此次年会讨论的主题是如何改进现行教育以配合行宪需要。师范学院教授纷纷提供意见和提案交陈教授提交大会讨

① 《人类学会成立大会》，见《国立中山大学日报》，1949－1－7。

② 《国立中山大学布告》、《国父纪念周昨举行》、《国父纪念周昨举行，朱院长讲〈中国文化之新阶段〉》，见《国立中山大学校报》，1946－5－13、1947－1－6、1946－3－5、1946－4－2。

③ 《本校昨日举行国父纪念周》、《国父纪念周昨举行》、《国父纪念周昨举行》，见《国立中山大学校报》，1946－4－9、1946－5－7、1946－5－14。

④ 《国立中山大学布告》，见《国立中山大学校报》，1946－5－20、1946－5－27。

⑤ 《本校与省市教育厅局合办暑期学术演讲会》，见《国立中山大学日报》，1948－8－14。

⑥ 《台湾大学函请本校蒋英教授前往研究》，见《国立中山大学校报》，1947－1－8；《蒋英教授赴台编成〈植物简报〉》，见《国立中山大学日报》，1947－11－18。

论。会后，陈一百教授顺道参观考察了南京、上海等地的教育情况，并代师院洽聘教授。①

1948年5月5日，中山大学多名教授参加了在中山大学文明路旧校钟楼历史研究所人类学部举行的中国民族学会西南分会1947年度年会。中山大学教授杨成志、岑家梧主持了大会，并在会上宣读论文。二人论文分别为：《美洲印第安人考察观感》和《四川蛮洞及其文化》。此外，中山大学教授梁仲谋和龙庆忠分别宣读了论文《人类血型RH因子述评》和《中华民族与建筑》。会后，杨成志、黄文山、岑家梧、林惠祥等教授当选为理监事。②

1948年底，受中国心理学会委托，师范学院教授陈一百、郭一岑筹划恢复和组织分会事宜，邀集广州市各大学心理学会教授及专家20余人会商，议决成立华南心理学会。1949年1月2日，华南心理学会在广州成立，中山大学教授陈一百、郭一岑、余文伟、王书林、王越等出席。大会通过会章并选出5位教授组成理事会，中山大学陈一百、郭一岑、王越等3人当选，王书林当选为候补理事。③

学校还同国内其他机构开展广泛合作。1946年11月，农学院与善后救济总署广东分署合办广东柑橘繁殖场，由农学院黄昌贤主持。广东柑桔繁殖场于中山大学发电厂背侧与蚕桑系相邻的地段，全场面积约270余亩，分为柑橘类育苗区、蔬菜栽培区、亚热带果树育苗区、什根栽培区等。该场大量栽培柑橘类砧木以供学术研究和繁殖推广之用，同时繁殖改良品种，如从台湾引进优良温州蜜桔种和优良木瓜种等。场内育有美国粗皮酸柠檬，台湾酸桔，本地黄桔、酸桔、沙田柚、酸橙等七八万株，定植新会甜橙、从化甜橙、美亚柠檬、本地柠檬等数十种。该场还大量繁殖具有经济价值的龙眼、荔枝、黄皮、枇杷、凤梨柿、风眼果、芒果等果树。1948年5月，农学院与农林部华南区推广繁殖站合作，共同繁殖推广优良果树苗和经济树苗，果苗包括荔枝、龙眼、木瓜、板栗、番荔枝、白榄等15000株，经济树苗有台湾相思木、麻黄、水松、杨柳、桉树、马尾松等共2万株。④ 为改进广东甘蔗和烟草栽培，6月，农学院与农林部华南区推广繁殖站又合作繁殖甘蔗及烟草优良种苗。农学院还与广东省农林处合办育种养蚕及制种工作。

为便利研究华南各省地理，1949年1月，中国地理研究所在中山大学内设广州工作站，学术上与本校（中山大学）合作，并借理学院地理学系办公。中国地理研究所抗战期间成立于四川北碚（今重庆北碚），成立之后多次考察川陕甘青新等省地理。战后迁往北京，开始研究长江下游各省地理。在该所工作的中山大学校友颇多，时任所长林超曾任中山大学地理系主任并代理院长；该站主任罗开富早年毕业于中山大学，曾任中山大学地理学系教授；该站助理研究员罗耒兴曾任中山大学地理学系助教，符严翼、钟功甫早年毕业于中山大学。⑤

---

① 《陈一百教授赴京出席教育年会并代师院洽聘教授》，见《国立中山大学日报》，1947－12－30。

② 《民族学会西南分会本届年会杨成志教授等昨主持举行》、《中国民族学会西南分会年会论文宣读盛况》，见《国立中山大学日报》，1948－5－7、1948－5－13。

③ 《华南心理学会正式成立》，见《国立中山大学日报》，1949－1－7。

④ 《农学院推广繁殖优良果树种苗，与农林部华南区推广繁殖站合作办理》，见《国立中山大学日报》，1948－5－13。

⑤ 《中国地理研究所在本校设广州工作站》，见《国立中山大学日报》，1949－1－13。

学校此时很注重国际学术交流，经常派教师到美、英、日等国考察、进修、讲学，同时也邀请外国专家来校参观讲学。

工学院土木工程系黎献勇由教育部选派，于1946年8月赴美进修，主要考察美国T. A. V. 水利计划及预算。曾获美国依阿华州立大学研究院奖学金，后在田纳西流域管理局（T. V. A.）受训，任Fontana水力变电厂助理工程师，1948年2月回校。[①] 建工系符罗飞教授于1946年12月，在香港举行个人艺术作品展览时，受到各界人士推崇。美国名记者查利芬（Charlie Fenn）及其夫人、美国名画家玛利安（Marion Greenword），将其作品拍成照片，致美国艺术学会详为介绍，国外艺术界对其颇为赞许，并表示欢迎他赴美考察。[②] 1949年符罗飞赴美举办画展，临走之前在广州市禺山中学再次举行个人书画展，展出漫画、素描、国画等作品百余幅。[③] 1949年2月，建工系陈百齐前往日本考察建筑教育。

医学院有多位教师出国进修。1947年初，医学院黎希干奉教育部委派，到美国哈佛大学研究细菌学，并考察公共卫生事业，历时一年多，其间所有费用均由美津贴[④]。同年3月，杨简获美国医药援华会奖学金，赴美宾夕法尼亚大学进修病理学。杨简在美期间的研究工作备受指导教师赞扬，后得多诺基金会（Donmor Foundation）奖学金，继续研究病理学专题[⑤]。11月，派李挺赴美国考察医学，顺到加拿大多伦多大学卫生学研究所参观。医学院院长兼病理学研究所主任梁伯强，受美国医药助华会奖学金资助，于1949年1月至7月前往美国考察医学教育，先后到纽约、华盛顿等地考察医学教育，并到菲律宾大学医学院、檀香岛美国军医院、美国东部巴特慕约翰霍金氏大学医学院参观考察有关病历研究和医学教育。[⑥] 文学院、法学院、师范学院也派出教师出国深造。1946年8月，文学院讲师钟日新赴美深造。10月，教育部准予在中山大学任教已逾10年的文学院历史系教授陈安仁先生休假赴美进修。1947年4月，应美国援华联合会邀请，法学院教授雷荣珂、师范学院院长蔡乐生赴美国进修。[⑦] 1948年8月，国际人类民族科学大会第三届大会在比利时首都召开，邀请文科研究所历史学部人类学组教授杨成志博士出席。因种种原因，杨成志教授无法出国，但给大会寄去了论文。1934年，杨成志曾应邀参加了该会在英国伦敦举行的第一届大会，并宣读论文，获得广泛好评[⑧]。师范学院严元章（严明）教授获选1948—1949年度英国文化委员会奖学金，1948年8月，严抵英国在指定的大学进行研究。1949年7月，历史学研究所人类学部黄文山教授应邀到美国密执根大学社会学系讲授文化学，与该校教授、文化学家怀德氏商讨组织国际文化学会等问题；并应邀到纽约各大学讲授《世界文化改造》等专题。[⑨]

① 《工学院教授黎献勇电告抵美》，见《国立中山大学日报》，1946-9-11。

② 《符罗飞教授画展备受美国艺术节推崇，并欢迎赴美考察》，见《国立中山大学校报》，1947-1-28。

③ 《符罗飞教授定期举行画展》，见《国立中山大学日报》，1949-1-19。

④ 《黎希干教授奉派赴美研究》，见《国立中山大学校报》，1947-1-10。

⑤ 《杨简教授在美进修备受指导教授赞扬》，见《国立中山大学日报》，1947-5-16。

⑥ 《梁伯强院长在美参观考察医学教育》，见《国立中山大学日报》，1949-5-21。

⑦ 《蒲蛰龙、钟日新两先生日内启程赴美进修》、《史学研究会明日欢送陈安仁教授休假进修》、《教授赴美进修人选，圈定蔡乐生等三人》，见《国立中山大学校报》，1946-8-14、10-31、1947-4-23。

⑧ 《国际人类民族科学大会邀杨成志教授赴会》，见《国立中山大学日报》，1948-6-4。

⑨ 《严明教授获选英国文化委员会奖学金》、《黄文山教授出国讲学》，见《国立中山大学日报》，1948-5-15、1949-7-23。

理学院化学系袁文奎于1946年7月奉教育部派遣，赴美国考察化学工业，并到加拿大研究造纸。[①] 1947年夏，数学系黄用诹获伦敦大学科学博士学位。黄用诹于1938年赴英国留学，在伦敦大学获哲学博士学位，后赴美研究，1945年起任教于美国宾夕法尼亚大学，1947年被王星拱校长聘为教授，回国前夕在英美各杂志上发表论文16篇。因此，伦敦大学再授予黄用诹科学博士学位。[②] 1948年度，天文系邹仪新获国际天文学会和联合国教育科学文化组织的资助，前往英国格林威治天文台进行研究。1949年8月，经该天文台介绍，又转往爱丁堡皇家天文台实习，从事恒星光谱的研究[③]。

除了派教师出国进修之外，学生也有机会出国留学。1947年5月，文学院二年级学生陈云玑赴美留学，同时，教育部挑选本校政治系学生赴土耳其留学。1949年6月，文科研究所人类学组研究生容观爱转学美国得克萨斯大学继续研究。[④]

此外，学校还请了一些外国学者、专家、教授来校讲学、参观等。1946年4月，英国海军来校进行DDT讲演。内容分别为：近代防疫方法及卫生设施；蚊蝇等害虫用DDT防除方法；飞机上设虫喷雾设备及释放技术。同时，该队还与农学院教授赵善欢博士合作测定DDT喷后成效，并在石牌校区进行飞机喷雾试验。[⑤] 5月，农学院昆虫学会请英国昆虫学家Roy Elliott上尉讲演《英国战时昆虫事业及新杀虫剂之应用》。6月20日，邀请中英科学合作馆主任罗斯毕在体育馆礼堂讲演文化问题，各院停课一小时参加听讲。之后，又在理学院为地质地理两系学生讲演《地理学之应用》。同日下午，邀请罗斯毕的夫人在法学院礼堂讲演《英国女子高等教育》。[⑥] 1947年1月16日，英国驻华大使施蒂文爵士应邀来校参观，并在体育馆礼堂向师生演讲《中英友谊与增进贸易及加强两国文化关系》。同月29日，邀请英国克拉克博士在理学院演讲《英国之现状》；30日，邀请格里亚女士主讲《英国之新旧大学》；31日，请克拉克博士讲《妇女之事业》。[⑦] 1948年1月，美国图书馆协会代表、图书馆专家沙本生博士来校参观图书馆。1949年1月14日，美国社会人类学家、芝加哥大学社会科学院院长兼人类学系主任勒德菲尔德博士，应本校人类学系的邀请，到石牌参观各学院，并在法学院大礼堂向师生作题为《芝加哥大学的改制与社会科学的研究》的学术讲演。[⑧]

国内外赠送图书杂志也是中山大学与外界进行学术交流的一项重要内容。图书馆在抗战期间损失惨重。中山大学图书馆战前藏书21万册，杂志9万册，总计30万册。广州沦陷时损失16万册（杂志不计），到坪石时图书12万册，乐昌沦陷时又损失大半，复员初年仅剩45000余册。经过3年的努力，到1948年下半年，图书已增至18万余

① 《化学学会明日欢送袁文奎教授赴美考察》，见《国立中山大学校报》，1946-7-2。1948-12-17。

② 《黄用诹教授荣获伦敦大学科学博士》，见《国立中山大学日报》，1947-11-6。

③ 《邹仪新教授留英研究最近报告工作概况》、《邹仪新教授留英格林威治天文台研究第二次报告》，见《国立中山大学日报》，1949-3-12。

④ 《文学院学生陈云玑赴美留学》、《本校选送学生赴土耳其留学》、《文研所人类学组研究生容观爱君转学美国TEXAS大学继续研究》，见《国立中山大学日报》，1947-5-9、1948-10-28。

⑤ 《本校本日举行DDT演讲，明日举行飞机喷雾讲演》，见《国立中山大学校报》，1946-4-26。

⑥ 《昆虫学会请英国昆虫学家讲演》、《中英科学合作馆主任罗斯毕教授暨夫人今日来校讲演》，见《国立中山大学校报》，1946-5-3、6-20。

⑦ 《英国驻华大使施蒂文爵士日昨莅校参观讲演》、《国立中山大学布告》，见《国立中山大学校报》，1947-1-18、1947-1-29。

⑧ 《美国社会人类学家勒德菲尔德博士莅校演讲》，见《国立中山大学日报》，1949-1-14。

册，算上其他小册子和未整理的书籍合计25万余册。其中由专项经费购入者约占十分之一，其余都来自之国内外机关团体和个人捐赠。因经济萧条，办学经费缺乏，图书馆购书经费每月平均285万元，在当时不够订一份报纸。为此，图书馆努力向海内外各方征集图书。1946年到1949年，海内外团体、个人赠书源源不断。仅1947年度，图书馆就收到各方赠书总计58851册。各年接受赠书情况如下：

团体捐赠：1946年4月，法国政府赠送医学图书全套。5月，重庆中英科学合作馆寄给中山大学新书计330种。6月，美国新闻处赠送1945年至1946年外文新闻杂志20余种。同月，图书馆收到西文中国史料图书130余种，其中有关于中亚西藏记录的名贵古本。①

1947年1月，台湾省气象局赠送中山大学图书62册。“均属珍贵研究资料，其中最难得者为关于航空气象方面之记录，为日人多年秘密研究作开辟华南及南洋航空路线设计之根据。”② 该批资料全部交给地理学系保管研究。6月，美国林肯电焊基金会在中山大学设立电焊图书特藏，所有藏书均由基金会提供，除了电焊方面的藏书之外，还包括土木机械电气工程等方面的藏书。③ 6月17日，图书馆收到美国图书会赠书10箱，英国赠书7箱，上海来书69箱，敌产局来书96箱88袋，日本来书1万余册（此书为日本侵华期间劫自中山大学之图书，总计11243册，147箱，后由我国驻日代表团在日本发现运回）。④ 6月23日，英国文化会寄赠杂志16种。9月，英国领事馆也赠送图书一批。10月，联合国同意中山大学图书馆为教会出版品之总保存所，同意寄赠该会所有出版品，以设立联合国出版品特藏。⑤ 11月，联合国教育科学文化组织接受美国芝加哥大英百科全书捐赠，分配中国各教育文化机关共45部，分配中山大学大英百科全书一部。12月，图书馆收到各方捐赠的外文杂志610种。⑥

1948年2月，国民政府中央信托局粤桂闽区敌伪产业清理处接存敌商日文书籍一批，共211册，移交中山大学接管。4月，国立中央大学出版品国际交换处和美国交换处先后赠送图书170余包。⑦ 5月，图书馆收到美国国际交换处赠送的图书杂志6箱共2679册。10月，图书馆收到各方面赠送中西文图书杂志3424册。11月份，各方面赠送中西文书志875册。⑧ 1949年1月，获美国国务院赠送图书馆教科书一批。⑨ 私人捐赠：1946年6月，工学院李敦化赠工学院阅览室4巨著；土木系梅荣赠送土木系土木

---

① 《图书馆征得医学书全套》、《图书馆消息》、《美国新闻处赠送图书馆新杂志》、《图书馆近收到西文中国史料图书》，见《国立中山大学校报》，1946-4-3、1948-5-4、1948-6-11、1948-6-13。

② 《台湾省气象局赠送本校珍贵气象研究资料，昨交地理学系保管研究》，见《国立中山大学校报》，1947-1-15。

③ 《本校图书馆增设电焊图书特藏》，见《国立中山大学日报》，1947-6-11。

④ 《图书馆收到美国、上海各种赠书》，见《国立中山大学日报》，1947-6-17。

⑤ 《图书馆收到英国文化会寄赠杂志》、《英领事馆赠送本校图书》、《图书馆设联合国出版品特藏》，见《国立中山大学日报》，1947-6-23、1947-9-17、1947-10-4。

⑥ 《联合国组织转赠我国大英百科全书，教部分配本校》、《图书馆收到西文杂志》，见《国立中山大学日报》，1947-11-21、1947-12-1。

⑦ 《中央信托局粤桂闽区敌伪产业清理处接存敌商日文书籍一批，移交本校接管》、《美国交换处赠送本校图书》，见《国立中山大学日报》，1948-2-24、1948-4-2。

⑧ 《图书馆新到图书一批》、《图书馆上月收到中西书志，分配各馆室阅览》、《图书馆十一月份收到中西书志，分配各馆室阅览》，见《国立中山大学日报》，1948-5-20、1948-11-24、1948-12-4。

⑨ 《图书馆获美国国务院赠送教科书》，见《国立中山大学日报》，1949-1-20。

工程书籍2册，该系毕业留美学生何家瑚、周桢华、陈孟涛等在美购得土木工程新书26册捐赠该系。[1] 10月，中英科学文化合作馆主任罗士佩赠予图书馆新版英文万人文库27种，每种两部，一部存总馆，一部存文学院。[2] 1947年5月，谭海夫捐赠医学院图书7种共计10册。[3] 1948年12月，刑法学院陈汉杰同学向图书馆赠书11册。[4]

在社会各界的支持与慷慨捐赠下，中山大学图书馆基本恢复战前的藏书量，为广大师生的学术研究提供了有力的保证。

四

1945至1949年间，尽管条件艰苦，时局动荡，但是科研方面却取得了较大成绩，其中有一些还在国际学术界产生了重要影响。物理系钟盛标教授，原在北平研究院物理学研究所"从事水晶腐蚀之电场效应研究，由是发明测定水晶电轴与其极性等新法，并发现极具学理价值之新结晶缺点两种。此项研究结果经陆续在美英等国专业杂志发表后，颇引起各方重视。伦敦大学自然历史博物馆特请求钟盛标教授赠予水晶腐蚀图片数种籍供陈列。该馆获得芯片后，除专函申谢外，并请钟盛标教授将研究心得撰文投登该馆主办之期刊"[5]。数学天文系教授张云博士，1947年12月在美国哈佛大学讲学期间，发现一颗新变星。此星"位于鹿豹座南端，即德雷伯星表第25878号星。其位置约为赤经四时五分，赤纬53°14′分。此新发现经美国哈佛大学天文台台长沙普利通电全世界各大天文台，并详载于《哈佛报告》第866号。新发现之变星最先为美国叶凯士天文台彼得曼博士所注意，因其光谱与北冕座R型变星相似，故预测该星为变星，但未得事实证明。张教授检阅此星所在区域之照片逾800幅，从1898年起至现在均已包括在内，卒于儒略日2429596至2429676日间获得此星亮度最小时所在区域，证明此星确属变星。求得在此间隔内，于儒略日2429631日（即1940年1月17日）有一极小值约为国际摄影星等（0.30），除此以外，平均亮度常维持在星等（8.70）不变。按北冕座R型变星发现至今仅约一打之数，在目前已知两万余颗变星中，小部分因其亮度变化无一定周期，极难发现。此型星温度高，外围大氧含碳素极多，故亦称热炭星"[6]。张云教授因为发现新变星而名传国际学术界。

各学院教授出版了不少学术专著、论文、教材。其中4部著作获奖：1946年，农学院畜牧兽医系梁振文教授的《相马学》一书获得教育部甲种奖金。[7] 1948年5月，杨树达、钟盛标两教授获教育部1946—1947年度著作发明奖。杨树达的《造字时有通借证及古文字研究》获文学类二等奖，奖金2000万元；钟盛标的《医用紫外光灯之制造》获应用科学类三等奖，奖金1000万元。[8] 1949年，张学尧教授的《中国民事诉讼

---

① 《李敦化教授惠赠工学院四巨著》、《工学院土木系毕业同学纷纷捐赠工学院书籍》，见《国立中山大学校报》，1946-6-15、1946-6-13。

② 《图书馆收到新书》，见《国立中山大学校报》，1946-10-19。

③ 《谭海夫先生捐赠医学院图书》，见《国立中山大学日报》，1947-5-15。

④ 《图书馆最近收到赠书》，见《国立中山大学日报》，1948-12-20。

⑤ 《钟盛标博士研究水晶腐蚀结果在英陈列》，见《国立中山大学日报》，1947-2-5。

⑥ 《张云教授上月在美发现新变星》，见《国立中山大学日报》，1948-1-7。

⑦ 《梁展文教授著〈相马学〉获教育部甲种奖金》，见《国立中山大学校报》，1946-3-1。

⑧ 《杨树达钟盛标两教授获著作发明奖》，见《国立中山大学日报》，1948-5-10。

法》获国民政府考试院超等奖和奖金。①

各学院教授著作情况如下：

文学院

孔德：《大学国文选》（中国文学系编印，1947年11月）

朱师辙：《商君书解诂定本》（国立中山大学出版组，1948年1月）

张为纲：《古音探源》（上篇）（中国文学系编印，1949年1月）

周其勋：《当代英文选》（广州中西图书供应社发行，1947年9月）

王名元：《传记学》（广州天成印书局，1948年）、《传记学概论》、②《先秦货币史》（国立中山大学出版组，1947年12月）

刘节：《中国古代宗族移植史论》、《历史论》③

朱谦之：《奋斗廿年》（中山大学史学研究会出版，1946年8月）、《哥仑布前一千年中国僧人发现美洲说》（国立中山大学研究院文科研究所，1945年9月）

石兆棠：《科学概论》（香港文化供应社印，1947年2月）

王衍孔译：《婆恭陀罗》（清华印书馆，1947年6月）

岑麒祥：《广州音和国音的比较》④

杨荣国：《西洋现代史读本》（桂林文化供应社，1946年12月）

陈安仁：《中国文化问题之探讨》（商务印书馆，1945年10月）、《秦汉时代学者之人生哲学》、⑤《中亚文化与中国文化》（中印文化企业公司，1946年11月）、《中国农业经济史》（上海商务印书馆，1946年11月）、《法治与民主》（梅县新新书店，1947年）、《中国文化史》（上海商务印书馆，1947年）（上册《中国上古中古文化史》，下册《中国近世文化史》）、《中国历史之转变与动向》（广州新运出版社，1949年）、《人类历史发展之中心问题》（新文化出版社，1949年）、《中国近代史》、《中西历史新研》、《王阳明学术思想之研究》⑥

法学院

董家遵：《中国奴隶社会史》⑦

高承元：《中国商业登记法论》、《债法论体系》、《正负法论》⑧

余鑫如：《中国票据法论》⑨

喻亮：《中国政治制度概论》（北平经世学社出版，1949年）

岑家梧：《西南民族文化论丛》（上海商务印书馆，1949年）、《中国艺术论集》（清华印书馆，1949年1月）

黄文山：《文化学的建立》（国立中山大学法学院，1948年2月）

---

① 《张学尧教授著〈中国民事诉讼法〉获考试院超等奖》，见《国立中山大学日报》，1949-1-18。

② 《王元名教授近著〈传记学概论〉不日出版》，见《国立中山大学日报》，1947-10-28。

③ 《刘节教授新著〈中国古代宗族移植史论〉、〈历史论〉两书出版》，见《国立中山大学日报》，1948-6-30。

④ 《岑麒祥教授新著〈广州音和国音的比较〉出版》，见《国立中山大学日报》，1949-4-6。

⑤ 《陈安仁教授著〈秦汉时代学者之人生哲学〉出版》，见《国立中山大学校报》，1946-4-27。

⑥ 《陈安仁教授新著〈中国近代史〉等将出版》，见《国立中山大学日报》，1949-3-31。

⑦ 《法学院董家遵教授〈中国奴隶社会史〉出版》，见《国立中山大学日报》，1948-3-26。

⑧ 《高承元教授著〈债法论体系〉等书在出版组发售》，见《国立中山大学日报》，1949-10-19。

⑨ 《余鑫如教授新著〈中国票据法论〉出版》，见《国立中山大学日报》，1947-6-6。

理学院

黄际遇（黄任初）：《黄任初先生文抄》（国立中山大学出版组，1947 年 8 月）

萨本栋：《实用微积分》（青年图书出版社厦门分社，1948 年 4 月）

邹豹君：《欧洲地理》（商务印书馆，1948 年 5 月）

张云：《变形研究法》（国立中山大学出版部，1948 年）

何绍钦：《微积分学》（国立中山大学出版部，1946 年 7 月）

农学院

丁颖 ：《中国稻作之起源》（国立中山大学农学院稻作试验场，1949 年 7 月）、《中国古来粳籼播种栽培及分布之探讨与现在栽培播种分类法预报》（国立中山大学农学院农林研究委员会出版，1949 年 3 月）

植物病理学部编写 ：《滇湘桂粤农作物之病害》、《广东经济作物之病害》、《农作物病害名录》①

医学院

王仲乔 ：《人体解剖内脏学》②

叶少芙 ：《我国人体新生赤血球之研究》③

王增悦、冯汉辉合译日本药学博士绪方章著：《 内分泌素化学实验》④

师范学院

陈孝禅 ：《普通心理学》（珠海大学出版，1949 年）

陈海光 ：《童子军教育概论》⑤

陆达节 ：《中国兵学现存目录》⑥

这个时期各院系出版了各类学术期刊：

文学院：院刊《文学》、《文史集刊》（中国语言文学研究所和历史学研究所联合出版）⑦

理学院：《自然科学》季刊、《科学世纪》月刊（科学研究会主办）、《数学教育》（南中国数学会）⑧

农学院：《农声》、《农经通讯》（农经会出版）、《农艺通讯》（农艺研究会出版）、《农化通讯》（农化学会复刊）⑨

法学院：《社会科学论丛》季刊⑩

---

① 《农学院植物病理学部调查农作物病害，编成各种报告》，见《国立中山大学日报》，1947－6－6。

② 《医学院王仲乔教授新著〈人体解剖内脏学〉一书已出版》，见《国立中山大学日报》，1947－10－8。

③ 《医学院内科主任叶少芙新著〈我国人体新生赤血球之研究〉》，见《国立中山大学日报》，1948－4－24。

④ 《王增悦、冯淇辉合译〈内分泌素化学实验〉出版》，见《国立中山大学日报》，1948－7－24。

⑤ 《陈海光新著〈童教概论〉出版》，见《国立中山大学日报》，1949－5－6。

⑥ 《陆达节教授著〈中国兵学现存目录〉重新出版》，见《国立中山大学日报》，1949－7－20。

⑦ 《文学院院刊〈文学〉出版》、《本校文学院研究所、历史学研究所合编之〈文史集刊〉第一册已出版》，见《国立中山大学日报》，1947－8－13、1948－1－30。

⑧ 《〈自然科学〉复刊号第一卷第一期出版》、《科学研究会主办〈科学世纪〉月刊出版》，《国立中山大学日报》，1948－5－31、6－1；《南中国数学会创刊》，《国立中山大学校报》，1947－4－11。

⑨ 《农学院〈农声〉复刊号延展收稿日期》、《〈农经通讯〉第二期昨已出版》、《〈农艺通讯〉第十九期经已出版》、《农化学会复刊〈农化通讯〉》，见《国立中山大学日报》，1948－7－1、6－18、6－19，1947－7－3。

⑩ 《〈社会科学论丛〉新二卷将赓续出版》，见《国立中山大学日报》，1949－4－2。

师范学院：《教育与心理》（教育学会创办）①

研究院：《教育研究》②

在此期间，中山大学还培养出了社会所需的各类人才。1946年7月，教育部广东省青年复学就业辅导处举办时事论文比赛，学生余锦源获得首奖，罗书园获第九名。③1948年5月，余锦源同学还参加了联合国国际论文竞赛。1948年6月，真善美出版社举办奖学金校际论文比赛，学生尹鸿宾等参加比赛。④ 中山大学毕业生受到全国各地的企业、事业单位、机关等部门的欢迎，他们纷纷要求学校推荐毕业生。1946年6月，广西省省银行和高等法院前来延揽人才；⑤ 粤汉铁路管理局征用电工系毕业学生；交通部电讯总局选送工学院毕业生任电教技术员；广东省党部社会服务处征求中山大学毕业生担任中学教员；⑥ 台湾省行政长官公署函请学校介绍优秀毕业生，文学院选送了应届毕业生10名赴台服务；台湾林业局函请农学院推荐农林人员赴台工作。⑦ 1947年，两广盐务管理局前来征求化验专门人才；审计部西南铁路审计办事处函请学校选送工科毕业生前往服务。⑧ 1948年，空军总司令部前来征用无线电机务人员、土木工程人员以及统计员，工学院机工系、电工系保送毕业生10名前往空军司令部受训；⑨ 省立高级水产职业学校委托师院介绍各科教员；青岛市政府需用天文人才，致电学校选送前往服务。⑩

（执笔：李春梅）

第三节　校园风雷

1945年抗日战争胜利后，中山大学师生逐渐从战争的艰苦环境中摆脱出来，在教学和科研上脚踏实地、步步向前。从1945年抗战胜利到1949年中华人民共和国成立，

① 《师院教育学会创办〈教育与心理〉刊物》，见《国立中山大学校报》，1947-2-25。

② 《〈教育研究〉第109期不日出版》，见《国立中山大学校报》，1946-5-9。

③ 《教育部广东省青年复学就业辅导处举办时事论文比赛》，见《国立中山大学校报》，1946-7-18。

④ 《余锦源同学参加联合国国际论文竞赛》、《真善美出版社举办奖学金校际论文比赛》，见《国立中山大学日报》，1948-5-8、1948-6-19。

⑤ 《广西省银行选用本校桂籍毕业生》、《广西高等法院延揽本校法律人才》，见《国立中山大学校报》，1946-6-21、1946-6-24。

⑥ 《粤汉铁路管理局征用电工系毕业同学》、《交通部电信总局选用工学院毕业生任电教技术员》、《广东省党部社会服务处征求本校毕业生担任中学教员》，见《国立中山大学校报》，1946-5-14、1946-7-19、1946-8-7。

⑦ 《台湾省行政长官公署函请本校介绍优秀毕业生》、《台湾之林业、林务局近函本校农学院推荐农林人员赴台工作》，见《国立中山大学校报》，1946-5-24、1946-7-18。

⑧ 《两广盐务管理局征求本校化验专门人才》，见《国立中山大学校报》，1947-1-31；《审计部西南铁路审计办事处函请本校选介工科毕业生前往服务》，《国立中山大学日报》，1947-11-6。

⑨ 《空军总司令部需用机务土木工程人才，昨请本校选送应届毕业生前往服务》，见《国立中山大学日报》，1948-5-13。

⑩ 《省立高级水产职业学校委托师院介绍各科教员》、《青岛市政府需用天文人才，部电本校选送前往服务》、《广西藤县县立中学征聘师院人才》，见《国立中山大学日报》，1948-6-18、1948-6-24、1948-12-25。

是中国社会发生翻天覆地变化的历史时期。中山大学全体师生读书不忘社会，以满腔的爱国热情积极投身于各种社会活动，在这一时期的社会剧变过程中留下了自己的身影。

一

1946年1月10日，政治协商会议在重庆开幕。

渴望和平的中山大学学生以极大的兴趣和热情关注着这次会议的进展。不料在1月下旬，却突然传来昆明"一二·一"惨案的消息。师生们激愤不已，中山大学学生临工委立刻着手行动，一方面把昆明四烈士的事迹和"一二·一"运动情况抄成大字报张贴出去，一方面举行大型时事座谈会。到会的师生声讨了国民党当局破坏和平、发动内战和镇压爱国学生运动的暴行，会议还作出于该月30日举行示威游行的决定，① 以声援昆明学生。

1946年1月30日，正是全国政治协商会议结束前夕。早上7时半，中山大学学生2000余人从石牌步行到广州，与中山大学先修班及附属中学学生会合出发，沿途有各专科学校参加，队伍高呼"政协只许成功，不许失败"，要求国民党当局"取消一党专政，组织联合政府"、"实现民主政治，取消特务组织"②。整个游行历时4个多小时。中山大学学生并于15日举行大会，决定向孙科院长请愿，要求民主彻底实施，全力支援广州四大被禁杂志③。

该年2月19日，国民党立法院孙科南下来到广东。孙抵穗3日，接见过记者，参加过官式欢迎大会，颇受欢迎④。中山大学、国民大学、广州大学、中华文化学院、法商学院、文理学院、艺专、侨二师、中山大学附属中学、广雅中学等20多所大中学校计3000多学生一起，组织了一次大规模的"迎孙"活动。浩浩荡荡的队伍在平山堂附中操场集合后，沿惠爱路、永汉路到达一德路孙科下榻的宾馆。学生们沿途挥舞小旗，散发传单，张贴标语，高呼"欢迎孙院长促进广东民主政治"、"停止广东内战"、"学术自由，思想自由"、"反对独裁，反对一党专政"、"要求国民党承认共产党领导下的广东省人民武装"、"马上释放政治犯"等口号。学生代表向孙科递交了请愿书，希望政府实现和平民主，立即停止广东内战，承认中共领导的广东省抗日武装的存在。孙科收下了请愿书，答应把同学们的要求转达给国民党最高当局。⑤

2月26日，广州国民党当局发动反苏游行。在游行前两天，国民党军警进入中山大学校园，拉走少数学生，要求中山大学学生临工委召开学生大会以组织参加反苏游行，遭学生领袖刘承祖拒绝。在去五山宿舍广场的途中，军警撕毁了8个青年社团的壁报，并在集会上打伤工学院学生江仲怡。第二天下午，刘承祖召集8个社团的负责人，

---

① 广东青运史研究委员会、共青团广东省委员会合编：《广东青年运动史（1919—1949）》，广东高等教育出版社1994年版，第328页。

② 中国人民政治协商会议广东省广州市委员会文史资料研究委员会编：《广州百年大事记》（下），广东人民出版社1984年版，第570页。

③ 中国人民政治协商会议广东省广州市委员会文史资料研究委员会编：《广州百年大事记》（下），广东人民出版社1984年版，第572页。

④ 《孙院长接见中大学生》，见《华商报》，1946-2-21。

⑤ 广东青运史研究委员会、共青团广东省委员会合编：《广东青年运动史（1919—1949）》，广东高等教育出版社1994年版，第329页。

在大操场外的草丛里召开秘密会议，并形成了如下决议：以“八壁联”名义书面抗议军警撕毁壁报、破坏言论自由的行为；召开人权保障座谈会，抗议军警侵犯人权。

3月25日晚，福利食堂——人权保障座谈会的临时会场亮起了灯光，同学们闻讯纷纷前来，不一会，400多张座位便坐满了人。大会主席强调了这次会议的重大意义，指出：“今天争民主的浪潮已经澎湃全中国，要是没有人权的保障，就谈不到民主，谈不到政治。”号召大家“不仅要争得个人的自由，而且要争得整个的民主”。在如潮的掌声中，理学院的赵教授被邀发言，接着，钟敬文教授、卓炯教授、徐中玉教授也作了发言，到会的同学也争相发表自己的看法。整个会议愤怒谴责了国民党当局侵犯人权的卑鄙行径，重申了争自由、要民主、保人权的强烈愿望。大会还宣读了江仲怡同学致大会的信，信中表示要将各社团和同学援助他的捐款额6万多元捐作“人权保障会”的基金。会议讨论与修改了“人权保障会”的章程，民主普选了21个干事。①

1946年4月24日，以中山大学为主体的广州市中等以上学校学生联合会在中山大学附属中学平山堂正式成立，刘承祖、刘贻虎等十几人被推选为理事。

二

1946年12月24日，北平东单广场发生了让全中国人民愤慨的“沈崇案件”，该案引发了波及全国的反美浪潮，北平、上海、天津、台北、成都、重庆、南京、武汉、杭州、苏州、无锡、开封、青岛、福州、广州、桂林、昆明等数十个城市总数计50万人以上的学生相继举行游行示威，形成了一个全国性的轰轰烈烈的反美抗暴运动。②

“沈崇案件”的消息传到广州后，中山大学、省立文理学院等校学生2000多人，举行了声援平津学生爱国行动示威游行③。在中山大学校园，抗议美军暴行、要求查处和严惩凶手的标语和传单随处可见，许多社团发表了严正声明和抗议。1947年1月4日，中山大学300多名学生聚集在福利食堂召开座谈会，并一致通过了三条决议：罢课3天，抗议美军暴行，声援“沈崇案件”；1月7日举行游行示威；成立中山大学抗议美军暴行，声援“沈崇案件”委员会（简称“抗暴委员会”或“沈崇后援会”），并推选出何锡全等15位学生组成此委员会，着手游行示威的准备工作④。

1947年1月7日，中山大学1000多学生在石牌集合，他们来到平山堂附中操场，与中山大学附属中学、中华文化学院、广东省立文理学院、法商学院等校学生汇合。3000多人的队伍高唱着《抗议美军暴行歌》，经惠爱东路、汉民路、泰康路、德路、太平路、上下九路、大同路、六二三路，来到美国驻广州领事馆——沙面对面的西桥示威。在与军警僵持中，愤怒的学生队伍冲破阻拦，进入沙面。最后，美国领事馆的工作

---

① 参见《中大学生大团结——记人权保障会的成立》，见《华商报》，1946-4-6。

② 广东青运史研究委员会、共青团广东省委员会合编：《广东青年运动史（1919—1949）》，广东高等教育出版社1994年版，第333页。

③ 中国人民政治协商会议广东省广州市委员会文史资料研究委员会编：《广州百年大事记》（下），广东人民出版社1984年版，第595页。

④ 广东青运史研究委员会、共青团广东省委员会合编：《广东青年运动史（1919—1949）》，广东高等教育出版社1994年版，第334页。

人员打开大门，接受了同学们的抗议书。[1]

三

由于内战，国内物价飞涨。

以广州为例，广州汽油由每加仑7000元涨至37000元；行驶市内的280辆公共汽车中有80多辆停驶，15条行驶线路缩减为6条。白报纸由每令4万元涨至9万元，报纸每份由原售价200元涨至300元仍难维持。至2月11日，一日之间米价每担由13万元突涨至28万元。各行商业多准备结束，工厂亦陆续遣散工人[2]。在学校，教育经费也被大量削减，教师的实际薪金持续贬值，他们的薪金通常为二三十万至四五十万元，只够买100多斤大米，老师们的生计立刻成为大问题。学生的伙食水平也不断下降，不仅日渐粗劣，还常断炊。

面对饥饿和战争，全国广大学生开展了各种反饥饿、反内战斗争，从1947年5月开始，南京、上海、北平、天津、杭州、广州等地学生运动此起彼伏。面对这风起云涌的学生运动，国民党于5月18日公布了《维持社会秩序临时办法》，限制请愿、罢课、罢工、游行示威[3]。如此却更激起了人民的义愤。5月19日，上海国立大专学校举行了反饥饿、反内战游行。次日，南京、上海、苏州、杭州等地16所大专院校约5000多名学生，聚集在当时国民党政府的首都南京，乘参政会开幕之际，联合举行了“反饥饿、反内战、挽救教育危机”的大游行，并到国民大会堂向参政会请愿。在队伍通过珠江路口时，国民党竟出动了军警特务，用水龙头和警棒袭击手无寸铁的游行学生。结果，20多人被打成重伤，90多人受轻伤，20多人被捕，现场血流遍地，惨不忍睹。同一天，天津学生也在反饥饿、反内战游行中遭到了国民党的镇压，60多人受伤，20多人被捕。史称“五·二〇”惨案[4]。惨案消息传到广州，中山大学学生义愤填膺，立即采取行动给予声援。5月24日上午10时，由803个同学签名发起的全校同学大会在中山大学体育馆举行，2500多位同学参加了大会。大会通过了罢课3天以声援北平、上海和南京的同学；要求增加教育经费，经费应占全国总预算的15%；通电慰问南京中央大学受伤的同学等十几项决议[5]。

全校大会一结束，罢课便开始了。朱智贤、梅龚彬、钟敬文、王力、王越、刘清如（刘渠）等许多进步教授都表示支持同学们的正义行动[6]。

---

① 广东青运史研究委员会、共青团广东省委员会合编：《广东青年运动史（1919—1949）》，广东高等教育出版社1994年版，第333~336页。《穗学生冒万难举行示威》，见《华商报》，1947-1-9。

② 中国人民政治协商会议广东省广州市委员会文史资料研究委员会编：《广州百年大事记》（下），广东人民出版社1984年版，第597页。

③ 广东青运史研究委员会、共青团广东省委员会合编：《广东青年运动史（1919—1949）》，广东高等教育出版社1994年版，第338页。

④ 广东青运史研究委员会、共青团广东省委员会合编：《广东青年运动史（1919-1949）》，广东高等教育出版社1994年版，第338页。

⑤ 广东青运史研究委员会、共青团广东省委员会合编：《广东青年运动史（1919—1949）》，广东高等教育出版社1994年版，第338页。

⑥ 李惠芳（整理）：《中山大学五·卅一反饥饿反迫害反内战运动记述》；中国人民政治协商会议广东省委员会文史资料研究委员会编：《广州文史资料》（选辑）第二十四辑，广东人民出版社1986年版，第83~96页。

中山大学学生罢课和决定游行的消息传开后，广东文理学院、广东法商学院、中华文化学院、岭南大学、国民大学、广州大学和华侨师范学校的许多同学也纷纷响应。

5月31日8时，队伍在中山大学校园里集合，出发前，队伍先到孙中山先生的铜像前举行了庄严肃穆的宣誓仪式，表示："为了反对内战、要求和平，为了反对饥饿、要求温饱，为了反对压迫、要求民主，我们不怕暴风雨的到来，我们准备接受可能的牺牲！"队伍流行途中汇集了中山大学附属中学、中华文化学院、国民大学、圣心中学等校的学生，队伍增至3000多人。沿途，队伍还不断向市民散发传单，发表演说。游行队伍在上景酒家处突遭袭击，当队伍行进到长堤中央银行和海珠路口时，又受到埋伏在那里的暴徒第二次袭击。

6月1日，国民党当局出动宪兵、军警、特务计2000多人，分乘几十辆大卡车开进石牌围捕学生。梅龚彬、丘琳和廖华扬教授与学生数十人被捕。此次血案中有16位同学受重伤，30多位同学受轻伤及50多位同学失踪，后几经交涉，梅龚彬教授等人被释放。

中山大学全体学生为抗议"五·卅一"血案及"六一"非法逮捕，发表告社会人士书。要求：当局严惩血案凶手，赔偿受伤同学医药费；立即释放被捕同学；当局保证不再有类似恐怖及暴行事件发生；肃清特务分子。①

在善后委员会和教授会的奔走营救下，至6月中旬，被捕师生陆续获释出狱，受伤的同学也大部分康复。

至此，持续了近一个月的反饥饿、反内战的学生爱国运动落下帷幕。

四

这时期，学校民主社团活动也蓬勃发展，如文学院和法学院有社会科学研究会，理工学院有科学研究会，师范学院有教育研究会，农学院有生产团，该校此外还有南燕剧社、中师剧社、中山大学歌咏团等文艺社团。1948年12月，国民政府决定将行政院南迁广州，南迁后办公地址定在石牌中山大学校园。如果这样，那么中山大学必须另挪他处以腾出地方。迁校势在必然，消息传到学校，全校师生一致反对。但当局却并未考虑师生们的意见。随着行政院南迁广州计划的确定，新上任的广东省主席薛岳还是准备以中山大学石牌校园作为行政院办公地址，并亲自到石牌开会部署迁校。

1949年2月5日，行政院迁来广州。

中山大学师生一致拒绝政府当局占用校舍，国民党当局最终放弃了迫迁中山大学的计划。

1949年初，广州物价狂涨，并位居全国之冠。1月份，米价每100斤突破1000元金圆券；因汽油价涨，车商亏蚀，各线公共汽车减少行驶车辆，乘客拥挤。中山大学校内也是一片萧条，教授、员工及学生生活陷入窘境。因金圆券贬值，各学院办公费月各40元，不足订阅一份报纸；工学院各系办公费每月各2元，仅可买2根油条；教授研究费每人每月25元，仅可买几斤番薯。中山大学教授在薪金难以维持全家生活的情况

① 中国人民政治协商会议广东省广州市委员会文史资料研究委员会编：《广州百年大事记》（下），广东人民出版社1984年版，第602页。

下，多次向当局提出调整待遇的要求。1949 年 2 月 2 日，该校教授会召开紧急会议，提出一次性透支 3 至 7 月份薪金，配给员生实物，政府南迁不得征用校舍等要求。[①] 会后，中山大学中文系主任孔德教授、著名农学家丁颖教授等 6 人，向教育部代部长陈雪屏陈述了教授们窘迫的生活现状，要求调整待遇。

教授们终日为生计发愁，为一日三餐担忧，根本无法安心工作。刚从北平应聘到岭南大学的陈寅恪教授也在 1949 年拍案而起，愤激地写出《哀金圆》：

“赵庄金圆如山堆，路人指目为湿柴。湿柴待干尚可焚，金圆弃掷头不回。盲翁击鼓聚材众，为说近事金圆哀。是非不倒乃信史，匪与平话同体裁。睦亲坊中大腹贾，字画四角能安排。备列社会贤达选，达诚达矣贤手哉。进位枢府司国计，币制改革宁旁推。金圆条例自手订，新令颁布若震雷。金银外币悉收兑，湖限迫促难徘徊。违者没官徒七岁，法网峻密无疏恢。更置重赏奖揭发，十取其四分羹杯。子告父母妻告婿，骨肉亲爱相仇猜。指挥缇骑责公子，闯户掘地搜私埋。中人之产能值几，席卷而去飚风回。又以物价法制限，狡计遂出黄牛魁。嗾使徒党强争购，车马阻塞人塞街。米肆门前万蚁动，颠仆叟媪啼童孩。屠门不杀菜担匿，即煮粥啜仍无煤。人心惶惶大祸至，谁恤商贩论赢亏。百年互市殷盛地，怪状似此殊堪骇。有嫠作苦逾半世，储蓄银饼才百枚。岂期死后买棺葬，但欲易米支残骸。悉数献纳换束纸，犹恐被窃藏襟台。金圆倏与土同价，齐高弘愿果不乖。王玙婿鬼尚守信，冥楮流用周夜台。金圆数月便废罢，可恨可叹还可咍。党家专政二十载，大厦一旦梁栋摧。乱源虽多主因一，民怨所致非兵灾。譬诸久命病未绝，双王符到火急催。金圆之符谁所画，临安书棚王佐才。盲翁说尽鼓声绝，听众叹息颜不开。中有一人录翁语，付与好事传将来。”[②]

金圆券仍继续贬值，中山大学教授因生活陷入绝境，不得已他们于 3 月 17 日向教育部请愿，要求救济，否则全体请假。3 月 20 日，中山大学教授在平山堂同德会召开大会，决定再次派代表向教育部请愿要求改善待遇，否则，定 22 日总罢教“待命”。后于 21 日由校方答允略带调整，暂缓罢教。因校长陈可忠未实践调整待遇诺言，教授们于 3 月 24 日签名，决定由 25 日起至 31 日止，总请假“待命”，并提出照原薪乘当地实际生活指数发给、日用物品全面配给等三项要求。[③] 中山大学教授的罢教行动得到了广泛的社会同情和支持。中山大学学生热情支持教授们的罢教行动。3 月 25 日清晨，石牌第三宿舍门前，贴着一张特大的“号外”，报道教授们的罢教消息。石牌几处要道，贴着支持罢教的标语：“老师们，我们支持你，你们要团结得更加紧！”“争取，争取，努力和争取！直到你们和全国受难的人民获得合理的生活待遇与你们不懈努力的工

---

① 中国人民政治协商会议广东省广州市委员会文史资料研究委员会编：《广州百年大事记》（下），广东人民出版社 1984 年版，第 635 页。

② 《哀金圆》，载《清华文丛之二 · 陈寅恪诗集附唐筼诗存》，清华大学出版社 1993 年版，第 59 页。

③ 中国人民政治协商会议广东省广州市委员会文史资料研究委员会编：《广州百年大事记》（下），广东人民出版社 1984 年版，第 642 ~ 643 页。

作再度被重视而后止”！学生们于27日节食1天，得米2000斤，支援及慰问教授①。

这股罢教风潮由广州波及至广西、北平、上海、四川等地，各大学纷纷高举起罢教的旗帜。②

4月18日，中山大学教授结束延续24天之总请假行动，并积极筹设师生员工生活互助会，决定自谋自救，以校养校。为展开“自救”及“自卫”运动，学校举行教授会、讲师助教会、职员会、工友会、学生系联代表会联席会议，筹组各单位联合会，并请当局发光洋及米粮应用③。

五

1949年，中国社会巨变的前夜。

国民党当局企图在撤离大陆之前将一些颇具名望的教授、重要的图书和仪器迁往台湾，中山大学理所当然成为其目标。在此情况之下，中山大学进步师生于1949年4月组成应变委员会，保护学校的物资和器材，确保教授们的安全。组织师生不放暑假，留守校内，以保卫校舍和贵重物资及维护师生的人身安全④。尽管如此，中山大学师生仍不免受到迫害。

广州警备司令叶肇于1949年7月策动了迫害中山大学进步师生的“七·二三”大逮捕事件。

7月23日零时，叶肇秘密派出便衣和军警1000多人包围了中山大学。这些人中，计有绥署特务60余人，广州市武警队约200人，另有警备司令部的武装士兵。2时许，武装士兵将校园重重包围。4时许，逮捕行动开始，士兵们拿着所谓的“黑名单”见人就抓，还没收了校应变委员会用以保护学校的20余枝枪械⑤。

在教授住宅区，许多教授多年的积蓄和收藏品被强行掠走。张作人、萧伟信、张清鉴、贾国永、严卫明5位教授，以及容以焜、龙家富、张鸿发、周修启、郑启孝5位讲师、助教和职员陈瑞珊被捕。

这一次大逮捕捕去教授、讲师、助教和职员共14名，同学约180名，被捕者被禁闭在广州西村的秘密监狱，罪名是“私藏枪械，阴谋暴动，颠覆政府”。特务们将洗劫的财物一卡车一卡车地运走，还逼勒学校当局当众签署“并无损失及毁坏物品”的字据⑥。

这就是著名的“七·二三”事件。

---

① 中国人民政治协商会议广东省广州市委员会文史资料研究委员会编：《广州百年大事记》（下），广东人民出版社1984年版，第644页。

② 《声嘶力竭的教授群》，见《建国日报》，1949-4-5。

③ 中国人民政治协商会议广东省广州市委员会文史资料研究委员会编：《广州百年大事记》（下），广东人民出版社1984年版，第648、650页。

④ 《石牌准备应变，加紧暑期学习》，见《华商报》，1949-6-28。

⑤ 广东青运史研究委员会、共青团广东省委员会合编：《广东青年运动史》（1919—1949），广东高等教育出版社1994年版，第373页。

⑥ 《穗死党垂死恐怖，在市区疯狂捕人——中大师生百余被捕，四人受害》，见《华商报》，1949-7-24；《制止大捕杀》，见《华商报》，1949-7-25；《中山大学同学控诉特务暴行，历述被围捕详情》，见《华商报》，1949-7-31。

事情发生后，处于地下活动的广州共产党组织，一面通过媒体，采用各种方式向社会揭露真相，一面积极设法营救被捕师生。

在强大的社会舆论压力下，国民党当局不得不将被捕的师生分批释放。惟有最后两位——洪斯溢和赖春泉始终不允予保释，直到解放前两日，由家属和同学所组成的“七·二三”事件后援会凑钱，买通了有关人员，二人才得以释放。①

六

1949年6月，代理校长陈可忠离任，张云接任校长。

张云任校长后，多次召开院系负责人会议，策划迁校于海南岛。他们指令学校各单位将东西装载成箱运往平山堂，进而再运往海南岛。但师生们坚决反对张云的搬校主张。面对广大师生的一片反对声，国民党当局仍然一再催促中山大学尽快迁往海南岛。反迁校的斗争随战争局势的发展而日益紧张。

双方在迁校与反迁校的运动中呈相持状态。由于搬迁工程浩大，学校当局的预算达90万银元之巨，相比之下，教育部所拨的4万银元只能是杯水车薪。这样，在经费严重匮乏、全体师生坚决反对的情形下，迁校计划宣告流产。

10月28日，广州市人民政府正式成立。

11月2日，中国人民解放军广州市军事管制委员会文教接管委员会正式接管国立中山大学②。

（执笔：李广琼）

① 《七·二三事件始末》，见《国立中山大学日报》，1949-11-1。

② 黄义祥、易汉文：《中山大学大事记：1924—1996》（征求意见稿），中山大学出版社1999年版，第53页。

第四编

风雨中大

（1949—1976）

第一章　新的开端

1949年，中国历史揭开新的一页，中山大学也由此迎来一个全新的发展时期。

第一节　军 管 时 期

1949年，经受过战火洗礼后的中山大学，百废待兴。

为确保中山大学全体师生员工在非常时期的生命安全，中山大学不得不整体迁入人口较为密集的市区，仅留少数保卫纠察人员看守的中山大学石牌校本部以取得更多的照应。此时校园一片荒芜。

1949年10月2日，时任中国人民解放军广州市军事管制委员会主任叶剑英、副主任赖传珠发布命令：任命李凡夫为接管国立中山大学军管代表。11月2日，广州市军管会文教接管委员会在正式接管中山大学全体师生大会上宣布接管有关事宜。国立中山大学军管代表李凡夫到会讲话，阐明接管的方针是："不光是恢复学校，而且要进一步地有计划有步骤地进行改革，使之成为真正人民的大学。"与之相适应，军事接管委员会文教接管委员会派驻中山大学联络小组负责具体的接管工作事宜，任命中山大学教授刘渠为联络小组组长，王越为副组长。接管学校的基本方针是维持原状，加以逐步改革[①]。同时，中山大学也相应成立了"协助接管委员会"，各学院设立分会，吸收熟悉情况、有政治积极性的师生员工参加。

就当时的情形而言，接管工作的首要任务就是在战争之后，迅速安定师生员工的心理和生活，为学校的复课在物质上、精神上做好充分准备，以重新恢复学校正常的秩序。联络小组作为学校临时的管理机构，分阶段循序渐进地做了大量工作，以最大限度挽回战争带来的损失，以让学校尽快步入正常的发展轨道。

在石牌校本部，中山大学加强了治安保卫工作，恢复了交通和水电的供应，修整了校园和房舍，重新分配宿舍，一度转移出的图书仪器设备也陆续运回。及时发放了教师的生活费。学校还组织了学习运动，邀请了部分知名人士作时事和政策方面的报告。此外，中山大学还清理、盘点了校产。

1950年1月2日，中山大学正式开学，1月4日正式上课。开学之后，教学科研工作逐步恢复正常。如1950年5月26日成立的新文字研究会，在岑麒祥、张为纲两位教

① 中山大学校史编写组：《中山大学校史（征求意见稿）》（下），第五章第1页。此书未出版，藏中山大学档案馆。本章材料除特别标明外，皆出于此书。

授的指导下，组织学生积极学习新文字。社会学系和农学院的师生，结合教学分别在6月和暑假进行农村调查。生物学系戴笠教授发现木瓜酵素可代替一向通用的凝乳素分解豆类蛋白质的新用法，取得良好的经济效益。

1950年7月1日，校报《人民中大》创刊。在创刊号上刊载了招生委员会成立的消息，这是中山大学在人民政府成立以来的第一次招生。文、法、理、工、农、医、师范学院共招收新生1550名，报名时间为7月28日至31日（湛江、汕头、梅县为8月3、4日），设广州、上海、汉口、厦门、桂林、长沙、汕头、梅县、湛江等报名点和考区。与已往的招生办法不同的是，在报考时"凡属老解放区之考生、工农干部、革命干部、革命军人、兄弟民族学生或非英属华侨学生，可申请免考外国语。但经录取入学后，须补行外国语甄别试验，并按试验结果分别以补修机会（投考外国语言文学系者除外）；在录取时，"凡属（甲）有三年以上之产业工人，或（乙）参加工作三年以上之革命干部及革命军人，或（丙）兄弟民族学生，或（丁）华侨学生，考试成绩虽稍差，得从宽取录"；新生入学后，"凡清寒学生如需要申请人民助学金者，应照规定于报考时在报名处填具申请书，并缴验家境清寒证明书，办理申请手续。自费生入学后不得再行申请人民助学金"①。在社会各界的热烈支持下，考生报名踊跃，8月下旬，中山大学顺利完成了招生任务。

与招收新生同步进行的，是毕业生的分配。人民政府成立后，改变已往由毕业生自谋职业的做法，统一安排大学毕业生工作岗位。1950年7月初，中南区教育部派员专程由汉口到中山大学，指导毕业生统一分配工作。《人民中大》为此发表评论《毕业同学的光荣任务》。该文指出："为了紧密配合整个国家建设计划的实施，政府已决定了统一分配本年各大学毕业生的工作。这是历史上从来不曾有也不可能有的事情"，号召毕业生奔赴最需要人才的东北地区去。该报还指出："依政府规定，各机关所需要的工作人员，须向教育部请派，不得自行决定聘用。"②

1950年1月8日，中国新民主主义青年团中山大学石牌支部正式成立——它是1949年后广州建立的第一个团支部。建国初期，广州党政的中心任务是发动群众，配合接管，掌固治安，安定金融。当时团支部的主要任务就是响应党政号召，组织广大员生，投入各种运动中，在配合接管、宣传政策以及慰劳解放军、认购和劝购公债等一连串的运动中，团员起了核心和带头的作用，获得很大的成绩。③ 1952年10月，中山大学建立了临时团委会。11月15日，中山大学临时团委会召开全体团员大会，正式选举产生了中山大学团委会，黄瑜被选为第一任团委书记。

军事接管后的中山大学，仍把服务社会作为办学的重要部分。比如稻作试验场仍继续坚持在不同气候不同耕作方式的区域进行稻种改良的试验和优良稻种的推广工作，部分解决了广东的缺粮问题。1949年以后在广州米粮市场上常见的白谷糯（七担种）、新兴白、齐眉、金风雪等都是经稻作试验场选择和改良的稻种。同时，该场还在广东省内40多个县及省外，如广西许多县示范推广了新近育成的杂交种东竹2号、东银8号、东印1号、金竹17号、印竹14号、咸雪9号等稻种，适应和改善环境的栽培技术，

① 《本校1950年度招考新生办法确定》，见《人民中大》，1950-7-16。
② 《毕业同学的光荣任务》和《新政府、新措施、毕业生统一分配工作》，见《人民中大》1950-7-16。
③ 《人民中大》，1950-11-1。

“使水稻一季的收成量从300斤增到600斤”①。农学院蚕桑系于1950年接受了广东省农林厅的资助，在杨邦杰和陈鼎新的主持下，积极进行本地蚕种的选优、本地蚕种杂交、本地蚕种与外地蚕种杂交，以及桑树栽培技术的改良、革新等项研究和推广工作取得了良好的经济效益和社会效益。全年用改良原蚕种可增加3720担至3790担的生丝产量，按当时每担生丝值米100担折算，可增产米37.2万担至39.2万担的价值；施用补肥可增产生丝5320担，即可增加米53.2万担。② 中山大学的科研为社会的发展作出了重大贡献。

（执笔：邓伟）

第二节　百废俱兴

中山大学接管工作结束之后，1950年1月20日，广州市军事管制委员会命令中山大学成立临时校务委员会，其全文如下：

中国人民解放军广州市军事委员会命令

一、查中山大学接管工作，已告一段落，亟应组织临时校务委员会，以便领导全校工作之进行。兹任命该校教授刘渠、王越、丁颖、龙庆忠、胡金昌、钟敬文、符罗飞、郭一岑、赵善欢，吴宗涵、王起、曾昭琼、刘璟、李士梅，讲助陈慎旃、连珍，学生李伯天、司徒梅芳为临时校务委员会委员。并以刘渠、王越、丁颖、龙庆忠、郭一岑、陈慎旃等为常务委员，刘渠为副主任委员兼秘书长。主任一职已承请中央教育部选派，未到前暂由副主任刘渠代理。

二、任命王越为中山大学教务长，龙庆忠为工学院院长，胡金昌为理学院院长，刘璟为医学院院长、李士梅为副院长，钟敬文为文学院院长，郭一岑为师范学院院长。希各该员即日到职为要。

此令

公元一九五〇年元月二十日

主任　叶剑英

副主任　赖传珠③

随即，中山大学临时校务委员会于1月25日举行了成立大会。在过渡时期，临时校务委员会为全校的最高领导机关，领导学校的教学、行政等事宜。中山大学临时校务委员会为医治战争带来的创伤，稳定局势，恢复学校正常的教学、科研和管理工作，做了大量工作，并取得明显成效。它也表现出了充分发挥民主集中制的作风。对于比较重大事项的决定或制度的兴革以及重要规章之议定，都事先召开各种会议，广泛征询师生员工的意见；建立工作检查制度，负责检查各有关部门对校务委员会决议的执行情况；

① 吴灼年：《稻作试验场杂交育种获初步成就 大力展开栽培法研究》，见《人民中大》，1950-12-23。
② 《1950年蚕桑试验研究的重要结果报告》，见《人民中大》，1951-4-24。
③ 该件藏中山大学档案馆。

密切各单位与校务委员会的联系，各工作部门每学期至少向校务委员会作一次工作报告。校务委员轮流召集各单位职工及学生代表开会，交换行政及教学上的意见；严格建立分层负责、分工合作与请示、报告、检查相结合的行政工作制度，提高行政效率。确立人事编制，使经费预算、课程编配与任课时数等作更适当的安排；成立总务处，设法改善师生员工的生活条件。在教学方面，贯彻以正课为中心的教学方针，注重业务学习，同时加强政治学习，做到理论与实际相结合；建立和健全教学制度，在教学条件比较具备的科系先选择一二科目试行组织教研组；有重点地继续充实教学研究设备，已将1949年度第二学期的节余经费数亿元（旧币）用于建设水工试验室，安装天文台望远镜，修理透平发电机等；1950年度第一学期，又将临时费90%（约16亿旧币）用于充实各学院的设备（尤其是农、工、理3个学院），使各学院在教学上的基本实习和实验顺利进行；工学院的几个实习工场，能进行小规模的生产；筹备创办社会科学、自然科学、工程、农林等4种学报，以提高员工的研究兴趣和科学水平；完成图书馆修建工程；充实体育设备，普及体育运动。① 新的历史条件下，校务委员会初步使得中山大学的各项工作与建设走向了有序的良性轨道。

一年后，即1951年1月，政务院第65次政务会议通过提请中央人民政府委员会批准许崇清为中山大学校长，冯乃超为副校长，中央人民政府委员会第11次会议通过了这一任命。

这是许崇清第三次担任中山大学校长一职，历次时间分别为1931年6月至1932年1月、1940年4月至1941年7月（代理国立中山大学校长），1951年2月至1968年9月。许崇清，早年留学日本，加入过同盟会，参加过辛亥革命，是中国著名的教育家和教育哲学家。1917年留学日本时，他第一个将爱因斯坦的相对论介绍到中国来。著有《西洋哲学史》、《杜威的哲学》等书。在他的领导下，学校各项工作开展得有条不紊，他还聘请了一批著名学者来校任教，加强了学校的师资队伍建设。可以说他对中山大学的发展和壮大有重大的贡献。20世纪50年代对许崇清校长的任命，标志着中山大学完成了过渡时期，正式进入学校全面建设时期。

冯乃超原籍广东南海，1923年在日本第八高等学校理科毕业后，先后就读于京都帝国大学哲学系、东京帝国大学哲学系社会学科，后又改学美学与美术史。1927年10月，应成仿吾邀请回国参加创造社，成为后期创造社的中坚分子。1930年参加筹建中国左翼作家联盟（简称“左联”），并任“左联”第一任党团书记兼宣传部长，次年任文化总同盟书记。1938年到郭沫若领导的政治部第三厅任职，并参加筹备中华全国文艺界抗敌协会，后任理事兼组织部副部长。1946年赴香港，任中共华南分局文委书记。1949年后，他已担任中央人事部副部长、中央人民政府政务院文化教育委员会副秘书长、党委书记等职。对冯乃超副校长的调动和任命，充分表明了中央政府对中山大学的高度重视与关怀。

1951年3月，校长许崇清、副校长冯乃超接任后，临时校务委员会完成了它的历史使命。其时中山大学其他各级领导为：秘书长刘渠，教务长王越，副教务长吴江霖、吕逸卿，总务长黄祖培，副总务长谢汉曾，理学院院长胡金昌，工学院院长龙庆忠，农学院院长丁颖，师范学院院长郭一岑，医学院院长柯麟。

---

① 《中山大学1950年度工作记划纲要》，见《人民中大》，1951－2－2。

4月19日，中国共产党中山大学党支部组织公开，冯乃超任首届党支部书记。对于这一事件，人们冠以“人民中大空前未有的大喜事”的标题，并写下了这样饱含希望的文字：“党公开之后，由于密切联系群众，接受批评与建议，必定会使党的组织更加健全和壮大，党的领导更有力量。由于中大党的正确和有力的领导，更保证全体中大人都紧紧地团结在党的光辉旗帜下，群策群力，来办好人民新中大！”①

9月9日，中央教育部批复中南军政委员会教育部：经政务院核定，公立学校概不加冠“国立”、“省立”、“县立”或“公立”字样。根据这一规定，“国立中山大学”改称“中山大学”，并沿用至今。

在这一历史时期，中山大学的校园生活与国家重大事件密切联系。这里所说的国家重大事件主要有抗美援朝、土改运动、“三反”、“五反”运动、知识分子思想改造运动。

中山大学师生支援抗美援朝，踊跃献金去购买飞机大炮以支援朝鲜战争。截止1951年6月23日，全校共捐款592156000元（旧币）以上，用来给志愿军购买飞机大炮，其中医学院柯麟院长就捐了8个月的全薪。为做好防空工作，中山大学全体学生参加了修建广州市白云机场的劳动，此举受到了广东省政府主席叶剑英的书面表扬。中山大学医学院成立了一个输血团，绝大部分师生员工自愿报名参加。在抗美援朝的高潮中，为迅速加强国防建设，1950年12月1日，中央军委会和政务院联合决定，招收青年工人和学生参加各种军事干部学校。于是，中山大学教师300余人共同致函全体同学，鼓励踊跃参加军干学校。在《致全体同学书》中写道：“现在，祖国向我们发出了庄严的号召，号召优秀的青年参加军事干部学校。为了巩固、发展抗美援朝保家卫国的运动，为了建设新中国伟大的国防，为了打击美帝侵略战争的企图，我们中大的全体同学，应该更热烈响应祖国这一庄严的号召。”② 12月16日成立了中山大学军事干部学校学生保送委员会等机构。全校学生积极响应这一号召，一时掀起了参军参干热潮，先后共有1507名学生报名，有岑运骐、黄雨安、陈宗礼等200多位中山大学学生参加国防建设。此外，中山大学医学院组织了一个手术医疗队，前往参加志愿抗美援朝医疗队的工作。中山大学外语系也先后选派了两批学生，共计13人，赴抗美援朝的前线参加翻译工作。

中山大学于1950年12月13日成立了土改学习委员会，之前12月12日，农经系三年级全体同学前往广州土改试点乡琶州乡进行了6天的土地改革调查，写出了《市郊琶州土地改革经过》调查报告。③ 中山大学的“土改学习共分为五个单元：一、为什么要进行土改；二、怎样进行土改；三、划分阶级成分；四、广东的特殊土地问题；五、知识分子与土改。学习在十八日开始，全部时间五周”④。其后，在1951年5月，中山大学组织文学院、法学院41名师生到高要县参加土地改革运动。8月学校成立了支援土地改革运动委员会。8月21日，冯乃超副校长向全校师生员工作了动员报告，号召大家以实际行动支援土地改革运动。学校组织全校师生员工参加广东省土地改革展

① 《中共广州市中大支部举行公开大会》，见《人民中大》，1951-4-24。
② 《致全体同学书》，见《人民中大》，1950-12-23。
③ 魏双凤：《市郊琶州土地改革经过》，见《人民中大》，1951-2-2。
④ 《土改学委会》，见《人民中大》，1950-12-23。

览会，看电影《白毛女》，学习广东省政府副主席方方在土改展览会开幕典礼上的讲话以及南方日报社论《各界人民应以正确的态度对待今秋的土改运动》。11月19日，中山大学还成立了“中山大学师生参加土地改革工作团”，以学校正副校长兼任正副团长，并组织团务委员会，计划和安排有关土改的一切工作事宜，文、法、农等学院500多名师生奔赴宏村参加土改。

中山大学的师生参加了“三反”、“五反”运动。从1952年2、3月开始，中山大学一方面在校内职工中进行“三反”（反贪污、反浪费、反官僚主义）运动，另一方面派部分师生参加广州市的“五反”（反对资产阶级分子行贿、偷税漏税、盗窃国家资财、偷工减料和盗窃国家经济情报）运动。3月，中山大学开展“三反”与思想改造相结合的学习运动。中共中央华南分局宣传部李凡夫副部长在中山大学举行的学习座谈会上讲话，指出，1952年文教部门应以“三反”学习作为思想改造的中心内容。他号召大家联系自己思想实际，勇于批判自己。6月，广东地区高等学校教师思想改造运动和“三反”运动相继展开。各校发动教师和学生群众开展批评与自我批评。

中山大学首先进行了华南地区高等院校的知识分子思想改造运动，她也是华南地区的试点。1951年6月18日，学委会召集教师，严厉批判电影《武训传》中所鼓吹的“武训精神”。6月底，文、法、师范学院再就“武训精神”进行讨论。7月30日到8月5日，全校展开对“武训精神”的深刻批判。1952年6月开始第一次思想改造运动，参加运动的教师372人，学生1600人。1953年2月进行了第二次思想改造运动，参加者是院系调整进来的原华南联大、广东法商、广东工专、南华财经学院的教师113人，学生600人。在第一次思想改造运动结束的时候，学校还开展一次忠诚老实运动。运动从1952年8月1日开始至13日结束。

与此同时，到任不久的许崇清校长和冯乃超副校长大抓课程体系改革，以提高教学质量。针对工学院课程繁重、影响学生学习和健康问题，冯乃超副校长、王越教务长、吕逸卿副教务长于1951年5月8日下午召开工学院师生座谈会，听取师生对课程改革的意见。冯副校长在会上指出，“改革中大的课程又应该结合校内的各种条件，即学生的程度、师资设备等等，同时也必要结合校外的建设需要。我们反对毫无根据乱改，要改得有道理”，“课程改革应该由老师来领导，由同学来协助。”① 接着，农学院、医学院、文学院等已相继召开座谈会，讨论课程改革和建设问题。《人民中大》1951年6月6日公布工学院课程改革的初步收获，并发表评论《全面展开课改运动》。该文指出“一个全校规模的课改运动是十分必要的”②。于是，一场全校性的课程体系改革便勃然而兴。这次课程改革，对建立正常的教学秩序，使教学工作克服混乱状态，走向学习计划化，管理规范化，生活规律化，促进教学质量进一步提高，起到了积极的作用。

新校领导到任后，中山大学的教学科研活动有了大起色。1951年6月27日，工学院朱福熙副教授率领土木系二年级24名学生前往治理淮河的一线工地进行河道测量。应广东省农林厅和湖南林业局邀请，森林系和林业专修科师生134人，组成8个林业工作队调查、测量林区面积近100万亩。地质系由系主任陈国达带队，应中国地质工作计划指导委员会邀请，于1951年8月1日至9月1日对广东花县800平方公里的土地进

① 《教务处召开工学院师生座谈会》，见《人民中大》，1951-5-15。
② 《全面展开课改运动》，见《人民中大》，1951-6-6。

行地质普查，采得岩石、矿物、古动植物化石标本250多公斤，发现煤、铁、铅、玻璃砂、水晶、陶土、石料等矿藏。农化系土壤组师生5人在7、8月份先后奔赴信宜、花县、茂名、廉江、海康等县调查土壤母质、种类及其利用情况，采集土壤标本，听取农民的耕作方法、制度及施用肥料的报告。农化系三年级学生到广州新产品检验局实习，机械系三年级去江汉船舶机械公司实习。学生直接参与科研工作和教学实习，对树立理论结合实际的良好学风、进一步提高教学质量、增强学生科研能力有着积极的意义①。

（执笔：邓伟）

第三节　制度建设

早在广州市军事接管委员会接管学校后，为了适应社会政治和经济全新的需要，中山大学对行政和教学等各方面制度进行初步的变革与建设。

中山大学行政机构的改革，取消了历史遗留下的训导处；废除了公费审查委员会；建立了学习委员会，作为领导全校政治学习的领导机构；建立生活委员会，作为领导管理全校生活的领导机构。接管后，还精简了中山大学工作人员，由330人缩编为248人，并健全了学校各项规章制度，如人事管理、财经管理等方面。

其时校本部机构如下图（见第253页）。②：

1949年后，人民政府在大专院校内部实行助学金的制度。广东省文教厅颁布了《广东省中等以上国省立学校学生申请人民助学金暂行方法》（简称《暂行方法》）。《暂行方法》提出，凡本省国省立现有中等以上学籍的学生，具有家境清寒、思想纯正、学业成绩优良等条件者，可申请人民助学金。人民助学金的等级分甲等——除免缴学杂费外，每人每月另发给九二米70斤；乙等——除免缴学杂费外，每人每月另发给九二米30斤；丙等——免缴学杂费。此外，《暂行方法》还规定，发给人民助学金的名额，大专学校应占全校学生人数20%~25%（文法等学院学生20%，理工学院、师范学院学生25%），普通中学得占全校学生总数的10%，师范、技术学校学生除免缴学杂费外，其助学金名额占75%，烈军、工属、工农、华侨子女有取得助学金优先权。在中山大学“全校学生都有人民助学金，包括伙食费和医药福利费，清贫学生还有生活学习补助。因此，他们在生活方面没有什么顾虑，可以全心全意进行学习”③。实践证明，这种制度在中山大学的执行有利于安定学生的生活与学习，对提高他们的学习成绩也起到了较大的作用。

1951年后，全国高校正式实行在计划经济体制内统一的招生和统一分配工作制度。中山大学相应改革了招生制度和分配制度。另外，遵循“向工农开门”的办学方针，中山大学注意保证工农能够享受上大学的权利。与此同时，中山大学于1951年7月派出化学工程一年级的卢爱珠同学赴苏联留学。这是自1949年新中国建立以来中山大学

① 以上材料均见《人民中大》，1951-10-1。
② 《加强行政效率，调整校本部机构》，见《人民中大》，1952-3-8。
③ 《中山大学在教学改革道路上迈进》。藏中山大学南校区档案馆。

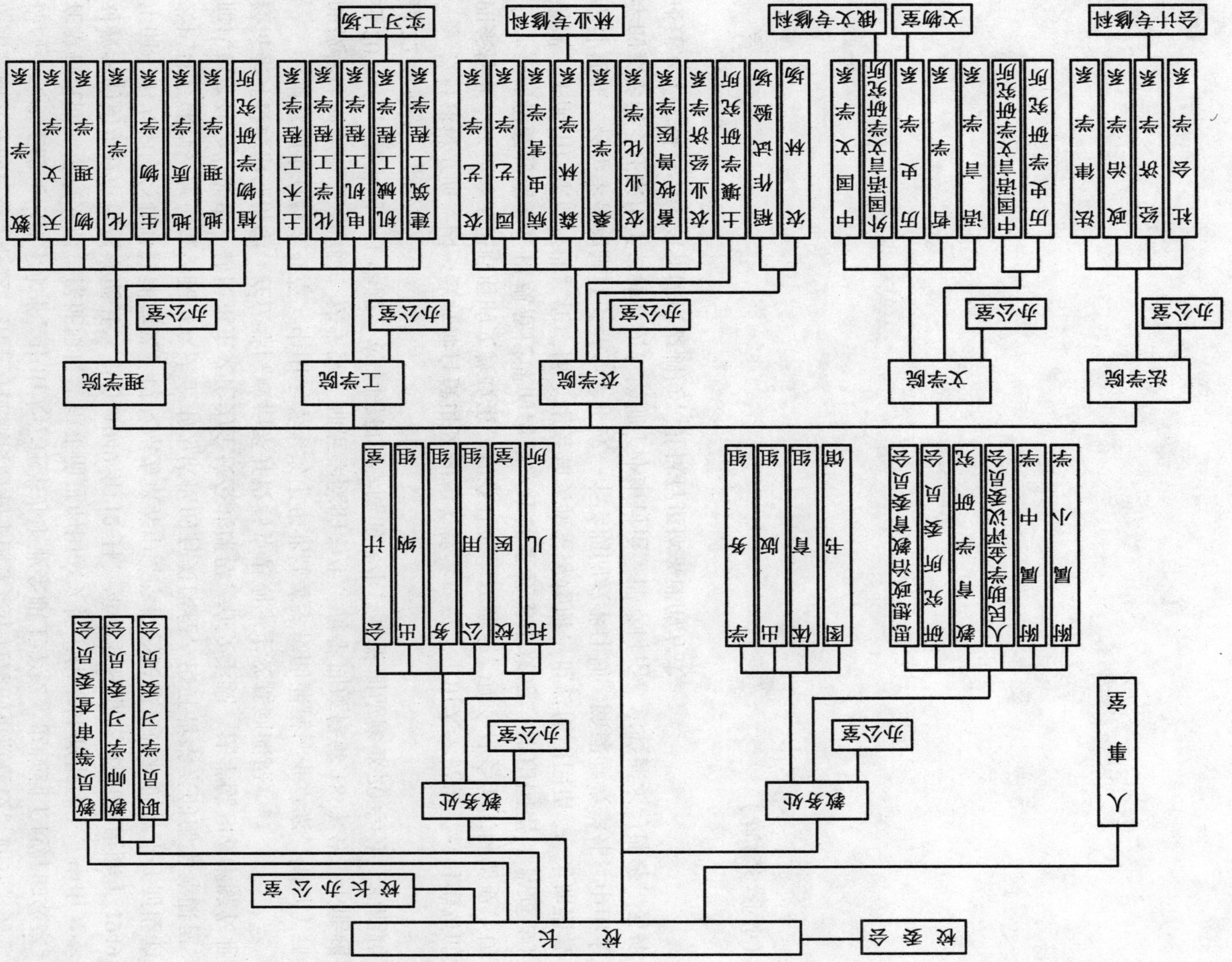
校长
校委会
校长办公室
职员学习委员会
教师学习委员会
教员等审查委员会
教务处
办公室
托儿所
校医室
公用组
务组
出纳组
会计室
教务处
办公室
图书馆
体育组
出版组
学务组
附属小学
附属中学
人民助学金评议委员会
教育学研究
研究所委员会
思想政治教育委员会
人事室
理学院
办公室
数学系
天文学系
物理学系
化学系
生物学系
地质学系
地理学系
植物学研究所
工学院
办公室
土木工程学系
化学工程学系
电机工程学系
机械工程学系
建筑工程学系
实习工场
农学院
办公室
农艺学系
园艺学系
病虫害学系
森林学系
蚕桑学系
农业化学系
畜牧兽医学系
农业经济学系
土壤学研究所
稻作试验场
农林场
林业专修科
文学院
办公室
中国文学系
外国语言文学研究所
历史学系
哲学系
语言学系
中国语言文学研究所
历史学研究所
俄文专修科
文物室
法学院
办公室
法律学系
政治学系
经济学系
社会学系
会计专修科

派出的第一个留学生。[①] 在毕业分配上，一时“到祖国最需要的地方去”、“坚决服从国家分配”成为了时代响亮的口号和中山大学许多毕业生自觉的就业选择取向。在建国伊始急需人才的背景下，这一招生分配制度有利于国家集中资源的重点建设。此外，为了提高本校职工的文化技术水平，中山大学还举办了业余职工学校，也收到了良好的效果。在整顿巩固、重点发展、保证质量、稳步前进的国家文教工作方针的指导下，中山大学对教学的初步改革也逐渐展开。早在 1949 年 12 月，军管驻校联络小组就废除了 1949 年前中山大学原公共必修课党义，以及原为培养中等学校公民课教师和训育主任而设的公民训育课程，改革法学院以六法全书为依据的有关课程，停开哲学系的佛学等课程，而代以之社会发展史，新民主主义论为全校公共课程，在文学院、法学院和农学院农业经济系开设政治经济学，在法学院政治系开设马克思列宁主义基础课程。

学制方面也有较大变革。中山大学参考了华北高等学校的课程标准草案，拟订了新的教学计划。规定文学院、法学院、师范学院的学生，每学期应修够 18 学分，不能超过 20 学分；理学院、工学院、农学院和医学院的学生，每学期应修够 20 学分，不能超过 22 学分。

教材建设方面，因多数教师自撰讲义和相关教学材料，中山大学提出了教材编写的四条标准——切合人民政府的文教政策，切合马列主义观点，切合社会的实际需要，切合学生的程度与需要，以规范授课的内容。在课堂教学中规定一律用国语（普通话）讲课，不能用广东话授课。在广播、集会和实验室等场所，也要使用国语。[②] 为加强教学计划性，各个学科均制订了一个学年或一个学期的教学计划。除课堂教学外，中山大学的教学活动还采用了多种方法，增加了小组讨论、课堂讨论、实验课实习课等，另外还建立了学科教学组织和课代表制度，并试行集体备课的方式。

（执笔：邓伟）

① 《本校卢爱珠同学赴苏联学习》，见《人民中大》，1951－11－5。

② 《全面展开学习国语运动》，见《人民中大》，1951－11－5。

第二章　雨霁风清

20世纪50年代初，新中国决定对高等院校进行调整。这一重大举措是由当时社会政治及经济建设的迫切需要决定的。当时，新中国在政治、外交上采取“一边倒”的政策，在教育上也要引进苏联的高等教育模式，这必然要求对过去仿效美国的高等教育模式进行“改造”。同时，由于中国已走过经济恢复期，开始了大规模的经济建设，原来重文法科轻理工科的教育格局已不适应新时代的需要。这次院系大调整对中国的教育体制产生了极为深远的影响。正是院系调整的实施，基本奠定了中山大学新的规模和发展方向，也促使了中山大学校址的迁移和教学体制的又一次重新建构。

第一节　院系大调整

1951年9月（除石牌校区占地8000亩、白云山农场占地2万亩外，其余大多分散在广东各地农场），设有文、法、理、工、农、医和师范等7个学院31个系（医学院不分系），俄文、会计、林业、体育4个专修科，语言文学、植物、土壤肥料教育等5个研究所和医学院附属医院及其附设的护士学校，师院附中、附小、托儿所等教学科研单位，有教授、副教授、讲师289人，助教123人，职员250人，工友和校警387人，学生2630人（以上数字都不包括参军参干和提前离校的1000多人和附属机构的人员在内）。全校图书327834册。科研成果显著，如植物研究所藏有各地植物标本16万号以上，中西文植物专门图书3800余册，出版专刊七卷二期，承担着《中国植物志》中《广州植物志》、《海南植物志》和《广东植物志》的编纂工作。在农业研究方面，先后育成优良稻种百余种，普遍推广于粤、桂两省，每年可增产稻谷300市万担。① 1951年度招收新生977人。1951年度第一学期新旧生应注册人数及已注册人数比较表如下：②

① 《中山大学概况》，见《人民中大》，1951-9-5。
② 《中山大学1951年度第一学期新旧生应注册人数及已注册人数比较表》，见《人民中大》，1951-10-1。

项目 人数 院所	本学期录取新生人数	本学期旧生应注册人数	本学期核准复学人数	左三项总计数	本学期新生已注册人数	本学期旧生已注册人数	新旧生已注册人数合计
文学院	123	141	8	272	76	124	200
法学院	133	307	17	457	95	259	364
理学院	121	236	8	365	103	227	330
工学院	283	475	15	773	252	950	702
农学院	195	429	18	642	171	366	537
医学院	122	363	10	495	122	353	475
教育研究所		3		3		3	3
总计	977	1954	76	3007	818	1773	2601

经济恢复时期完成后，中国开始了大规模、有计划的经济建设，她对各种建设人才的需求也就更为急迫了。当时中国的200多所高等院校，办学力量分散，专业设置不能适应经济建设的需要，文科所占的比例高达60%以上，工科培养能力过低，年招生能力为15000人左右，并且多数学校规模过小，500人以下的学校占大多数，造成资金的浪费。根据国家建设的需要，中国开始了全国范围内的院系大调整。1951年9月24日《人民日报》社论指出："这次全国院系调整的总方针是：以培养工业建设人才和师资为重点，发展专门学院和专科学校，整顿和加强综合大学，逐步创办函授学校和夜大学，并在机构上为大量吸收工农成分入高等学校准备条件。根据这个方针，原有的高等学校经过调整后，分别成为综合性大学、专门学院与专科学校，今后即可按照各校的性质和任务，朝着确定的方向发展。这就改变了原有大学一般化与盲目设校的不合理现象。"

在这一方针指导下，在大范围的教育资源重组的情况下，中山大学的院系调整分两次完成：一次为1952年在广东省范围的调整，一次为1953年在中南区高等学校院系调整委员会指导下的调整。根据国家建设的需要，中国开始了第一次本国范围内的院系大调整。

1952年2月，广东省广州区高等学校院系调整工作委员会成立。1952年10月14日，中共华南局第四书记陶铸在广东省府大礼堂向广州市高校教工作关于院系调整的动员报告，中山大学520名师生员工前往听讲，于是，广州地区高等院校开始了大规模的院系调整工作。10月23日，中山大学院系调整筹备委员会成立。委员会由主任委员许崇清，副主任委员冯乃超、陈序经，委员王越、姜立夫、王力等11人组成。筹备委员会下分设教务组（召集人王越）、总务组（召集人谢健弘）、房舍分配组（召集人冯乃超）和房舍修建委员会（召集人陈序经）。

根据其时院系调整的方案，广州的高等教育资源重组和配置的具体情况是：将广州原中山大学、岭南大学、华南联合大学、华南师范学院、广东法商学院、广东工业专科学校等高等院校，统共调整成为广州新布局的1所综合大学和4所专门学院。

中山大学第一次院系调整具体情况如下：

（1）原中山大学工学院、农学院、医学院、师范学院划出去，与岭南大学、华南联合大学的有关系科合并在一起，分别成立了独立的高等专门学院，即在广州成立了华南工学院、华南农学院、华南医学院、华南师范学院。

（2）原中山大学的部分系科还在全国范围内调离、配置。中山大学理学院天文系主任赵却民教授率领全系师生21人前往南京大学。中山大学理学院地质系主任陈国达教授率领全系师生49人调去湖南中南矿冶学院。中山大学哲学系由哲学系主任朱谦之教授率领前往北京大学。中山大学人类学系调往北京中央民族学院，由人类学系主任杨成志教授率领。他们分别于1952年10月16、17、20日前往南京、长沙、北京等地报到。

（3）新中山大学的构成吸收了多方资源，具体有原中山大学文、法、理各学院，岭南大学文理科各系，华南联合大学文法科各系，以及财经学院和广东法商学院。[①]

顺及，在此回顾作为新中山大学主要组成部分的岭南大学的概况。岭南大学是美国人创办的有教会背景的大学，其前身是1888年在广州沙基创办的"格致书院"，该书院1900年迁往澳门，改为"岭南学堂"，1902年定校址于广州康乐园，1916年开办大学部文理学院，1921年设农学院，1927年岭南大学收归华人自办，钟荣光被推选为第一任华人校长，1927年成立校董会，改称"私立岭南大学"。岭南大学于1906年曾领风气之先，在国内率先允许男女同班上课，而14年后国立北京大学才允许女生注册。岭南大学的体育也很出色，校内提倡体育，人人参与。其时岭南大学体育选手在广东、全国乃至远东运动会上都有骄人的战绩。此外，岭南大学分校林立，遍及香港、上海、海南、新加坡、西贡等地。院系调整前，岭南大学设有文学院、农学院、理工学院、医学院等。作为华南名校，岭南大学具有很强的实力。院系调整将岭南大学的文理两个学院并入中山大学。

第一次院系调整后的新中山大学主要以原中山大学和岭南大学的文理学院构成。

根据广州区高等学校调整工作委员会的安排，新组建的中山大学校区由石牌迁至原岭南大学校址。中山大学原石牌校址，迁入了新组建的华南工学院、华南农学院等学校；中山大学原百子岗校址，兴办华南医学院。为了使迁校工作顺利进行，上级拨款623400万元旧币作为建筑经费，其中351000万元旧币建筑教职员住宅，65400万元旧币建筑单身教职员宿舍，35000万旧币建筑工友住宅，22000万旧币建筑膳堂，100000万元旧币建筑图书馆阅览室，50000万元旧币修建附小校舍[②]。1952年11月25日，调整后的中山大学举行隆重开学典礼。华南地区第一所新型综合性大学也由是成立。

首次调整后的新中山大学，设有中文、外文、历史、语言、数学、物理、化学、生物、地理、财政、金融、会计、贸易、企业管理、政治、法律、社会、经济等18个系，另有俄文、会计、金融、企业管理4个专修科，中国语言文学、历史、植物等3个研究所。全校共有5263人，其中教授300人，副教授114人，讲师111人，助教242人，职员414人，工人639人，学生3443人。[③]

---

① 《本校一个月来筹备工作进行情况》，见《人民中大》，1952-12-13。

② 《开学前各项准备工作已经全部做好，设置十二个专业严格执行教学计划》，见《人民中大》，1952-11-27。

③ 中山大学校史编写组：《中山大学校史（征求意见稿）》（下），第五章第29页。此书未出版，藏中山大学档案馆。本章数据、资料除特别注明外，皆出于此书。

各校调入中山大学人数表

校别	总人数	教师	职员	工友	学生
中山大学	2614	436	185	225	1768
岭南大学	1109	134	89	294	592
联合大学	871	112	83	66	610
法商学院	541	65	41	35	400
工专	128	20	16	19	73
合计	5263	767	414	639	3443

但是院系调整的工作并未由此结束，在中南区高等学校院系调整委员会的领导下，中山大学又进行了第二次调整。这次院系调整从1953年7月下旬开始准备，9月底正式进行。为了搞好这次院系调整，中山大学做了一些准备，如成立财经、政法各系调整工作组，广泛听取师生意见，并在调整过程中组织好迎送工作，切实解决教师子女入学等问题。①

此次中山大学院系调整的具体情况是：

（1）把原设在中山大学内的财经、政法各系分别调至武汉大学、中南财经学院、中南政法学院等院校。

（2）将原武汉大学、湖南大学、广西大学、南昌大学、华中高等师范等院校部分有关科系师生调至中山大学。

（3）1954年，将全国惟一的语言系由中山大学调整到北京大学。语言系主任王力教授带领全系师生48人整体迁出。

1953年第二次院系调整（未计1954年语言学系调出），中山大学总共调出教师131人，其中教授75人，副教授18人，讲师15人，助教23人；学生666人，其中财经各系618人，政治系48人。调入中山大学教师总人数30人，其中教授21人，副教授6人，讲师2人，助教1人，学生总人数419人。此外，在调整中还对图书、仪器、设备等进行了调配。中山大学图书馆原藏有前华南联合大学及广东法商学院所藏财经政法图书资料，全部调配给中南财经、政法学院，如有复本，则将复本调配给上述二校。根据上述原则，书籍在1952年11月4日前分三批装箱调出，共计67676册。仪器方面，计调中南财经学院计算机8架，英文打字机3架，贸易系商品学标本两箱。调入图书4436册，计湖南大学调来1207册，华中高师调来1578册，广西大学调来1472册，南昌大学调来179册。调入仪器：武汉大学调入英文打字机2架，留声机1架，唱片40块；南昌大学调入英文打字机1架，求积仪一个，测角器1个；广西大学调入英文打字机1架，收音机3架②。

这样，在两次院系调整完成后，新的中山大学师生就来自于岭南大学、华南联合大学、广东法商学院、武汉大学、湖南大学、广西大学、南昌大学、华中高师和原中山大学等9所不同的院校。

① 《中山大学一九五三年院系调整工作总结》。藏中山大学档案馆。

② 《中山大学一九五三年院系调整工作总结》。藏中山大学档案馆。

调出师生人数表

系科别	调出教师人数					调出学生人数	调到学校
	合计	教授	副教授	讲师	助教		
财经	81	42	10	10	19	618	中南财经学院
	8	5	1	0	2		武汉大学
政法	26	20	1	4	1		武汉大学
	13	8	4	1	0	48	中南政法学院
	2	1			1		未定院校
政 治	2	1	1				华南工学院
经济学	1		1				华南工学院
总计	133					666	

调入教师人数表

校别	调入人数	教授	副教授	讲师	助教
湖南大学	9	7	2		
广西大学	7	5		1	1
南昌大学	5	5			
武汉大学	2	2			
华中高师	7	2	4	1	
总计	30	21	6	2	1

调入学生人数表

校别	调入人数	数学	物理	化学	生物	地理	中文	外文	历史
湖南大学	34					21		13	
广西大学	224	43	50	60		8	34	17	12
南昌大学	93	44			49				
武汉大学	49		1					48	
华中高师	14		4	4				6	
华南师院	5								
总计	419	87	55	64	49	29	34	120	12

中山大学两次院系调整，一方面，一些有悠久历史或有成就的科系，如天文、地质、语言、人类等系被调出。一些卓有影响的教授、学者和学科带头人如陈国达、朱谦之、杨成志等被调离。另一方面，中山大学的文理各系科以及图书仪器设备等都得到了充实，还从各院校调来文理各系教授、副教授27人，在此稍作介绍。

历史系：增加了许多教授，如陈寅恪教授、梁方仲教授、杨荣国教授、陈竺同教授、何竹淇教授等。这样，连同原中山大学历史系的岑仲勉、刘节等教授一起，中山大学历史系共有10位教授，成为全国高等院校历史系中实力最为强盛的系所之一。此外，调入担任学校领导工作的陈序经是一位历史学家，著有几百万字的东南亚各国史和中西交通史等著作。

中文系：中国著名的古文字学、金文学家容庚教授加盟，使得中山大学的古文字学研究走到了全国前列。王力教授也曾一度调入，加上原詹安泰教授、董每戡教授、王起教授、方孝岳教授等，其师资阵容堪称鼎盛。

外语系：从武汉大学、华中高师、湖南大学、广西大学、南昌大学等院校调来教授8人、副教授4人、讲师2人，大大加强了英语的教学与科研力量，其中戴镏龄教授在欧洲古典文学批评与翻译方面有很高的造诣，另还调入有骆传芳教授和美籍教授夏露德。

数学系：姜立夫教授是中国数学界的元老，尤长于几何学，在数学界享有崇高声誉。郑曾同教授专长概率论。

物理系还调入了在光学方面学有专长的高兆兰教授。

（执笔：邓伟）

第二节　移址康乐园

中山大学院系调整后，以广州东南郊康乐村（原岭南大学的校址）作为新校址。经过周密安排后，1953年10月21日，中山大学数千教工、学生和家属，从广州东郊石牌迁往新校。由于准备充分，搬迁事宜仅费时一天。

南朝宋元嘉年间，宋文帝将康乐公谢灵运流放广州，不久又“诏于广州行弃市刑”。谢灵运是晋室贵族的“王谢人家”子弟，是中国山水诗的创始人之一。据说康乐的地名就是因他而得名。其时康乐园有建筑面积76380.61平方米，古榕如盖，花香鸟语，环境幽美，设施齐备。直到今天，它仍然是华南最宏伟的高等学府，也是中国高等教育的一处重镇。

但中山大学师生不会忘记中山大学的石牌原址以及在石牌的峥嵘岁月。2000年，中山大学开展了“中山大学精神与校园文化建设”的讨论，后来将此次讨论的文集公开出版为《凝聚中大精神》①。其中收录了曾任中山大学法学院院长郑彦棻1948年所作题为《发扬石牌精神》的文章。全文如下：

> 离开石牌以后，石牌的巍峨的校舍，宏大的规模和当时的同事同学，以至石牌的一草一木，固然都常常引起我无限的怀想，但尤其使我念念不忘的，那是石牌所表现的精神。
>
> 第一是“筚路蓝缕，以启山林”的创业精神。“筚路蓝缕，以启山林”，

① 该书由中山大学出版社2001年10月出版发行。

是邹校长在石牌所立的一个碑记，这八个字正说明了石牌的开创，含有几许艰难与困阻，多少辛酸和血汗。石牌这伟大的规模，便完全是这种披荆棘启山林的精神建造起来的。没有这种精神，便不会有石牌。石牌可以骄傲的不在它那巍峨的校舍和宏大的建设，而在它所代表的这种“筚路蓝缕，以启山林”的创业精神。

第二是共同生活共同学习的集体精神。当时全校的教职员学生，大都在石牌住宿，大家在一起学习，也在一起生活。上课时是一起在认真读书，课余也共同从事演讲会、座谈会和体育歌咏戏剧等文化康乐活动。我在法学院更由员生共同组织了一个课余服务团，推进各项课余活动，从事各项服务工作。由于生活和学习都共同一起，不但促进了师生间亲切的情谊，扩大了学习的内容，也发扬了亲爱精诚互助合作的精神，使大家认识了集体的重要，接受了集体的观念，而放弃“个人主义”、“英雄主义”的落伍思想。

第三是向民众学习为民众谋福利的服务精神。当时除了法学院的课余服务团外，还有乡村服务实验区的组织，由员生自动参加，在石牌附近乡村展开服务工作，开办民众学校、民众识字班、民众阅览室，组织民众歌咏队戏剧队等，推广民众教育，将学校和民众联在一起。同时也培养和发扬员生的服务精神，将教、学、做合在一起，使大家改变了把大学看成“学术之宫”、“象牙之塔”的观念，深入社会、深入农村去向民众学习，为民众服务。

这三种精神都是最显著和最宝贵的。石牌的伟大便建筑在这三种精神之上，这些精神活在石牌，也活在石牌的每一个人心里。

这些精神不但是石牌所需要的，也是每一个人都需要的。一个人没有了创业精神，便不会有创造和发展；没有了集体精神，便不能得到群众的合作和拥护；没有了服务精神，更不能对人民对社会有所贡献。所以，我们怀念石牌，固然要认识石牌的精神，更要发扬石牌的精神，把石牌的精神带到每一个角落去。①

虽然校址变化了，“石牌精神”不会随空间的转移而消失。无疑，石牌的岁月所凝聚的中山大学的人文精神将永远延续。

院系调整后进入康乐园的新中山大学除暂时保留财经学院之外，不再设立院一级教学单位，其基本教学结构是在9个系下设置11个专业。1953学年度有数学、物理、化学、生物、地理、中文，西语、历史、语言9个系和语言学系民族组、俄文专修科各一。共有数学、物理、有机化学、动物、植物、自然地理、中国语言文学、俄罗斯语言文学、英国语言文学、历史、语言学等11个专业。学生人数1524人，教师304人，职员195人，员工235人，全校正规工作人员734人。

在教学方面，中山大学开始了向苏联的学习。从1952年度第二学期，中山大学实行系主任负责制，确立了系主任的人选，并设立系秘书。1953年3月中山大学开始全面实行系主任负责制，将“系”作为教学的行政单位，制定了《中山大学“系”工作

① 该文原载于国立中山大学南京同学会刊《石牌通讯》第二期，1948年2月15日。

暂行条例》，明确系主任职责。为协助系的领导工作，各系还成立了系委会。[1] 系主任人选如下：

中文系：王起

外文系：林文铮（后为戴镏龄）

历史系：刘节（1955 年后为金应熙、杨荣国）

数学系：胡金昌

物理系：周誉侃

化学系：周达仁

生物系：戴笠

地理系：叶汇

语言学系：王力（1954 年该系调北京大学，语言学专业和俄罗斯语言文学专业调出）

此后，中山大学在 1954 年至 1957 年间，一共有 8 个系科，并先后增设法文专业、经济地理专业，调入与调出持平仍有 11 个专业。在中山大学各系的领导之下，从 1952 年秋起，都依照新的专业计划进行教学。这些教学计划主要是学习苏联经验，根据专业培养人才的目标和学校的具体情况而拟订的。在学制上，除法文专业为四年制外，其他专业均为五年制。

此外，教研组在教学中占有重要的地位。教研组是教学改革工作的中心环节，是教师在教学和科学研究工作过程中，进行集体主义教育、提高社会主义的学校。到了 1954 年，各教研组（室）都重视了计划工作及建立制度，努力学习理论和业务，改进教学方法，初步开展科学研究工作，在培养提高师资，加强团结，重视学生工作方面，都取得了一定的成绩，教学质量有了提高[2]。

在 20 世纪 50 年代前期，教研组的情况是：1952 年中山大学成立了 15 个教研组；1953 年秋经过调整后，全校共有 4 个教研室，9 个教研组，21 个教学小组；之后，教研组情况屡有变革，至 1956 学年，全校设 7 个教研室，37 个教研组。

教研组织和主要负责人的名单如下：

中国现代革命史教研室主任曾旭果，副主任刘渠、钟一均。下设中国现代革命史、马列主义基础两个教学小组。

负责人前者刘渠（兼由吴宏聪代），后者夏书章

政治经济学教研室主任李又华，副主任林楚君

辩证唯物论与历史唯物论教研室主任罗克汀

体育教研室主任郭刁萍

中文系：

中国现代文学教研组主任楼栖。下设：

中国新文学史教学小组（陈则光）

古典文学教研组主任（詹安泰）

写作实习教学小组（何融）

---

[1] 《中山大学系主任领导工作经验初步总结（草稿）》，1953 年 7 月 30 日。藏中山大学档案馆。

[2] 《中山大学教研组工作经验初步总结（初稿）》，1954 年 5 月 22 日。藏中山大学档案馆。

西语系：

一年级专业基本英语教学小组（高铭元）

二年级专业基本英语教学小组（杨琇珍）

莎士比亚选读教学小组（谢文通、钟日新）

基本俄语教学小组（张仲新）

文理科俄文教学小组（刘约）

历史系：

中国史教研组主任杨荣国

世界上古中古史教学小组（戴裔煊）

世界近代现代史教学小组（端木正）

亚洲史教学小组（朱杰勤）

语言学系（1954 年调往北京大学）：

现代汉语教研组主任王力（兼）

语言学引论教学小组（岑麒祥）

数学系：

分析数学教研组主任郑曾同

几何教学小组（姜立夫）

物理系：

普通物理教研组主任古文捷，副主任周誉侃（兼）

三年级物理教学小组（高兆兰）

化学系：

无机化学教学小组（杨燕生）

分析化学教学习小组（陈淑达）

有机化学教学小组（李子诚、李曼孚）

物理化学教学小组（周达仁兼）

生物系：

动物学教研组主任陈伯康

植物学教研组主任于志忱

人体解剖教学小组（高琼珍）

地理系：

自然地理教研组主任缪鸿基

经济地理教学小组（杨克毅）

（执笔：邓伟）

第三节　教学与科研

从 1954 年起，中山大学开展了批判资产阶级学术思想的运动。这和当时在全国范围内掀起的关于《红楼梦》研究的资产阶级唯心方向的批判运动，以及1955年初批判胡适和胡风的政治文艺思想的运动密切相连。

从1953年11月中旬到12月9日，中山大学召开了全校性座谈会，批判胡适、俞平伯思想，支持新生力量。为了配合讨论，中山大学出版了3期《关于红楼梦讨论专刊》。

从1953年12月中旬到1954年5月中旬，以批判《红楼梦》研究的资产阶级唯心主义为起始，逐渐扩大到批判胡适、胡风、梁漱溟等人的哲学、社会学、历史学和文艺理论。中山大学部分教师在此阶段撰写了20篇批判性文章在《光明日报》、《南方日报》等报刊上发表。同时，中山大学还派出6位政治理论课和历史系的教师参加中共中央华南分局组织的宣传唯物主义讲师团，进行唯物主义、无神论等宣传。从1954年3月底起，学校就进行了教学期中检查，把运动转入到结合具体的学术思想实际和工作，深入教学内容、教学方法进行检查批判。当然，在这次批判胡适、俞平伯学术思想的运动中，也出现了另外的声音。有人给胡适辩护，说“胡适在‘五四’运动时代有不可磨灭的功绩”，“胡适在20年前是爱国的”，“胡适的治学方法是唯物的”，“拿证据来就是证据”。中文系的系主任甚至收到匿名的恐吓信，被“警告”不可参加《红楼梦》的讨论。[①] 而且“到了后来，不少原来是被动地订立了有关这方面的研究专题的教师，也悄悄地退出了战场，若干批判胡风反动理论的专题，由于一拖再拖……就索性不写了”[②]。著名学者、历史系一级教授陈寅恪秉承一贯坚持“独立之精神，自由之思想”的原则，曾对此次运动赋诗：“世人欲杀一轩渠，弄墨然脂作计疏。猧子（太真外传有康国猧子之记载，即今人所谓‘北京狗’，吾国人则呼之为‘哈巴狗’。元微之梦游春诗‘娇娃睡犹怒’与春晓绝句之‘狌儿撼起钟声动’皆指此物，梦游春之‘娃’乃狌字误，浅人所妄改者也。）吠声情可悯，狙公赋芧意何居。早宗小雅能谈梦，未觅名山便著书。回首卅年题尾在，处身夷惠泣枯鱼（昔年跋春在翁有感诗亡‘处身于不夷不惠之间’）。”[③] 此次运动于1955年3月结束。

1956年度，中共中央提出了“百花齐放、百家争鸣”的方针，并提出了“向科学进军”的口号，制定了国家12年远景规划和近两年具体计划。3月13日，中共广东省委在广州市中山纪念堂举行广州区高等院校教师招待会。广东省委书记陶铸就知识分子问题发表讲话，指出党今后要加强对知识分子的领导，提高他们的地位，使他们工作中有职有权，党团大门向他们打开，生活、工作条件方面要给予照顾，保证他们每周有六分之五的时间搞业务工作。4月12日，《南方日报》发表社论《充分发挥知识分子的力量》，指出在贯彻执行党关于知识分子政策的时候必须做好：①改善知识分子的工作条件和生活待遇，保证高级知识分子有六分之五的时间用在业务上，配备足够数量和好质量的助手，生活给予照顾；②改善对知识分子的使用和安排；③给予知识分子以信任和支持；④继续帮助知识分子进行自我改造；⑤吸收进步的知识分子入党。中山大学认真执行了当时的知识分子政策，学校中出现了新的气象。1956年2月，冯乃超和党委副书记龙潜从北京参加中央关于知识分子问题的会议回来，并传达了会议精神，组织中山

① 《中山大学一九五四年度批判资产阶级学术思想工作总结》。藏中山大学档案馆。

② 《中山大学一九五四年度批判资产阶级学术思想工作总结》。藏中山大学档案馆。

③ 陈寅恪：《无题》，《陈寅恪诗集》，清华大学出版社，1993年版，第88～89页。

大学召开了许多学习会与座谈会，切实解决了一些问题。为解决部分教师的生活困难，录用了教师的家属在学校就业。使用福利金补助教师生活。精简会议，减轻教师教学任务，重视教师的研究时间问题。还筹建了6个科学据点，给陈寅恪、岑仲勉、梁方仲、容庚、商承祚、王起、詹安泰、杨荣国、徐贤恭，以及生物、化学、物理三系的教授都配备了助教或教学助理员，以便于他们开展科研和教学工作，并设法改善了教师的居住条件①。

1953年，全国综合性大学会议确定综合性大学的方针和任务为：在教学改革取得一定成绩的基础上逐步开展有计划的科学研究工作。最初，中山大学科学研究工作是在学校统一领导下在各系教研室进行的。日常行政事务由教务处的教学研究科兼管。1954年9月，为适应科学研究的需要，在教务处下增设科学研究科。1957年，在校务委员会下设立了科学研究委员会，由副校长1人兼任委员会的主任。②

在1953年前，中山大学部分教师已经取得了一些重要的学术成就。双目失明的陈寅恪以口授、助教笔录整理的方式，完成了《论唐代之李、武、韦、杨婚姻集团》、《论韩愈》、《论东晋王导之功业》、《论唐代之蕃将与府兵》等7篇有影响的学术论文。1953年王力发表了《本国语言与学习外语的关系》、《字的音形义》等数篇有关语言学的论文。岑麒祥在《中国语文》上发表了《从广东方言中体察语言的交流》一文。《人民文学》刊载了王起的《关汉卿和他的杂剧》。詹安泰写有《〈诗〉里表现的人民性和现实主义精神》、《伟大的爱国诗人屈原》等。理科方面，张宏达于1952至1953年间年完成了《中国鼠刺》、《中国栓属植物志》两篇科学论文，发表于《植物分类学报》(第二卷第二期，第三卷第一期)。郑曾同于1953年完成数学论文《独立机变数之和的渐近展式》。傅家瑞的《广州菱的研究和栽培概况》发表于《植物学报》(第三卷第一期)。

1953年秋天，中国科学院为了加强研究力量，准备将分散在全国各地的一些大师级学者请回北京，组建研究所。经在京的学人推荐和周恩来总理首肯，打算请中山大学数学系姜立夫掌管中国科学院数学研究所，历史系陈寅恪掌管中国科学院第二历史研究所（中古史研究所）。1953年11月21日晚，陈寅恪教授接到中国科学院郭沫若院长、李四光副院长签署的联名邀请信。翌日上午，由陈寅恪口述、陈太太唐筼笔录作信回复。陈寅恪在回信中提出担任所长的两项条件："一、允许中古史研究所不宗奉马列主义，并不学习政治；二、请毛公或刘公给一允许证书，以作挡箭牌。"③ 1953年12月1日早上，他对中国科学院派来征询他的意见的汪篯，详细阐述了他所提出的两项条件。汪篯作了详细的记录，并将这份记录抄誊两份，一份带回北京复命，一份留在中山大学。

陈寅恪自述

——对科学院的答复

我的思想、我的主张完全见于我所写的《王观堂先生纪念碑铭》中。王国维死后，学生刘节等请我撰文纪念。当时正值国民党统一时，立碑时间有年

① 《中山大学一年来在贯彻执行知识分子政策方面的工作总结》，1957年。藏中山大学档案馆。

② 《中山大学解放以来科学研究工作情况的报告》，1959年。藏中山大学档案馆。

③ 藏中山大学档案馆。

月可查。在当时，清华校长是罗家伦，他是二陈（C.C.）派去的。众所周知，我当时是清华研究院导师，认为王国维是近世学术界最重要的人物，故撰文来昭示天下后世研究学问的人，特别是研究史学的人。我认为研究学术，最主要的是要具有自由的意志和独立的精神，所以我说："士之读书治学盖将脱心志于俗谛之桎梏。""俗谛"在当时即指三民主义而言。必须脱掉"俗谛之桎梏"，真理才能发扬。受"俗谛之桎梏"，没有自由思想，没有独立精神，即不能发扬真理，即不能研究学术。学说有无错误，这是可以商量的，我对于王国维即是如此。王国维的学说中，也有错的，如关于蒙古史上的一些问题，我认为就可以商量。我的学说也有错误，也可以商量。个人之间的争吵，不必芥蒂，我、你都应该如此。我（挽）王国维诗，中间骂了梁任公，给梁任公看，梁只笑了一笑，不以为芥蒂，我对胡适也骂过。但对于独立精神、自由思想，我认为是最重要的，所以我说："唯此独立之精神，自由之思想，历千万祀，与天壤而同久，共三光而永光。"我认为王国维之死，不关与罗振玉之恩怨，不关满清之灭亡，其一死乃以见其独立自由之意志。独立精神和自由意志是必须争得的，且须以生死力争，正如碑文所示"思想不自由，毋宁死耳，斯古今仁圣所同殉之精义，夫岂庸鄙之敢望"。一切都是小事，唯此是大事。碑文中所持之宗旨，至今并未改易。

我决不反对现在政权，在宣统三年就在瑞士读过《资本论》原文。但是我认为不能先存马列主义的见解，再研究学术。我要请的人，要带的徒弟都要有自由思想，独立精神。不是这样，即不是我的学生。你以前的看法是否和我相同，我不知道，但现在不同了，你已不是我的学生了。所以周一良也好，王永兴也好，从我之说即是我的学生，否则即不是。将来我要带徒弟，也是如此。

因此，我提出第一条："允许中古史研究所不宗奉马列主义，并不学习政治"。其意就在不要有桎梏，不要先有马列主义的见解，再研究学术，也不要学政治。不止我一人要如此，我要全部的人都如此。我从来不谈政治，与政治绝无连涉，和任何党派没有关系。怎样调查，也只是这样。

因此，我又提出第二条："请毛公或刘公给一允许证书，以作挡箭牌"。其意是毛公是政治上的最高当局，刘少奇是党的最高负责人，我认为最高当局也应和我有同样看法，应从我之说，否则就谈不到学术研究。

至如实际情形，则一动不如一静。我提出的条件，科学院接受也不好，不接受也不好，两难。在北京则有两难。动也有困难。我自己身体不好，患血压高。太太又病，心脏扩大，昨天还吐血。

你要把我的意见不多也不少地带到科学院。碑文你带去给郭沫若看。郭沫若在日本曾看到我的（挽）王国维诗。碑是否还在，我不知道。如果做得不好，可以打掉，请郭沫若来做，也许更好。郭沫若是甲骨文专家，是"四堂"之一，也许更懂得王国维的学说。那么我就做韩愈，郭沫若就做段文昌。如果有人再做诗，他就做李商隐也很好。我（写）的碑文已经传出去，也不会湮没。①

① 藏中山大学档案馆。

此事过后不久，中共中山大学党组书记兼副校长冯乃超对其秘书饶鸿竞说，周恩来总理看了陈寅恪给郭沫若、李四光两位院长的回信和汪篯带回的《陈寅恪自述》后说："可以答应陈寅恪的要求，只要他到北京来。一切都会变的。"① 由于陈寅恪所提出的进京任职的第二个条件是"请毛公或刘公给一允许证书"，要得毛泽东和刘少奇的同意才能办理，所以陈寅恪的要求到了最高领导人那里，就被搁了下来。但陈寅恪为学术争自由之事，以及共产党容人的雅量，在学术界广为流传。姜立夫教授也因年老体弱畏寒的缘故，没有北上，他推荐了华罗庚任中国科学院数学研究所所长。

1954年中山大学进行科学研究工作的基本方向是："（一）批判资产阶级学术思想；（二）运用苏联先进科学理论以探讨科学上的各种问题；（三）编写专书或接受高教部的委托编写一门课程的讲义；（四）结合专门化的开设和准备指导毕业的工作；（五）研究教学中未解决的关键问题；（六）结合到工矿和农业生产合作社收集教学材料的工作，研究我国过渡时期的政治、经济理论问题；（七）调查研究广东的动植物资源和自然地理及经济地理问题；（八）接受科学院或有关部门委托的科学研究工作；（九）编写教材、翻译教材或翻译名著；（十）结合教学，钻研名著写读书心得、编写教学参考资料及从事教学方法的研究等。"② 1954年，中山大学参加科学研究的教师240人，占全校教师人数77.6%，1954年参加科学研究的各级老师占在校各级老师人数的百分比如下③：

项别	全校各级教师人数	因病或在外进修各级教师人数	在校各级教师人数	在校各级教师进行科学研究人数	参加科学研究各级教师占在校教师的百分比
教授	91	3	88	78	88.6%
副教授	46	3	43	43	100%
讲师	50	8	42	40	95.2%
教员	7	1	6	4	66.6%
助教	115	10	105	75	71.4%

1954年10月编制的1954学年度科学研究计划中，课题共361项，其中在1954年就开始研究的为192项，已完成项目72项。在完成的项目中，重要成果有：

岑仲勉教授编著《隋唐史讲义》。

陈寅恪教授编《西晋南北朝史资料》（此为中国史方面的重要参考史料）。

梁方仲教授著《户调制与均田制的社会经济背景》。

詹安泰、容庚、吴重翰编著《中国文学史讲义（上古部分）》，（一）、（二）两种讲义都是高教部指定的交流讲义；詹安泰撰《屈原的阶级出身和政治地位》。

方孝岳教授著《关于屈原的〈天问〉》。

---

① 吴定宇：《学人魂·陈寅恪传》，上海文艺出版社1996年版，第184页。

② 《中山大学一九五四年度科学研究工作总结报告》。藏中山大学档案馆。

③ 《中山大学一九五四年度科学研究工作总结报告》。藏中山大学档案馆。

梁溥等集体研究《南雄盆地经济地理》。

梁钊韬副教授著《海南岛黎族社会史初步研究》。

张宏达副教授《鼎湖山植物群落》。

江静波副教授著《勒帕辛斯卡亚在对盘吸虫卵发育过程中所得到的证明》。

戴笠教授《一种脱臭的炼豆乳》。

李见贤助教《由平面地质图绘成块状立体图的新方法》，李见贤发明的绘制立体图的新仪器，比过去仪器效率高10倍，对地质工作及地图绘制有相当大的实用价值。1955年，这一成果受到苏联科学院地理研究所所长格拉西莫夫的重视，被刊登在苏联科学院《地理学》丛刊1955年第6期上。中国高等教育部也将此仪器命名为“李见贤尺”。

在中山大学成立30周年纪念日，即1954年11月12日开始，进行了持续3天的中山大学第一次科学讨论会。会议分全会与12个分组会进行，总共讨论了37项报告。为了促进中山大学科学研究，中山大学于1955年3月成立学报编辑委员会，由许崇清、冯乃超正副校长兼任正副主任委员会。学报编辑委员会聘于志忱教授为学报自然科学版主编，王子辅、吕逸卿、周宇恒、许淞庆为常务编辑；聘杨荣国教授为社会科学版主编，王宗炎、金应熙、楼栖、罗克汀为常务编辑。《中山大学学报》自1955年6月至1957年底共出了10期，含社会科学版9期，自然科学版1期。此外又出版了《文艺译丛》两期。《中山大学学报》面向国内外公开发行，学报的出版在推动师生的科学研究工作和促进对外学术文化交流中发挥了重要的作用。

其时教师与学生的关系甚为融洽，尊师爱生成为校园生活的风气。1954年5月2日晚在历史系师生的晚会上，学生在热烈的掌声中将绣有“诲人不倦”和“循循善诱”的两面锦旗，分别敬献给陈寅恪、岑仲勉两位老教授。

1955年度，中山大学教师参加科学研究工作的共158人，占教师人数的53.1%。现列表如下：①

项目	教授	副教授	讲师	教员	助教	总计
全校各级教师人数	91	46	50	7	115	309
在校各级教师进行科学研究人数	60	25	23	3	47	158
参加科学研究人数占总数的百分比	65.9%	54.3%	46%	42.8%	40.8%	51.1%

所进行中的202项科研项目，已完成的达133项，原计划跨年度的49项。其中有学术思想批判45项、专题123项，高教部委托编写讲义5项，调查研究4项，教学法研究11项。1955年中山大学完成的科学研究已发表的有53篇（其中发表在本校学报

① 《中山大学1955年科学研究工作总结》，1956年。藏中山大学档案馆。

上的33篇发表在其他报刊的20篇）。出版了8种专著①。

姓名	书名	出版社（或书店）
罗克汀	论实践在认识过程中的地位和作用	上海人民出版社
商承祚	广州光孝市古代雕像图录	上海出版公司
杨荣国	中国古代思想史	三联书店（再版）
陈寅恪	元白诗笺证稿	古籍出版社（再版）
陈寅恪	隋唐制度渊源论稿	三联书店（再版）
陈寅恪	唐代政治史述论稿	三联书店（再版）
王　起	从莺莺到西厢记	新文艺出版社
王正宪 唐永銮（译）	普通地理学原理	高等教育出版社

已完成的项目中，达到国内领先水平的有：

岑仲勉教授专著《黄河变迁史》（对改造黄河有重要参考价值）。

梁方仲教授的论文《明代粮长制度》（对明代资本主义萌芽问题提出新的看法）。

高华年教授：《扬武哈尼语初探》（为一篇材料丰富的少数民族语言的调查报告）。

杨荣国教授《中国古代思想史》（由苏联译成俄文出版）。

张宏达副教授的《中国金缕梅科植物之研究》。

1955年的中山大学科学研究有如下特色：一是与科学研究机构及有关业务部门、厂矿企业的联系，服务于社会，取得明显的社会效益。如中文系与中国科学院语言研究所建立联系，有固定的助教做通讯员，经常了解语言学界的情况，报道该校研究消息，交流经验。该系还和戏曲改革委员会、中国科学院考古研究所等用通讯方式进行联系；与广东文史馆、广东省文管会、广州市文管会、广州市博物馆等用通讯联系方式，互相供给研究资料，组织访问参观，举行座谈会，请这些单位学生考古实习，该系也派出学生帮助博物馆布置展出工作，代广州市文管会下乡收集革命文物资料，等等。化学系与中国科学院药物研究所等单位建立联系，接洽有关色层分析、板谱分析等的研究资料；该系严梅和教授接受广东省卫生厅邀请，参加“了哥王”研究会，并与广州市人民委员会、广州市中医进修学校等联系进行“了哥王”研究工作。生物系与中国科学院华南植物研究所、华南农业科学研究所、中国药学会、南开大学、兰州大学、四川大学、华南农学院等建立了交换资料，解决植物种子、标本等工作的联系；该系还与中国科学院海洋生物研究所合作研究“船蛆”防治问题；昆虫研究室接受苏联农业部检疫所的委托，开展培养柑橘果树介壳虫寄生蜂工作，并于1954年6月间先后培养三批寄生蜂寄给苏联。二是学生参加科学研究活动异常踊跃。1955年上半年组织了12个学生科学小组，计119人参加，占全校学生总人数的6.68%。研究12个题目，已完成6个，既培养学生的科学兴趣，又培养了其独立思考、独立工作的能力。如历史系学生的“近代广东人民革命斗争”、“太平天国时期广东人民革命斗争”，生物系学生的“康乐鱼类调查和鱼类生活对外界环境条件的适应”，地理系的“气象气候”研究等都取得了显著

① 《中山大学1955年科学研究工作总结》，1956年。藏中山大学档案馆。

的成果[①]。

另外，营养学、动植物分类、华南自然地理与经济地理、中药提炼、汕尾软体动物研究、语言文字等方面的研究都取得了新的成就。

1955年12月24日至1956年1月28日，中山大学第二次科学讨论会举行。在全会上，许崇清校长致开幕词，冯乃超副校长致闭幕词，苏联专家、高教部顾问格里斯谦柯作了《关于科学研究工作》的报告。本次科学讨论会会期长达35天，期间举行了2次全会，24次分会，在全会及11个分组会报告和讨论了41篇科研论文。

根据1956年中共中央召开知识分子会议精神以及“百花齐放，百家争鸣”的指导思想，学校不失时机地制定了科研发展的总方向：以华南经济文化建设和热带亚热带地区的资源利用为中心。在1956年，中山大学参加科学研究工作的教师达192人，占教师总数的63.7%，计划项目222项已完成171项，较上年增加38项。参加的教授人数由1955年的66%增加到75%，副教授由54.3%，增加到66.6%，助教由47人增加到76人。[②]

为了促进科学研究和教学工作，中山大学还采取了一些积极措施。如1956至1957年增设了中国思想史研究室、中国近代现代史研究室、中国戏曲研究室、辩证唯物主义与历史唯物主义研究室、英国语言文学研究室；已呈报高等教育部待批的科研机构有东南亚研究所（内设东南亚各国历史研究室、东南亚民族考古研究室、东南亚社会政治经济研究室、东南亚各国反对殖民主义斗争史研究室、东南亚国际关系研究室、东南亚华侨史研究室、东南亚华侨问题研究室等）、中国中古史研究室、古文字学研究室、有机化学研究室、寄生虫研究室、高等植物研究室等。这些科研机构的增设，集中了学校的科研力量，加强了对科研工作的组织和管理。同时增加了图书、资料、仪器的采购经费，如广东省人民委员会拨来人民币港汇15万元（相当于港汇348000元），全数用来购买进口仪器，为物理系购进价值2万英磅的光谱学仪器一批。为了保证教授专家有充裕的时间从事教学和科研工作，校方精减了会议时间，减少教师的社会兼职和接待活动，使专家教授有六分之五的时间从事科研和教学工作。

1956年的科学工作研究和教学工作有两大特色：一是贯彻执行知识分子政策，较好地发挥了老教师的作用，年轻教师参加者较前一年有显著增加，以老带青，老年教师与青年教师相结合，提高了科研和教学质量。二是学生踊跃报名参加科学小组，全校建立科学小组78个，较1955年的12个小组增加了6倍；参加科学小组的学生达663人，由70多个老师指导，[③] 科学小组的活动结合课程学习，使学生受到了很好的科学研究训练。当年的学生如李宝健、黄天骥等，日后留校任教成为了学术带头人。

中山大学1956年的科学研究中，重要成就有[④]：

中文系容庚教授修订的《商周彝器通考》，商承祚教授的《石刻篆文编》、《中国历代书画家篆刻家字号索引》、《广州出土汉漆器》、王起教授的《桃花扇注释》、詹安泰教授的《屈原研究》和《李煜词注释》，黄海章教授的《晏子春秋注释》。

① 《中山大学1955年科学研究工作总结》。藏中山大学档案馆。
② 《中山大学1956年科学研究工作总结》。藏中山大学档案馆。
③ 《中山大学1956年科学研究工作总结》。藏中山大学档案馆。
④ 《中山大学1956年科学研究工作总结》。藏中山大学档案馆。

历史系陈寅恪教授将完成明清之际题材的著作，岑仲勉教授专著《黄河变迁史》、《突厥集史》（即将出版），梁方仲教授的《中国经济史》，杨荣国教授的《谭嗣同思想研究》被译成俄文，在苏联哲学杂志上发表。

物理系高兆兰教授的《“CH2F2CHF3”的基本震动》，

化学系龙康侯教授的《几种吡咯类化合物的合成及其与亚硝酸所发生的反应研究》，徐贤恭教授的《共振论批判》。

生物系戴笠教授的《改善和扩大利用豆乳制品》，陈伯康教授的《小白鼠肝细胞的无丝分裂与有丝分裂》、《核仁的演发》，蒲蛰龙教授的《牙虫的分类》，张宏达副教授等《雷州半岛的红树群落》。另外，有重要经济意义的是廖翔华副教授近4年研究的成绩《广东九江头号槽条虫的生活史生态及其防治》，对于防治鲩鱼幼苗的“干口”病特别有效。过去广东不少水产养殖场，如中山县和顺德县的水产培育场因鲩鱼苗感染九江头号槽条虫病，成活率不到10%，采用了廖翔华的防治方法后，鲩鱼苗成活率达90%以上。

地理系有叶汇教授的《西江与北江的汇合点——思贤滘的研究》，徐俊鸣、梁溥教授等的《广东的自然地理特征》、《广西的自然地理特征》、《广东省经济地理》、《广东的台风》、《广东的气候》等研究。

在翻译方面，西语系戴镏龄教授译西方名著《乌托邦》和《浮士德博士》，历史系副教授端木正翻译法国历史学家索布尔的《法国革命（1789—1799）》。

1956年12月15日至1957年1月16日，中山大学第三次科学讨论会举行。此次会议历时一个月，一共举行了3次全会、30次分会和22次分组会，讨论了108篇论文（其中属于人文科学的50篇，属于自然科学的58篇）。

（执笔：邓伟）

第三章　风雨渐作

从1957年开始至“文革”爆发的10年间，中山大学开展了多次政治活动，学校的教学活动和科研活动频频受影响。

1957年5月2日，毛泽东在最高国务会议第七次会议上正式提出要“百花齐放，百家争鸣”。1957年4月27日，中共中央发出《关于整风运动的指示》，决定在全党进行一次以正确处理人民内部矛盾为主题，以反对官僚主义、宗派主义和主观主义为内容的整风运动。6月8日，中共中央向全党发出《组织力量反击右派分子的猖狂进攻》的指示。同日，《人民日报》发表社论《这是为什么?》。此后即在全国范围内展开了一场大规模的反右派斗争。1957年的中山大学就是在这样的背景下度过了亦喜亦忧的一年。

此后的几年，中山大学师生员工遵循教育“必须为无产阶级政治服务，必须同生产劳动相结合”的方针，进行了多次教育改革。1961年，《高教六十条》颁布之后，中山大学认真执行了六十条，教学活动和科研活动有所起色。但是，随着“四清运动”在全国的展开，[①] 有所好转的教学活动再次面临尴尬的局面。

第一节　康乐园风雨

1957年的康乐园经历了不平静的一年。这年夏季以前，全校师生积极响应党的“百花齐放，百家争鸣”的号召，召开座谈会，就教学、科研等工作提出了许多中肯的意见。在教学工作方面：认为苏联经验值得学习，但是中山大学在贯彻高教部的指示时，没有和学校的具体情况结合；本科教学目标不明确，有培养通才的嫌疑；综合大学培养的目标不应该包括中学师资；教学质量没有兼顾学生和教师两方面的质量，过于苛求一方；一些不切实际的制度必须修正；教务处官僚主义作风严重；研究生培养工作重视不足等等。在科学研究工作方面：理科老师一致认为本校的行政对科研缺乏具体领导，对科研工作也不够重视，应该以老教师为领导，组建研究队伍；开展科学研究的物质条件比较缺乏，需要最低限度的设备保障；文科教师赞同著名古文字学家容庚教授提出的在学校内增出一种中型刊物的建议，以便更好展开学术上的争鸣，培养新生力量；图书馆资料缺乏，普遍影响了教师的研究工作；国外的文献翻译得少，学生进行科学研究感到资料缺乏；发表学生科研成果的刊物篇幅太少；等等。这些意见对于更好地建设中山大学有很大的帮助。可惜，不久后政治运动的到来遏止了这一良好的发展势头，中

① 1963年至1966年，中共中央在全国城乡开展的社会主义教育运动，初期在农村表现为“清工分，清账目，清仓库和清财物”；后期在城乡表现为“清思想，清政治，清组织和清经济”。

山大学上半年的活跃气氛开始急转直下。

5月，党内部的整风运动扩展为反右派运动。中山大学错划了193名右派分子，其中包括著名学者董每戡、詹安泰在内的正副教授17名，讲师1名，助教3名，学生172名；1956年录取的718名新生中，在1957年被划为右派分子的达46人，占该年新生总人数的6.4%，其中22人是学生干部。在处理右派分子的大辩论会上，也有教授提出中肯意见，认为考虑到一般学生年纪轻、未定型、未成熟的特点，可不必划为右派分子，党团组织应对他们负起教育责任。可惜这类正确意见并未被采纳[①]。这些被错划的193名知识分子受到错误处理。有的受到开除处分，有的像董每戡教授一样被遣回原籍或其配偶出生地；有的被送去劳动教养，或送农场及其他劳动场所监督劳动；留校受降职、降薪、察看处分或监督改造者达90名之多。一直到1976年粉碎“四人帮”之后，在平反冤、假、错案中，这些师生才得了平反，才被取消错误处分，恢复了名誉。

1957年10月至12月，学校进入整改阶段，又一次掀起了“鸣放”高潮。自11月27日以来的一个月，师生贴出大字报12000张以上，各单位召开过的大小座谈会约1376次。部分师生被下放至高明县农村劳动锻炼，为时一年左右。紧接着反右派的余波，1958年至1961年的中山大学校园和国内其他大学一样，“兴无产阶级思想、灭资产阶级思想”的“插红旗拔白旗”教育运动，教学、科学的“双改”运动，反浪费、反保守运动，……政治运动、中心运动接踵而来，不少师生受到冲击。3年来召开全校性批判会3次，系级批判会37次，全校75名教授中有19人被批判斗争；49名副教授有6人被批判斗争；172名讲师中有16人被批判斗争。高级知识分子中，被批判斗争的人数达13.8%。[②] 不仅如此，二年级以上的学生也不能幸免。有299名学生，或者有小偷小摸贪小便宜的行为，或者因组织纪律涣散，或者因对“三面红旗”（总路线、大跃进、人民公社）有不同看法，或者因为谈情说爱……都不同程度在全系大会、年级大会或小组会上遭到批判，使得教师不能安心教书，学生不能安心学习，学校正常的教学和科学研究工作受到严重的干扰。一些正直的老教授对把批判锋芒指向有成就的教师的做法十分反感，为尊师重教的传统美德被粗暴地践踏而痛心疾首。一贯坚持“独立之精神，自由之思想”的著名历史学家陈寅恪写出辞职信，提出“一、坚决不再开课，以免贻误青年。二、退休，搬出学校到外面居住。”[③] 向错误政策提出强烈抗议，维护了知识分子的人格和师道的尊严。经许崇清校长，冯乃超书记、副校长，陈序经副校长等学校负责人多次登门拜访，再三挽留，陈寅恪才收回退休要求，同意不搬出校园。又如著名古文字学家容庚教授被视为“白专”典型，遭到猛烈批判，但他仍不随波逐流。他说：“又红又专当然好，先专后红也行，只专不红总不能说是犯罪，总比不专不红好。”中山大学坚持“独立之精神，自由之思想”的传统由此可见一斑。

1961年1月，教育部在北京召开全国重点高等学校工作会议，着重研究贯彻执行中央关于“调整、巩固、充实、提高”的方针，制定了《教育部直属高等学校暂行工作条例（草案）》（简称《高教六十条》）。9月，《高教六十条》经中共中央确定正式

---

① 中山大学校史编写组：《中山大学校史》（1979年，第三册），第六章第58页。此书未出版，藏中山大学档案馆。本章所引数据，除特别注明外皆出自此书。

② 《中大58年来对高级知识分子批斗情况表》。藏中山大学档案馆。

③ 藏中山大学档案馆。

下发。1961年上半年，中山大学的党组织在中共广东省委领导下，在全校进行了一次以分清是非、落实政策为主题的整风运动，为贯彻执行“六十条”作了思想上和组织上的准备。广东省领导很重视中山大学的情况，时任中共广东省委书记的陶铸曾多次到中山大学与中文系师生座谈，他就是结合在这里以及其他地方的一些感受写下了名篇《松树的风格》。中山大学党组织本着这种精神，在整风中全面检查了学校各项工作。对1958年以来因在各次政治运动和中心运动中受过批判斗争的师生予以甄别认错，平反道歉，改善了党组织与知识分子之间的关系。为适当解决三年自然灾害给教师们的物质生活造成的困难，保证一定的生活水平，对教授、副教授的粮食供应进行了两次调整，改善了食油和肉副食品的供应，努力使教师情绪安定，学校也逐渐重新走上轨道。

这个良好的发展势头到了1964年之后，又遭到了“四清运动”的干扰。1964年，农村开展社会主义教育运动。即“四清运动”，在农村以清理账目、清理仓库、清理财务、清理工分为主要内容，简称“四清”。运动深入后，又将“四清”规定为清政治、清经济、清组织、清思想。随着“四清运动”的扩大，校园也免不了受到搅扰。1964年9月9日，校党委向全校教职工作了一个报告，提出该年的工作要点是高举毛泽东思想红旗，以阶级斗争为纲，以社会主义教育、教学改革为中心，集中力量，大力抓好学习毛主席著作、阶级斗争、生产劳动、教学科学实验，促进师生员工的革命化、劳动化，防止修正主义和教条主义，把学校改造成为真正培养革命接班人的社会主义大学。报告计划今后几年内组织干部、师生参加农村社会主义教育；校内也要深入进行社会主义教育运动；开展兴无灭资斗争；把教学放在第四位。学校重复几年前的大鸣大放大辩论，学生停课下乡搞运动，或是半工半读，大量所谓“活学活用、立竿见影”的文章在校刊出现。1965年，文科部分课堂逐渐对一些被称为修正主义的作品和作者进行批判。中山大学的部分领导对当时的情况有所抵制，如1965年到校任副校长兼党委第一书记的李嘉人同志。1965年之后，他亲自参加马列主义教研室教师备课和讲授政治经济学，召开政治课教师与政治辅导员会议，批评形式主义和庸俗化倾向；亲身参与到历史系世界史教研室中，引导该教研室教师学习经典著作的正确思想，批评摘引片言只语、贴标签的做法。可惜，这些好的做法很快就被淹没在来势汹汹的政治运动中了。

（执笔：黄凰）

第二节　教学改革

一

1958年3月3日，中共中央发出关于开展反浪费反保守运动的指示，全国各行各业展开了如火如荼的“反浪费反保守”运动。一时之间，校内气氛紧张，各式各样的大字报纷纷“出炉”。运动的浪潮席卷中山大学，从6月下旬到8月下旬两个月时间，康乐园内贴出的大字报据载高达7662件20960张。[①] 这些大字报有批评教学和科研工作的，认为其工作“四脱离”（脱离政治，脱离实际，脱离生产，脱离群众）；有批判教师的，认为他们“空谈理论”、“脱离实际”、“抗拒改造”；也有批判学生中所谓的右派分子的，认为我们的教育不能培养“又红又专”的人才，造成了极大的浪费。这一大规模的大字报行动引发了“红专关系”的大辩论。随后，辩论逐步扩大为“拔掉资产阶级白旗，树起无产阶级红旗”的运动。这一运动通过大会动员、贴大字报、以教研组为单位进行讨论、学生派代表参加等方式，目的是批判教授的反动立场，帮助讲师“从白专迷途中觉醒”，警醒学生不要走白专道路。运动认为学校的教育仍是资产阶级的教育方式，片面依靠老教师的教学活动，不重视生产劳动，没有把教育和劳动生产及时结合，没有为无产阶级的政治服务。在“为建设共产主义的中山大学而奋斗”的口号下，从6月下旬起，中山大学提出了改革教学与改革科学研究的“双改运动”。学校决定采取五大措施，以期改变中山大学的面貌。其一，“贯彻阶级路线，向工农开门”，力求使在校学生中工农成分的学生比例至少达到60%～70%，个别系达80%～90%。批判天才教育思想，扭转轻视工农学生的偏向。其二，修订教学计划和教学大纲。“方法是采取三结合走群众路线，由党总支、教师、学生一起动手修订”[②]，新的教学计划和教学大纲必须贯彻“政治挂帅”，“反映最新科学成果和当前思想斗争实际”，“结合劳动生产”，“加强体育活动”。[③] 上述是整改的主要内容。其中中文系教学计划富有时代特色。中文系的课程安排中，古典文学课程与现代文学课程的比例通常为5∶1，修改后比例反转过来，所决定开出的新课程包括：毛主席在延安座谈会议上的讲话、当代文艺思想斗争专题讲座和当代文艺作品阅读指导、党的语言政策、毛主席诗词研究、毛主席语言研究、创作实习等。并且为了使“教育与生产相结合”，把生产劳动正式列入教学计划，作为教学中的一个不可缺少的重要部分。在时间安排上实行1、3、8制或1、2、9制（即放假一个月，生产劳动2或3个月，上课8或9个月）。每周劳动一天（两个下午共8小时），另在假期中劳动一个月，每月有义务劳动一天。毕业前一个学期，绝大部分时间安排下乡下厂，参加实际工作。个别班则试行半工半读。其三，“明确方向，开展群众性的科学研究。号召破除迷信，大搞发明创造”。其四，“加强师资队伍，大力培养青年教师，正确发挥老教师作用”[④]。其五，“健全教研组，充分发挥教研组的战斗作用。明确规定教研组的任务是领导教学、科学研究、培养师资、进行思想政治工作，领导学生生产劳动”[⑤]。要言之，“政治挂帅，开展教学和科研”和“到生产劳动中去”是此次“双改运动”的重心。这一运动从1958年6月下旬开始至1959年上半年结束，历时一年左右。

“双改”运动开展起来后，为了纠正“教育和生产劳动相脱离”的现象，贯彻执行“教育为无产阶级政治服务，教育与生产劳动相结合”的教育方针，中山大学全体师生放下书本，转而投入到生产劳动中，以所谓物理四年级学生土法上马，苦战三昼夜炼出第一炉钢为起点。9月份至年底，文科和理科数、理、化、地各系部分师生轮流加入广

---

① 《中山大学教学改革和科学研究改革运动总结报告》，1958年。藏中山大学档案馆。
② 《中山大学教学改革和科学研究改革运动总结报告》，1958年。藏中山大学档案馆。
③ 《中山大学教学改革和科学研究改革运动总结报告》，1958年。藏中山大学档案馆。
④ 《中山大学教学改革和科学研究改革运动总结报告》，1958年。藏中山大学档案馆。
⑤ 《中山大学教学改革和科学研究改革运动总结报告》，1958年。藏中山大学档案馆。

州市郊区芳村铁路的抢修工作，另一部分师生则到江村炼焦和炼钢；生物系全体师生到新滘公社帮助办社；地理系的学生到附近工地当搬运工人，到中苏友好大厦展览馆当杂工——挑开水、扫地、扫厕所，还有些学理发、制木屐，编织竹器。① 文科三系参与到东莞农村公社的劳动中，成为当地公社劳作的一分子。“他们在参加堵河工程中，一天干活10多小时，有时达到21个小时，同学们半截身体陷入泥中，浸在水里，有人呕吐，有人头晕，他们清醒过来后，不听劝阻，又继续战斗。”② 当时普遍认为，只有进入到劳动的最前线，才是正确地贯彻了党的教育方针政策。中山大学校内办了自己的工厂和农场，也吸纳不少师生到校办工厂和农场劳作。

生产劳动的热潮过去之后，1958年底到1959年初，回到校园的学生开始把目标对准教师。学生与青年教师“同资产阶级的教育方向作针锋相对的斗争”，有的系开展“拔白旗，插红旗”运动，开辟了“资产阶级专家必须向工人阶级投降”专栏；有的系贴出对联“拳打老顽固，脚踢假权威”，并不断对老教师的备课发起“揭发批判”。在这种情况下，出现了很多奇怪的现象，如“即使没有学过的课程，同学们也大胆地批判”，有的系同学在“短短三小时之内，查出某教师所编的讲义问题约近百条，仅前言及绪论一章”就查出问题“达四五十条之多”③。故大量新的教学大纲和教材被重新编写。化学系师生仅经过7天奋战，即完成了各门基础课的教材编写。生物系编写《广东植物志》等教材，号召全体教工学生逾百人参与写作，半年内完成了高达600万字的初稿。④

1958年党的八届八中全会后，全党进行了“反右倾”整风运动。运动首先在党内进行，随后蔓延到全国，它也波及到中山大学校园。从1959年9月至1960年1月15日，中山大学展开了历时4个多月的反右倾整风运动。参加这次运动的教工有800人以上。这次整风以党内为主，采取了以下作法：①大字报交心。从1959年11月5日至12月12日，共贴出大字报约5万份。②由各级领导和党员在大、中、小会上带头进行自我批判，解剖了67个“麻雀”。③一般党员和党外干部在小组会上普遍“洗澡”。运动的焦点是整顿对“三面红旗”和党的教育方针的态度。凡对“三面红旗”有不同看法和怀疑、动摇、抵制者，都被视为有“右倾思想”和有问题的人。据一份材料统计，参加运动的10位党员处级干部，有严重“右倾”思想的2人，占20%；一般党员（包括科级干部）250人中，有严重“右倾”思想的59人，占23.6%；对党的教育方针严重不满的，在150个党员教师中有13人，占9%，全校师生中有10%；一般动摇的在全校师生中占56%。此份资料还认为，约有11%的党员教师（17人）是走白专道路的，另外还有24%的党员教师有走白专道路的倾向，两者共占三分之一强。这些师生在反右倾整风运动中都受到了不同程度的批判和打击。⑤ 这次反右倾整风运动，为两个月后展开教学改革做了铺垫。新一轮的教学改革重新掀起时，它被当时的文件形容为“极为广泛、深刻的教学改革运动”。1960年4月底开始的教育改革运动仍然采取大鸣

① 《中山大学校史》（1979年，第三册），中山大学校史编写组，第7章第3页。未出版，藏中山大学档案馆。

② 《一九五八年大跃进以来中大工作成绩简况》，1960年。藏中山大学档案馆。

③ 本段引文见1958年10月至1959年1月各期《中山大学》周报，以及《生物系教学改革总结》，1959年，转引自《中山大学校史》（1979，第三册）。藏中山大学档案馆。

④ 《中山大学1958年大跃进以来科学研究工作总结》，1960年。藏中山大学档案馆。

⑤ 《中山大学反右倾整风运动总结》，1960年。藏中山大学档案馆。

大放大字报大辩论等旧有的方式，重新全面检查教学内容和方法上的“少慢差费”现象，检查“资产阶级学术思想”，重新制订教育计划、教学方案，重新编写红色教学大纲和教材。和1958年不一样的地方在于，此次运动对形势的估计要比1958年更严重。运动认为，学术思想是资产阶级知识分子的小王国，也是和无产阶级斗争的最后阵地，他们在学术思想上仍然与无产阶级人民大众尖锐对立。针对这种估计中的“现实”，1960年的教育改革再掀波澜。其主要表现在：

专业方面

全校设立了不少新专业。1958年以前，全校仅有11个专业，1959年增至19个，到1960年全校已经有29个专业，1960年5月，计划拟增至39个。有些新专业如海洋专业、生物地理专业等，其建立并没有经过充足的考察和准备，所以其中一些专业往往建立没多久，又匆匆撤销。这些专业的师生，无法保证自己正常的教学和科研活动，常常在几个专业之内流动。

课程方面

课程改革主要表现在大幅度削减专业课、基础课，同时大量增加政治课。譬如：课程改革后的历史系，在5年2509课时的总学时中，政治课有891个学时，占总学时的33.5%，专业课783学时，仅占31.3%。专业课中，基础课又仅占368学时，专门组课却占415学时，二者比例是47:53。理科各系方面，基础课所占比例相对高一些，但也仅占总学时的45%~50%。课程改革还表现在大力压缩教学总时数上。如物理系由1456学时压至935学时，总课时减少了35.7%。总学时压缩过多，每门课程的时数相应减少，某些课程干脆被取消。如物理系数学习题课1958年以前是310个学时，1960年减为128个学时，少了59%，力学习题课，1957年度与1960年度比较，少了50%。化学系无机化学实验，从180学时减至20学时，减去九分之八的课时。生化专业一二年级普通化学实验课全部取消。中文系的写作实习课也被取消，历史系删去历史文选课和古代汉语课。理科五系压缩课程的措施主要是将多门课程合并：数学系将原来9门课合并为2门，化学系将4门合为1门，生物系将4门课合为1门，地质地理系将8门合为1门。

教学大纲和教材方面

1960年编写教学大纲104门，教材143门，新编教材共2300万字。其中，大部分教学大纲和教材是学生编写的，由于编写时间短，大多是赶任务式地完成的，没有很好地把握该门课程的主要内容和特点，缺乏科学性、系统性，所以施行约一年后即停止了使用。

教学科研方面

1960年上半年为了迎接全国群英会，很多系的三四年级停止正常的课程教学，学生日夜苦战为群英会献礼。物理系学生研究如何利用红外线养猪；生物系研究如何喂养“五千斤”一头的大肥猪以及丰产鱼等“尖端”项目；中文系白天学古典文学史，晚上编写现代文学史。这些科研活动盲目性很大，计划不明确，往往带着突击完成、献礼的性质，在“一切为科研服务”，“要将教师从教学方面‘解放’到科研方面来”等口号的号召下，学生停课、教师被调离本职工作的现象并没有得到有效地抑制。

组织改革方面

撤换系主任，按专业调整了教研组，强化教研组主任的配备。1959年3月召开的一届二次校务委员会，修改了校委会试行组织条例，确定各系实行系党总支领导的系务委员会负责制。

生产劳动方面

全校先后派出以理科为主的1000余人分别进入广东省内的70多个厂矿劳作①。中文系有440多人到中山、茂名帮助当地开展扫盲运动；地理系学生被派往外地调查。总而言之，半年来全校师生（包括工农预科和附中）3000余人都是在生产劳动中度过的。为了大办农业和解决因天灾人祸而造成的物质不足、副食供应紧张等问题，师生们将中区美丽的大草坪、宽阔的足球场和校园空地开辟成菜地，大种南瓜、蔬菜、蕃薯等作物。

在当时的历史条件下，中山大学仍有许多教师顶着强大的压力，克服重重困难，勤勤恳恳地从事教学和科研工作，并且取得了显著的成绩。1960年5月7日至9日，学校召开了社会主义建设先进单位、先进工作者、积极分子大会（群英会）。会上，化学系高分子研究室代表杨景鹏介绍了他们研究天然橡胶接枝共聚物成功的经验；数力系许淞庆教授、历史系中国近现代史教研组陈锡祺教授、生物系生物物理教研组陈舜华代表、物理系半导体物理实验室彭少祺等分别交流了他们如何坚持教学、如何攻克尖端科学技术、服务于社会的做法。5月下旬，数力系许淞庆，化学系林尚安、李卓美，生物系张宏达，历史系陈锡祺，工农预科杨淑萍等参加了广东省召开的文教战线"群英会"。6月，李卓美、陈锡祺教授又出席了全国文教战线"群英会"。然而，在八届八中全会和其后的反右倾整风运动的背景下，中山大学展开的教育改革运动并未取得实质成效，1961年教务处的调查和应届毕业生的质量调查表明，这几年的教学效果并不好。接踵而来的政治运动严重挫伤了教师的教学积极性，大量的生产劳动占用了学生的学习时间，分散了学习精力，导致教学质量下降。针对此种状况，学校采取了应急措施，要求一律停止集中劳动，所有提前毕业的学生均回原班学习。1961年4月至8月中旬集中进行复习补课；对所缺课程，理科各系系统补开必要的课程，文科讲授重点专题，外语系延长半年毕业，生物系延长1年毕业，个别质量特差或难以造就者另行处理。经过此番努力，学生的情况有所好转。

二

1961年1月，教育部在北京召开全国重点高等学校工作会议，着重研究贯彻执行中央关于"调整、巩固、充实、提高"的方针，制定了《教育部直属高等学校暂行工作条例（草案）》（简称《高教六十条》）。9月，《高教六十条》经中共中央确定正式下发。条例草案总结了1958年后3年多高等教育工作的经验和教训，针对当时学校教学质量降低、忽视知识分子作用以及劳动过多等主要问题，规定了高等学校必须以教学为主，努力提高教学质量；正确执行党的知识分子政策和"百花齐放、百家争鸣"的方针；做好总务工作，保证教学和生活的物质条件；以及改进党的领导方法和领导作风，加强思想政治工作；等等。中山大学认真学习了"六十条"内容，并以《高教六十条》为具体的指导思想，对1958年后直至反右倾整风运动和贯彻《高教六十条》以

① 《中山大学关于1960年科学技术发展计划上半年执行情况检察报告》，1960年。藏中山大学档案馆。

前的学校工作进行了反思。1962年10月30日经第二届教务委员会第四次会议所通过的一份文件指出，这几年“我校突出的问题是教学、社会活动、科研、生产劳动的时间安排不当，教学为主的思想不够明确，不重视教学工作规律，进行了不适当的改革，加之某些专业、人员变动不定，教学秩序极不稳定，教学没能很好地实施，因而削弱了教学工作，造成部分教学质量下降的严重后果”[①]。为了贯彻落实《高教六十条》，执行以教学为主的方针，中山大学再次开展了教育改革。经过一段时间的努力，这次教育改革的效果逐渐显露，教学质量和科研都有了好转。“六十条”发挥了它积极的作用，在一定程度上恢复了校园正常的教学和科学研究活动。但是，这一良好的发展势头并未能持续很久。1963年至1966年，中共中央在全国城乡开展社会主义教育运动，即“四清运动”[②]。再次升温的政治热度，很快就“烧掉”了这次教育改革显现的成效。

教学改革

《高教六十条》在总则里明确指出了以教学为主的方针政策，1961年下半年教育部又颁发了有关专业教学的方案。中山大学在此精神的指导下，明确确立以教学为主的教学思想。学校采取改革体制、调整教学计划、合理安排人力、保障教材供应等措施，力保教学活动始终占据最主要的位置。其具体表现在：（一）学校加强了教学第一线的工作，尤其加强了基础理论、基本知识的教学和基本技能的训练。安排经验丰富的教师负责基础课的教学。在全校818位教师中，安排教学任务的有747人，占总数的88%，保证了教学质量的投入。如化学系、生物系等全年开出基础课112门，任课教师143人，其中讲师以上的教师98人，占总数的68%。基础课程的课时也相应有了增加，保证教师有六分之五的时间用于业务工作；（二）尊重教师及其研究成果，备课以其个人准备为主；（三）基本淘汰1958年以来学生编的教材，重新组织了一批教材，保障每门基础课要有较为固定完整的教材（教科书或讲义）；（四）恢复了一些被弃置的教学环节，如各科的考试、测验、学年论文、毕业论文等；（五）加强外语教学，要求全体学生3年内掌握一门外语，5年内60%的学生能够掌握第二外语。[③] 教师学习外语也蔚然成风。1961年下半年校工会组织外文学习，教工报名者达700人，其中有不少教授、副教授报名学习第二、第三种外语。从1961年起，副校长马肖云在诸多场合谈到《高教六十条》，并把中山大学对“六十条”的贯彻概括为“三材”、“三杠”和“三院”。“三材”即人才、教材、器材。马肖云认为一个学校要培养人才，要有高水平的教师写出的高水平的教材，要有好的器材设备。“三杠”是他对教育部关于保证基础理论、基本知识、基本技能训练的教学时数规定的总结。“三条杠”分别指3200个总学时，48个周学时，32个周课时。“三院”则是他对“六十条”关于德智体方面的总结，即政治上要好，不要进法院；业务水平要高，可以进科学院；身体要健康，不要老是进医院看病。三个“三”表达了中山大学对《高教六十条》的充分理解，是与中山大学实际情况结合的实例。

知识分子政策

---

① 《中山大学1961—1962学年度工作总结与1962—1963学年度的工作任务》1962年。藏中山大学南校区档案馆。

② 参见第四编第三章引言相关注释。

③ 《中山大学实施“教育部直属高等学校暂行工作条例（草案）”三五年工作规划纲要》，1962年。藏中山大学档案馆。

《高教六十条》下发不久，1962年，党中央和国务院在广州召开了科学规划会议。会上，周恩来和陈毅又一次肯定多年来知识分子的进步。中山大学认真执行“六十条”以及党对知识分子落实的政策。从1961年9月底，学校着手纠正历次政治运动中的错误，给批判处分不当者平反。同时，学校还统筹安排了教师的教学和科研工作，为老教师分配助手，为教师安排社会工作和教学行政职务。1962年2月第二届校务委员会的委员，教师占了61%强，各系系务委员绝大部分是教师，教研室主任人选，规定原则上由讲师以上级别的教师担任；1963年学校提升了部分教职工的工资。一些德高望重的老教授受到政府的礼遇和尊重。如《隋唐史》、《黄河变迁史》等学术著作的作者、著名的史学家岑仲勉教授因病于1961年10月7日去世，享年76岁。学校不仅对岑老一生作出很高的评价，而且还在1961年10月13日《中山大学周报》上详细报道了追悼会的隆重场面和刘节教授所写的祭文，董家遵等教授所写的悼词。又如正在埋头著述《钱柳因缘诗证释稿》（后更名为《柳如是别传》）的史学大师陈寅恪教授1962年6月10日洗澡时不慎跌断腿骨，“医院拟定了治疗方案送国务院由周总理亲自裁定”[①]。1963年1月22日陈教授出院后，学校派出3个护士日夜照顾，并为他做了一部手推车以备散心之用。同时1963年3月28日，校长专门发报告请示广东省有关部门为陈寅恪教授拨专款与另购若干进口药物。不仅如此，征得陈寅恪教授同意，学校增派胡守为做助手，一面跟他学习一面协助他整理著作。这些措施在一定程度上起到了稳定人心的作用。

专业设置

从1962年起，本科教育实施五年制。专业设置方面，1957年以前全校共有8个系，12个专业，1958年以后屡次变动，1960年之后保持在9个系、31个专业。1961年调整为24个专业，实际招生的专业为17个。招生的专业中设专门组的为11个，全校共设20个专门组。1964年7月经教育部批准，中山大学确定了9个系，其中理科有5个系——数学、物理、化学、生物及地理，凡11个专业，文科有4个系——中文、历史、哲学、外语，凡6个专业。全校共50个教研室（包括公共课），其中原子核物理教研室没有招生，地质教研室从1964年起停止招生。

研究生工作

1958年度至1960年度，中山大学有110名研究生和进修老师。当时由于对研究生工作缺乏重视，抽调了不少研究生出来配合政治运动，浪费了学生不少专业学习时间。1961年之后，学校强调“宁缺毋滥”的原则，提出研究生要过“三关”：入学考试、学期考试和论文答辩，学制3年。导师一定要由副教授以上级别担任，须经教育部批准。考生中80%是高校应届毕业生，其余是在职助教、职工等。从1959年到1965年（1963年和1965年没有招生）中山大学共招研究生84名。招生的专业包括概率论、微分方程、复变函数、理论物理、高分子化学、有机化学、综合自然地理、昆虫学、动植物学、中国古代史、中国近代史、东南亚史、考古学、中国哲学史、中国古文字学、中国古典文学、中国现代文学、中共党史。研究生毕业后，大部分被分配到高等学校或科研单位就业。

---

① 胡守为：《陈寅恪先生的史学成就与治史方法》，《纪念陈寅恪教授国际学术讨论会文集》，中山大学出版社1999年版，第75页。

物资设备

1961年以前，中山大学的仪器设备总值仅有270万元。到1962年，40元以上的仪器设备价值达404万元。1963年增至437.7万元，其中价值5000元以上的重大设备49件，总计75万元。到“文化大革命”前夕，中山大学拥有仪器设备共7800件，总值590万元，其中贵重、稀缺的仪器335件，价值231万元。全校58个实验室，其中6个设备较齐全：光学实验室（用于分子光谱及晶体光谱研究用）、无线电实验室（用于微波波段的科学研究）；金属组X光室，（用于晶体X光结构分析）、高分子实验室（有全套分析仪器，可用于物质结构、物质含量分析，可供高分子及有机化学方面的研究）、昆虫生态实验室（为昆虫生态研究提供了条件）以及电子显微镜实验室。

领导制度和行政制度

从1962年2月起，学校实行党委领导下的以校长为首的校务委员会负责制。校长是国家任命的学校行政负责人，对外代表学校，对内主持校务委员会和学校经常工作。校务委员会是学校行政工作的集体领导组织，由正副校长、党委书记、教务长、总务长、系主任及若干教授和其他必要人员组成，讨论决定校长提交会议的学校工作中的重大问题，其决议由校长负责组织执行。1962年2月召开的校务委员会共有委员63人。1962年10月30日，第二届第四次校务委员会通过决定，成立校务委员会的常委会。校务委员会闭会期间，由校长召集行政会议，讨论和处理学校的日常行政工作；另外还建立了系主任联席会议制度。

系工作方面，重新启用系主任负责制。1958年以前系工作由系主任负责，1958年之后逐渐过渡为由系党总支和总支书记负责。1962年，在《高教六十条》的精神指导下，许多系主任重新回到领导岗位，各系组织了系务委员会，主要作用在于讨论、决定各系的重大事宜。系党总支主要负责思想政治工作。调整后的各系系主任分别为：

数学力学系刘俊贤；物理系周誉侃；化学系龙康侯；生物系戴笠；地质地理系曹廷藩；中文系商承祚；历史系金应熙；哲学系杨荣国；外语系戴镏龄；体育教研室郭刁萍。

系内各教学研究组，在“六十条”下达后，正式统称教学研究室，负责人称主任、副主任。1962年2月，撤销了级主任的设置，在各系一二年级设政治辅导员。

这一时期，中山大学党政领导调换比较频繁。此间校长为许崇清，副校长兼校党委第一书记为冯乃超，副校长为陈序经。1958年2月，中央派来副校长兼党委书记聂菊荪，8月，聂菊荪调离。1960年5月，中央任命马肖云为中山大学副校长兼校党委第二书记。1962年2月，中共广东省委组织部任命原党委副书记陈彬为校党委书记。同年9月，原华南工学院院长罗雄才调任中山大学副校长。1964年6月，副校长陈序经调离。1965年，冯乃超因病请辞，准免去校党委第一书记职务，2月，广东省副省长李嘉人兼任中山大学副校长兼校党委第一书记。

中山大学党政组织机构系统图①

（1963）

（一）党委系统

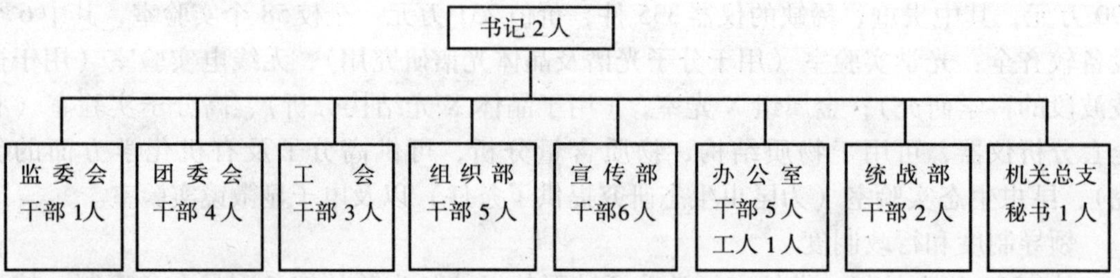

（二）行政系统

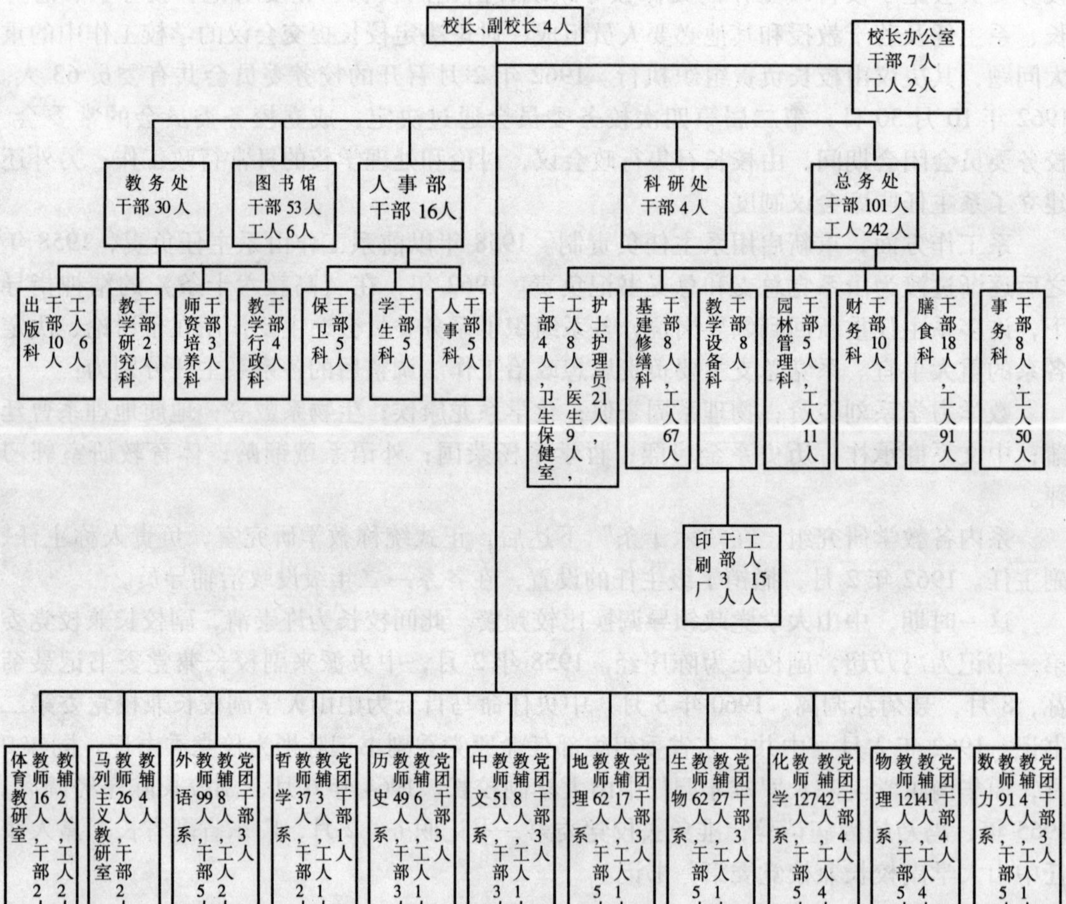

学术委员会

1963 年 2 月，第二届校务委员会第六次会议决定成立自然科学和社会科学两个学

---

① 中山大学校史编写组：《中山大学校史》（1979 年，第三册），第八章。藏中山大学档案馆。

术委员会。它们的主要职责包括：研究审议学校科学研究长远规划和年度计划以及科研方面的其他重要问题，向校长和校务委员会提出建议，评审校内重要学术成果；指导全校学术活动；负责学术书刊的编辑工作；评议讲师升副教授及副教授升教授的论文。学术委员会主要由学术水平较高的教授和副教授组成。1963 年选出的学术委员，自然科学学术委员包括于志忱、叶汇、龙康侯、刘俊贤、陈永兆、林贻堃、郑曾同、周誉侃、罗雄才、胡金昌、张宏达、姜立夫、徐贤恭、高兆兰、许淞庆、梁溥、曹廷藩、蒲蛰龙、戴辛皆，社会科学学术委员包括王起、朱白兰、刘节、何思贤、陈序经、陈寅恪、金应熙、张海、马肖云、容庚、夏书章、许崇清、冯乃超、商承祚、梁方仲、梁宗岱、杨荣国、戴裔煊、戴镏龄。

1961 年之后，党的知识分子政策的落实和《高教六十条》的下发，调动了教师的积极性，老教师放下思想包袱，认真钻研业务和教学，热心辅导青年教师；青年教师也以有真才实学的老教师为榜样虚心学习。学生发奋读书，图书馆和系资料室常常座无虚席。尊师爱生的良好风气正在形成。教学活动得到保障，教学秩序稳定，教学质量逐步提高。根据 1963 年的毕业生质量调查可知，这一届毕业生的素质有所提高。1963 年的毕业生共 1040 人，是第一批五年制毕业生。其中成绩上等的有 240 人，中等的有 628 人，中等以上水平达到 80% 以上。

办学规模与学科、专业建设

为了落实《高教六十条》的精神，贯彻以调整为中心的“调整、巩固、充实、提高”的方针，扭转自 1958 年以来教学工作的混乱状态，从 1961 年下半年开始，学校调整了办学规模，确定今后在校学生总人数最高为 4350 人，其中本科生 4200 人，研究生 150 人。将全校 9 个系原有的 24 个专业调整为 18 个专业，其中属于理科的是数学、力学（1962 年度拟暂停招生一年，或继续招生，待请示教育部后决定）、物理学、无线电物理学、化学、高分子化学、动物学及动物生理学、植物学及植物生理学、生物化学（1965 年度招生）、自然地理学、气象学（地质专业是否继续设置，待请示教育部决定）等 11 个专业；属于文科的是汉语言文学、历史学、哲学、英国语言文学、德国语言文学、法国语言文学、经济地理学 7 个专业。学校初步决定以数学、物理学、高分子化学、历史学、英国语言文学 5 个专业为重点专业，同时在 8 个专业中开设 20 个专门组。其中理科 15 个：数学专业——概率论、微分方程；力学专业——流体力学；物理学专业——光学、金属物理学、半导体物理学、理论物理学；化学专业——无机化学、分析化学、有机化学、物理化学；动物学及动物生理学专业——昆虫学、海洋动物学；植物学专业及植物生理学专业——地植物学、植物生理学。文科 5 个：汉语言文学专业——语言学、文学；历史学专业——中国古代史、中国近现代史、东南亚史。在以上 20 个专门组中，初步决定以概率论、微分方程、昆虫学、地植物学和理论物理学为重点专门组。

在学科建设中，初步确定了概率论、高分子化学、昆虫学、地植物学、古文字学、中国近现代史、东南亚史、中国哲学史为科学据点（重点学科）。要求所有科学据点（重点学科）逐步实现“三套”：人员成套、资料成套、仪器设备成套；实现“五定”：

定方向、定人员、定任务、定设备、定制度。①

办学规模的调整和学科、专业建设的确定，使中山大学逐渐走上稳定发展的道路，一批重点学科和专业由于得到有力的支持，形成了自己的特色，取得了一定的成就。

（执笔：黄凰）

第三节 科研一瞥

虽然此段时间，教学指导方针不够稳定，接二连三的政治运动不时打断学校的正常安排，但是该时期的学术与科研工作等方面还是取得了一定的成绩。

从1954年至1956年，先后举行过三次全校性的科学研讨会。1957年因反右倾整风运动和教学改革运动的影响，一年一度的全校性科学讨论会暂时停止举行。但参加科研项目的教师有313位，占全校教师总数的71.2%。他们完成165个项目，自编教材58种，其中不乏高水平的讲义。如历史系岑仲勉教授编写的《隋唐史讲义》，数学系姜立夫教授主编的《解析几何》，不但解决了本校的需要，而且也被兄弟院校所采用，受到好评。陆启荣副教授有关血吸虫防治的研究，当时已经取得初步进展。生物系编写出《广东植物志》、《广东高等动物志》、《华南经济昆虫志》、《广州郊区蔬菜生产综合研究》，总字数超过600万。物理系的二兆电子静电加速器、顺磁波谱仪直接服务于当地经济。化学系的部分国家项目——有关天然橡胶、杜仲胶等四项科研项目也已展开了初步工作。

至1960年，中山大学新建了力学和计算数学专业，试制出了在当时较先进的电子模拟计算机（能计算五阶常系数微分方程）；数力系师生为新丰江水电站和清远县连江口水电站解决了有关大头坝应力分析问题，同时编写了《新丰江大头坝工程混凝土坝体内部观测的计算方法》；物理系完成了能量达15～20万电子伏特电子的静电加速器的研制，成功研制了参量放大器以及研究量子放大器的主要工具顺磁共振波谱仪；化学系成功研制了当时国内先进的橡胶接枝共聚物和新型有机硅防潮绝缘漆②。从1958年至1960年，中山大学陆续建立了高分子化学、药用植物学、中国近代现代史、东南亚史和中国现代文学（中文系于1958年重建了现代文学教研组）5个学科点，为中山大学发展高端的科研准备了条件。1960年7月1日，哲学系成立。当时在“大跃进”思想的影响下，学校建了不少新的专业和实验室，但是这些专业和实验室存在很多问题，往往没有建立多久就被撤销掉，也就谈不上科研项目的建设了。

1963和1964两年，中山大学承担了一定的国家科学研究项目，试制科学研究设备和新产品、新材料37件。力学方面，建立了一个低速小风洞实验室，另外，青年教师陈建基等与广州精密天平仪器厂合作发明了低速风洞三分力气动天平，此仪器可以同时

① 《中山大学实施“教育部直属高等学校暂行工作条例（草案）”三五工作规划纲要（草稿）》，1962年。藏中山大学档案馆。

② 《汇报我校科研项目》，1960年。藏中山大学档案馆。

测量升力、阻力、力矩三个分量，灵敏度为 0.5 克，为当时较高水平。物理方面，林贻堃副教授等研究微波量子放大器及其物理基础，成立了顺磁共振实验室，制成了灵敏度为 10 - 12 克分子 DPPH 的自动记录顺磁共振波谱仪。他们还研制成功了一种小型的开放式介质谐振腔，将它应用于顺磁共振波谱仪，可以提高仪器的灵敏度，同时可以大大缩减所用磁铁的体积，为大量生产高灵敏度波谱仪解决了制造大型磁铁的困难。化学方面，李曼孚副教授等制定了农用聚氯乙烯薄膜的试制配方，对稳定剂、螯合剂等协同作用做了系统研究；讲师曾汉民等深入对天然橡胶与烯类单体的接枝共聚研究并制成了高冲击强度塑料；林尚安教授等成功合成低温干燥甲基硅漆产品以及低温干燥苯甲基硅漆。生物学方面，在山蚕和蓖麻蚕方面的研究有较大成果；在植物生长发育方面，研究了水浮莲种子中发芽抑制物质与感光性休眠，为感光性种子休眠实质提供了较重要的资料；黄麻光周期的研究，也取得了较好的成果。总体而言，1963 和 1964 两年，较为突出的成果主要有：自动记录瞬磁共振波谱仪；介质加载开放式谐振腔；开放式和半开放式梳形慢波结构；微波慢波结构测试设备；高冲击强度塑料；低温干燥有机硅漆；山蚕的研究；恒温恒湿设备。①

这一时期的科学研究有如下几个特色：一是在选题方面，既把基础理论的研究放在重要地位，又关注现实社会、国民经济中的重大问题，追踪新科学技术的发展，直接服务于地方经济的建设。如 1962 年在全校 289 项研究项目中，属于基础研究的有 161 项，占项目数的 55.7%；有关国民经济中重大问题的有 12 项，占 4%；为新科学技术的有 8 项，占 2.7%，其中不少成果已推广至应用领域，产生了良好的社会效益和经济效益。二是科研与教学紧密结合，将科研成果直接运用到教学之中。科研促进教学，教学推动科研，科研与教学良性互动。教师们普遍把教科书和教学参考书的编著，当作重要的一项科研工作。如在 1962 年的科研项目中，教材和教学参考书的编著有 52 项，占总项目数的 18%。三是《高教六十条》调动了教师们从事科学研究的积极性，其中最感人的是历史系陈寅恪著书立说的事迹。陈寅恪 1944 年 12 月双目失明，但仍笔耕不辍，坚持在教学第一线。1950 年以后先后发表了《崔浩与寇谦之》、《论唐高祖称臣于突厥事》、《论陶渊明思想与清谈关系》、《论隋唐初所谓"山东豪杰"》、《记唐代之李武韦杨婚姻集团》、《论韩愈》、《述东晋王导之功业》、《书世说新语文学类钟会撰四本论始毕后条》、《论唐代蕃将与府兵》等重要学术论文。1954 年 2 月写完《论〈再生缘〉》之后，又以"十年磨一剑"的功夫，投入《钱柳因缘诗证释稿》（后更名为《柳如是别传》）的写作。在 10 年之中，他忍受历次政治运动的冲击和疾病的折磨，克服双目失明的困难，旁征博引各种文史典籍 600 种以上，其中诗词戏曲文集 240 种左右，正史、野史、年谱不下 170 种，方志约 50 种，儒佛典籍、笔记、小说、杂志不下 140 多种。由他口述，助手黄萱笔录，于 1964 年夏天完成了这部鸿篇巨制的著述。接着他不顾 75 岁的高龄，又马不停蹄地校补旧稿，撰写《柳寒堂记梦》。至 1966 年"文革"风暴掀起时，他已写完《弁言》和七章正文，在中国现代学术史上留下极其光辉的一页。四是增加了科研经费的投入，改善了从事科学研究的条件。1963 年，各项研究专用实验室都比较普遍地进行了一些基本的建设工作，特别是昆虫生态和红外光谱两项较重大的研究专用实验室的建设，中山大学投入的经费，全年约为 19 万元，占总经费的 45% 以上。

① 《中山大学 1963—1964 年自然科学研究工作总结（初稿）》，1965 年。藏中山大学档案馆。

1964年后，学校则集中力量建设和完善了3个重点实验室：红外光谱实验室、电子显微镜实验室、昆虫生态实验室。这些实验室在当时国内同类实验室中是较为先进和完善的。其中，红外光谱实验室和电子显微镜实验室，均具备先进的恒温恒湿设备，后者所拥有的电子显微镜分辨率达到48A，为当时的研究工作如野蚕研究、物质结构、性能和样品分析及细胞组织观察等提供了良好的条件①。1959年成立的昆虫生态实验室也在几年内得到完善，建立了较为完备的光温控制系统、细胞组织培养室等。

这期间的科研刊物主要有《中山大学学报》、《中山大学科技简报》、《中大论坛》。

《中山大学学报》

为了活跃学术研究风气，反映科研成果，从1959年起，学校特别重视学报工作。全校各系均成立学报编辑小组，确定自然科学版和社会科学版均为季刊（以前是不定期），从1959年起出版专号，由有关的系、室编辑小组负责编辑。学报平均每期印数1500册，销售量1024册。1961年以后，学校再次调整了学报机构。将编辑机构改设在科学研究处之内，以加强具体工作的领导；增辟了“学术简报”栏，摘要报道本校教师在校外报刊上发表的重要论文和校内的学术活动。

《中山大学科技简报》

这是向领导和有关方面反映学校自然科学方面科研情况的简要报告。从1964年10月6日第1号起至1965年2月22日，共出版了38号。主要内容包括科学研究的初步成果、新产品新材料的试制情况、科研动态和科研工作经验体会等。简报反映的是中大在1963、1964两年间的重要科技成果。这两年学校承担国家任务，研制成功科研设备及新产品、新材料达37件，科研工作取得了较大进展。1964年较突出的科研成果如自动记录顺磁共振波谱仪、介质加载开放式谐振腔、开放式和半开放式梳形慢波结构、微波慢波结构测试设备、高冲击强度塑料、低温干燥有机硅漆山蚕的研究、恒温恒湿设备等均于《科技简报》上有所介绍。

《中大论坛》

主要是文科的不定期内部刊物。1965年，时任中山大学的副校长兼校党委第一书记李嘉人，为活跃学术气氛，开展“百家争鸣”，建议创办此份刊物。其内容大多是文科师生对大家关心的理论、文艺、历史等问题的见解和学习马列、毛泽东著作的体会。②

1938年广州沦陷前，中山大学图书馆藏书309847册，广州沦陷后，遗留未及迁移图书206662册，1944年又损失97186册。抗战结束后，中山大学迁回广州时仅存45018册。广州解放后，中山大学图书馆藏书激增，截止1958年底，馆藏书刊达1291315册。馆内所藏图书中，有不少珍贵图籍。③ 1957年以前，和北京图书馆、广州各高校图书馆以及广东省中山图书馆建立了馆际互借关系，1957年开始与国内各高等学校图书馆、中国科学院图书馆建立互借关系，1958年以后又把互借馆的范围扩大到各地区中心图书馆以及科研机构的图书馆。1959年时，有48个图书馆与中山大学图书

① 《中山大学1963—1964年自然科学研究工作总结（初稿）》，1965年。藏中山大学档案馆。

② 关于《中大学报》、《中山大学科技简报》、《中大论坛》的介绍资料均来自中山大学校史编写组：《中山大学校史》（1979，第三册）第八章，第59~61页，藏中山大学档案馆。

③ 《中山大学图书馆》，1958年，藏中山大学档案馆。

馆建立互借联系，1964 年已增至 308 个。[1] 1964 年，中山大学图书馆馆藏有全国图书馆馆藏图书联合目录 24 种，地区图书馆联合目录 31 种，各馆馆藏书目录 333 种，专题书目索引 850 种以上。互借业务方面，1956 年至 1958 年，互借书刊达 1046 册。1959 年至 1964 年，达到 5797 册。1961 年上半年，清点出图书 150 万册，文物 4366 件。1961 年，从外地购置科研急需的珍贵资料 1800 余册。

1956 年 12 月至 1957 年 1 月 16 日，中山大学举行了第三次科学讨论会。除了这次研讨会之外，没有举行其他全校性质的科学讨论会。但是非全校性质的小型科学讨论会并未间断，数学系和地理系各举行了一次科学研讨会，生物系也举行了 10 余个文献报告会。

另外，数学系在 1957 年春邀请复旦大学副校长苏步青先生作了一次关于如何组织教师们进行科学研究的经验报告，并首次派出教师参加兄弟院校的科学研讨会。

1956 成立的中山大学学生科学研究协会在 1957 年 4 月 20 日至 5 月 17 日期间，举行了中山大学历史上第一次学生科学讨论会。28 篇论文参与讨论，其中包括学年论文、毕业论文以及科学小组论文。李宝健、黄天骥、卢权等同学初试锋芒，其论文分别发表于《微生物学报》、《文学遗产》增刊、《历史教学》等杂志上。

1959 年 11 月，校庆 35 周年，举行第四次科学讨论会。此次科学讨论会是对 1958、1959 两年科研成果的总结。研讨会从 11 月 18 日开幕，至 12 月落幕，长达 1 个月。参与研讨的论文有 124 篇。

1960 年 4 月 23 日，中山大学召开纪念列宁诞辰 90 周年科学报告会。此后几月内，生物、中文、历史、哲学等系都举行学术讨论报告会，以兹纪念列宁诞辰。

1962 年底，广东历史学会举行年会，中山大学历史系教师与研究生提交论文 13 篇，占年会总数 51 篇的 25.5%。

从 1962 年开始，各系、教研室纷纷举行学术报告会、讨论会、读书会。1962 年至 1964 年，中山大学召开的 3 次科学讨论会提出文理科论文共 484 篇。论文提出者以老教师为骨干，中青年教师逐年增加。1962 年 11 月举行的第五次科学研讨会，邀请来宾 200 多位。1963 年召开的讨论会邀请了广州地区兄弟院校有关教师参加。这一年全校提交论文达 181 篇。1964 年召开的第七次研讨会，恰逢校庆 40 周年。由于文科各系大部分师生下乡参加“社会主义教育”（“四清”）运动，只举行自然科学的讨论会，会议提出报告论文 170 多篇，比前一年增加约 30%。

1964 年 11 月 12 日至 23 日，中山大学举行了中山大学庆祝建校 40 周年科学技术研究展览会。展览会分数学力学、物理学、化学、生物学、地学和附设工厂产品 6 个展览室展出。展品以实物为主，以照片、图表、统计数字和部分著作论文为辅，其中包括仪器设备 95 件，新材料 17 种，新方法新技术 5 种，标本（动植物新属新种和新发现）11 项。除本校师生员工参观外，约有 750 位校外来宾参加展览会。一些展品获得专家们的认可：恒温恒湿设备和其中的重要部件、用天然橡胶接枝改性聚氯乙烯高强度塑料、顺磁共振微波波谱仪（是国内看到的同类型仪器中较先进的仪器）、赤眼蜂防治甘蔗螟虫等。

著述：该时期出版的著作、编译，据不完全统计有近 80 项。

---

[1] 《中大图书馆馆际互借工作总结》（1956—1964）。藏中山大学档案馆。

地质地理系

陈世训：《中国的气候》（此书于1959年修订后又由商务印书馆出版，同年译成俄文在苏联出版）。

徐俊鸣：《海南岛地理》（广东人民出版社，1958）。

缪鸿基、王正宪：《广东自然图集》、《广东经济图集》（地图出版社，1966，文革后发行）。

黄润本、盛承禹：《气象学与气候学》（人民教育出版社，1962）。

黄润本：《广东省气候志》（商务印书馆，1961）。

李世玢、钟纯智合译：《自然地理学原理》（高教出版社，1965）。

地质地理系与有关单位合作，完成了中国地理学会委托广州地区负责的《地理知识》和《地理学报》各一期的编辑任务。此系师生多年来参加中国科学院地理研究所华南综合考察队，对两广地区进行大量的自然地理、地貌、气候、土壤、水文等方面的考察，参加了该所《广东地貌区划》、《广西地貌区划》、《广东气候区划》、《广西气候区划》、《广东省综合自然区划》、《广西综合自然区划》、《广东农业区划》、《广东土壤区划》、《广西土壤区划》等的编写工作（科学院地理研究所铅印刊物）。

中文系

董每戡：《三国演义试论》、《琵琶记研究》。

黄海章：《中国文学批评简史》（广东人民出版社，1962）。

高华年：《广州方言研究》。

商承祚：《石刻篆文编》、《中国历代书画篆刻家字号索引》、《广东出土汉漆器》。

商承祚教授，著名的古文字学家、考古学家、书法篆刻家、文物收藏家。1921年起，以罗振玉为师，研习甲骨文、金文，后一度入北京大学研究所为研究生。1922年，编成了一部甲骨文字典——《殷墟文字类编》。1927年被中山大学聘为教授，1930年返回北京任教，直到1948年秋，重返中山大学任教。从1933年到1936年之间，商承祚教授先后编著出版了《福氏所藏甲骨文字及考释》、《殷墟佚存》（附考释，1933）、《十二家吉金图录》（1935）、《挥源彝器图》（1936）、《长沙出土楚漆器图录》（上海出版公司，1955），收入了长沙出土的楚、汉漆花纹摹绘，有些摹绘还附有原物图片。《石刻篆文篇》14卷（北京中国科学院考古所，1957）。

容庚、张维持：《殷周青铜器通论》（科学出版社，1958）。

容庚教授，著名的古文字学家、考古学家、书法家。他于1922年秋进入北京大学研究所国学门，在王国维门下学习。1925年出版了《金文编》。其后先后编著了《宝蕴楼彝器图录》、《武英殿彝器图录》、《海外吉金图录》、《善斋吉金图录》等书，尤其是1931年发表的《商周彝器通考》被学术界誉为商周彝器研究的扛鼎之作。1948年，容庚教授被中山大学文学院聘为毕业考试委员会的校外委员。1952年全国院系大调整之后，任中山大学中文系教授。他在中文系开了中国文学史、中国文字学、说文等课程。1960年以后，容庚教授把兴趣转到书法碑帖方面，完成了一部百万言的《丛帖目》。

楼栖：《论郭沫若的诗》（上海文艺出版社，1959，列为《中国现代文学研究丛书》之一）；参与编写《文学概论》（人民文学出版社）。

高华年：《彝语语法研究》（科学出版社，1958）。

谭达先：《范丹》（民间故事集）、《民间文学散论》、《民间童谣散论》（广州文化出版社，1959）。

谭达先、徐佩筠：《广州工人大跃进歌谣选》（广东人民出版社，1958）、《广东儿歌》（广东人民出版社，1958）、《广东民间故事集》（广东人民出版社，1959）。

王起：《中国文学史》第一至四册（人民文学出版社，1962）。

王起、苏寰中、杨德平（校注）：《桃花扇》（人民文学出版社，1959）。

王起等：《明清传奇》（中华书局）。

王起教授，于1925年考入东南大学，师从学者吴梅。1948年，由杭州南下入中山大学任教。他是中国卓越的一个文学史家和戏剧史家，在中国戏曲的整理方面作了突出贡献，其著作《西厢记校注》在30年代就受到国内外读者的重视。50年代，王季思除了继续研究《西厢记》外，又着手研究元代关汉卿、王实甫的杂剧，最突出的是对关汉卿及其作品的研究。他高度评价了关汉卿，认为明清两代的南戏、传奇作家中没有人能够全面超越关汉卿的成就。这在当时的学术界引起了强烈反响。

历史系

端木正：《法兰西》（选译《苏联大百科全书》，商务印书馆，1959）。

何肇发：《亚洲各国现代史》上、下册（高等教育出版社，1958）；俄译本《十九世纪俄国工人运动》上、中、下三册（读书·生活·新知三联书店，1959—1960年）。

朱杰勤：《亚洲各国史》（广东人民出版社，1958）。

徐俊鸣：《广州史话》（中华书局，1964）、《珠江》（青年出版社，1965）。

陈世训：《中国的农历》（天津人民出版社，1962）。

陈寅恪：《柳如是别传》、《金明馆丛稿》（皆“文革”前完成，上海古籍出版社准备出版）。

陈序经：《东南亚古史研究》一套共8册中的7册，即《扶南史初探——古代柬埔寨与其有关的东南亚诸国史》、《猛族诸国初考》、《马来南海古史初述》、《掸泰古史初稿》、《藏缅古国初译》、《林邑史初编》、《东南亚史初论》（“文化大革命”前，香港大公报社印）。他的另一本著作《匈奴史》此时亦已写出初稿。

梁方仲：《中国历代户口、田地、田赋统计》（文化革命前排版付印，上海人民出版社）。此书将我国从西汉以来各个朝代、各个省府的人口、户数、田亩、赋税等做了详细的分类统计和注释，受到了史学界的很大重视。

董家遵：《中国通史参考资料》第四册（中华书局，1965）。

何竹淇：《两宋农民战争资料汇编》（文革前脱稿，中华书局）。

岑仲勉：《西周社会制度问题》（上海新知识出版社，1956）、《黄河变迁史》（北京人民出版社，1957）、《隋唐史》（北京高等教育出版社，1957）、《府兵制度研究》（上海人民出版社，1957）、《西周文史论丛》（北京商务印书馆，1958）、《西突厥史料补阙及考证》（上海中华书局，1958）、《隋书求是》（北京商务印书馆，1958）、《墨子城守各篇简注》（北京古籍出版社，1958年）、《突厥集史》（上、下册，北京中华书局，1958）。

岑仲勉教授，1948年7月到中山大学历史系担任教授，先后开设了隋唐五代史、唐代石刻文选读、两汉西域学、蒙古初期史、隋唐史等课程，其成就颇多，以碑刻考证历史，纠正了清金石家过信石刻、偏责史实的毛病，客观地论证碑志之价值；在隋唐史校勘考释之学方面，有诸多发现；在中外史地研究方面、尤其是突厥史料的搜辑方面，受到了国内外学者的好评。

陈锡祺：《广东三元里人民的抗英斗争》（广东人民出版社，1956）、《同盟会成立前的孙中山》（广东人民出版社，1957）。

陈锡祺等：《孙中山年谱》（“文革”前内部打印稿）。

陈锡祺于1946年应聘至广州中山大学任教，在历史系从事中国近代史的教学和研究工作。他领导近现代史教研室、研究室的教师编辑了《林则徐集》（共五册）。这一套书由中华书局20世纪60年代初出版，为海内外学术界研究林则徐提供了第一部详尽的资料。他是海内外知名的孙中山研究专家，早在20世纪50年代全国掀起孙中山研究热潮之前，陈教授就特别提出研究孙中山的重要性。1957年，他完成了专著《同盟会成立前的孙中山》。1972年中山大学决定恢复孙中山纪念馆，陈锡祺为复馆做了大量的筹备工作。1979年春，他担任研究室成立后的首任主任。中山大学孙中山研究室是“文革”后中国大陆第一个专门研究孙中山的学术机构，该室于1986年升为研究所。陈锡祺带领研究室的同仁作出了不少研究成果，如编《孙中山研究论丛》（前后多集），编《孙中山全集》（5~8卷）等；尤其是1991年，他带领孙中山研究室同仁编撰了《孙中山年谱长编》，凡155万字。此套书以时为经，以事为纬，内容丰富，纲目明晰，全面系统地记述了孙中山领导中国民主革命的功绩，是迄今为止海内外最丰富的孙中山年谱著作。

数力系

许淞庆：《常微分方程稳定性理论》（上海科技出版社，1962）。

化学系

林尚安、李卓美：《高分子化学》（人民教育出版社，1962）。这是一本高等学校专业教科书，指定为中国科学院及高等学校招考研究生主要参考教材。

生物系

江静波：《无脊椎动物学》（高等教育出版社，1966）。这是高等学校教材，内收集图片2000多幅；

罗河清、曾昭民（译）：《农作物病虫害发生的预测和统计》（苏B·B·科索夫等主编，科学出版社，1961）。

哲学系

杨荣国：《简明中国思想史》（中国青年出版社，1962）。

马采（译）：《社会主义神髓》（幸德秋水著，商务印书馆，1963）。

马采教授，1933年从日本学成回国后，于中山大学哲学系任讲师，后升为教授。1952年院系调整后，调至北京大学哲学系。1960年，中山大学哲学系复办，又重回中山大学任教。马采教授不仅是哲学家，还是美学家和翻译家。1960年以后，马采翻译出版了日本学者所撰《社会主义神髓》、《基督抹杀论》、《近代日本思想史》（上卷）等一批著作，其翻译受到普遍的赞誉。

外语系

德语教研室：《德语常用词词典》（商务印书馆，1962）、《简明德汉词典》（商务印书馆，1962）

论文：这期间，中山大学也出现了不少科研论文，其中，1957年，理科的老师们完成了科学论文24篇，其中数学系5篇，化学系7篇，生物系12篇。有些论文还引起了较大的反响，如刘良深的《希尔伯特空间式特征性质》曾被中国科学院数学研究所关肇直先生在泛函分析讨论会上宣读；张宏达在广州举行的华南热带亚热带资源开发科学讨论会上提交了《雷州半岛的红树植物群落》；方瑞濂的《珠江流域下游地文演变的初步观察》，对广州地区地壳上升问题做了新的推论。

据不完全统计，该期发表在《中山大学学报》和国内报刊上的论文约560多篇。此外，国外的报刊上也有一些，如梁之舜的《一类过份随机变量的积分表示》（苏联《概率论及其应用》，1960（2）发表摘要，1961年分别在苏联《西伯利亚学报》第2卷第5期和《莫斯科大学学报》第4期上发表全文）；吴兹潜的《混合型微分方程》（《中山大学学报》自然科学版，1959（4），被苏联《数学评论》摘录介绍）；吴兹潜、林伟在华罗庚教授指导下写成的《二阶两个自变数两个先知函数的常系数线性偏微分方程组》（《科学通报》，1964）、《常系数二阶椭圆型偏微分方程组 Dirichlet 问题唯一性定理》（《数学学报》，1965（15），此文被美国《数学评论》摘录介绍）。

该时期发表在国内刊物上的重要科研成果有：

许淞庆，王高雄：《一类具无界系数的微分方程组的渐近稳定问题》[《高等学校自然科学学报》数学力学天文学版，1964（2）]。

胡金昌：《辛群与典型系统的稳定域》[《中山大学学报》自然科学版，1962（4）]、《动力系统典型式的不稳定域》[《中山大学学报》自然科学版，l964（1）]。

胡金昌教授，于1928年至1932年在美国加利福尼亚大学攻读数学，获博士学位及三枚数学金钥匙奖。1932年归国后，至广州中山大学任教。他通晓6种外文，并在数学领域各个方面都有所建树。60年代他致力于研究代数群论，后来与许淞庆教授合作研究微分方程稳定性理论和定性理论，为确立微分方程研究的方向作出了重要贡献。胡金昌的主要著述有《矢算论》、《在二次曲面上之自投射曲线》、《超几数与序数》、《绕日环形圈对于行星之永久摄动》、《辛群与典型系统的稳定性域》、《动力系典型式与不稳定域》等。

苏均麟等：《滑行板的纵摇与升沉运动》[《中国造船》，1964（3）]；

马汝念：《二阶常系数椭圆组狄氏问题解唯一性的主要条件》[《中国科学》，1962（l1）]；

林贻堃：《圆形截面波导中波导微扰对波型稳定性的影响》（1962年全国电子学会论文宣读）；

葛庭燧、张进修：《A1—0.5%cu 合金中表现反常振幅效应的低频位错内耗》[《物理学报》1965（10）]；

曾汉民：《碳链接枝共聚物：少量天然橡胶与甲基丙烯酸一苯乙烯接枝共聚及其产物的结构与性能关系》[《高分子通讯》，1965（6）]；

陈永兆：《隐蔽剂在螯合滴定中的应用——Ⅰ·以乳酸隐蔽锡（Ⅳ）及锡的测定》（《化学学报》，1964（3），1965年译成英文于第3期《中国科学》转载），《隐蔽剂在螯合滴定中的应用——Ⅱ·以乳酸隐蔽钛（Ⅳ）与钛的间接滴定》[《化学学报》，1965（6）]、《钙的络合滴定的进展》[《化学通报》，1963（3），此文曾于1962年在南京召开的中央直属高校学术报告会上报告]；

蒲蛰龙：《卵寄生蜂繁殖利用的理论与实际》[《中山大学学报》自然科学版，1963（1-2）]、《利用赤眼蜂防治甘蔗螟虫》（《中国植物保护科学》，1961）、《山蚕（Attacus Atlas linn）的研究》［《中山大学学报》自然科学版，1964（4）］。蒲曾成功地饲放赤眼蜂消灭甘蔗螟虫，提高了甘蔗产量。1961年以后，他领导昆虫教研室的人员，与中国科学院中南昆虫研究所合作，获得利用平腹小蜂防治荔枝蝽蟓实验的成功。

蒲蛰龙教授，1949年6月获美国明尼苏达大学研究院博士学位。1950年回国工作。曾任中山大学教授、副校长、顾问，中山大学昆虫学研究所所长，中山大学生命科学学院院长。蒲蛰龙教授是我国著名的昆虫学家，中国害虫生物防治科学创始人之一，被称为南中国"生物防治之父"。1950年后，他先后开展以虫治虫，病原微生物治虫及虫害综合防治研究。他还与合作者深入农村，开展以赤眼蜂防治蔗螟、以澳洲瓢虫及孟氏隐唇瓢虫防治吹绵蚧及粉蚧、以平腹小蜂防治荔枝蝽蟓等方面的研究，均取得了显著成绩。

张宏达：《广东植物区系的特点》［《中山大学学报》自然科学版，1962（1），《高等学校自然科学学报·生物学版》1965（4）］。此文否定了传统的广东植物来源于热带（马来亚等地）的观点。

容庚：《鸟书考》［《中山大学学报》社会科学版，1964（1）］；

商承祚：《鄂君启节考》［《文物菁华》，1963（2）］；

王起：《我国戏曲的起源和发展》［《学术研究》l962（4）］；

赵仲邑：《文心雕龙试译》（连载于《作品》新1卷，1962－1963）；

黄天骥：《汤显祖的文学思想——意、趣、神、色》［《中山大学学报》社会科学版，l9 63年（6）］；

陈序经：《骠国考》［《中山大学学报》社会科学版，l962（12）］；

岑仲勉：《楚辞注要翻案的有十条》［《中山大学学报》社会科学版，1961（2）］；

梁钊韬：《论"曙石器问题"争论的学术背景与中国猿人及英文化的性质问题》［《学术研究》，1962（1）］

何肇发：《十九世纪末帝国主义对东南亚的侵略》［《学术研究》，1965（6）］；

张维持：《评中国青铜器外文著述》［《中山大学学报》社会科学版，1965（11）］；

蔡鸿生：《突厥汗国的军事组织和军事技术》［《学术研究》，1963（3）］；

姜伯勤：《论窦建德——兼论"长乐王"政权与"大夏"国》［《学术研究》，1963年（3）］。①

（执笔：黄凰）

① 本节成果之统计，均源自中山大学校史编写组《中山大学校史》（1979，第三册），第8章，第40～51页。藏中山大学档案馆。

第四章 风骤雨狂

1969 年 10 月，中共中央发出《关于高等院校下放问题的通知》。原教育部直属院校自 1969 年 10 月 26 日起，下放给所在省、市革命委员会领导。广东省革命委员会根据相关精神决定对广东省的高等院校实行“调、并、迁、改”，中山大学及中山医学院名称不变，在各院校调整改名前后，各院校留在院校内（即没有下放干校）搞“教育革命”的教师和干部开始筹备和着手恢复招生和办学。

第一节 浊流袭来

一

正当《高教六十条》在中山大学逐步落实，学校形式略有好转之际，1962 年 9 月，毛泽东主席在中共八届十中全会上，发出“千万不要忘记阶级斗争”的号召，中山大学于是和国内的其他大学一样，也加强了政治思想工作。这主要表现在以下几个方面：

一是“向雷锋同志学习”运动的兴起。雷锋本来是中国人民解放军沈阳部队的一名汽车兵，因车祸去世。去世后，人们从他的遗物中发现了厚厚的日记。日记中记载着他对党和毛主席无限热爱的感情，以及他学习毛主席著作的心得体会和他所做的好人好事。1963 年 3 月，报上发表了毛泽东“向雷锋同志学习”的题词和刘少奇、周恩来、朱德等党和国家领导人的题词。在学雷锋运动中，中山大学掀起了学习毛泽东著作的热潮。据统计，在 1963 学年第二学期（1964 年上半年），中山大学自由组合的毛主席著作学习小组共达 736 个，参加人数约占全校师生的 90%。①

二是在招生工作中，贯彻所谓阶级路线，提高出身工农及老干部家庭的考生的入学率。如 1964 年录取本科的新生中，工农及老干部家庭出身的新生占 67.4%；剥削阶级家庭（即地主、资本家、富农家庭）出身的新生占 5.4%；其他家庭（职员、中农等）出身的新生占 27.2%。1965 年录取本科新生 875 人，研究生新生 23 人，其中工农及老干部家庭出身的新生占 69.2%；剥削阶级家庭出身的新生占 4%；其他家庭出身的新生占 26.8%②。相当一部分考生尽管成绩优秀，但因家庭出身不好而未被录取。

三是大量增加体力劳动时间。劳动锻炼在当时被看成是培养无产阶级革命事业接班

① 《中山大学 1963 学年第二学期教学改革工作总结（初稿）》。藏中山大学档案馆。

② 《1965 年新生工作情况报告（1965 年 9 月）》。藏中山大学档案馆。

人的一项极为重要的措施，所以师生除了参加每周一两次的校内劳动外，1963 年 7 月还组织 3300 多名师生（其中教师 300 多人）分别到东莞、番禺、南海、花县 4 个县的 10 个公社参加生产劳动。劳动时间一般为 3 周，也有的超过了 3 周，如历史系下乡劳动了 8 周。各系还成立了劳动教育办公室与劳动教育领导小组，分层制定计划。师生以民兵组织形式按系别编成 9 个大队，29 个中队，130 多个小队，坚持与贫下中农实行“三同”（同吃、同住、同劳动）。[①]。

四是组织师生参加社会主义教育运动。为了使师生“真正做到在改造客观世界的斗争中，进行思想改造，改造人生观和世界观，成为又红又专的共产主义接班人”，学校根据高教部、中共广东省委和广州市委的指示，文、史、哲、外语等文科师生 620 人（其中教师 101 人，学生 519 人）于 1964 年 9 月 21 日至 10 月 24 日进行参加“四清”（参见第四编第三章引言中的相关注释）运动的整训。接着由校党委书记陈彬，校党委常委、哲学系主任杨荣国，校党委委员魏宁、戴镏龄等带队，停课分赴花县赤泥、花东、花山等 3 个公社 41 个大队，以工作人员的身份，参加“四清”[②]。1965 年 8 月至 1966 年 1 月，全校又有 2400 名师生组成 9 个分团，分配至新华、花东、三元里、钟落潭、太和、竹料、新滘、沙河等公社和林场，进村参加“四清”[③]。与此同时，中共中南局和广东省委也派出社会主义教育运动工作队进驻学校，在校园里进行“四清”。学校的教学秩序由此受到冲击。教学工作受到严重影响。

五是增加了政治学习的时间。学校根据上级领导部门的指示，把学习毛泽东著作与形势教育结合起来，狠抓“意识形态领域和教育领域的阶级斗争”。组织师生学习九评“苏共中央公开信”，联系实际，自觉检查和清除封建主义、资本主义和修正主义对自己的影响；发动和组织师生参加对周谷城的“时代精神汇合论”、邵荃麟的“写中间人物论”的批判和对电影《早春二月》、《北国江南》、《舞台姐妹》、《逆风千里》、《林家铺子》、《兵临城下》和剧本《谢瑶环》、《李慧娘》等作品的批判。

二

1966 年 5 月，“文化大革命”开始，学校掀起了打倒“走资本主义道路的当权派”、批判“反动学术权威”、“横扫一切牛鬼蛇神”的狂潮。学校主要负责人冯乃超、李嘉人及一大批干部、教师被关押批斗，学校工作陷于无政府状态。揭发、批判所谓“走资本主义道路的当权派”、“反动学术权威”和“牛鬼蛇神”罪行的大字报铺天盖地。这些大字报大多是人身攻击、讽刺谩骂、捕风捉影的文字。比如有的大字报上写着“彻底批臭不学无术的反动学术权威陈寅恪”。学贯中西的陈寅恪神色惨然地说：“我搞了一辈子学问，想不到会落到个‘不学无术’的考语。不过‘不学无术’的人怎么能成为学术权威？学术权威怎么会‘不学无术’？简直不通！不通！”

那时学校的负责人和卓有声望的教授、专家一个个都被打成“走资本主义道路的

① 《中山大学下乡劳动总结（1963 年 9 月）》。藏中山大学档案馆。
② 《中山大学文科师生参加“四清”整训情况报告》。藏中山大学档案馆。
③ 中共广州市委农村四清总团政治部：《关于中山大学师生参加运动若干问题的通知（1965 年 7 月 28 日）》。藏中山大学档案馆。

当权派”、“反党反社会主义反毛泽东思想分子”、“修正主义苗子”、“国民党残渣余孽”，戴上高帽子，胸前挂上黑牌子，时时被“革命群众组织”抓去示众和批斗，人身受到极大的侮辱与摧残。1966 年年底，红卫兵要将心脏病恶化、身体极度虚弱的陈寅恪教授用箩筐抬到大礼堂批斗。陈寅恪教授的弟子、清华国学研究院第二届毕业生、前中山大学历史系主任刘节教授挺身而出，自愿代表乃师去挨批斗。批斗会上有人问刘节有何感想，刘节大义凛然地回答：“我能代表老师挨批斗，感到很光荣。”① 在危难之时，刘节用自己的行动保护了老师陈寅恪。“文化大革命”运动的风暴愈刮愈猛，对学校管理干部和老师的折磨也愈来愈加剧。如 1969 年 5 月 5 日下午，陈寅恪被迫向专案组人员作口头交待，一直被折腾到说不出话来才停止。他曾用沙哑的声音抗议：“我现在譬如在死囚牢。”② 1969 年 10 月 7 日晨 5 时半，陈寅恪因心力衰竭，又突发肠梗阻、肠麻痹，无法救治而走到生命的尽头。

在一片混乱之中，各种形式和名称的红卫兵纷纷成立。“1966 年 8 月 31 日，中山大学第一个红卫兵组织‘八三一’战斗团成立，编印有《8·31》报。”③ 10 月 4 日，毛泽东思想红卫兵中山大学总部成立，编印有《红卫兵》报。11 月 9 日，中山大学发生红卫兵抢机要室“黑材料”事件。11 月 22 日，中山大学红旗公社（简称“中大红旗”）成立，《红卫兵》报改称《中大红旗》报。1967 年 1 月 20 日，“誓用鲜血和生命保卫毛主席红卫兵 120 部队”成立，编印有《120 战报》。3 月 1 日，中山大学革命造反委员会（简称“革造会”）成立，编印有《中大战报》。7 月，在江青“文攻武卫”的煽动下，广州出现武斗升级。8 月 13 日，生物系植物专业一名学生在生物楼顶中弹身亡。1968 年 5 月 28 日，红旗公社和“八三一”兵团占领学校党委楼及几座大楼，党委的全部机要材料及部分人事档案被抢走。6 月 3 日至 4 日，两派群众组织武斗发生，造成两个学生死亡，数十人受伤，物理大楼（十友堂）连同实验室的仪器设备被焚，损失近百万元。

1968 年 7 月 31 日，解放军毛泽东思想宣传队进驻学校。8 月 13 日，广州工人毛泽东思想宣传队进驻中山大学，与军宣队一道，贯彻执行中央“七三”、“七·二四”布告。

1968 年 9 月 11 日至 23 日，全校 9 个系及机关、总务等 11 个单位成立革命领导小组。9 月 27 日，广东省革命委员会作出《关于成立中山大学革命委员会的批示》。9 月 29 日，中山大学革命委员会成立。崔金锡任主任，黄先、陈彬、王裕怀、王相国任副主任。9 名常委分别是：崔金锡、黄先、陈彬、王裕怀、王相国、罗益洲、蔡先勇、庄益群、何丁海。革委会内设办事组、政工组、教育革命组、后勤组分管各项工作。以后形成了党委革委会合二为一的“一元化领导”体制。革委会和革命领导小组是学校和各基层单位的领导机构。

在革委会主持下，1968 年国庆节以后，中山大学开始“清理阶级队伍”。革委会组织了 170 多人参加的专案组，采取办学习班的做法，动员互相揭发和自我交待问题，多

---

① 蒋天枢撰：《陈寅恪先生编年事辑》（增订本），上海古籍出版社 1997 年版，第 180 页。

② 蒋天枢撰：《陈寅恪先生编年事辑》（增订本），上海古籍出版社 1997 年版，第 184 页。

③ 易汉文：《中山大学编年史书稿（1924－2004）》1966－1968 年部分（未出版）。本段所用数据除特别注明以外，皆出于此。

数教授、副教授和讲师都被卷了进去，成为所谓“推一推可以掉下去，拉一拉可以站过来”的人物。①

三

1968年9月，1966届、1967届学生1653人先到省各军垦农场劳动锻炼，再根据中央及省革委文件分配工作。12月22日，1968届学生916人也先到农场劳动，1970年分配工作。1969届、1970届学生1609人先到农村接受贫下中农的再教育（另一部分留校搞“斗批改”和“教育革命”），1970年7月分配工作。这几届学生，根据“四个面向”的方针（即面向农村、面向山区、面向基层、面向边疆）分配到不同的工作岗位。②

1968年“清理阶级队伍”运动期间，毛泽东发出了“广大干部下放劳动”的号召。1968年10月4日《人民日报》刊登了黑龙江柳河“五七”干校的报道及毛泽东的指示。从此，干部下放劳动，开办“五七”干校之风席卷整个中国。中山大学在“清理阶级队伍”的同时，于1968年11月上旬组织师生员工3300多人分两批到达英德县沙口公社，参加支援秋收冬种，“接受工农兵再教育”。③ 同月中旬中山大学第一批430名教工被下放到乐昌县坪石公社天堂大队“五七”干校④。12月，又有700多名教工被下放到“五七”干校。1969年4月，中山大学“五七”干校革委会成立。革委会有委员8人，设常委7人⑤。7月，干校迁往英德茶场。在干校的干部、教师主要从事生产劳动和接受“思想改造”。“从1968年冬到1970年底的两年时间里，干校学员做木工，建房屋，养猪种地，办工厂，开展了科学种田和养鱼研究活动；与附近农村建立稳定的挂钩关系，利用派出去请进来的办法，‘接受贫下中农的再教育’；组织教育革命小分队到各工厂、工矿、农村开展教育革命调查活动。”⑥

1969年下半年，因“教育革命”需要，陆续调回一些教工参加教育革命。

1970年7月，暨南大学被撤销，该校生物系、经济系并入中山大学，这两个系下放到三水南边“五七”干校的教工，也转到英德“五七”干校。

同年底，中山大学恢复招生，又有一部分“五七”学员陆续调回学校。1973年12月，因大批干校学员调回学校，“五七”干校改为教学基地，大部分教师干部都回校工作。

在把一批批知识分子送到“五七”干校去的同时，1968年底在全国范围内又掀起了“知识青年上山下乡运动”。在哪里最穷、最苦就去哪里接受再教育的思想指导下，广东省革命委员会安排中山大学1969、1970届学生和一部分没有下“五七”干校的教

---

① 参见中山大学革命委员会：《我校前段清理阶级队伍的情况和今后工作的意见》，1968-10-29。藏中山大学档案馆。

② 毕业生数据参见黄义祥、易汉文：《中山大学大事记（征求意见）》（1924-1996），第72页（未出版）；《关于69、70届毕业生工作汇报》（中山大学教育革命组，1970）。藏中山大学档案馆。

③ 参见中山大学下乡支援秋收冬种临时指挥部：《关于下乡参加秋收冬种情况报告》，1968-11-11。藏中山大学档案馆。

④ 参见易汉文：《中山大学编年史书稿（1924-2004）》1968年部分（未出版）。

⑤ 参见《中山大学天堂“五七干校”革委会委员名单》，1969年。藏中山大学档案馆。

⑥ 中山大学革命委员会：《中山大学教师队伍情况调查报告》，1976年。藏中山大学档案馆。

职工共1417名（其中学生1299人、教工77人、三结合领导同志41人），于1969年1月10日和11日先后开赴高鹤县，分别入住鹤城、共和、址山3个公社中的26个大队，218个生产队（多数生产队住6、7人，少数生产队多者14人，少者3人）和贫下中农实行“五同”（即同吃、同住、同劳动、同学习、同“斗私批修”），“接受贫下中农的再教育”。他们在乡下请贫下中农和大队革委会讲社队的“阶级斗争”和“两条路线斗争史”，讲村史、家史，吃忆苦饭，上阶级斗争第一课。历时约半年①。从高鹤回来之后，1969、1970届学生还无法分配，于是中山大学在10月25日又组织师生1100多人到韶关和广州等地的工厂参加劳动，“接受工人阶级的再教育”，同时适当补些专业课，历时约一年②。

四

1969年，根据党的政策，原来列为专案对象的100多名教工，陆续宣布解放。学校根据他们的年龄和身体状况，分别组织他们到“五七”干校或广州近郊农村“接受再教育”。5月11日至6月25日，一批年高体弱的知识分子到广州近郊朝阳生产队办学习班，接受贫下中农的再教育。但到了1970年2月，又开展“一打三反”运动。整个运动过程中，中山大学掀起了9次大检举、大揭发、大批判、大清理高潮。

从1970年5月开始，干校开展清查“五·一六”分子运动，又有一些教工受到审查和迫害。③

十年内乱，使教育事业受到严重损失。从1966年6月“文化大革命”的风暴席卷中山大学校园，到清队、大批判、下放干校、“一打三反”运动、清查“五·一六”分子的4年中，广大教师、知识分子被诬蔑为“臭老九”，被视为异己和批判对象，不少教师感到“入错门、搞错行”，“真倒霉”。④

“文化大革命”中，全校有206人被查抄，有223人被揪斗、审查。这样庞大的数字，这样宽的打击面，留下了严重的后遗症。⑤ 虽然在1971年9月底，学校成立了由工人、解放军毛泽东思想宣传队和党委常委组成的查抄财物处理领导小组和办公室，专门负责处理“文革”中红卫兵“破四旧”时查抄的财物，费时半年，但许多教师被抄走的黄金、白金、首饰、美元、银元、股票、折款、手表、照相机、图书、文物、字画等贵重物品，仍下落不明。

（执笔：宋婷婷）

---

① 参见中山大学下乡接受再教育指挥部：《下乡情况简报》，1969-1-15。藏中山大学档案馆。

② 参见中山大学下厂办公室：《关于我校师生下厂情况汇报》，1969-10-28。藏中山大学档案馆。

③ 参见中共中山大学“五七”干校总支委员会：《关于前段清查五·一六反革命阴谋集团运动情况报告》，1971-7-15。藏中山大学档案馆。

④ 中山大学革命委员会：《中山大学教师队伍情况调查报告》，1976-4-30。藏中山大学档案馆。

⑤ 参见中山大学查抄财物处理办公室：《中山大学查抄财物处理工作总结》，1972-5-1；中山大学革命委员会：《中山大学教师队伍情况调查报告》，1976-4-30。藏中山大学档案馆。

第二节 “教育革命”

1969年10月，中共中央发出《关于高等院校下放问题的通知》。12月，由“三部一委”① 的军事管制委员会联合发出通知，将原教育部直属的30所院校自1969年10月26日起，下放给所在省、市革命委员会领导。1970年10月，广东省革命委员会作出对广东省的高等院校实行“调、并、迁、改”的决定。11月3日，又发出关于广东各大专院校调整改名的通知，中山大学、中山医学院名称不变。

一

1970年11月，中山大学革委会制订出《中山大学建校方案》（试行稿），在第二章中明确规定中山大学实行校、系（厂）、专业连队三级领导体制，各级实行“毛泽东思想的一元化领导”。学校建立党委会和革委会，党委会的主要负责人兼任革委会主要领导职务。工人、解放军毛泽东思想宣传队参加学校各级领导班子，并担任一定的领导职务。革委会实行军、干、群和老、中、青的“革命三结合”。校一级设四组一部：办事组、政工组、教育革命组、后勤组、武装部，处理校党委会和革委会的日常工作。各系（厂）建立党总支和革命领导小组。厂系合一，统筹安排政治、教学、科研、生产、生活管理等工作。专业连队，成立党支部。教师、工人、学生统一编入连队，设正副连长、正副指导员。“文革”期间，中山大学党政领导机构不断调整，领导班子更换频繁，具体如下：

1970年2月10日，中共广东省委任命葛震为革委会第一副主任，任命李杰为校革委会副主任。1970年6月8日，广东省委同意中山大学革委会党的核心小组由崔金锡等7人组成。崔金锡任组长，葛震任副组长。

1970年6月28日至7月1日，中国共产党中山大学第五次党员代表大会召开。出席这次代表大会的正式代表105名，部分要求入党积极分子列席代表大会。选举出新一届党委：崔金锡等19人为党委委员，崔金锡为党委书记，葛震为党委副书记。

1972年4月29日、6月28日、7月11日，中共广东省委分别任命曾桂友、冯乃超和黄友谋、张幼峰为校革委会副主任。

先后被任命的中山大学领导还有：黄焕秋（1972年9月5日，中山大学革委会副主任）；李嘉人（1972年10月20日，校党委副书记、革委会副主任，1973年1月2日，党委书记、革委会主任）；陈彬（1973年6月11日，党委副书记、革委会副主任）；黄先（1973年6月19日，党委副书记）；杨荣国（1974年3月16日，革委会副主任）；邓振贵（1974年10月11日，党委副书记、革委会副主任）；仇方金（1974年10月11日，革委会副主任）；贾大水（1975年6月9日，党委副书记、革委会副主

① 指中国人民解放军国家科学技术委员会军事管制委员会、财政部军事管制委员会、物资部军事管制委员会、教育部军事管制委员会。

任)。

1975年11月28日，中共广东省委任命刘嵘、黄水生为中山大学革委会副主任。1976年1月22日，任命杨毅、方定为中山大学党委副书记、革委会副主任。7月8日，任命杨毅为中山大学党委书记、革委会主任。

二

恢复办学大大振奋了离开教坛达4年之久的教职员工。从1969年夏开始，中山大学陆续从干校抽调教工，进行“教育革命”试点。1970年又有几批教工从干校回到学校，与留在学校的教工积极准备普通班的开学。

1970年，成立不久的中山大学革命委员会采取了以下方式对原有的老师队伍进行改造：分期分批下放干校或到校办工厂、农场锻炼。对口下放到有关的工矿或农村劳动，接受再教育，使理论和实际结合，同时探索教育革命经验，编写教材，在有条件的地方可办培训班，一边学习一边教学实践。组织小分队到工厂、农村或部队，以接受再教育为主，边实践，边调查，边编写教材。参加科学研究。[①] 在组织上，“除少数搞科研和专案工作外，基础课（包括外语）、专业课教师，按专业配套，编入专业连队。”[②]

从1969年5月16日开始，在高鹤县农村办“教育革命”的文科试点。[③] 试点班设毛泽东思想课（包括党的“两条路线斗争史”，毛泽东的文艺思想和哲学思想），写作课，军事课，生产劳动课。学员59人，党团员占总数的93%；非党团员占总数的7%；工人、贫下中农出身的占总数的86%；复员退伍军人占总数的33%；其他占总数的14%。学员的文化程度差别较大，高中、初中、高小毕业的都有，学员的最高年龄是32岁，最低年龄是19岁，平均年龄24岁多。

除新学员以外，参加试点班的中山大学教员5人，中山大学学生10人，领导小组其他成员9人，按解放军编制编为一个连，以下以学生为主体编为6个班。由县工宣队代表任指导员，由中山大学工宣队代表任连长。试点班建立了一个以当地革委会代表和工农兵代表为主体的革命领导小组，对学校实行全面领导。领导小组由13人组成，由县革委会一名常委任领导小组组长，由县工人代表和中山大学教员代表任副组长，分设政工组、教育革命组、后勤组3个部门，分别负责领导学校的政治思想、教学、生产劳动和生活管理等工作。还成立了党、团支部，建立党、团支委会。由连队指导员任党支部书记，并由党支部派一名党员任团支部书记。

试点班强调以社会为工厂，以阶级斗争和路线斗争为主课，强调在三大革命运动中组织教学，强调理论与实际相结合，强调工人贫下中农与教师、学员三结合。除集中时间到工厂、农村参加阶级斗争和生产劳动外，平时也采取学习理论进行社会调查和写作实习的办法，学文与学工、学农、学兵的比例为7∶3。在课程设置上，文科试点班开设毛泽东思想课（包括党的两条路线斗争史、毛主席的文艺思想与哲学思想）、写作课、

① 中山大学革命委员会：《1970年度教育革命工作计划》，1970-2-17。藏中山大学档案馆。

② 中山大学革命委员会：《1970年度教育革命工作计划》，1970-2-17。藏中山大学档案馆。

③ 参见《中山大学高鹤文科试点工作汇报》（中山大学高鹤文科试点教育革命组，1969）。本节所用数据除特别注明以外，皆出于此。

军事课、生产劳动课。试点班还以工农兵为主要教师，聘请高举毛泽东思想伟大红旗、有丰富实践经验的工农兵来讲课，请学得好的工农兵学员谈心或上课。每天早起便进行军事训练，或唱革命歌曲；晚饭后，休息时间去劳动，三个傍晚开垦了两亩多荒地，种菜自食。

试点班学制半年，学习期满，本着“社来社去，厂来厂去”的原则，回到原单位工作。

从1970年6月开始，中山大学办了又一个试点。该试点是中山大学化学系以中大塑料厂为教学基地，和广州塑料公司合办了一个高分子专业试点班。一面建厂，一面教学，以探索教学、科研、生产相结合的经验。规模30人。从中山大学1970届学生中挑选20人，另从该校工人、助理员中挑选10人。时间为1年。①

三

1970年6月27日，中共中央批转《北京大学、清华大学关于招生（试点）的请示报告》。10月15日，国务院用电话通知各地，1970年高校招生工作按上述意见进行。这个“请示报告”废除了“文革”前实行的招生考试制度，对招生、学制、毕业分配制度实行了彻底的改革。中山大学作为第一批试点招生的学校，根据“请示报告”的精神，对招生、学制、毕业分配作出了具体规定：②

招生：废除所谓旧的招生考试制度，由省统一下达名额，实行基层组织推荐、本人志愿、厂（矿）社审查，由相当于县一级以上的革委会批准和学校复审相结合的办法。

学制：根据各专业具体要求，普通班学制分别为2至3年（文科2年；理科3年；1973年招收的学生增加半年的文化补习时间，整个学制为三年半）；还设有半年至一年的短训班和研究班。

分配原则：学生学习期满后，由国家统一分配，或回原单位工作。

（一）工农兵学员进入大学

根据中共广东省革命委员会的统一部署，广州地区高等院校于1970年11月同时招生，招收工农兵学员，并于1970年12月1日，在中山纪念堂隆重举行开学典礼。

中山大学首批工农兵学员共547人（理科420人，文科127人），其中男学员428人，女学员119人；党员227人，团员240人；工农革干出身的507人，其他出身的24人，少数民族6人；具有高中文化程度的261人，初中文化程度的286人（其中有13人实际上没有上过初中）；来自工矿国营农场的92人，农村的401人，其他部门54人。全校实行连队编制，9个系编为11个连队。教员要与学员“五同”（即同吃、同住、同劳动、同学习、同斗私批修）。③

现将自1950年至1973年中山大学历年在校生人数列表于下：④

---

① 参见中共中山大学委员会：《关于我校一九七〇年工作的总结报告》，1971－1－14。藏中山大学档案馆。

② 中山大学革命委员会：《中山大学部分专业试点招生方案》，1970－7－26。藏中山大学档案馆。

③ 参见中山大学革委会教育革命组：《中山大学教育革命基本情况》，1972－11。藏中山大学档案馆。

④ 综合《人民中大》1950年5月26日创刊号和《中山大学历年学生情况统计表（1974－4－2）》。藏中山大学档案馆。

年份	招生数	毕业生数	在校学生数	备考
1950	1550			
1951	664		2004	
1952	457	658	1923	
1953	444	212	1537	
1954	422	294	1624	
1955	512	498	1734	
1956	913	298	2134	
1957	730	370	2596	
1958	1215	445	3215	
1959	1128	569	3726	
1960	1150	577	4145	
1961	713	721	4169	毕业生系师培生
1962	663	120	4529	
1963	646	1043	4435	
1964	848	1029	4274	
1965	883	985	4177	
1966	/	860	3327	
1967	/	838	2499	
1968	/	917	1592	
1969	/	895	707	
1970	547	707	547	
1971	/	/	546	
1972	737	/	1283	
1973	944	544	1681	

从1970年开始试点招收工农兵学员，至1976年，中山大学共培养工农兵学员2214名。[①]

（二）院系及专业调整

“文化大革命”前，中山大学有中文、历史、哲学、外语、数学力学、物理学、化学、生物学、地理9个系（文科4个系，理科5个系）。[②] 下设汉语言文学、历史、哲学、英语、德语、法语、数学、力学、物理学、无线电物理、化学、高分子、动物学、植物学、自然地理、经济地理和气象学17个专业（经济学及其所属的政治经济、工业经济、商业经济、会计学4个专业于“文化大革命”前设在原暨南大学，1970年合并过来）。在17个专业中，有8个专业设有专门组，共设25个专门组。另外，还设有4个研究室，即东南亚历史研究室、古文字学研究室、昆虫生态研究室和高分子研究室。

1970年10月学习清华经验后，中山大学的系、专业调整为中文、政治、力学、电子、光学、稀有金属、合成材料、生物、地理9个系（原外语系并入广东外国语学

① 中山大学革命委员会：《中山大学教师队伍情况调查报告》，1976-4-30。藏中山大学档案馆。

② 中山大学革委会教育革命组：《中山大学教育革命基本情况》，1972-11。藏中山大学南校区档案馆。本节所用数据除特别注明以外，皆出于此。

院），其中文科2个系，理科7个系。下设有政治、哲学、历史、政治经济学、文学、船舶力学、工程力学、自动控制、计算数学、数学、半导体物理、电视广播、微波通讯、核物理、激光、光学仪器、稀有金属提取、稀有金属材料、分析化学、有机合成化学、高分子化学、工业生物学、药用植物学、农业生物学、气象、地质、水文等27个专业（其中有10个专业在1970年底招生）。另有语言、部门经济、会计、物理化学、淡水鱼类、热带资源综合利用、经济地理7个选定专业。

经过两年的"教育革命"后，1972年中山大学设中文、历史、哲学、经济、数学力学、物理、金属、化学、生物、地理10个系（其中文科4个系，理科6个系）。下设文学、汉语、历史、政治、哲学、政治经济学、部门经济学、数学、计算数学、自动控制、力学、无线电物理、半导体物理、激光、核物理、稀有金属化学、金属物理、分析化学（筹办）、有机化学、高分子化学、生化微生物学、昆虫学、药用植物学、动物学、气象、地质、水文等27个专业（其中文科7个专业、理科20个专业）。另有考古、会计、光学仪器、物理化学、自然地理、经济地理等6个待定专业（或专门组）。其中力学、无线电物理、部门经济等3个专业，下设有6个专门组。此外还保留了原来的4个研究室。

经过调整后，1972年的专业设置，比"文化大革命"前少了外语系，多了金属系，原来大部分专门组已发展为专业，专业数增多了，专门组数减少了（原21个专业发展到27个已定专业和6个待定专业，原来25个专门组缩减到6个专门组）。

（三）"新"教学体制[①]

1970年11月，中山大学革命委员会制订出《中山大学建校方案（试行稿）》（以下简称《方案》）。《方案》分总纲和领导体制，政治思想工作，教育体制，教师队伍，学校规模，学制和学生，教学、科研和生产工作，干校和分校等8章15条。总纲规定：中山大学的根本任务是，高举毛泽东思想伟大红旗，突出无产阶级政治，以两个"决议"为建校纲领，以毛泽东的教育思想为指针，以两个阶级和两条路线斗争为纲，以革命大批判为武器，以中国人民抗日军事政治大学为榜样，以阶级斗争、生产斗争和科学实验三大革命斗争实践为课堂，在工人阶级的领导下，坚决贯彻开门办学和勤俭办学的方针，坚定地走毛主席指引的光辉的"五七"指示道路，放手发动群众，彻底地实行群众路线，把中山大学办成巩固无产阶级专政，防止资本主义复辟和赶超世界先进水平的教学、科研与生产三结合的重要基地，为中国革命和世界革命培养高举毛泽东思想伟大红旗，无限忠于毛主席、无限忠于毛泽东思想、无限忠于毛主席革命路线的"在德育、智育、体育几方面都得到发展，成为有社会主义觉悟的有文化的劳动者"。学校的管理体制也发生了巨大变化，实行校、系（厂）、专业连队三级领导体制，各级都实行毛泽东思想的一元化领导，学校建立党委会和革委会，校一级设办事组、政工组、教育革命组、后勤组、武装部，处理日常工作；各系（厂）建立党总支和革命领导小组，厂系合一，统筹安排政治、教学、科研、生产、生活管理等工作；专业连队成立党支部。教师、工人、学生统一编入连队，设正副连长，正副指导员。学校规模为5700人

① 本节所用数据除特别注明以外，皆出于《关于我校新体制的初步方案》（讨论稿）（中山大学革委会教育革命组，1970－9－28）。藏中山大学南校区档案馆。

左右（其中在校学生3500人，教师、工作人员共1200人，校办工厂工人1000人）。理科学生学制二三年，文科学生学制一年半至两年，每年招生必须贯彻阶级路线，采取本人自愿、群众推荐、领导批准、学校复审的办法，招收政治思想好、阶级觉悟和路线觉悟比较高、具有两年以上实践经验、年龄在24岁以下、文化程度相当于初高中水平的工农兵和青年干部入学；有丰富实践经验的老工人和贫下中农不受年龄和文化程度限制。学生毕业后原则上回原单位、原地区工作，部分学生由国家统一分配。各专业设置课程分三类：

政治课：以毛主席著作为基本教材，以阶级斗争、路线斗争、无产阶级专政下继续革命的理论和毛主席的哲学思想为主要内容。

专业课（包括外语课）：打破过去基础课、专业课和实验课的界限，把三者有机地结合起来，密切联系三大革命实践，实行教学、科研、生产三结合。

军体课：以备战为内容，学习毛主席的人民战争思想，加强战备教育，开展民兵、军事体育活动。此外，文理科学生都要参加生产劳动。教学时间分配，原则上除保证天天读毛主席著作时间外，政治课和学工、学农、学军约占30%，专业课约占70%。由工农兵、教师、学生组成三结合教材编写组，以毛主席光辉的哲学思想为锐利武器，以革命的大批判为动力，紧密结合三大革命实践，狠批旧教材体系，总结工农兵的实践经验，科学地分析、深刻地阐明自然科学和社会科学的规律，教材具有“革命性、实践性、先进性和简明性”。理科的科研必须突出无产阶级政治，深入开展革命大批判，反对轻视工农、闭门搞科研的倾向，努力为发展我国科学事业、赶超世界先进水平作出贡献。文科也要搞科研，根据革命发展的需要，紧密结合阶级斗争的实际，进行各种专题的研究，积极参加政治思想战线上的战斗，同时，对党的路线、方针、政策，用毛泽东思想进行理论的研究和阐述。生产是教学、科研的基础，把校工厂和农场办成教学、科研、生产三结合的基地，实行勤俭办学的原则，争取做到部分自给。除继续办好英德干校，作为劳动锻炼、接受再教育的基地、教学基地和后方基地外，还要有计划、有步骤地筹办梅县分校。①

这个建校方案（试行稿）试行不足一年，1971年8月，《全国教育工作会议纪要》出笼，接着，《红旗》杂志发表了清华大学的《为创办社会主义理工科大学而奋斗》的文章。此后全国掀起学习清华大学经验的热潮，开展“教育革命”。

“教育革命”在教学中强调破除“三中心”（教师中心、课堂中心、书本中心）和“老三基”（基础理论、基本知识、基本技能）等“旧教学体制”。理科要实行开门办学，厂（社）校挂钩，校办工厂，厂带专业，建立教学、科研、生产三结合的新体制，坚持理论和实践的统一，以典型产品、典型课题组织教学，为社会主义革命和建设服务。文科则“把整个社会作为自己的工厂”，“以阶级斗争为主课”，加强马列主义基础的教学，以马列、毛泽东著作为基本教材，结合“战斗任务”组织教学，紧密联系国内外现实的“阶级斗争”，使教学活动与社会息息相通，充分发挥文科为现实斗争服务的战斗作用，以建立文科教学新体制。其教学组织体制具体如下：

理科：实行厂系合一、专业连队的教学组织体制。

1970年底首批工农兵学员进校，中山大学就撤销原来的系、专业建制，建立厂系

---

① 中山大学革命委员会：《中山大学建校方案（试行方案）》，1970年版。藏中山大学档案馆。

合一、专业连队的教学组织体制，同时把原来的教研室拆散，把基础课教师分配到各系，与专业课、专业基础课教师配搭成一个任课教研组，再与任课的班级学生和工人组成专业连队。这种专业连队是工人、教师、学员三结合和教学、科研、生产三结合的基层单位。专业连队设连长和指导员。具体设置如下：

电子厂：原有物理系的无线电专业、半导体专业、原子核物理专业、无线电厂和半导体实验室，数力系的射流技术、计算数学、数学专业主要部分、射流元件厂和计算机研制组，化学系的无机化学有关部分、高能电池研制组和机械厂合并而成，下设无线电技术专业队、半导体专业队、自动控制专业队、计算数学专业队、核物理组、机械连队（原机械厂扩建）。

稀有金属厂：原化学系无机化学专业和物理系金属物理专业合并而成，下设稀有金属提取专业队、稀有金属材料专业队。

合成材料厂：原塑料厂、原化学系的有机合成专业和高分子专业合并而成，下设材料合成专业队、材料改性与加工专业队。

生物厂：原生物系和原生化厂合并而成，下设工业生物学专业队、农业生物学专业队、亚热带植物综合利用专业队。

光学厂：原光学专业纳入光学厂。

地理系：原地理系，下设气象专业队、海洋地质专业队。

流体力学专业队：原数力系流体力学专业。

各个厂系在校党委的直接领导下，建立党支部和“三结合革命领导小组”，下设办事机构，实行“一元化领导”，统筹安排教学、科研、生产任务。厂校挂钩后，强调做到领导（政治领导与业务领导）、工人教员、学工基地三落实，实现学校、工厂、研究所三结合。

到1972年底，中山大学有22个专业在广东省内建立了厂（社）校挂钩点87个，其中，有进行过教学活动，或编写教材和搞科学研究、技术革新等60个。工农兵学员进校以后，按照“对口、就近、相对稳定”的原则，在厂（社）等挂钩单位进行教学活动65次，合办短期训练班19期，协作搞科学研究55项，教师对口下放57人，编写教材52种。①

文科：“以整个社会为工厂”，下乡下厂，开门办学。

根据毛泽东“要抓意识形态领域里的阶级斗争”和“在上层建筑其中包括各个文化领域中对资产阶级实行全面的专政”的指示，中山大学文科采取两条腿走路的办法，即既办两年制的普通班，也办各种形式的短期培训班，以适应“教育革命”形势的要求。1970年办了两个专业普通班，其培养目标是：

文学专业：为工厂、农村和机关培养“无产阶级的文艺创作宣传人员”。

政治专业：为工厂、农村和机关培养“无产阶级的政治工作宣传人员”。

同时开办若干个短期培训班，分别在一个专区或一个县招生，对象是有关方面的工农兵和基层干部，时间为3个月到半年，以满足工农兵的急需，也为创办“社会主义大学”文科积累经验。1970年开办有哲学短期培训班、“党内两条路线斗争史”短期培训班、“社会主义政治经济学”短训班、“群众文艺”短期培训班。

① 参见中山大学革委会教育革命组：《中山大学教育革命基本情况》，1972－11。藏中山大学档案馆。

政治系在中山大学党委领导下建立党总支，成立“革命领导小组”，设立办事机构。根据教学、科研需要，设立若干连队，有的连队办普通班，有的连队办短训班，有的连队（或班）到“三大革命第一线”进行调查，“拜工农兵为师”，“跟工农兵一道调查研究有关历史研究、政治经济学和哲学的问题”。文学专业队，在中山大学党委直接领导下，建立党支部，成立“革命领导小组”，下设办事人员。在办普通班和短训班的同时，也派教师到“三大革命第一线”去调查学习。

普通班和短训班强调贯彻毛泽东关于“文科要把整个社会作为自己的工厂”的指示，“以阶级斗争为主课”，以毛泽东著作为基本教材，把“革命大批判”贯串到教学的整个过程，在实际斗争中培养“无产阶级的宣传人员”。其主要特点有：把大学办到整个社会上去，以学文为主，学工学农学军和学文结合；战斗任务和教学任务结合，以战斗任务带教学任务；政治统帅业务，政治教育和业务教育结合，用毛泽东思想统帅好专业课；理论课和实践课结合，从实际斗争中带着问题去学习有关理论和知识；固定教学基地和流动的社会调查结合，以固定的教学基地为主。

1970 年以来，文科政治专业到乐昌茅坪大队和江门甘化厂，文学专业到东莞县进行教学活动。至 1975 年，学校为各条战线举办各种短训班、进修班，培训学习马列和毛泽东著作辅导员、儒法斗争史宣讲员和各种文化科学技术专门人员 28733 人。①

总的来讲，中山大学的教学措施主要有以下四点：

一是按照“课程设置要精简”的原则设置政治课，以毛主席著作为基本教材；业务课实行教学、科研、生产劳动三结合；军体课以战备为主要内容。政治教育和业务教学时间为 3∶7。

二是坚持“开门办学”，建立教学、科研、生产劳动三结合的教学基地，在“三大革命实践”中进行教学。

三是实行“教学民主”，成立由工农教员、原有教员和学员组成的三结合备课小组，坚持“工农兵上讲台”。采取“请进来、走出去”的办法，聘请兼职工农教员。

四是改革考试制度，采用开卷考试，实际操作与讲用、写作等方法。

四

1975 年，中山大学学习朝阳农学院经验，掀起了大办各类短训班、辅导报告和技术讲座的高潮。一年来，全校办各类短训班共 127 期，培训学员 11207 人，其中文科 74 期，培训 7897 人；理科 53 期，培训 3310 人（校内办 15 期，在校住宿 448 人）。此外，文科各系还举办了学习“无产阶级专政理论”、评《水浒》等辅导报告 1115 场，听众 29 万多人；编写了各种资料、材料辅导报告达 497 份；写了 1995 篇“为现实斗争服务”的文章，其中已发表 220 篇。理科举办推广新技术讲座 13 次，听众 2500 人。②

① 参见中山大学调查组：《中山大学教师队伍基本状况》，1975－10－18。藏中山大学档案馆。

② 参见《多种形式办学方面的一些情况》（初稿）（中山大学革命委员会教育革命组，1976－4－30）。藏中山大学档案馆。

1974年底以来，中山大学党委比较重视支持[①]工人大学和“五七”大学这类“新型”的大学，把支持这一“新生事物”，作为“教育革命”的重要内容来抓。到1976年4月止，中山大学先后派出教师113人（其中专职50人，兼职63人），学员40人，参加45所工人大学和“五七”大学的教学工作。到1976年4月，尚有教师87人（专职37人，兼职50人）在33所工人大学和“五七”大学参加教学工作。具体情况如下：

培训师资

根据广东省高教党委的指示，中山大学从1975年7月起，与广州业余大学、广东师院一起，在广州业余大学办了数学、力学、电工、晶体管电路、机械制图、政治等6个师培班，培训359人，学制一年至一年半（半脱产）。此外，中山大学外语系从1975年10月起，为广州市机电系统办了一期英语师培班，学员30人，学制9个月（半脱产）。

根据一些挂钩厂和附近几个大工厂的要求，派出部分教师下厂直接参加教学活动，其中重点是广东省拖拉机厂、广州机床厂、广州轴承厂、广州电机厂、广州业余大学、前进冶炼厂、广州化学试剂厂等单位。

厂校合办专业

物理系半导体专业75级（学员30人）与广东省半导体器件厂“七·二一”工人大学（学员20人）合办。在教材和教学工作上主要由中山大学承担。物理系无线电专业75级（学员42人）与佛山电子局“七·二一”工人大学（学员43人）合办。在教材教学工作上主要由中山大学负责。

协助工人大学编写基础课教材，如参加业余大学师培班的教师也承担了编写教材的任务；数力系下到广东省拖拉机厂的教师与工人一起为“七·二一”工人大学编写通用的初等数学教材，供全省“七·二一”工人大学使用；或接受一些附近挂钩厂的“七·二一”工人大学学员来校旁听部分课程，如机床研究所（光学专业的挂钩点）“七·二一”工人大学学员20人从1975年5月至12月到光学专业旁听光学、无线电、激光基础等课程。

为“七·二一”工人大学提供教材、资料和实验基地。如广州灯泡厂、广州工具厂、广州业余大学师培班、前进冶炼厂和广东省拖拉机厂等单位的工大学员曾到物理系和金属系做电工无线电和化学实验。此外，还在开门办学下厂期间，师生短期兼任一些课程。

中山大学从1975年开始举办函授教育，开设写作函授和工业会计函授两个班，共培训学员1474人。两个班基本情况如下：

从1975年7月到1976年1月，在肇庆市、大旺农场、高要县永安公社、四会县清塘和大沙公社与肇庆地区教育局合办写作函授班，学员共727人，出版了一本《写作

---

① 1968年7月21日，毛泽东在《人民日报》关于《从上海机床厂看培养工程技术人员的道路调查报告》的编者按清样中加写了一段话，即：“大学还是要办的，我这里主要说的是理工科大学还要办，但学制要缩短，教育要革命，要无产阶级政治挂帅，走上海机床厂从工人中培养技术人员的道路。要从有实践经验的工人农民中间选拔学生，到学校学几年以后，又回到生产实践中去。”这段话被称为“七·二一”指示。上海机床厂为贯彻“七·二一”指示，创办了“七·二一”大学。此后，各地相继仿效兴办这类学校，其学制有全日制、半工半读、业余等，统称“七·二一”大学。

函授》教材和六期《函授通讯》。

从1975年8月到1976年4月，在佛山地区和韶关地区与广东省计委、广东省财政局合办工业会计函授班，学员750人，出版了工业会计函授讲义（上下册）和三期函授通讯。

到1976年，中山大学为各条战线举办短训班、进修班共315期，培训学习马列和毛泽东著作辅导员、科学技术专门人员32845人，举办了4期函授教育，培养学员2024人，还派出193名教师，支援了103间厂办大学的教学工作[①]。

五

1970年，在中山大学革命委员会的领导下，教育革命组内部设立一支科研小组（由一副组长兼小组负责人），具体处理全校科学研究的日常工作。1973年有3名工作人员，其中2人负责科技情报工作。此外，各系由一副组长主管系的科研工作。另还设一名兼职科研秘书，协助处理本系科研的具体工作[②]。

中山大学在开展科学研究中，实行厂校挂钩、社校挂钩，采取“请进来、走出去”的方法，和工厂、农村、科研机构建立起“社会主义协作关系”，努力做到三个“三结合”，即教学、科学研究、生产劳动相结合，学校、工厂（公社）、科技部门三结合，教师、学员与工人、农民、技术人员相结合。几年来，科研项目逐步增加，科研队伍逐步扩大，并取得了一些成果。到1973年，科研项目由51个增至89个。科研人员有371人。[③] 到1976年，校内共设有110个实验室和20个研究机构（东南亚研究所、历史研究室、经济研究室、政治研究室、翻译资料室、中国哲学史研究室、英美语文研究室、高分子研究室、昆虫生态研究室、水生生物研究室、光电子学研究室、电子计算中心、基本粒子研究小组、引力波探测小组、人疟防治科研小组、针麻科研小组、催化剂研究组、船模试验小组、加速器实验室、分析测试室）[④]。校外另有几十个协作单位。

“文革”期间，中山大学共承担激光、电子技术、造船设计与生产自动化、生物防治、作物育种、淡水养殖、水文、气象、地质、环境保护、高分子、激素、稀有金属、基本粒子理论等270多项科研任务。“到1976年，全校共产生科研成果240多项，它们大多与国防、生产联系密切。”[⑤] 如数力系师生研究的地下球壳结构计算，为工程设计提供了理论依据。有关部门运用这个数据进行地下薄壳结构建筑，使工程施工节省了25%～50%的钢材和其他建筑材料。物理系激光专业和生物系植生遗传教研室的师生，从1973年开始采用激光器对水稻开展遗传诱变育种的研究工作。经过几年的研究，诱变出一些具有早熟、株型较好、稻杆硬直、米质优良的水稻良种，许多地方试种都有增产，有的地方增产达30%以上。这些成果，有的达到国内、国际先进水平，有的填补

① 参见《中山大学教师队伍情况调查报告》（中山大学革命委员会，1976－4－30）。藏中山大学档案馆。

② 参见中山大学革命委员会：《中山大学理科科学研究情况汇报》，1973－6－6。藏中山大学档案馆。

③ 参见中山大学革命委员会：《中山大学理科科学研究情况汇报》，1973－6－6。藏中山大学档案馆。

④ 参见中山大学教育革命组：《在斗争中建立教学、生产、科研三结合的新体制》，1976－6；中山大学革命委员会：《中山大学科学研究机构设置情况表》，1975－9－26。藏中山大学档案馆。

⑤ 中山大学校史研究室：《中山大学七十年：1924－1994》，中山大学出版社1994年版，第38页。藏中山大学图书馆校史室。

了我国科学技术领域的空白，受到国家和部委及广东省的奖励。有24项成果获全国科学大会奖，有59项成果获广东省科学大会奖。编写出版了30多种专著和小册子，发表了学术论文134篇。东南亚历史研究室3年内完成了14项较有价值的科研任务，有近200万字。中文系古文字研究室在短短的几个月内，将搁置10多年的7批战国时期的楚竹简，研究整理出了两批，并完成了整个战国楚简汇编任务。[①]

1973年10月31日，广东省教育局批复同意恢复出版《中山大学学报》哲学社会科学版和自然科学版。1974年2月16日，国务院科教组（1974）科教高字38号文同意《中山大学学报》（哲学社会科学和自然科学版）公开发行。10月，中山大学革命委员会决定成立中山大学学报编辑委员会，并设中山大学学报编辑室作为编委会的日常工作机构。

这期间中山大学还对实验室进行了建设和改造。

"文化大革命"前，"中山大学理科5个系（化学、物理、数力、生物、地理）共有实验室81个，仪器设备9571件，价值560万元（1965年底统计）"[②]。工农兵学员进校前，由于几年停止上课，仪器设备疏于管理，有一部分丢失、损坏，加上几次体制变动、分系，基础课实验室的仪器设备散失较多，学员进校后，几乎不能开设实验课。后来对一些实验室进行了初步的整理，勉强供学员上部分实验课用，但仍有部分实验无法开设。1972年底结合清产核资工作，中山大学做了一些实验室的建设和改造工作，主要是：

修理了仪器设备500多台，制造仪器67台，示教板40多个。在这个基础上，1971、1972两年增添了价值66万元的必要仪器设备。到1972年底，已建设和正在建设76个实验室（包括文科原两个研究室），供教学、科研、生产之用。其中新建的有船舶试验水池、电子计算机室、卫星云图收报机室、水轮机试验台等。

为了适应"社会主义大学"的教学、科研、生产的要求，对原有实验室的建设方向进行了改造。整顿了实验室的管理制度，制订了仪器设备的管理、使用、维修等措施，实行校、系、专业三级民主管理。

中山大学的教职员工还积极开设各种课程并编印相关教材。到1972年底，全校开课197门（文科44门，理科153门），编写教材216种（文科58种，理科158种），其中已完成131门，约占60%。

到1976年，中山大学的校办工厂计有化学系的塑料厂、物理系的电子厂 金属厂、生物系的生化厂、学校办的机械厂等，共有固定职工193人，其中工人139人，干部13人，下厂教师35人，技术员6人。有党员33人，团员20人。厂房建筑面积共6150平方米。厂一级领导班子，除生化、金属两厂以外都基本配备。电子、生化两厂的供销已纳入有关主管部门的生产计划。作为校内"三结合"基地，各工厂接受工农兵学员进行半工半读、毕业实践和开展科学研究活动，次数和人数逐年增多[③]。从1971年起对外交流也开始逐步展开。"至1976年底，学校共接待了包括著名美籍华人科学家吴健

① 参见《中山大学教师队伍情况调查报告》（中山大学革命委员会，1976－4－30）。藏中山大学档案馆。

② 中山大学革委会教育革命组：《中山大学教育革命基本情况》，1972－11。藏中山大学档案馆。本节所用数据除特别注明以外，皆出于此。

③ 参见中山大学生产办：《关于校办工厂的情况汇报》，1976－9－4。藏中山大学档案馆。

雄、袁家骝、杨振宁在内的70多个国家和地区的来宾共383批4362人。”①

六

从1969年开始恢复办学到以后开展“教育革命”，以下问题比较突出：

一是在招生、学制方面。招收的学员由于主要是依靠群众和基层党组织推荐，因而文化基础较差，而且水平参差不齐，尽管国务院科教组在《关于高等院校1973年招生工作的意见》中强调要“重视文化考察，了解推荐对象掌握基础知识的状况和分析问题、解决问题的能力”，但这一要求并无严格的尺度，招生时难以掌握，招收的学员文化基础仍然高低悬殊。以1973年中山大学招收的学员为例：当年招收工农兵学员中高中文化程度占61%，初中文化程度占39%②。由于当时倡导“不让一个阶级兄弟掉队，一个人跟不上，全班人来帮”，由此造成教学上就低不就高；加上学制缩短，一个接一个的政治运动的干扰，课外学习时间很少，致使教学质量下降。

1975年10月，学校有1062名教师，占教职工总数48%。其中教授、副教授88人，占教师总数8.3%；讲师175人，占16.5%；教员22人，占2%；助教777人，占73.2%。其中，1949年以前大学毕业的教授、副教授68人，讲师33人，教员9人；1949年以后参加工作的393人，均无高级职称。在88位正副教授中，老年教师（男55岁，女50岁以上）占78人。无论从师资队伍的职称结构或者年龄结构看，都不合理。与“文革”前比较，教师虽然增加了249人，但教授、副教授却减少了29人，只是助教大幅度增加。所以从总体上看，教师的素质下降，师资力量大为减弱。在“教育革命”中，造诣深、教学经验丰富的教师被排斥在外（少数教师仍在干校进行体力劳动和经受审查和迫害），原有的系和教研组被撤销，同一专业和课程的教师被分散到各个连队，组成工人、农民、学员与教师三结合，教学、科研、生产三结合的基层单位，致使有关教师由于各自分散、孤立作战而无法互相沟通、切磋，不便于一起进行科研和教研活动，不便于研究工作和交流经验。由于把原有教师作为改造的对象，有的教师在课堂上对工农教员在讲课时出现的知识性错误予以纠正和补充，便立即有学员出大字报，提出“究竟谁改造谁”。学校领导抓住这个“典型”进行路线分析，认为这是资产阶级知识分子与工农教员争讲台，是对工农教员的刁难和排斥，是当前教学领域里两条路线斗争的深刻反映。于是发动群众，对该老师进行批判，气氛相当紧张，使不少教师一上讲台就提心吊胆。

当时宣传工农兵学员“上大学，管大学，用毛泽东思想改造大学”，学校为了发挥工农兵学员“上、管、改”的作用，建立了工农兵学员“五参”、“三评”的制度，即参加学校各级领导班子，参加讨论学校教改中的重大问题，参加制定教学计划，参加编写教材，参加备课；评教，评学，评领导。当时驻中山大学的工宣队还宣扬“工农兵学员是不戴胸章的工宣队员”，是来改造教师，改造学校的。这种不适当的看待学生和发挥学生作用的做法，不仅对学生是“捧杀”，而且造成领导与被领导的关系、教师与

① 中山大学校史研究室：《中山大学七十年：1924－1994》，中山大学出版社1994年版，第38页。藏中山大学图书馆校史室。

② 参见中山大学青工办：《一九七三年新学员数字》，1973年版。藏中山大学档案馆。

学生关系的紧张，也使教学管理乃至整个学校的管理很难达到应有水准，致使学校领导缺乏主动性，学生缺乏求知欲望。但是也有一些学员，很珍惜到中山大学学习的机会，尊敬老师，学习较为努力，毕业后取得了一定的成就。

在处理理论与实践的关系方面，片面强调“开门办学”，认为门开得越大越好，开门办学的点在全省范围内有如星罗棋布，师生下去要安营扎寨。实际上，门是开了，却没有真正的办学，过多的时间和经费花在旅途和办“点”上；更严重的后果是，教学秩序被打乱，基础理论被挤掉，学科体系被弄得支离破碎，教师业务荒疏，学生难于刻苦学习，教学质量严重下降。在教学指导思想上，错误地提出“以阶级斗争为主课”，以“大批判开路”“为现实斗争服务”。“朝阳农学院”经验出笼以后，更是提出要把学校办成无产阶级的政治大学，办成无产阶级专政的工具。而对原来行之有效的教学制度、教学内容、教学方法和考试制度，则扣上“反革命修正主义教育路线”产物的帽子，并一再提出要防止它“复辟”、“回潮”。有哪一位教师稍为多讲一些基础理论、基本知识，或者提出要进行闭卷考试，就被批判为“理论至上”、“复辟”、“回潮”，要“专工农兵学员的政”；教师积极钻研业务的空气不浓①。

第三节　再遭折腾

1971年周恩来总理提出要采取措施落实知识分子政策和恢复正常教学秩序，加强基础理论研究与教学。1972年10月，李嘉人被任命为中山大学党委副书记兼革委会副主任。1973年“军宣队”撤离学校，李嘉人被任命为中山大学党委书记兼革委会主任。在李嘉人主持下，学校废止了当时的厂系专业体制，原先的9个厂系17个专业连队变为11个系30个专业，文科原有的中文系保留，取消政治系，恢复哲学系、历史系和经济系，复办外语系；理科在原有的数学、物理、化学、生物、地理五系的基础上增办金属系。学校强调要“革新基础课的教学内容和方法，既要考虑针对性，又要考虑有一定的系统性”；对教学秩序也进行了整顿。但到1973年形势又发生逆转，加强基础理论研究和教学的做法受到批判。在“反击右倾翻案风”期间，李嘉人被调出中山大学。学校教育工作的混乱局面直至1976年10月才逐步改变。②

1976年10月，“文化大革命”结束，历史展开了新的一页，经过拨乱反正，终于雨过天晴，中山大学迎来了改革开放的新时期。

（执笔：宋婷婷）

① 中山大学调查组：《中山大学教师队伍基本状况》，1975-10-18。藏中山大学档案馆。

② 中山大学校史研究室：《中山大学七十年：1924—1994》，中山大学出版社1994年版，第38页。

第五章 “文革” 前的发展

1953年8月12日，华南医学院在广州正式成立，1956年9月，华南医学院改名为广州医学院，1957年3月，又改名为中山医学院，1985年6月，中山医学院改名为中山医科大学。

20世纪50年代前期，中山医学院在眼科、寄生虫科、肾脏病、病理学、生理学、儿科等方面都取得了较多科研成果，在血吸虫防治等方面更是取得了令人瞩目的成绩。

第一节 华南医学院的成立

1953年8月12日，华南医学院在广州正式成立。华南医学院有教师169人（其中后来被国家评定为一级教授的就有8人）、学生1206人，有两个教学医院，17个科室。华南医学院成立了院务委员会，全院工作由该会领导，杜国庠任主任，柯麟、周寿恺任副主任，谢志光、梁伯强为委员。

华南医学院，是由原中山大学医学院、岭南大学医学院和广东光华医学院合并而成。其历史沿革如下：

一、中山大学医学院

中山大学医学院前身为私立广东公医医学专门学校，该校创建于1909年春，创办人为潘佩如、钟宰全、李煜堂、黄砥江、李树芬、赵秀石等40余人，潘佩如为首任校长，学制四年，租赁广州西关十三里甫民房为校舍。次年，购置长堤天海楼兴建医院，并将学校迁至天海楼左邻潮音街口，租赁公理会房屋为校舍，聘任美国人达保罗为公医院院长。1917年改为学制五年。1918年3月学校迁至广州东郊三拱门外的百子岗、蟾蜍岗。1920年，潘佩如辞职，由李树芬任校长。1924年，学校改为广东公立医科大学，学制六年。1925年6月，广东国民政府发布命令，接管广东公立医科大学为广东大学医科。1926年，广东大学改名为中山大学，广东大学医科即正名为中山大学医学院，院长由当时的中山大学校长褚民谊兼任。抗日战争时期的1938年至1945年，中山大学医学院曾先后迁至广东罗定县、云南省澄江小西城以及广东南雄县、乐昌县、连县等地办学。1945年底迁回广州原校址。合校前有教职工623人，在校学生587人。

二、岭南大学医学院

岭南大学医学院前身之一为1866年在博济医院内所办的博济医学堂，创办人是美国医学博士嘉约翰。它是外国人在中国创办的第一所医院和医学校。博济医院办于1835年，是美国来华传教士伯驾（Parker）医师创建，他得到广东巨商伍敦元先生的捐助，在广州新豆栏街（今十三行）购得地皮一块，于当年11月建立专科性质眼科医院。这也是中国设立的第一所眼科医院。1855年伯驾回国，医院交由嘉约翰主持。1856年眼科医院遭大火焚毁。1858年嘉约翰于广州市南关增沙街重新建业开诊，后在今仁济路近海旁购得新址，于1865年重建医院，易名博济医院，并发展成为较为完整的综合医院。博济医学堂学制三年。1879年，博济医学堂改为博济医院附设南华学堂，并首招女生，开我国女子学医的先河。1879年改学制四年。1904年，该校改名为华南医学校。由于师资关系，该校曾于1908年、1911年两度停办。此期间博济医院照常开业。1931年，博济医院外籍人士将该院的管理权全部移交岭南大学校董事会。岭南大学于1901年至1912年曾办医学预科。1930年与博济医院商议联办医学院。

1886年孙中山以“逸仙”之名入南华医学堂学医一年，并从事革命活动。1935年，岭南大学校董事会鉴于孙中山先生对中国民主革命的贡献和与博济医院的密切关系，于11月2日由孙科主持，在博济医院举行建院100周年暨孙中山先生开始学医50周年纪念活动，与此同时，岭南大学以孙逸仙博士纪念医院命名的大楼举行奠基典礼。1936年，夏葛医学院协商并入岭南大学医学院。同年正式成立孙逸仙博士纪念医学院，为岭南大学所属学院之一，又称岭南大学医学院，学制六年，由黄雯任院长。抗日战争时期，该院曾先后迁至香港、广东曲江办学，1946年迁回广州。

岭南医学院设院长一名，主持学院行政，直接向大学负责。学院设一个院务会议为最高行政机构以检讨和决议各项院务。院务会议由各科主任、各教学医院院长及夏葛医学中心代表两名组成，学院院长任会议主席。院务会议下设：①常务会议所，执行院长决议和各项行政事宜。②人事委员会，辅助院长聘任及晋级事宜。学院设教务会议，由全体教员（含助教）组成，管理教务方面各项事宜。教务会议下设课程委员会、图书馆。附属医院是博济医院和夏葛医院，至合校前夕，教职工122人，学生426人。

三、广东光华医学院

1908年春，广东光华医学院始建于广东光华医学社，创办人为郑豪、陈子光、梁培基、左吉凡、叶芳甫、谭彬宜、池耀庭、王泽民、伍汉持、刘禄衡、邓肇初、苏道明、陈则参、高约翰、黄蔓庭、刘子威、梁晓初、左斗山等人。该校创办人士于1907年倡设光华医院并积极筹办医校，后得广州市五仙门关部前一幢土间大屋为校址，1908年3月正式成立光华医学社，学制四年，首任校长郑豪。1909年更名私立广东光华医学专门学校。1921年，在广州大东门外和尚岗扩建新校和医院，同年学制改为五年。1928年曾改名为私立广东光华医科大学。1929年南京国民政府正式核准该校立案命名为私立广东光华医学院，学制六年。抗日战争时期，该校迁至香港设立临时授课处。1946年3月又迁回广州原址办学。同年秋，在和尚岗的新校舍基本建成，校本部迁至新校舍办学。光华医学院原不分系，只设医科。1950 年开设牙科系，1952 年增设公共卫生专修科。合校前，光华医学院有职工 104 人，学生 324 人。

学院由院长领导，并对校董事会负责。组织系统分教务、总务两处。教务处下设注册、课务两组。总务处下设庶务、出纳、文书三组，直属董事会领导。各处、组各司其职，管理学校各项事宜。

1953 年，根据国家高等院校调整的精神，经中央文教委员会同意，原中山大学医学院、岭南大学医学院于 8 月 1 日先行合并。8 月 12 日，正式成立华南医学院，校址设立在原中山大学医学院内。华南医学院成立院务委员会，由当时的广东省文教厅厅长杜国庠任主任委员。1954 年 8 月 10 日，广东省文化教育委员会发出通知，华南医学院、广东光华医学院合并。同月 26 日，广东光华医学院校名宣布取消，三所院校调整合校全面完成。1955 年 2 月 1 日，广东省文化教育委员会宣布中央任命柯麟为华南医学院院长，同时撤销院务委员会。合并后的华南医学院名医荟萃，除了陈心陶（寄生虫学家，中国现代寄生虫学奠基人）、梁伯强（病理学家，中国现代病理学先驱，中国科学院学部委员）、林树模（生理学家）、谢志光（放射学家，中国放射学创始人之一）、钟世藩（儿科学家）、陈耀真（眼科学家，中国现代眼科学奠基人之一）、周寿恺（内科学家）等 8 位一级教授外，还聚集了毛文书（眼科学家）、罗潜（药理学家）、叶鹿鸣（解剖学家）、陈国桢（内科学家）、白施恩（微生物学家）、汤泽光（内科学家）、许天禄（组织胚胎学家）、邝公道（外科学家）、朱施晦（内科学家）等一批学术造诣高深、医术精湛、在医学界卓有影响的一流专家。1956 年，高等教育部、卫生部统一全国高等医学院校名称，以所在地省或市命名。9 月 1 日，华南医学院改称广州医学院。为纪念孙中山先生，经高等教育部、卫生部报国务院批复同意，1957 年 3 月 12 日，该校改名为中山医学院。1961 年中山医学院被定为卫生部属全国重点高等医科院校。

中山医学院（医科大学）沿革简图如下：

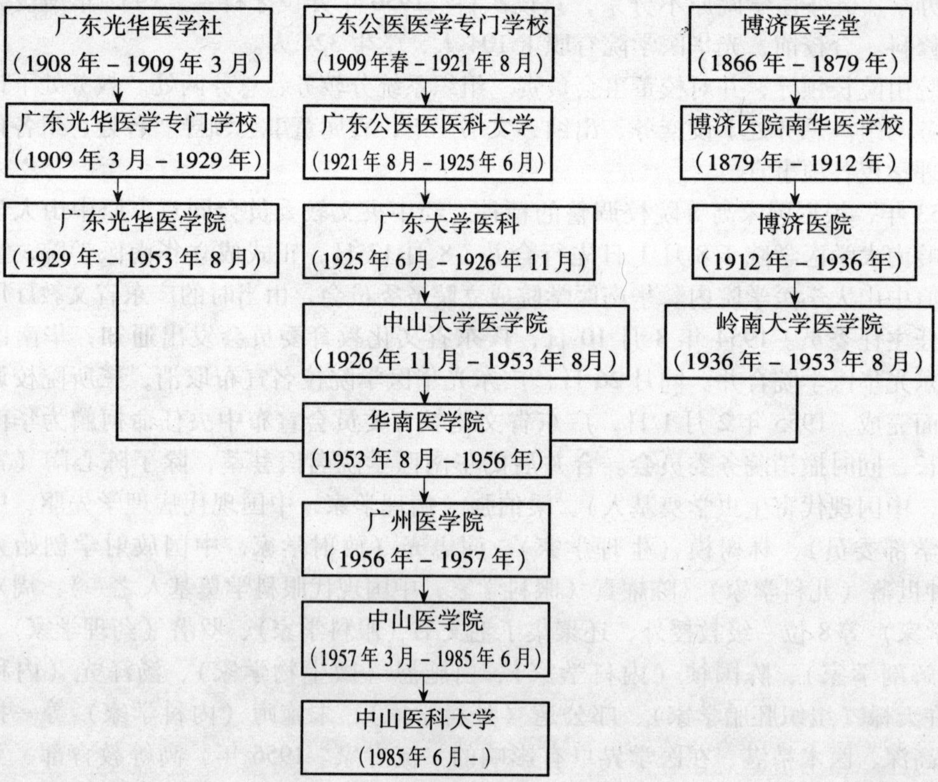

中山大学医学院历任院长①

姓名	任职时间
褚民谊（兼）	1925 年 7 月—1927 年 3 月
陈元喜	1927 年 3 月—1928 年 2 月
古底克	1928 年 2 月—1933 年 7 月
马　丁	1933 年 7 月—1934 年 7 月
刘　璟	1934 年 7 月—1935 年 1 月
左维明	1935 年 1 月—1935 年 4 月
刘祖霞	1935 年 4 月—1937 年 6 月
梁伯强	1937 年 7 月—1938 年 1 月
张梦石	1938 年 1 月—1939 年 9 月
李　挺	1939 年 10 月—1940 年 7 月
李雨生	1940 年 7 月—1945 年 3 月
罗　潜	1945 年 3 月—1945 年 12 月
黄榕增	1945 年 12 月—1947 年 8 月
陈翼平	1947 年 8 月—1948 年 3 月

① 《中山医科大学》(1866—1996)，第 14 ~ 15 页。藏中山大学档案馆。

续上表

姓名	任职时间
梁伯强	1948 年 3 月—1949 年 7 月
刘　璟	1949 年 7 月—1950 年 12 月
李仕梅	1950 年 12 月—1951 年 3 月
柯　麟	1951 年 3 月—1953 年 7 月

岭南大学医学院历任院长①

姓名	任职时间
黄　雯	1936 年—1939 年
林树模	1939 年—1944 年
马汝庄	1945 年—1946 年
李挺安	1946 年—1948 年
汤泽光	1948 年—1949 年 3 月
许天禄	1949 年 3 月—1949 年 9 月
汤泽光	1949 年 9 月—1951 年
谢志光	1951 年—1952 年
周寿恺	1952 年—1953 年 7 月

广东光华医院历任院长②

姓名	任职时间
郑　豪	1909 年初—1931 年秋
左达明	1931 年秋—1932 年 11 月
陈衍芬	1932 年 11 月—1945 年
张勇斌	1946 年春—1949 年
黎启康	1950 年—1953 年

1953 年后历任主要领导③

领导人	任职时间
主任：杜国庠 副主任：柯麟、周寿恺（后柯麟主持院长工作）	1953 年 8 月—1956 年（成立第一届院务委员会）
柯　麟	1957 年—1966 年
李福海	1976 年 2 月—1980 年 5 月

① 《中山医科大学》（1866—1996），第 14～15 页。藏中山大学档案馆。
② 《中山医科大学》（1866—1996），第 14～15 页。藏中山大学档案馆。
③ 《中山医科大学》（1866—1996），第 14～15 页。藏中山大学档案馆。

续上表

领导人	任职时间
柯　麟	1980年5月—1984年4月
彭文伟	1984年5月—1990年8月
卢光启	1990年8月—1996年1月
黄洁夫	1996年1月—2001年10月

（执笔：邓伟）

第二节　组织系统及学校规模

1958年夏，医学院将学制改为六年制。同年，学校分别在湛江和佛山创立分院，学制三年，主要培养专修学生。1958年7月，广州市高等学校1958年度先进工作者代表大会举行，中山医学院寄生虫学教研组主任陈心陶教授参加了该会。1960年，中山医学院被国务院评定为全国64所重点大学之一。1961年，中山医学院被定为卫生部属全国重点高等医科院校，1978年被教育部确定为全国88所重点大学之一①。1963年10月，中山医学院举行校庆纪念大会，谢志光、梁伯强、林树模、陈心陶、陈耀真、秦光煜、钟世藩等11位参加教学工作30年以上的教师受到表彰。

1955年2月，医学院实行院务委员会集体领导制。合校后至1959年前，学院实行党委领导下的院长负责制。柯麟任学院院长兼党委书记，刘志明任党委第一副书记。1959年至1966年，学院实行党领导下的院务委员会负责制。院务委员会是学院最高行政领导机构，下设教学委员会、科学委员会、医院管理委员会、编辑委员会。第一届院务委员会主席为柯麟，院务委员包括董岳林、廖适生、何天骐、林树模，邓锡谷、柯麟、刘志明、周寿恺、汤泽光、梁伯强、黄明一、蔡纪辕、黄文康、卓大宏、梁绍仁、李仕梅、王季甫、梁昭、黄叔�、钟之英、陈心陶、王成恩、冯十章、黄巽、朱志和、曾省、秦光煜、谢志光、陈瑞元、朱师晦、林友梅、郑惠国、许天禄、廖亚平、林剑鹏、陈国桢、钟世藩、林伯荣、毛文书、黄绮文、邝公道、陈耀真、麦嘉秉、罗潜、许鹏程、彭文伟等。

20世纪50年代合校之初，全校分学院本部、附属第一医院、附属第二医院及护士学校四大部分。学院本部下设教学与研究的基础科、医前期、医临床等25个学科，共有教学人员249人（教授34人，副教授15人，讲师43人，助教157人），行政、技术人员、工人共253人，学生1309人。

1964年，医学院职工总人数为2894人；1966年“文化大革命”爆发前，全院学生2594人，研究生39人，教师465人，教研组31个。学院建筑面积16万平方米。1970年下放由广东省管理时，全院总人数为2877人，4间附属医院床位总数为1782

① 《中山医科大学组织沿革（1866—1990）》。本章数据、资料除特别注明外，皆出于此。

张，固定资产 17097452 元，土地 489 亩。教学和科研、医疗用房面积 136353 平方米，职工宿舍建筑面积 32330 平方米①。固定资产列表如下：

中山医学院固定资产表②

部门固定资产金额(元)		其中:土地(亩)	事业用房建筑面积（平方米）	职工住宅建筑面积（平方米）
全院总数	17,097,452.72	554	135,877	32,718
院本部	72,909,548	308	57,747	13,621
第一附属医院	6,246,111.77	100	32,060	8,684
第二附属医院	2,454,641.71	21	21,998	5,417
第三附属医院				
肿瘤医院	1,004,745.68	44	11,474	3,035
眼科医院	182,405.56	16	6,995	530
连县教学基地	37	1,735	1,031	
石坳教学基地				
	28	3,868	388	

（执笔：邓伟）

第三节　教学与科研

从 20 世纪 50 年代开始，政治运动连绵不断，为数不少的学院教授在 1957 年的反右派斗争中被当作右派受到冲击；1959 年“反右倾”斗争的政治风也吹到了医学院。学校曾经如此规定：一般的学生和教师，必须参与每周的政治课，党委书记、党员、院长以上的干部，每天必须参加省里的检查批判，回来后领导学院党委的反右倾运动；党委委员、总支书记、处长以上的党员干部每天必须在党委扩大会上检查批判；总支委员、科级党员干部和支部书记每星期必须参加 4～6 个单位时间的检查批判。全校从上到下都在与一切右倾机会主义和资产阶级个人主义思想作斗争。1960 年 4 月，广东省的“三反运动”开始，中山医学院也不可避免地卷入此项运动之中。全体行政干部和 95% 的职工参加了此次运动，群众充分利用大字报，组织了 3 次大的鸣放、坦白检举活动。《高教六十条》颁布和推行之后，学院的情况有所好转，但是随后的“四清运动”又一次将其破坏。

尽管如此，中山医学院这一段时期内教学活动也并未完全停止。1961 年至 1962 学年，医学院根据中央指示招收了 412 名学生，这些学生是从第一志愿 3600 多名学生中

① 中山医学院革委会：《中山医学院概况及体制下放后情况汇报》。藏中山大学档案馆。
② 中山医学院革委会：《中山医学院概况及体制下放后情况汇报》。藏中山大学档案馆。

录取的，录取比例高达1:9，入学成绩均在300分以上（五门），其中，300～349分之间的人数占50.25%，350～374之间的人占28.39%，375～399之间的人占17.23%，400～424之间的人占3.63%，425～449分之间的人占0.5%。其中，男生占61.4%，女生占38.6%。党员、团员占新生总数的47%。全部学生均在广东各考区，但以广州、汕头、江门、兴宁等区录取比例较高。此学年入学的新生，五门课程的考试成绩极不协调。政治平均分较好，及格率高达99%，80分以上的占39%；化学的及格率也达到了99%，80分以上的占41.6%，生物不及格者占9.3%，80分以上的占36.56%。语文和物理比较差，前者不及格率达26.5%，80分以上亦不超过8.8%，后者不及格率高达58%，58%中33.8%的成绩在50分以下，80分以上占5.9%。学生入学后进行了英语考试，成绩尚可，不及格率为11.7%，学生中一半是英语，一半是俄语。学校针对这种情况，在执行全国教育计划的基础上，采取了相应措施。计划以新生入学的两周为预备周，做好如下事情：①教育方针和专业思想培养；②学习守则和学生学习方法的教育；③专业课必要的基础知识的补习与巩固，统一外语发音，等等。预备周之后转入正轨。学校还投入资金购置了教学设备，包括玻璃仪器17.99万元，化学试剂11.9万元，实验动物6.5万元，电工材料等2万元，基本确保了教学计划，但基本器具以及实验材料仍未能得到很好的解决。

生产劳动方面。学校计划安排5周劳动时间，集中劳动4周，分散1周。五年级毕业生的一年实习期内，下基层锻炼8周；一二三年级以农业体力劳动为主，分别安排在广东农忙时节，四年级则安排在广东省的集中除害灭病活动时期，即每年的1月22日至2月17日间。这样，既不影响教学活动，又使学生达到了锻炼的效果。1962年至1963学年，医学院招生400名（其中广东300名，广西40名，湖北、湖南各30名），男生约占全体人数的66.84%，女生约占33.16%。这一年的新生入学平均总分473（六门），每科平均79，各门课程平均分：外语85.26，生物83.91，物理79.1，化学77.49，语文66.7，政治80.3。考生来源较以前广泛，考生的成绩也相对有所提高。

师资力量的安排也较以前合理。基础、前期课程中有12名教授直接参与，其他课程也由一些经验丰富的讲师担任，还安排了一些老教授亲手指导学生的实验课。实验设备也较以前有所改善，实验室增购50台显微镜。

为了更好的提高教学质量，学校执行了较为严格的考试考查制度，据统计，此学年需要补考的学生达416名（补生理的122名，补生化的109名），留级的34名，四科以上不及格进行退学处理的20名。1964年至1965学年，医学院录取了414名新生。考生来自广东、广西、湖南、湖北、江西福建等省，其中广东考区3000人左右，成绩较好，第一志愿符合录取标准的达660多人，最后录取了321名。福建考生质量也较好，第一志愿符合录取标准的达379人，最后录取了40名，总平均成绩72分。所有新生中，男生占67.15%，女生占32.85%，其中，团员占43%。此年新生身体健康方面也比往年要好。

研究生培养工作方面。医学院自1955年开始接受中央委托培养研究生任务以来，除1957年至1958年以外，每年均招收一定数量的研究生。1955年至1962年，先后共有86名学生入学，其中在职研究生31人，因种种原因退学者15名。这些研究生由24名导师分别培养。

1961年，教育部颁布《教育部直属高等学校暂行工作条例》。在其精神的指导下，学校对相关制度进行了调整和完善。其措施有：制定了培养研究生工作条例，建立比以前稳定的教学秩序；坚决执行“宁少勿滥”原则，审查全部在校研究生，对一些条件较差、经过努力仍然不能达到培养标准的研究生作出退学处理；提出“全面动员，自愿报名，学院审查，导师同意，严格考试”几个要求，提高研究生入学的门槛；严肃研究生考试和考核制度，初步形成答辩制度。专业方面，除了要求学生对基本理论与基本操作熟识之外，还强调他们的实际操作能力。外文方面，要求每人至少熟悉一门外语，能熟练阅读及翻译专业书刊。个别外文基础好的学生可以选修第二外国语；要求师生之间多交流，导师要启发诱导，因材施教，培养学生独立思考独立工作能力，学生要克服害怕的心理，主动自觉地向老师求教。1962 年至 1963 年，学校根据教育部指示招收研究生 25 名，应考学生共 31 名，最后录取 18 名，分布在药理、生化、内科、眼科、儿科等专业。

20 世纪 50 年代前期，中山医学院在血吸虫防治、器官移植等方面取得了领先全国的成绩。陈心陶教授一直关注血吸虫防治的研究，从 1951 年开始，他深入疫区，调查研究，进行科学实验。在发现与确定广东省血吸虫病的流行之后，连续奋战了 20 年，摸清了广东省钉螺的生态、生理、人体防护、血吸虫病流行情况、规律与特点，对血吸虫病的诊断、治疗等方面都进行了研究。1952 年，陈心陶通过对广大地区的现场考察，对重点地区的调查与实验资料的分析，不仅摸清了患血吸虫病人的数目，确定了疫区的范围，还对血吸虫的中间宿主钉螺的生态学进行了实验室及现场观察和试验，掌握了华南地区钉螺的分布、生长周期、活动情况等形态规律以及各种环境和水源的感染性差异与季节波动的情况及其与血吸虫病的关系等等，提出了一整套从控制流行到消灭的战略计划和综合治理措施，使广东省成为中国第一批达到基本消灭血吸虫病，并能巩固成效的省份。

1959 年，陈心陶教授发现了斯氏并殖吸虫，现已被证实是在中国广泛流行的另一种类型的肺吸虫病的病原。

1955 年 8 月，陈耀真教授开始招收和培养中国第一批眼科研究生。1962 年，受国家委托，陈耀真担任中国第一部全国高等医学院校通用教材《眼科学》主编（1963 年，《眼科学》由人民卫生出版社出版）。1964 年，中华医学会眼科学会成立了《眼科全书》编辑委员会，陈耀真和其他 10 名编委，共同编写了中国第一套眼科全书。1965 年他和夫人——著名的眼科教授毛文书创办和主持了中国高等医学院校第一间规模最大的眼科医院。

1959 年李仕梅教授在中山医学院筹建了中国第一个肾脏病专业，进行了国内首例肠道透析治疗慢性肾脏功能不全，首例腹膜透析，首例肾脏活体组织检查，广东首例肾器官移植，并取得了成功。1963 年李仕梅教授主持编写了中国第一部肾脏病学专著《临床肾脏病学》。

除了眼科、寄生虫科、肾脏病科之外，中山医科学院在病理学、生理学、儿科等方面也取得了丰硕成果。

（执笔：黄凰）

第六章　遭遇“文革”

1966年，“文化大革命”爆发，波及中山医学院，使学校的教学、科研等各方面都受到冲击。

第一节　黑云压城

1966年，“文化大革命”开始，6月20日，中共广东省委复文批准成立中山医学院文化大革命领导小组，以领导学院的运动工作，李静阳任组长，黄文康、王凤云任副组长。7月，党委第一书记柯麟和副书记兼院长刘志明被撤销党内外职务，停职反省。12月19日，广东省委对李静阳作停职反省处理[①]。1968年8月，工人毛泽东思想宣传队和解放军毛泽东思想宣传队进驻学院，对学院实行军事管制。1968年9月27日，广东省革命委员会同意成立中山医学院革命委员会。9月29日，革委会成立，李静阳任主任。革委会内设办事组、政工组、教育革命组、总务组等。以后形成了党委革委会合二为一的“一元化领导”体制。革委会成立初期，曾在各年级，以及药理寄生、生理生化、病理、放射、卫生、微生物、科研、幼儿园、教材厂等部门成立革命领导小组。各年级一度采用军事编制，先以营、连、排、班，后以大队、中队、班编制。1968年11月，孙金榜继李静阳任院革委会主任。

革委会成立后，中山医学院开始“清理阶级队伍”。遵照毛泽东“广大干部下放劳动”的指示，学院大批干部、教师到三水干校参加劳动，在“三大革命运动”中接受“再教育”。1969年1月，经革委会研究决定，学院除留部分专案人员负责学生专案和个别对象的专案审查外，其余专案组都随干部下放到干校开展工作，并于1969年2月初成立了在革委会领导下的清理队伍工作领导小组。

1970年3月，广东省革命委员会通知中山医学院成立“五七”干校。大批干部先后到设于广东省英德县、连南县、连山县等地的干校“劳动锻炼”、“接受再教育”。1971年，在校总人数为186名，其中讲师29名，助教30名，工人5名，技术员26名，党政工作人员（包括挂号员、幼儿园教师等）96名。1970年从三水县的南边迁往连山县后，干校共有140亩土地（水田55亩、旱田40亩、菜地等45亩），并开办了肥料厂，与附近大队合办了一个中草药厂。干校主要种植水稻、花生、蔬菜和养猪，水稻亩

① 参见中山医学院革命委员会：《中山医学院概况及体制下放后情况汇报》，1975-6-2，院革字（75）第41号，藏中山大学档案馆。本段所用数据除特别注明以外，皆出于此。

产500斤，花生亩产150斤，养猪80头。到1971年，已基本做到油、菜、肉自给①。

根据广东省革委会的部署，1970年2月中旬起至年底，中山医学院开展了“一打三反”（打击现行反革命活动，反对贪污盗窃、投机倒把、铺张浪费）和清查“五·一六”（文革时期，北京一度存在一个名为“首都五·一六红卫兵团”的小组织）的运动。

（执笔：宋婷婷）

第二节 “卫生革命”

20世纪60年代后期，学校开始“开门办学”，创办“新医班”。

1968年10月，全院1400多名师生徒步行军半个月，分别到惠阳专区5个县、11个公社、112个大队、1000多户贫下中农家里插队落户，“接受贫下中农再教育”，迈开“开门办学”的第一步②。1969年6月，学院又把经过插队落户锻炼了半年多的师生转点到4个专区，36个县、市的县医院、卫生院、卫生所去，采取校院挂钩（即学院与基层医疗单位挂钩）和巡回医教（即送医送药上门）相结合的形式，扎根农村，继续开展“教育革命”。11月，1969级师生又到肇庆等17个专区、县以下卫生院进行“教育革命”，历时6个月。1969年5月，中山医学院在博罗县石坳村创办了“工农试点班”——“新医班”，坚持政治建校，开设了12门业务课，摸索出一套中西医医教、基础、临床三结合的教学法。还修建了校舍，办起了土药厂、土医院，开辟了菜地、药圃，把石坳建设成了教学、防治、科研、生产四结合的基地。1970年5月和8月，“新医班”65名工农学员和1200多名学生先后毕业，奔赴全国15个省市的工矿、农村、山区、边疆等防治疾病的第一线。

“文化大革命”前，医学院设有基础部及4间附属医院（一院、二院、肿瘤、眼科）、1间研究所（肿瘤研究所）、5间研究室（寄生虫、眼科、药理、神经系统实验形态、病理形态）、1所护士学校、连县医专及后方基地③。

1970年下放由广东省管理时，全院总人数2877人，4间附属医院床位总数为1782张，固定资产共17097452元，土地489亩，教学和医疗、科研事业用房建筑面积136353平方米，职工宿舍建筑面积32330平方米④。

1970年6月，医学院普通班招生开课，以“自愿报名，群众推荐，领导批准，学

① 参见中山医学院革命委员会：《中山医学院基本情况汇报》，1971-4-9。藏中山大学档案馆。

② 参见中山医学院革委会：《中山医学院斗、批、改概况介绍》，1970-9-19；中山医学院革命委员会：《中山医学院一九七O年工作总结》，院党字（71）第003号，中山大学档案馆。本段所用数据除特别注明以外，皆出于此。

③ 参见中山医学院革命委员会：《中山医学院概况及体制下放后情况汇报》，1975-6-2，院革字（75）第41号。藏中山大学档案馆。

④ 参见中山医学院革命委员会：《中山医学院概况及体制下放后情况汇报》，1975-6-2，院革字（75）第41号。藏中山大学档案馆。

校复审”的方式招收工农兵学员，共招收二年制和三年制普通班学员1248名。其中解放军334人，工人104人，赤脚医生112人，护士64人，知识青年348人，其他322人。男783人，女458人。25岁以下990人。党员514人，团员497人，群众230人。省、市（区）地、县积极分子297人，五好战士235人。工人104人，贫下中农812人，革干、革军136人，其他劳动者172人，“剥削阶级”17人。小学学历73人，初中学历688人，高中学历479人，大学学历1人①。

这次办学的基本情况为②：

组织形式方面：医学院废除旧的教研组和年级的教学体制，按解放军建制，建立教学营、连、排、班的教学体制。担任教学工作的教师和行政干部编入教学连队。“支部建在连上”，支部对连队实行一元化领导。连队的共青团、红卫兵组织，在党支部领导下开展工作。简言之，学生以教学大队、中队、班建制，教师按专业课程编为教学小组，教师任课期间编入教学中队。

学制方面：曾先后定为两年、三年、三年半。

专业设置和课程安排方面：“课程设置要精简”“学生以学为主，兼学别样”，设置毛泽东思想教育课（占总学时20%），劳动课（占10%），军事课（占5%），医学专业课（65%）。其中医学专业课开设12门课程：中医学基本理论、医学理化基础、正常人体学、疾病学基础、诊断学基础、治疗学基础、卫生防疫学、五官科学、内儿科学、外科学、妇产科学、制药学。外文暂定为选修课。各门课程内容坚决贯彻中西医结合。

教学安排方面：全年教学时间48周。农忙假4周。每天按6学时安排教学活动。3年中，第一学年前半年是政治建校教育、军事训练、部分医学基础课、下乡巡回医教；后半年学完医学基础课。第二学年和第三学年学习卫生防疫学和临床各科。采取在农村教学基地边干边学和回到学院各附属医院学习的办法进行学习。

教学方法主要有四个特点：一是采取实践——理论——实践多次反复，由浅入深，分段进行的教学法。除必要的理论知识，密切结合实际进行系统讲授外，主要采取在实践中学习提高。在适当时进行总结，把学到的知识系统化、条理化。二是精讲多练，提倡自学和讨论，注意培养学生思考、分析、批判和独立工作能力。三是破除师道尊严的传统，开展“官教兵、兵教官、兵教兵”以及评教评学活动。四是采取“请进来、走出去”的形式。1971年聘请工农兵兼职教师307人，兼职的形式是根据需要临时任课。

这次办学的教学基地主要有：附属医院4间，其中综合性医院2间，专科医院（眼科、肿瘤）2间；广州市教学医院5间；校办农村教学基地2个。共有床位50床，医务人员20名；在13个县（市）建立了固定的校社挂钩教学基地。

考核方式：学校强调建立“无产阶级新型考核制度”，以检查和提高“教”和“学”的效果。针对不同学科的特点，用不同的考核形式：毛泽东思想教育课主要通过讲用会进行评定，医学专业课主要通过开卷考试、实际操作和病例讨论等方法进行民主评定。在毕业分配方面，采取回原单位和国家统一分配相结合的原则。到1976年10月止，医学院共培养了1835名工农兵学员。

① 参见中山医学院革命委员会：《中山医学院基本情况汇报》，1971－4－9。藏中山大学档案馆。

② 参见中山医学院革命委员会：《中山医学院教育大纲（草案）》，1971－3－2。藏中山大学档案馆。

1970年以来，医院举办了护士班，学制一年，每年招生200名，学生来源于广州市应届初中毕业生。

专科或专题进修班情况：采取短期培训的形式，1970年至1971年组织医疗队走出去，配合有关单位举办各种类型的培训班、进修班225期，培训了3300名赤脚医生和979名工人红医、外科手术人员和肿瘤防治员。另外，4间附属医院每年接受培训进修生172名。1970年至1975年，医学院培养了各科进修生1706名，举办了148期短训班。1974年，医学院增设口腔专业。1975年，医学院学习朝阳农学院，把学校分散到农村办，设立了中山医学院石坳分院和连县分院，招收了401名以赤脚医生为主要对象的学员，并协助博罗县举办函授教育，培训学员250人。①

随着"教育革命"的深入，医学院还在此时开展了"卫生革命"，决定"把医疗卫生工作的重点放到农村去"。各附属医院派出的卫生工作队在农村宣传党的方针政策，宣传防病治病知识，开展计划生育，培训赤脚医生和当地基层卫生人员，开展中西医结合。各附属医院采取巡回医疗，组织有经验的医生为基层医务人员、赤脚医生作专题讲座，和工厂、郊区农村挂钩，定期巡诊，开展防病治病工作等多种形式，组织大批医务人员到农村去，为贫下中农服务。1972年，医学院增设了第三附属医院。到1975年，医学院设有医学和口腔两个专业，有院本部（包括机关、基础部、三间校办工厂）、3个分院（石坳、连县、梅县）、5间附属医院（一院、二院、三院、肿瘤、眼科）、1个研究所（肿瘤研究所）、5个研究室（眼科、药理、寄生虫、病理形态、针灸原理）、1个护训班、1个校办农场、3间校办工厂（即院本部的药厂、科仪厂、教材厂），开门办学的农村教学基地共20个县市50个点。1976年学院开办了口腔系、卫生系、药学系。

（执笔：宋婷婷）

第三节　逆境中的科研

"文革"期间，尽管知识分子遭受到林彪、江青反革命集团的迫害，但仍有一些专家教授和医护工作者、革命干部不顾处境艰难，坚守工作岗位，为人民建康和医学的发展进步顽强地顶住压力，设法继续自己的医学科学研究和实践。

到1973年，全院共组成了49个科研小组，科研题目增长72、6%，并把重点力量放在承担国家和省的重点科研项目上，组织有23个教研组、医疗科室，包括33个科研小组参加。结合生产，校办药厂研究毛冬青的工艺流程，附属科仪厂研制X光球管；结合教学，部分工农兵学员结合农村巡回医教，参加麻风普查的群众运动。②

医学院鼻咽癌防治研究人员，自1970年以来在广东省中山、濂江等5个县的广大

① 参见中山医学院革命委员会：《中山医学院基本情况汇报》，1971-4-9。藏中山大学档案馆。

② 参见《中山医学院一九七三年科研工作情况汇报》（中山医学院革命委员会，1973-12-5，院革字（73）第155号），藏中山大学档案馆。以下所用数据除特别注明以外，皆出于此。

农村进行了43万人口的肿瘤普查，摸清了这些地区肿瘤的发病情况，并发现了大批早期鼻咽癌病人，将早期诊断率提高了六七倍，并通过治疗，使一批患者恢复了全劳动力或半劳动力。在病因学方面提供了研究炎症增生与癌前病变关系的大量材料，在病毒病因、化学致癌和遗传因素的研究上，填补了我国这方面的空白。医学院肿瘤医院的医务人员，长期在中山县设防治点，和县一起培养肿瘤防治专业队伍，先后办公社以上肿瘤骨干学习班共六期，以及通过两次肿瘤普查，共培训了防治肿瘤专业队伍600多人和一大批初步掌握防治肿瘤知识的基层技术力量。到1973年，中山县县级医院设有肿瘤科，公社卫生院有肿瘤医生，大队有一二名治疗肿瘤的赤脚医生，初步建成肿瘤防治网，建立恶性肿瘤登记制度。1973年8月，卫生部在广州召开全国鼻咽癌流行病学与病因学座谈会，会议代表到中山县防治点参观，并认为这是全国3个较好的肿瘤防治点之一。此外，1975年医学院两次派小分队到潮阳县农村，共做了疝修补针麻手术360例，优良率占70%，受到全国针麻疝手术协作组的好评。医学院从1975年8月起先后到斗门等10多个县举办赤脚医生及医务人员蛇伤防治班，把蛇伤防治知识普及到基层。到1976年为止，参加学习的基层医务人员共2007人。医务人员通过到农村巡回，参加当地蛇伤抢救，还进一步验证了医学院的7118蛇药。两年时间，共治疗了109例蛇伤病人。

在科研队伍建设方面，医学院实行兼职与专职相结合的办法，以兼职科研人员为主，实行老、中、青相结合，注意改造原有科研队伍，并发挥老教师的一技之长。对于有科研经验和技术专长的知识分子，按照各人不同情况，安排适当工作。到1973年，已安排参加教学、医疗、科研工作的知识分子达98.2%，条件较好的安排担任教研组正、副主任，其中37名是正、副教授，占正、副教授总数的57.5%。医学院参加科研的教师占21.4%，基础课教师参加科研的有169名，占基础课教师总人数的65%。据1973年科研工作总结统计，医学院专职科研人员共35人（科研人员19人，工人、技术人员16人），兼职科研人员273人（教师或医生218人，工人、技术人员55人）。

在科研专门机构方面，医学院整顿科研机构，加强组织协作。根据全国科技会议纪要精神，经过调查研究和整顿，医学院于1973年恢复肿瘤研究所和眼科研究室，专职科研人员全部归队，兼职人员重新确定。农村教学基地的建设，农村基层医疗单位的兼职教师，除了承担教学任务，也与医学院共同开展科学实验。

所取得的科研成果主要有：

1972年，第一附属医院的梅骅教授与北京友谊医院的于惠元教授和侯宗昌教授合作，成功实施了我国第一例亲属肾移植手术，开创了我国器官移植领域的新纪元。1975年，第一附属医院和市内7个单位协作，研制成功中国第一台主动脉气囊反搏器，并首次在中国应用于临床，取得了良好的效果。仪器的性能达到了世界先进水平，有些技术指标超过国外产品。

1975年10月22日至29日，医学院病理教研组主任宗永生、肿瘤医院头颈科主任李振权，代表我国出席了世界卫生组织在菲律宾召开的西太平洋地区癌症控制会议[①]。

① 参见中山医学院革命委员会：《中山医学院医学科研人员代表我国出席世界卫生组织西太平洋地区癌症控制会议的情况报告》，1976-2-6，院革字（76）第14号。藏中山大学档案馆。

医学院还负担了到几内亚的出国医疗队任务[①]。

到1975年止，医学院承担国家和广东省的科研课题共73个，包括肿瘤、鼻咽癌、冠心病、肾脏病治疗、针麻、断肢再植、蛇毒蛇药、血吸虫病、蛘虫病、神经再生、内分泌、烧伤、中草药、慢性气管炎、计划生育、环境保护、疟疾等方面的研究[②]。

（执笔：宋婷婷）

① 参见中山医学院革命委员会：《中山医学院概况及体制下放后情况汇报》，1975－6－2，院革字（75）第41号。藏中山大学档案馆。

② 参见中山医学院革命委员会：《中山医学院概况及体制下放后情况汇报》，1975－6－2，院革字（75）第41号。藏中山大学档案馆。

第五编 云开雾散 康庄大道

（1976—2001）

第一章　好雨知时节

1976年“文化大革命”结束。1977年，中国共产党第十一次全国代表大会召开。这次大会提出，到20世纪末，要把中国建设成为社会主义现代化强国。1978年，党的第十一届三中全会召开，会议一致同意，从1979年起，全党的工作重点转移到社会主义现代化建设上来。1978年12月29日，《人民日报》发表《解放思想，实事求是》的社论。

从“文革”结束到党的十一届三中全会前后，同其他战线一样，经过揭批“四人帮”，拨乱反正和真理标准的讨论，人们从“文革”时期的思想束缚之下解放出来，科学、教育和文化战线开始重新走上正常的发展轨道。“文革”结束不久，邓小平负责分管科学和教育工作，在他的直接领导下，首先从科学和教育开始拨乱反正。1977年5月24日，邓小平在和中央两位领导同志的谈话中指出：“我们要实现现代化，关键是科学技术要能上去。发展科学技术，不抓教育不行。靠空讲不能实现现代化，必须有知识，有人才。”“一定要在党内造成一种空气：尊重知识，尊重人才”。① 1977年8月4日至8日，中共中央在北京邀请了30多位著名科学家和教育工作者座谈，调查研究科学和教育问题。座谈会结束时，邓小平作了《关于科学和教育工作的几点意见》的讲话。邓小平说，建国以后17年，教育战线和科研战线一样，主导方面是红线。17年中，绝大多数知识分子，在党的正确领导下，辛勤劳动，努力工作，取得了很大成绩。邓小平针对现状，强调要特别注意调动教育工作者的积极性，尊重教师。

1977年8月13日至9月25日，教育部在北京召开了全国高等学校招生工作会议，会议确定并经国务院批准，从1977年起，高等学校招生制度实行改革。1978年3月到4月间，中共中央和国务院先后召开了全国科学大会和教育工作会议。邓小平在会上讲话，阐明了科学技术在社会发展中的地位和作用。邓小平指出了在中国提高教育质量和科学文化水平，造就更宏大的科学技术队伍的必要性，强调教育事业必须和国民经济发展的要求相适应。1978年10月10日至11月14日，中共中央组织部分批召开落实党的知识分子政策座谈会。11月3日，中组部发出《关于落实党的知识分子政策的几点意见》。各地区各部门，开始逐步落实知识分子政策。②

中山大学根据党中央的精神，认真进行拨乱反正，总结“文革”十年的惨痛教训，逐步恢复正常的教学秩序。同时，学校抓住国家经济发展的机遇，充分利用学校处于广

① 邓小平：《尊重知识，尊重人才》（1977年5月24日），见张树军、高新民：《中共十一届三中全会历史档案》（上），中国经济出版社1998年版，第389～390页。

② 黄见秋：《科学教育工作重新走上正轨》，见张树军、高新民：《中共十一届三中全会历史档案》（上），中国经济出版社1998年版，第384～388页。

州改革开放前沿、毗邻港澳地区以及与海外联系紧密的有利条件，立足教学和科研，注重学校的人才培养和科学研究，为国家和广东地区的经济发展服务，积极探索，逐渐走上快速发展之路，翻开了学校发展史上崭新的一页。

第一节　新的一页

一

1976 年 10 月，“文化大革命”结束。12 月 1 日，工人毛泽东思想宣传队离开中山大学。

中山大学根据党中央的部署，落实党的有关政策，进行了拨乱反正的工作。1978 年 7 月 27 日，学校召开落实党的政策大会，校党委在会上宣布《关于推翻在“清队”、“一打三反”运动中所定的错案、假案和冤案的决定》，为已查清的错案、假案和冤案以及因此而受到审查迫害的同志公开平反昭雪，恢复名誉，推翻了对冯乃超、李嘉人、陈寅恪等干部和教师的诬陷。

1978 年，学校进行了“资产阶级右派分子”的复查工作，20 世纪 50 年代被错误划为右派分子的董每戡、詹安泰等 193 名师生全部得到改正。1977 年到 1980 年，学校先后确定并提升了 3 批教师及科技教辅人员的业务职称，3 年内全校教职工不同程度地增加了工资。

二

在此期间，学校的领导机构和领导班子也作了几次调整。1976 年 7 月，中共广东省委组织部发文通知，省委决定杨毅同志任中山大学党委书记、革委会主任。1977 年 12 月，中共广东省委员会决定李嘉人兼任中山大学革委会主任，黄焕秋任中山大学党委副书记。1979 年 2 月，学校召开党委常委扩大会议，传达中央十一届三中全会精神，讨论学校工作重点转移的问题。会议重新确立中山大学的任务是坚持社会主义方向，全面贯彻执行党的教育方针，为社会主义现代化建设培养又红又专的德智体全面发展的哲学社会科学和自然科学基础理论研究、教学和有关实际工作的各种专门人才。

1979 年 3 月，教育部发文通知，经党中央批准，李嘉人为中山大学校长，黄焕秋任中山大学党委书记、副校长。

1979 年 12 月 22 日，李嘉人校长在广东省五届人大会议召开期间，突发急性心力衰竭，经抢救无效不幸逝世，终年 65 岁。同月 29 日，李嘉人校长的追悼会在广州殡仪馆举行。[1] 党和国家领导人叶剑英、陈云、王震、赵紫阳、廖承志等人送了花圈。杨尚昆主持追悼会，中共广东省委书记习仲勋致悼词。1980 年 5 月 30 日下午，广东省人民政府为原中山大学校长许崇清补行追悼会。追悼会在省人民政府礼堂隆重举行。叶剑英、邓小平、赵紫阳、廖承志等送了花圈，习仲勋等人参加了追悼会。许崇清校长“文革”期间受到江青一伙的迫害，于 1969 年 3 月 14 日不幸病故。

1979 年是中山大学建校 55 周年。9 月 25 日，全国人大常委会委员长叶剑英为中山大学题写了校名。11 月 12 日，中山大学 8000 多名师生员工和 500 多名校友、来宾隆重集会，庆祝建校 55 周年。宋庆龄副委员长题写了贺词：“祝贺中山大学建校 55 周年，并祝全校工作同志和全体师生在新长征的道路上为祖国四个现代化作出贡献!”参加庆祝大会的有广东省委、省革委会、教育部、广州部队、广东省军区、广州市委等单位的负责人。

在搞好本科教育的同时，学校于 1978 年 10 月恢复招收研究生，“文革”后首批 108 名研究生入学。

三

与此同时，学校积极开展了对外交流活动。1978 年，美联社社长富勒和董事麦吉夫妇、捷克斯洛伐克驻华大使浦希炳夫妇先后访问中山大学。1979 年 1 月，应李嘉人校长的邀请，以美国加州大学洛杉矶分校副校长埃文·维·斯文森博士为团长的学术代表团一行 13 人访问了中山大学以及广州、北京、上海有关高校、科研院所等，并正式建立了中山大学与加州大学洛杉矶分校的校际联系。

1979 年 2 月 18 日至 3 月 5 日，以黄焕秋副校长为团长的中山大学教师代表团一行 12 人应邀访问了香港大学、香港中文大学和香港理工学院 3 所院校。这是改革开放后内地较早访问香港的高校教师代表团。在港期间，代表团听取了三校关于办学、教学、科研的情况和经验介绍，参观了主要学系、科研中心、电脑中心、教育科学中心、实验室和图书馆，还访问了一些知名学者和造诣较深的教师。4 月 21 日至 5 月 17 日，以中山大学李嘉人校长为团长、黄焕秋副校长为副团长的中山大学学术代表团一行 9 人应邀访问了美国加州大学洛杉矶分校。这是改革开放后中国较早出国访问的大学学术代表团。访美期间，代表团就中山大学与加州大学洛杉矶分校之间的交流与合作问题进一步交换了意见。9 月 25 日至 10 月 5 日，中山大学与美国加州大学洛杉矶分校在广州联合举办广东经济发展学术讨论会。1979 年 11 月 17 日，中山大学与美国加州大学洛杉矶分校合作举办中山大学广州英语培训中心签字仪式在小礼堂举行。李嘉人校长和查理·杨校长分别在协议书上签字。举办这个中心的目的是为我国教育部派赴英语国家留学人员进行英语培训。1980 年 9 月 16 日，教育部委托中山大学与美国加州大学洛杉矶分校联合举办的中山大学广州英语培训中心举行开学典礼。教育部浦通修副部长发来贺信。同时，中山大学与美国加州大学洛杉矶分校在黑石屋举行了学术交流协议书签字仪式。

---

① 参见中共中山大学委员会、中山大学：《沉痛悼念李嘉人校长专刊》，1980；黄义祥、易汉文：《中山大学大事记（征求意见稿）》，1999 年版。本章以下所引资料和数据未特别注明出处者，均引自《中山大学校刊》，中山大学校刊编辑室编；《中山大学校报》，中山大学校报编辑室编。

根据协议书，中山大学与加州大学洛杉矶分校将本着友好互惠的原则，有计划地互相交换教师和学生、召开联合学术讨论会及会议、进行图书资料交换等。

四

在平反冤假错案和落实政策、恢复正常教学工作的同时，学校积极开展了学术活动，加强了科研活动的力度，并取得了可喜的成果。1977 年 12 月 7 日至 1978 年 1 月 14 日，中山大学召开第八次科学讨论会。这次科学讨论会是“文化大革命”后学校第一次科学讨论会，讨论会收到学术论文 201 篇。有本省和外省共计 248 个单位的代表参加。1979 年 11 月 19 日至 28 日，中山大学、中南五省（区）辛亥革命史研究会和广东史学会在广州联合举办了孙中山与辛亥革命学术讨论会。参加这次讨论会的国内学者有 141 人，另有来自香港和正在中国讲学与研究的美、日学者 4 人。

“文化大革命”结束后的几年里，中山大学教师以极大的热情投入到教学和科研之中，在短短的几年内取得了可喜的科研成果，展示了学校教职员工的科研实绩和潜力。1978 年，中山大学有 24 个项目获广东科学大会奖。这些科研项目有数力系姚卿达、李宏新、欧贵文及上海计算所的 H76—1 电子计算机系统——多用户小型情报检索系统。物理系高兆兰、陶福臻、余振新、周达君、邝缵枢、同烈生、符传杨、李庆行、源永安等人的可调谐染料激光器。高分子研究所李晏孚、张佛运、吴宗驹、庄祥英、叶丽梅、杨伟棠的感光树脂研究。化学系李瑞潜、李瑞声、黄起鹏、英伯宁、唐仕昆、林卓新、张竞清等人的昆虫保幼激素类似物的合成和应用。化学系计亮年、曾添贤及冶金部有色金属研究院广东分院、广州化学试剂厂的金属选矿新药剂 03045 铜萃取剂。生物系蒲蛰龙等及广东省农科院植物保护研究所的赤眼蜂繁殖和利用技术研究。地理系罗会邦及华南台风研究协作组的南海台风生成的预报方法。地理系王将克、汪晋三及生物系李国藩的中国各门类化石（广东三水盆地早第三纪鱼化石）等。

1979 年，中山大学共有 59 个科研项目获广东科学大会奖。这些科研项目有：数力系郑曾同、梁之舜等的概率统计的基础理论和应用研究。数力系林伟、詹前树、朱思铭、周之铭及广州文冲船厂的数控自动气割机和电流间断可控硅随动系统。数力系郭金基及广东人民出版社的二回转印刷机光电触点射流多项自动控制。数力系蔡承武、陈树坚、陈树辉、郑永华等的有限单元法的理论研究及应用。物理系许煜寰、萧国屏、史隆培、李景德、陈启洲、林贤端、周云标、李仲荣、吴杰陶等的电介质和铁电物理。物理系张纯祥、余正方、赖锡安、关祖杰的用能量甄别方法测定空气中的气体浓度。物理系张纯祥、朱永亮、李冕丰、赖锡安、余正方、郑裕芳、赵资智等的硫化镉放射性探测仪的研制。化学系龙康侯、罗允康、曾陇梅、苏镜娱等的天然精油化学成分的研究及其利用。化学系曾陇梅、苏镜娱、刘大马、马凤娥及中山医学院的毛冬青有效成分的研究。化学系赖作企、苏镜娱、季凤英、邝海沙、林耀忠等的植物生长调节剂 A1、A2 等的合成及其在橡胶柑等作物上的矮壮试验。化学系莫金垣、林文如、区兆文的硫属陶瓷薄膜全固态铜离子选择性电极。高分子研究所邓云祥、梁兆熙、叶挺恩、梁秉章、黄乐览，邓颂微及佛山全成树脂厂的聚氯乙烯新型引发剂 MBP0。高分子所、电子显微镜室曾汉民、夏锋、张志宇、林林及广州建筑陶瓷厂的用电子显微镜研究催化法生产聚丙烯腈基碳纤维及其表面处理。生物系广东省昆虫所、华南农学院植保系的利用赤眼蜂防治稻纵卷叶螟。生物系廖翔华、林鼎、毛永庆、蔡发盛及轻工部蔗糖科研所、中山糖厂的蔗糖蛋白混合饲料及鲩鱼营养代谢研究。生物系李宝健、林月婵、刘振声及广东省农作物杂种优势利用研究协作组等的水稻“三系”杂种优势利用研究。生物系张宏达的华夏植物区系的起源与发展。生物系张宏达及华南植物研究所，北京、云南、广西、江苏植物研究所，华南农学院等的植物志编写。生物系于志忱、韩德聪、黄庆昌、曾沛、邹韵霞、陈小彭、李毓茂的春砂仁人工授粉和叶油的研究。地理系沈灿燊、阎友柏、陈俊合的华南湿润地区一种非霍顿型产流方式的研究。化学系林尚安、杨维增的常温干燥有机硅漆。地理系纪汉阳、陈俊合、罗会邦、贺海晏及广东省水电站、广东省水文总站等的广东省可能最大暴雨等值线图等。

（执笔：游修庆）

第二节 阔步前进

进入20世纪80年代，随着国家经济的飞速发展，以及改革开放力度的进一步加大，中山大学不断加强自身的改革，扩大与外界的交流合作，在办学规模、办学质量、教学和科研等方面都取得了优异的成绩。

一

1982年6月21至24日，中国共产党中山大学第六次代表大会召开。经无记名差额选举和上级批准，黄焕秋任中山大学党委书记，1982年9月16日，教育部发文通知，黄焕秋被任命为中山大学校长。

1984年7月4日，中山大学在小礼堂召开干部大会，宣布学校新一届领导班子成立，张幼峰任中山大学党委书记；李岳生任中山大学校长①。

1985年3月13日，中山大学校务委员会成立。校务委员会是学校的咨询机构，在校长领导下开展工作，其任务是讨论研究学校建设的重大问题，对某些问题进行调查研究，提出意见和建议。校务委员任期与当届校长任期相同。该届校务委员会组成人员是：主任李岳生，副主任刘嵘、夏书章、李华钟、梁钊韬、梁之舜、李卓美，委员（以姓氏笔画为序）王起、邓海泉、石祖培、严纲纲，吴宏聪、张幼峰、张宏达、张纯祥、陈锡祺、陈世训、陈绍奇、林尚安、黄焕秋、黄友谋、梁溥、蒲蛰龙、戴镏龄。秘书长张纯祥（兼）。

1985年6月26日至29日，中山大学召开第七次党代会。经大会选举并报上级批准，张幼峰任中山大学党委书记。

1984年12月13日下午，中山大学高等教育研究室主持召开了有关改革问题的学生座谈会。会上，李岳生校长谈到要把学校办成开放型大学。会后，在接受广播站记者

① 《我校召开大会宣布学校新领导班子组成》，见《中山大学校刊》（复）第62期，1984-7-5。

的采访中，李岳生校长提出了开放型大学的五点标准，指出中山大学在创办开放性大学方面所具有的优势和努力方向①。

1985年6月5日，教育部计财司副司长王显明对学校上报的《关于将中山大学办成实行特殊政策、更加开放的重点大学的请示》中提出的八点要求进行答复，校长李岳生，党委副书记、副校长黄水生，副校长朱朝新，教务长张纯祥出席并就答复的有关问题交换了意见。

二

为了使学校的专业设置和人才培养适应于科学技术发展的趋势和我国经济建设的需要，中山大学进行了一系列的改革和调整，逐步扩大学校的发展规模，并使学系和专业更趋合理。第一，对一批老专业进行了调整和改造，将一些口径较窄的基础专业合并为宽口径专业，改革各专业的课程体系和知识结构。第二，将原同属一个学系的几个专业分离出来，各自独立成为学系。第三，积极新办、复办了一批应用性较强或者国内尚属空白的学系。如设立企业管理、旅游管理、对外经济贸易、经济法学、大气环境、社会学、应用力学、应用化学等专业。第四，利用多科性综合性大学的优势，发展边缘学科、交叉学科、新兴学科。20世纪80年代，中山大学成立了一批跨学科研究机构，如材料科学研究所、环境科学研究所、港澳研究所、人口理论研究所、生物工程研究中心等。②

1982年12月17日，中山大学召开了成立高等教育研究室会议。

1983年11月5日，中山大学出版社成立。1984年8月，中山大学中文系创办高等教育自学考试中文专业刊授中心，出版《刊授指导》（双月刊）杂志。1984年10月22在中山纪念堂举行中文专业刊授开学典礼。广东省高等教育局局长李修宏，中山大学校长李岳生及中文系王起、吴宏聪、黄天骥、高华年、潘允中等教授出席了典礼。中心成立后，1984年11月18日，中文系邀请了北京大学语言学专家王力教授在中山纪念堂作辅导报告，座无虚席。以后先后邀请了北京大学副校长、语言学专家朱德熙教授，华东师大文艺理论专家钱谷融教授和全国高等教育自学考试指导委员会中文专业主任徐中玉教授来作辅导报告，深受广大学员欢迎。1984年12月9日上午，哲学系哲学刊授中心在梁銶琚堂举行开学典礼。1985年5月5日，经教育部门批准，中山大学开办夜大学。当年招生的专业有历史、哲学、数学、无线电技术和分析化学。其中历史、数学学制五年，属大学本科。哲学、化学学制三年，无线电技术学制四年，均属大学专科。1985年9月7日，中山大学被批准设立管理学院。1986年3月16日，管理学院举行成立典礼。1986年10月20日，国家教委同意建立中山大学孙文学院。孙文学院属联合办学性质，由中山大学与中山市人民政府共同领导、管理。1988年2月9日，经校务会议讨论同意并报国家教委审定，图书馆学系改名为图书情报学系。同年9月7日，经第21次校务会议研究决定，成立中山大学地球环境科学学院。10月5日，第25次校

① 《李岳生校长谈争取把我校办成开放型大学》，见《中山大学校刊》（复）第66期，1984－12－28。

② 《中山大学在改革开放中前进》，见《中山大学校报》，1987－10－19；《中山大学六十五年的变迁》，见《中山大学校报》，1989－11－1。

务会议研究同意管理学院下设管理学系、会计审计系、酒店管理系 3 个学系。1988 年 12 月，学校举行政治学与行政学系成立大会。1989 年 4 月，中山大学又成立了成人教育学院。

至此，中山大学已初步成为一所具有社会科学、人文科学、自然科学、技术科学、管理科学的多学科综合性大学。为了更好地促进学科的互相渗透和结合，改善学校的管理，中山大学又逐步向学院制过渡。到 1989 年，中山大学设有研究生院、岭南（大学）学院、管理学院、地球与环境科学学院、成人教育学院、孙文学院 5 个学院。设有中国语言文学、历史学、哲学、经济学、社会学、法律学、人类学、政治学与行政学、外国语言文学、图书情报学、管理学、会计审计学、酒店管理、数学、应用力学与工程、计算机科学、物理学、无线电电子学、化学、生物学、地质学和大气科学等 23 个学系 43 个专业。其中高分子化学、光学、昆虫学、动物学、各体文学被定为国家重点学科。有孙中山、东南亚、中国古文献、人口、港澳、马克思主义哲学史、微电子、计算机软件、高分子、材料科学、昆虫学、环境科学、法学、激光与光谱学等 16 个研究所及 26 个研究室。设有中山大学出版社和中山大学学报编辑委员会。

三

20 世纪 50 年代院系合并，中山大学由石牌搬迁到康乐园（即原岭南大学校址），并且和岭南大学的文理学科合并。中山大学校园（原岭南大学校园康乐园）的许多建筑物具有纪念意义，且多是由爱国同胞、海外华侨热心捐建，并用他们的名字命名的。1981 年 11 月 29 日，学校决定首批恢复荣光堂等 11 座建筑物的名称。1988 年 3 月 27 日，岭南大学建校 100 周年纪念大会在中山大学举行。国家教育委员会副秘书长赫克明、广东省副省长匡吉、广东省政协副主席王屏山、广州市副市长刘念祖等领导以及来自国内外 1600 多位岭南大学校友和中山大学领导及师生出席了纪念大会。美国岭南大学基金会主席菲列浦出席大会并致词。中山大学李岳生校长宣布了国家教委批准中山大学成立岭南（大学）学院的决定，同时宣布成立岭南（大学）学院筹备委员会。根据国家教委文件，岭南学院定名为中山大学岭南（大学）学院，简称岭南学院。中山大学岭南（大学）学院的基本任务是进一步加强对外开放，深化教育改革，联络、团结国内外校友，为国家建设事业培养高水平、高质量的人才。中山大学岭南（大学）学院由中山大学领导，下设两个系，由当时的经济学系和计算机科学系组成。岭南（大学）学院的办学经费仍由国家教委按规定拨给，校友的筹款主要用于进一步改善学院的办学条件。国家教委同意成立中山大学岭南（大学）学院董事会。董事会的主要任务是：根据国家的教育方针、政策和有关规定以及国内外教育、科技的发展趋势，对学院的发展提出意见和建议；联络、团结国内外校友及其子女，动员港澳和海外校友及各界人士支持办好岭南学院；审议和通过由董事会从海外筹集款项的使用、预算和决算。学校将给予岭南学院以较大的自主权，使岭南学院成为中山大学深化改革的试点和对外开放的窗口之一。1988 年 7 月 12 日，中山大学李岳生校长、张幼峰书记应邀赴港，与港澳和海外校友共商岭南（大学）学院办学事宜。经岭南（大学）学院筹委会推荐，并广泛征求海内外岭南校友意见，中山大学岭南（大学）学院第一届董事会成立，17 名董事包括岭南大学港澳和海外校友 10 人，中山大学 3 人，国内其他地区校友 4 人。

1988 年 9 月 10 日，董事会在中山大学黑石屋召开第一次会议，通过了董事会章程，选举产生了董事会主席、副主席、秘书等有关负责人，并以抽签的形式决定了各位董事的任期。1989 年 11 月 26 日，岭南（大学）学院成立暨第十届岭南校友大会在中山大学举行。卢钟鹤副省长出席会议并讲话，国家教委直属高校司司长陶遵谦到会祝贺。来自海外、港澳地区和国内的岭南大学校友近千人以及岭南（大学）学院的全体师生参加了大会。①

四

为了提高师资力量水平，学校采取了多方面的措施，除了发挥老专家的作用，迅速培养提高中青年教师，补充新的师资力量等措施以外，还加强与外界的合作，利用学术交流来提高师资水平。一方面，学校采取走出去的办法，如派教师、学生参加国际学术会议、出国进修、访问、合作研究；另一方面，采取请进来的办法，如邀请国外专家学者来校访问、讲学和合作研究等。这样改善了学校整个教师队伍的阶梯结构和知识结构，加强了边缘学科、新兴学科、尖端学科的教学力量，并涌现了一批学科带头人。1986 年 5 月 3 日，国家教委批准中山大学有权审定教授资格。这些活动有力地提高了学校的教育质量、学术水平和师资水平。截止 1989 年，中山大学共有教职员工 4175 人，教师 1884 人，其中教授 142 人，副教授 412 人，待聘副教授 127 人，讲师 542 人，助教 426 人。研究员 2 人，副研究员 31 人。

中国实行改革开放政策以后，经济建设蓬勃发展，对各类人才的需要相应增加。此时，中山大学力求在教学的层次上由单一的本科教育发展为多层次多规格的办学模式。除研究生和本科教育以外，学校还发展了专科、夜大学、干部专修科等类型的教育。在本科教育上，学校积极探索新的教育方式。1985 年 3 月，学校决定从 1985 级本科生开始，实行学分制，其他各年级也按学分制精神对教学的各方面加以改革。学分制规定理科修满 140 学分左右，文科修满 130 学分左右，方可以获得学士学位。在制定教学计划的时候要求保证基础课，特别不能大量削减基础实践课，专门组的课程应允许有更大自由的选择，要注意开设开阔学生视野、扩大学生知识面、培养学生各类思维能力的课，文科学生要修一定数量的理科课程，理科学生要修一定数量的文科课程。为了使学分制顺利实行，又实行了导师制，要求导师负责指导学生业务学习，学生原则上允许转专业及转系，允许少数学生获取双学位。② 同时，为扩大中山大学本科生的新生来源，提高新生质量，学校特制定本科生推荐入学试行办法。

研究生教育是中山大学教学工作的重要部分，也是其教学和科研跃上新台阶的标志。1981 年 11 月 13 日，中山大学 130 多名研究生顺利毕业，这是“文革”结束后，中国恢复招考研究生制度以后毕业的首届研究生。1982 年 11 月 27 日，中山大学隆重举行首批授予硕士、学士学位暨颁发学位证书典礼。参加典礼的有校学位评定委员会委

① 《隆重纪念岭南大学创校一百周年 岭南（大学）学院筹备委员会成立》，《国家教委批准我校成立岭南（大学）学院》，《我校成立岭南（大学）学院筹备委员会》，见《中山大学校报》（复）第 146 期，1988 -4 -1；《岭南（大学）学院董事会成立》，见《中山大学校报》（复）第 157 期，1988 -9 -23。

② 《关于我校实行学分制的意见》，见《中山大学校刊》（复）第 69 期，1985 -3 -16。

员，各系教师代表，已毕业的1977、1978级本科生，1977、1978级研究生代表和在校学习的全体研究生代表共1000人。根据《中华人民共和国学位条例》以及国务院、教育部有关文件的精神，学校对1981年毕业的研究生和1981届、1982届的本科毕业生进行了学位评定工作。经学校学位评定委员会评定，有105人被同意授予硕士学位，2045人被获准授予学士学位。①

博士研究生教育的开始，标志着中山大学的教学工作达到了一个新的高度。1985年5月22日，中山大学开始了首届博士研究生论文答辩。上午，物理系理论物理专业的博士研究生胡连的论文答辩会首先举行。胡连由此成为广东省第一个通过论文答辩的博士学位获得者。1985年11月，学校学位评定委员会通过授予1985学年度学士学位者共1265人，硕士学位者共161人，博士学位者共4人。② 这4位博士是胡连、叶创兴、胡玉佳、黄桢启。1986年3月29日，学校举行了首批博士学位授予大会。③

1985年8月，中山大学在台山召开了研究生培养工作座谈会。出席座谈会的有胡守为副校长、各系（所）负责人或指导教师代表。国家教育委员会研究生司派人专程前来参加这次会议。座谈会上颁布了《中山大学攻读硕士学位研究生培养方案》。从20世纪80年代中期开始，学校根据实际需要，通过不同渠道和方式把研究生送往国外，与国外高校和科研机构进行合作培养。方式主要有三种：一是研究生在本校修完学位课程，赴国外从事一定时间的研究工作和学位论文工作，回国进行论文答辩，由本校授予相应学位；二是与本校在国外的名誉教授、客座教授或国际知名学者协商制订培养方案，联合招生，他们来校承担部分课程的教学或作专题学术报告，指导研究生的学位论文，由本校授予学位；三是研究生一进校，先对他们进行为期半年或一年的外语强化训练，然后派往国外深造，由国外授予学位。合作培养研究生，有利于加强学校与国外的学术交流和合作，也为改革我国留学生的派出制度提供了一个成功的尝试④。

1985年12月，经各学科专家组评审后，国家博士后科研流动站管理协调委员会批准中山大学物理学及生物学两个学科建站，并批准光学、昆虫学、植物学和动物学四专业招收博士后研究人员。⑤ 实行博士后研究制度，是人才开发的一项重要举措。博士后流动站的建立，有利于促进中山大学人才和学术的交流，增强科研和教学的活力。1986年4月15日，国家教委通知，经国务院批准，同意中山大学成立研究生院。6月27日，学校隆重举行研究生院成立大会。研究生院的成立，标志着中山大学在培养人才方面进入了一个新的阶段，显示其具有培养高层次的专门人才——博士、硕士研究生的能力和优势。

五

中山大学教育工作的一个特点是开辟第二课堂，加强学生的课外活动，培养学生在

① 《我校隆重举行首批授予硕士、学士学位暨颁发学位证书典礼》，见《中山大学》（复）第44期，1982-12-4。

② 《我校今年学位授予工作结束》，见《中山大学校刊》，1985-12-11。

③ 《我校举行首批博士学位授予大会》，见《中山大学校刊》（复）第96期，1986-4-1。

④ 《我校与国外合作培养研究生迈开步伐》，见《中山大学校报》，1987-3-11。

⑤ 《国家首次试办博士后科研流动站，我校物理学科、生物学科获准建站》，《我校博士后科研流动站简介》，见《中山大学》（复）第91期，1986-1-2。

文艺、体育等方面的能力。所谓开辟第二课堂，就是在教学计划之外，引导和组织学生从事各种有意义的课外活动。1983 年颁布的《中山大学学生社团活动条例》规定：“学生社团是我校学生组织的业余群众性团体”，“宗旨在于以生动活泼的形式，贯彻党的全面发展教育方针，扩大同学们的知识面，促进学术交流活动，活跃课余活动，培养锻炼人才，增强同学们之间的团结”。20 世纪 80 年代，中山大学学生创建了数十个学生团体，涵盖了学术、文娱、体育各方面。这些学生社团极大地活跃了校园气氛，充实了同学们的课余生活，并为他们施展自己在文艺、体育等方面的才华提供了舞台。1979 年中文系 1977 级学生创办了全国高校第一家学生文学刊物《红豆》，发表了不少文学作品，其中的短篇小说《黑海潮》曾轰动一时。《红豆》的骨干陈平原等人日后成为著名学者教授。1981 年 5 月，在华南农学院举行的第 22 届广州地区高校田径运动会中，中山大学男女田径代表队打破 3 项广州高校纪录和 8 项中山大学纪录。6 月 21 日，在广州地区高校第十届游泳运动会上，中山大学男队的林源打破了 100 米蝶泳、200 米混合泳两项纪录，陈剑欣创 100 米仰泳最高纪录并获该项目第一名。1984 年 12 月 1、2 日，在第 25 届广州高校田径运动会上，中山大学打破 1 项全国高校记录、4 项省高校记录和 1 项校记录。1985 年 7 月 30 日的省第二届大学生运动会上，中山大学共获金牌 13 枚、银牌 16 枚、铜牌 8 枚。1988 年 10 月，国家教委选定中山大学为中国大学生体育基地。

1985 年 1 月 3 日，中文系话剧团在小礼堂公演 7 场大型话剧《生命 · 自由 · 爱情》，这是中山大学近两年来第一次公演由学生排演的大型话剧。1985 年 12 月 6 日，中山大学首次校园歌曲独唱音乐会在梁銶琚堂举行。1986 年 5 月 2 日，中山大学和中国唱片公司广州分公司联合举行中山大学校园歌曲录音带出版发行记者招待会。在招待会上，胡守为副校长热情地肯定和赞扬了校园歌曲的创作。1987 年 4 月 11 日到 19 日，中山大学举行了首届艺术节。1987 年夏天，中山大学中文系学生话剧团进京公演，反响巨大，也由此开中国高校校园话剧先河。

六

香港大昌贸易行有限公司执行副董事长、恒生银行副董事长梁銶琚先生赠建的中山大学礼堂梁銶琚堂，于 1982 年 11 月 20 日举行奠基典礼。[①] 梁銶琚堂是当时在广州市仅次于中山纪念堂的大型礼堂，营建费用达 600 万港元。1985 年 6 月 15 日，中山大学隆重举行梁尧琚先生捐赠办公楼大钟落成典礼。这座大钟设计新颖，全套系统由电脑控制，是当时中国内地及香港、澳门地区第一座有世界先进水平的钟楼大钟。

中山大学高等学术研究中心是中山大学的科学研究管理机构之一，它是由国际著名物理学家、诺贝尔奖金获得者杨振宁教授倡议、经教育部的批准而成立的。1983 年 8 月 26 日，中山大学高等学术研究中心基金会在香港正式成立，该会旨在帮助中山大学高等学术研究中心进行高等学术研究和进行国内国际学术交流活动。高等学术研究中心在物理学、数学、人类学、文字学及其他有关学科开展研究，促进、加强与国内外以及

① 《我校举行“梁銶琚堂”奠基典礼》，见《中山大学校刊》（复）第 45 期，1982 – 12 – 10。

港澳地区的学术交流[1]。

中山大学英东体育中心是香港中华总商会会长、霍英东集团主席、全国政协副主席、全国人大常委、中山大学名誉博士霍英东先生捐资兴建。英东体育中心占地10万平方米，为一组体育功能较为齐全的建筑群，主要设施有体育馆1座，带塑胶跑道的标准田径场1座，游泳池2个，跳水池1个，网球场5个。酒店管理培训中心由国家旅游局和霍英东先生共同出资兴建，1987年奠基，建筑面积3900平方米，是中山大学管理学院酒店管理专业师生进行教学和实习的综合基地。1988年12月11日，英东体育中心和酒店管理培训中心落成典礼隆重举行[2]。

中山大学庆祝香港中山大学高等学术研究中心基金会成立5周年及研究大楼冼为坚堂落成典礼于1988年12月30日举行。冼为坚堂1988年1月奠基，总建筑面积4800平方米。该大楼主要由香港知名实业家、香港中山大学高等学术研究中心的冼为坚先生出资捐建。

中山大学实验室的建设也发展很快，不但实验室的面积成倍扩大，而且仪器设备和试验技术队伍也得到了很大的加强。1978年学校实验室的面积不到1万平方米，到1989年上半年实已经达到3万多平方米。教学科研仪器设备的总值，在1978年仅有1000多万元，截止1988年末已经增加到5000多万元。其中，单价在5万元以上的精密贵重仪器及大型设备，1978年以前仅有8台（套），到1989年上半年已经达到105台（套）。1986年学校在制定“七五”规划的时候，对实验室进行了评比和调整，将全校160多个实验室调整为103个，其中，专业实验室43个，基础实验室31个，科研实验室26个。这样既保证了各种层次的教学科研所需要的实验室齐全配套，又相对地集中了仪器设备，便于充分利用。此外，新时期学校还建成了一批拥有技术先进的现代化仪器设备的实验室，如超快速激光光谱实验室、测试中心、计算中心、电教中心、生物工程中心、化学系中心实验室、物理系近代物理实验室等。超快速激光光谱实验室是国家重点实验室，建筑面积2000平方米，拥有价值达600万元的技术先进的设备，有超短脉冲激光系统和超快速光讯号探测、存贮、显示及记录系统。该室对国内外开放，接受中外专家学者来进行开拓性的合作研究。测试中心是中山大学大型综合重点实验室，大楼建筑面积近8000平方米，楼内有中央空调和循环水系统装置。仪器设备价值600多万元，配置各类型技术先进的大型精密仪器20多台（套），其技术装备精良是华南地区屈指可数的，具有多种试验测试手段，可为化学、生物、物理、地理等多门学科提供现代化分析测试。[3] 学校仪器设备的迅速充实和技术水平的显著提高，使学校的实验室工作跨进了现代分析的阶段。不仅试验的手段多样化了，而且试验分析的可靠性及精确度也大大提高，过去无法进行的一些高深课题，现在可以进行了。随着各学科设备的不断配套，学校办学规模和教学科研水平都有了明显提高。中山大学的实验室已经成为我国南方教学科研的重要试验基地之一。

① 《香港中山大学高等学术研究中心基金会成立五周年暨研究大楼落成庆典即将举行》，《中山大学高等学术研究中心简介》，见《中山大学校报（特刊）》（复）第170期，1988－12－20。

② 《我校英东体育中心和酒店管理培训中心落成》，见《中山大学校报》（复）第189期，1988－12－15；《中山大学管理学院酒店管理培训中心简介》，《中山大学英东体育中心简介》，见《中山大学校报（特刊）》（复）第167期，1988－12－5。

③ 《十年来我校实验室建设的发展变化》，见《中山大学校报》，1989－4－11。

为了给教学和科研提供良好的服务，中山大学在总务和后勤方面进行了一系列的改革。一是抓好基建工作，改善教学科研用房和生活用房条件。1979年以后，学校基建投资不断增加，到1987年底，共完成了国家预算基建投资5659万元。另外，根据中央的改革方针，开辟多渠道的办学经费来源，还完成了委托代培基建投资等自筹资金632万元，外资捐赠752万元。校舍建筑竣工面积共213305平方米，其中教学科研行政用房竣工64393平方米，学生宿舍竣工57566平方米，计有学生宿位6792个，研究生宿位1348个，留学生宿位100个。教工住宅竣工83691平方米，计有单元式教工住宅1108套，外籍教师住宅41套。从1978年至1988年完成的投资，是1949年至1978年投资总数642万元的11倍，竣工面积为1978年以前校舍总面积的1.42倍。[①] 这期间建成并交付使用的大批教学科研及生活福利用房，为学校教育事业的发展提供了基础设施，大大改善了教工学生的生活条件。二是想方设法让更多的教工用上液化石油气。从1984年以来，中山大学自筹经费，办起了液化石油气供应站。三是试行经济承包责任制，改善饭堂的管理工作和伙食质量。自1980年以来，学校在教工和学生食堂管理上不断进行改革，1980年开始实行饭堂按营业额提取奖金的管理办法，1983年实行了膳食经营完全承包，1985年实行了经理负责制，同时加强对职工的培训和管理。四是试办改革学生宿舍管理。从1987年开始，在1987级女生中试办学生公寓。通过试办学生公寓，逐步改变了学生宿舍过去长期存在的“脏、乱、差”和“长明灯、长流水”现象，为学生提供了较好的学习、生活条件。从1988年10月起，水电、修缮、园林及部分服务性工作实行有偿服务。在分配上实行计件、计时或工程承包，迈出了后勤服务社会化的第一步。五是加强医院建设，改善卫生保健服务。1978年以前，学校只有卫生所，医疗设施较为简陋，技术力量单薄。1978年以来，特别是1984年学校把卫生所改为医院以来，学校的医疗卫生条件有了较大的改善。医院增设了外科、眼科、B型超声波室、生化室等一批新科室，购置了一批新设备。医院每年都有计划地为离休干部、高级知识分子、干部、中年知识分子和学生进行体检。一些疑难病在医院就可以得到较好治疗，一些中小型手术在医院就可以完成。[②]

经教育部和文化部批准，中山大学出版社于1983年11月成立。根据大学出版社的性质和任务，中山大学出版社坚持为教学和科研服务的方向，有计划有步骤地出版有较高水平的教材、教学参考书、学术论著、丛书、工具书，出版经过整理的古籍书和再版珍贵的善本书，还根据社会的需求，适量地出版一些科普读物。20世纪80年代，中山大学出版社出版了“港澳研究丛书”、“管理丛书”、“古典文学阅读与欣赏丛书”、“珠江三角洲研究丛书”以及一批带有地方特色的“经济特区研究”和“县志”、“文物志”，这些书籍受到国内外学者和读者的欢迎。截止1988年第三季度，出版社已编辑、出版图书近300种，其中教材和学术论著占70%。在已经出版的221种图书中，印数达437万册，码洋654万元。有50多种图书参加第一、第二届国际图书博览会，35种图书参加香港图书展销会，8种图书被评为“优秀图书”、“优秀图书编辑奖”、“封面

① 《搞好基建工作 为教学科研服务》，见《中山大学校报》，1988-12-15。

② 《搞好基建工作 为教学科研服务》，见《中山大学校报》，1988-12-15；《进行总务后勤工作的改革，为教学科研提供良好的服务》，见《中山大学校报》，1989-1-7。

设计奖"。①

我国著名文学家鲁迅先生曾于1926年在中山大学中文系任教。1981年9月25日，鲁迅先生诞辰100周年，中山大学开展了系列纪念活动：在鲁迅诞辰100周年纪念日（即9月25日），举行全校性的专题报告会；校图书馆举办了鲁迅生平活动专题图片展览。《中山大学学报》和校刊出版纪念鲁迅专栏、专刊；中文系组织鲁迅研究室和有关教师以及学生撰写论文，为全国及本省有关报刊提供稿件、史料；《中山大学学报》1981年第3期推出"纪念鲁迅诞辰一百周年"专栏，发表了吴宏聪、张正吾、吴定宇、陈颂声撰写的4篇论文。

1982年4月27日，中山大学学生1000多人隆重集会，纪念中山大学"五·三一"学生运动35周年。广东省人大常委会副主任钟明等41位参加过"五·三一"运动的中山大学校友应邀从北京、韶关、丰顺、广州等地赶来赴会。广东省人大常委会副主任、当时广州地下党组织的负责人之一、直接领导了"五·三一"运动的钟明在大会上讲了话。校党委书记、副校长黄焕秋当时是中共香港分局青年组的领导成员，参加了"五·三一"运动的指导，也作了发言。

1982年12月5日，中山大学校友会筹委会在小礼堂举行成立仪式暨筹委会第一次会议，筹委会主任黄焕秋主持了会议。会议讨论并通过了中山大学校友会章程草案，决定了校友会成立大会的日期。曾生、杨康华、区梦觉、萧隽英、沈鹏飞等担任筹委会名誉主任。1984年9月9日，纪念孙中山创建中山大学60周年暨中山大学北京校友会成立大会在北京举行。全国政协副秘书长陆平、中国致公党中央主席黄鼎臣、民革中央孙中山研究学会会长焦实斋、《中国建设》杂志总编辑爱泼斯坦及中山大学在京校友700余人出席大会。大会推选许德珩为校友会荣誉顾问，曾生、许涤新、徐彬如为荣誉会长，连贯为会长。

1982年12月25日，中山大学归侨联合会召开了成立大会。

1983年3月26日，校党委下午在第一招待所召开了以1938年中山大学从广州迁至云南澄江、粤北坪石时期中山大学地下党组织领导学生运动为中心内容的座谈会。老校友罗培元、劳家顺、李文浩、罗汀林、何家瑜、谢文思、卢怡浩、金榛荣、孔庆余、吕冰、曾海波、郭茜菲、魏双凤、吴紫风、广建祥、黄振邦等17位同志出席了会议。会上，澄江时期党组织负责人劳家顺、李文浩，坪石时期具体指导中山大学学生运动的中共广东省委青年部负责人张江明等3位同志作了系统的发言。与会同志追忆往事，以自己的亲身经历，对澄江、坪石两个时期中山大学学生运动的历史作了补充发言。

1984年是中山大学建校60周年，全国人大常委会副委员长许德珩校友为中山大学题词："庆祝中山大学校庆六十周年　促进祖国统一　致力振兴中华。"全国人大常委会副委员长许涤新校友为中山大学题词："狂澜欲倒同心挽　旭日方升旦气扬。"11月11日，中山大学隆重庆祝建校60周年。来校参加校庆纪念大会及其他活动的来宾、校友近5000人。11月12日，来自国内外各地的中山大学校友代表43人上午在梁銶琚堂座谈交流开展校友会活动的经验。下午，学校在梁銶琚堂隆重召开表彰大会。晚上，在学校东区举行大型焰火晚会，来宾、校友及师生员工2万多人参加。校庆活动气氛十分

① 《励精图治 开放搞活——中山大学出版社简介》，见《中山大学校报（庆祝中山大学出版社成立五周年特刊）》（复）第161期，1988－11－1。

热烈，参加活动的广大师生和校友回顾了中山大学光荣的历史传统，预祝中山大学的明天更加辉煌。

1985 年 11 月 24 日，廖承志铜像落成揭幕典礼下午在康乐园隆重举行。邓颖超为铜像题名。廖承志铜像是由香港和澳门的部分岭南大学校友捐资铸造的。廖承志曾先后就读岭南大学附中和岭南大学，生前曾担任岭南大学广州校友会名誉主席。①

冼星海是我国现代杰出的音乐家，他从 1918 年开始，先在岭南大学义学、附中、预科学习，后在岭南大学半工半读并兼任音乐教师。1984 年 12 月 2 日，由岭南校友集资捐献的冼星海汉白玉石像在中山大学东湖边落成。这座雕像是参照冼星海在岭南大学读书时的照片雕刻而成的，高 1.8 米，连底座 3.8 米，安坐在象征五线谱的五级台阶平台上。②

1988 年 5 月 26 日到 28 日，纪念陈寅恪教授国际学术讨论会在中山大学举行，广东省、市领导及中国、广东省史学会的代表应邀出席大会。大会组成了以著名学者、北京大学季羡林为主任的执行委员会。出席会议的中外学者和陈寅恪亲属共 70 余人，其中多为国内外知名学者。提交大会的论文共 40 多篇，内容包括对陈寅恪的学术成就、治学方法的研究和陈寅恪所开拓的各个学术领域的研究成果以及部分纪念性论文，体现了当前国内外研究陈氏学术的水平。③ 会后，由中山大学出版社出版了《纪念陈寅恪教授国际学术讨论会文集》。

（执笔：游修庆）

第三节　更 上 层 楼

一

这个时期中山大学的教学科研得到迅速发展，为国家的经济发展和广东省的经济振兴作出了重要贡献。首先，从计划培养来看。自 1978 年开始，中山大学在学系、专业设置等方面进行了较大的调整和改革，面向广东和港澳地区，新办和复办了一批应用性较强或国内尚属空白的专业。招生方面，从 1977 年开始，按照国家教委的部署，每年招生人数都在 1000 人以上，其中广东生源每年都保持在招生人数的 55% 左右。1980 年至 1986 年，学校分配给广东省的研究生占其招生总数的 20.62%。其次，从委托培养看，1982 年到 1986 年，学校共接受委托培养本、专科学生 1029 人，其中接受广东省有关单位委托培养的有 600 多人，占 60%。学校还为广东省有关厅、局、市、县办班，

① 《廖承志铜像落成揭幕典礼在康乐园隆重举行》，《王震同志在廖承志铜像落成典礼上的讲话》，见《中山大学校刊》（复）第 88 期，1985－12－1。

② 《岭南大学广州校友会举行第五届校友日，同时举行我国第一座冼星海石像落成典礼》，见《中山大学校刊》（复）第 67 期，1984－12－28。

③ 《纪念陈寅恪教授国际学术讨论会在我校隆重举行》，《李岳生校长在纪念陈寅恪教授国际学术讨论会开幕式上的讲话》，见《中山大学校报》（复）第 152 期，1988－6－1。

培养地方急需人才和提高现有干部的素质。仅在1985年到1986年就培训了900多人。最后，从科研成果来看。20世纪80年代，中山大学同广州、佛山、中山、深圳、珠海以及珠江三角洲地区所在的县份都建立了科技开发或人才培养等联系。1976年至1986年10年间，中山大学理科科研为广东省的工、农、商、医、教学、科研、国防、海关以及日常生活都作出了很大贡献。据不完全统计，中山大学为广东省服务的项目，1976年至1981年为405项，1982年至1986年为545项。仅在1985年，学校转让科技成果106项次，其中有88项是为广东省服务的。哲学社会科学方面的科研成果，首先受益的也是广东省。1985年，广东省社联举办广东省社会科学研究成果评奖活动，全省获奖优秀成果105项，其中中山大学35项。在这些获奖项目中，与广东关系密切甚至可以直接提供决策参考的就占了5项。①

中山大学根据改革开放的精神确定了“重视基础，加强应用，鼓励学科渗透，发展边缘学科，积极进行科技开发”的科研工作指导思想，调整了基础研究、应用研究和技术开发的比例，并明确科技开发的目标主要面向广东，侧重珠江三角洲，发展与企业的联合，继续建立具有学校特色的教学、科研、生产、科技工贸一体化的联合体。其科研工作主要有如下特点：一是重视具有应用前景的基础研究。如化学系计亮年教授从事小分子氧配位活化的基础研究，注意基础研究成果的应用研究，提出“利用废糖蜜制取草酸”的新见解。该项目工艺流程简单，设备制造容易，能源消耗低，经济效益高，转让给广东陆丰糖厂生产，获转让费15万元。该项目还被列入广东省的“星火计划”。二是加强应用研究，为社会经济发展多做贡献。学校在重视抓好基础研究的同时，注意围绕国民经济建设的需要进行应用研究。到1988年，学校承担的国家“七五”攻关项目34项，获研究经费300多万元。国家“863”计划项目4项，获研究经费200多万元。参加承担国家自然科学基金重大项目4项。1987年承担国家、地方与有关部门的各类项目166项。学校还加强学科间渗透，如成立生物工程研究中心。这个中心两年来在取得具有国际水平成果的基础上，联合校内有关系、所共同承担了国家“863”计划项目2项，获研究经费130多万元，同时还承担国家“七五”攻关项目4项及广东省的有关研究项目。三是加强横向联合，促进科研和生产的共同发展。教学科研生产联合体是促进科技、教育和生产的较好形式，学校以多种形式与校外工厂企业实行横向联合，促进了科研和生产的共同发展。

二

加强对外交流活动，积极和国内外建立起密切的学术活动，是中山大学在该时期提高教学质量、扩大中山大学在国内外学术声誉和学术地位的有效方式。1979年以来，学校先后同美国、加拿大、日本、澳大利亚、英国、法国、德国、比利时、芬兰、瑞士、西班牙、菲律宾、泰国以及香港、澳门等国家和地区的一批著名大学、学术机构和团体建立了学术交流关系，签署了交流协议。1985年，中山大学加入了世界大学协会。到1989年为止，学校先后聘请了杨振宁、邹至庄、陈省身、丘成桐、薛君度、杨庆堃、施于民、郑绍远、费尔班克、巴丝蒂夫人等一批国际知名学者、教授为名誉教授或客座

① 《我校为广东省四化建设作出了应有贡献》，见《中山大学校报》，1986－11－1。

教授。

20 世纪 80 年代，先后到中山大学访问和讲学的国外及港澳地区社会组织、教育和学术机构、政要、专家学者主要有：联合国教科文官员高旭及专家贝尔奇，雷蒙·哈麦林组成的三人规划小组，香港大学校长黄丽松先生，美国海上大学师生访华团一行 529 人，美国加州大学总校校长萨克森一行 4 人，香港中文大学校长马临，加拿大西蒙弗雷泽大学校长侨治·彼得森夫妇，以温纳·格伦人类学基金会主席、利塔·奥斯蒙德森教授为首的美国温纳·格伦基金会代表团，美国加州大学洛杉矶分校知名有机玻璃专家麦肯寒，纽约市立大学纽约市立学院访华团团长哈里斯顿校长及夫人等一行 7 人，伊朗核物理学家萨哈瓦特教授及其助手纳岱丽（萨哈瓦特教授向我校送了一台员氧离子发生器），著名古生物学家、德国波恩大学教授 H. K. 艾尔教授，香港中文大学教授、国际著名人类学家郑德坤博士及夫人，美国圣地卡勒拉大学电机工程及计算机科学系主任陈树柏教授，以中田稔教授为首的日本九洲大学代表团，曾任法国科学院院士、法国法学会会长的著名法学家苏珊·巴丝蒂夫人，参加“亚太地区青年友好会见”活动的印度、加拿大和美国青年朋友，美国华盛顿乔治城大学著名汉学家杨福绵教授，由美国《时代》杂志公司总编辑亨利·格隆瓦尔德率领的美国企业家代表团一行 90 余人，美国内布拉斯加大学校长罗纳德·罗斯金斯博士，美国总统府出口委员会副主席陈香梅、澳门总督马俊贤，以部长泽·密希凯维兹为首的波兰科学和高等教育部代表团，苏联科学院院士代表团，国际微循环研究所所长马可斯·英特格里塔教授，理事顾克仁教授一行 4 人，美国著名教育家和经济学家、时任美国国际教育发展理事会副主席库姆斯教授、美国加利福尼亚大学图书馆著名光盘专家曾程双，世界著名生物学家、我国国家生物工程中心顾问委员会主任、美国康奈尔大学吴瑞教授，以法国里昂市市长科隆率领的政府代表团和经济代表一行 4 人，美国密执安大学教授贝利和夫人，加拿大不列颠哥伦比亚大学代表团，联邦德国德意志研究联合会代表团，英国斯特拉斯克莱德地区代表团，美国临界安全代表团一行 27 人，澳门总督文礼治，英国南部地区大学高级行政管理考察团、苏联国家科学院副院长兼远东分院院长伊利切夫人，匈牙利文教部副部长加约·费伦茨一行 3 人，芬兰总统毛诺·科伊维斯托和夫人等，法国社会学家孟德拉斯教授，以澳大利亚前总理惠特拉为首的澳中理事会代表团，澳大利亚大学校长一行 7 人，苏联著名经济学家、苏联科学经济学部秘书、戈尔巴乔夫的首席经济顾问阿甘别吉杨院士，以奥地利科研部长汉斯·图皮教授为首的奥地利访华代表团，美国纽约州立大学中国交流部主任章义朋教授，世界著名经济学家、英国伦敦政治经济学院发展经济学研究所高级研究员哈森博士。

对外汉语教学是中山大学教学工作和对外交流工作中重要的一部分。1980 年 9 月，中山大学恢复接受外国留学生，与中山大学建立交流关系的美国加州大学洛杉矶分校选派 6 名学生前来中山大学学习汉语。为此，中文系组建了专门的教学班子。同年 11 月 11 日至 16 日，教育部在南京召开短期中文学习班座谈会，出席会议的有包括中山大学在内的 24 所高校，会上酝酿成立全国性的学术团体。到了 1982 年 2 月，为了适应中山大学对外汉语教学事业发展的需要，黄焕秋校长指示筹备成立中山大学汉语培训中心。7 月，中山大学汉语培训中心正式成立，行政上归中文系领导。对外汉语培训中心积极参加全国学术会议，加强对外交流，扩大学校影响。其工作主要有：①举办汉语学习班，为美、日、德、朝鲜等国家来华学生提供汉语培训。②加强与外国和港澳地区的学术交流。中心先后与香港中文大学新雅中国语文研习所、德国汉语教学协会、德国美因兹大学应用语言学院、日本现代翻译中心、澳门东亚大学等高校和社会团体建立起了密切的联系，相互进行访问，合作进行学术研究，共同进行汉语培训等。③中心的教师在实际教学中积极进行科学研究，撰写学术论文和编写教材。1987年9月，培训中心招收现代汉语专业对外汉语方向硕士学位研究生2名，成为培训中心发展过程中的一个里程碑。④培训中心积极参与了广东省和全国的对外汉语教学组织的建立，并成为其中的一支活跃力量。

三

20世纪80年代，中山大学举行了一系列大型的学术讨论会。1982年10月18日到24日，中国社会科学院历史研究所《中国史研究》编辑部、社会科学出版社和中山大学历史系联合召开中国封建社会经济结构、特点及其发展道路学术讨论会。参加讨论会的有来自我国15个省市的40多所高等院校、研究机关、出版部门和学术刊物的70多位教授、专家和史学工作者。

1983年9月10日到15日，中山大学地理系和香港大学城市研究与城市规划中心联合举办的城市规划教育研讨会在中山大学举行。1984年11月20日，中山大学和广东省历史学会、中南地区辛亥革命史研究会联合举办的孙中山学术讨论会在中山大学隆重开幕。著名学者李新、金冲及等90名代表及来自美国、日本、澳大利亚、法国的近20名研究孙中山的专家、教授、学者应邀参加。

为了开展对孙中山先生生平及其革命思想的研究，中山大学专门成立了孙中山研究所。20世纪八九十代，该所的孙中山研究取得了丰硕的成果，在国内外享有很高的声誉。其代表学者和著作主要有：陈锡祺主编的《孙中山大辞典》，陈胜粦的《孙中山在海外与港澳活动史迹》等；林家有的《孙中山振兴中华思想研究》、《孙中山与中国近代化道路研究》、《孙中山与近代中国的觉醒》等；桑兵的《孙中山的思想与活动》等；邱捷的《孙中山领导的革命运动与清末民初的广东》、《孙中山张作霖的关系与孙文越飞宣言》等；周兴樑的《孙中山的革命思想和伟大实践》、《孙中山与近代中国民主革命》等。

1984年12月11日至16日，人类学国际学术讨论会在中山大学举行，应邀参加的有来自美国、日本、加拿大等国和我国内地及香港地区的人类学专家、学者、教授共80多人。杨成志教授、竹村桌二教授、顾定国副教授向中山大学人类学系赠送了一批珍贵的图书资料。1985年2月5日至9日，教育部部属高校专利申请研讨会在中山大学召开。1985年11月，受中国物理学会的委托，第三届全国电介质物理会议在中大召开。参加会议的有国内30所高等院校、12个研究所和公司、工厂、出版社等56个单位的代表112人。会议共收到论文114篇。1985年12月3日至10日，国家教委主持的综合性大学、财经、政法、师范院校教学改革研讨会在中大召开。1985年12月8日至12日，“社会学在现代社会经济发展中应用问题”国际学术讨论会在中山大学召开。1985年12月17日至19日，由中山大学主办的华侨、华人历史国际研讨会在广州召开，来自美国、日本、菲律宾、泰国、新加坡、印度尼西亚、香港等10多个国家和地区的学者与国内同行进行了学术交流。1986年12月11日至16日，中山大学举行第一次人类学国际学术会议，出席会议的中外学者 80 多人。1987 年 8 月 3 日至 5 日，中山大学主办的引力物理实验国际讨论会在广州南湖宾馆举行。16 个国家和地区的 110 多名学者及 80 多名国内专家参加会议。著名物理学家周培源教授出席并主持会议。1987 年 10 月，中文系现代文学研究室召开中国现代文学与中外文化学术研讨会，来自北京、上海、山东、四川、浙江、广东等地学者到会，贾植芳、吴宏聪、吴福辉、陈思和等著名专家在会上发言。1988 年 8 月 2 日至 4 日，中山大学举行珠江三角洲环境与空间发展国际讨论会。8 月 8 日，第二届全国超低温学术讨论会在中山大学召开。1988 年 9 月 14 日至 16 日，鱼类生理学、鱼类毒理学和渔业管理国际会议在中山大学召开。1989 年 11 月 9 日至 11 日，中山大学地理系和联邦德国美因兹大学联合举办中德地理学发展与地理教育学术讨论会。

四

中山大学理科科研取得了一批重要成果，并且在国家经济建设中取得了可观的经济效益。到 1988 年，中山大学理科共有 373 项科研成果获得国家、省、国家教委及省高教局的奖励，有 24 项科研成果获得全国科学大会奖，6 项获得国家自然科学奖，6 项获得国家发明奖，5 项获国家级科技进步奖，获国家教委科技进步奖及其他部委奖励共有 28 项，获广东省科学大会奖 59 项，获广东省科技进步奖 83 项，获广东高教局及其他厅、局奖励的有 162 项。这些获奖项目不少在科学上有重要发现，在技术上有重大突破，对学科发展有重要的学术价值，对科学技术进步有积极的推动作用。如材料科学研究所曾汉民教授等人多年来对碳纤维及其复合材料结构和性能的关系、新型材料的开发进行深入的研究，取得了重要的成果。他们在国内外发表了一系列的学术论文，其中《碳纤维及其复合材料微观结构和性能的研究》于 1982 年获得国家自然科学奖三等奖，并有多项成果获得国家教委、广东省科委、广东省高教局的奖励。在蒲蛰龙教授领导下的昆虫学研究所，这几年也取得很大的成绩。古德祥副教授等人长期深入四会县大沙区进行水稻害虫综合防治试验示范研究，试验面积从 1973 年的 14 亩逐步扩大到 1985 年的 15 万亩之多，坚持 12 年之久，取得了显著的经济效益和生态效益。国内同行专家鉴定时，一致认为该项研究在国内外处于领先地位。该项研究成果于 1985 年获得国家科技进步奖三等奖。在昆虫病理学方面，他们先后发现了十几种昆虫病毒等昆虫病原体。蒲蛰龙、王珣章、龙綮新、庞义、谢伟东等人的《昆虫病原微生物的研究》于 1987 年获得国家自然科学奖四等奖。该所几年来还有多项成果获得省科委、国家教委的奖励，还出版了多部水平较高的专著。

随着科技体制和教育体制的改革，中山大学的科研成果数量在不断增加，质量也在不断提高。如中山大学计算机科学系姚卿达教授等人主持的广州海关计算机信息系统，是全国海关计算机系统中规模最大的，它功能先进，操作方便，运行稳定可靠，具有国内先进水平。该系统的研制成功，实现了海关主要业务的信息资源管理计算机化、信息处理自动化，提高了工作效率，为建立华南地区海关和全国海关的计算机网络与综合数据库作出了贡献。该研究成果于 1985 年获得国家科委科技进步奖二等奖。

中山大学在重视基础研究的同时，加强了应用研究，积极开展科技开发，转让技术成果，发展横向联系。在中山大学的获奖科技成果中，有的经济效益达 100 万元以上。

如生物系林浩然教授主持的高效新型鱼类催产剂年经济效益达800万元以上。化学系黄起鹏、邓亚本的HPE高效节能素转让给广东、湖南、吉林等省的4个工厂生产，在全国的冶金、化工、水泥、玻璃、陶瓷、氮肥等行业的70多家工厂使用。仅辽化公司一单位统计，每年节油就达8.3吨，合计人民币3821万元。化学系李瑞声、黄起鹏、英柏宁等人的昆虫保幼激素类似物734－Ⅱ的合成和养蚕增丝技术，据不完全统计，每年增收在500万元以上，出口换取外汇增加277万～388万美元。①

这一时期的重要科研成果还有：1987年3月24日，数学系余耀棋获英国Rollo Davidso（罗劳·戴维逊）奖，3月25日，甘维健等人研制成功的D/MAX－A型衍射仪与微机联系系统通过技术鉴定，5月，中山大学朱锡海副教授研究的利用气浮剂回收电镀废水中的镍获国家发明三等奖，9月，由地理系教师司徒尚纪博士撰写的我国第一部海南岛区域历史地理专著《海南岛历史上土地开发的研究》由海南人民出版社出版。

1987年获奖成果主要有：林尚安、王海华、陆耘、张启兴、卢泽俭等研制的乙烯、一烯烃新型高效催化剂聚合、共聚合及其应用基础研究获国家自然科学奖四等奖；黄耀樑等人研制的WFX－IF型原子吸收分光光度计获国家科技进步奖三等奖；龙康侯、苏镜娱、曾陇梅、李瑞声、赖作企、罗允康、巫中德、林永成等研制的南海海洋生物中次级代谢产物及其生物活性物质的研究获国家教委科技进步奖一等奖；唐永銮、张超常等人研制的广东省海岸带和海涂资源综合调查获广东省科技进步奖特等奖；江静波教授等编的《无脊椎动物学》获1987年全国高等学校优秀教材奖。

1988年获奖科技项目主要有：生物工程研究中心屈良鹄研制的大分子rRNA序列与高级的快速分析方法及其在核酸结构与进化研究中的应用获国家教委科技进步奖一等奖；生物工程研究中心李宝健研制的“应用电激法转化外源基因于植物的研究”获广东省自然科学奖一等奖。

1989年获奖项目主要有：生物学系林浩然、梁坚勇、彭纯、陈潮、张梅丽等人研制的高活性的新型鱼类催产剂获国家科技进步奖三等奖；化学系龙康侯、苏镜娱、曾陇梅、李瑞声、巫中德等人研制的南海珊瑚化学成分及其生理活性的研究获国家自然科学奖三等奖；昆虫学研究所刘昕、庞义研制的固体饮料酒及其载体获国家科技进步奖四等奖；高分子研究所林尚安、李卓美、梁兆熙的根据高校研究机构特点精心培养高层人才研究获国家普通高等学校优秀教学成果特等奖。

中国共产党的十一届三中全会以后，中山大学的文科研究进入了一个新的发展阶段。从1979年到1986年，中山大学在国内外出版和发表的成果共有3603项，其中专著（含教材、工具书、编著、译著）398项，研究机构发展到7个研究所、12个研究室，科研编制达175人，科研队伍的素质和科研水平提高了一大步。在文科科研的实践中，中山大学坚持面向改革，面向四化建设，为社会主义物质文明和精神文明服务，为教育改革和培养人才服务。中山大学还利用学校传统学科的优势和广东改革开放较早以及侨乡、特区、面临港澳等特有的条件，继续加强马克思主义和各学科基础理论研究，大力对改革开放提出的重大理论问题和实际问题进行探索，重视发挥老专家的作用，扶持中青年教师的成长，从各方面调动科研积极性。此外，学校文科科研也注意与海外加强联系，语言学、文学、历史学、哲学、法学、人类学、社会学、经济学、政治学、人

① 《十年来我校理科科研成果简介》，见《中山大学校报》，1988－11－2。

口学、教育学等学科都与美、日、法、英、意、加、泰、澳和香港澳门等国家和地区的多所高等院校建立了交流合作关系或者保持学术往来。

这一时期，中山大学在人文社科研究方面拥有一批在全国深具影响的学者。

中山大学中文系容庚教授（1894—1983），是我国著名古文字学家、金文专家。容庚先生字希白，号颂斋，其成名作为《金文编》，这是继吴大澂的《说文古籀补》之后的第一部金文大字典，是古文字研究者必备的工具书之一。容庚先生编撰、张振林先生摹补的《金文编》增订本（中华书局1985年出版）被称为“凝聚着两代学者心血”的“巨著”，是“金文研究的一次很好的总结”。《商周彝器通考》是容庚先生的另外一部重要著作，全书共30多万字，附图500幅，征引详博，考据详备审核，堪称材料宏富、图文并茂。该书是研究青铜器的重要参考书。容庚先生还编印了不少青铜器图录，如《宝蕴楼彝器图录》、《秦汉金文录》等。在书画碑帖研究方面，容庚先生著有《伏庐书画录》、《汉梁武祠画像录》等。

中山大学中文系教授商承祚先生（1902—1991），字锡永，号蠖公、契斋。商承祚先生为我国著名的古文字学家、考古学家、书法篆刻家、文物收藏家，是中国古文字学研究的奠基者之一，尤以甲骨文和战国文字考释见长，卓然成家，蜚声海内外。商承祚先生一生收藏颇丰，在1964至1995年的30多年里，他及其后人先后向广东省博物馆、广东民间工艺博物馆、深圳市博物馆捐赠了书画、陶瓷、青铜器等文物近千件。

中山大学中文系王起教授（1906—1996），字季思，是我国著名的文学史家、戏剧史家。1962年，王起教授受教育部之聘，到北京大学与游国恩、萧涤非、季镇淮诸先生一起主编《中国文学史》。这部文学史被全国高校普遍采用，长达30年之久。1985年，王起教授以80高龄领衔编校《全元戏曲》。1990年，该书前两卷由人民文学出版社出版，1999年，12卷全部出齐。该书先后获得全国古籍整理类图书一等奖、第五届中国图书奖提名奖、第三届全国高校人文社科优秀研究成果一等奖等奖项。王起教授的学术论文，先后被结集为《玉轮轩曲论》、《玉轮轩古典文学论集》、《玉轮轩曲论新编》、《玉轮轩曲论三编》、《玉轮轩戏曲新论》等。

从1978年到1986年，中山大学文科科研成果逐年增加。1978年科研成果为115项，其中专著（含教材、工具书、编著、译著）7项。1979年科研成果145项，其中专著18项。1980年科研成果229项，其中专著29项。1981年科研成果302项，其中专著21项。1982年365项，其中专著33项。1983年科研成果415项，其中专著41项。1984年548项，其中专著33项。1985年科研成果711项，其中专著102项。1986年770项，其中专著111项。无论是基础理论研究还是现实问题研究，都有一批颇具影响的专著。刘嵘主编的《现实问题的思考》（广东教育出版社1985年出版）得到了广东省委和省府的充分肯定，《红旗》杂志载文称该书是“探讨现实思想理论问题的新书”，“读后显然能给人们，特别是青年人以有益的启迪”。郑德良编著的《现代香港经济》被评为中国财经出版社1983年度十佳图书之一，是“国内开拓香港问题研究这个新领域中首部影响较大的专著之一”，被国家教委选入《高等学校哲学社会科学研究优秀成果选编》（第一辑）。

黄天骥著《纳兰性德和他的词》，陆一帆著《文艺心理学》，王晋民著《台湾当代文学》，黄伟宗著《创作方法史》，王宗炎著《语言问题探索》，章海山著《西方伦理思想史》，刘嵘著《反思和开拓的十年》，叶汝贤著《唯物史观发展史》，高齐云和刘景泉主编《社会主义社会矛盾概论》，周连宽著《大唐西域记史地研究丛稿》，戴裔煊著《〈明史·佛朗机史〉笺正》，汤明檖著《中国古代社会经济史》，温广益、蔡仁龙主编的《印度尼西亚华侨史》，黄重言、江醒东、余定邦主编的《中国古籍中有关菲律宾资料汇编》，梁钊韬等编著的《中国民族学概论》等，都受到国内外学者的较高评价。[①]

王起、黄天骥、苏寰中、吴国钦等编撰的《中国戏曲选》获广东省社会科学研究优秀成果一等奖。1989年8月，端木正主编的中国第一部关于法国大革命史的工具书《法国大革命史词典》由中山大学出版社出版。1989年9月，李宗桂由中山大学出版社出版的《中国文化概论》一书获"中国图书奖"。孙雪梅编著的《管理学简明教程》获国家经济体制改革委员会1989年经济和企业管理干部教育优秀教材奖。

（执笔：游修庆）

① 《我校文科科研取得可喜的进展》，见《中山大学校报》，1987－12－3。

第二章　深化改革　进一步发展

20世纪90年代是中山大学进一步发展的时期。在1994年70周年校庆时，江泽民总书记撰写了“发扬中山先生革命精神，办好中山大学，做出更大贡献”的题词，进一步为办学指明了方向。为进一步办好中山大学，国家教委和广东省人民政府共建中山大学。自1993年至2000年，广东省对中山大学的投入总计达2.6亿元。1995年6月，中山大学顺利通过“211工程”部门预审。1996年6月，中山大学“211工程”重点学科建设项目经有关部门组织专家论证，申报的9个学科（学科群）全部通过论证。1999年9月，中山大学与珠海市人民政府签订协议，合作建设中山大学珠海校区，并于2000年正式启用，为中山大学在下个世纪的发展奠定了坚实的基础，拓展了办学空间。以此为依托，中山大学扩大办学规模，提高办学层次，走上了快速发展的轨道。

第一节　乘势而上

20世纪90年代，中国的经济改革和社会发展全面提速，中山大学乘势而上，在学校建设上再攀高峰。

这一时期，中山大学的领导班子经过了几次调整。1991年4月26日，国家教育委员会党组书记、国家教育委员会副主任何东昌在怀士堂宣布中山大学新一届党政领导的任命决定：黄水生任中山大学党委书记，曾汉民任中山大学校长。1995年6月14日，国家教育委员会任命王珣章为中山大学校长。同年9月12，国家教育委员会任命教育厅长许学强兼任中山大学党委书记。1998年，教育部党组宣布任命李延保为中山大学委员会委员、常委、书记。1999年8月25日，在中山大学岭南堂召开的中山大学中层以上干部会议上，教育部副部长周远清代表教育部党组宣布了教育部的有关决定，黄达人被任命为中山大学校长。

中山大学是国家教委与广东省较早提出“共建”争取进入“211工程”的院校之一。“211工程”是国务院有关综合部门联合提出，并经党中央，国务院同意的高等教育重点建设工程，其含义是面向21世纪重点建设100所左右的高等学校和一批重点学科点。1995年2月，校党委召开扩大会议，部署“211工程”的预审准备工作，中山大学“211工程”预审进入实质性阶段。6月，中山大学顺利通过“211工程”部门预审。经过近3年的规划论证和申报审批，1996年6月，中山大学“211工程”重点学科建设项目经有关部门组织专家论证，申报的9个学科（学科群）全部通过论证，公共服务系统和基础配套设施建设也同时立项建设。1999年10月，“211工程”建设中期检查专家组对中山大学“211工程”进行了中期实地检查。组通过实地检查，专家组认为中山大学“211 工程”建设进展总体良好，在有限的时间和经费投入的情况下，各项目均取得较大的成果，使中山大学的学科建设水平上了一个新台阶。2001 年，学校指定了“十五”事业发展规划，统一全校思想，明确发展目标，并开始组织实施了包括“211 工程”验收在内的各项工作。

随着中山大学师资力量和科研能力的加强，中山大学先后成立了一些院系、研究所和研究中心。1991 年 11 月，生命科学学院成立；12 月，第 16 次校务会议研究，决定成立外国语学院。1993 年 4 月，新设生物化学系；5 月，设环境科学系。1994 年 6 月，法政学院成立。1995 年 4 月，成人教育学院更名为中山大学高等继续教育学院。1996 年 1 月，成立信息科学与技术学院及物理科学与工程技术学院。1997 年 3 月，校党委常委扩大会议原则同意成立信息学院计算机与电信工程系；7 月，成立数学与计算科学学院；11 月，近岸海洋科学与技术研究中心成立。12 月，成立生物医药中心和岭南学院国际商务系、金融系。1999 年 7 月，成立广东发展研究院，并决定成立规划设计院。2000 年 2 月，成立网络教育与教育技术中心、公开学院；3 月，成立数学与计算机科学学院统计科学系、企业与市场研究中心、现代会计与财务研究中心、政治学研究中心、岭南考古研究中心、中国族群研究中心、人力资源研究开发中心。同时，教育学院成立，下辖理论部、体育部、教育科学研究所；5 月，成立亚太研究所、中法合作工业与技术社会学中心、中国营销研究中心、比较宗教研究所、语言研究所、普通话教育研究中心；6 月，成立网络教育学院。

中山大学以学科为依托，按照新的学科目录，进行了学院的组建与调整，基本上完成了学院制管理结构的改革，按照“方向不变，模式不同”的建院方针，将 30 多个系调整为人文科学学院、外国语学院、法政学院、岭南（大学）学院、管理学院、生命科学学院、地球与环境科学学院、化学与化学工程学院、物理科学与工程技术学院、信息科学与技术学院、数学与计算科学学院、教育学院等 12 个学院，以及研究生院、高等继续教育学院，拥有 24 个研究所，36 个研究中心，58 个本科专业，并相应建立了学院党委。

1999 年 9 月 11 日，中山大学与珠海市人民政府签署协议，合作建设中山大学珠海校区，珠海市将位于唐家湾的 3.428 平方公里的土地以及其上原珠海大学（筹）的建筑物及配套设施无偿提供给中山大学，由中山大学永久使用和管理。[①]

中山大学珠海校区采取学校各职能部门延伸管理的模式，校区根据学校的统一规划和发展要求，结合地缘特点和自身工作的需要，建立一个在学校统一领导下，相对独立运作、精简高效的管理体系。校区由学校派出一位副校长主管全面工作，成立中共中山大学珠海校区委员会、中山大学珠海校区管理委员会，委员会下辖党政工作办公室、教务办公室、后勤办公室、学生工作办公室、安全保卫与武装办公室、基础教学实验中心和图书馆。各单位行政上接受委员会的领导和监督，业务上接受学校各相应职能部门的指导。校区管理人员主要由学校派出，有部分是在当地招聘的优秀人才。

珠海校区教学实验大楼是目前亚洲最长、面积最大的教学大楼。大楼全长 571.2 米，宽 37.2 米，建筑面积 7.6 万平方米，建设资金逾 1 亿元，共有大小课室 179 间，可以同时容纳 2 万学生上课。大楼正面点缀红、黄、蓝 5 个大型彩色圆球，前面辅以大

① 本小节内容参见《中山大学校报》（复）第 370 期“庆祝珠海校区落成特刊”，2000－7－1。

型绿化广场。图书馆大楼总建筑面积约36000平方米，馆藏饱和量约为200万~250万册。图书馆除了馆内拥有的图书、报刊和电子出版物外，还与广州校区图书馆联网，实现图书资源共享。

1994年是中山大学建校70周年。11月12日，学校举行了隆重的庆祝大会以及田径运动会开幕式和8项工程的奠基典礼。全国政协副主席霍英东，有关方面领导李灏、端木正、张孝文、陶遵谦，广东省领导朱森林、林若、卢瑞华、卢钟鹤、陈绍基、于幼军、谢颂凯、肖耀堂，驻粤部队领导张榛盛，新华社香港分社负责人郑国雄，老同志任仲夷、梁灵光，港澳和海外知名人士曾宪梓、熊德龙、孙穗芳等，以及海内外校友、嘉宾和中山大学师生1万多人参加了大会。校党委书记黄水生在会上宣读了江泽民、李鹏、乔石、李瑞环等党和国家领导人的题词，曾汉民校长致开幕词。北京大学副校长李安模教授代表全国其他高校来宾向中山大学表示祝贺。全国政协副主席霍英东，全国人大常委曾宪梓，中共广东省委常委、广东省副省长卢钟鹤，国家教育委员会副主任张孝文作了讲话。

中共中央总书记、国家主席、中央军委主席江泽民为校庆题词："发扬中山先生革命精神，办好中山大学，做出更大贡献。"中共中央政治局常委、国务院总理李鹏为校庆题词："汇聚学术精华，培养四化栋梁。"乔石、李岚清、李瑞环、谢非、曾宪梓、叶选平、霍英东、朱森林、卢瑞华、周南、郭东坡、高祀仁、林若、肖克、刘复之、梁灵光、任仲夷、欧初、杨资元、罗培元等人都题了词。

（执笔：于影）

第二节　校园新貌

20世纪90年代，学校的校园建设注重科技化和信息化，注重管理的现代化，为中山大学的进一步发展奠定了坚实的物质基础。

一

1990年到2000年期间，何善衡、曾宪梓、姚美良、邵伯年、熊德龙、方润华、卢雪儿、朱孟依、伍淑清、叶葆定、刘汉钦、池田大作等分别捐赠建立了善衡堂与善衡楼、曾宪梓堂和中山楼、中山大学近代中国研究中心大楼、邵伯年教学楼、熊德龙学生活动中心、老人活动中心（方润华楼）、马文辉堂、外语学院大楼、管院MBA教学楼、叶葆定堂、化学大楼、珠海校区孙中山铜像等。岭南大学校友筹款资助中山大学岭南（大学）学院兴建了林护堂、黄铭衍堂、黄传经堂、岭南堂、伍舜德图书馆、伍沾德堂、岭南教工大楼等。此外，香港何氏教育基金会、香港培华教育基金会、香港中山大学高等学术研究中心基金会、美国岭南基金会、孔安道基金会，以及美国、加拿大、澳门等地的中大校友会、岭南大学校友会都给予中山大学很大支持。[①]

据不完全统计，改革开放以来，中山大学获得捐赠达人民币 2 亿多元[②]，还设立了多种教育基金、奖学金及各种设备捐赠项目，有力地改善了中山大学的办学条件。1993 年，中山大学与花旗银行广州办事处签订协议，在中山大学设立花旗银行奖学金。化学系 1955 级校友、泰国宝昌珠钻有限公司董事长马灿安先生 1994 年回中山大学参加 70 周年校庆，捐资 50 万元人民币设立了马灿安教育基金。1994 年，笹川基金与中山大学签订合作协议，在中山大学设立笹川优秀青年奖励基金，基金本金为 100 万美元。1995 年，爱国侨胞陈世贤先生在外语学院设立了陈世贤奖教奖学金。1996 年，日本住友银行在中山大学设立住友银行奖学金。

为了丰富学生的课余生活，扩大学生的文化视野，自 1994 年以来，中山大学教务处举办了多期中外优秀文化讲座，生命科学学院举办了多期马文辉科学哲学论坛等活动。学校还开展了高雅艺术进校园活动，举办创业计划大赛、展望 21 世纪大赛，及以“走进网络时代，体验网络生存”为主题的中国大学生电脑节、维纳斯歌手大赛等活动。学生社团也举办了“求进沙龙”、“我们在南方必须读书”等大型活动，创办了一系列校园文化刊物。在广州校区校园中心建立了文化广场，组织实施了博物馆系列建设，把孙中山纪念馆等 5 个博物馆建成有中山大学特色的校园精神文明建设基地，并组建了网上博物馆。2000 年，在全校开展了中大精神与校园文化建设大讨论，举行了“展现新中大人风采，塑造新中大人形象”的“LG 未来窗”新中大人形象设计大赛。

1998 年的洪灾过后，团中央、团省委号召全体共青团员缴纳一次特殊团费，支援灾区“希望工程”建设。中山大学团委和各级团组织广泛发动，积极组织，共收到特殊团费人民币 114483 元。1999 年 5 月 8 日，以美国为首的北约用导弹袭击中国驻南斯拉夫大使馆。消息传来，中山大学师生员工举行了一系列示威游行、集会、座谈、发抗议信等活动，强烈谴责了以美国为首的北约的野蛮行为，支持中国政府的严正立场。2000 年 11 月底，中山大学社会学系学生会承办的广州高校“援申奥”自行车游拉开序幕，支持和声援北京申办 2008 年奥运会。

中山大学是国家体育总局指定的全国青少年体育俱乐部试点单位之一。在 2000 年 11 月 11 日举行的 76 周年校庆田径运动会上，李延保书记和徐远通副校长为俱乐部揭牌。

图书馆也得到学校的重点建设。2000 年，中山大学南校区图书馆的馆藏总量约为 400 万册（件），居中国各类图书馆馆藏总量的前列。图书馆拥有设备先进的信息检索大厅、电子阅览室和多媒体用户培训室，提供外借阅览、参考咨询、网络数据库检索、复印服务、代查代检、用户培训、原文订购、馆际互借、DIALOG 国际联机检索、教学参考书、科技查新、定题服务等多种形式的服务，并能提供各类电子文献服务和网络信息服务。中山大学南校区图书馆还自建教育文献数据库、港澳文献数据库、珠江三角洲文献数据库等特色数据库，是我国参加美国环太平洋数字图书馆联盟（The Pacific Rim Digital Library Alliance，简称 PRDLA）的两个成员馆之一。

新建的中山大学珠海校区图书馆是中国第一个使用 3M 防盗监测系统的图书馆，它

① 参见《1997 年中山大学年鉴》，中山大学出版社 1999 年版，第 3 页。

② 参见《2000 年中山大学年鉴》，中山大学出版社 2001 年版，第 103 页。

融合了许多先进图书馆的建筑理念：中央空调、全封闭、等层高、等载荷、大空间、通透式的世界图书馆流行建筑；藏、借、阅、网一体化的先进管理模式；图书报刊、多媒体光盘、联机数据库、因特网全方位的信息资源；信息检索、书刊借阅、馆际互借、电子文献传递、自动高速文印、用户培训、学术会议多功能的信息服务；每天 14 小时、每周 7 天的开放时间；家具、色彩、布局、环境的独特人性化设计；等等。2000 年，珠海校区图书馆有藏书 20 万册、中外文期刊 2000 多种、期刊合订本 3 万多册、报纸 200 多种、多媒体光盘 5000 种。作为中山大学图书馆的基础图书馆，珠海校区图书馆具有与广州校区图书总馆无缝连接的自动化网络系统，可通过校园网检索总馆的 24 个大型中外文数据库和数十种网络版数据库，借阅总馆 330 万册（件）馆藏，并可通过设在总馆的中国高等教育文献保障体系（CALIS）华南地区中心所提供的馆际互借和电子文献传递服务，借阅国内外大型图书馆的信息资源。①

为建设“211 工程”公共服务体系，“九五”期间，中央专项投资 5000 万元用于中国高等教育文献保障体系建设。经教育部批准，中国高等教育文献保障体系（CALIS）华南地区中心设在中山大学。1999 年 1 月，中山大学与 CALIS 管理中心签署了承建中国高等教育文献保障体系地区中心协议书。CALIS 华南地区文献信息中心建设正式启动。CALIS 华南地区中心（中山大学）“九五”期间的建设内容和目标是：通过本地区文献信息服务网络，文献信息资源及馆藏数字化建设，初步建成华南地区高等教育文献保障体系的基本框架，实现本地区信息资源的公共检索、馆际互借、文献传递、协调采购、联机合作编目等功能。中山大学已从中获得 CALIS 华南地区中心建设经费 165 万元，全部用于仪器设备的配置。作为地区中心，中山大学还获准免费、优惠或出部分经费使用 CALIS 统一引进的大型数据库，包括 OCLC、UnCcoer、EBSCO、UMI、ISI 等公司提供的多个数据库产品与服务。中山大学图书馆还应邀参加 CALIS 部分子项目，如中文目次库、联机合作编目、中国高等学校学位论文数据库及中国高等学校学术会议论文数据库等项目的协作共建，并申请参加特区数据库建设。②

中山大学档案馆成立于 1989 年。1995 年，中山大学被评为广东省“二五”《档案法》普及教育工作优秀单位；1996 年，学校被评为广东省档案综合管理特级单位；1999 年，学校档案综合管理通过国家二级评审，并获得国家档案局颁发的“科学事业单位档案管理国家二级”证书；2003 年，档案馆被国家档案局，中央档案馆授予“全国档案工作优秀集体”荣誉称号。

中山大学档案馆的馆藏档案主要是新中国成立后中山大学教学、科研和管理等实践活动中形成的档案，截止 2000 年，馆藏 111000 卷的案卷。档案馆工作人员积极开展业务研究，主编和参编并公开出版了多部书籍，如《巍巍中山》、《中山大学专家小传》、《钟灵毓秀》、《南天风雷》，以及 1997 年至 2003 年的《中山大学年鉴》等。数十篇论文及文献史料汇编获奖。中山大学档案馆的编研工作居全国高校的前列。

《中山大学学报》是中山大学主办的学术性刊物，包括《中山大学学报·社会科学版》（1955 年创刊），《中山大学学报·自然科学版》（1955 年创刊）和《中山大学学

① 程焕文：《中山大学校报》（复）第 376 期，2000 - 11 - 15。

② 文惠：《中国高等教育文献保障体系（CALIS）华南地区中心设在我校》，见《中山大学校报》第 344 期，1999 - 1 - 25。

报论丛》（1981年创刊）。

1992年，《中山大学学报》被评为1991年全省十佳期刊之一，其被引频次继续位于高校学报前列。据中国科学院文献情报中心中国科学引文数据库公布的“被引频次最高的中国科技期刊500名排行表”（1997年数据），《中山大学学报》自然科学版被引频次为197次，比1997年增加27次，在全国高校学报的排位从1997年的第8名上升至第6名，在综合性大学学报中连续4年位于前4名内①。2000年《中山大学学报》社会科学版第三次被确定为综合性人文社科类核心期刊，《中山大学学报》自然科学版也被确定为综合性科学技术类的核心期刊，两刊均被编入《中文核心期刊要目总览》2000年版，即第三版。在广东的100多家学术期刊中，《中山大学学报》两个版是惟一的三次蝉联核心期刊的刊物②。

1997年，中山大学音像出版社并入中山大学出版社，使其成为国内较少的同时具有图书和音像出版功能的大学出版社。中山大学出版社积累资产2000多万元，出版了大量高质量、高品位的图书，获得国家、部委、省市各项奖励的图书达200多种次，树立了良好的品牌形象。

二

1990年，中山大学综合服务公司在全国高校中率先实行事业单位企业化管理，被国家教委作为先进典型在全国高校后勤推行，国家教委授予中山大学“全国后勤工作集体”光荣称号。1999年下半年开始，学校进行了水电收费管理的改革，取得较好的效果。2000年4月以来，校领导把后勤社会化改革列为学校管理体制改革的重点和难点来抓，并制订了《中山大学后勤社会化改革方案》，采用了“小机关，多实体”的管理模式，把16个后勤服务实体成建制地从学校行政管理系统中分离出来，开始实行企业化管理。2001年6月，中山大学后勤集团成立。集团划分为6个板块，着重抓了下面几项改革：建立企业化的内部管理体制和激励机制，集中管理，二级核算，分类分级，鼓励发展；实行板块式的专业化管理，提高企业规模效益；转变观念，突破改革难点；强化服务意识，提高服务质量。后勤集团先后举办了后勤干部EMBA课程高级培训班、物业管理专业化培训班、财务人员培训班和电脑操作培训班，并兴建了中山大学纯净水厂，成立了中山大学物流总公司。

为营建良好的校园环境，从1997年底开始，学校分三步对校园环境进行整治。第一步是加强对校内商业网点的管理；第二步是整顿办班秩序；第三步是采取措施，保持校园清洁的卫生环境。2000年，中山大学清理了公房出租与违章建筑、违章装修。经过整治，中山大学被授予“2000—2001年度高校治安综合治理工作先进单位”称号。

（执笔：于影）

① 张楚民：《学报被引频次继续位于高校学报前列》，见《中山大学校报》（校友专刊）第30期，1999-1。
② 宗慧：《学报（社科版）再次被确定为核心期刊》，见《中山大学校报》（复）第376期，2000-11-15。

第三节 谱写新篇

一

20世纪90年代后期，“中山大学开展了面向21世纪教育思想和教育观念的大讨论，明确提出了在提高质量的基础上，稳定本科生规模，减少专科生数量，扩大研究生和留学生招生的办学思路”①。通过广大教师、教学管理人员和管理部门的共同努力，中山大学取得了喜人的成绩。

（一）迎接本科教学评优

1997年1月，中山大学党委和校长办公会研究决定，开始本科教学工作优秀学校建设与评价的准备工作，成立了本科教学工作优秀评价领导小组，下设本科教学工作优秀评价办公室。3月，召开全校本科教学工作会议，布置全校优秀院系的评价工作。学校制订了《中山大学本科教学工作优秀院系评价方案》（试行稿），并在全校开展“面向21世纪教育思想和教育观念”大讨论。年底，选择了哲学系、生命科学学院分别为文理科评优试点单位，组织专家进行评审。1998年初至1999年3月，中山大学对其13个教学实体院系进行了本科教学评优活动，对另外4个未申请评估的院系也进行了检查。1999年4月，对机关部处和公共教学单位本科教学评优材料准备情况进行检查，对各院系评优整改和建设工作进行督促和检查。10月，成立了中山大学办学传统与办学特色课题组。

2000年，中山大学强调珠海校区应按照教育部优秀评价方案A级标准的各项指标进行建设。3月，修订《中山大学本科教学工作优秀院系评价方案》。同时，召开本科教学工作会议，布置院系第二次自评工作。学校同时成立新一届评优领导小组，李延保书记任组长，黄达人校长、徐远通副校长任副组长。9月，学校投资50余万元建设21个特色项目，院系自筹经费建设18个特色项目。2000年，学校对基础实验室（珠海校区）建设单列专款投入6700余万元，专业实验室（广州校区）建设投入2000余万元。

（二）研究生教育

1990年至2000年，中山大学博士学位授权点继续增加。1990年11月，增加的博士学位授权点有中国古代史、基础数学、马克思主义哲学、生物化学与分子生物学等。1993年12月，增加了企业管理（含财务管理、市场营销、人力资源管理）、人文地理学等博士学位授权点。1998年6月，增加的博士学位授权点有中国现当代文学、世界史、应用数学、运筹学与控制论、历史地理学、历史文献学、史学理论及史学史、人类学、马克思主义理论与思想政治教育、世界经济、逻辑学、行政管理、环境科学、发育

① 《1998年中山大学年鉴》，中山大学出版社1999年版，第33页

生物学、细胞生物学、生物物理学、生态学、神经生物学、水生生物学、物理化学、声学、粒子物理与原子核物理、原子与分子物理、等离子体物理等。2000 年 12 月，增加的博士学位授权点有中国古典文献学、文艺学、语言学及应用语言学、社会学、技术经济及管理、会计学、旅游管理、计算机软件与理论、工程力学、光学工程、自然地理学、地图学与地理信息系统等。

1990 年至 2000 年增加的硕士学位授权点：1990 年 11 月增加了世界经济、应用心理学、经济法学、数量经济学、通信与信息系统、图书馆学硕士学位授权点，1993 年 12 月增加了伦理学、粒子物理与原子核物理、行政管理、档案学等硕士学位授权点，1996 年 5 月增加了财政学、金融学、宗教学、运筹学与控制论、马克思主义理论与思想政治教育、刑法学、教育经济与管理等硕士学位授权点，1998 年 6 月增加了国际贸易学、西方经济学、声学、原子与分子物理、等离子体物理、日语语言文学、法语语言文学、外国语言学及应用语言学、史学理论及史学史、比较文学与世界文学、高等教育学、人类学、政治学理论、法学理论、诉讼法学、工程力学、检测技术与自动化装置、计算机应用技术、水文学及水资源等硕士学位授权点，2000 年 12 月增加的硕士学位授权点有人口、资源与环境经济学，中国少数民族语言文学，中国古典文献学，宪法学与行政法学，语言学与应用语言学，民俗学，国际关系，民商法学，应用心理学，大气物理学与大气环境，物理洋学，海洋生物学，第四纪生物学，材料物理与化学，信号与信息处理，海岩土工程，港口、海岸及近海工程，农业昆虫与害虫防治，药物分析学，药理学，情报学等。

至 2000 年，中山大学还拥有 5 个硕士专业学位授权点：工商管理硕士（MBA）（1996 年授予）、法律硕士（1997 年授予）、工程硕士（计算机技术）（1999 年授予）、工程硕士（环境工程）（1999 年授予）、公共管理硕士（MPA）（2000 年授予）。其中，2000 年国务院学位委员会办公室批准中山大学招收和培养工程硕士，并行使工程硕士专业学位授予权，中山大学成为当时全国第一所，也是惟一一所获得工程硕士专业学位授予权的综合性大学。

中山大学 MBA 教育起步于 1996 年，属于第三批试点学校。1999 年 11 月，全国 MBA 教育指导委员会对中山大学岭南学院的 MBA 教学管理进行检查。检查结果表明，学院有一支高效率、高素质的教师队伍，教学已取得一定成绩。

为吸引更多的优秀青年来校攻读博士学位，中山大学研究生院出台了多项改革措施。从 2000 年开始，在全国 33 所研究生院和中国科学院及中国社会科学院的应届优秀硕士毕业生中，学校采取"推荐＋考核"的新办法招收博士研究生。上述培养单位的应届硕士毕业生，只要课程学习成绩优良，在学期间在重要的学术刊物发表一篇质量较高的学术论文，经本人的学位论文指导教师和一名博士导师推荐，并通过由中山大学组织的考核小组对其进行综合素质及能力测试和专业科目面试，具有培养前途者，可直接录取为博士研究生。①

经过多年的摸索，中山大学已经形成了以"保护基础学科，支持优势学科，扶植特色学科，大力发展应用性学科"为主要内容的发展研究生教育的思路。2000 年，中

① 《研究生院出台"推荐＋考核"招博新办法》，见《中山大学校报》，2000－4－3。

山大学在校的硕士研究生 2674 人、博士研究生 771 人，创下了办学规模的历史新高[①]。1999 年 11 月，在北京召开的全国研究生培养工作会议上，中山大学研究生院荣获教育部和国务院学位委员会授予的“全国学位与研究生教育工作管理先进单位”称号。

（三）继续教育和远程教育

1997 年，中山大学被评为国家教育委员会属 12 所成人教育优秀学校之一。1997 年 11 月，中山大学正式向广东省人事厅提出设立“中山大学高等继续教育基地”的申请。12 月 26 日，广东省人事厅正式批准中山大学成为广东省专业技术人员省级继续教育基地。1998 年 5 月 29 日，林烈发副厅长以及培训教育处正、副处长等出席中山大学举行的“广东省专业技术人员省级继续教育基地”成立揭幕仪式。吴增生副校长、高等继续教育学院罗蔚茵院长等参加了揭幕仪式。

1995 年前后，学校着手校园网络和数字化教育的建设，经过几年努力，中山大学的校园网络在全国高校中卓有影响。校园网络作为公共服务体系的一部分，得到历届校领导的高度关注，在学校的科研教学和生活中发挥了很重要的作用。中山大学又是国家教育部第一批批准建设网络教育学院、开展现代远程教育的试点高校。1999 年 3 月，中山大学第一期远程教育启动，2000 年开始招生，招生专业是计算机应用（专科）。2001 年的招生工作在中山大学珠海校区开设现代远程教育示范班，同时继续在广东省建立现代远程教育校外教学中心，面向全国招生；开设珠海校区法学和计算机科学与技术两个专业的本、专科网络教育示范班，从当年参加全国普通高考的考生中择优录取学生。

（四）联合办学

根据地方经济发展和学科交叉、渗透的需要，中山大学和地方及企业共建了一批工程中心及科学基地，主要有中山大学与广东省科委组建的华南生物科学技术中心，与广州市政府组建的广州新材料工程研究中心，与茂名石化总公司合作的化工高效分离新技术试验基地，与广东彩色显像管股份公司合作的大屏幕平板显示器开发研究中心等。这些中心和基地正成为广东骨干产业的科研开发试验基地。中山大学还成立了近岸海洋科技研究中心，科技和经济一体化研究中心，通讯与信息技术研究中心。1999 年 9 月，中山大学在惠阳市大亚湾举行了和广东省海洋与水产厅共建广东省海洋重点开放实验室和中山大学生命科学学院博士后研究站的签约仪式。

从 1991 年起，中山大学与广州中医药大学合作开设中医药七年制本科—硕士连读班。1993 年，中山大学研究生院和美国远东高级研究学院联合举办了决策管理学硕士研究生班。中山大学先后与广东省司法厅、广东省财政厅、石油总公司、国家旅游总局合作，采取委托代培或在职培训的形式，为社会培养了大量急需的人才。中山大学支持佛山市创办佛山大学（现改为佛山科技学院），与中山市联合办孙文学院（现改为中山学院），为珠江三角洲培养了许多急需的专业人才。2001 年 4 月 16 日，中山大学与广东省文化厅签订了联合办学的协议，双方将发挥各自的优势，共同培养高素质人才，由

---

① 参见《2000 年中山大学年鉴》，中山大学出版社 2001 年版，第 214 页。

此开创了文化部门与高等学府联合办学的先例。[①]

至2000年，中山大学经教育部和国务院学位办正式批准的中外合作办学项目有两个：一是CHEMBA（China Executive MBA），即高级管理人员在职工商管理硕士（MBA）学位项目。该项目经国家教育部和国务院学位办1999年底批准，由中山大学岭南学院与美国明尼苏达大学卡尔森管理学院合作举办。二是DESS，即硕士学位项目。中法合作国际贸易DESS班是由法国里昂市政府和法国国家企业管理教育基金会、法国里昂第三大学企业管理学院、法国里昂高等管理学院和中山大学岭南学院共同开办，是培养法国教育第三阶段专业人才的中外合作办学项目。该项目从1999年启动。

1994年，中山大学在澳门设立了行政管理学专业硕士班，开始为港澳地区培养博士和硕士研究生。

（五）学生获奖

1991年11月，在全国第二届“挑战杯”大学生课外学术科技作品竞赛及成果交流会上，中山大学参赛的作品全部获奖，同时还荣获高校组织工作奖。1992年，由中山大学数学、力学、电子、计算机、经济、物理共6系45位同学组成的5个队参加了首届全国大学数学模型竞赛广州赛区的比赛，分别获得特等奖、一等奖和二等奖。1993年，由梁天、骆晓斌、陈欣组成的中山大学代表队在广东省大学生计算机知识竞赛中荣获第一名，同时，还荣获惟一单设的“操作技能奖”专项奖。1995年，中山大学生命科学学院94级硕士生李福顺同学荣获“中国首届大学生跨世纪发展奖学金”，受到国务院副总理李岚清等国家领导人的接见。物理系罗乐荣获“中国大学生跨世纪发展奖学金”。在1998年全国大学生化学实验邀请赛上，中山大学夺得团体冠军，贺电同学获个人一等奖，另有3名同学分获个人二等奖和三等奖。1999年，肖百龙等同学荣获团中央、教育部举办的全国大中学生展望21世纪主题设计大赛“最佳设计奖”。王凡同学获得团中央、全国学联颁发的全国代数学“建昊”奖学金。

2001年，广东省教工委下发《关于表彰“党的光辉激励我成长”征文优秀作品和优秀组织奖单位的通知》，中山大学送评的7位同学的作品全部获奖，中山大学党委宣传部获优秀组织奖。在第七届“挑战杯”全国大学生课外学术科技作品竞赛中，中山大学获得参赛以来最好的成绩，两件作品获得一等奖，三件获得三等奖，并以210的总分成功捧回优胜杯。

在2001年（第25届）ACM国际大学生程序设计竞赛国际决赛（ACM/ICPC）中，中山大学队奋力拼搏，首次夺得铜牌（世界第14名）的好成绩。这次是中山大学队连续三年获ACM/ICPC国际决赛权。代表中山大学参加这次国际决赛的代表队队员是计算机科学系1997级本科生孔颖，1998级本科生李志业、金涛同学，计算机科学系郭嵩山教授时任教练。

2000年中山大学历史系陈胜粦教授指导的中国近代史专业吴义雄博士的学位论文《基督教新教传教士在华南沿海的早期活动研究》，化学与化学工程学院陈小明教授指导的无机化学专业童明良博士的学位论文《含氮多齿配体的聚合金属配合物超分子的组装、结构及其性质研究》入选全国百篇优秀博士学位论文，这使得中山大学无论是

① 《省文化厅与我校联合办学》，见《中山大学校报》（复）第386期，2001-4-29。

优秀论文数与当年博士学位获得人数的比例，还是进入复选篇数与选送篇数的比例，最后入选篇数与复选篇数的比例，都在全国名列前茅。这两篇优秀博士学位论文也是此次广东省范围内仅有的两篇。①

体育方面，中山大学在重大国际比赛中获11项世界冠军，2项亚军。其中，中文系孙淑伟、法律系余卓成同学多次在国际比赛中获得跳台和跳板跳水冠军，政行系池美兰同学获得世界大学生跳水金牌。第八届全运会上该取得6项冠军、3项亚军、4项第三名。其中外语系吴艳艳同学打破一项世界记录和一项亚洲记录。政行系甄迎娟同学打破两项亚洲记录。在全国大学生比赛中夺取9项冠军、22项第二、4项第三。其中，信息系邱柏霞同学在全国大学生田径比赛中被评为“十佳”运动员。中山大学游泳队在全国大学生游泳比赛中取得5枚金牌、20枚银牌。在2000年9月举行的全国第六届大学生运动会上，中山大学体育代表团为广东省大学生体育代表团获得本届大运会团体总分第一、金牌数第一作出了重要的贡献。

二

进入20世纪90年代后，中山大学根据科学和社会的发展，调整学科布局，制订了新的学科建设规划，积极参加国内外学术交流，拓展了科研合作的空间。

（一）学科建设与科研力量

20世纪90年代初中期，中山大学的生物学、物理学、化学、中国语言文学、历史学、哲学等学科被先后批准为国家基础科学研究和教学人才培养基地。至2000年底，学校拥有了物理学、生物学、化学、数学、历史学、管理学6个博士后科研流动站以及中国古代文学、动物学、昆虫学、光学、高分子化学和物理等5个国家级重点学科；有科技工作人员1000多人，其中中国科学院、中国工程院院士4人，中青年科技人员也脱颖而出，有国家人事部“百千万人才工程”② 第一、二层次人选7人，国家杰出青年科学基金获得者12人，教育部“跨世纪优秀人才培养计划”人选10人。③ 另外，每年约有近700名研究生参加科研工作。

1991年，中山大学生命科学学院成立。这一年，学院的生物学系被确定为全国第一批试办基础科学研究和教学人才培养基地④。经过近10年的发展，生命科学学院拥有动物学、昆虫学两个国家级重点学科和动物学、植物学、生物化学与分子生物学3个广东省重点学科，有生物防治国家重点实验室，植物基因工程和水生经济动物繁殖、营养与病害控制2个国家重点学科专业实验室，基因工程教育部重点实验室以及国家高技术计划海洋领域海洋生物功能基因组开放实验室。生命科学学院的动物学、植物学等学科长期以来在国内处于领先地位。学部委员、中国科学院院士蒲蛰龙为生命科学学院首任院长。学院师资力量雄厚，拥有林浩然院士（1997年当选）、生化与分子生物学长江

① 《吴义雄、童明良博士学位论文入选“百优”》，见《中山大学校报》（复）第394期，2001-9-5。
② 参见第六编第三章第二节相关解释。
③ 参见《2000年中山大学年鉴》，中山大学出版社2001年版，第361页。
④ 黄义祥、易汉文：《中山大学大事记（1924—1996）》（征求意见稿），1999年版，第155页。

学者奖励计划特聘教授屈良鹄教授等一批著名专家学者。

林浩然教授长期从事教学工作，先后系统讲授过多门课程。1990 年，他参加编写的全国统一教材《动物生态学》获国家教委优秀教材二等奖；1998 年，他编写的《鱼类生理学》由广东省高等教育出版社正式出版。同时，由于他在科学技术方面的成就和贡献，于 1990 年被国家劳动人事部授予“国家级有突出贡献的中青年专家”称号，1991 年获国务院颁发的特别津贴证书。屈良鹄教授是基因工程教育部重点实验室主任，1999 年任中山大学长江学者奖励计划特聘教授，开展功能 RNA 基因与 RNA 技术研究，先后获国家教育委员会和国家人事部颁发的在祖国社会主义现代化建设中发挥了重要作用，作出了突出贡献的留学回国人员，国家人事部有突出贡献的中青年专家，第三届“中国青年科学家”生命科学提名奖等荣誉奖，现为国家教育部和国家人事部“百千万人才工程”第一、二层次人选。

1991 年，经国务院学位委员会批准，中山大学化学系开设了化学学科博士后流动站。1994 年，中山大学化学与化学工程学院成立，同时化学专业被定为国家理科基础科学研究和教学人才培养基地。1996 年，高分子化学与物理及天然物化学被列为“211 工程”重点学科建设项目。1998 年 6 月获得化学一级学科博士学位授予权（覆盖无机化学、有机化学、分析化学、高分子化学与物理、物理化学 5 个二级学科）。1999 年，聚合物复合材料与功能材料实验室被批准为教育部重点实验室（第一批）。学院现有中国科学院院士 2 人（林尚安教授、苏锵教授），1 人被聘为“长江学者奖励计划”特聘教授（陈小明教授），2 人为国家人事部“百千万人才工程”第一、第二层次人选（陈小明教授、章明秋教授），2 人入选教育部“跨世纪优秀人才培养计划”（章明秋教授、麦堪成教授）。

林尚安教授 1993 年 11 月当选为中国科学院院士，是国家高分子化学与物理重点学科点的学术带头人。林尚安教授 1946 年毕业于厦门大学化学系，1950 年获岭南大学化学硕士学位。此后一直在中山大学任教，主讲过有机化学、有机结构理论、高分子化学、高分子专论、高分子合成与聚合原理、高分子合成与功能高分子等主要课程。1994 年 1 月，林尚安教授被中山大学授予“特别贡献奖”。苏锵教授 1995 年当选中科院院士，1999 年受聘为中山大学教授，先后出版了 *Rare Earths Spectroscopy*（1990 年）、《稀土化学》（1993 年），《变价稀土元素化学与物理》（1994 年）等论文、专著。陈小明教授，化学院院长，入选 1997 年度国家“百千万人才工程”第一、二层次人选，1999 年被教育部聘为长江学者奖励计划特聘教授。“聚合物复合材料及功能材料”教育部重点实验室主任的章明秋教授，1993 年获得国家教委首批“跨世纪优秀人才”专项基金资助，1997 年获得“国家杰出青年科学基金”资助，1999 年入选度国家“百千万人才工程”第一、二层次人选。高分子与材料科学系主任的麦堪成教授则于 1997 年入选教育部跨世纪优秀人才培养计划。

中山大学物理科学与工程技术学院成立于 1996 年 1 月。学院的物理学专业设有国家理科基础科学研究和教学人才培养基地，并于 1999 年立项建设了显示材料与技术广东省重点实验室。光学是全国重点学科和广东省重点学科，凝聚态物理是广东省重点学科。凝聚态物理学科聘请了广东省首位国家“长江学者奖励计划”特聘教授许宁生教授（学院院长）。许宁生教授承担了包括国家科技部“973”预研项目、“863”计划项目，国家基金委“863”高技术探索重点项目、国家基金委首批创新优秀群体项目等近

20 项，其中金刚石及其相关薄膜的场致电子发射特性和机制获得 2000 年广东省科学技术奖（自然科学类）一等奖。他于 1999 年获得“国家有突出贡献中青年专家”称号，并获广东省青年科学家奖；2000 年获得“广东省劳动模范”称号。

中山大学数学学科是具有硕士、博士学位一级学科授予权单位，具有博士后流动站，基础数学是广东省及国家重点建设学科。数学系教授、博士生导师、数学与计算科学学院院长的朱熹平教授于 1991 年获中国科学院自然科学二等奖，于 1997 年入选教育部“跨世纪人才培养计划”，1998 年获国家杰出青年基金，列入 1999 年度国家人事部“百千万人才工程”第一、第二层次人选。

中山大学管理学院于 1993 年获得企业管理专业博士学位授予权。1998 年，学院设立工商管理博士后科研流动站；2000 年，首批获得工商管理一级学科博士学位授予权。学院把科研工作放在极其重要的位置，科研水平逐年提高。卢泰宏教授 1994 年出版的《国家信息政策》（北京科技文献出版社）获国家教委颁发的首届全国高校人文社会科学优秀论著一等奖（1995），并入选（中国）高校人文社会科学研究重大成果奖。

1994 年，中山大学中国语言文学、历史学、哲学被批准为国家文科基础科学研究和教学人才培养基地。中国语言文学系在学科建设方面取得显著成绩，同时拥有一个国家级重点学科（中国古代文学）和两个省级重点学科（中国古代文学和汉语言文字学）。在基地建设开展之后，教学及学术研究方面有了质的飞跃，产生出丰硕的成果。现当代文学教研室的黄修己教授的《中国新文学史编纂史》获“首届国家社会科学基金项目优秀成果”三等奖；程文超教授的专著《1903：前夜的涌动》1999 年获第六届鲁迅文艺奖。

中山大学历史学系也加大了对教研的投入，积极探索数字化时代的历史教学模式改革。2000 年，历史学基地进行的“信息技术时代历史学人才培养模式改革的理论与实践”列入教育部新世纪教改工程项目。陈春生教授 2000 年入选国家教育部人文社科跨世纪人才培养计划。

中山大学哲学系拥有逻辑学和马克思主义哲学两个广东省重点学科。多年来，哲学系坚持平均每周举行一次以上的哲学学术讲座，并培养出一批活跃于国内外学术领域中的知名学者。鞠实儿教授 1998 年被列入教育部人文社科跨世纪人才培养计划。

（二）科研成果

自然科学奖、科技进步奖、发明奖合称为“三大奖”，其中高校的基础研究主要在前两类。中山大学在这方面成绩斐然。

1992 年，由中山大学电子机械研究中心和香港丰鸣企业有限公司合作组建的中鸣显示技术工程有限公司研制的广州火车站旅客引导中央控制大屏幕显示系统通过技术验收并正式投入运行。4 月，李磊副教授主持研制的 PROOG – DRMS 系统通过国家教委鉴定。1993 年中山大学韩德聪教授主持的巴戟天高产栽培技术推广获得 1992 年度国家级星火奖二等奖。1994 年，中山大学研制的环保技术设备处理油井废水工程进军美国市场。这是中山大学开拓美国环保市场的第一批技术产品。1995 年，中山大学计算中心胡毓教授承担的广东省“八五”重点科技攻关项目异步电机智能多目标优化设计及技术信息管理集成软件系统通过广东省科委组织的专家鉴定和技术测试，并于 1996 年被国家科委定为“九五”国家级科技成果重点推广项目。1996 年，中山大学陈学泮教授主持研制的“电力谐波实时检测与管理系统”通过省级技术鉴定，成为国内首创的成果。1997年1月，中山大学化学与化学工程学院材料科学研究所主持的广东省科委“八五”重点科技攻关项目新型注射用热固性复合材料通过了省级科技成果鉴定。此项技术成果填补了国内空白，是中国热固性复合塑料注射成型技术方面的重大进步。1998年，中山大学获准主持两项国家基金重点项目，分别是物理系许宁生教授主持的“用于平板显示器的复合材料的研制”（该项目是“863”高技术探索重点项目）和地环学院许学强教授主持的“港澳—珠江三角洲及其外围地区协调发展的研究”。同年，中山大学在国家高技术研究发展计划海洋技术领域中获三项资助，第一项是生物化学系承担的“重组海蛇毒素抗癌作用的研究”课题；第二项是近岸海洋科学研究中心承担的“近岸海洋环境立体监测综合技术研制——珠江河口及附近水域示范区”课题；第三项是应用化学系和药学系承担的“抗肿瘤新药鲍鱼多糖体的研究”课题。2000年是“九五”计划的最后一年，也是应用研究成果取得较多的一年。截止2000年底，中山大学有12项应用研究成果进行了成果鉴定，其中省级鉴定8项，市级鉴定4项；达到国际领先水平3项，达到国际先进水平3项，达到国内领先水平4项，达到国内先进水平2项。同年3月，广州中大软件研究开发中心成立，标志着中山大学在技术创新方面又迈出了一步。

（三）学术交流

1. 加强与国外院校交流

1990年至2000年，中山大学先后与加拿大的北方电讯公司北方研究所、拉瓦尔大学和卡尔加里大学，越南国家大学和胡志明市大学，美国的Kent State大学、纽约市立大学、伊利诺州大学和明尼苏达大学，韩国的全南大学，日本大东文化大学、早稻田大学、龙谷大学、神户大学和关西学院大学，澳大利亚的悉尼科技大学、西澳大利亚大学和格里菲大学，德国济根大学，法国的弗朗什—孔泰大学、第四大学、第五大学和里昂第三大学，英国的里兹大学和莱斯特大学，法国巴斯德研究所，俄罗斯的莫斯科国立语言大学和莫斯科大学，瑞典的隆德大学，香港科技大学，澳门大学以及澳门科技大学等众多院校签署多种合作、交流、研究协议，并多次与国外院校互访，加强合作。

1994年，台湾高雄中山大学访问团一行13人访问中山大学。11月，曾汉民校长赴港参加了中山大学香港校友联合会举办的中山大学首届国际聚会。12月，台湾高雄中山大学校长林基源先生与参加中国科协组织的大陆科学家赴台考察的中山大学曾汉民校长会面。两岸中山大学校长首次会晤，共同商讨加强学术交流和合作等有关事宜。1997年3月，台湾高雄中山大学文学院师生代表团来校访问，访问期间还举行了第一届中山大学中国文学学术研讨会。1998年，中山大学派出由12位正副教授组成的大型学术代表团，出席了在台湾高雄举行的海峡两岸中山大学中国文学研讨会。从此，两岸中山大学中国文学研讨会成为两岸中山大学开展双向交流的保留项目，每年一度，由两校轮流主持，并轮流在两校召开。

2. 积极举办国际学术会议

从1990年到2000年间，中山大学主办国际学术会议40多次。

1991年11月15日至21日，第一届亚洲遥感会议在中山大学举行。出席会议的有来自24个国家和地区的代表612人。12月3日至8日，中山大学举行纪念中国近代史开端150周年国际学术研讨会，来自国内七省、市、自治区以及日、美、苏、波、韩国、台、港、澳等国家和地区的180余名专家学者出席了会议。12月13日至15日，国家"七五"重点项目"现代新儒学与当代中国学术讨论会"在中山大学召开。1993年年末，东亚和南亚地区热带风暴和洪水国际讨论会和中国城市发展与规划教育研讨会先后在中山大学举行，200余名代表学者出席了会议。1994年5月，加拿大与珠江三角洲发展学术研讨会在中山大学举行。9月，第四届澳大利亚研究国际学术研讨会在中山大学举行。会议期间举办了中澳美术联展、澳大利亚书展、中澳诗歌朗诵会，以及中国澳大利亚研究成果展。

1994年9月1日至2日，中山大学历史系举办了纪念陈寅恪教授学术研讨会，重点讨论陈寅恪教授最后一部著作《柳如是别传》与国学研究传统。来自北京、南京、武汉、广州、香港、澳门等地学者和陈寅恪教授的亲属40余人到会。季羡林教授、周一良教授等在会上发言。会后由浙江人民出版社出版会议论文集《〈柳如是别传〉与国学研究》(1995年)。1999年11月27日至29日，在中山大学再度举行纪念陈寅恪教授国际学术研讨会。来自全国各地包括港、澳、台地区以及美国、澳大利亚、日本等国60多名学者参加了会议。季羡林教授作主题发言。会后于2000年由浙江人民出版社出版论文集《陈寅恪与20世纪中国学术》。1995年，中文文献数据广东国际研讨会在中山大学召开。1996年1月，澳门在珠江三角洲的经济角色高级研讨会在中山大学召开。1997年中山大学先后举办了国际种子科学与技术会议、计算数学国际学术会议和中国—欧洲企业关系国际学术研讨会等多次国际会议。其中，中国—欧洲企业关系国际学术研讨会有国内66名代表和境外110名学者参与，影响颇大。1998年，科技与工商国际研讨会在中山大学召开，参加会议的有200名国内代表和50名境外学者。2000年中山大学港澳珠江三角洲研究中心、广东省人民政府发展研究中心、香港岭南大学商学研究所、香港亚太二十一学会等多家单位联合在中山大学召开了新经济与粤港澳台经济协作关系国际研讨会。

中山大学先后授予邹至庄（1986）、霍英东（1987）、曾宪梓（1993）、何善衡（1995）、梁洁华（1999）等为中山大学名誉博士①，聘请何善衡、梁銶琚等一批知名学者、教授为中山大学名誉教授或客座教授，还聘请了许多外国专家、学者来校讲学、任教。

中山大学每年都派出大量人员到国外及港澳台地区讲学、进修、考察和参加学术会议。中山大学师生还先后在各种国际学术会议和学术机构中担任重要职位，获取了各种光荣称号。1991年10月，中山大学周海中副教授荣获国际工业机器人协会评选的"机器人学优秀论文奖"。11月，在第14届亚太地区公共行政管理地区性国际组织大会上，中山大学夏书章教授荣获东部地区公共行政管理杰出贡献奖。1993年，中山大学副校长李宝键教授当选为第十八届国际遗传学大会秘书长。1996年在瑞典举行的第22届国际纯粹与应用物理联合委员会代表大会上，中山大学罗蔚茵教授继续当选为国际物理教育委员会专业委员会委员。

（执笔：于影）

① 2004年又有伍沾德获此荣誉。

第三章　改名为医科大学

1976 年，“文化大革命”结束之后。1978 年 12 月，中国共产党第十一届三中全会召开。自后，党和国家对各项方针政策作出了调整，并提出要大力发展科学教育事业。在新的历史条件下，中山医学院对各种制度和机构进行了调整和整顿，总结了以前发展的经验教训，积极探索适合学院发展的有效机制，使中山医学院的发展进入了一个新的阶段。1985 年 6 月 20 日，卫生部发文批准中山医学院改名为中山医科大学。

第一节　初展宏图

1978 年 12 月，党的十一届三中全会圆满召开。从此，中山医学院的发展进入新的阶段。医学院在党委的领导下，拨乱反正，对教学、医疗、科研等各项工作进行整顿，取得良好效果。医学院积极贯彻中央关于科学大会通知和广东省教育科学会议的精神，根据中央对普通高校，特别是重点大学的要求，以积极慎重的态度，对学院教、医、研的布局进行了调整。石坳、连县和梅县三个分院分别移交给有关地区；逐步恢复了之前被合并或撤销的人体解剖学、组织胚胎学、生理学、生化学、生物学和病理生理学等教研组；草拟了春季入学的五年制过渡教学计划和 1977 年至 1985 年的科研发展规划；研究和初步确立了部分医院的编制；对教学、医疗、科研、师资培养、后勤各项工作全面进行整顿，努力建立和健全各项规章制度。

1976 年到 1990 年，中山医学院（中山医科大学）的领导机构经过了几次调整。1976 年至 1980 年间，中山大学医学院基本上是沿袭“文化大革命”中产生的党委和革命委员会合二为一的“一元化”领导体制和组织系统。1980 年 4 月 3 日，柯麟被任命为中山医学院院长，陈国桢等人被任命为副院长，李福海、陈子扬等人被任命为党委副书记，学校建立起党委领导下的院长负责制。“文化大革命”中断了的学院组织制度和组织系统正式恢复，革命委员会体制被取消。1980 年 4 月任命为副院长的还有蔡纪镶、王宁、黄文康、金学敏、姚崇仁、徐秉琨、彭文伟，陈国桢协助院长主管全面工作。党委副书记李福海主管党委工作。

1984 年，中山医学院成立新的领导班子。党委书记刘希正，副书记卓大宏，院长彭文伟，副院长祝家镇、朱家恺、龚诒，中山医学院顾问陈国桢。1985 年设立了校务委员会，该委员会为学校工作的审议机构，主任为彭文伟，副主任陈国桢、刘希正。委员还有卓大宏、祝家镇、朱家恺、龚诒、徐秉琨、卢光启、严泳楷、毛文书、张秀俊、缪镇潮、罗章炎、李振权、李仕梅、梅骅、周炯亮、任材年、胡本荣、杜传书、胡富济、凌启波、金康、杜兵、阎汉文。秘书是陈伟林。

1985年12月3日，广东省委批准中山医科大学试行校长负责制。校党委书记为刘希正，副书记为卓大宏。校长为彭文伟，副校长为祝家镇、朱家恺、卢光启、龚诒。1990年7月10日，广东省委批文中山医科大学恢复为党委领导下的校长负责制。1990年7月18日，卫生部批准任命卢光启为中山医科大学校长，任命谭绪昌、古建辉为副校长。原副校长卓大宏、朱家恺继续留任。1991年7月17日增任傅祖植为副校长。1990年，学校重新改组了校务委员会，其成员有：主任卢光启，副主任刘希正、陈国桢、彭文伟。委员还有卓大宏、朱家恺、谭绪昌、古建辉、郑少达、陈国锐、赵香兰、徐秉琨、祝家镇、郭辉玉、周炯亮、任材年、梁一华、何志谦、孙祺、肖官惠、张旭明、罗章炎、李绍珍、管忠震、叶慧膺、李仕梅、严棠、胡本荣、梅骅、杜传书、梁浩材、黄洁夫、颜光美、陈启明、刘苹乐、唐庆。

根据国发（1978）27号《国务院转发教育部关于恢复和办好全国重点高等学校的报告》的规定，中山医学院的领导体制改为卫生部和广东省双重领导，以卫生部为主。为了搞好对中山医学院的交接工作，卫生部交接组、广东省高教局、省卫生局以及中山医学院，于1978年7月10日至14日，在中山医学院举行会议，就有关具体问题交换了意见，双方就机构设置、人员编制、财产情况、招生规模和领导人员的任免等达成一致。

1978年，医学院设有医学系、卫生系、口腔系和药学系，基础学科还设有基础部。专业科研机构有肿瘤研究所、神经形态研究室（针麻原理研究室）、寄生虫学研究室、眼科疾病研究室、药理学研究室、病理学研究室。教职员工总人数4045人，其中教师574人（教授18人，副教授39人，讲师92人，助教167人，教员258人），教学辅助人员72人，技术员101人，行政人员287人，工人364人，其他人员34人。学院有综合性附属医院3间，附属肿瘤医院1间，附属眼科医院1间。此后，学校持续发展，至1987年，学校已发展形成为多层次、多院系、多形式的办学体系。下设基础学院、卫生学院、第一临床医院、岭南医学院、第三临床医院、口腔系、法医系、营养学系等实体。教职员工6000余人，其中教授、副教授和相当职称的高级技术人员500余人。设有各种研究室、所38个，教研室70个，设有基础医学、临床医学、预防医学、口腔科学、法医学、医学营养学、护理学等7个专业。

1977年，中山医学院医学本科按国家统一考试招生，学制五年。这一年，护士学校复办。1980年，医学本科改学制六年，在校学生达到1951人，研究生104人。1988年，该校本科学制改回五年，同时在临床医学专业试办七年制，实行“五七分流”。1990年，在校学生4000余人，其中攻读博士、硕士学位的研究生600余人，本科生2550人，外国留学生70余人（1979年，医学院共有留学生32名），大专、夜大239人，另设的卫校学生500余人。

1978年，学校恢复招收研究生。

1978年3月18日，中山医学院革命委员会发文（院革字（78）26号），成立学术委员会。中山医学院曾于1962年5月25日院务委员会讨论通过成立科学研究委员会，此学术委员会实际上是医学院科学研究委员会的恢复。《中山医学院学术委员会试行工作条例》规定该委员会主要是对以下问题作出建议和提出意见：医学院科学技术事业的长远发展和年度计划；医学院科技队伍、科研机构、仪器设备和图书情报资料的建设；医学院科技成果的评议和推荐。学术委员会由30人组成，主任委员为李福海。

1980年，中国建立学位制度，中山医学院成为首批有权授予博士、硕士、学士学位的单位之一。经国务院学位委员会批准，中山医科大学成立第一届学位评定委员会，陈国桢教授任首届学位评定委员会主席。1982年，开始招收博士生。到1987年，该校有权授予博士学位的学科共18个，授予硕士、学士学位的学科专业共31个。

（执笔：游修庆）

第二节　硕果累累

在全校教职员工的共同努力下，中山医科大学于1978年至1986年间取得了大量科研成果，其中国家专利3项，国家级奖9项，部省级奖73项，1978年获全国科学大会奖18项，全国医药卫生科学大会奖19项，广东省科学大会奖21项。

1978年，中山医科大学获得全国科学大会奖的项目有：①肿瘤研究所、肿瘤医院、基础医院、卫生统计教研组的鼻咽癌的防止研究；②眼科医院的角膜移植治疗失明；③生物教研室的蔡尚达、游仕湘、陈约修、薛绍奎、李松初、余柄祯的广东稻田尾蚴皮炎与裂体科吸虫；④寄生虫教研室徐秉锟、黎家灿、陈心陶的恙虫病防治研究；⑤药理研究室赵延德、孙家均、陈俊秀、李月华、吴秀荣等的蛇药、蛇毒的研究；⑥法医系的郭景元、朱小曼、蔡锐波的马王堆一号汉墓古尸研究；⑦药理教研室吴秀荣、孙家均、沈宝莲、区淑仪、庄铭魁等的蛇伤解毒剂；⑧寄生虫教研室徐秉锟、李桂云、柯小麟等的中国吸虫区系调查和生态学研究；⑨药理研究室的三尖杉属植物中抗癌有效成分的药理药化试验和临床研究；⑩人工心脏研究室的郑振声、伍时显、詹澄阳、潘敬运的FB-2A型反搏系统；⑪寄生虫教研室徐秉锟、余炳祯的江湖洲滩灭螺；⑫一院邝贺龄、陈普照、李溢煊、符名潮、梁秀龄等的《内科疾病鉴别诊断学》；⑬一院胸外的人造瓣膜替换术；⑭一院泌外梅骅的《泌尿外科手术学》；⑮寄生虫教研室陈心陶的《医学寄生虫学》；⑯肿瘤研究所的抗肿瘤药N-甲酰溶肉瘤素的药理及临床研究；⑰生理教研室陈培熹、潘文正、陈助华、翁纪伟、张明等的针刺抑制内脏痛和内脏牵拉反应的原理研究；⑱一院中医科的紫花杜鹃治疗慢性支气管炎临床研究。

1978年获得全国医药卫生科学大会奖项目有：①肿瘤研究所、基础学院的从鼻咽癌组织培养建立类淋巴母细胞株和分离巨细胞病毒；②寄生虫研究室陈心陶的肺吸虫研究；③病理教研室刘子君、丘钜世、钟之英的麻风病的研究；④一院口腔科沈彦民等的自来水加氟防龋研究和应用；⑤卫生学院周炯亮、陈成章、何玉莺等的氯乙醇毒性研究；⑥法医系郭景元、朱小曼、蔡锐波的微量血痕与毛发的血型鉴定；⑦卫生学院的《工业毒理学》；⑧一院骨科黄承达、朱家恺、徐锦森、李佛保、刘均墀等断肢再植；⑨一院泌尿外科梅骅的同种肾移植手术；⑩一院脑外科陈明振、蔡纪辕的气动开颅机（76-Ⅲ型）；⑪一院胸外科王泰来主-冠状动脉大隐静脉搭桥转流术；⑫孙逸仙纪念医院吴梓梁、黄绍良的新生儿溶血病的病因研究；⑬孙逸仙纪念医院手持式简易冷刀；⑭三院传染病科周庆均的中西医结合治疗重症病毒性肝炎的研究；⑮眼科医院的F-2

型裂隙灯激光治疗仪；⑯肿瘤医院谭道彩的宫颈癌的防治；⑰肿瘤医院潘国英、曾其祥、毛志达、张恩罴、梁培根的鼻咽癌的放射治疗；⑱肿瘤医院李振权、曾宗渊、区深明、廖仿荣、陈直华等颈淋巴结清除术改进术式；⑲肿瘤医院林浩泉、曾其祥的鼻咽腔钡胶浆 X 线造影对咽鼻细小癌灶的诊断价值。

从 1979 年到 1990 年，中山医学院（医科大学）获得的重要奖项有：

1979 年，肿瘤研究所等孙振权的 SSBS－I 型手提式闪光型鼻咽摄影仪获卫生部乙级奖。

1980 年，孙逸仙纪念医院妇产科郑惠国、陈学煌的苯酚胶浆剂闭塞输卵管绝育法获卫生部甲级奖。人工心脏研究室伍于添的 CJX－I 型三参数超声心动诊断仪，一院肾内科的李仕梅、叶任高、李惠群、张仕光、许乃贵的不卧床持续性腹膜透析治疗慢性肾功能衰竭，人工心脏研究室郑振声、伍于添的 ZB－2A 型助搏系统的研制及应用获卫生部乙级奖。

1981 年，药理教研室胡本荣、沈宝莲、吴秀荣、陈克敏的胆碱受体分离纯化和特性基础理论研究获卫生部甲级奖。眼科中心李贺诚、杜念祖的人活体角膜内皮的研究，一院普通外科陈国锐、林勇杰、占世光、刘奕山、王成恩的带血管甲状旁腺移植术获卫生部乙级奖。卫生学院邓桂芬的中国青少年儿童身体形态、机能、素质的研究获国家体育委员会一等奖。

1982 年，眼科医院周文炳的治疗青光眼新药丁公藤碱Ⅱ获国家三等发明奖。一院心外科和人工心脏研究室王泰来、方大维、童翠文、郑振声的体外循环中助搏器的应用研究，药理教研室余俊良、胡本荣的大白鼠脑皮质中眼镜蛇神经毒素结合部位的研究，一院肾内科李仕梅、朱兰英、唐世聪、沈清瑞、王荣光的血液滤过治疗慢性肾功能衰竭获卫生部乙级奖。一院内科黄保钧、余斌杰、符名潮、李航海的正常人、糖尿病人和肝脏病人共 1085 例的胰岛细胞功能的临床研究，孙逸仙纪念医院儿科血液病研究室李鸿汉、黄绍良、梁嘉泰、陈琴的我国人 16 种类型异常血红蛋白化学结构分析获卫生部甲级浆。

1983 年，眼科中心易玉珍、李英的正常人眼和原发性开角型青光眼小梁网组织化学及超微结构的研究，中山一院神经科赵馥、潘勇辉、杨惠萍的中国六城市居民神经系统疾病的流行病学调查获卫生部乙级奖。中山一院骨科黄承达的医用无创伤涤纶带针缝合线获纺织工业部三等奖。肿瘤研究所李振权、潘启超、陈剑经的《鼻咽癌的临床与实验研究》获全国优秀科技图书一等奖。

1984 年，生物医学工程、人工心脏研究室郑振声、伍时显的 WFB－ⅡB 增强型体外反搏装置，肿瘤所病理室陈灼怀、肖振德等的家畜家禽肿瘤调查研究获国家科技进步三等奖。卫生系等何志谦、许月初、林敬本、郭洁强、李慧坚的辐射保藏食品的质量和卫生标准获国家科委攻关奖。生物医学工程、心血管研究所郑振声、伍于添、黎文光的微机化增强型体外反搏装置获卫生部甲级奖。

1985 年，人工心脏研究室郑振声、伍于添等的微机化增强型体外反搏装置获国家实用新型专利。卫生学院邓桂芬的中国青少年儿童身体形态、机能、素质的研究获国家级科学技术进步二等奖。遗传教研室杜传书、许延康、华小云、刘良斌、吴秋玲、芮琳的中国人遗传性红细胞葡糖——磷酸脱氢酶缺乏症基因频率及变异型研究获国家科学技术委员会“六五”攻关奖。卫生系等何志谦、许月初、林敬本、郭洁强、李慧坚的辐照食品卫生学安全评价研究获卫生部甲级奖。一院内分泌黄保钧、余斌杰、林文栋、何哲明的胰高血糖素放射免疫分析研究获解放军总后勤部二等奖。一院妇产科庄广伦、梁贵尚的女用长效口服避孕药远期安全研究获国家国家计划生育委员会二等奖。卫生学院王志瑾的我国26个城市大气污染与居民死亡情况调查获卫生部科技成果乙级奖。

1986年，遗传教研室杜传书、许延康、华小云、刘良斌、吴秋玲、芮琳的中国人遗传性红细胞葡糖——磷酸脱氢酶缺乏症基因频率及变异型研究，一院妇产科庄广伦等复方18甲长效口服避孕药远期安全型研究获国家科技进步二等奖。寄生虫教研室陈心陶、蔡尚达、李桂云、柯小麟的中国动物志扁形动物门吸虫纲复殖目（一）获国家自然科学奖三等奖。孙逸仙纪念医院麦嘉秉、戈军的一种固体激光器的结构，肿瘤医院钱剑扬的多维棱形尺获国家实用新型专利。病理教研室刘子君的骨肿瘤及瘤样病变12404例病例统计分析，药理教研室颜光美、胡本荣的中枢苯二氮卓受体的构效关系与光亲和标记，孙逸仙纪念医院骨科刘尚礼、何天琪、钟世番、陈镆鎁、林道贤的骨肿瘤临床病理研究，肿瘤研究所蔡海英、卢圣贤、叶燕丽、何为民、黄孔威的我国南方食管癌高发区病因因素与阻断的实验研究获国家教育委员会二等奖。物理教研室史宏敏的激光防护研究——眼和皮肤损伤阈值测量获卫生部三等奖。中山一院显微外科朱家恺的周围神经干内研究及其在显微外科应用上的意义获全军医学科技进步二等奖。

1987年，药理教研室孙家钧的华佗再造丸开发研究获得国家科技进步三等奖。获得卫生部三等奖的有：病理生理教研室李树浓的骨髓移植后粒系祖细胞异常的研究；遗传教研室杜传书、曾瑞萍、刘良斌、陆保、许延康的遗传多态现象的调查研究；眼科中心吴德正、吴乐正、单杨、吴平元、黄智申的黄斑病变的色光视角电生理的研究；科研处祝家镇、温旭、张庆荣的医药卫生科技成果定量管理研究及其推广应用。获得国家教委二等奖的有：一院神经科刘焯霖、周令仪、梁秀龄、余龙的DUCHENNE型肌营养不良及其携带者心脏功能改变的综合研究；一院内科邓昭文、黄自珍的预激综合症患者电生理特性及其临床副束的反应；孙逸仙纪念医院小儿科叶彼得、郑念时的广州地区小儿遗传性溶血性疾病的临床和实验研究；眼科中心吴乐正、陈耀真、吴德正、黄智申、徐西京、孙莎萍、刘爱群的老年黄斑变性的研究；孙逸仙纪念医院消化内科陈国桢、刘世强、袁世珍、余道智、游远涵、郭福宁、朱兆华的消化性溃疡病因、发病机理和治疗学的研究；肿瘤医院利国威、潘启超的四个天然产新蒽化合物的提取分离和结构鉴定；药理教研室关永源、陈俊秀、贺华的三七总皂甙对血管平滑肌CA内流的作用。

1988年，药理教研室胡本荣、吴秀荣、张泽的南海电鳐胆碱受体蛋白的纯化和生化、药理性质获得卫生部二等奖。生理教研室陈培熹、冯鉴强、翁纪伟、陈汝筑、翁汉荣的大脑皮层对C类神经纤维传入伤害性信息（慢痛）的电反应，眼科医院杜念祖、周德湖、陈家祺的表面角膜镜的研制及临床应用获得卫生部三等奖。

这一年还有卫生学院许发茂、何玉莺的《职业性锰中毒的防治》获得第四届全国高等医药院校视听教育工作会议三等奖。寄生虫学教研室徐秉琨、陈金良的《中国人兽共患病学》获华东地区科技出版社优秀科技图书一等奖，微生物教研室陈火胜的《登革热病毒核酸探针的制备及酶切分析》，微生物教研室陈佩嘉的《登革热病毒单抗和登革热病人血清对人类单核细胞系（V937细胞）的促进感染作用》获得中国微生物学会优秀学术论文三等奖。

1989年，眼科医院陈家祺、杜念祖、冯春茂、龚向明、许洪陶的全角膜带环形板层巩膜瓣移植术获得国家科技进步三等奖。孙逸仙纪念医院消化内科陈国桢、刘世强、黎锦芳的中国医学百科全书消化病学，眼科中心周文炳、黄丽娜、钟宇霞、赖全锦、叶天才、陈秀琦的低眼压性青光眼的早期诊断和与原发性开角型青光眼视盘结构的比较，寄生虫学教研室詹希美、李桂云、徐秉琨的中国并殖病病源区系及广东省并殖病流行病学研究，药理教研室陈俊秀、关永源、熊志刚、伍杰雄、孙家钧的三七皂甙心血管药理研究，孙逸仙纪念医院外科戴绍业、韩震、何天琪、林道贤、李秀生的选择性肌支神经转位缝接的解剖和临床应用研究获得国家教委科技进步二等奖。获得国家教委科技进步三等奖的有：一院神经科刘焯霖、陈彪、梁秀龄、潘锡榜的帕金森氏病病因研究；三院传染病科姚集鲁、陆玮伦、郑锡澄的血清 HBV 标志的 ELISA 的建立与发展；眼科中心吴乐正、吴德正、余敏忠、陈帅、石和平、梁炯基的视功能客观测定的研究；人体解剖教研室姚志彬、陈以慈、邝国璧、袁群芳、叶鹿鸣的老年记忆减退的神经基础和有关递质变化；肿瘤研究所黄家琛、罚慧玲、杨容甫、郑美莲、吴荫棠、冯公侃的微量元素硒余鼻咽癌；一院神经科刘焯霖、梁秀龄的《神经遗传病学》；一院内科叶任高、李士梅、张仕光、李惠群、许乃贵、李幼姬的尿道感染的临床综合研究；一院内科邓昭文、黄自珍的经食管心房激动时序标测法及其临床应用。获得卫生部三等奖的有一院烧伤科利天增、苏爱云、郭浩光、陈宝珠、朱家源的大面积深度烧伤治疗的研究。

此外，还有卫生学院许发茂、张桥、邓丽霞、韩涛、周建平的车间空气中苯二酚卫生标准和何王莺、周炯亮等的车间空气中三氯化磷卫生标准被卫生部批准为国家标准。一院中医科罗致强、马志楷、陈庆全的《58 例风症病毒性乙黄疸性肝炎辨正施治提高白细胞介素—2 受体活性研究》获得广东省自然科学优秀学术论文三等奖，同时获得全国现代医学暨中西医结合研究学术会议优秀论文二等奖等。

1990 年，生物医学工程教研室、一院心内科、人工心脏研究室郑振声、伍于添、欧阳荣、王毅梅、钟宜光、陈铁成、网联旭的体外反搏装置获得卫生部二等奖（推广奖）。遗传教研室杜传书、华小云、王菁、谢江新、陈路明的红细胞遗传性酶缺陷所致溶血性贫血的研究获得卫生部三等奖。孙逸仙纪念医院陈学煌、王定家、李桂珍的输卵管注药绝育术有效性安全性的前瞻性流行病学研究获得国家计生委科技进步三等奖。

1990 年优秀论文奖项目主要有：科研处温旭《科技成果申报的原则与技巧》获中华医学会科研管理研究会第三届年会优秀论文成果奖，《共有科研成果的确认、分享及其纠纷调处》获全国知识产权研究会优秀论文成果奖。教务处彭文伟、卢光启、谭绪昌、古震威、钟声碎、刘立文的《“自学为主”和“讲授为主”教学方法的对比性研究》获得全国首届教育科学优秀成果二等奖。《浅谈科研协作中的十种关系》获全国高等学校科研管理优秀论文奖。

（执笔：游修庆）

第四章 持续发展

1990年7月，经卫生部批准，学校领导班子作了调整，任命卢光启为校长，谭绪昌、古建辉为副校长；原副校长卓大宏、朱家恺继续留任。1996年1月25日，经卫生部党组研究决定，许发茂任中山医科大学党委书记；黄洁夫任中山医科大学校长兼党委副书记。

20世纪90年代以后，中山医科大学迅速发展。

第一节 十年辛苦

一

中山医科大学图书馆馆藏医学文献丰富，医学类检索工具齐全，为华南地区重要的医学文献信息中心之一。

中山医科大学图书馆于1995年上半年实现了全馆的业务加工和流通管理计算机化。1996年6月建立开放和免费自检光盘网络，并联入校园网，可检索国内外重要医学数据库。在发挥教育职能方面，从1987年开始，向本科生、研究生开设医学文献检索与利用选修课。1994年成立文献检索学教研室。为加强医学情报工作，医科大学在图书馆内于1989年成立医学情报研究所。1994年经卫生部专家考核，该所被定为咨询查新单位，开展医药科技卫生项目课题立项和成果鉴定查新。1995年，情报所获卫生部属情报单位先进集体的称号。1996年以来，图书馆内部出版了《医学信息荟萃》和《环球医学信息译刊》（半月刊）。中山医科大学图书馆还是卫生部组织医学图书馆协作网的组长馆，担负广东省医药文献资源订购协调和开展馆际互借和文献情报服务的指导交流工作。

1993年4月25日，中山医科大学举行"何母刘太夫人实验大楼"奠基典礼。大楼由香港何善衡慈善基金会捐资2000万港元兴建。1995年11月11日，何母刘太夫人中心实验楼举行落成剪彩仪式。1997年，中山医科大学圆满建成何善衡大楼、纪念医院岭南楼、口腔医院综合楼。

1997年9月至1998年5月，中山医科大学与广州市电信局签订协议，由市电信局投资近2000万元将中山医科大学电话总机彻底改为程控电话，扩容至4000门，并由市电信局实施小区管理。1998年12月，中山医科大学作为广东高校开通校园电话卡的首批试点之一，由广州市电信局无偿为中山医科大学学生宿舍、单职工宿舍和附一院单职工宿舍及门诊、急诊、病房楼安装的1063部校园电话全部开通①。

二

1996年1月5日，中山医科大学实施《中山医科大学关于在国内交往中收受礼品实行登记制度的实施办法》。1996年6月14日，中山医科大学制定了《中山医科大学关于创建“无吸烟学校”、“无吸烟医院”的暂行规定》，要求全校，包括附属单位坚决执行。1997年1月1日，中山医科大学批准实施《基础学院校内津贴发放管理暂行规定》和《基础学院教辅人员管理暂行规定》。中山医科大学6间附属医院贯彻卫生部“以病人为中心，优质服务，树医疗行业新风”的10条要求，推出各项便民措施，并实施《医疗服务投诉处罚条例》，加强对医疗服务质量的检查和监督。10日，中山医科大学调整校本部公务接待用餐、住宿标准并发文实施。1997年10月8日，中山医科大学实施《中山医科大学关于校本部日常通讯器材的安装、配备和管理规定（暂行）》。

1996年7月23日，中山医科大学正式成立中山医科大学网络中心，宋罗盟任该中心主任。1996年11月6日，经学校校务会议研究决定，成立中山医科大学产业集团和中山医科大学产业集团有限公司，关勋添任集团有限公司法人代表、董事会董事长及总经理。1997年10月24日，中山医科大学财务结算中心举行开业典礼。这是中山医科大学财务管理体制改革的一大举措，对中山医科大学资金管理起着重要作用。1998年2月，中山医科大学附属三院创立了教学与医院管理研究基金，这在中山医科大学尚属首例。这项基金的设立与运转，极大地推动了中山医科大学附属三院的教学研究和管理研究。

1998年11月21日，中山医科大学与联邦制药厂有限公司签订了校企合作协议。根据协议，在1998年11月至2003年6月期间，“联邦”向中山医科大学捐赠人民币89.1万元（每年17.82万元），设立联邦医学教育奖学金，用于奖励在校的品学兼优学生，并向中山医科大学两间附属医院各捐赠一套价值人民币6万元的触摸式电脑导诊系统。中山医科大学今后将与“联邦”联合开发科研项目或新品种，根据双方的需要，进行人力资源开发与交流和学术合作。

1998年11月27日，中山医科大学党委召开了由校党委常委、各附属医院院长、校学术委员会专家教授、产业集团和家庭医生医药有限公司负责人共33人的常委扩大会议，探索建立一种由行政、专家和医药公司三权分设的药品管理机构，逐步做到医药分家，减少医院对药品销售的过度依赖，净化药品流通市场，尽量减轻病人的经济负担，同时完善和规范医院的补偿机制，确保中山医科大学药品管理改革在正确的轨道上健康发展。

1999年3月，中山医科大学家庭医生健康中心与泰康人寿保险股份有限公司广州分公司合作，向全社会正式推出家庭医生保健会员卡。这是中山医科大学校办产业适应国家医疗卫生改革形势，主动出击占领医疗保险市场的新尝试。2000年2月，中山医科大学召开各附属医院院长、书记联席会议。广东省卫生厅王智琼副厅长在大会上作了有关《广东省城镇医药卫生体制改革的实施意见》的报告。会议着重讨论了后勤社会

① 《中山大学图书馆·本馆概况》，http://library.zsu.edu.cn/#，2004-9-8日。

化及门诊药房转制等两个重点议题并达成共识。2000 年 6 月 20 日，中山医科大学总务处和 6 间附属医院按股份制形式，共同合作创办中山医科大学洗涤中心，这是中山医科大学实行高校后勤社会化改革的举措之一。

1997 年 9 月 9 日，中山医科大学正式启用中山医科大学校徽。10 月 17 日，中山医科大学正式启用校旗。

1999 年 4 月 31 日，根据广东省委宣传部、高校工委发出《关于在我省学校深入开展爱国主义教育的意见》，中山医科大学党委副书记陈伟林召集宣传部、学生处、研究生处、团委等有关部门负责人商讨决定在中山医科大学从即时起至该学期末，深入开展爱国主义教育，并就实施办法形成了几点意见。2000 年 4 月 15 日，中山医科大学党委宣传部举行了畅谈江泽民总书记在广东视察时提出“致富思源，富而思进”指示的座谈会。2000 年 9 月 29 日，以广东省人大常委、广东省人大科教文卫委员会副主任、原广东省社科院党组书记、副院长张难生为组长，广东省考试中心副主任杨寿连为副组长的广东省委派驻中山医科大学的“三讲”教育巡视组一行 7 人进驻中山医科大学。这标志着中山医科大学“三讲”教育的全面展开。

（执笔：于影）

第二节　开放办学

一

1991 年 11 月 8 日，中山医科大学与美国南伊利诺州大学医学院主办的第二届临床肿瘤最新进展研讨会在中山医科大学举行，来自中、美和香港地区的 100 多位肿瘤专家参加了研讨会。1996 年 1 月 3 日至 6 日，首届全国急救新技术研讨会在中山医科大学孙逸仙纪念医院举行。1996 年 2 月 28 日至 3 月 1 日，经卫生部批准，由中山医科大学及澳大利亚新南威尔士大学联合主办的首届西太平洋幽门螺杆菌国际学术会议在广州花园酒店举行。1996 年 9 月 25 日至 27 日，由中山医科大学李绍珍教授、日本 Kazuyuki Sasaki 教授和美国 Marjorie Flou 教授倡导并主持召开的第一届亚洲白内障研讨会在中山医科大学中山眼科中心隆重举行。这次研讨会的成功召开，是对亚洲各国眼科界开展白内障防治研究的一次大检阅和交流。1997 年 11 月 27 日，由卫生部组织的中国卫生经济学会医疗卫生建筑专业委员会洁净工程学科组会议在中山医科大学召开。中山医科大学附属孙逸仙医院新建的洁净手术室工程在会议期间顺利通过了评审。1998 年 5 月 31 日，在北京举行的 1998 年中国国际牙医师学院（ICD）新院士加冕仪式上，中山医科大学口腔医学院院长凌均启教授正式成为这个全球性牙医组织中的院士。2000 年 11 月，由亚非眼科学会主办，卫生部国际交流中心、中华医学会眼科分会和中山医科大学中山眼科中心承办的第十二届亚非眼科大会在广州举行。

二

1992年3月，美国中华医学基金会主席索耶博士来中山医科大学访问。10月29日，国际著名专家、美国乔治·华盛顿大学医学院心血管内科美籍华人郑宗锷教授，来中山医科大学讲学并受聘为中山医科大学内科学客座教授。1995年5月27日至6月5日，由中山医科大学卫生统计学教研室方积乾教授牵头主编的医学研究生统计教科书《医学统计学与电脑实验》定稿会在中山医科大学召开，这是由中山医科大学主编的第一部研究生教材，也是我国第一部为医学研究生编写的医学统计学教材。1996年11月2日，中山医科大学聘请著名医学家、中国工程院和中国科学院院士吴阶平为中山医科大学名誉校长。同月3日至14日，受台湾阳明大学校长韩韶华教授的邀请，中山医科大学卢光启校长作为内地14所医科大学校长访问团成员之一赴台湾访问交流。1997年12月，香港著名实业家、教育家王泽森博士向中山医科大学捐赠100万港币，建立王泽森多媒体教学研究中心。同时，中山医科大学授予王泽森博士中山医科大学荣誉校友称号。1998年1月，中山医科大学校长黄洁夫教授被香港中文大学外科学系授予首届曹光彪中国外科客座教授称号。他是首位获此殊荣的中国外科专家。1998年6月2日，中山医科大学校长、肝胆外科专家黄洁夫教授被哈佛大学医学院聘为外科学客座教授。

三

1996年9月9日，中山医科大学校长黄洁夫教授和香港大学医学院院长周肇平教授在香港共同签署了两校关于开展合作研究、交换学者、信息交流以及互相培养学生等全面合作的协议。1996年10月21日，海峡两岸两所同以孙中山先生名字命名的高等医学院校——中山医科大学（广州）和中山医学院（台湾）在广州中山医科大学举行仪式，中山医科大学（广州）校长黄洁夫、中山医学院（台湾）董事长周汝川及校长蔡嘉哲代表各自的学校签订两校间学术交流、合作的意向书。双方负责人表示，希望今后两校加强在医学教育和科学研究等方面的合作与交流，共同把海峡两岸的两所中山医办成世界著名医学学府。1996年10月29日，中山医科大学与西安杨森制药有限公司合作的中山—杨森胃肠动力研究中心成立。杨森制药有限公司将为中心提供部分设备和科研、学术活动经费。1997年3月3日，广东宏远集团公司与中山医科大学科技开发部共同组建宏远—中山医药研究中心。8日，中山医科大学附属一院、孙逸仙纪念医院和中山医科大学附属三院的皮肤科与西安杨森制药有限公司合作成立中山—杨森医学真菌研究与培训中心。1997年5月，中山医科大学口腔医学院与香港植体学会签订了联合培养口腔种植学人才的协议。1997年6月，中山医科大学附属一院与香港医院管理局下辖8间重点医院之一，东华三院中规模最大、设备最先进的急症全科医院——广华医院缔结友好医院，双方商定今后定期举行学者交换，举办学术及医疗研讨会，合作进行科研和医疗项目等系列学术交流活动。

1997年9月10日，中山医科大学附属一院远程医疗系统在北京参展，该技术处于世界先列。1999年4月16日，中山医科大学与中山大学就联合培养七年制临床医学硕士生正式达成协议。中山大学郭斯淦副校长、中山医科大学陈汝筑副校长分别代表双方学校在协议书上签字。

（执笔：于影）

第三节 改革崛起

一

1994年3月1日，卫生部和广东省政府联合发出《关于卫生部和广东省政府共同建设中山医科大学的通知》。部、省决定共同建设中山医科大学，使中山医科大学尽早进入“211工程”。1996年10月31日至11月3日，中山医科大学通过了“211工程”部门预审，标志着中山医科大学向建设国内一流、国际知名的医科大学的宏伟目标迈出了坚实的一步。1997年11月25日至26日，中山医科大学顺利通过了由卫生部和广东省联合举行的“211工程”重点建设项目立项评审。正式立项的学科有眼科学、内科学、神经病学、肿瘤学、普通外科学、人体寄生虫学、药理学、分子医学8个学科。1999年3月23日，中山医科大学顺利完成了“211工程”重点学科建设研究课题的评审工作。

二

1993年5月22日，中山医科大学首次招收临床医学、口腔医学、预防医学、法医学等专业的免试保送生。1996年7月23日，正式成立中山医科大学网络中心；12月25日，正式成立中山医科大学成人教育学院。1996年12月，中山医科大学肿瘤医院与广州市第六人民医院签订合作协议，宣布成立中山医科大学肿瘤第六分院。肿瘤医院万德森院长和市六院陈子平院长分别代表双方签字；同月，中山医科大学正式成立中山医科大学成人教育学院，下设学历教育科、进修培训科、继续教育科和学院办公室，同时撤销继续教育处和教务处成人教育办公室。温春光任成人教育学院院长。1997年12月11日，中山医科大学正式成立口腔医学院；同月，国务院决定设置临床医学专业学位，制定了《临床医学专业学位试行办法》。中山医科大学是临床医学专业学位首批试点单位之一。1998年3月18日，中山医科大学基础学院、法医系、科技开发部合并，成立基础医学院；5月8日，正式成立护理学院。

1993年7月9日至12日，经广东省评审委员会评审，中山医科大学孙逸仙纪念医院被批准为广州市首家三级甲等医院。1994年4月23日，由中山医科大学口腔系与美国哥伦比亚大学临床牙周科主任、牙种植专科主任王大源教授合办的中山—庆瑞口腔种植研究中心正式成立。1996年1月，为加强器官移植研究工作的联合和协作，广东省科委批准依托中山医科大学成立广东省器官移植研究中心。1997年4月，经广东省科委批准，广东省病毒性肝炎临床与实验研究中心、广东省新药（抗感染类）临床试验研究中心两个科研机构在中山医科大学附属三院挂牌。

1995 年 5 月 23 日，广东省民政厅正式批准中山医科大学成立广东柯麟医学教育基金会。1996 年 3 月 22 日，中山医科大学眼科中心刘奕志、附属三院许庚赴京参加由卫生部科教司、人事司、总后卫生部科训局、国家中医药管理局科教司联合举办的第二届全国中青年医学科技之星表彰大会。同年 12 月，中山医科大学成立中山医科大学校友工作办公室，其日常工作委托校长办公室领导，黄伯源任校友工作办公室主任。

三

1997 年 3 月 19 日，中山医科大学七年制临床医学专业培养模式由“五七分流”改为“七年一贯制”。2000 年 3 月 14 日，中山医科大学在中山市第一人民医院设立的中山医科大学临床医学博士后流动站中山市人民医院科研基地举行挂牌仪式。中山医科大学 2000 年共获批准 55 项国家级继续医学教育项目，其中新申报项目 36 项，备案项目 19 项。这不仅使其国家级继续医学教育项目位居广东省各单位之冠，也使中山医科大学这一工作步入国内同行前列。

1996 年 4 月 26 日至 27 日，卫生部委托中山医科大学卫生管理干部培训中心主持研究的中国城市实现“2000 年人人享有卫生保健”规划目标审评方案课题通过卫生部组织的专家论证会，该方案将于 1996 年 6 月开始在全国城市初级卫生保健审评工作中推行。该方案填补了国内空白，并将为推动我国城市“2000 年人人享有卫生保健”工作的开展作出积极贡献。1996 年 10 月 3 日，我国首例通过单精子卵母细胞注射受精技术妊娠成功的女婴在附属一院降生。附属一院从 1995 年开始研究单精子卵母细胞注射受精技术，于同年底获得成功。1997 年 11 月，中山医科大学达安基因诊断中心申报的项目常见病原体荧光探针定量 PCR 诊断试剂的研制获得国家重点科技项目研究基金 90 万元。1998 年 5 月，由中华医学会主办、中山医科大学编辑出版的《中华显微外科杂志》被国家科技部列入国家级火炬计划项目。

四

1991 年 1 月 23 日，颜光美作为受国家表彰人员的代表参加了在北京召开的表彰大会，受到中共总书记江泽民、国务院总理李鹏的接见。受表彰人员有：被国家教委、国务院学位委员会授予“有突出贡献的中国博士、硕士学位获得者”称号的颜光美副教授、冯鉴强讲师和葛坚讲师；被国家人事部授予“全国有突出贡献的优秀留学人员”称号的黄洁夫教授。中山医科大学有 24 名为发展中国医疗卫生事业作出突出贡献的专家学者从 1991 年 7 月起享受政府特殊津贴。他们是马涧泉、胡本荣、颜光美、叶鹿鸣、陈培熹、杜传书、龚兰真、姚集鲁、彭文伟、刘焯霖、郑振声、朱家恺、蔡纪辕、余斌杰、梅骅、王成恩、周文炳、吴乐正、陈家祺、区宝祥、严棠、何天琪、区庆嘉、郑惠国。

1992 年 11 月 24 日，中山医科大学 5 位青年科技工作者撰写的学术论文，在北京召开的全国神经病学学术交流会上获奖，其中陈嵘、胡学强分别获一等奖，张成获二等奖，张析苹、彭英分别获三等奖。1996 年 12 月，中山医科大学校长黄洁夫教授、关永源教授分别被评定为人事部、卫生部1996年有突出贡献的中青年科学、技术管理专家。1997年4月，黄洁夫校长荣获中华全国总工会颁发的“五一劳动奖章”。1997年，在广东省科协第五次全省代表大会上，中山医科大学彭文伟教授被授予广东省科协荣誉委员称号；黄洁夫校长当选为广东省科协第五届委员会副主席；卢光启等11位教授被选为广东省科协第五届全省委员会委员；姚志彬教授被授予广东省第四届丁颖科技奖，并作为特邀代表参加了广东省科协第五次全省代表大会。

1998年12月，中山医科大学寄生虫教研室黎家灿教授主编的《中国恙螨》荣获第十一届中国图书奖。1999年12月27日，中山医科大学李绍珍教授当选中国工程院院士，成为我国实行院士制之后的中山医科大学首位院士。2000年12月，中山医科大学附属第一医院院长詹文华教授被评为全国继续医学教育先进个人。截止2001年7月，附属第一医院中医科主任、中医教研室主任李俊彪教授等一批著名医师被广东省人民政府授予“广东省名中医”称号。

1994年8月25日，国家教育委员会颁发《关于表彰1993年全国普通高等学校优秀教学成果　奖励工作先进单位的决定》，中山医科大学被确定为1993年全国普通高等学校优秀教学成果奖励工作先进单位。第二届全国优秀科技期刊评比工作揭晓，由中山医科大学主办的《家庭医生》杂志获一等奖；《新医学》杂志获二等奖；《中山医科大学学报》获三等奖。

（执笔：于影）

第六编

强强联合 新的里程

（2001—2004）

第一章　强强联合　开创新纪元

2001 年 10 月 26 日，原中山大学和原中山医科大学正式合并，成立新的中山大学。合并当天上午，教育部和广东省签署部省重点共建中山大学的协议。

并校后，学校充分利用合并和部省共建带来的新资源，以学科建设为主线，完善学科体系，加强重点学科的建设；大力引进人才，并推行聘任制；扩大本科生和研究生教育的规模；还将“加快国际化发展”列入发展战略，加强了与国内外高校和科研机构的合作；多次举行高水平学术会议，加强了国际交流。

2004 年 9 月，中山大学正式进驻广州大学城，从而形成四大校区的格局。

中山大学迎来了一个新的黄金时期。

第一节　源 远 流 长

本书第四编中山医学院篇第一章已叙及，中山大学医学院源自 1909 年创办的私立公医医科大学，经当时的省教育厅准予立案，于 1915 年改称为广东公立医科专门学校，1924 年又改称广东公立医科大学。1925 年，广东公立医科大学并入广东大学，成为该校的医学院。

1866 年博济医学堂创立，1879 年，博济医学堂改为博济医院附设南华学堂，1904 年改名为华南医学校。1930 年岭南大学与博济医院联办医学院。1936 年，夏葛医院并入岭南大学医学院，同年正式成立孙逸仙博士纪念医院，为岭南大学所属学院之一，又称岭南大学医学院。

在 20 世纪 50 年代的全国高校院系调整中，中山大学医学院、岭南大学医学院以及广东光华医学院共同组成独立的华南医学院。为纪念孙中山先生，学校 1957 年改称中山医学院，1985 年改为中山医科大学。①

两校都与孙中山先生有着深厚的渊源。1924 年中山先生为培养革命人才而亲手创办了广东大学，并亲笔题写了“博学、审问、慎思、明辨、笃行”的校训。1926 年，为纪念中山先生，广东大学正式改名为中山大学。

1886 年，中山先生曾以孙逸仙之名在博济医院附设南华学堂学医一年。

合并前两校都有着深厚的学术传统。鲁迅、郭沫若、冯友兰、陈寅恪、顾颉刚、陈钟凡、罗常培、傅斯年、赵元任、董作宾、周谷城、俞平伯、岑仲勉、姜立夫、刘节、梁方仲、冼玉清、王亚南、马采、容庚、商承祚、董每戡、詹安泰、王季思、王力、杨

① 《中山大学年鉴 2001》“学校概况”，中山大学出版社 2002 年版，第 1～3 页。

树达、钟敬文、朱谦之、杨成志、吴康、杨荣国、丁颖、蒲蛰龙等学界名家都曾执教于中山大学，柯麟、梁伯强、谢志光、陈心陶、陈耀真、秦光煜、林树模、周寿恺、钟世藩、毛文书、陈国祯等医学专家则曾在原中山医科大学执教和从事学术研究。

两校都拥有强大的教学和科研实力。原中山大学是一所包括人文科学、社会科学、自然科学、技术科学和管理科学在内的多学科综合性大学，是中国南方文化与学术重镇，在文、理科方面优势突出。1949 年以后，中山大学一直是教育部直属院校，自国家设立重点大学制度以来，一直是全国重点大学之一，是中国首批博士、硕士学位授予单位和建立首批博士后科研流动站的单位之一，是华南地区培养高层次人才的重要基地。① 从 1993 年起，由教育部和广东省人民政府合作共建中山大学。

原中山医科大学是卫生部直属院校，1960 年被国务院评定为全国 64 所重点大学之一，1978 年被教育部确定为全国 88 所重点大学之一，2000 年 6 月由卫生部划归广东省管理，是全国 4 所重点医学院校之一，也是中国南方最负盛名的医科大学，下设基础医学院、公共卫生学院、口腔医学院等 8 个学院。

原中山大学和中山医科大学分别于 1995 年 6 月和 1996 年通过了国家“211 工程”②的部门预审。1996 年 7 月，中山大学“211 工程”重点学科建设项目经有关部门组织专家论证，申报的 9 个学科建设项目全部得到国家计划发展委员会和教育部正式批准建设，公共服务系统和基础配套设施建设也同时立项建设。原中山医科大学于 1997 年通过“211 工程”重点学科立项论证。

两校在学术领域存在着突出的互补性。如原中山大学的 MPA（公共管理硕士）项目中的公共卫生管理可与原中山医的公共卫生学院进行合作；原中山大学的心理学系也可结合原中山医科大学的资源建设其实验室，并与该校的临床学、脑科学等学科互补；原中山大学的化学化工学院在制作合成药方面，可与原中山医科大学的药理和临床医学的交叉和融合作更多的探索；原中山大学的高分子材料研究，可与原中山医科大学有关研究进行交叉和融合，大力发展医用材料的研究。③

中山大学生命科学的基础研究优势明显，可以为医学提供基础；中山医科大学在临床实践方面实力雄厚，医学又是生命科学发展实践的主要方向之一，恰好可以互补。在合并前，中山大学生命科学学院拥有动物学 1 个国家重点学科，中山医科大学则有眼科学、寄生虫学、肾内科等 3 个国家重点学科。从 1996 年开始，中山医每年平均获得国家、省、部各级科研基金 3000 多万元，而中山大学生命科学学院获得的科研经费也在 2000 万元左右。

合并之前，两校在学生培养、论文答辩、科研课题论证等方面保持着协同合作的良好关系；合并后，更多专业的本科生都能同时享受到两校的优良师资及设备，硕士、博士、博士后的培养和课题选择也将获得更大空间。科研方面，两校也曾有过密切的合作。

医科学校纳入综合性大学的发展体系是全球性的趋势，因为医科可以带动综合性大

① 《中山大学年鉴 2001》“学校概况”，中山大学出版社 2002 年版，第 1~3 页。
② 参见第五编第二章第一节相关解释。
③ 参考卞晶、梅志清、李汉荣、岳辉：《新中大将在学科、评聘等方面实施重大举措》，见《南方日报》，2001-12-2。

学相关的基础学科研究，使其快速转化为生产力。国内高校合并以前，在生命科学学科方面，实力较强的有北京大学、复旦大学和中山大学，其中中山大学的生科院规模最大，有教师170多人，其中拥有博士学位的近80人，归国博士占四分之一。而且在国内的医科院校中，北京医科大学、上海医科大学以及中山医科大学也属于第一梯队。北大与北医大、复旦与上医大都已通过合并实现了生命科学领域内的强强联手。中山大学与中山医的合并，有利于继续保持其在生命科学研究领域的领先地位。

两校的合并对深化广东省高等教育改革也具有重大意义。两校的强强联合将大大推动广东迅速打造国内一流大学的进程，并进一步带动广东省高等教育的改革和发展，为经济和社会的发展提供强大的科技和人才支持。

（执笔：陈璜）

第二节 新里程碑

一

2001年10月26日，中山大学、中山医科大学合并组建新的中山大学大会在广东省政府礼堂隆重举行。

合并大会上，教育部部长陈至立、广东省省长卢瑞华发表了讲话。陈至立表示，中山大学、中山医科大学合并组建一所学科覆盖更宽、实力更强的综合性大学，是贯彻落实科教兴国战略，深化高等教育管理体制改革，优化广东省教育资源配置，适应广东经济、社会发展需要的一项重要举措。① 卢瑞华指出，两校组建新的中山大学，实行强强合并，实现优势互补，为把新的中山大学建设成为全国高水平的大学奠定基础，既符合教育发展规律，也是社会经济发展的必然要求。省委、省政府除了在经费上大力支持外，还将在教育部的指导下，把新的中山大学作为广东省高等教育的龙头学府，纳入全省高等教育发展规划重点建设，并带动全省高等教育的发展。②

同一天，教育部部长陈至立和广东省省长卢瑞华分别代表国家教育部和广东省人民政府在广东省政府迎宾厅签署了重点共建中山大学的协议。根据协议，中山大学仍为教育部直属高校。广东省将中山大学的发展纳入广东省的经济建设和社会发展总体规划之中，并给予相应的政策支持。教育部支持并鼓励中山大学在坚持面向全国服务的同时，积极参与华南地区特别是广东省的经济建设和社会发展，提供强有力的人才支持和知识贡献。教育部和广东省将积极推进中山大学参与广东省高校布局结构调整，优化教育资

① 《中山大学年鉴2001》"重要文件和讲话：祝中山大学迎来更加辉煌灿烂的明天"，中山大学出版社2002年版，第44～46页。

② 《中山大学年鉴2001》"重要文件和讲话：广东省委省政府对中大寄以厚望"，中山大学出版社2002年版，第44～48页。

源配置，为提高广东省高等教育的整体水平和办学效益发挥龙头示范作用。在2001年至2003年的3年内，除对学校的正常经费安排外，教育部还将向中山大学投入建设经费3亿元，广东省投入9亿元，其中3年内教育部每年投入1亿元，广东省每年投入3亿元。2003年后，双方将根据教育部和广东省的建设要求以及投入情况制定重点建设项目规划，经教育部和广东省审定后实施。广东省将确保重点共建资金及时足额落实到位，并在其他各方面继续支持中山大学的建设。①

二

2001年10月28日，经合并后的中山大学党委常委第一次（扩大）会议决定，中山大学的校训为孙中山先生为原广东大学亲笔题写的训词："博学、审问、慎思、明辨、笃行"。中山大学校歌：邹鲁原词、集体改词、陈洪曲。中山大学校庆日为孙中山先生的生日：11月12日。

会议研究决定，中山大学各校区定名为：中山大学广州南校区（广州市新港西路135号）；中山大学广州北校区（广州市中山二路74号）；中山大学珠海校区（珠海市唐家镇）。

会上宣布：中山大学党委书记李延保；校长黄达人（兼任研究生院院长）；副书记陈玉川（兼副校长）、刘美南（兼纪委书记）、陈伟林、李萍（兼副校长）；副校长徐远通、颜光美、许宗祥、陈汝筑、汪建平、许家瑞、杨晓光②。

两校合并后，原中山医科大学所辖的相关单位调整如下：①原中山医科大学所辖各单位统一更名为"中山大学+单位名称"，如"中山大学附属第一医院"；②设立中山大学中山医学院，以原中山医科大学基础医学院为基础，逐步完善。

合并后的中山大学院系具体情况如下：

（1）研究生院；

（2）高等继续教育学院；

（3）网络与教育学院；

（4）人文科学学院（中国语言文学系、历史学系、哲学系、人类学系、古文献研究所）；

（5）岭南学院（国际商务系、经济管理系、经济学系、金融系、财政税务系）；

（6）管理学院（工商管理系、会计学系、旅游酒店管理系、市场学系）；

（7）地球与环境科学学院（城市与资源规划系、地球科学系、大气科学系、环境科学系）；

（8）生命科学学院（生物科学与技术系、生物化学系、药学系、昆虫学研究所、生物工程研究中心）；

（9）外国语学院（外语一系、外语二系、英语培训中心、对外汉语言教学中心、大学英语教学部）；

---

① 《中山大学年鉴2001》"2001年中山大学大事记"，中山大学出版社2002年版，第35~37。

② 《中山大学年鉴2001》"2001年中山大学大事记"，中山大学出版社2002年版，第282页；《中山大学年鉴2001》"重要文件和讲话"，中山大学出版社2002年版，第35~37页。

（10）法学院（法律学系）；

（11）政治与公共事务管理学院（政治学与行政学系、社会学系、东南亚研究所、人口研究所）；

（12）化学与化学工程学院（化学系、应用化学系、高分子与材料科学系、物理化学研究所、高分子研究所、材料科学研究所）；

（13）物理科学与工程技术学院（物理学系、应用力学与工程学系、激光与光谱学研究所）；

（14）信息科学与技术学院（计算机科学系、电子与通信工程系、信息管理系、软件研究所）；

（15）数学与计算科学学院（数学系、统计科学系、科学计算与计算机应用系）。

（16）教育学院（社会科学教育系、心理学系、体育教育系、心理咨询中心、英东体育中心）；

（17）中山医学院（基础医学院、第一临床医学部、第二临床医学部、第三临床医学部、肿瘤学部、眼科学系、法医学系）；

（18）公共卫生学院（预防医学系、妇幼卫生学系、医学营养学系）；

（19）光华口腔医学院；

（20）护理学院；

（21）艺术教研室；

（22）港澳研究所；

（23）军事教研室；

（24）医学教育研究中心。

三

合并后的新中山大学成为一所包括人文科学、社会科学、自然科学、医学、技术科学和管理科学的多学科综合性大学。全校拥有73个本科专业，共有中国语言文学、历史学、数学、物理学、化学、地理学、生物学、光学工程、生物医学工程、基础医学、工商管理学等11个博士、硕士学位授予权一级学科，博士学位授予权覆盖了104个学科专业和领域，硕士学位授予权覆盖了165个学科专业和领域（其中外科学与内科学计算至三级学科），有临床医学专业博士学位点以及工商管理硕士（MBA）、公共管理硕士（MPA）、法律硕士（JD）、计算机技术、环境工程硕士、临床医学硕士、口腔医学硕士、公共卫生硕士（MPH）等8个专业学位点；拥有中国语言文学、历史学、数学、物理学、化学、生物学、基础医学、临床医学、管理学等9个博士后科研流动站。此外还拥有20个国家级重点学科（合并之初为8个，在2001年的国家重点学科评审中增加了12个）和31个广东省重点学科；拥有哲学、中国语言文学、历史学、物理学、化学和生物学等6个国家文理科基础科学研究和教学人才培养基地；是国家大学生文化素质教育基地和中国第一个大学生体育训练基地。

合并后的中山大学共有教职工11000余人，其中教授620多人，副教授近1300人，博士生导师近380人，中国科学院院士和中国工程院院士各3人，国家级有突出贡献的中青年专家15人，国家人事部“百千万人才工程”[①] 第一、二层次人选11人，教育部“跨世纪优秀人才培养计划”人选13人，获国家杰出青年基金资助16人，获海外青年学者合作基金资助的有2人，教育部“长江学者”[②] 奖励计划特聘教授6人，卫生部突出专家14人。在校各类学生34000多人，其中博士研究生近1600人、硕士研究生4800多人，外国留学生近380人。

此外还拥有光电材料与技术、生物防治等2个国家重点实验室，水生经济动物繁殖、营养和病毒控制与植物基因工程2个国家重点学科专业实验室；拥有基因工程和聚合物、复合材料及功能材料等2个教育部重点实验室；拥有眼科学实验室、肾脏病实验室、辅助循环实验室、卫生部医药生物工程技术研究中心等4个卫生部重点实验室以及国家新药（抗肿瘤药物）临床试验研究中心等国家级科研机构；拥有马克思主义哲学与中国现代化研究所、逻辑与认知研究所、港澳珠江三角洲研究中心、行政管理研究中心等4个教育部人文学科重点研究基地；拥有5个广东省重点实验室以及广东省器官移植研究中心、广东省糖尿病科研中心、广东省病毒性肝炎临床和实验研究中心、广东省新药（抗感染药物）临床实验研究中心等省级科研机构。

图书馆藏书434万册，各类期刊15000余种，并开展国际联机检索服务；拥有附属第一医院、第二医院（孙逸仙纪念医院）、第三医院、黄埔医院、第5医院（珠海医院）等5所附属综合性医院，以及中山眼科中心（含眼科医院）、肿瘤防治中心（含肿瘤医院）、光华口腔医院等3个专科医院。[③]

（执笔：陈璜）

① 参见第六编第三章第二节相关解释。

② 参见第六编第三章第二节相关解释。

③《中山大学年鉴2001》“学校概况”，中山大学出版社2002年版，第2~3页。数据截止日期2001年12月31日。

第二章 日新月异

2000年珠海校区启用后，中山大学的办学空间得到拓展。并校后，珠海校区教学工作顺利开展，管理模式日趋成熟。2004年，中山大学入驻广州大学城，开辟东校区，从而形成四大校区的格局。

第一节 办学新径

珠海校区占地面积达3.48平方公里，在两年时间里完成总投资4.7亿元。珠海校区教学实验大楼（2000年7月15日落成）获2001年度“中国建筑工程鲁班奖（国家优质工程）”。

2001年9月9日，投资1亿元建设的珠海校区二期学生区工程举行竣工典礼，建筑面积达到75000平方米。① 2002年7月14日至17日，首批在珠海校区就读的近4000名二年级本科学生和医学院2001级的研究生迁回广州校区继续学习。

2002年后，中山大学新增本科专业除医、药类专业外，一律放在珠海校区培养。学校还将新成立的旅游学院设在珠海校区，本科4年都在珠海学习。此外，还在珠海校区引进了科研团体，如生命科学学院的林浩然院士的科研团体、谢旗教授的科研团体、工学院的科研团体都在珠海校区设有项目，丁肇中与中山大学合作的国际空间项目也准备设在珠海校区。②

经过努力探索，珠海校区已经摸索出了一套在学校统一领导下，延伸管理与属地管理结合的管理模式——中山大学珠海模式，主要包括四个方面的经验：一是重点大学在短时间内实现了异地规模办学；二是地方政府全力支持兴办高等教育；三是新的中山大学校区以基础教育为主，同时兼顾科技开发，实现了产学研一体化；四是大学的后勤服务全面社会化③。

一方面，学校始终强调珠海校区是原汁原味的中山大学，是中大的基础教学部分，是中大重要的一部分。学校采取了一系列举措，把中大的学术传统、办学理念、管理模式和人文精神延伸到新校区，如坚持名教授、优秀教师在珠海校区上基础课，李萍、计

---

① 《中山大学年鉴2001》“后勤工作：2001年竣工的主要建设项目基本情况表”，中山大学出版社2002年版，第239页。

② 苏丹洁、廖钰钰：《贯彻张德江书记讲话精神　推进珠海校区的快速发展：本报记者就此采访李延保书记》，见《中山大学校报》（新）第67期，2004-4-13。

③ 参考傅汉荣、岳辉、林俊洪：《中大两年磨一剑创出“珠海模式”》，见《羊城晚报》，2002-7-15；杨连成：《实现“双赢”效应：“中大—珠海模式”透视（下）》，见《光明日报》，2001-11-16。

亮年、邓东皋、林伟、蔡鸿生、邱捷、黄天骥、吴定宇、康保成、李宗桂、任剑涛、刘恒、王金发等著名教授都陆续到珠海校区上过课或举办学术讲座；举办中外优秀文化讲座、自然科学前沿和传统与现代系列讲座和论坛，把研究精华带到珠海校区，加强两个校区的学术文化交流和学生交流；邀请诺贝尔奖获得者杨振宁博士等知名学者前来演讲、作报告；高年级的学生帮助师弟师妹们组建社团等①。另一方面，珠海校区在几个方面进行了教学和管理体制的创新性改革：第一，打破了选修课程文、理和系别的限制，把教学体系分为综合素质教育课程、基础理论课程、实验课程三部分，实行全新的课程教学模式，外语、数学、“两课”和体育课进行优化教学方案的改革，专业课普遍实施创新课程体系的改革，建立课程模块，并试行学分绩点制，增设创新活动学分，而实验课则实行以设计性、综合性、探索性为主的高起点教学训练。第二，启动“优生优培”工程，坚持开展中外优秀文化和自然科学前沿系列讲座，在校区培育治学与修身相统一的优良学风，加强 优良学风班活动，强化学生自主学习、自主管理意识，在珠海各社区建立创新性实践和实习基地。第三，构建教学质量监控机制，开展课堂教学评估，健全教学信息反馈体系，建立专职和兼职教学督导队伍，实现学籍管理的进一步优化，放宽副修专业的条件，增设独立开课副修专业班，推进双学位制。第四，结合信息时代的特点，建立教学信息平台和考试平台，开设网页制作公选课，大力开展多媒体互动型教学和网络教育，发挥网络文化的辐射作用。此外，还推行强化非英语专业学生的口语和听力训练，将数学列为全校学生的必修课，首次试行“免监考”的考试制度等措施，以学生兴趣为纽带，组织各种学生社团，开展丰富多彩的活动，完善心理辅导和咨询，培养学生健全人格和较强的社会活动能力，给学生以个性发展的环境和空间。如今，珠海校区已逐步形成自身的魅力和特色，在教学上主要表现为学生突出的自主意识。积极的跨学科融合取向以及强烈的网络文化氛围，形成了中山大学文化传统新的增长点。

新校区管理实现了规范化、制度化和科学化，按需设岗、一职多能的管理模式得以成功运行。2003 年后珠海校区的管理队伍除了主要干部由学校派出外，一般管理干部和工作人员在属地招聘。珠海校区管理委员会代表学校承担对外联系、对内协调的工作，管委会实行例会制度以协调各单位关系，保证校区各项工作的顺利开展，体现了珠海校区延伸管理与属地管理相结合的管理模式②。学校后勤管理彻底社会化，校区的物业、环卫、绿化、交通、食堂、医疗、保险、通讯、饮用水、生活服务等各个后勤服务项目全部交由企业经营管理，校区只行使规划、招标、监督、协调、验收等职能，而不再直接参与经营。

学校在新校区提倡“自我教育、自我管理、自我服务”的主人翁精神，成立了 30 多个学生社团，开设 200 多个勤工俭学岗位。在文化建设上，学校强调在继承和发扬广州校区优良传统的基础上有所创新。2002 年 5 月 19 日下午，珠海校区承办了 2002 年五月的鲜花——全国大学生“我和我的祖国”大型诗歌咏唱会，参加咏唱会表演的有清华大学、中国人民大学等 20 所著名高校的 5000 余名大学生③。

---

① 《大规模迁移　中大书记：异地探新路传承“中大魂”》，见《南方日报》，2002－7－16。
② 《珠海校区管理机制日趋完善》，见《中山大学校报》（新）第 45 期，2003－7－2。
③ 《中山大学年鉴 2002》“2002 年中山大学大事记”，中山大学出版社 2003 年版，第 366 页。

近年来，有多位领导和专家考察珠海校区。

2001年10月26日，教育部部长陈至立考察珠海校区。她认为整个校园环境优美，规划设计科学合理，有现代理念①。11月10日至11日，中共中央政治局常委、国务院副总理李岚清同志视察珠海校区、广州北校区和南校区。他指出珠海校区的模式是一个“双赢”的模式，特别肯定了珠海校区的建设带动了珠海经济的明显增长②。2002年2月18日，中共中央政治局常委、全国人大常委会委员长李鹏视察珠海校区。他称赞珠海校区的设施“可以与国际一流的大学媲美”，认为珠海校区是中国高等院校异地办学的一个成功范例，走出了一条全国知名大学与地方政府合作建设的新路。③ 2004年4月1日，中共中央政治局委员、广东省委书记张德江到珠海校区视察时，对珠海校区的建设发展给予了高度评价。他指出，中山大学是广东省高校的龙头，是广东省高等教育的品牌④。

（执笔：陈璜）

第二节　再拓空间

广州大学城的建设是广东省扩大高等教育规模，实现高等教育大众化的一个重大举措。2002年1月，中山大学明确表示将以积极态度参与大学城的建设，在大学城的建设规模将达到数千亩，并决定依托与企业合作，争取尽早定位、尽早寻找合作伙伴和资金、尽早落实建设方案⑤。2003年，中山大学作出“三大校区”的战略决策：未来几年逐步把原有的文理医学科的本科教学主体迁移到现代化的广州大学城；广州校区则转型为研究生教育基地；同时在珠海建设新型的中山大学城市学院，在不影响教学质量的情况下，扩大招生规模。随后，东校区整体城市设计和详细规划优胜方案产生⑥。新校区命名为中山大学广州东校区，面积约1500亩。学校决定以进驻大学城为契机，进一步调整学科布局，优化学科结构。现有的各个学科，以内涵发展、提高水平为主，以发展广东经济建设急需的应用学科为主。这些增量部分的学科，拟设在新的广州东校区，从而使中山大学的整体学科水平有一个质的提高。2003年4月25日，广州大学城首次公布一期进驻的各高校的学生数量。中山大学4年内入城学生拟达2万人，和华南理工大学并列第二位。⑦ 还决定除了新办的工学院和传播与设计学院的全部学生外，东校区

① 《中山大学年鉴2001》“2001年中山大学大事记”，中山大学出版社2002年版，第281～282页。

② 《中山大学年鉴2001》“2001年中山大学大事记”，中山大学出版社2002年版，第283～284页。

③ 《中山大学年鉴2002》“2002年中山大学大事记”，中山大学出版社2003年版，第363页；林俊洪：《李鹏委员长视察珠海校区》，见《中山大学校报》（新）第7期，2002－2－28。

④ 简占亮：《张德江同志考察珠海校区》，见《中山大学校报》（新）第67期，2004－4－13。

⑤ 梅志清等：《中山大学称将以积极态度进驻广州大学城》，见《南方日报》，2002－1－31；邓琼：《广东高校争进大学城　广州大学希望第一个入城》，见《羊城晚报》，2002－2－28。

⑥ 《东校区建设巡礼：实现跨越式发展的一个新起点和新契机》，见《中山大学校报》（新）第76期，2004－8－30。

⑦ 蒋铮：《广州大学城公布首期进驻高校的学生数量》，见《羊城晚报》，2003－4－26。

还将容纳若干个学院的全部本科学生，以及若干个专业的研究生（包括硕士和博士）[①]。

2004年6月，东校区所有建筑的主体工程基本完工。9月，东校区正式启用。东校区总占地面积1697.64亩，其中教学区1313.01亩，生活区384.63亩[②]。中山大学共有4000名学生进驻东校区，其中本科新生3000名，第二学位学生500名，研究生500名；进驻的学院包括工学院、传播与设计学院、数学与计算机科学学院、公共卫生学院、法学院、管理学院、信息科学与技术学院、政治与公共事务管理学院、软件学院等9个学院，共开设29个本科专业[③]。

在管理上，东校区借鉴珠海校区的延伸管理模式，即在全校统一的人事政策、统一的财务制度、统一的教学管理的前提下，由学校各职能部门向东校区派出办公机构。后勤服务实行全面的社会化管理。

东校区正式启用后，中山大学正式形成了4个校区的格局：南校区以文、理等基础学科的研究生培养为主，也包括相当部分的本科生；北校区以医科为主，包括医学、药学类的各个学院的本科、硕士、博士等培养层次；珠海校区以一部分新办的、适合珠海地方特色的应用学科为主，还有部分专业的一、二年级本科学生；东校区的学科建设则从高起点、高水平建设国际化、综合性、研究型大学的目标定位出发，以新办的工科和传播设计学科为主，突出软件与信息技术、材料与能源技术、生物工程技术、产业与技术评估、工业设计及其他交叉学科与新兴学科，形成从本科生到研究生多层次办学的特点。4个校区共同构建完整建制的学院和多层次人才培养的教学与研究单位，共同组成中山大学的整体。

与此同时，附属第一医院大学城门诊部正式启用。这是大学城首个由三级甲等医院设立，并经广东省卫生厅批准的、规模最大、功能最齐全的门诊部，面向大学城广大师生员工以及周边居民提供医疗保健服务。

除了大规模的校区建设外，并校后，中山大学还进行了多项工程建设，其中尤为引人注目的是北门广场工程。广场主要由牌坊、中山大学校徽、中山大学校训及中山大学校史等部分组成。牌坊是广场中最引人注目的建筑，为古色古香的中国双层牌楼。牌坊参照原国立中山大学牌坊复制而成。在广场建设过程中，广州市政府为保持中山大学校园的完整，耗资1.2亿元修建北门地下行车隧道，占地17000平方米的广场则投资1000多万元。广场于2001年11月正式落成。广场建成后，学校由北门——孙中山铜像——小礼堂形成了一条中轴线。北门广场也成为中山大学新的一景。

学校还注重加强对旧建筑的保护工作，维护校园的传统风貌。2002年8月，中山大学申报的康乐园早期建筑被广东省文化厅批准列为第四批广东省文物保护单位，成为华南第一家被列为文保单位的大学校园。康乐园是原岭南大学旧址。从20世纪初开始，岭南大学在半个多世纪的发展历史上先后建成了58座集东西方文化和建筑艺术风格的近代优秀建筑物。在康乐园区内的马岗顶和模范村两个区域内，共有45座建筑被省市规划局确定为近代优秀建筑群及中国教授住宅群。这些建筑物不仅有着悠久的历史、独

---

① 《学校举行东校区建设现场动员大会》，见《中山大学校报》（新）第53期，2003-11-5。

② 《东校区建设巡礼：实现跨越式发展的一个新起点和新契机》，见《中山大学校报》（新）第76期，2004-8-30。

③ 杨晓李：《东校区开学进入倒计时》，见《中山大学校报》（新）第75期，2004-7-2。

特的建筑风格和高超的艺术水平，也有着丰厚的文化积淀。它们是中西方近代教育交流的一个显证，也是20世纪初南方大学校园建筑的典型。2003年，中山大学决定投入3000万元，对康乐园内58座建筑文物进行高标准维修。中山大学明确规定：在旧建筑区域内不建新的建筑物，区内道路、绿化均保持原有格局，原居住在文物楼中的职工、家属按计划迁出，使其只做教学、科研或行政办公区用途。由于康乐园多数旧建筑设计图纸已丢失或残缺不全，中山大学邀请了广州大学岭南设计研究所对这些旧建筑重新进行平面测绘，以掌握有关基本数据①。

中山大学的党政办公场所——中山楼也于这个时期建成。2002年11月9日，中山楼举行落成仪式。该楼由曾宪梓先生捐资1200万元，于1999年5月破土动工，2001年7月完工验收并交付使用，其塔楼部分为仿原中山大学大钟楼设计，为学校标志性建筑。②

并校后建成的主要建筑物还有管理学院MBA大楼（善思堂）、逸夫文化艺术中心、生命科学学院的生物技术实验楼（贺丹青堂）等，校园面貌日新月异。

（执笔：陈璜）

① 《我校对58座古旧建筑进行大维修》，见《中山大学校报》（新）第31期，2003-1-9。
② 《中山大学年鉴2001》“2001年竣工的主要建设项目基本情况表”，中山大学出版社2002年版，第239页。

第三章 再创辉煌

教育部和广东省签署部省共建协议后，中央专项资金的注入和广东省全方位的支持，加上原中山大学和原中山医科大学各方面的资源，中山大学驶入了跨越式发展的快车道，在学科建设、人才培养、师资队伍建设和教学改革等方面均开创出崭新的局面，展示出蓬勃的生机。

第一节 突飞猛进

一

“211工程”[①] 和“985工程”[②] 的实施，使中山大学的实力得到了整体性的提升。

2002年3月26日至28日，中山大学“211工程”“九五”项目接受了教育部专家组的验收。[③] 验收组的专家认为中山大学在“九五”期间较好地完成了各个项目，整体提升了学校的办学水平和实力。在学科建设上，根据国家科技和社会发展尤其是广东省经济社会发展需要，发展了一批新兴交叉学科，学科水平显著提高。经过1998年和2000年第七批和第八批学位授权审核，中山大学新增博士、硕士学位授权一级学科9个，新增博士学位授权点45个，新增硕士学位授权点26个，获得了计算机软件与理论、工程力学、海洋生物学、环境科学等与国家经济建设和高新技术结合紧密的博士学位授权点。建设期间还获得了培养和授予工商管理硕士（MBA）、法律专业硕士、公共管理硕士（MPA）和工程硕士（计算机技术、环境科学领域）等硕士专业学位授予权。国家重点学科增至20个。研究生招生规模持续快速增长，从1996年录取644名，到2001年录取2046名，增长了3.2倍。在学研究生与在学本科生的比例由1996年的1∶4.4上升到2001年的1∶2.4。师资队伍在年龄结构、学历结构和职称结构上得到了进一步优化，一大批年轻学术骨干成长为学校的中坚力量。理科的科研经费迅速增长，1996年为2479万元，到2001年突破1.3亿元，增长了近6倍。公共服务体系和基础设施建设方面得到了较大充实，用于购置仪器设备的资金达7000多万元，主要用于图书

① 参见第五编第二章第一节相关注释。

② 1998年5月4日，国家主席江泽民在庆祝北京大学建校100周年大会上宣告：“为了实现现代化，我国要有若干所具有世界先进水平的一流大学。”此后，教育部在实施“面向21世纪教育振兴行动计划”中，重点支持部分高校创建世界一流大学和高水平大学，简称“985工程”。

③ 《中山大学年鉴2002》“2002年中山大学大事记”，中山大学出版社2003年版，第364页。

馆系统、校园网及实验室的升级改造和建设。测试中心建设成为华南地区规模最大的大型精密仪器共享中心①。

2002年10月16日，中山大学“211工程”“十五”项目可行性论证获得通过②。“十五”期间，教育部与广东省在3年内投入12亿元资金支持中山大学发展。中山大学“十五”期间的建设目标是：在学科水平和人才培养质量得到普遍提升的基础上，力争在三四个学科领域取得重大突破，达到国际一流水平；人才培养质量和若干学科领域达到国内一流水平，为中山大学的整体综合实力稳定在全国高校前列奠定坚实基础，使她以自己的学术地位成为广东在国际竞争中的知名品牌之一。同时，她将面向广东经济建设的主战场，努力把中山大学办成与广东“经济强省”、“教育强省”地位相称的标志性大学，成为广东省对外文化、教育合作交流的主要窗口和桥梁；成为广东省主要支柱产业所需要的高新技术和关键技术的一个重要创新源和辐射源；成为知识创新、科技成果产业化的重要力量；成为广东省高水平政策咨询、软科学交叉研究的智囊机构；成为高质量医疗保健的供给基地，为全面提升广东发展国际竞争力提供高层次的技术和人才支撑。重点学科建设项目主要包括南海海洋生物重要功能基因组和蛋白组研究及开发应用、农业生物技术和资源利用、干细胞与组织工程、生物医学工程、鼻咽癌分子遗传学研究与肿瘤治疗新方法等16个③。

原中山医科大学“九五”“211工程”建设项目是1998年11月正式开始实施的，项目原计划总投入39488万元，实际到位57196.41万元，其中卫生部投入3809万元，广东省政府投入7404.4万元，完成计划117.3%，学校自筹经费45983.01万元。截止2002年12月15日，在广东省政府和学校自筹经费中，10624万元用于仪器设备，2177万元用于修缮，1426万元用于图书资料，212万元用于学术交流，2992万元用于公共服务体系，2360万元用于教学基础设施，基本建设投入37113.34万元，学科建设投入12937.79万元，教学基础设施建设2359.62万元，公共服务体系2991.81万元。

2003年9月23日，原中山医科大学“九五”“211工程”项目接受了广东省政府聘请的专家组验收。经过5年重点建设，学校超额完成了预期目标。在学科建设方面，共有6个学科被批准为国家重点学科，比1997年增长1倍；梯队建设方面，新增工程院院士1名（已故）；人才培养方面，2002年在校研究生和本科生的比例接近1∶2。在1998年和2003年进行的学位授权审核中，新增基础医学、生物医学工程、临床医学、中西医结合、公共卫生与预防医学5个博士学位一级学科授权。科研方面，1998年至2002年共获得国家“863”计划、“973”计划、国家自然科学基金重点项目、国家杰出青年基金等项目52项，连续5年每年都有1~2名国家杰出青年基金获得者，5年共获得6项国家科技进步奖。④

中山大学“985工程”（“985工程”又称“高水平大学建设计划”）已经在2001年至2003年间完成了一期工程建设。一期工程致力于提升学校的整体学科水平，二期

① 中山大学“211工程”办公室：《中山大学“211工程”“九五”期间建设总结报告（原中山大学部分）》，2002-3。

② 《中山大学年鉴2002》“2002年中山大学大事记”，中山大学出版社2003年版，第369页。

③ 中山大学“211工程”办公室：《中山大学“十五”“211工程”建设项目可行性研究报告》，2002-10。

④ 中山大学“211工程”办公室：《中山大学“211工程”“九五”期间建设总结报（原中山医科大学部分）》。

工程的目标则是力争通过学科的整合、交叉和融合，找到中山大学的优势领域和学科突破点，具体包括瞄准世界先进水平和国家重大需求，建设1～2个国家实验室；在科学和工程领域，紧紧扣住广东省社会经济发展的需求，建设若干个跨学科的研究中心；建设若干个国家和广东省的哲学社会科学创新基地等。①

“985工程”二期工程的启动，广东建设教育强省的战略，对中山大学的发展提出了更高的要求，学校也随着形势的发展不断地调整战略目标。在2002年学校第十次党代会上，党委书记李延保提出未来几年中山大学发展的总体目标是：“立足广东，面向海外，服务地方，辐射全国，把中山大学建设成一所居于国内一流大学前列，在国际上有较大影响的高水平研究性综合类大学，努力向世界一流大学的目标迈进。”并要力争于2024年跻身国内一流大学的前列②。在中山大学2004年发展战略研讨会上，学校又把“推进人才强校”、“加快国际化发展”提上重要议程，并提出了新形势下的新目标，即“以国际一流大学为目标，把中山大学建设成为居于国内一流大学前列、世界知名的研究型、国际化、综合性的大学”。③

“211工程”、“985工程”的成效已经得到了逐步的呈现，学校的综合实力和国内外影响力在日渐提升。2001年11月，联合国教科文组织（下称UNESCO）将该机构在亚洲的惟一一个科学与技术政策教席设在中山大学，中山大学成为全球5个获此殊荣的机构之一。UNESCO在全球五大洲各设一个科学与技术政策教席，主要职能是促进中国、亚洲及其他地区在科学与技术政策领域的研究和合作交流，为提高中央和地方政府科技政策的针对性和科学性提供智力支持与经验借鉴，进而更好地实现科学、技术、经济和社会的协调发展，达到可持续发展的目标。依照协议，亚太地区的教席设在中山大学，以广东发展研究院作为常驻机构，教席由研究院常务副院长丘海雄教授承担。④

二

并校后，中山大学重视推动科研基地的建设。中山大学原有国家重点实验室2个，国家专业实验室2个，教育部、卫生部重点实验室4个，教育部工程中心1个。2001年至2003年间，新增了国家重点实验室培育基地1个，国家工程研究中心1个，国家新药（抗肿瘤药物）临床试验研究中心1个，教育部重点实验室3个，卫生部重点实验室3个，教育部工程研究中心1个，卫生部工程中心1个，教育部网上合作研究中心

① 《目前学校工作的几个重要问题——黄达人校长在六届二次教代会所作学校工作报告节录》，见《中山大学校报》（新）第73期，2004－6－9。

② 《中山大学年鉴2002》“重要文件和讲话：按照‘三个代表’的要求，加强和改进党的建设，以创新思维推动学校向高水平一流大学目标迈进”，中山大学出版社2003年版，第80～81页。

③ 屈琼斐、岳辉：《学校召开二〇〇四年发展战略研讨会》，见《中山大学校报》（新）第63期，2004－3－1。

④ 《中山大学年鉴2001》“2001年中山大学大事记”，中山大学出版社2002年版，第285页。

1个，广东省重点实验室2个，广东省教育厅重点实验室2个①。此外，还组建了创新科技研究院（珠海）、规划设计研究院、干细胞与组织工程研究中心等一批研究机构②。

另一方面，学校积极整合社会各种资源，推动横向科研合作。利用广东省改革开放的优势，在新材料、光电子、生物工程、信息、化学工程、环保、生物医药、医疗卫生等技术领域，与省市、企业开展多层共建，推进了各种工程中心和研究基地的建设。如与广州市共建广州中大软件研究开发中心、生物医药信息中心、纳米材料与技术研究基地、广州市现代重要质量研究开发中心和达安基因诊断中心，与企业合作共建FED开发与应用研究中心、海洋生物科技研究中心、生物科技联合实验室、体外反搏研究基地等。这些基地和研究中心为相关学科的建设发挥了重要作用，使学校知识创新和技术创新的整体能力有所增强，并为广东高新技术产业的发展提供了技术支撑③。

并校后建成了一批重要实验室、研究中心：

光电材料与技术国家重点实验室。该实验室于2001年11月11日挂牌，是在中山大学原超快速激光光谱学国家重点实验室和显示材料与技术广东省重点实验室的基础上，整合了物理、化学、材料、信息等相关学科的优势力量重新组建而成的，重点开展光电材料中的超快现象、光通信科学与技术、显示材料与技术、光电功能材料与表征技术、光电材料物理理论等的研究。④

国家生命科学与技术人才培养基地。2002年获准建立。基地针对华南地区地处沿海和生物制药业的优势，以及热带亚热带地区的农业特色，结合中山大学在生物科学、医学、药学、临床医学等方面的综合优势，重点建设生物医药技术、农业生物技术、海洋生物技术三个培养方向。⑤

2002年11月，中山大学获赠商承祚教授藏书4200余册以及著名历史学家、经济学家梁方仲教授毕生收藏的5800多种、15000余册图书和手稿。学校专门设立商衍鎏探花、商承祚教授藏书纪念室和梁方仲教授纪念室，收藏这批珍贵书籍，弘扬大师们的学术精神。此前，中山大学已拥有陈寅恪纪念室。⑥

南海海洋生物技术国家工程研究中心。该中心是学校在本校海洋生物技术的研发和产业化成果的基础上，结合教育部南海海洋生物技术工程中心、科技部国家“863计划”海洋生物功能基因组开放实验室、广东省水生经济动物养殖和病虫防治重点实验室和广州市生物医药信息中心组建而成的。中心致力于开展海洋生物技术相关产品研

① 《我校“高水平大学建设计划”一期工程巡礼》，见《中山大学校报》（新）第60期，2004-1-12。另据《改革创新，开创研究型大学科技工作的新局面——中山大学科技工作会议工作报告（颜光美）》，见《中山大学校报》（新）第57期，2003-12-12。2001—2003年，中山大学新建了南海海洋生物技术国家工程研究中心、国家抗肿瘤药物临床试验研究（GCP）中心，建设了聚合物复合材料与功能材料、辅助循环、显示材料与技术等教育部、卫生部、广东省重点实验室12个，食品工程等教育部、卫生部工程中心3个，循证医学等广东省研究中心4个，软件技术等教育厅重点实验室2个。

② 《改革创新，开创研究型大学科技工作的新局面——中山大学科技工作会议工作报告（颜光美）》，见《中山大学校报》（新）第57期，2003-12-12。

③ 《我校“高水平大学建设计划”一期工程巡礼》，见《中山大学校报》（新）第60期，2004-1-12。

④ 《光电材料与技术国家重点实验室挂牌》，见《中山大学校报》（新）第2期，2001-10-13。

⑤ 《获国家教育部、国家计委批准“国家生命科学与技术人才培养基地”成立》，见《中山大学校报》（新）第24期，2002-10-30。

⑥ 《传承大师魂　再造新辉煌》，见《中山大学校报》（新）第27期，2002-11-27。

发，主要包括海洋药物、活性物质、海洋水产养殖的研究开发和产业化。①

华南日本研究所。在原日本研究中心的基础上成立，2002年12月6日挂牌。②

编辑学与出版研究中心。中心于2003年7月2日成立，是全国高校第一家专门研究媒体编辑学与出版的科研机构。该中心整合了南、北两个校区24种期刊（其中8种为核心期刊），首任负责人为吴定宇③。

中山大学—香港中文大学华南文献研究中心。2003年11月16日挂牌。“中心”编撰《中国古代诗歌文献学》，填补了处在古代诗学与古典文献学交叉位置的中国古代诗歌文献学这一研究领域的空白。此外还将编撰《全粤诗》，整理出版岭南佛教史料。④

热带病防治研究实验室。该实验室获准为立项建设的教育部重点实验室，它整合并涵盖了全校基础医学、临床医学、预防医学和动物学4个学科的力量，以寄生虫病防治研究、人畜共患病控制、新现与再现重大传染病的病原体鉴定及防治研究、重大传染病临床诊治应用研究、热带病流行病学研究及热带病和突发性传染病疫苗的研究为主要研究方向。⑤

2004年，中山大学经济研究所、古代戏曲与人类口头和非物质遗产研究所（与广东省文化厅共建）被批准为广东省普通高校人文社会科学重点研究基地。⑥

岭南学院－ORACLE－SUN数字化管理实验室。由岭南学院、甲骨文公司、SUN公司三方合作建设。甲骨文公司向数实验室捐赠价值1300万元（约合150万美元）的软件和培训服务；SUN公司捐赠SUN V440服务器；岭南学院提供实验室场所并投资100多万元进行相应软硬件和网络设施建设。中山大学也成为甲骨文学术教育计划电子商务课程与全国高校合作的第一个对象。⑦

曙光—中山大学64位实验室。由中山大学和曙光信息产业有限公司共建。此次合作有助于提升中山大学在全国高校中的高性能计算综合实力，推动中山大学教育网络的建设。⑧

（执笔：陈　璜）

---

① 何新凤：《南海海洋生物技术工程研究中心获批准为国家工程研究中心》，见《中山大学校报》（新）第26期，2002－11－18。

② 《华南日本研究所在我校挂牌》，见《中山大学校报》（新）第29期，2002－12－18。

③ 嵇春霞、杨海文：《中山大学“编辑学与出版研究中心”成立》，见《中山大学校报》（新）第46期，2003－7－8。

④ 《华南文献研究中心正式挂牌》，见《中山大学校报》（新）第54期，2003－11－18。

⑤ 叶儒霏、陈欣然：《热带病防治研究实验室被确定为立项建设的教育部重点实验室》，见《中山大学校报》（新）第58期，2003－12－18。

⑥ 《我校两个研究机构入选广东省重点研究基地》，见《中山大学校报》（新）第60期，2004－1－12。

⑦ 《“数字化管理实验室”在岭南学院落成》，见《中山大学校报》（新）第74期，2004－6－21。

⑧ 《中山大学“曙光64位应用示范基地”挂牌》，见《中山大学校报》（新）第74期，2004－6－21。

第二节 群英荟萃

学校实施了长江学者奖励计划①、高校青年教师奖、跨世纪优秀人才培养计划、"优秀青年教师资助计划、"珠江学者"特聘教授岗位计划、校特聘教授岗位计划、学校"百人计划"②人才引进工程，以及各种培养资助项目等一系列优秀人才计划。通过推行校内人事和分配制度改革、教师职务聘任制等一系列改革措施，延揽了一批优秀人才，使学校师资结构得到优化，教师队伍整体水平得到提高。

一、推行聘任制

学校以高水平大学建设计划为契机，采取了一系列措施，推进学校管理体制的改革。以人事制度改革为核心，对教师、管理干部、工程实验、图书资料、医疗4个系列进行编制核定和职位设置，通过聘任上岗进行全方位的改革。

2001年底，学校开始起草《中山大学教师编制核定、职位设置与职务聘任规程》（以下简称《规程》）。为了综合各方意见，《规程》前后共修改了30余稿，对方案的整体架构、量化指标、表述方法等进行了全面的修改。2003年6月，学校正式开始实施《中山大学教师编制核定、职位设置与职务聘任规程》，全面推行教师职务聘任制（除附属医院外）。

实行教师职务聘任制后，以往一年一度的全校性的教师职称评审不再进行，而是借鉴国际上通行的大学教师聘任制度，根据教学、科研和社会服务工作的现实需要，科学地设岗定编，合理设置高、中、初级教师职务岗位，实行岗位管理，从而彻底打破教师"铁饭碗"，初步建立起能进能出、能上能下、优胜劣汰的良性人才机制。根据《规程》规定，实行教师职务聘任制后，在中山大学，教师职务聘任将成为学校日常行政事务的一部分。学校设立编制核定与职务聘任委员会，学院（系）同时设立教师职务聘任委员会，实行例会制度，为教师职务聘任制度的实施提供组织、制度上的保障。

学院（系）教师编制的核定，主要由"基础数"和"调节增加数"两类指标构成。"基础数"根据各实体院系拥有本科专业、在读本科生数、博士点学科、硕士点学科、在读研究生数、全校公共课教学等情况确定；"调节增加数"根据各实体院系拥有的全国重点学科、国家重点实验室/工程中心、教育部文科重点研究基地、教育部人才培养基地、省部级开放实验室/工程中心等情况确定。

各院系的编制核定和职位设置将每学年进行一次。院系教师职务聘任委员会按照学校核定的本单位教师编制数和职位数，根据本学科发展的需要，向国内外公开招聘教师。教师职务的聘任分为有固定期限聘任和无固定期限聘任两种。助教职务为有固定期限聘任职务，首次聘期最长3年，续聘期为1～3年，最多可续聘一次；讲师职务为有

① 参见第六编第三章第二节相关解释。

② 参见第六编第三章第二节相关解释。

固定期限聘任职务，首次聘期3年，续聘期3年，最多可续聘两次；副教授一般为有固定期限聘任职务，每个聘期3年，可以连续聘任，在受聘满3年后，若双方商定续聘，可以申请签订无固定期限聘任合同；教授职务则为无固定期限聘任职务（长期聘任职务）。

在学校核定的编制数和职位数内，院系教师职务聘任委员会有权根据学校规定的任职条件，按照程序决定副教授、讲师与助教的聘任。教授的聘任，由各院系在本单位教授职位数内，根据学科发展情况，向学校提出推荐人选，由学校编制核定与职务聘任委员会讨论决定。学校按照不同学科门类，制定受聘教授、副教授和讲师职务者工作业绩的基本条件。各院系制定的受聘者工作业绩基本条件，不得低于学校所制定的条件。

教师职务聘任的确认文件为《中山大学教师职务聘任合同》。《教师职务聘任合同》中有关受聘者的责任条款，根据不同的学科专业、职务层次等商定，因人而异。但所有专业、所有层次教师职务的最低责任标准，都必须包含有承担本科学生课程教学的工作内容。学校以每3年为一个考核期，根据《教师职务聘任合同》规定的权利和责任条款，对每个教师进行考核。

作为学校人事制度改革的长期目标，教师的职位将逐步划分为有长期聘任可能的职位（简称A系列）和无长期聘任可能的职位（简称B系列）两个系列。B系列教师职位主要包括教员、教学助理和研究助理等，教员职位主要设立于负担全校公共课教学工作的院系，教员的每个聘期不超过3年，可以连续聘任；教学助理和研究助理承担教学和学术研究的辅助性工作，主要从本校在学研究生中聘任，聘期一年，可以连续聘任。

教授职位工作量（工作量包括教师在讲台上的时间、带研究生、指导毕业论文或学位论文、兼任班主任等与教学密切相关的工作，科研不计算在内）的要求，由各院系教师职务聘任委员会制定，至少达到学校规定的以下基本要求：受聘文、理、工科教授每学年应完成基本教学工作量270学时，副教授为250学时，讲师为220学时；受聘医科教授者每学年应完成基本教学工作量200学时，每学年必须主讲至少36课时的本科生课程。受聘教授职务者，在考核期之内，必须至少主持过一项纵向的科研项目，或主持一项横向的科研项目（横向项目研究经费文科不少于5万元，理科、医科不少于20万元），或主持一项国家级重大项目的子课题。①

2003年11月17日，中山大学开始了聘任制改革后第一次大规模对外招聘，面向海内外招聘400名教师，其中教授150名、副教授和讲师等250名，招聘范围涉及人文社科类、理工类、医药类等29个单位。具体的薪酬标准是：教授年薪水不低于人民币7万元，副教授不低于人民币5.5万元，讲师不低于人民币4万元。学校另有引进优秀人才奖励办法，符合相关标准者，可另外享受奖励办法规定的待遇。各附属医院人员的薪酬由各医院自行规定。

在聘任条件上，除了对教风师德作出规定外，学校特别对学历与资历和业绩条件等作出了详细的要求，应聘人除提交个人学术简历、近5年内公开发表的代表作，还要提

① 《我校推行教师职务聘任制》，见《中山大学校报》（新）第43期，2003-6-16；《推行聘任制　建立一流大学的人事制度——李萍副书记副校长在“双代会”上的工作报告摘要》，见《中山大学校报》（新）第46期，2003-7-8。

交同行专家的推荐函。每个学科和每个专业的职位条件有所不同。①

学校还公开面向社会招聘党政管理人员。2003年4月，中山大学首次面向社会公开招聘党政管理人员，从100多名应聘者中择优录用了10名党政管理人员，他们都具有研究生学历。所聘用的党政管理人员全部实行合同聘任制管理。② 此后在2004年1月，又公开招聘了10名管理人员。③

二、开展多项人才培养和引进工程

（一）实施“百人计划”人才工程

实施“百人计划”人才工程是中山大学引进高层次人才的重要举措。2001年起，学校开始实施这项工程，分不同类别引进高层次人才：第一类别为两院院士、教育部“长江学者”、人文社会科学领域具有与此相当学术地位和成就的学者；第二类别为国家杰出青年基金获得者、教育部评定跨（新）世纪人才、中科院百人计划成员、省级特聘教授以及与上述人员学术地位相当的学术带头人；第三类别为教育部百篇优秀博士论文获得者、国内外著名大学的博士，年龄一般在40岁以下。

以学科建设为龙头，科学设岗，提供资源的保障和自由创新的空间，是中山大学引进顶尖人才的关键。“百人计划”招揽的人才最高可获科研启动经费200万元，安家费60万元。进入“百人计划”的优秀人才，凡其配偶符合学校录用条件的优先安排，若其配偶不符合学校目前岗位录用条件的，学校解决其广州市户口，并对2年内尚未找到录用单位者每月给予基本生活补贴600元。④ 中山大学规定各学院学科建设经费中的20%必须用于本学科人才的引进，并且不封顶，不足部分由学校支持；另外80%的经费，必须围绕本学科的优秀人才来制定，并承诺为留学人员们提供一个公正、宽松的学术氛围。学校启用学科带头人为院系主要领导，并专门为他们配备得力助手，以保证他们的学术研究不受行政事务的干扰。学校还通过寻找住房资源，采取团购、整体认购、合作开发等多种方式解决人才引进瓶颈，给中青年教职工创造安居乐业环境。

据统计，至2004年，中山大学已通过“百人计划”引进人才127人，年龄多在40岁以下，其中直接从海外引进56人，充实了高层次人才队伍。

（二）启动“长江学者奖励计划”

“长江学者奖励计划”旨在延揽大批海内外学界中青年精英参与中国的高等学校建设，带动国家重点建设学科赶超或保持国际先进水平，并在若干年内培养、造就一批具有国际领先水平的学术带头人，以提高中国高校在国际上的学术地位和竞争实力。如今，拥有特聘教授岗位和长江学者的数量已经成为衡量国内高校实力的重要标志。

中山大学于1998年8月启动“长江学者奖励计划”。截止2002年10月，中山大学

① 《我校面向海内外公开招聘教师》，见《中山大学校报》（新）第55期，2003-11-26。
② 赖红英、何晓钟：《中山大学公开招聘管理人员》，见《中国教育报》，2003-6-29。
③ 《海纳百川　广招良才》，见《中山大学校报》（新）第64期，2004-3-9。
④ 周祚：《教授职位空缺达四成多　中大60万安家费引进人才》，见《广州日报》，2003-11-19。

先后在凝聚态物理、植物学、生物化学与分子生物学、无机化学、光学、高分子化学与物理、动物学、环境科学与工程、基础数学、眼科学等10个学科获准设置长江学者特聘教授岗位。对长江学者的引进，学校采取了一系列配套措施：在资源配置上给予倾斜，在科研经费方面给予配套投入，特别是对从海外引进以及原来实验条件较薄弱的岗位的长江学者予以200万元科研启动经费；利用外资配套设立特聘教授岗位基金，支持特聘教授开展学科的学术活动；从所在学科的编制、岗位方面给予重点保证，同时在人才引进和梯队配置方面重点倾斜；为特聘教授配备科研和行政助手；按时足额发放特聘教授的岗位津贴；对大家公认的水平较高、已经作出很多贡献者，免去学校的一般考核和工作计量。

至2004年为止，已上岗的长江学者特聘教授有8人，他们是许宁生、屈良鹄、陈小明、朱熹平、谢旗、庄诗美、刘林、刘祖国。中山大学批准上岗的5位特聘教授在各自的学科建设以及教学科研工作中都发挥了核心作用，主要表现在：①出色地发挥学术带头人的作用，建立起合理的学科学术梯队，包括建立了一个国家基金委优秀创新群体和一个广东省基金优秀科研团队，建立了一支纳米材料在能量转换中应用研究的队伍，其中2个特聘教授的研究团队被评为2001年广东省高等学校“千百十工程”先进团队，4位特聘教授获广东省高等学校“千百十工程”先进个人特等奖。②学科建设取得显著成效。2001年许宁生特聘教授组织申报的凝聚态物理、屈良鹄特聘教授组织申报的生物化学与分子生物学、朱熹平特聘教授组织申报的基础数学都入选国家重点学科。③承担重大科研项目。中山大学特聘教授共主持国家和省重点科研项目44项。④科研成果突出。中山大学特聘教授已申请中国发明专利12项，其中已公开8项，获2001年国家自然科学二等奖一项，2000年广东省自然科学一等奖一项，中国高校科学技术二等奖两项。陈小明、朱熹平特聘教授指导的童明良、陈兵龙博士的学位论文分别获2001年、2002年全国百篇优秀博士论文奖。学校还吸引了一批学术上卓有建树的海外学者来中山大学工作，包括从新加坡应聘植物学（第一批设岗学科）的谢旗，从瑞典应聘生物化学与分子生物学（第二批设岗学科，是该学科获准上岗的第二位特聘教授）的庄诗美，从美国应聘动物学（第二批设岗学科）的刘林。①

这些领军人物已经与中山大学原有的骨干力量迅速融合。通过一批高层次人才的引进，为一些亟待发展的学科找到了学科带头人，引进了国内外许多先进的科学技术和经验，培育了一批新的学科增长点，提高了中山大学学科建设的水平。

（三）“千百十工程”和“新世纪百千万人才工程”及其他

在引进高层次人才的同时，中山大学也高度重视校内现有人才的培养，使高层次人才队伍建设保持开放、扎实、协调、持续的发展势头。

“新世纪百千万人才工程”是由国家人事部、科技部、教育部、财政部、国家发展计划委员会、国家自然科学基金委员会、中国科学技术协会联合设立的全国性人才培养工程。该工程以培养国家急需紧缺的高级人才为目标。……2004年7月，中山大学李萍、陈春声、徐安龙、陈豪、曾益新5位教授进入了全国首批“新世纪百千万人才工

① 《造就具有国际领先水平的领军人物——记中山大学已受聘的长江学者特聘教授》，见《中山大学校报》（新）第31期，2003－1－9。

程”国家级人选，入选人数位居全国高校前列。[①]

“千百十工程”是广东省教育厅培养高等学校中青年学科带头人和学术骨干的人才工程，自1996年启动，目标是在全省高等学校分期分批、有计划、有重点、分层次地培养10名左右在国内外有广泛影响的学术大师（也称国家级培养对象），100名左右在某学科领域具有开创性研究的学科带头人（也称省级培养对象）和1000名左右在学科研究上有良好发展潜力的学术骨干（也称校级培养对象）。[②]

中山大学把“千百十工程”作为“十五”期间教师队伍建设的一项重要工作，利用学科优势，优化和整合学科梯队，形成多学科协作的优秀学术团队。已有场致发射与平板显示研究中心、基因工程教育部重点实验室、中山眼科中心葡萄膜炎研究组3个团队获“千百十工程”先进团队称号；许宁生、屈良鹄、杨培增、陈小明、朱熹平5位教师获“千百十工程”先进个人特等奖。[③] 在2004年公布的广东省“千百十工程”培养对象考核与选拔结果中，中山大学有167人获得继续培养，新增培养对象66人。据统计，自“千百十工程”设立以来，中山大学共有427人入选过该工程，其中国家级12人、省级61人、校级392人。经过1998年、2001年和2003年三次动态调整后，中山大学现有国家级培养对象9人、省级培养对象40人、校级培养对象190人，包括2003年新增培养对象国家级3人、省级13人、校级50人。[④]

还有多位教师获得重要的奖励和资助。至2002年，中山大学已有9位教师荣获教育部高校青年教师奖。至2003年，中山大学已有19位教师入选教育部跨世纪优秀人才培养计划[⑤]。2002年度，中山大学罗向前、曾益新、余学清3位教师在首批高等学校骨干教师资助计划中获得奖励；毛宗万、钟凡、王铮、邹和群4位教师获2002年教育部优秀青年教师资助计划项目资助。哲学系刘森林教授、附属一院彭俊生副教授分别获2001年霍英东教育基金会第八届青年教师奖研究类三等奖和教学类三等奖。至2001年，中山大学共有17位教师获得了霍英东教育基金会青年教师奖研究类或教学类的资助[⑥]。一批中青年科研人才和骨干教师成为了师资队伍的主力军。

据2004年与1998年相关数据（指专任教师队伍）统计表明，教授的平均年龄从56岁下降为51岁；副教授的平均年龄从46岁下降为44岁。教师的职称结构则从1998年的讲师为最高比例变为以副教授为最高比例，且高级职称的比例从1998年的45.53%提高到61.91%。教师的学历结构从1998年的本科为最高比例变为以硕士和博士为最高比例，具有博士学位的教师比例从1998年14.98%提高到38.4%，其中具有博士学位的教授比例从1998年的22.68%提高到53.02%[⑦]。

中山大学聘请到一批著名专家和学者作为学校的名誉教授或荣誉教授。名誉教授有：杨振宁、邹至庄、陈省身、朱经武、饶宗颐、钱庆文、桥本初次郎，棚桥祐治、丘

① 《中山大学五名教授入选全国首批“新世纪百千万人才工程”》，见《中山大学校报》（新）第74期，2004-6-21。

② 《省“千百十工程”培养对象考核与选拔结果揭晓》，见《中山大学校报》（新）第74期，2004-6-21。

③ 袁晓明：《提高质量　创出品牌》，见《中山大学校报》（新）第13期，2002-5-15。

④ 《省“千百十工程”培养对象考核与选拔结果揭晓》，见《中山大学校报》（新）第74期，2004-6-21。

⑤ 《中山大学骨干教师队伍不断扩大》，见《中山大学校报》（新）第32期，2003-2-25。

⑥ 袁晓明：《教学科研成绩突出　中山大学骨干教师获表彰奖励》，见《中山大学校报》（新）第30期，2002-12-27。

⑦ 《中山大学师资队伍建设成果显著》，见《中山大学校报》（新）第77期，2004-9-6。

应楠、于光远、吴瑞、池田大作、桐山靖雄、钟世镇、汤钊猷、陈可冀、吴咸中、甄永苏、曾溢滔、Vernon Smith、W. French、Anderson、查良镛、胡志城、刘允怡、王中林、丁肇中、杜维明、陈香梅等。荣誉教授有 Nelson Kiang。

学校还实施教学名师工程，要求55岁以下教授、副教授为本科生授课。在2003年教育部评选的首届高校百名教学名师中，中山大学数计学院邓东皋教授和主讲细胞生物学的生命科学学院王金发教授上榜。①

中山大学十分强调师德建设。2002年，中文系程文超教授和眼科中心陈家祺教授名列“广东高校十大师德标兵”榜。

（执笔：陈璜）

第三节 逐步推进

一、优化教学模式

中山大学教师开展以课程体系、教学内容改革和人才培养基地建设为重点的教学改革，加大文、理、工、医学科创新人才的培养力度。中文系的全程导师制、历史系的基于网络平台的历史教学系统、哲学系的哲学素质教育创新体系等形成了有鲜明特色的教改成果。医科教学在创建新世纪高等医学教育质量保障体系实践中取得明显成效：生理实验科学教研室积极开展跨学科、多层次生理科学实验课的研究；人体解剖学教研室在教学实践中创立了“系解—局解—中枢”三段教学模式，并增开了断层解剖学等课程；各附属医院重视对医学生临床能力的培养。教育学院社会科学教育系在“两课”教学中，对课程体系、教学内容和方法进行了革新②。

在教学改革研究和教学成果评选方面，中山大学获教育部新世纪高等教育教学改革工程本科教育教学改革立项项目10项；21世纪初中国高等教育人才培养体系研究计划立项课题8项；第一批广东省新世纪高教教学改革立项项目15项；第二批广东省新世纪高教教学改革立项项目6项；获第三届教学成果奖国家级一等奖1个（排名第2），二等奖3个；省级一等奖4个，二等奖7个；第四届教学成果国家级二等奖6个（另有几项中山大学与外单位合作完成的教学成果也获得了国家级的奖励）；省级一等奖、二等奖各10个，获奖总数居全省高校首位；全国普通高等学校优秀教材一等奖1项，二等奖4项；教育部第三届高等学校优秀教材一等奖1项，二等奖5项，中青年奖5项；主编国家“十五”规划教材12部，高等教育百门精品课程教材建设计划教材5部。③

---

① 《邓东皋教授、王金发教授获殊荣》，见《中山大学校报》（新）第48期，2003-9-10。

② 《徐远通副校长在2002年教学工作会议上的报告》，见《中山大学校报》（新）第14期，2002-5-23。

③ 《教务处2004年工作要点》，见《中山大学校报》（新）第65期，2004-03-22；《我校“高水平大学建设计划”一期工程巡礼》，见《中山大学校报》（新）第60期，2004-1-12。

在教学改革规划（名优管理）方面，学校启动了全校性的学生科研培训计划。教务处设立了学生科研计划活动基金，用于资助学有余力且在科技、学术等方面有较大兴趣的本科学生①；在文理医专业开展多形式的双语教学试点，提高学生的英语应用能力，其中生命科学学院使用双语教学和国外原版教材的主干课程已达70%左右②。

2004年，重点推行大学公共英语教学改革及深化高等医学教育改革。此次教育部从三个方面对大学本科公共英语教学进行重大改革。中山大学大学英语教学部获准成为教育部全国大学英语教学改革试点单位之一，新方案从2004级新生入学后正式实施③。

教育部、卫生部在《中国医学教育改革和发展纲要》中提出了逐步扩大长学制医学教育的战略思想。中山大学制订了《八年制临床医学培养方案》。中山大学的临床医学八年制为本一博融通的长学制医学教育，实行两次录取两次分流，前三年进入理工专业学习公共基础、部分专业基础课程、生命科学基础课程，第三年根据学生志愿，通过医学院入学面试选拔学生。临床实习前（第6年）再次分流，可转读医学科学博士学位。学校将根据八年制培养目标，在知识、技能、行为、态度等方面合理设置课程，主要学科和主要课程覆盖临床医学、基础医学、预防医学、人文自然社会科学等领域。④

学校还开展了遴选“名课名师”工程，鼓励知名学者开设高水平基础课，开设有关专题讲座和指导本科生开展创新实验或其他科研活动。

为进一步提高课程建设水平，中山大学决定重点建设一批精品课程。2002年10月，精品课程评估工作全面展开。精品课程的建设标准包括六个方面：第一，要有高水平的授课教师梯队。师资队伍的学历、年龄、职称结构合理；课程负责人有较高的学术水平和教学水平，在全国有一定影响力。第二，有一套完整规范的教学文档和管理制度。第三，教学现代化水平较高。具有先进的教学理念，能充分利用现代化教育技术，改革教学内容、教学方法和教学手段，激发学生自主探索与研究的积极性。第四，有一套完整的、主体化的先进教材。不仅要有优秀的文字教材，还要有电子教材、课件、试题库等，并配有一系列中文及外文参考书和辅助教材。第五，有鲜明的课程特色。该课程在学校人才培养中具有重要地位，在全国同类院校中处于领先水平，并于长期教学中，在教材建设、教学内容体系、教学手段、科研与教学相结合等方面形成了自己的特色。第六，要有能适应现代化教学需要的教学基本条件。学校对于精品课程都给予不同程度的资助，并对资助课程作相应的考核与验收⑤。2003年，全校共评出校级精品课程（含创建精品课程）29门，细胞生物学等12门课程被列为省级精品课程⑥。2004年3月，李萍的思想道德修养、王乐夫的领导科学、邓东皋的数学分析等3门课程被评为2003年度“国家精品课程”。

---

① 尹小川：《教务处启动学生科研计划项目》，见《中山大学校报》（新）第53期，2003－11－5。

② 《教务处2004年工作要点》，见《中山大学校报》（新）第65期，2004－3－22。

③ 《我校成为全国大学英语教学改革试点学校》，见《中山大学校报》（新）第64期，2004－3－9。

④ 《求真务实做好中山大学本科教育工作——徐远通副校长在教学工作会议上的讲话摘要》，见《中山大学校报》（新）第65期。2004－3－22。

⑤ 李莹：《中山大学首批精品课程建设即将启动》，见《中山大学校报》（新）第31期，2003－1－9。

⑥ 《教务处2004年工作要点》，见《中山大学校报》（新）第65期，2004－3－22。

二、本科、研究生教育齐头并进

中山大学本科生教育围绕广东省经济、社会发展的需求和产业结构的升级改造，加大了专业调整力度，优化了专业结构，扩大了培养规模。

本科招生的规模增幅较大。2002 年，中山大学本科 66 个专业共招普通本科新生 4423 人[①]。2003 年，78 个专业共招普通本科新生 5093 人。华侨及港澳台地区报考中山大学的考生人数近 300 人，中山大学是接受报考人数最多的内地院校。[②] 2004 年，86 个专业录取普通本科新生 6579 人[③]。据统计，2001 年至 2003 年，中山大学在校本科生规模增长了 1.21 倍[④]。

招生呈现出新的特点。2003 年起，教育部决定，包括中山大学在内的 22 所高等学校可以自主选拔录取考生[⑤]。中山大学获准从招生计划中预留 2% 的计划数，用以破格录取优秀高中生，实行自主录取，首批名额为 80 名。2003 年 6 月，中山大学确定了首批自主招生名单，121 名来自广东、广西、湖南、湖北、福建五省区的优秀学生入选。入围名单者必须符合以下 5 个条件之一：一是学生高中阶段获得全国中学生奥赛（数学、物理、化学、信息学）国家级三等奖以上，或在省级赛区获得上列科目一等奖或同时获两个学科二等奖（前 50 名）以上；二是教育部指定具有推荐保送生资格的外国语学校中的优秀生（年级排名前 20%），高中阶段参加数学、物理、信息奥赛并获得省级赛区一项二等奖以上；三是高中阶段在国际科学与工程大奖赛或国际环境科研项目奥林匹克竞赛中获奖；四是中山大学认可的各省级重点中学中，高中阶段学习成绩特别优秀，且学习成绩均排名在年级前 10%，并经学校集体推荐；五、文艺、体育方面确有特长并经中山大学专业测试[⑥]。2003 年，中山大学经教育部批准，首次面向港澳地区单独招生，成为内地第三所在港澳地区独立招生的综合性大学[⑦]。

为了让学生有更大的发展空间，能根据自己的实际情况选择专业，2003 年，中山大学开始设立复合类专业，对学有余力的学生实施双学位、双专业培养；对兴趣发生转移、品学兼优的学生实行转专业。一、二年级本科生，可在每学年的 5 月份向学校呈递转专业的申请，少于 60 人的专业，其转入转出专业的学生人数控制在 10% 以内；大于 60 人的专业，则在 15% 以内。转入转出专业实行双向选择，择优录取优秀学生。复合类专业一般为适应市场经济发展、前瞻性好的学科专业，包容性、兼容性和适应性强并利于学生个性和专长的发展，如物流管理、电子商务、国际金融等。在复合类专业学习的学生可依据有关规定申请原所学专业为第二专业或第二学位[⑧]。

在 2004 年的本科招生中，中山大学的选拔重点从“特优生”转为“特长生”：具

---

① 《新中大更具吸引力》，见《中山大学校报》（新）第 21 期，2002 - 9 - 17。
② 《今年本科招生形势很好呈现新特点》，见《中山大学校报》（新）第 47 期，2003 - 9 - 2。
③ 《今年我校生源质量再上新台阶》，见《中山大学校报》（新）第 78 期，2004 - 9 - 14。
④ 《我校“高水平大学建设计划”一期工程巡礼》，见《中山大学校报》（新）第 60 期，2004 - 1 - 12。
⑤ 温红彦：《22 所高校获自主选拔录取权》，见《人民日报》，2003 - 3 - 7。
⑥ 《学校制定本科自主招生办法》，见《中山大学校报》（新）第 35 期，2003 - 3 - 28。
⑦ 《学校出台今年本科生招生新方案》，见《中山大学校报》（新）第 37 期，2003 - 4 - 16。
⑧ 《学校召开各院系主管教学负责人工作会议》，见《中山大学校报》（新）第 38 期，2003 - 4 - 29。

有文学、语言方面特殊才能，在“新概念”作文大赛或创新英语作文大赛中获得一等奖或发表有关著作经名师亲笔推荐者并经中山大学专家组审核认可者；在国内外发表了较大影响专著、论文者（限第一作者）并经中山大学专家组审核认定者；经过中山大学专家组审核认定的各种专利和发明创造者，都可成为自主招生对象。自主招生范围从6个省区扩大到全国。艺术特长生、体育特长生不再纳入自主选拔录取范围①。

在研究生教育方面，中山大学发挥学科分布广、学科结构相对合理的优势，结合广东省经济、社会发展的需要，扩大研究生的规模。研究生招生规模从10年前在全国33所设研究生院的重点大学中排名倒数第二位，发展到2004年在全国录取人数最多的10所高校中排名第一位，占全国的1.2%②。

据统计，2001年至2003年中山大学在学硕士研究生规模分别为3853人、5432人、8357人，增长了2.17倍，在学博士研究生规模分别为1109人、1968人、2134人，增长了近2倍。在学研究生与本科生的比例由2001年的1∶3上升到2003年的1∶1.8。③ 如今，中山大学在学博士生占全省的43%，在读硕士生占全省的30%④。

在招生政策和培养模式上，中山大学也采取了一系列新的举措。

首先是对博士生的破格录取作出了新规定。从2001年开始，研究生院把破格录取定位于专业特有的破格录取，强化了这一工作的学术导向，并对专业特优的标准作出了可操作性的规定：专业特有者必须是在所报考学科公认的国内外一流学术刊物上发表论文的第一作者，或者是部省级以上科研成果第一、第二获奖者，或者是部省级以上在研项目（非自筹）的主持人。同时严格有关破格录取的审查和审批手续：破格录取者必须由导师提出，经学校3名本专业教授推荐，并在规定时段内接受公开评议。研究生院把考生的相关学术资料和专家的推荐意见上网公布。

其次是提高博士生的报考门槛。研究生院规定，报考中山大学博士生，必须在报名时提交一份攻读博士学位期间拟开展的研究计划书，考生必须详细陈述自己的科研经历和取得的成果，所选课题在国内外研究的进展和动态、本人开展这一研究的思路、目前所持有的观点、现有的研究基础等。这份计划书将作为重要材料供导师录取参考。

再次是降低在职人员攻读博士学位的比例。2002年，学校动用经济杠杆，大幅度提高了委托培养博士生的学费，从2001年的1.2万~1.4万/年提高到2.5万元/年，并规定，除非普通高校教师和科学院系统的专职科研人员，在职攻读博士学位的一律只能报考委培。学校还加大国家计划类别的招生比例，以扩大全日制博士生的录取规模，从而把在职攻读博士研究生的比例由2001年的46%降到了2002年的30%⑤。

在招生计划上，学校向社会需求大、生源充足的应用性学科及专业学位倾斜，扩大应用学科和专业学位的招生规模，以促进人才培养结构的调整，加快研究生分类培养的进程⑥。

在招生方式上扩大了自主权。从2003年起，包括中山大学在内的34所高校首次自

① 《2004年我校本科自主招生有新特点》，见《中山大学校报》（新）第53期，2003-11-5。
② 《我校研究生教育又开新篇》，见《中山大学校报》（新）第66期，2004-4-2。
③ 《我校“高水平大学建设计划”一期工程巡礼》，见《中山大学校报》（新）第60期，2004-1-12。
④ 《我校研究生教育又开新篇》，见《中山大学校报》（新）第66期，2004-4-2。
⑤ 邓琼：《中山大学：考博士硕士破格要公示》，见《羊城晚报》，2002-5-23。
⑥ 《研究生教育又上新台阶》，见《中山大学校报》（新）第21期，2002-9-17。

定硕士研究生录取分数线。这项改革彻底打破了全国统一录取分数线的格局，学校可以跨越全国统一分数线这道门槛，充分考虑学科专业的差异性和多样性，客观地划定自己的录取分数线，按照自身人才选拔标准选定自己所认定的学生。教育部第一次对招生院校明确提出差额复试的比例，要求设立研究生院的高校在组织复试时，原则上参加复试的考生总数，应为本校招生规模的120%左右。为此，中山大学出台了复试不合格一票否决的举措，考生如果复试成绩低于60分（满分为100分），无论初试分数多高，都会被取消录取机会。全校有21%（489名）的上线考生在复试中遭到淘汰，其中有不少是高分段考生。教育部还第一次严格限制本校免试生的比例，明确提出“设立研究生院的高校接受本校推免生的人数，原则上不超过本校推免生总数的70%”①。

在管理体系上，中山大学设立了专门的研究生教育基金，每年拨专款200多万元，用于研究生尤其是博士生出国进修、参加国内外学术会议等。②

研究生院在研究生的培养模式上也进行了调整，从2003届研究生起开始推广二五学制培养模式：所有硕士生两年后，可根据个人情况通过考试进行分流，愿意继续深造并通过考试，就进入五年制培养模式，最终取得博士学位；不愿意深造的，在进行完一年论文研究后，就可毕业。二年制培养模式主要面向应用型较强的专业。研究生院在各个硕士点和博士点推行分类培养的制度，将研究生分为三类，一是学术型的，着重培养他们的学术研究能力，培育学科的后备力量，主要走五年制硕博连读的道路；二是职业型专业硕士，主要是针对一些社会应用性比较强的专业，如MBA等，强化职业技能培训；第三类是那些从学术型的学生里分离出来的。

与此同时，采用导师集体培养的做法。部分院系报名时不用填写导师姓名。研究生一年级不分导师，由一个导师团队具体指导研究生的课程学习。在研究生学位论文开题阶段，再配备相应的导师，具体指导学生的论文写作③。

2004年，中山大学提出要把博士生教育作为研究生培养重心和学校科学研究创新的一个品牌，倡导保留优秀的硕士生攻读博士学位。研究生有志愿要攻读所在专业的博士，可以在第一学年末申请进行博士资格考试，通过了就可以硕博连读。此外，启动凯思优秀博士生奖学金海外研究计划，每年选送50名优秀博士生到国外著名高校和科研机构进行合作研究。每位选送学生可得到6000美元的研究基金。同时继续实行硕士生两年制为主导，二年、三年制并存的培养体制，基本学制设置为两年，在此框架下实行弹性学制，硕士生最长不得超5年，博士生最长不得超过7年。同时，凡有博士点的专业可进行5年制的硕博连读，由学生和学校进行双向选择④。

在全国百篇优秀博士学位论文的评选中，截止2004年，中山大学共有11篇论文获此殊荣。

（执笔：陈璜）

① 《今年研究生招生增幅大　改革力度大》，见《中山大学校报》（新）第47期，2003－9－2。
② 《我校研究生教育又开新篇》，见《中山大学校报》（新）第66期，2004－4－2。
③ 《今年研究生招生增幅大　改革力度大》，见《中山大学校报》（新）第47期，2003－9－2。
④ 《我校研究生教育又开新篇》，见《中山大学校报》（新）第66期，2004－4－2。

第四节 成绩斐然

2002年2月，中山大学2002年发展战略研讨会在珠海召开。会上提出，学校要把学科建设作为主线，以重点实验室和重点学科为基础，以团队建设为核心，以重大成果为标志，形成本校学科建设的特点，构建更为完善的学科体系。学科建设强调强强联合，构建大平台以整合资源，强调重大项目和有特色的项目，在巩固和提高基础学科优势的前提下，有选择地发展一批新兴学科、交叉学科、应用学科以及工程技术学科，强调合理科学地调整学科布局。[①] 并校后，中山大学进行了一系列的学科调整，在重点学科建设等方面取得了较大的进步。

一

围绕着学科的优化重组和资源整合，并校后，中山大学进行了一系列的院系调整。主要有：

（1）复建法学院，组建政务学院。2001年9月，学校撤销法政学院、法律系建制，将原法政学院的政治学与行政学系、社会学系和人文学院的东南亚研究所组建成为政治与公共事务管理学院（简称政务学院），在法律学系的基础上复建法学院。[②] 2002年3月29日，成立政治与公共事务管理学院政治科学系、行政管理学系、国际关系学系和公共传播学系；撤销原法政学院政治学与行政学系。[③]

（2）改组地球与环境科学学院。2002年10月17日，学校撤销原地球与环境科学学院，成立地理科学与规划学院，由原城市与资源规划系、河口海岸研究所、城市与区域研究中心、遥感应用中心、旅游发展与规划研究中心、地球与环境科技应用中心等单位组成。规划设计研究院为挂靠单位。环境科学与工程学院由原环境科学系、环境科学研究所、大气科学系、季风与环境研究中心等单位组成。地球科学系由原地球科学系组成[④]。

（3）组建药学院。2003年3月，整合原中山大学和中山医科大学的药学资源，以生命科学学院药学系和中山医学院临床药理教研室为基础，依托新中山大学的综合力量组建而成中山大学药学院，并举行挂牌仪式，这是并校后成立的第一个新学院。该院的成立整合了原中大化学化工学院、生命科学学院在合成药、中药、海洋药物等方面的成果，以及原中山医的药理、临床研究的资源[⑤]。

（4）成立国际交流学院。该学院于2004年成立，学校将国际合作与交流处下设的

---

① 《中山大学年鉴2002》“重要文件和讲话：‘中山大学2002年发展战略研讨会’会议纪要”，中山大学出版社2003年版，第34页。

② 《中山大学年鉴2001》“2001年中山大学大事记”，中山大学出版社2002年版，第279页。

③ 《中山大学年鉴2002》“2002年中山大学大事记”，中山大学出版社2003年版，第364页。

④ 《中山大学年鉴2002》“2002年中山大学大事记”，中山大学出版社2003年版，第369～370页。

⑤ 王可、李汉荣、岳辉：《中山大学成立药学院》，见《人民日报》华南版，2003－3－3。

留学生办公室和外国语学院下设的对外汉语教学中心划归该学院，将对外汉语教学中心改设为对外汉语系。①

（5）在东校区设工学院。工学院重在发展以软件与信息技术、材料与能源技术、生物工程技术等为代表的，以高新技术为特色的新兴的工程技术学科以及产业与技术评估、工业设计等交叉学科。②

经过一系列的调整和改造，中山大学的学科体系更为完善，培养高层次人才的学科门类更为齐全，学科结构得到优化。

在学科调整方面，中山大学确立了“以重点学科建设为主导，带动相关学科发展”的指导思想和“在基础学科与应用学科之间求得平衡”的办学理念，在巩固原先基础学科优势的基础上，适应社会发展，着重发展了一批社会急需的应用性学科，新设了一批应用性专业。2002年新增保险、电子商务、国际政治、网络工程、生物医学工程5个热门专业③，2003年新增康复治疗学、艺术设计学、微电子学、物流管理学、高分子材料与工程、智能交通工程、医学检测、新闻学和公共政策学9个专业④，2004年新设生态学、水文与水资源工程、公共事业管理等3个新专业⑤。应用学科的建设已取得一定成绩：理工学院和生命科学学院的应用研究国内超前，前者的平板显示技术和后者的水生经济动物、生物农药研究的一些成果正在为广东省经济建设填补空白；在基因诊断技术、医学信息技术、体外反搏器方面的应用研究成果居领先地位，并在广东省医疗卫生事业的发展上发挥了重大作用⑥。

在发展策略上，中山大学结合自身原有的优势和广东省社会经济发展的特点和要求，发展了一批新兴学科，如计算机软件、纳米技术、新能源、新材料、智能交通等。结合广东省IT产业发展迅速的情况，中山大学将信息学科列为重点学科。原中山医科大学的鼻咽癌研究、干细胞和组织工程研究是强项，并校后集中力量攻关，已取得重大突破。

学校还组建了一批跨学科的教学与科学研究中心，加强学科间的交叉和渗透，实现了多学科联合攻关，培养跨学科的复合型人才。医科在按原来的规划继续发展的同时，利用学科综合的优势，逐步建立与生物、材料、信息技术等学科交叉联合的新兴学科。“一批新兴学科如新能源材料、纳米科学与技术、历史人类学、干细胞研究、智能交通、环境污染控制与修复等已在国内有一定影响或优势。”⑦

经过近3年的努力，中山大学学科建设成绩斐然，整体水平有了长足进步，通过调整、改造、建设和创新，学科结构和布局趋于合理，形成了以文、理、医三大学科为主的格局，具有人文科学、社会科学、自然科学、技术科学、医学和管理科学等在内的多种学科，覆盖了除军事学以外的几乎所有学科门类。

---

①《国际交流学院召开第一次全体会议》，《中山大学校报》（新）第67期，2004-4-13。

②《关于学校发展的一些想法和思考——黄达人校长在“双代会”上的报告（第三部分）》，见《中山大学校报》（新）第46期，2003-7-8。

③ 王可、李汉荣、岳辉：《广东中山大学实现“转型”》，见《人民日报》华南版，2003-3-28。

④ 杨霞：《中山大学今年首次面向港澳单独招生》，见《人民日报》海外版，2003-4-16。

⑤ 莫艳民、郝婧羽：《今年广东高校新增198个专业》，见《羊城晚报》，2004-3-9。

⑥ 王可、李汉荣、岳辉：《广东中山大学实现“转型”》，见《人民日报》华南版，2003-3-28。

⑦《我校“高水平大学建设计划”一期工程巡礼》，见《中山大学校报》（新）第60期，2004-1-12。

在全国第九次学位授权审核中，中山大学新增哲学、环境科学与工程、临床医学、公共卫生与预防医学、中西医结合和公共管理等6个博士、硕士学位授权一级学科，并列全国第二；新增西方经济学、金融学、政治学理论、民俗学、流体力学、材料物理与化学、通信与信息系统、农业昆虫与害虫防治、口腔临床医学等9个博士学位授权点，并列全国第九。通过此次学位授权审核，中山大学还自行审批了区域经济学、中共党史、国际政治、民族学、教育学原理、教育技术学、基础心理学、体育教育训练学、德语语言文学、电力电子与电力传动、电路与系统、计算机系统结构、交通信息工程及控制、草业科学、管理科学与工程、药物化学、药剂学、生药学等18个硕士学位授权点。目前全校共有中国语言文学、历史学、数学、物理学、化学、地理学、生物学、光学工程、生物医学工程、基础医学、工商管理、哲学、环境科学与工程、临床医学、公共卫生与预防医学、中西医结合、公共管理等17个博士、硕士学位授权一级学科，博士学位授予权覆盖了137个学科专业，硕士学位授予权覆盖了196个学科专业，博士学位授权点名列全国第五。2001年和2003年分别新增了公共卫生硕士、工程硕士（生物工程领域）专业硕士学位授权点。[①] 2004年5月，中山大学成为全国首批会计硕士专业学位教育试点单位（共21个）之一。至此，中山大学已拥有9种专业学位授予权。[②]

二

并校后，中山大学在博士后流动站的建设、重点学科的建设、名牌专业的创建以及MBA、MPH、MPA和软件工程应用性教育等方面取得了丰硕成果。

（一）博士后流动站的建设

至2004年，中山大学已拥有博士后科研流动站12个，覆盖中国语言文学、历史学、数学、物理学、化学、生物学、基础医学、临床医学、管理学、公共管理、哲学、环境科学与工程等领域，涵盖了全校109个博士点，每年进站人数从1987年的1人发展到2003年的100多人。学校与19家企业博士后科研工作站签订了合作招收培养博士后的协议，在11家大型医院和企业设立了博士后流动站科研基地，共招收企业（基地）博士后60余人[③]。

（二）重点学科的建设

在2001年国家重点学科评审中，中山大学共有20个学科入选国家重点学科，它们分别是马克思主义哲学、逻辑学、马克思主义理论与思想政治教育、人类学、中国近现代史、基础数学、凝聚态物理、高分子化学与物理、人文地理学、植物学、动物学、生物化学与分子生物学、内科学（肾病）、神经病学、外科学（普外）、眼科学、肿瘤学、药理学、企业管理、行政管理等，入选量与武汉大学、西安交通大学并列全国高校第七

① 《我校“高水平大学建设计划”一期工程巡礼》，见《中山大学校报》（新）第60期，2004-1-12；《中山大学学科建设再创佳绩》，见《中山大学校报》（新）第47期，2003-9-2。

② 《中山大学成为全国首批会计硕士专业学位教育试点单位》，见《中山大学校报》（新）第73期，2004-6-9。

③ 《中山大学博士后事业的发展历程》，见《中山大学校报》（新）第56期，2003-12-8。

位。南校区的重点学科数由原来的 5 个增加到 14 个，北校区由原来的 3 个增加到 6 个。[①] 其中，合并后新增的国家重点学科有：

马克思主义哲学。著名学者罗克汀、刘嵘等教授是这个学科的创建人。该学科于 1956 年获招收研究生资格，1978 年获硕士学位授予权，1994 年获博士学位授予权，1996 年被列为国家"211 工程"重点建设学科，2000 被评为教育部人文社会科学重点科研基地。主要研究方向为马克思主义哲学史、马克思主义政治哲学、马克思主义实践哲学。曾主编出版了我国第一本马哲史教材《马克思主义哲学史稿》、《唯物史观发展史》、《毛泽东哲学思想新编》等影响较大的著作。1996 年被列为国家"211 工程"重点建设学科后，承担了三项教育部的重大课题"唯物史观与广东率先基本实现现代化研究"（叶汝贤教授主持）、"马克思人权理论研究"（徐俊忠主持）、"20 世纪苏联马克思主义哲学及其命运"（李尚德主持）。另外还有多项国家社科基金课题，学科负责人为叶汝贤教授。

逻辑学。1978 年获硕士学位授予权，1998 获博士学位授予权，2000 年逻辑和认知研究所成为教育部人文社科重点研究基地，目前是逻辑学惟一的全国重点学科。2000 年，它所依托的中山大学逻辑与认知研究所成为逻辑学科目前全国惟一的教育部百所人文社会科学重点研究基地。该学科点现设有非经典逻辑、非形式逻辑、数理逻辑、人工智能逻辑、逻辑哲学与逻辑史、决策与风险分析以及智能软件研发等研究方向。学科负责人为鞠实儿教授。

马克思主义理论与思想政治教育。是全国同类学科第二批博士点授予单位（第一批有中国人民大学、清华大学、武汉大学），拥有第一批博士生导师。目前是该学科全国 3 个国家级重点学科之一（另外两个在中国人民大学和武汉大学）。有博士点 1 个，硕士点 1 个。重点研究方向"现代思想道德教育理论与方法研究"、"中国化马克思主义理论发展与现代化研究"等在全国处于前列。负责人为钟明华教授。

人类学。迄今为止全国人类学中惟一具有博士、硕士、学士 3 个教育层次的办学单位。研究方向为重点建设人类学理论、族群与区域文化和民族考古学三个方向，拥有国内惟一的从本科到博士的人才培养体系，建立中国大学生田野调查基金。该学科点在珠江流域研究，综合社会评估，制定多民族地区发展战略等方面的应用研究，多次用于江西、云南、内蒙、西藏、广东等省区的政府咨询、决策和建设项目。负责人为周大鸣教授。

中国近现代史。半个世纪以来，该学科点由孙中山和鸦片战争研究逐渐扩展，形成自己的学术特色和学科优势。首批研究成果已与三联书店签订出版协议，并就 10 ~ 15 年的长期出版合作达成意向。负责人为桑兵教授。

基础数学。改革开放以来，该学科培养了国际著名数学家张寿武，现拥有邓东皋、林伟等老一代国内著名数学家，以及长江学者朱熹平等中青年学者，有 4 人次获国家杰出青年基金，1 人获国家优秀博士学位论文奖。学科负责人为朱熹平教授。俄罗斯著名数学家 Steklov 数学研究所的 Pohozev 在 1997 年出版的专著 *Entire Semilinear Elliptic Equations*（Birkhauser 出版社出版）中，用 23 页介绍朱熹平的一个定理及其应用。

---

① 《中山大学年鉴 2002》"2002 年中山大学大事记"，中山大学出版社 2003 年版，第 363 页；《我校二十个学科被评为国家重点，名列全国第七》，见《中山大学校报》（新）第 7 期，2002 - 2 - 28。

凝聚态物理。1986年获博士学位授予权（1985年开始在物理学博士后流动站中招收博士后），得到物理学和光学工程两个一级学科和显示材料与技术省重点实验室以及光电材料与技术国家重点实验室的支撑。研究特色和优势主要在显示材料与技术、谱学与谱仪技术、凝聚态理论和纳米技术与功能纳米材料等方面。该学科牵头主持由全国7所科研单位参加的“973”项目，承担“863”项目和子项目一批（专家人数12人）；以主持科技部立项项目的身份，牵头组织校内多个学科人员参加由丁肇中教授主持的阿尔法磁谱仪（AMS）大型国际合作项目。在研项目总额经费超过6000万元人民币。在 *Physical Review Letters*, *Physical Review*, *Applied Physics Letters* 等杂志上发表论文，获得国家自然科学奖二等奖、省部级科技奖一等奖等奖项10项，与国际著名科研单位如英国的卢瑟福国家实验室等进行固定合作研究。学科负责人为许宁生教授。

人文地理学。国家级的两个人文地理重点学科之一（另外一个是北京大学），纳入了教育部“211工程”重点建设项目和教育部人文社会科学重点研究基地。学科负责人为保继刚教授。

植物学。中国首批硕士、博士学位授权点及博士后流动站，教育部第一批特聘教授岗位点，国家生物学基础科学研究与教学人才培养基地，拥有中国高校历史最悠久和东亚最著名之一的植物标本馆，拥有高校惟一的由教育部投资建立的森林生态系统定位站，作为高校惟一单位参加了联合国教科文组织主持的重大生态研究计划。在系统分类学、区系学、生态学、种子生理学、遗传学、植物资源学等方面的研究达到国内领先或国际领先水平。提出了有关被子植物起源的华夏植物区系学说和种子植物新系统，率先开展了裸子植物和被子植物重要类群以及特殊分布类群的分子系统学研究，并取得国际领先水平的成果；率先开展南亚热带森林群落关键种的分子生态学研究；在国内最早开展水稻抗病虫基因工程及其植物资源的利用和技术开发。学科负责人为施苏华教授。

生物化学与分子生物学。现有院士1人，“长江学者”特聘教授2人，国家杰出青年基金获得者2人，教育部跨世纪人才1人，国务院学位委员会学科评议组成员2人，“973”、“863”项目专家6人，拥有基因工程教育部重点实验室和科技部“863”计划海洋生物功能基因组开放实验室，广东省药用功能基因研究重点实验室。近5年来，该学科所获得研究经费达2200多万元，包括3个国家杰出青年基金项目、2个国家自然科学基金重点项目、4个国家“863”项目、2个国家转基因植物研究与产业化专项项目等。主要研究方向包括：RNA科学与技术、功能基因组学、植物基因工程和肿瘤分子生物学。屈良鹄在国际上首创大分子rRNA序列和结构快速测定方法，率先开展大分子rRNA结构与生物的系统演化研究。在新的RNA基因的发现、snoRNA功能多样性等方面的研究达国际先进水平。徐安龙等在国际上率先开展了对海洋生物药用功能基因组学的研究，应用分子模拟技术研究抗病毒药物取得国际领先水平的成果，率先在国内开展了植物基因工程研究，成功地将不同来源的30种外源基因转入18种植物。许新萍等培育出多个抗病虫害的转基因水稻新品系，其中高抗稻瘟病转基因水稻品系为国际首例。在癌症机理研究方面处于国内领先水平。庄诗美特聘教授的研究论文多次发表在国际著名学术杂志《癌症研究》上。学科负责人为屈良鹄教授。

神经病学。1980年和1986年分别被批准为硕士和博士点，是“211工程”重点建设学科、广东省“五个一”重点专科和临床学科博士后流动站，拥有2个专科（普通神经病科和脑血管病科）。研究方向主要有：①神经遗传病。开展了中国人 Wilson 病

（WD）基因遗传图谱、基因定位和基因诊断研究（获国家科技进步二等奖）；提出了Duchenne肌营养不良症（DMD）分子发病机制，基因的测序结果已经登录GenBank。②脑血管病。首创了易卒中型肾血管性高血压大鼠模型；研究了高血压动脉硬化脑卒中的发病和预防机制，率先提出了个体化治疗原则和混合性卒中的概念。③神经系统变性疾病。学科负责人为张成教授。近5年共获53项研究基金，总经费达1558.1万元，其中国外基金3项（83万美元）、卫生部临床学科重大项目1项、国家自然科学基金6项。负责人为张成教授。

外科学（普外）。附属一院普通外科有100多年的历史。20世纪50年代后期，王成恩教授在国内率先开展规则性肝切除治疗肝癌，1963年代表中国普外参加在莫斯科举行的世界肝癌外科会议，报告130例肝切除术，获莫斯科国际博览会金奖。1964年建立胃肠、肝胆和血管专科，长期由王吉甫、曹绣虎和陈国锐教授任专科学术带头人。1981年成为硕士点单位，1986年成为博士点单位。1995年开始招收博士后研究人员。该学科以胃肠、肝肿瘤、血管疾病诊治为重点。“九五”期间开展了亚洲首例肝肾联合移植。为一名74岁男性患者成功施行了世界上第二高龄肝移植；为胰腺癌患者完成了首例器官簇移植和为2例肠癌和胃癌肝转移的病人实行肝移植。在国内首先开展体外静脉转流下的原位肝移植，背驮式、减体积、小儿肝移植等新技术；创建了国内第一所肠造口治疗师学校；率先在国内开展经皮浅静脉连续缝扎、深静脉瓣膜外修补和腔镜筋膜下静脉交通支结扎治疗下肢静脉曲张。学科负责人为汪建平教授。

肿瘤学。始建于1964年，是肿瘤学国家重点学科、国家新药（抗肿瘤药物）临床试验研究中心，教育部肿瘤相关基因与抗肿瘤药物研究重点实验室，广东省鼻咽癌诊治重点实验室等依托单位。近5年来，承担部省级以上课题93项（包括“863计划”、“973计划”、“十五”国家重大科技专项、国家杰出青年基金等），总经费4000多万元；主编的卫生部研究生规划教材《肿瘤学》和《分子病毒学》在2004年被教育部指定为研究生教学用书。主要研究方向为鼻咽癌的基础与临床研究、抗肿瘤药物筛选和临床试验（GCP）研究及社区肿瘤防治研究。学科负责人为曾益新教授。

药理学。研究主要集中在神经退行性疾病（如帕金森氏病、老年性痴呆等）的发病机理和药物作用靶点、心脑血管疾病（动脉硬化、高血压等）的发病机理及干预手段、新药单体的研究与开发、免疫药物的研究与开发等方面。现有“973”、“863”国家重大项目，国家自然科学基金，省部、市级等项目负责人，两年来共承担研究项目基金1700万元。学科负责人为黎明涛教授。

企业管理。1983年开始招收硕士生，1993年获博士授予权，1996年成为“211工程”重点建设学科，1998年设立博士后流动站，2000年获工商管理一级学科博士授予权。2000年由该学科点支持的港澳珠江三角洲研究中心被批准为教育部人文社会科学研究基地。20世纪80年代以来拥有毛蕴诗、卢泰宏、魏明海、汪纯本、李新春、李江帆等学术带头人。主要研究方向为企业国际化经营、企业组织与人力资源管理、营销管理、企业财务战略与投资和服务性企业管理。在服务性企业营销创新策略、服务性企业整体质量管理、智力型企业经营管理和第三产业领域的研究成果属国内领先。负责人为毛蕴诗教授。

行政管理。已形成的研究方向包括公共管理的理论与实践研究、区域行政与地方政府行为研究、法治行政与行政伦理研究、电子政务与政府现代化研究和地方政府预算体制改革研究。负责人为王乐夫教授。[①]

2003年底，广东省第七轮重点学科评审共评出111个广东省重点学科，中山大学有马克思主义哲学*，逻辑学*，马克思主义理论与思想政治教育*，人类学*，中国近现代史*，基础数学*，凝聚态物理*，高分子化学与物理*，人文地理学*，植物学*，动物学*，生物化学与分子生物学*，内科学（肾病）*，神经病学*，外科学（普外）*，眼科学*，肿瘤学*，药理学*，企业管理*，行政管理*，诉讼法学，西方经济学，中国古代文学，汉语言文字学，中国古代史，英语语言文学，无机化学，有机化学，应用数学，计算数学，计算机软件与理论，环境科学，农业昆虫与害虫防治，内科学（传染病），内科学（风湿病），内科学（内分泌与代谢病），外科学（泌尿外），儿科学，妇产科学，耳鼻咽喉科学，口腔临床医学，流行病与卫生统计学，病原生物学（带*是国家重点学科）等43个学科，包括20个国家重点学科入选[②]。

“十五”期间，广东省高校计划建设100个左右的省级名牌专业。目前中山大学已经有18个专业入选。2002年，计算机科学与技术、光信息科学与技术、信息与计算科学等3个专业被评为首批名牌专业；[③] 2003年2月20日，生物技术、英语语言文学、临床医学、电子信息科学与技术、行政管理、国际经济与贸易等6个专业被确认为第二批省级名牌专业；[④] 2004年6月30日，汉语言文学、历史学、化学、生物科学、法学、数学与应用数学、口腔医学、法医学、预防医学等9个专业被确认为第三批省级名牌专业。[⑤]

（三）MBA、MPH、MPA和软件工程

学校根据社会经济发展的需要，开设了一批新专业，其中MBA、MPH、MPA和软件工程等社会反响较大。

国务院学位委员办公室委托全国学位与研究生教育发展中心对中国各高校MBA教育进行评估，中山大学在参评的第二批评估院校28所重点院校中总成绩名列第一。[⑥] 新加坡政府选定中国的清华大学、上海交通大学和中山大学作为其政府官员攻读工商管理硕士课程的进修大学。从2003年起，中山大学管理学院可以自行决定春季MBA招生名额。

在此基础上，管理学院和岭南学院与国内外高校和企业开展广泛的合作。

2002年8月，中山大学获准开办EMBA项目，并首次在研究生教育上拥有招生、录取、教学、管理、收费等方面的完全自主权。[⑦] EMBA（Executive Master of Business Administration，即高级经理工商管理硕士）教育旨在培养具有高度经营决策能力和职业素养的高层管理者。中山大学的EMBA项目采取“1-2-2”的管理方式，即一个品牌、两个承办单位——管理学院和岭南学院，一年招收两季学生，管理学院秋季招生，

① 中山大学“211工程”办公室：《广东省高等学校学科与专业建设专项资金项目申请书》，2004-10。
② 《中山大学43个学科被评为广东省重点学科》，见《中山大学校报》（新）第58期，2003-12-18。
③ 《中山大学年鉴2002》“2002年中山大学大事记”，中山大学出版社2003年版，第362页。
④ 《我校生物技术等六专业被评为省级名牌专业》，见《中山大学校报》（新）第38期，2003-4-29。
⑤ 秦晖、赖红英：《广东高校42专业入选第三批省高校名牌专业》，见《广州日报》，2004-7-1。
⑥ 《中山大学年鉴2002》“2002年中山大学大事记”，中山大学出版社2003年版，第363页。
⑦ 《中山大学年鉴2002》“2002年中山大学大事记”，中山大学出版社2003年版，第368页。

岭南学院春季招生。与EMBA的创始者——美国芝加哥大学商学院以及英国牛津大学合作，并建立自己的案例开发中心，将哲学、伦理等融入EMBA项目中，强调本土特色。共开设17门课程，包括4个模块和海外“商界领袖训练营”。[①]

2002年12月20日，管理学院举行首批100名EMBA学员的入学典礼。据统计，首批学员平均年龄37岁，主要来自外企、国企和民营企业，董事长与总经理共占76%，女性占11%。[②]

此后，管理学院联合美国霍浦金斯大学和卫生部，开设医药管理方向的医院院长班，招收珠三角乃至全国的医院高级管理人员以及制药公司、医疗卫生管理机构的高级管理人才，培养卫生体系高级管理人才。2002年10月，与香港理工大学合作开展国际工商管理硕士+高级金融（IMBA + Advanced Finance）教育。2002年11月25日，与南方日报报业集团签订共建MBA实习基地的协议。[③]

岭南学院也与国际名校合作拓宽MBA教育的方向和领域。从1998年开始，岭南学院和美国麻省理工学院斯隆管理学院合办IMBA项目，并于1999年正式招收首批IMBA学生。2002年6月29日，首批IMBA学生正式毕业。[④] 2002年12月12日，与美国加州大学伯克莱分校、英国曼切斯特大学商学院合作开办高科技管理EMBA项目，突出高科技管理（Management of Technology，简称MOT）概念。[⑤] 2003年9月26日上午，开设中国第一个获准颁发医疗服务方向管理教育的EMBA学位。[⑥] 2004年，和传播与设计学院联合推出传媒业高级工商管理硕士（EMBA）学位项目，培养理论和实战兼备的传媒业高端国际化管理人才，提升传媒业领导者和经营者经营水平。

公共卫生硕士（MPH）学位是国际上公认的公共卫生领域的主流学位，主要为公共卫生部门，包括政府有关部门、疾病控制中心、社区卫生机构、检疫机构、医院、咨询部门和国际卫生组织等培养高素质、复合型、应用型的高层次公共卫生专门人才。2002年，中山大学公共卫生学院成为全国首批22个MPH教育试点单位之一[⑦]。该学位的设立结合了原中山大学政治与公共事物管理学院以及原中山医科大学公共卫生学院的力量。2003年3月8日上午，中山大学在北校区举行了首届公共卫生硕士开学典礼，录取学员共129人。学员主要来自医院、疾病控制中心、防疫站、监督所、检疫局等单位[⑧]。

公共管理硕士（MPA）专业学位重点培养政府部门及非政府公共机构的高层次、应用型专门人才，在国际上被认为是对于在政府部门、非政府公共管理机构、非盈利组织以及管理规则严格的产业部门工作的管理人员最为合适的学位。近年来，MPA教育在我国刚刚起步。2000年8月，中山大学被批准为首批MPA培养试点单位。2002年3月24日上午，中山大学举行了首届公共管理硕士（MPA）专业学位班开学典礼，首批

① 《我校举行EMBA项目新闻发布会》，见《中山大学校报》（新）第22期，2002-9-28。
② 《中山大学年鉴2002》“2002年中山大学大事记”，中山大学出版社2003年版，第374页。
③ 梅志清：《南方报业集团与中大签约　强强联合建MBA实习基地》，见《南方日报》，2002-11-26。
④ 《中山大学年鉴2002》“2002年中山大学大事记”，中山大学出版社2003年版，第367页。
⑤ 《岭院全力打造EMBA教育品牌》，见《中山大学校报》（新）第29期，2002-12-18。
⑥ 《我校医药卫生高科技管理EMBA学位项目开学》，见《中山大学校报》（新）第51期，2003-10-13。
⑦ 《中山大学年鉴2002》“2002年中山大学大事记”，中山大学出版社2003年版，第369页。
⑧ 《中山大学举行首届公共卫生硕士（MPH）开学典礼》，见《中山大学校报》（新）第34期，2003-3-17。

学员120人，其中公务员占83.3%以上。[①] 中山大学还与佛山市共建国内首个由校企联合打造的MPA基地——名雅·中山大学MPA基地。[②] 中山大学的MPA教育分为上、中、下三个层次。“上”指的是从2002年起与英国牛津大学合作举办的广东省高级公务员公共管理专题知识研究班（“牛津班”），主要面向厅、处级干部。[③] “中”是指MPA专业学位班，培养学生与社会、学生与学校、学生与学生之间的互动、自治和自我管理能力。“下”是指面对基层管理人员的短期培训班、课程精选班，针对具体问题进行专业化的培训。

中山大学还整合管理学院、政治与公共事务管理学院与法学院3个学院的教学资源，联合培养人才。2004年7月2日上午，3个学院正式签署协议，合作开展3M（即工商管理硕士MBA、公共管理硕士MPA、法律硕士JM）专业硕士学位教育项目。这是国内三大硕士专业的首次联合，3个学院在各自的专业硕士学位教育领域内开展合作办学，开放各自的专业学位课程，共享教学资源。现阶段的主要合作内容包括：第一，分口进入，联合培养。3个学院的专业硕士学员可攻读其他两院的专业硕士学位的课程，经考试合格，由学校或者该课程所在学院对应出具课程合格的修业证明或结业证明。第二是创办3M论坛，加强不同学科的交流，创建共同发展的平台。第三是三院联合向港澳台地区推广3M专业硕士学位教育项目，特别寻求和香港等“9+2”地区的合作。[④]

近年来，中山大学的软件学院发展较快。2001年9月，教育部批准中山大学试办示范性软件学院。软件学院建立本科——硕士（专业硕士学位）——博士以及非学历教育的完整的人才培养体系，除正常招生外，还从本科二年级后的在校生中招生，并开展计算机科学与技术专业第二学士学位办学，培养复合型软件人才。2002年4月28日，中山大学获教育部首批软件工程硕士招生授权。[⑤] 至今，中山大学已先后与10多家中外知名IT企业签订了合作培养硕士研究生协议合同，通过IT企业实习基地的建设，探索软件学院培养高层次、实用型软件人才的新路子，并充分锻炼学生的能力。[⑥]

（执笔：陈璜）

---

① 《中山大学年鉴2002》“2002年中山大学大事记”，中山大学出版社2003年版，第364页。
② 《中山大学年鉴2002》“2002年中山大学大事记”，中山大学出版社2003年版，第364页。
③ 《中山大学年鉴2002》“2002年中山大学大事记”，中山大学出版社2003年版，第364页。
④ 《三学院合作开展3M专业硕士学位教育项目》，见《中山大学校报》（新）第75期，2004-7-2。
⑤ 《中山大学年鉴2002》“2002年中山大学大事记”，中山大学出版社2003年版，第365页。
⑥ 范路桥：《软件学院IT企业实习基地建设迈出坚实的一步》，见《中山大学校报》（新）第43期，2003-6-16。

第四章　开放性办学

随着中国高等教育国际化进程的加快，中山大学高瞻远瞩，将加快国际化发展作为学校“985 工程”建设期间重点推行的两大战略之一，扩大了国际交流与合作，并特别拓展与国际著名高校和科研机构的合作办学领域，提升办学的国际化程度，参与更多更高层次的国际科研项目。中山大学先后与英、美、日、法、德及港澳台地区的100 所院校或学术机构签订了学术交流协议。

第一节　学术交流

一

进入21 世纪以来，中山大学每年至少邀请3～5 位诺贝尔奖获得者或世界著名政要、企业家来校访问演讲[①]。

2001 年11 月11 日上午，法国里昂市长率市政府代表团和商务代表团约40 人来访，双方就进一步加强在教育等领域的合作进行了探讨和交流。同一天下午，省长“洋顾问”、荷兰国际集团执行董事会成员、全球规模最大金融集团之一的荷兰国际集团（ING）美洲与亚太区执行委员会主席贺伯乐先生来访，双方就加强在金融人才培养方面的合作等有关问题进行了交流。韩国全南大学校长郑硕钟教授11 月19 日率代表团来访[②]。2001 年，诺贝尔经济学奖得主之一迈克尔·斯彭斯教授5 月30 日来访[③]。10 月18 日下午，韩国京畿道知事孙鹤圭率领京畿道政府代表团一行34 人到珠海校区访问，孙知事还在珠海校区报告厅发表了题为《建立东北亚新秩序与发展韩中关系》的演讲。这是到访珠海的外国政要首次在珠海发表演讲[④]。美国“基因治疗之父”佛伦奇·安德森博士7 月7 日率美国生物科学家代表团到中山大学肿瘤防治中心访问，双方就建立合作实验室、联合培养研究生、开展基因治疗和抗肿瘤药物的科研和临床试验等多个合作项目进行了交流[⑤]。英国皇家工程院院士、Bristol 大学教授 Ian Cluckie 博士及 Dawei

① 《我校积极开拓合作渠道加快国际化发展》，见《中山大学校报》（新）第67 期，2004－4－13。

② 《中山大学年鉴2001》“2001 年中山大学大事记”，中山大学出版社2002 年版，第284～285 页。

③ 《中山大学年鉴2002》“2002 年中山大学大事记”，中山大学出版社2003 年版，第366 页。

④ 《中山大学年鉴2002》“2002 年中山大学大事记”，中山大学出版社2003 年版，第370 页。

⑤ 《我校与美南加州大学合作　安德森博士受聘为我校名誉教授》，见《中山大学校报》（新）第47 期，2003－9－2。

Han 博士 9 月 24 日至 27 日来访[①]。美籍华裔物理学家、诺贝尔奖获得者丁肇中教授 10 月 11 日来访，并在小礼堂作了题为《寻找宇宙中最基本的结构》的演讲[②]。广东省省长顾问、牛津大学常务校长卢卡斯博士 11 月 4 日访问了珠海校区，并发表了一场题为《大学与全球化》的重要演讲。他还成为第三位在“名人林”植树的世界著名学者（前两位为获得诺贝尔奖的杨振宁博士和布隆伯格博士）[③]。2002 年诺贝尔经济学奖获得者、“实验经济学之父”、美国乔治·梅森大学经济学和法律教授弗农·史密斯 12 月 2 日下午在中山大学诺贝尔奖得主论坛上作了一场题为《市场、资本市场和全球化》的学术报告[④]。12 月 3 日早上，首次访问广东的德国总理施罗德在怀士堂发表主题为中德关系的演讲。这是他第三次在中国的大学作演讲[⑤]。2004 年 7 月 2 日，第一个获得国际数学界的最高奖——菲尔兹奖的华裔科学家、中山大学名誉教授丘成桐访问中山大学，作了题为《复几何，历史及未来》的学术报告。

二

（一）加强与国际学术科研机构的交流与合作

中山大学逐渐加强了对欧亚各国学术科研机构的访问，并积极推动与国外高校和科研机构的交流，拓展教学科研方面的国际合作。

黄达人校长率领的中山大学代表团于 2001 年 11 月 27 日至 12 月 1 日访问韩国。代表团访问了汉城国立大学，与在私立大学中名列前茅的檀国大学签订了缔结姊妹学校的协议，还与全南大学续签了两校合作研究和交换学者、学生的协议。此外，还与这几个韩国高校就合作开展亚洲经济研究、生命科学研究开发、纳米技术、MBA 项目和对外汉语教学等合作事宜进行了商讨[⑥]。2002 年 5 月，中山大学参加了在俄罗斯举行的二十一世纪中国大学展，并与俄罗斯 7 所高校初步建立了包括交换学生等内容的合作意向。同月，中山大学与莫斯科设计与工艺大学正式签订了合作意向书，合作项目包括教师、研究生和高年级本科生的交换和交流、学术领域的科研合作、教学方法和教育技术的交流、联合举办国际性学术会议等[⑦]。校党委书记李延保于 2003 年 10 月 4 日至 14 日率团对英国多家高校进行了访问和考察，就中国高校高层领导培训项目达成了初步合作意向[⑧]。黄达人校长、许宁生副校长于 2004 年 4 月 18 日至 5 月 2 日率团对瑞士、德国、法国、西班牙和意大利等国家的 14 所大学和研究机构以及基金会进行了访问。在瑞士，代表团一行参加了在欧洲粒子物理研究所举行的国际空间站国际研讨会。作为丁肇中教授主持的国际会议特邀代表，黄校长在会上介绍了中山大学与欧洲粒子物理研究所在太

---

① 《英国皇家工程院院士来我校访问》，见《中山大学校报》（新）第 52 期，2003 - 10 - 24。
② 《丁肇中教授访问我校》，见《中山大学校报》（新）第 51 期，2003 - 10 - 13。
③ 《牛津大学卢卡斯校长访问我校》，见《中山大学校报》（新）第 53 期，2003 - 11 - 5。
④ 《诺贝尔奖得主史密斯受聘为我校荣誉教授》，见《中山大学校报》（新）第 56 期，2003 - 12 - 8。
⑤ 《德国总理施罗德访问我校并发表演讲》，见《中山大学校报》（新）第 56 期，2003 - 12 - 8。
⑥ 《中山大学年鉴 2001》“2001 年中山大学大事记”，中山大学出版社 2002 年版，第 286 页；周小兵：《中山大学代表团访韩取得丰硕成果》，见《中山大学校报》（新）第 4 期，2001 - 12 - 18。
⑦ 《展现中大风采　加强交流合作》，见《中山大学校报》（新）第 17 期，2002 - 6 - 25。
⑧ 《走向世界　促进合作　加强交流》，见《中山大学校报》（新）第 52 期，2003 - 10 - 24。

空实验研究中心的合作进展情况。代表团还访问了日内瓦大学，两校决定在国际法(硕士博士生联合培养、教师交流)、国际金融和保险方面开展研究合作与交流。在德国，代表团访问了德意志学术交流中心驻波恩总部，与该中心达成了德国学生到中山大学学习语言或其他专业、到德国学校学习的学生交流合作方面的共识；与亚琛工业大学和波恩大学的医学院达成了在干细胞和生物医学工程合作培养硕士及博士生的共识；与柏林自由大学签署了校际合作框架协议，并计划在物理学——汽车尾气处理催化剂方面进行合作。同时，也商讨了在国际政治专业和生物信息学方面中山大学参加与欧盟成员国高校学生交流的计划。在法国，代表团与巴黎高等师范学校落实了开展优秀社会科学学术著作的联合出版项目；与法国国家发展研究院进行了座谈，双方决定将合作领域拓展到地球与环境、生物资源、社会与健康以及爱滋病的社会学研究等。此外，代表团还访问了世界卫生组织国际癌症研究中心、西班牙国家生物科技中心，并与费拉拉大学签署了合作协议①。

合作办学是高校走向国际化的基础。为了与海外高校建立更密切的合作关系，培养具有国际视野、能参与全球性竞争与合作的现代大学生，中山大学与一批世界一流大学建立合作项目，有效地推动了学科水平的发展和国际化的进程。学校要求每一个学院都能与一所世界著名大学的一个学院建立实质性的合作关系；着手和一些国际著名大学进行合作，建立交换生制度，使中山大学的优秀生在学期内可以有半年时间在这些学校学习；强调教师应有进入国际学术主流圈的信心和能力。

中山大学的 MBA 教育（包括岭南学院和管理学院的 MBA 教育）用世界 MBA 教育主流的标准和规范，与美国的麻省理工学院（MIT）、明尼苏达大学、康奈尔大学、杜兰大学、加拿大卡尔加里大学等多所大学签署了合作办学协议。

岭南学院与美国加州大学伯克莱分校、英国曼切斯特大学商学院合作开办了高科技管理 EMBA 项目。美国加州大学伯克莱分校以及曼切斯特大学商学院分别为该项目提供技术管理和战略管理方面的支持②。岭南学院还与美国麻省理工学院（MIT）史隆管理学院合作开办 IMBA 项目，自创办之初便以世界 MBA 教育的一流标准进行定位，教学体系、架构、内容都从 MIT 引进，从一开始便直接采用 MIT 的全套教材，以每案例 1.5 美元的价格购买明尼苏达的教学案例，借鉴其培养方案；在师资方面，达三分之一的授课学者来自海外，学院每年派出 10 名教师前往国外著名大学工商管理学院进行为期半年以上的 MBA 教学培训；通过组织学生交流、开展暑期跨国短期学习、实施国外交换生制度、招收留学生等各种方式，培养学生国际化的意识和眼界。在教学管理上，与国际最先进的 MBA 教育管理接轨；向海内外公开招聘了专职 MBA 教育中心主任，形成专业化的管理模式③。

管理学院也与多所海外著名高校合作，拓展 MBA 教育的新领域：与 EMBA 的创始者芝加哥大学商学院合作开办 EMBA 项目；在牛津大学开设为期两周的海外商界领袖训练营（在海外大学学习交流和参观考察国外企业）。项目培训中约有 45% 的课程由芝

① 《开创中山大学与欧洲合作的新局面——黄达人校长、许宁生副校长率团访问欧洲五国取得多项成果》，见《中山大学校报》（新）第 71 期，2004－5－20。

② 《岭院全力打造 EMBA 教育品牌》，见《中山大学校报》（新）第 29 期，2002－10－18。

③ 《中山大学年鉴 2002》“2002 年中山大学大事记”，中山大学出版社 2003 年版，第 362 页；岳辉：《立足本土　面向世界》，见《中山大学校报》（新）第 5 期，2002－1－4。

加哥大学以及牛津大学的教授讲授（配备中文翻译与辅导教授），其余课程则由中山大学教授与国内外著名公司的高层管理人员、政府经济管理部门官员合作讲授。学院还每年派10位左右的老师出国学习[①]。首届EMBA学员中大—牛津海外商界领袖训练营学习活动已于2003年10月在牛津大学举行[②]；与香港理工大学合作，于2002年推出了国际工商管理硕士+高级金融（IMBA + Advanced Finance）项目。其中6门高级金融选修课程全部由美国金融界的专家和哥伦比亚大学的学者授课；与世界卫生管理排名第一的美国霍浦金斯大学和卫生部合作，开设了医药管理方向的EMBA课程（医院院长班）；与香港理工大学工商管理研究院签订校院两级协议书，启动国际商务理学硕士学位合作项目[③]；与牛津大学合作创办了针对研究型大学高级管理人员的培训研讨课程，旨在研讨如何以国际先进教育的眼光来治理高校，提高大学的竞争力，如何最有效应用国内教育资源，适应当今社会对大学的要求等问题。首期课程于2004年6月28日上午在管理学院MBA大楼二楼国际会议厅举行[④]。

岭南学院和管理学院的国际合作还有：岭南学院与美国明尼苏达大学卡尔森管理学院合作举办的CHEMBA（高级管理人员在职工商管理硕士）学位项目；由岭南学院和法国里昂市政府、法国企业管理教育基金会、法国里昂第三大学企业管理学院、法国里昂高等管理学院共同开办的DESS（国际贸易硕士）学位项目；管理学院与加拿大注册会计师协会合作的CGA（加拿大注册会计师）项目等[⑤]。

政务学院则在公务员培训上与国际名校合作。2002年，政务学院与牛津大学合作举办了广东省高级公务员公共管理专题知识研究班。该研究班是由广东省委书记李长春、省长卢瑞华与省政府“洋顾问”——英国牛津大学校长卢卡斯博士共同确定的国际合作项目，采取国内培训和国外培训相结合的方式，分两个阶段进行：第一阶段在中山大学接受为期3个月的公共管理基本知识及强化英语的学习培训；第二阶段到牛津大学进行为期1个月的进修，培训内容以公共行政管理为主题，涵盖理论、制度、政策与管理等方面。[⑥]

2004年4月13至22日，政务学院访问法国，期间，与法国巴黎政治学院达成了在国内公务员培训项目上合作的意向。过去3年来，政务学院与法国埃克斯政治学院每年各派出4~5名大学三年级以上的本科生交流学习一年，中山大学也成为埃克斯政治学院在中国开展交换学生项目的第一个合作伙伴。此外，还与埃克斯政治学院正式签署了交换本科生项目的协议。双方还达成意向，埃克斯政治学院将接收中山大学政务学院的本科毕业生直接进入其硕士阶段的学习[⑦]。

法学院与港澳地区及海外高校的合作关系包括：与香港城市大学法律学院、香港大

① 《我校举行EMBA项目新闻发布会》，见《中山大学校报》（新）第22期，2002-9-28。

② 《与世界一流名校携手培养EMBA学员》，见《中山大学校报》（新）第52期，2003-10-24。

③ 《简讯：中山大学与香港理工大学合作开展“国际商务理学硕士学位”项目》，见《中山大学校报》（新）第71期，2004-5-20。

④ 《我校与牛津大学联合开办研究型大学高级管理人员培训研讨课程》，见《中山大学校报》（新）第75期，2004-7-2。

⑤ 《我校积极开拓合作渠道加快国际化发展》，见《中山大学校报》（新）第67期，2004-4-13。

⑥ 《中山大学与牛津大学合作办学》，见《中山大学校报》（新）第11期，2002-4-11。

⑦ 《政务学院积极开拓与法国高等教育机构的交流与合作》，见《中山大学校报》（新）第71期，2004-5-20。

学法学院签订合作协议书，协议包括学生培养、学术交流等多方面实质性的内容；与美国佛蒙特法学院签订合作协议，合作发展互利的中美法律体系研究与教育项目；与美国太平洋大学麦克乔治法学院签订合作交流协议等①。

此外比较重要的国际合作项目还有：2003 年与瑞典皇家理工学院签署合作协议，建立起正式的合作关系，在学术研究、人才培养等方面开展进一步的合作和交流②。生命科学学院与牛津大学合作共同培养研究生，并且彼此承认。双方联合培养生命科学博士生的计划也已基本确定；③ 此外，中山大学与法国巴黎高等师范学校合作培养 DESS、管理学院与葡萄牙天主教大学、与澳门高等校际学院合作开办“欧盟营商”课程等一批项目也已基本确定并启动。④

与此同时，校医教处及各附属医院也在努力打造国际合作的新局面。2005 年与美国中华医学基金会（CMB）共建中山大学技能培训中心，获 CMB 资助 65 万美元。

（二）积极与国际企业、机构合作

中山大学还与一些国际著名企业加强合作，利用企业在科技和资金上的优势，培养 IT、物流、电子商务等方面的人才。

在 IT 技术方面，中山大学加入了由美国 IT 巨头 IBM 公司 Lotus 产品线和光时代科技国际集团共同倡导的中小企业软件联盟，成为“联盟”的主要创始单位⑤。与 IBM 公司签订了中山大学—IBM 软件人才教育伙伴合作协议。根据协议，双方将在课程体系建设、师资培训示教、专业技术认证、教学平台共建、教材编写出版、联合研究开发、学者交流访问、奖学奖教奖研、专家学术巡讲、毕业实习招聘、技术支持服务等方面建立全面合作关系，共同培养具有国际竞争力的多层次、实用型、复合型、高素质的软件人才⑥。还与微软公司签署了交流合作备忘录。微软单方面承诺了关于软件学院、学术交流、课程建设以及人才培养的四点内容，向中山大学的示范性软件学院提供由微软员工编写的国内外软件学院教材和案例，同时承诺开放部分 WINDOWSCE 部分源代码，并通过建立微软学生俱乐部等方式，帮助培养软件人才⑦。中山大学还与联合包裹运送服务公司 UPS 在培养电子物流人才方面达成合作协议，UPS 配合岭南学院新建的物流、电子商务等相应教育项目，例如牵头在广州给在校学生提供相关培训和见习机会，定期派高级管理人员授课，并由合作三方共同颁发培训证书⑧。

北校区与世界著名医疗机构的合作也进一步加强。世界著名的 AO 脊柱培训中心（中国）在二院骨科设立了国内第三个 AO 脊柱培训中心。AO 脊柱培训中心是当今世界上最先进、最系统的脊柱和创伤骨科内固定理论及相关外科技术的纯学术性组织，它对年轻骨科医生的培训从治病基本原则、手术原则到治疗方法都有整套经验，同时这一

① 《法学院积极加快国际化步伐》，见《中山大学校报》（新）第 69 期，2004 - 4 - 26。
② 曾茜：《共同发展 瑞典皇家理工学院与中大签约合作协议》。《南方都市报》，2003 - 10 - 25。
③ 彭勇、王攀：《中大将与牛津大学合作培养研究生》，见《人民日报海外版》，2003 - 11 - 10。
④ 《我校积极开拓合作渠道加快国际化发展》，见《中山大学校报》（新）第 67 期，2004 - 4 - 13。
⑤ 吴道：《IBM“软件联盟”获中大加盟》，见《人民日报华南版》，2001 - 11 - 13。
⑥ 毕金华：《IBM 与中大合力培养软件大师》，见《新快报》，2002 - 9 - 12。
⑦ 黄乐欣：《微软加快“播种”步伐》，见《新快报》，2002 - 10 - 23。
⑧ 王媛：《与中大合作培养电子物流人才 UPS 加速人才本地化》，见《新快报》，2002 - 6 - 7。

组织对培训导师及接受培训者的审核也特别严格[①]。2003年9月26日，肿瘤防治中心与世界最著名的癌症治疗中心、美国M. D. Anderson癌症中心签订协议，正式结为姊妹医院。该协议为今后两地肿瘤防治研究和攻关项目全方位合作奠定了基础，为肿瘤病人诊治远程会诊、医疗技术合作、两地肿瘤病人互转诊治、互派专业人员培训讲学等方面都提供了有利条件。病人在转诊治疗方面，可以得到签证、交通、接诊、翻译等优质服务，并接受最先进设备检查和最佳治疗方案[②]。光华口腔医学院与美国三大正畸材料公司之一GAC公司合作成立了中山大学—GAC口腔正畸技术培训中心，共同致力于国内高水平口腔正畸人才的培养。这是GAC在中国的第一个口腔正畸技术培训中心。[③]

（三）扩大留学生教育规模

中山大学扩大了留学生教育规模，注重吸引优秀生源，重视提高汉语培训的教学质量。

中山大学与越南河内外国语大学签署协议，合作为越南学生提供对外汉语本科教育。协议的主要内容是以“汉语言专业（本科）教学计划”为基础，采取“2+2”的模式（学生前两年在越南学习，后两年在中山大学学习），合作双方根据越南学生的特点为越南培养高水平的汉语人才。[④] 为进一步整合资源、理顺机制，2004年初，中山大学成立了国际交流学院，由该学院全面负责学校留学生的行政和后勤的管理和服务以及非学历留学生的教学管理[⑤]。

（四）加大国际科研项目合作力度

在提升办学国际化程度的同时，学校加大了国际科研学术合作的力度，其中尤以AMS合作项目影响为大。AMS计划是由16个国家和地区的56个研究机构合作承担的国际性大型科研项目，造价约7亿美元，是人类第一次在太空中使用粒子物理精密探测仪器和技术的实验，目的在于寻找太空中的反物质和暗物质，对于人类认识宇宙的形成机理有着极其重要的意义。2003年，丁肇中教授访问中山大学时与学校就国际空间站AMS实验合作问题进行了商谈。他认为中山大学的光电材料与技术国家重点实验室有一支很好的团队，有一批能专心工作的具有相关学科背景的科技工作者和科学家，是一个世界性的实验室，绝对有能力在空间站上承担重要研究项目。后经科技部批准立项，中山大学正式参加丁肇中教授领衔的AMS——国际空间站上惟一大型科学实验，与国际同行共同负责和研制的热控制系统将成为AMS-02项目中在太空运行的装置。

在AMS项目合作中，中山大学承担的具体工作是与美国麻省理工学院、瑞士日内瓦大学、荷兰航空航天局一起研制硅微条轨迹探测器的热控制系统（TTCS），并与瑞士日内瓦大学共同负责该项目的实施。TTCS研制的成败直接关系到AMS-02的成功与

---

① 肖萍、谢蔓、刘东红：《AO脊柱培训中心挂牌》，见《新快报》，2002-11-7。

② 《肿瘤防治中心与美国国际著名肿瘤中心举行缔结姊妹医院签字仪式》，见《中山大学校报》（新）第51期，2003-10-13。

③ 林鸿旺：《简讯：“中山大学—GAC口腔正畸技术培训中心”成立》，见《中山大学校报》（新）第64期，2004-3-9。

④ 覃东骏：《为越南培养高水平的汉语人才》，见《中山大学校报》（新）第52期，2003-10-24。

⑤ 《我校积极开拓合作渠道加快国际化发展》，见《中山大学校报》（新）第67期，2004-4-13。

否。合作所需费用由科技部、广东省与中山大学共同承担。由于中国目前尚未掌握航天两相循环热控制技术，通过参加该项目，中国可以在短时间内与国际接轨，掌握该技术，为我国的空间研究打下基础，带动一批相关学科进入国际合作的环境和参与竞争，相关技术也将对广东省相关产业的发展有重要贡献，对中山大学承担国际最高水平研究的整体能力是一次重要的锻炼①。

此外，由环境科学与工程学院和澳门地球物理暨气象局合作的数值天气预报模式系统的设计和建立、岭南学院与新加坡国际企业发展局合作的新加坡华南六大行业商业计划等一批国际合作研究项目也已经启动，并取得阶段性成果②。附属二院和匈牙利 Semmelweis 大学合作的“移植排斥反应中 SiRNA 对细胞毒 T 淋巴细胞 Fas 介导的细胞凋亡的作用”课题，被批准为2004 年两国政府间的科技合作项目中惟一的西医研究课题。③

（五）与国际同行合作编撰

中山大学的专家学者还与国际同行一起完成了一批学术著作和学术刊物的编撰工作。2003 年 5 月，中山大学图书馆馆长、信息管理系程焕文教授被美国著名的图书馆学刊物《图书馆季刊》邀请从 2003 年 10 月起担任该刊物新一届编委会的编委，成为该届编委会中惟一的非英语国家编委。④ 中山大学历史系作为中方主要参与者与荷兰学者共同编撰了《航向珠江》一书。该书以中英两种语言刊行，记录了自 16 世纪以来华南地区与荷兰逐步繁荣的经贸与民间文化交流。⑤ 化学学院章明秋、容敏智教授与 11 个国家 40 多位专家共同完成《有机/无机杂化材料及纳米复合材料》一书。章、容两位教授撰写了其中的一章“非层状纳米粒子热塑性聚合物复合材料的加工与性能”，这是迄今国际上首次就此领域发表的专题论述。该书于 2003 年 7 月由美国科学出版社出版发行⑥。公共卫生学院的医学统计与流行病学专业学科带头人方积乾教授和美国加利福尼亚大学旧金山医学院放射医学系的陆盈教授共同主编了国际上医学统计学专业最新的英文专著 *Advanced Medical Statistics*。书中各章的作者都是海内外的华人医学统计学专家，该书于2003 年由新加坡 World Scientific 出版发行⑦。2004 年初，化学与化学工程学院聚合物复合材料及功能材料教育部重点实验室主任章明秋教授，接到荷兰 Elsevier 出版社和英国 Rapra 出版社的邀请，从 2004 年起分别担任国际学术期刊 *Composites Science & Technology*（《复合材料科学与技术》）和 *Polymers & Polymer Composites*（《聚合物及聚合物复合材料》）的编委⑧。

① 《我校正式加盟丁肇中领导的 AMS》，见《中山大学校报》（新）第 60 期，2004 - 1 - 12。

② 《我校积极开拓合作渠道加快国际化发展》，见《中山大学校报》（新）第 67 期，2004 - 4 - 13。

③ 《附二院获中匈政府科技合作项目》，见《中山大学校报》（新）第 76 期，2004 - 8 - 30。

④ 林明：《程焕文教授获邀任美国〈图书馆季刊〉编委》，见《中山大学校报》（新）第 58 期，2003 - 12 - 18。

⑤ 邓琼、杨昊鸥、容易：《中荷学者编撰〈航向珠江〉出版》，见《羊城晚报》，2004 - 2 - 20。

⑥ 《化学院教授参编的纳米复合材料专著在美出版》，见《中山大学校报》（新）第 51 期，2003 - 10 - 13。

⑦ 郝元涛：《方积乾教授主编的英文专著 *Advanced Medical Statistics* 出版》，见《中山大学校报》（新）第 56 期，2003 - 12 - 8。

⑧ 《章明秋教授连获国际学术刊物邀请担任编委》，见《中山大学校报》（新）第 64 期，2004 - 3 - 9。

（六）保持与港澳台高校密切合作

毗邻港澳，与港澳高校长期保持着密切的合作关系，是中山大学的办学特色之一，也是其办学的优势和宝贵资源。港澳的回归，为内地与港澳的学术交流提供了更有利的条件。随着内地与香港更紧密经贸关系安排（CEPA）的签订，广东省更是进一步大力推动粤港合作，在教育领域提出了“粤港教育合作交流计划”。这些大的背景为中山大学加强与港澳台高校的合作与交流提供了前所未有的机遇。

黄达人校长于2002年4月率团访问香港，分别与香港科技大学、城市大学、浸会大学、理工大学和岭南大学签署了互派本科生进修学习协议，与香港中文大学签署了共同建立华南文献研究中心和华南民间社会研究中心的协议①。

由香港特区大学教育资助委员会（UGC）秘书长史端仁先生率领的香港高校代表团2004年2月24日访问中山大学。香港城市大学张信刚校长、香港理工大学潘宗光校长、香港科技大学朱经武校长、香港大学李焯芬副校长、香港岭南大学饶美蛟副校长、香港浸会大学范耀钧副校长、香港中文大学郑振耀副校长与中山大学黄达人校长、许宁生副校长举行了会谈。这是香港地区七所大学的校长有史以来首次共聚中大。双方就在CEPA框架下粤港两地高等教育合作，尤其是中山大学与香港高校在科研、本专科教育、研究生教育等方面的合作进行了深入的探讨②。

2004年7月11日上午，中山大学在小礼堂举行仪式，聘任香港特别行政区律政司司长梁爱诗等7位香港法律界知名人士为中山大学的兼职教授。除了梁爱诗，其他6位受聘人士分别是廖子明（原香港高等法院上诉庭大法官）、廖长城（资深大律师）、冯华健（律师事务所主席）、胡汉清（资深大律师、原英皇御用大律师）、温嘉旋（全国人大代表、资深律师）、杨良宜（香港国际仲裁中心主席）③。

中山大学与港澳地区的合作呈现全方位和多层次的发展趋势。

首先，在办学上与港澳高校开展学生交流计划和联合培养研究生计划。

2002年4月，中山大学与香港科技大学、城市大学、浸会大学、理工大学和岭南大学签署互派本科生进修学习协议。中山大学与对方学校每年互派3~5名本科生到对方学校学习一个学期，互认学分，互免学费（学生按各自所属学校收费标准向各自所属学校缴交学费），其他费用自理，学生专业不作限制。这是目前为止国内高校与香港高校最大规模的学生交流活动。中山大学与这5所大学的交换生培养工作开展顺利。仅2002年至2003年，中山大学派往港澳地区的交换生就达80人，接收港澳地区交换生14人，为香港大学培养委培生23人，每年还会推荐一批优秀本科毕业生去港澳地区高校攻读研究生④。中山大学医学院也与香港大学护理学系签署了学生交换计划协议，双方互派学生进行临床实习。2003年3月，中山大学又与香港大学签署了互派本科生进修学习协议书。

2003年3月1日，中山大学与香港理工大学签订了《中山大学—香港理工大学合

① 《中山大学年鉴2002》“2002年中山大学大事记”，中山大学出版社2003年版，第364页。
② 《香港七所高校校长齐聚中山大学共商粤港教育科研合作》，见《中山大学校报》（新）第64期，2004-3-9。
③ 《七位港区法律界人士受聘为我校兼职教授》，见《中山大学校报》（新）第76期，2004-8-30。
④ 《我校积极开拓合作渠道加快国际化发展》，见《中山大学校报》（新）第67期，2004-4-13。

作协议书》，联合培养药学研究生。该协议书规定，自协议签定生效后3年内，中山大学负责招收50～100名博士研究生（或硕博连读研究生），研究生由双方教师合作指导，研究方向和研究课题由双方教师指导小组商定，双方必须保证至少有1名教师参加指导小组。香港理工大学每年为每位研究生提供2万港元的基本研究费用。该项协议由药学院负责落实，现已进入全面实施阶段。该协议书的签订和实施，拓宽了中山大学研究生办学的空间和经费的来源。①

高等继续教育学院与香港大学合作成立联合专业培训中心，推出国际会计（专业文凭课程）、整合营销传播（广告与公共管理研究生课程）、公共行政管理（研究生课程）和商务法（普通法系研究生课程）等专业的培训课程②。

各附属医院也加强了与港澳高校和医学界的联系。二院与香港大学骨科学系于2002年11月6日共同创建了孙逸仙脊柱疾病中心③。康复医学学科和香港物理治疗学会合作，于2000年至2002年连续3年在香港举办了三期物理治疗师中医针灸培训班，3年一共培训了124位香港物理治疗师④。2003年7月21日至23日，光华口腔医学院与香港大学牙医学院签订了关于口腔医学继续教育和合作培养博士研究生的两份协议，建立起正式的合作关系⑤。五院和中西医结合研究所与澳门科技大学于2004年8月12日签订协议，联合培养中西医结合硕士、博士研究生。这是中山大学获得中西医结合一级学科以来与境外大学在高层次人才培养方面的尝试⑥。

中山大学还吸纳了大量港澳台学生。中山大学招收港澳台学生多年，是报考生较多的学校之一，近年来报考人数有逐年上升趋势。根据香港考试局提供的资料显示，2002年，在香港考生报考人数居前3位的内地大学和选取第一志愿的报考学校两项排名中，中山大学分别居于第一和第二位⑦。2003年，由于非典疫情的影响，报读内地大学的港澳台学生共有793人，比2002年减少了近300人，报读的港生616人，比2002年减少逾百人。但中山大学在十大第一志愿院校和最多考生选择院校中仍名列榜首⑧。另外，2003年，中山大学首次面向港澳地区单独招生，成为内地第三所在港澳地区独立招生的综合性大学⑨。

其次，在科研上中山大学与许多港澳院校都建立了校际学术交流关系，鼓励和支持院、系、教研室、课题组甚至教师个人与港澳地区多层次的交流活动。同时，合作向高层次发展，主要表现在：与港澳高校合作承担国家级科研项目、与港澳高校合建高水平实验室、与港澳交流成为学科建设和人才培养的重要一环。

此外，中山大学与香港特区政府及各界团体加强了合作，促进内地与港澳地区的了

① 陈昌龄：《中山大学与香港理工大学合作培养研究生》，见《中山大学校报》（新）第48期，2003－9－10。

② 《中山大学年鉴2001》"2001年中山大学大事记"，中山大学出版社2002年版，第285页。

③ 肖萍、谢蔓、刘东红：《AO脊柱培训中心挂牌》，见《新快报》，2002－11－7。

④ 梁俊雄、谭杰文：《三年培训了124位香港物理治疗师》，见《中山大学校报》（新）第31期，2003－1－9。

⑤ 林焕彩：《简讯：光华口腔医学院与香港大学牙医学院建立正式合作关系》，见《中山大学校报》（新）第50期，2003－9－26。

⑥ 《附属五院、中西医结合研究所与澳科大签约联合培养中西医结合专业硕士研究生》，见《中山大学校报》（新）第76期，2004－8－30。

⑦ 《港台报考内地大学人数激增》，见《人民日报海外版》，2002－5－1。

⑧ 《我校成港澳台学生报读首选学校》，见《中山大学校报》（新）第41期，2003－5－23。

⑨ 《学校出台今年本科生招生新方案》，见《中山大学校报》（新）第37期，2003－4－16。

解。自1996年春起，中山大学在广州先后为香港特区政府高、中级公务员举办了多期中国事务培训班，培训内容涉及中国历史、政治、经济、法律、教育等①。2002年9月16日至20日，中山大学接受香港警务处训练部委托，组织了香港警务人员培训班，内容包括内地行政、法律、警务等方面的基本常识②。2003年，中山大学受香港特区政府律政司委托，由法学院与对外汉语中心负责举办律师中文陈词培训班，提高香港律师撰写司法文书和使用现代汉语的技能③。香港政府及社会各界团体也为中山大学学生提供了各种学习、考察和调研机会④。

（七）加强与内地高校和科研机构的学术交流、教育合作

中山大学以往与内地高校整体性的交流与合作较少，进入21世纪后，学校注重并加强了这方面的工作。2002年12月，中山大学与山东大学签署协议，决定开展两校在学生培养等方面的交流与合作，包括交换学生（包括本科生和研究生）、科研合作、校内管理人员交流等⑤。2004年6月13日，中山大学与吉首大学签订《中山大学与吉首大学交流合作框架协议》。根据协议，中山大学将在师资队伍、教学资源、人才培养、学科建设、重点实验室等方面，与吉首大学进行全方位的对口合作，同时双方将发挥各自优势，共同承接课题，开展联合攻关，为湘西的经济建设和社会发展提供服务。中山大学每年将提供若干专门名额，采取单独考试的方式，接受吉首大学选拔推荐的青年骨干教师（一般要求具有4年或以上工龄）攻读硕士或博士学位，为其定向培养青年师资；中山大学还将接受吉首大学选派的在读优秀本科生到相关专业学习，毕业时由吉首大学颁发毕业证书和学位证书；等等。该协议是“9+2”泛珠三角（基于与珠江流域相连、与大珠三角相临、经贸关系密切等三方面因素，泛珠三角区域的范围包括福建、江西、湖南、广东、广西、海南、四川、贵州、云南9个省（区）以及香港、澳门2个特别行政区，简称“9+2”）教育合作协议签订后的第一份泛珠三角区域学校间的教育合作协议⑥。

中山大学还与中国国家气象局签订合作协议，开展全面合作。合作的方式包括：联合培养硕士、博士研究生；互派访问进修学者；互聘硕士、博士研究生导师和兼职教师；联合举办高新技术培训，合作编写教材或讲义，共建学生实验实习基地；双方建立长期稳定的人才供求关系；共同申报科研项目，合作开展科学研究及实现科研成果转化，具备条件时可共建联合开放实验室；互派专家教授指导业务、教学工作或工程项目建设；联合举办有关国际、国内学术会议，共同参与国际合作与交流活动；互通信息，实现资源共享；等等⑦。

（执笔：陈璜）

① 《中山大学重视对港澳台地区的教育交流》，见《中山大学校报》（新）第7期，2002-2-28。
② 《中山大学年鉴2002》“2002年中山大学大事记”，中山大学出版社2003年版，第369页。
③ 《我校将为香港特区政府举办律师中文陈词培训班》，见《中山大学校报》（新）第48期，2003-9-10。
④ 《我校积极开拓合作渠道加快国际化发展》，见《中山大学校报》（新）第67期，2004-4-13。
⑤ 《中山大学将与山东大学开展多方面交流与合作》，见《中山大学校报》（新）第30期，2002-12-27。
⑥ 《黄达人校长率队赴湘参加80周年校庆系列活动》，见《中山大学校报》（新）第74期，2004-6-21。
⑦ 《中山大学年鉴2002》“2002年中山大学大事记”，中山大学出版社2003年版，第369页。

第二节　精英聚会

中山大学主办或承办了多次高层次的国内外学术会议，积极促进学术交流和发展。

2001年至今，中山大学在人文社会科学方面主办或承办的大型学术会议主要有：2001年12月13日，举行了东亚贸易网络与地域社会学术研讨会。12月14日至17日，人类学系与中国都市人类学会、北京大学人类学与民俗研究中心、清华大学当代中国研究中心、广州市社会科学界联合会、广州城市科学学会等单位联合举办了21世纪都市可持续发展暨纪念中国人类学百年国际学术会议[①]。2001年底，中山大学与北京大学、吉林大学、中日比较文学学会以及比较文学会共同学会联合主办了2001年中日比较文学国际学术研讨会[②]。

哲学系于2002年4月23日主办了全国“本体论、价值论与科学解释”学术研讨会[③]。岭南学院5月26日下午举办了21世纪管理高层论坛暨中国商界精英联谊会。中山大学与中国文物协会、故宫博物院6月13日在北京联合举办了纪念商承祚先生诞辰100周年纪念会，缅怀商老的学术精神和人格风范[④]。6月20日至23日，中山大学和香港教育学院、东北师范大学、美国明尼苏达大学联合主办了21世纪环境教育国际研讨会[⑤]。6月28日至29日，政务学院国际关系学系和亚太研究中心、东南亚研究所联合举办了“对话、竞争与合作：中国加入WTO之后的亚太局势”国际学术研讨会[⑥]。7月15至16日，由政务学院与中国人民大学国际关系学院、美国中国政治研究会共同发起的“转型中的中国政治与政治发展国际学术研讨会”在中国人民大学隆重举行。外语学院7月24日至26日主办了“语篇与翻译”国际会议。7月29日，法学院承办的中国诊所法律教育专业委员会成立大会暨诊所法律教育国际研讨会在珠海校区召开，会议期间成立了中国法学会法学教育研究会诊所法律教育专业委员会。8月3日，中山大学和台湾大学、香港大学联合举办的两岸三地“网络与心理学”学术研讨会在珠海校区举行。8月6日举办了纪念商承祚先生百年诞辰暨中国古文字学国际学术研讨会，纪念已故教授商承祚先生诞辰100周年。人类学系和中国族群研究中心8月24日至26日举办了人类学理论与方法学术研讨会[⑦]。10月25日，由中山大学和台湾通识教育学会联合主办的21世纪全球化时代中的大学理念与大学教育研讨会在怀士堂举行[⑧]。中山

---

① 《中山大学年鉴2001》“2001年中山大学大事记”，中山大学出版社2002年版，第286页。

② 《中山大学年鉴2001》“2001年中山大学大事记”，中山大学出版社2002年版，第287页。

③ 《简讯：“本体论、价值论与科学解释”学术研讨会在中山大学举行》，见《中山大学校报》（新）第13期，2002-5-15。

④ 《中山大学年鉴2002》“2002年中山大学大事记”，中山大学出版社2003，第366页。

⑤ 《中山大学年鉴2002》“2002年中山大学大事记”，中山大学出版社2003，第367页。

⑥ 《简讯：政务学院国际关系学系举办国际学术研讨会》，见《中山大学校报》（新）第20期，2002-9-6。

⑦ 《中山大学年鉴2002》“2002年中山大学大事记”，中山大学出版社2003年版，第368页。

⑧ 吴春燕、岳辉：《专家研讨大学理念与大学教育》，见《光明日报》，2002-10-28。

大学与光明日报10月26日合办了“中国EMBA教育”研讨会①。中山大学与珠海市人民政府11月6日共同主办了“教育创新论坛”，与全国各地的教育专家共同探讨高等院校异地办学与产学研基地进行专业化等教育创新的热点问题②。12月14日，岭南学院与中国社会科学院民营经济研究中心、中国社会科学院《经济研究》杂志、国务院发展研究中心《管理世界》杂志联合主办了中国民营经济发展与企业竞争力研讨会，探讨企业战略结构、运营模式与民营企业竞争力的关系。③ 中山大学12月15日举办詹安泰先生百年诞辰学术研讨会，缅怀这位“岭南词宗”的道德文章，追思先生的学术成就和教书育人的崇高风范。

妇女性别研究中心12月19日承办了妇女——社会性别学课程发展与教学法研讨会。12月21日，由广东省翻译工作者协会主办、中山大学外国语学院协办的中国第四届诗歌翻译研讨会在中山大学举行④。

2003年10月31日至11月1日，英国、加拿大和香港的心理学教授应中山大学心理学系邀请，共聚一堂探讨如何提升教育理念和方法等问题⑤。11月15日至20日，由中山大学和香港中文大学、澳门大学首次联合主办的第六届全国综合性大学英语专业教学圆桌会议在广州、香港、澳门三地巡回举行。三地外语界的专家共同探讨21世纪对英语系领导的挑战、英语专业如何联系实际等问题⑥。11月19日，第六届全国高校博士后管理工作研讨会在中山大学召开⑦。12月6日和7日，由人类学系主办的“河流与文明”学术研讨会暨高校考古、文博工作座谈会在马丁堂召开。2004年4月19日，联合国教科文组织中国教席会议在中山大学召开⑧。4月19日至4月21日，由中山大学和广东省科技厅、联合国教科文组织、伊斯兰教科文组织、法国国家发展研究院和佛山市政府联合主办，中山大学广东发展研究院和佛山市顺德区人民政府承办的“区域创新与科技政策：来自中国及世界的经验”国际研讨会开幕式在中山大学和佛山市顺德区举行。来自全球23个国家和地区的经济学家、管理学家、社会学家等社会科学各学科专门研究区域创新和科技政策的学者、政府科技部门的领导等80多名代表参加了此次会议，会议主题是交流世界各地区域创新，专业产品区发展，政府、大学、科研在技术创新和成果转化中的角色经验，为中央和地方政府提高科技政策的针对性和科学性提供智力支持与经验借鉴⑨。同一天，由中山大学第三产业发展研究中心发起筹建的广东省第三产业研究会宣告成立。中山大学中国第三产业研究中心主任、管理学院博士生导师李江帆教授当选为该研究会第一任会长。该研究会是中国第一个专门研究第三产业的

---

① 戴自更、吴春燕、李汉荣：《光明日报与中山大学联袂举办中国EMBA教育研讨会》，见《光明日报》，2002－10－27。

② 《中山大学年鉴2002》“2002年中山大学大事记”，中山大学出版社2003年版，第371页。

③ 胡键、陈翔：《专家学者济济一堂 中大设坛研讨国民营经济》，见《南方日报》，2002－12－15。

④ 《中山大学年鉴2002》“2002年中山大学大事记”，中山大学出版社2003年版，第374页。

⑤ 李华：《三国心理学家中大研讨教育方法》，见《新快报》，2003－11－2。

⑥ 康建、王东梅：《高校专家聚首圆桌 探讨英语专业教学》，见《羊城晚报》，2003－11－18。

⑦ 康建、谢渝、岳辉：《广东将加快培养博士后》，见《羊城晚报》，2003－11－20。

⑧ 《联合国教科文组织中国教席联席会议在我校召开》，见《中山大学校报》（新）第69期，2004－4－26。

⑨ 赖红英、岳辉：《八面来风：区域创新与科技政策国际研讨会举行》，见《中国教育报》，2004－5－5；《区域创新与科技政策国际研讨会在中山大学举行》，见《中山大学学校》（新）第69期，2004－4－26。

民间社团[①]。

在理科方面主办或承办的学术会议主要有：

2002年7月28日上午，纪念国际著名昆虫学家、我国生物防治的奠基人蒲蛰龙院士诞辰90周年活动在小礼堂举行。蒲蛰龙科学基金同时宣布成立。遵照蒲教授的遗嘱，将他和夫人的毕生积蓄作为基金，用来支持昆虫学、生物防治和绿色食品的研究，奖励在上述领域作出突出贡献的师生[②]。9月4日，由联合国环境规划署、全球环境基金会主办，中山大学和深圳海上田园旅游发展有限公司承办的南中国海湿地区域工作委员会第二次会议在深圳举行[③]。10月19日上午，由广州市人民政府科技局与微软公司联合主办、中山大学承办的"21世纪的计算"大型国际学术研讨会在梁銶琚堂举行，包括两位"图灵奖"获得者AndrewYao博士、Manuelblum博士在内的2300多名国内计算机科研人员及大学教师和学生参加了会议。"21世纪的计算"是中国学术界一年一度的盛会，此次会议以"高信度计算"为主题，就计算机科学及计算的未来进行了探讨[④]。10月31日至11月2日，由中国科学院技术科学部主办、中山大学承办的技术科学论坛在珠海市举行。此次论坛的主题分别为"物性多尺度耦合与相关算法"和"城市建设与规划"[⑤]。由中国植物学会主办、中山大学生命科学学院承办的第七届全国系统与进化植物学青年研讨会于11月12日至15日在中山大学召开[⑥]。11月18日上午，"生物入侵及其控制"的国际学术研讨会在中山大学召开[⑦]。11月23日，中山大学承办的第五届生命科学学术研讨会及国家杰出青年基金执行情况检查报告会在怀士堂举行。我国生命科学领域历年国家杰出青年基金（又称"总理基金"）获得者150余人出席会议[⑧]。由中山大学和中国科学院数学与系统科学研究院、香港城市大学共同主办的第二次广州计算科学国际会议于12月20日上午在中山大学召开。此次会议是继第一次国际会议之后，在中山大学举行的又一计算数学的国际盛会[⑨]。

2003年1月11至15日，全国生物学人才培养工作交流与研讨会在中山大学召开。[⑩] 地理规划学院和武汉大学9月16日至19日在三峡联合主办了GIS及遥感技术在水文水资源及环境中的应用国际会议。本次会议是近年来我国在水文水资源领域召开的规模较大的一次国际会议[⑪]。11月17日至21日，由中山大学环境科学与工程学院和法

---

① 韩建清：《粤第三产业研究会成立》，见《人民日报华南版》，2004－7－13。

② 邓琼、岳辉：《院士诞辰90周年中大纪念蒲蛰龙》，见《羊城晚报》，2002－7－29。

③ 《中山大学年鉴2002》"2002年中山大学大事记"，中山大学出版社2003年版，第368页。

④ 《第四届"21世纪的计算"国际学术研讨会在中山大学举行》，见《中山大学校报》（新）第24期，2002－10－30。

⑤ 黄玛莉：《中山大学成功承办"技术科学论坛"学术报告会》，见《中山大学校报》（新）第26期，2002－11－18。

⑥ 《"第七届全国系统与进化植物学青年研讨会"在中山大学召开》，见《中山大学校报》（新）第30期，2002－12－27。

⑦ 邱瑞贤、何晓钟、张文庆：《中大召开国际学术会研讨"生物入侵"》。《广州日报》，2002－11－19。

⑧ 《中山大学年鉴2002》"2002年中山大学大事记"，中山大学出版社2003年版，第372页。

⑨ 邓琼、陈璜、岳辉：《第二次广州计算科学国际会议在中山大学召开》，见《羊城晚报》，2002－12－24。

⑩ 《全国生物学人才培养工作交流与研讨会在中山大学召开》，见《中山大学校报》（新）第32期，2003－2－25。

⑪ 王道席：《GIS及遥感技术在水文水资源及环境中的应用国际会议召开》，见《中国水利报》，2003－10－13。

国海军学院研究所联合主办的中法环境与GIS研讨会 在南校区高等学术研究中心和中国大酒店分别召开，以加强与国外环境保护领域和地理信息系统应用领域的合作，共同比较探讨中法两国在GIS技术应用方面的经验。由国家自然科学基金委员会主办、中山大学理工学院承办的国家理科基地（物理与天文）实验教学改革研讨会于11月20日至22日在珠海和广州举行①。

2004年6月1日上午，珠江三角洲地区空气质量现状、气象与健康问题学术研讨会在中山大学环境科学与工程学院举行。此次会议由空气及废物管理学会香港分会、中山大学环境科学与工程学院等单位主办。5月初，由中国气象局广州热带海洋气象研究所联合中山大学、北京大学、香港理工大学以及多家国外大学在广州市番禺区联合开展的珠三角城市群陆气相互作用和灰霾科学实验，填补了我国热带地区边界层结构和大气灰霾监测空白②。全球化下的中国城市发展与规划教育——第三届中国城市规划教育学术研讨会于2004年6月在中山大学举行。此次会议是继1983年和1993年第一、二届中国城市规划教育会议后的又一次盛会，由中山大学城市与区域研究中心与香港大学城市规划与环境管理研究中心、加拿大不列颠哥仑比亚大学人类聚落研究中心等机构联合举办。③ 中国网络技术发展专家论坛暨中山大学八十周年校庆院士论坛6月17日下午在南校区小礼堂隆重举行。中国工程院院士李国杰、中国科学院院士陈国良以及众多知名学者就“网络计算在国内的发展”等问题作了精彩的报告④。

医科也主办或承办了多次大型学术会议。2001年12月，附属一院神经外科主办了全国神经外科新进展研讨会暨国家级继续研究教育（项目）。与会专家就提高病人的生存质量及在神经外科领域持续深入地推广应用显微外科技术进行了深入的探讨，展示了神经外科学的新境界和新亮点——在神经外科领域持续深入地推广应用显微外科技术，积极稳妥地开展多种微侵袭技术⑤。

由中山大学公共卫生学院与中华医学会广东分会、香港医院管理局和深圳市宝安区人民医院联合举办的第二届全国生存质量学术会议，于2002年1月10日至13日在深圳举行⑥。由肿瘤防治中心主办的第一届广州国际肿瘤学会议4月28日召开。如此高水平、高规格的肿瘤学大会在广州召开尚属首次。⑦ 10月8至11日，广州国际神经肿瘤学术大会暨广州抗癌协会神经肿瘤专业委员会第一届年会在肿瘤防治中心召开。10月9日上午，亚洲和大洋洲比较内分泌学会第四次学术研讨会在怀士堂开幕。⑧ 中山大学眼科中心和香港理工大学11月12至14日联合主办了第九届国际近视眼研究大会⑨。

---

① 曾佳妮：《国家理科基地（物理与天文）实验教学改革研讨会在中山大学举行》，见《中山大学校报》（新）第55期，2003-11-26。

②《珠江三角洲地区空气质量现状、气象与健康问题学术研讨会在中山大学举行》，见《中山大学校报》（新）第73期，2004-6-9。

③ 刘逸：《第三届中国城市规划教育学术研讨会在中山大学圆满结束》，见《中山大学校报》（新）第74期，2004-6-21。

④《中山大学“曙光64位应用示范基地”挂牌》，见《中山大学校报》（新）第74期，2004-6-21。

⑤ 丁玲玲、陈起坤：《推广显微外科技术》，见《新快报》，2001-12-17。

⑥ 郝元涛、朱淑明、张晋昕：《第二届全国生存质量学术会议圆满结束》，见《中山大学校报》（新）第6期，2002-1-18。

⑦《中山大学年鉴2002》“2002年中山大学大事记”，中山大学出版社2003年版，第365页。

⑧《中山大学年鉴2002》“2002年中山大学大事记”，中山大学出版社2003年版，第369页。

⑨《中山大学年鉴2002》“2002年中山大学大事记”，中山大学出版社2003年版，第371页。

11月24日，中华医院管理学会医疗卫生技术应用管理专业委员会在中山大学肿瘤防治中心召开成立大会，该机构将集中各领域的权威专家，向政府部门提出医疗卫生技术的规范应用方面的建议①。

2003年2月28日至3月1日，中山大学与瑞典驻广州总领事馆、Karolinska医学院和Swecare基金会在肿瘤防治中心联合举办了2003中瑞生命科学论坛②。3月10日至14日，附属一院和国家国际交流中心、中华医学会等多家单位联合主办了第13届中国国际肠外肠内营养研讨会。此次大会是迄今为止在广东举行的规模最大的医学国际会议，也是中国国际肠外肠内营养研讨会首次在京外城市召开③。由中国抗癌协会头颈肿瘤外科专业委员会主办、中山大学肿瘤防治中心和香港中文大学外科学系共同承办的2003年国际暨第七届全国头颈肿瘤外科学术会议于11月7至11日在广州召开④。12月17日至19日，由中山医学院法医学系发起、组织和主办的首次全国亲子鉴定理论和实践研讨会在广州华泰宾馆举行⑤。这些学术研讨会不仅促进了校内外的学术交流，而且也推动了中山大学的学科建设与科研工作。

（执笔：陈璜）

① 张蜀梅、周玉仁：《医院规范诊疗技术 患者少花冤枉钱》，见《南方日报》，2002－11－25。
② 《2003中瑞生命科学论坛在中山大学举行》，见《中山大学校报》（新）第33期，2003－3－5。
③ 陈起坤：《一次在广东举办的空前的医学国际盛会》，见《中山大学校报》（新）第35期，2003－3－28。
④ 《我校积极开拓合作渠道加快国际化发展》，见《中山大学校报》（新）第67期，2004－4－13。
⑤ 《法医学系承办全国亲子鉴定理论和实践研讨会》，见《中山大学校报》（新）第59期，2004－1－4。

第五章 再攀高峰

科研方面，中山大学的科研经费增加迅速，科研条件得到改善，承担国家重大科研项目的能力得到增强，重大科研项目成绩喜人，科研专著和论文质量可观。学校强调科研为社会发展和经济建设服务，积极推动科研成果的转化。各大附属医院成功实施了多项高难度手术。

第一节 增加投入

并校后，在国家和省资金支持下，中山大学的科研经费迅速上涨。2001 年南校区的科研经费为 1.3495 亿元，首次突破亿元大关，其中理科科研经费 1.2 亿多元，文科科研经费 1300 万元，均为历史最好成绩。再加上医科的科研经费 4370 多万元，2001 年中山大学的科研总经费达 1.77 亿元①。

2002 年，理科、医科科研总经费达 2.09 亿元，是 1998 年理科、医科合计经费的 3 倍多②。其中，理科科研经费突破 1.4 亿元，比 2000 年增长了 1.6 倍。③ 2002 年中山大学共获国家自然科学基金资助项目 114 项，获资助经费达 2548.5 万元，在全国受资助单位排名榜上位居第七④。人文社会科研经费由 2000 年的 1075 万元增长到 2002 年的 2305 万元，经费增长了 1 倍多；国家社科基金项目由 2000 年的 8 项上升为 2002 的 20 项，增长了近 3 倍。2002 年获得的国家社科基金项目资助总金额达到 125.5 万元，位居全国高校第 5 位⑤。从 2000 年到 2002 年，医学承担各类科研项目从 256 项上升为 377 项，科研经费从 3027 万元上升为 4786 万元；主持国家级科研项目由 31 项上升到 50 项，国家级科研项目总经费由 774 万元上升为 2480 万元。

---

① 《中大的现状、学科建设及若干工作的通报——黄达人校长在中层干部会上的讲话（2002 年 1 月 11 日）》，见《中山大学校报》（新）第 6 期，2002 - 1 - 18。另据《改革创新，开创研究型大学科技工作的新局面——中山大学科技工作会议工作报告（颜光美）》，见《中山大学校报》（新）第 57 期，2003 - 12 - 12。2001 年并校后，理科科技经费首次突破亿元大关，达 1.34 亿元，医科达 5100 万元，共计 1.85 亿元。

② 梅志清、张秀琼、何晓钟：《增大科技经费投入 中大成广东科技招标大赢家》，见《南方日报》，2003 - 11 - 27；《改革创新，开创研究型大学科技工作的新局面——中山大学科技工作会议工作报告（颜光美）》，见《中山大学校报》（新）第 57 期，2003 - 12 - 12。

③ 《我校“高水平大学建设计划”一期工程巡礼》，见《中山大学校报》（新）第 60 期，2004 - 1 - 12。

④ 《中山大学年鉴 2002》“2002 年中山大学大事记”，中山大学出版社 2003 年版，第 370 页。

⑤ 《中山大学年鉴 2002》“2002 年中山大学大事记”，中山大学出版社 2003 年版，第 367 页。

2003年，中山大学的科研经费达2.3亿，比2002年增长21%[①]。医科经费为7458.53万元，比2002年增长51%；文科科研立项数从2000年的167项上升到2003年的355项[②]。

2002年和2003年，中山大学获国家自然科学基金经费数居全国院校第七位左右[③]。1998年至2002年间，中山大学共承担国家、部委各类重点、重大项目58项，经费7683万元；广东省、广州市科技攻关等项目671项，经费近1.3亿元，涉及信息、生物技术和新材料、中药现代化、生物医药、医疗卫生等重点领域，经费年平均增长率为34%[④]。从2002年开始，广东省对重大科技项目进行公开招标，2002年总招标经费6000万元，中山大学得到3项共600万元的支持；2003年总招标经费2.1亿元，中山大学得到6项共1400多万元的支持[⑤]。

（执笔：陈璜）

第二节　捷报频传

一

中山大学医科科研取得了许多突破性进展，重要的科研成果主要有：

附属第二医院建立首个中国人胚胎干细胞系。2002年10月16日，附属二院宣布，该院干细胞研究中心黄绍良教授、博士后研究员何志旭和李予硕士等使用人工受精卵发育形成的囊胚内细胞团成功建立了首个中国人胚胎干细胞系，该院成为中国惟一一家掌握了人胚胎干细胞建系技术的单位，也使中国成为少数几个建立了人胚胎干细胞系的国家之一。该院在国内首次成功诱导胚胎干细胞发育为造血干细胞。这一成果对将来在临床上开展胚胎干细胞来源的造血干细胞移植具有极大的应用价值[⑥]。

---

① 孟翠杨：《中山大学2003年科技经费首次突破两亿元》，见《中山大学校报》（新）第61期，2004－2－23。

② 《我校“高水平大学建设计划”一期工程巡礼》，见《中山大学校报》（新）第60期，2004－1－12。

③ 梅志清、张秀琼、何晓钟：《增大科技经费投入 中大成广东科技招标大赢家》，见《南方日报》，2003－11－27。另据《我校“高水平大学建设计划”一期工程巡礼》，见《中山大学校报》（新）第60期，2004－1－12。

④ 《改革创新，开创研究型大学科技工作的新局面——中山大学科技工作会议工作报告（颜光美）》，见《中山大学校报》（新）第57期，2003－12－12；另据林亚茗、曾辉、徐浩平：《建科技强省 广东高校科研面向经济建设主战场》，见《南方日报》，2004－5－25。1998－2002年，中山大学共承担广东省、广州市科技攻关项目307项，经费达11788万元。

⑤ 梅志清、张秀琼、何晓钟：《增大科技经费投入 中大成广东科技招标大赢家》，见《南方日报》，2003－11－27。另据《与时俱进，锐意改革，开创中山大学科技工作新局面》，见《中山大学校报》（新）第57期，2003－12－12，在2003年广东省“关键领域重点突破”项目招标中，中山大学有3个主持项目、1个共同主持项目、4个作为第一参加单位的项目共8个项目中标，中标项目数居投标单位之首。

⑥ 《中山大学年鉴2002》“2002年中山大学大事记”，中山大学出版社2003年版，第370页；《第一株中国人胚胎干细胞系建系成功》，见《中山大学校报》（新）第24期，2002－10－23。

肿瘤防治中心曾益新教授成功定位鼻咽癌易感基因，为下一步寻找到该基因打下了扎实基础。鼻咽癌在我国南方和东南亚是常见的恶性肿瘤。曾益新带领的课题组从1998年开始进行鼻咽癌易感基因的定位和克隆的研究，课题组接下来将致力于从这个区域找出鼻咽癌的易感基因并克隆出来。该研究成果发表在2002年7月15日国际权威刊物《自然遗传学》杂志上。据统计，截止2001年底，中国高校科学家发表在《自然》、《科学》这两大世界一流学术刊物上的论文有12篇，其中北京大学6篇，清华大学5篇①。该成果还被教育部科技委评为"2002年度中国高等学校十大科技进展"之一②。在此基础上，曾益新教授获得"十五"国家重大科技攻关专项的进一步资助，资助经费1000万元，省、市配套1000万元。这是中山大学医科首次获得的以中山大学作为主持单位、以中山大学专家作为首席科学家的国家重大科技攻关项目③。

附属第一医院神经内科徐评议副教授找到帕金森病病源，其研究成果发表在国际最高级别的综合性杂志《自然遗传学》2003年33卷第一期，与其两位导师成为论文的并列第一作者④。

附属二院肝胆外科宋尔卫博士关于siRNA技术治疗暴发性肝炎动物模型的研究：宋尔卫博士等与哈佛大学医学院CBR生物医学研究所（原名哈佛医学院血液研究中心）合作的一篇关于siRNA技术治疗暴发性肝炎动物模型的研究论文发表在2003年9卷3期的国际权威杂志 *Nature Medicine*（影响因子27－9）上，该研究成果还被美国《科学》（*Science*）杂志评选的"2003年度世界十大科技进展"⑤ 第四项——"RNAi：仍然是热点"选用为代表性成果，并入选国家卫生部评选的十大科技进展⑥。

附属第三医院传染科教授李刚等人关于SARS的研究成果：2003年8月和9月，李刚等人的两篇论文分别在美国《新英格兰》和《新出现传染病》杂志发表，在国际上首次阐明SARS抗体的变化模式，率先报告了两例SARS轻型患者。《新英格兰》是国际上最高级别的医学学术杂志，其影响因子为29，学术影响力略高于《自然》和《科学》杂志。在《新英格兰》发表的论文《SARS特异性抗体变化模式》是李刚教授与生命科学学院徐安龙教授合作撰写的，是中山大学医学和生命科学跨学科合作的结果⑦。

---

① 《中山大学年鉴2002》"2002年中山大学大事记"，中山大学出版社2003年版，第366、375页；2002－7－18；梅志清、陈翔、李汉荣、岳辉：《广东科学家征服鼻咽癌获世界级重大突破》，见《南方日报》，2002－10－22。

② 《改革创新，开创研究型大学科技工作的新局面——中山大学科技工作会议工作报告（颜光美）》，见《中山大学校报》（新）第57期，2003－12－12。

③ 《中山大学医学科研首次获得"十五"国家重大科技攻关专项》，见《中山大学校报》（新）第30期，2002－12－27。

④ 《徐评议副教授的重大科研成果在 *Nature Genetics* 发表》，见《中山大学校报》（新）第31期，2003－1－9。

⑤ 2003年度世界十大科技进展评选结果，见2003年12月19日刊出的《科学》（*Science*）杂志302卷，第2038～2045页。

⑥ 《我校积极开拓合作渠道加快国际化发展》，见《中山大学校报》（新）第67期，2004－4－13；《宋尔卫博士等在 *Nature Medicine* 上发表论文》，见《中山大学校报》（新）第37期，2003－4－16；《改革创新，开创研究型大学科技工作的新局面——中山大学科技工作会议工作报告（颜光美）》，见《中山大学校报》（新）第57期，2003－12－12；陈积圣、方天翎《宋尔卫博士等的合作研究被评为2003年度世界十大科技进展中的代表性成果》，见《中山大学校报》（新）第60期，2004－1－12。

⑦ 何晓钟：《中山大学非典研究获重大成果》，见《中山大学校报》（新）第45期，2003－7－2；《三院获SARS研究"重量级"成果》，见《中山大学校报》（新）第48期，2003－9－10。

2004年，附属三院对常见病风湿热、风湿性心脏病和强直性脊柱炎的基础研究取得突破性进展，在国际上率先研制成功风湿热动物模型，建立了强直性脊柱炎家系数据库，并发现广东汉人对风湿热的易感基因。该研究成果先后在国际最具学术影响力的风湿病杂志《关节炎和风湿病》（美国）和《风湿病杂志》（英国）上发表，其证据和理论已被北美《风湿病临床》和《风湿病学》等国内外专著引用，并获得卫生部、广东省科委、卫生厅等单位颁发的多项科技进步奖和科研基金①。

附属第一医院开展的原位肝脏移植研究，就手术技术、围手术期处理、并发症的诊断与治疗等方面进行了系列研究。该研究提出了肝移植辅以个体化化疗治疗肝癌，显著提高了肝癌肝移植存活率，创造了国内肝癌肝移植最长存活纪录，患者存活已接近5年。另外，还成功地完成13例肝肾联合移植，1年存活率达84.6%。研究大幅度降低了肝移植围手术期死亡率和并发症发生率，已开展341例肝移植，良性受体1年生存率从5年前的60%左右提高到目前的85.2%，处于国内领先水平②。

医科取得的科研成果还有：中山大学医学院院长、药理教研室关永源教授的文章《clc－3氯通道缺失防止大鼠主动脉平滑肌细胞增殖》在国际杂志 *Circulation Research* 上发表。*Circulation Research* 是在心血管领域是最具影响力及学术水平最高的期刊之一③。附属一院陈运贤教授带领的课题组在世界上首次提出一种心肌梗死新疗法——造血干细胞“自身移植”法④。附属一院证实红斑狼疮患者产后病情容易复发甚至恶化，主要与体内泌乳素和雌激素显著增高有密切关系；同时提出并证实了一种安全有效的防治方法：产后口服2周溴隐停。这一研究成果全面推向临床后将使红斑狼疮患者可以放心妊娠生育⑤。附属二院肝胆外科陈涛副教授提出，在中国肝癌患者的防治过程中，要注意肝炎病毒的复制造成进一步的肝损害。陈涛由此成为国际上明确持此说者之第一人⑥。

三

学校在科技专著和论文方面也获得较大的成果。2001至2002年学校文科教师共出版各类著作495部，在国内外学术刊物上公开发表论文2841篇⑦。被SCI收录的科技论文数有较大幅度的增长。根据2003年国家科学技术部中国科学技术信息研究所发布的中国科技论文统计结果显示：2002年中山大学以3032篇的国内和国际论文总数在全国高等学校中名列第13位，被SCI收录论文442篇，名列全国高校第11位；被引证论文403篇，1034次，名列全国高校第10位。根据1553种国内科技统计源期刊统计，中山大学发表论文共2428篇，居全国高校第11位；论文被引证3396次，居全国高校第5位。化学（16/142）、物理（19/70）、医学（5/52）、生物（14/36）、环境科学（16/

① 《附属三院风湿病学科达国际先进水平》，见《中山大学校报》（新）第61期，2004－2－23。

② 林亚茗、林晓涌、叶毓峰：《98.9%项目达国内先进水平　省科技奖获奖项目分析》，见《南方日报》，2004－6－10。

③ 《中山医学院发表高水平论文》，见《中山大学校报》（新）第28期，2002－12－5。

④ 翟素娣、陈起坤：《细胞疗法攻克心肌梗死》，见《人民日报华南版》，2002－4－22。

⑤ 《附属一院红斑狼疮的治疗有新突破》，见《中山大学校报》（新）第48期，2003－9－10。

⑥ 曾文琼、王薇：《中山二院取得新成果：乙肝病毒在治肝癌时被激化》。《南方都市报》，2003－12－4。

⑦ 《我校“高水平大学建设计划”一期工程巡礼》，见《中山大学校报》（新）第60期，2004－1－12。

5）、农学（15/3）、天文（16/1）（括号内为名次/篇数）等7个学科SCI在收录论文高产机构榜进入全国前20名。附属一院以611篇国内和国际论文总数在全国医疗机构中名列第10，SCI收录论文数34篇、国内论文数577篇、国内论文被引用次数837次，在全国医疗机构中分别排名第6、12、9位。①

文科出版的重要著作和丛书有《中山大学人类学民族学文丛》等。人类学系周大鸣教授主编的“985”全国重点学科项目《中山大学人类学民族学文丛》，2004年初由民族出版社正式出版发行。该书首批整理了杨成志、容观夐、黄淑娉、龚佩华4位先生的文集②。

理科方面出版的专著主要有：药学院许实波教授主编的《海洋生物制药》于2002年11月由化学工业出版社出版。该书对药物学这一门新兴学科——海洋生物制药之理论、方法和应用作了全面系统的概述，是我国第一部探讨海洋生物制药的书籍③。张宏达教授主持撰写的《种子植物系统学》于2004年2月由科学出版社出版正式发行。该书以系统发育进化理论为基础，较全面地介绍了“张宏达种子植物分类系统”，是第一部中国植物学家根据自己的分类系统撰写完成的系统学专著④。

医科出版和参与编写的著作主要有由附属三院主编、全国12家医科院校参与编写的《传染病学》（第六版）临床医学专业规划教材。该书首次将SARS列入医科高校教材。

三

中山大学学报多项办刊指标进入高校学报的前列。根据中国权威数据库、中国科学院中国科学引文数据库、中国学术期刊（光盘版）电子杂志社、中国科技信息研究所2003年底公布的数据，《中山大学学报》社会科学版、自然科学版、医学科学版被引频次、影响因子等办刊指标均进入各自学科期刊的前列。

学报自然科学版的被引频次和影响因子连续多年位于综合性大学学报的前四位。在中国科技信息研究所2002年12月发布的《2001年度中国科技论文统计结果》中，《中山大学学报》自然科学版入选首次评选的“百种中国杰出学术期刊”，是入选的4家综合类高校学报之一，总被引频次和影响因子居第2位和第1位⑤，还被国家新闻出版总署评为第二届国家期刊奖百种重点期刊，国家期刊奖是国家对期刊的最高奖项⑥。2003年，自然科学版被中国科学院中国科学引文数据库列为“学术影响范围最广的前30名期刊”，是入选的4家大学学报之一（另外3家是《清华大学学报》、《南京大学学报》、《北京大学学报》），其被引频次及影响因子均进入中国科技期刊综合类的前10名（被

① 《合校后首次科技论文统计结果显示：我校科研走向强势》，见《中山大学校报》（新）第58期，2003－12－18。

② 丁湘：《〈中山大学人类学民族学文丛〉正式出版发行》，见《中山大学校报》（新）第67期，2004－4－13。

③ 冯星：《我国第一部〈海洋生物制药〉问世》，见《中山大学校报》（新）第40期，2003－5－19。

④ 《张宏达教授主持撰写的〈种子植物系统学〉由科学出版社正式出版发行》，见《中山大学校报》（新）第65期，2004－3－22。

⑤ 《中山大学年鉴2002》“2002年中山大学大事记”，中山大学出版社2003年版，第375页。

⑥ 张楚民：《学报自然科学版获国家期刊奖》，见《中山大学校报》（新）第33期，2003－3－5。

引频次位于第四位、影响因子位于第五位）。[①] 据中国科技信息研究所公布的2003年版中国科技期刊引证报告，《中山大学学报》自然科学版列综合类高校学报的第一位，总被引频次为468；影响因子为0.248，列综合类高校学报的第六位。

据中国科技信息研究所公布的数据，《中山大学学报》医学科学版影响因子为0.385，位于医学类高校学报的第一位，总被引频次为308，位于第九位。另据《中国学术期刊综合引证报告》，学报医学科学版影响因子位于综合大学医学版的第二位，总被引频次位于第八位。

从1998年起，《中山大学学报》社会科学版一直被列为南京大学社会科学研究评价中心的《中文社会科学引文索引》（CSSCI）来源期刊。2002年1月，《中山大学学报》社会科学版和自然科学版双双进入新闻出版总署的《中国期刊方阵·双效期刊》。此外，2002年，学报社会科学版还入选了"全国双十佳社科学报"（全国第八名）和"中国人文社科学报核心期刊"。在中国学术期刊（光盘版）《中国学术期刊综合引证报告》公布的数据中，其影响因子为0.2846，位于综合性重点大学社科学报的第六位，总被引频次为175，位于第七位。2003年，学报社会科学版入选《中国人文社科学报核心期刊概览》。2004年1月又入选中国社会科学文献信息中心收录、社会科学文献出版社出版的《中国人文社会科学核心期刊要览》（2004年版）。同年7月，再入选北京大学图书馆收录、北京大学出版社出版的《中文核心期刊要目总览》（2004年第2版）。2004年2月，学报社会科学版被北京大学人文学部列为该校所承认的核心刊物的9家高校学报之一（其他8家是《北京大学学报》、《中国人民大学学报》、《复旦学报》、《武汉大学学报》、《北京师范大学学报》、《文史哲》、《南京大学学报》、《东北师范大学学报》等）。

四

2001年至2002年中山大学先后共获省部级以上科研成果奖8项，其中，国家自然科学二等奖1项（一等奖空缺）；教育部自然科学二等奖1项；广东省科技一等奖1项，二等奖2项，三等奖3项。[②] 其中，理科所获的重要奖项包括：

理工学院许宁生教授的"金刚石及相关薄膜的场致电子发射特性和机制"获国家自然科学奖二等奖（一等奖空缺）。该项目包括了材料物理、无机非金属类信息与功能材料、凝聚态物理、真空微电子学4个科学技术领域，以"场致电子发射"理论为指导，研制新型冷阴极电子发射材料及其在平板显示器、微波器件上的应用，取得了一系列原创性的研究成果，总共有21篇论文被美国的科学引文索引 *Science Citation Index*（简称SCI）收录。根据从SCI数据库检索结果，该项目的论文被同行在主要的国际杂志上发表的论文（包括 *Nature*，*Science*，*Physical Review Letters*，*Applied Physical Letters*）

---

① 张楚民：《中山大学学报文、理、医三刊办刊质量全面提升》，见《中山大学校报》（新）第61期，2004-2-23。

② 《我校"高水平大学建设计划"一期工程巡礼》，见《中山大学校报》（新）第60期，2004-1-12。

引用总共达 255 篇次（不含自引），其中单篇最高引用次数达到 119 篇次（不含自引）。①

在 2001 年广东省科技厅评选的 5 个研究基础好、协作精神强、研究水平高的省自然科学基金研究团队中，许宁生教授和中山医学院余新炳教授领导的团队各占一席。许宁生教授领导的团队在光电材料与器件研究项目，在平板显示器、发光材料与光子晶体研制等方面开展了大量国际领先工作的研究，取得了阶段性成果。其中新产品——冷阴极发光管研究在国内首次获得成功，并成为国际上第一个批量生产的科研项目。仅此一项成果，就获得 3 项专利，十几个技术处于世界领先水平。余新炳教授领导的团队进行的模式生物（人体寄生虫）功能基因组研究项目，发表了 18 篇有影响的论文，获得了一批有自主知识产权的功能基因（申请了 6 项专利和 6 项发明奖）。②

许宁生教授率领的场致发射与平板显示研究中心团队还被广东省教育厅评为广东省高等学校第一期"千百十人才工程"先进团队；他本人获得第五届中国青年科学家奖和中国科学院颁发的 2002 年度桥口隆吉奖③。桥口隆吉基金是用著名日本友好人士桥口隆吉捐献给中国科学院的个人资金建立起来的，用于奖励在材料科学领域中作出突出成就和贡献的中国科学家和技术专家。

2003 年 11 月，生命科学学院院长徐安龙教授因为在国际上首次发现 3 个新等位基因而荣获第六届中国青年科技创新杰出奖④。2003 年 12 月 5 日，化学学院曾汉民教授获得该年度何梁何利基金科学与技术进步奖⑤。何梁何利基金科学与技术进步奖旨在通过奖励取得杰出贡献的我国科技工作者，倡导尊重知识、尊重人才、崇尚科学的良好社会风尚，激励科技工作者不断攀登科学技术高峰，加速国家现代化建设。每年颁奖一次。

信息与科学技术学院计算机系汤庸教授 2004 年荣获第七届广东省丁颖科技奖。该奖项旨在表彰在自然科学技术领域作出突出贡献的中青年科技工作者。每两年一届，第七届表彰 20 名⑥。光电材料与技术实验室的邓少芝教授和眼科中心刘祖国教授获得第八届中国青年科技奖⑦。

在医科奖项方面，2001 年度，中山大学医学科研共有 24 个项目获奖，包括国家科技进步奖二等奖 1 项、中国高校科学技术奖 3 项（其中自然科学奖二等奖 2 项、科技进步奖二等奖 1 项）、中华医学科学技术奖（首届）三等奖 1 项、广东省科学技术奖 17 项（其中一等奖 1 项）、广州市科学技术奖 2 项（其中一等奖 1 项）。⑧ 中山眼科中心主

---

① 岳辉、钟志勇、黄毅：《我校两项目获国家科技大奖》，见《中山大学校报》（新）第 7 期，2002 - 2 - 28；《改革创新，开创研究型大学科技工作的新局面——中山大学科技工作会议工作报告（颜光美）》，见《中山大学校报》（新）第 57 期，2003 - 12 - 12。

② 伍金春：《团队研究结硕果》，见《中山大学校报》（新）第 5 期，2002 - 1 - 4。

③ 《许宁生教授获 2002 年度"桥口隆吉奖"》，见《中山大学校报》（新）第 32 期，2003 - 2 - 25。

④ 《徐安龙教授获第六届"中国青年科技创新杰出奖"》，见《中山大学校报》（新）第 55 期，2003 - 11 - 26。

⑤ 《曾汉民教授荣获"何梁何利基金科学与技术进步奖"》，见《中山大学校报》（新）第 58 期，2003 - 12 - 18。

⑥ 《汤庸教授荣获广东省第七届"丁颖科技奖"》，见《中山大学校报》（新）第 64 期，2004 - 3 - 9。

⑦ 《邓少芝教授、刘祖国教授喜获第八届中国青年科技奖》，见《中山大学校报》（新）第 75 期，2004 - 7 - 2。

⑧ 《2001 年度中山大学医学科研获得丰硕成果》，见《中山大学校报》（新）第 15 期，2002 - 5 - 28。

任导师、角膜病科主任陈家祺教授等人的治疗性角膜移植的系列研究获得国家科技进步二等奖。我国角膜移植著作中关于治疗性角膜移植大部分采用了其研究成果。中山医学院病理生理教研室的邓宇斌教授等人完成的 MHC－Ⅰ、Ⅱ类基因转移诱导移植免疫耐受的系列研究获得首届中华医学科技奖三等奖①。眼科中心刘祖国教授的角膜形态及全角膜厚度的系列研究，获得广东省医疗卫生系统惟一一项省科学技术一等奖②。

医学科研 2002 年的获奖项目有：眼科中心刘祖国教授等人共同完成的“角膜形态及全角膜厚度的系列研究”项目荣获国家科学技术进步二等奖；国家科学技术奖 8 项，其中一等奖 3 项，刘焯霖、曾益新、黄挺教授主持的项目获一等奖。中华医学科技奖 3 项，其中附属一院刘焯霖教授与首都医科大学宣武医院陈彪教授等共同完成的项目“帕金森病病因的分子遗传学研究”获一等奖（全国只有 6 项一等奖）；广东省科学技术奖 10 项，其中眼科中心刘奕志教授主持的项目“超声乳化白内障吸除折叠式人工晶体植入术及其对眼组织影响的研究”获一等奖③。

2003 年获教育部国家科学技术奖 10 项，其中一等奖 6 项，是中山大学历年来获教育部科学技术一等奖项目最多的一年。其中基础医学院吴伟康教授等人完成的四逆汤抗心肌缺血的作用及其机制研究，附属第一医院陈旻湖教授等人完成的幽门螺杆菌疫苗的实验研究，沈靖南教授等人完成的恶性骨肿瘤的三结合诊断、保肢治疗和基础研究，陈规划教授等人完成的原位肝脏移植的系列研究，附属第二医院黄绍良教授等人完成的脐血造血干细胞移植的基础和临床系列研究，眼科中心文峰副研究员等人完成的脉络膜相关疾病眼底形态学系列研究获一等奖。中华医学科技奖 3 项：曾益新教授等人完成的鼻咽癌分子遗传学研究获一等奖；④ 广东省科学技术奖 15 项，其中一等奖 3 项，分别为附属一院陈规划教授等完成的原位肝移植系列研究，肿瘤防治中心曾益新教授等完成的鼻咽癌分子遗传学研究，达安基因诊断中心何蕴绍教授等完成的核酸扩增（PCR）荧光检测试剂盒研发及产业化⑤。

2003 年 6 月中旬在芬兰召开的北欧心胸外科协会年会上，附属一院心脏外科副教授吴钟凯的论文 *Cardiomyocyte Apoptosis and Ischemic Preconditioning in Open Heart Surgery* 获得大会大奖（Karl Victor Hall Award，只奖励一名）。这是中国的心胸外科医生第一次获得这项荣誉⑥。在 2003 年 11 月 18 日至 20 日举行的第五届国家辞书奖颁奖大会上，附属肿瘤医院王晓鹰主持编写的《中山英汉医学词典》获国家辞书奖一等奖。国家辞书奖（国家级）是中国辞书界的最高奖项⑦。

---

① 岳辉、钟志勇、黄毅：《中山大学两项目获国家科技大奖》，见《中山大学校报》（新）第 7 期，2002－2－28。

② 《角膜形态及全角膜厚度的系列研究荣获 2001 年度广东省科学技术一等奖》，见《中山大学校报》（新）第 16 期，2002－6－25。

③ 《中山大学去年医学科研结硕果》，见《中山大学校报》（新）第 34 期，2003－3－17。

④ 黄小珍、梁勤儒：《中山大学医科 2003 年喜获 10 项教育部提名国家科学技术奖》，见《中山大学校报》（新）第 60 期，2004－1－12。

⑤ 黄小珍、梁勤儒：《中山大学医科首次一年三个项目同获广东省科学技术一等奖》，见《中山大学校报》（新）第 59 期，2004－1－4。

⑥ 陈燕奎、陈起坤：《吴钟凯论文获 Karl Victor Hall 大奖》，见《中山大学校报》（新）第 47 期，2003－9－2。

⑦ 《王晓鹰主编的〈中山英汉医学词典〉获国家辞书奖一等奖》，见《中山大学校报》（新）第 56 期，2003－12－8。

在人文社会科研方面，2001至2002年共获得省部级以上奖励25项。2001年中文系程文超教授的文学理论著作《1903：前夜的涌动》获得第二届全国鲁迅文学奖。

在2002年第三届中国高校人文社会科学优秀成果评审中，中文系的《全元戏曲》（十二卷）和逻辑与认知研究所的《基于开放世界预设的逻辑》获一等奖。《全元戏曲》是以中文系古代文学学科为主体完成的，1990年至1999年陆续由人民文学出版社出版。该书是我国现存的全部元代戏曲（包括已佚残曲）的辑集，用多种版本校勘，是研究元代戏曲很有价值的重要成果。此外，中山大学还获二等奖6项，三等奖9项①。

心理学系教师饶恒毅博士获中国心理学会普通心理和实验心理专业委员会2003年学术年会及国际讨论会优秀青年科学家奖②。他的论文被国际著名杂志 *Lrain* 接受③。心理学系陈楚侨教授关于精神分裂症患者言语流畅性、神经病理征兆和执行功能分类的三篇神经心理学论文，在2004年瑞士 Davos 举行的第12届精神分裂症双年冬季工作坊上获得资深科学家奖④。

五

学校注重加强素质教育，组织学生参加高水平竞赛，重点加强了对优秀创造性人才的培养，注重培养具有较高综合素质的具有创新精神和创业能力的高层次人才。中山大学学子在奥运会、国际大专辩论赛、国际企业管理挑战赛、国际创业计划竞赛、国际大学生程序设计竞赛等比赛中表现优异。

在2004年的第28届雅典奥运会上，中山大学有6位学生参加了比赛。其中，2004年录取的行政管理专业本科新生杨景辉勇夺男子双人跳台跳水冠军（与田亮配对）；董兆志、吴汉雄夺得男子花剑团体亚军；陈秀清获得女子游泳仰泳第四名；周汉明参加了男子佩剑比赛；陆颖娜参加了艺术体操比赛⑤。

2002年8月28日，在中央电视台2002年全国大专辩论赛总决赛中，由李承斌、黄磊、马薇薇、薛乐4位同学组成的中山大学辩论队战胜电子科技大学夺得冠军。中文系薛乐同学获“2002年全国大专辩论会最佳辩手”的称号⑥。2003年9月26日，由薛乐、马薇薇、黄磊、张君4位同学组成的辩论队又夺得中央电视台2003国际大专辩论会总决赛冠军⑦。

管理学院在国际企业管理挑战赛中表现出色。该项赛事20多年前起源于欧洲，为在全球范围内提高现代化企业管理水平而设，有中、英、法等十几个国家参赛。赛事由5人组成的参赛队经营虚拟企业，根据现代企业管理知识对该企业每季度的经营作出系

---

① 《我校“高水平大学建设计划”一期工程巡礼》，见《中山大学校报》（新）第60期，2004-1-12。

② 《简讯：饶恒毅博士获奖》，见《中山大学校报》（新）第60期，2004-01-12。

③ 高定国、郭文亮：《精心打造国际化心理学专业品牌》，见《中山大学校报》（新）第61期，2004-2-23。

④ 《简讯：陈楚侨教授获奖》，见《中山大学校报》（新）第60期，2004-1-12。

⑤ 《中大六学子奥运创佳绩》，见《中山大学校报》（新）第76期，2004-8-30。

⑥ 《中山大学年鉴2002》“附录：表彰与奖励”，中山大学出版社2003年版，第377页。

⑦ 张哲：《中山大学辩论队国际大专辩论赛折桂》，见《中山大学校报》（新）第50期，2003-9-26。

列决策，与同一市场的其他7个虚拟企业竞争。2003年1月，在第20届国际企业管理挑战赛（GMC）第7届中国赛区决赛中，中山大学“战神队”夺得亚军①。4月，在葡萄牙举行的第21届国际企业管理挑战赛（GMC）总决赛中，“暴风雪”队以较大优势获得世界总决赛的冠军。此次比赛有来自五大洲超过2000支队伍参加了地区选拔②。

岭南学院MBA在国际创业计划大赛中夺得亚洲区冠军。该项赛事是由美国得克萨斯州奥斯丁大学承办的全球性比赛。2002年3月15日，在美国檀香山举行的该项赛事亚洲区分赛（即亚洲创业计划大赛）中，岭南学院MBA代表队力克亚太地区12所著名的商学院，以绝对优势赢得了总冠军，并囊括了所有单项冠军。③

计算机系在ACM国际大学生程序设计竞赛中屡屡获奖。此项比赛是由国际计算机界历史悠久、颇具权威性的组织ACM学会（Association for Computer Machineary）主办，是世界上公认的规模最大、水平最高的国际大学生程序设计竞赛，历来为国际知名大学所重视。在美国好莱坞举行的第27届ACM国际大学生程序设计竞赛全球总决赛中，中山大学“熊猫队”以895分钟完成了6道题，在所有完成6道题的高校中用时最短，击败了哈佛、耶鲁/加州理工大学，哈佛大学，东京大学等世界名校，夺得世界第八名，与清华大学、上海交通大学并列获得银牌。第27届创纪录的有68个国家的2.3万名参与者、3850个小组在预选赛与地区竞赛中角逐，最终有25个国家的70个团队参加了总决赛。中山大学参赛的队员为郑凤梅、黎俊瑜、王颖，后备队员为李志业。带队老师为郭嵩山教授④。在布拉格举行的第28届国际大学生程序设计竞赛全球总决赛中，中山大学获世界第11名并再夺铜牌。中山大学的奖牌也是该届全球总决赛中国内地高校夺得的惟一一块奖牌。中山大学代表队成员是王颖、黎俊瑜、陈实⑤。

由外语学院1999级滕琛同学和数计学院2000级夏天同学组成的中山大学代表队，在第七届“外研社杯”全国英语辩论赛中荣获亚军。“外研社杯”全国英语辩论赛是由国际英语口语联盟与中国高校英语口语协会合办的全国性比赛项目，是中国最高水平的英语辩论赛。滕琛同学和夏天同学均荣获“最佳辩手”称号⑥。

（执笔：陈璜）

---

① 《第20届国际企业管理挑战赛第七届中国赛区决赛中大MBA喜获榜眼》，见《中山大学校报》（新）第32期，2003-2-25。

② 《管理学院“暴风雪队”获21届GMC世界总决赛冠军》，见《中山大学校报》（新）第67期，2004-4-13。

③ 《中山大学年鉴2002》“附录：表彰与奖励”，中山大学出版社2003年版，第391页。

④ 《我校队勇夺“编程奥斯卡”银奖》，见《中山大学校报》（新）第36期，2003-4-8。

⑤ 《ACM大赛　中山大学队排名中国内地高校第一并再获铜牌》，见《中山大学校报》（新）第67期，2004-04-13。

⑥ 《过五关斩六将　连胜六场比赛》，见《中山大学校报》（新）第37期，2003-4-16。

第三节 杏林硕果

一

并校后，各大附属医院软件、硬件建设齐头并进，医疗设施不断改善，医疗水平进一步提高。在医院扩展和基础设施方面的主要事件有：

2002年11月10日，耗资3.5亿元的附属第一医院新门诊急诊大楼正式启用，这是一幢集门诊、急诊、病房和手术室、学术交流中心为一体的综合性现代化医疗建筑，占地面积约4000平方米，总建筑面积68237平方米，地面17层均为门（急）诊医疗用房和部分科室住院病区，医疗用房面积接近原医院总医疗用房面积。同时，附属第一医院黄埔院区正式挂牌。至此，一院总占地面积79138平方米，开放病床达2000张，年门诊、急诊量超过200万人次，在就医硬件方面已不逊于国内任何一间现代化医院。① 2002年1月18日，附属第二医院的南院正式开业。这是建院100多年的孙逸仙纪念医院第一次向新城区扩张，也是中山大学的附属医院首次设立分院②。2004年2月18日上午，附属第二医院新门诊正式投入使用。新门诊面积7000平方米，比旧门诊扩大了2倍，全面推行全电子化和人性化的服务标准③。附属第三医院成立肝脏移植中心。该中心是中山大学将一院肝脏移植组的部分技术力量调往三院整合组建而成的，2003年9月28日正式成立。中心成立半年内便完成104例肝脏移植手术。统计表明，104例手术的完全康复出院率逾90%，接近发达国家水平。104名患者中最年长者76岁（检索表明，这是亚洲接受此项手术的最高年龄）；最年幼者年仅5岁④。2001年6月8日，原中山医科大学与珠海市人民政府签署合作建设中山医附属第五医院的协议，珠海市将正在建设中的市医疗中心无偿提供给原中山医科大学永久使用和管理。为支持医院的进一步发展，2002年5月9日上午，工商行珠海市分行又与五院正式签约，由工行提供3亿元人民币贷款用于医院建设。2002年12月14日上午，投资3.5亿元在珠海唐家湾畔兴建的附属五院正式开业，医院占地35万平米，拥有床位1300张及上亿元的国内外先进医疗设备⑤。2002年11月23日，肿瘤医院医疗科研大楼正式启用。该大楼是亚洲专科医院中现代化功能齐全、规模最大的单体楼，安装了国内第一条医用轨道式物流系统。至此，肿瘤医院已经成为拥有1000张病床、100名高级职称人员的中国第一家大型现代化肿瘤专科三甲医院，每年接诊超过1万名新发肿瘤病人，占全广东省的18%，年门诊量24万人次，住院8000余人次，居全国肿瘤医院榜首；同时还是世界卫生组织

---

① 《中山大学年鉴2002》"2002年中山大学大事记"，中山大学出版社2003年版，第371页；陈起坤、何思中：《附属一院双喜临门》，见《中山大学校报》（新）第25期，2002-11-7。

② 《中山大学年鉴2002》"2002年中山大学大事记"，中山大学出版社2003年版，第362页。

③ 杨聘英、王薇：《中山二院南院正式启动》，见《羊城晚报》，2004-2-19。

④ 《三院肝脏移植中心成立》，见《中山大学校报》（新）第52期，2003-10-24。

⑤ 《中山大学年鉴2002》"2002年中山大学大事记"，中山大学出版社2003年版，第374页。

癌症研究合作中心[①]。

二

在临床医学实践上，各附属医院成功施行了多例在国内外达到先进水平的高难度手术，其分离连头女婴、多器官移植、用“心脏暂停术”切癌等手术或达到国际先进水平，或填补国内同类技术空白。

2001年11月3日7时30分至11月5日12时10分，附属一院为一对1岁零4个月、脑部相连的连头婴香娟、香心成功实施了头部分离手术。这是中国首例连头婴分离手术并获得成功，也是世界上比较罕见的连体双胎畸形手术分离获得成功。这两个连头女婴的双颅骨相连，双侧脑组织相连，脑内大静脉相融合，是各类连头畸形中最复杂的一种类型——D级（连头畸形的粘连程度按A、B、C、D逐级递增，而此前美国与新加坡的连头婴分离成功病例均属于B级或C级），同时，右婴还有肾功能衰竭，这在世界上尚属首例，大大增加了手术难度和风险。该手术历时53小时，参与这对连头婴治疗和手术的工作人员共有277人，其中医护人员245人，行政后勤人员32人；参与手术的医护人员就有101人。右婴香心于术后22小时死亡[②]，左婴香娟于2002年1月21日康复出院，成为中国第一例手术分离成功的双胞胎连头婴的幸存者[③]。该例手术的成功实施被评为全国2001年卫生界十件大事之一[④]。

2002年1月10日，附属一院肝胆外科采用体外循环技术，让病人心脏停止跳动26分钟，成功地为一位晚期肝癌患者切除了侵犯到整条肝后下腔静脉的癌栓，填补了国内同类技术的空白。据介绍，在此之前，用心脏停跳术切除癌症病灶在国内尚未见报告。在可检索的英文文献中，全世界采取心脏停跳术切除肝癌和下腔静脉或右心房癌栓的只有7例。而在长达16厘米的下腔静脉内完全充满癌栓的病例，在世界上尚未见文献报告[⑤]。

自1972年梅骅教授做了国内首例亲体肾移植、陈国锐教授在1979年成功地施行了甲状旁腺移植，治疗甲状旁腺功能低下症，开辟了器官移植的新领域之后，亲体肾移植和异体肾移植，在郑克立教授等一代专家手中成熟。1993年黄洁夫教授同陈规划、何晓顺等中青年专家一道施行国内首例体外静脉转流下的肝脏移植。1996年由黄洁夫教授、郑克立教授主刀，平顺地实施了亚洲首例肝肾联合移植，开创了中国器官联合移植的先河。经过30多年的探索和努力，附属一院形成了一支以中青年专家为主体的实力雄厚、医术高超、医德高尚、团队精神很强的器官移植队伍：①肾移植方面有学科带头人陈立中和王长希、费继光等骨干；肾脏病第三病区的纪玉莲、吴培根、许元文等在肾移植术前及术后疗方面积累了十分丰富的经验，形成了术前术中和术后治疗一条龙服务。②肝移植方面有学科带头人何晓顺和朱晓峰等骨干。历年来他们获得了一系列重大

---

① 《肿瘤防治中心举行38周年院庆暨新大楼落成典礼》，见《中山大学校报》（新）第28期，2002-12-5。

② 《中山大学年鉴2001》“2001年中山大学大事记”，中山大学出版社2002年版，第282页；廖怀凌、陈起坤、陈燕奎：《分离》，见《羊城晚报》，2001-11-9。

③ 《中山大学年鉴2002》“2002年中山大学大事记”，中山大学出版社2003年版，第362页。

④ 陈起坤、陈燕奎：《连头婴术后康复出院》，见《中山大学校报》（新）第7期，2002-2-28。

⑤ 陈起坤：《心跳暂停26分切肝癌》，见《中山大学校报》（新）第7期，2002-2-28。

科研项目，如黄洁夫的肝脏移植治疗终末肝病的临床研究，原位肝移植的临床研究，陈规划的个体化疗提高肝癌肝移植疗效的临床研究，何晓顺的腹部器官簇移植免疫耐受的研究，陈立中的腹腔镜切取活体供肾的实验和临床研究，王长希的 HLA 血清学及基因联合配型提高肾移植近远期疗效的研究等便是其中一部分。同时他们还取得了许多令人瞩目的科研成果，如甲状旁腺移植治疗甲状旁腺功能低下症（卫生部二等奖），原位肝移植系列研究（国家科技进步二等奖、教育部科技进步一等奖），供体抗原与毒素连接物对移植排斥反应的影响（教育部二等奖、卫生部三等奖）；获广东省科技二等奖以上的有原位肝移植治疗终末期肝病、提高肾移植术后人/肾生存率的系列研究、降低移植肾超急排斥发生率的系列研究、降低移植肾超急排斥发生率的系列研究等。在临床方面，截止 2004 年 8 月，他们已实施了 2800 移例肾移植，其中年龄最小的患者仅 3 岁，年龄最大的患者 80 多岁；施行了近 500 例肝移植手术，其中年龄最小的患者仅 3 个月，年龄最大的患者达 74 岁。器官移植手术得到该院以黄文起教授为主任的麻醉科和以谢晓燕教授为主任的超声波诊断治疗科以及 SICU 等相关科室的密切合作与支持，使技术更加成熟，成功率更高。目前在肾移植方面，患者术后一年存活率达 96%，近期疗效已达到国际先进水平，远期疗效居国内先进地位，成为该院最有发展前途的新亮点之一。尤其可喜的是，他们不满足已取得的成就，不断努力开拓新的领域。詹文华、何晓顺等教授于 2004 年 5 月 28 日在一院器官移植中心与胃肠外科联合进行手术，为一位胰腺癌合并多发性肝转移的女患者成功地实施了腹部多器官移植手术，一次切掉病人的肝、胆、脾、胰、胃、十二指肠、大小网膜及部分小肠等上腹部全部组织器官，换上健康的肝、胰及十二指肠。这是亚洲首例、全球为数不多获得成功的多器官移植病例。多器官移植是器官移植领域最为复杂的尖端技术，也是现代医学尤其是外科学发展的标志性成果。目前全球仅有数十例报告，绝大部分是在美国匹兹堡和法国的大型器官移植中心进行，全球其他医院的少数病例几乎没有成功存活的先例。①

此外，在国内具有首创意义或居于领先水平的手术还有：

2002 年 1 月 28 日和 2 月 6 日，附二医院骨外科分别为两位腰椎间盘突出症患者成功实施了国内首次人工髓核置换术②。2002 年 5 月 16 日，附一医院成功进行了国内首例左侧胫骨上段骨肉瘤切除和可延长人工膝关节假体置换手术③。2002 年 4 月 29 日，附一医院为一位 74 岁的台湾老人王伯成功进行了肝移植手术。这位老人成为亚洲接受肝移植成功者中年龄最高的患者，在世界肝移植高龄者中排行第二，仅次于美国一位 76 岁的老人④。眼科中心开展的 Nd：YAG 激光乳化白内障吸除，联合可推注式的人工晶体植入术，将手术切口缩短至 1.75mm。当前，通过 1.75 mm 切口完成白内障手术联合人工晶体植入手术在国内尚未见报道⑤。2003 年 5 月 20 日，附一医院小儿外科与肝胆外科成功联手为一位未满 1 岁、不幸得癌症的幼儿实施了胰十二指肠切除手术，为国

① 陈起坤等：《附属一院挑战器官移植极限获得成功》，见《中山大学校报》（新）第 73 期，2004-6-9。
② 子荣：《骨外科开展国内首次人工髓核置换术》，见《中山大学校报》（新）第 10 期，2002-3-27。
③ 《中山大学年鉴 2002》"2002 年中山大学大事记"，中山大学出版社 2003 年版，第 366 页。
④ 《附属一院成功进行世界"第二老人"肝移植》，见《中山大学校报》（新）第 15 期，2002-5-28。
⑤ 杰为、子荣：《眼科中心白内障微创手术又有新进展》，见《中山大学校报》（新）第 40 期，2003-5-19。

内治疗婴幼儿类似病例开创了先河。[①] 2004 年初，附一医院骨外科连续为两名 53 岁（一男一女）高位颈椎压迫脊髓致瘫的患者成功施行了颈前咽后入路颈 2 椎体次全切除减压术。这种手术方式在国内外都罕见开展。[②] 附三医院肝脏移植中心为一个陷入重度肝昏迷的产妇成功施行了肝移植手术，还创下了无肝期仅 20 分钟（正常是 30 到 40 分钟）、整个手术时间仅 3 小时的国内罕见纪录。附三医院为该产妇成功实施肝移植手术不仅在国内未曾听闻，在全世界文献中也极少记载。[③]

在广东省卫生厅公布的 18 个省医学重点专科和 29 个特色专科名单中，中山大学共有 9 个学科成为广东省医学重点专科，名列榜首。这 9 个专科是：附一医院肾内科、附一医院神经内科、附一医院器官移植外科、附一医院生殖医学专科、附三医院耳鼻喉科、眼科医院角膜病专科、眼科医院白内障专科、肿瘤医院鼻咽癌科、肿瘤医院放射治疗科。[④] 在国家卫生部公布的可开展人类辅助生殖技术（试管婴儿）业务的国内医院名单中，中山大学附属第一医院成为广东省上榜的三家医院之一。一院获准开展的相关项目为体外受精、胚胎移植、卵胞浆内单精子显微注射和植入前胚胎遗传学诊断技术。[⑤]

（执笔：陈璜）

第四节　任 重 道 远

一

中山大学在注重基础科学研究的同时，结合广东经济发展的实际，大力开展应用科学研究，推动基础性研究向应用研究和高技术开发延伸，加快科研成果的转化，努力为国家和地方的经济建设服务。[⑥]

为加速科技成果转化，为地方经济发展服务，学校提出了“以贡献促共建”，并实施专利战略，把基础研究、实用研究联系起来，获取高新技术的制高点。学校专门设立专利基金，资助科技人员的专利申请费用，重点资助发明专利，适当资助实用新型专利，制定了《中山大学科技成果转化暂行办法》，重视技术发明人的权益，技术发明人在其成果转让中，可从转让纯收入中获得不超过 50% 比例的奖励，这对充分调动广大教师科技创新的积极性发挥了作用。《中山大学科技成果奖励办法》鼓励原始性创新，因此，教师申请的专利大多数为发明专利，每年发明专利约占专利申请量的 90% 左右。

---

① 陈起坤：《附属一院为未满周岁幼儿成功施行胰十二指肠切除术》，见《中山大学校报》（新）第 43 期，2003－6－16。

② 陈燕奎：《附属一院成功施行高难度颈椎手术》，见《中山大学校报》（新）第 60 期，2004－1－12。

③ 《附三院获几项高水平医疗成果》，见《中山大学校报》（新）第 76 期，2004－8－30。

④ 《我校九个学科成为广东省医学重点专科》，见《中山大学校报》（新）第 35 期，2003－3－28。

⑤ 林靖峻：《卫生部公布广东仅三家医院有资格做试管婴》，见《新快报》，2003－4－3。

⑥ 王可、李汉荣、岳辉：《广东中山大学实现“转型”》，见《人民日报华南版》，2003－3－28。

同时，学校在岗位业绩津贴发放、科技成果评价和教师职称评审中，均把专利作为主要的评价指标之一①。

据国家知识产权局发布的《2002年发明专利申请状况分析》统计资料：2002年中山大学专利申请量增幅显著，比2001年（历年专利申请量最高的一年，共49项）增长130%以上，全年一共向国家知识产权局递交115项专利申请，其中发明专利申请102项，实用新型专利申请13项，有3项为PCT国际专利申请②。

中山大学强调科研为社会服务，积极推动高校科技成果转化为生产力。学校每年组织10多次各类技术交易与成果展示活动。2002年底中山大学成为广州技术产权交易所交易会员③，使学校与企业的联系大大加强，科技成果转化的渠道得到拓宽。

2001年至2003年，中山大学在高交会上推出了多项科技产品。2001年的高交会上中山大学展示了200多项高科技成果和产品，还成功推出"中大软件"的品牌④；2002年合校后首次参加高交会，又带去240余项科研成果，重点展示了近30项科研项目，主要涉及医药、生物、食品、电子、信息、环保、化工、材料等领域，重点推出"中大医药"品牌，推出40余项医药类项目，包括在2000年获中国高校科技进步一等奖的复方血栓通胶囊、投资近200万元的新型紧急床边心脏起搏装置，还有中药诱导间质干细胞分化为神经元治疗瘫痪和帕金森氏病等多项新产品和新技术⑤。

中山大学国家教育部食品工程研究中心还应广东团组委会的邀请，参加了广东团，展出中心研制开发的8项生物高技术成果和产品。其中学者灵芝成功地通过超临界二氧化碳流体萃取技术将占灵芝孢子总重量37.5%的脂质生物活性物质完全萃取且保持品质稳定，是继攻克微米级灵芝孢子破壁世界难题之后取得的又一项开创性重大突破。这项独创技术已获中国和美国发明专利及美国FDA存档⑥；2003年又有200余项科研成果参加高交会，重点展示有望推广应用及产业化开发的亮点项目，包括体外反搏、车载导航系统、ADS2003数码记录仪等。抗心律失常海洋一类新药的研究与开发和纤维增强团状膜塑料两个项目还入选了高交会历届优秀成交项目⑦。其中，由中山大学郑振声教授等研制开发的体外反搏器对防治人类心脑血管缺血疾病有重要作用。该产品先后获得了包括全国科学大会一等奖等十余项奖，也获得了美国食品与药物管理局（FDA）的"上市前认可"和"良好生产管理（GMP）"认可、国际ISO-9000质量认证、欧洲CE-MARK认证等，美国政府医疗保健经济管理局批准Medicare医疗保险公司将体外反

① 《我校发明专利申请量跃居全国高校第七》，见《中山大学校报》（新）第21期，2002-9-17。

② 《中大专利》，见《中山大学校报》（新）第37期，2003-4-16；另据《改革创新，开创研究型大学科技工作的新局面——中山大学科技工作会议工作报告（颜光美）》，见《中山大学校报》（新）第57期，2003-12-12。2002年中山大学专利申请数达114项，其中发明专利101项，PCT申请3项，比2001年的专利申请总数增长2~8倍以上。

③ 《我校"高水平大学建设计划"一期工程巡礼》，见《中山大学校报》（复）第399期，2001-10-23。

④ 《IT技术与生物技术双拳出击　中山大学高交会打造产业优势》，见《中山大学校报》（新）第60期，2004-1-12。

⑤ 《新中大亮相高交会备受关注》，见《中山大学校报》（新）第32期，2002-10-15。

⑥ 《中山大学年鉴2002》"2002年中山大学大事记"，中山大学出版社2003年版，第373页。江海、袁建平、汤展球：《中山大学天然活性物质与功能性健康产品研究获重大突破》，见《中山大学校报》（新）第26期，2002-11-18。

⑦ 黄玛莉：《展示成果　扩大交流》（新）第53期，2003-10-24。

搏器纳入65岁以上老人的医疗保险范围，准予报销①。

为了加快科技成果的产业化进程，中山大学与海珠区共建了科技园。2003年2月14日，中山大学与海珠区人民政府正式签署《共建海珠—中山大学科技园》协议，并成立了海珠—中山大学科技园领导小组和海珠—中山大学科技园管理委员会。2002年3月3日，经省科技厅、教育厅批准，中山大学海珠—中山大学科技园被认定为广东省大学科技园②。海珠—中山大学科技园分为“一园三区”，即新港西孵化园区、敦和创业园区、琶洲产业园区，总占地面积为12.9万平方米，依托中山大学科技、人才等资源优势和学科特点，以现代资本运营的方式，进行技术成果的孵化、商品化、产业化，开展技术贸易、技术中介和高级管理人才培训等业务；同时引入创业风险投资基金，扶持园内企业的建设与发展③。学校提出未来要进一步加快科技园的建设，吸引海外留学人员、其他高校和科研院所及各类高新技术企业等人员带高新技术成果入园创业；鼓励学校教师、科技人员、管理人员兼职或离岗在园区创办科技企业，从事高新技术成果转化工作；支持研究生和大学生入园兼职创业。学校每年从科技产业上缴学校利润与收益总额中提取20%设立中山大学科技创业种子基金，主要用于中山大学科技成果转化与产业化工作④。

此外，学校还采取各种措施加强与企业合作。合作项目包括：

2002年，中山大学联合广东恒兴集团、广州新元生命科技有限公司、深圳海王生物股份有限公司、广东中大亿达洲生物技术股份有限公司等单位组建了南海海洋生物技术国家工程研究中心。项目总投资达1.3亿元。主要建设项目包括：采用细胞工程、生化工程、发酵工程、分子遗传育种和改良、基因组、生物信息等现代生物技术，与传统的海洋生物养殖和加工技术相结合，进行海水养殖、海洋生物制品、海洋药物等海洋生物技术的研究和产业化，促进我国海洋生物资源的保护和利用（特别是具有丰富资源的海洋生物资源）。⑤

2002年6月21日，中山大学和广东省电信公司签署了在电信业务方面全面合作的协议，实现优势互补，共同发展⑥。

2003年6月28日，中山大学和中国农业银行广东省分行签订协议，合作发行中山大学—中国农业银行联名卡⑦。2003年11月16日，校友联名信用卡举行了首发仪式。这是国内首张由银行和高校联合开发的信用卡，面向海内外近13万校友和近5万在校学生、教职员工发行。该卡集服务功能和贷记卡功能于一身，除了具备中国农业银行金穗信用卡的消费、结算、转账、透支等全部功能，并能享受农业银行提供的各项优惠服务之外，还具有中山大学提供的校友专属功能，包括有关学校设施使用优惠、校友网上家园服务、校友全球支援服务、优先获得各种学术成果信息、优惠获得各类咨询与培训

---

① 方典秋、陈欣然：《体外反搏器成“武治会”亮点》《中山大学校报》（新）第53期，2003-11-5。

② 《“海珠—中山大学科技园”被认定为广东省大学科技园》《中山大学校报》（新）第38期，2003-4-29。

③ 《中山大学与海珠区共建海珠中山大学科技园》，见《中山大学校报》（新）第32期，2003-2-25。

④ 《学校决定加快中山大学科技园建设》，见《中山大学校报》（新）第47期，2003-9-2。

⑤ 《南海海洋生物技术工程研究中心获批准为国家工程研究中心》，见《中山大学校报》（新）第45期，2002-11-18。

⑥ 温平：《优势互补　促进发展》，见《中山大学校报》（新）第17期，2002-6-25。

⑦ 李朔：《银、校合作开新篇》，见《中山大学校报》（新）第26期，2003-7-2。

服务、参加各类型校友活动等学校专供服务等①。2003年7月29日，中山大学与珠海南科集团合作建立了集成电路产学研基地②。

中山大学加快成果转化的举措取得了一定的成效，一大批科技成果得到了应用，创造了较为显著的社会经济效益。在环境保护技术方面，环境科学系研制、设计的广州市城市生活污水和垃圾渗透液处理技术，帮助解决了困扰政府和群众生产生活的大难题。目前应用这一技术的李坑垃圾填埋场渗透液处理示范工程日处理污水能力达500吨，节省建设费用1650万元，每年可节省运行费273.75万元。在信息技术方面，计算机辅助服装设计与纺织服装业集成系统在国内100多家用户使用，创造的经济效益达5亿元以上。在海洋生物技术方面，首次提出对虾病毒控制理论和技术，培训对虾养殖技术人员8000多人，为广东省对虾养殖业快速发展作出了重大贡献。在农业技术方面，生物杀虫剂"虫瘟一号"系列产品，现已大批量生产，并取得良好效益；③ 高活性新型鱼类催产剂在南方各省的鱼类养殖行业得到了应用；黑麦草—水稻草田轮作系统达到了同类研究的国际先进水平，获教育部科技进步一等奖，在中国南方（福建、江西、湖南、广西、四川、贵州等）多个省区得到了推广，已累计产生30亿元的经济效益；"虫瘟"系列微生物杀虫剂，在四川、云南、湖南、江西、福建等多个省市得到推广应用④。

医疗技术方面，研制出具有自主知识产权的体外反搏器，在国内4000余家医院应用，上百万病人得到有效治疗，产生了超过3亿元人民币的经济效益，为国家创汇达1000多万美元⑤。达安基因诊断中心完成的核酸扩增（PCR）荧光检测试剂盒研发及产业化项目，以肝炎病毒等常见感染性疾病病原体为研究对象，探讨病原体核酸定量水平与疾病发生和发展关系，阐明了病原体核酸水平变化对该疾病早期诊断、疗效评价和预后估计中的意义。该中心在国际上率先研制出荧光定量PCR商品化试剂盒，5个产品取得（新）药证书，3年完成销售收入2.2亿元，上缴利税1484万元⑥。

二

文科教师重视研究和解决国家与广东经济、社会发展中的重大课题，向各级政府和社会各界提供决策咨询服务。仅2002年，文科就接受政府和企事业单位委托项目117项。⑦

法学院把诊所法律教育和学生法律援助结合在一起。2002年2月成立了法律诊所，

① 《中大人自己的信用卡》，见《中山大学校报》（新）第54期，2003-11-18。

② 林丹：《校企共建学研基地 中大与南科集团结盟珠海》，见《羊城晚报》，2003-7-31。

③ 《改革创新，开创研究型大学科技工作的新局面——中山大学科技工作会议工作报告（颜光美）》，见《中山大学校报》（新）第57期，2003-12-12。

④ 《泛珠三角区域合作中山大学凸显名校优势》，见《中山大学校报》（新）第76期，2004-8-30。

⑤ 林亚茗、曾辉、徐浩平：《建科技强省 广东高校科研面向经济建设主战场》，见《南方日报》，2004-5-25。

⑥ 林亚茗、林晓涌、叶毓峰：《98.9%项目达国内先进水平 省科技奖获奖项目分析》，见《南方日报》，2004-6-10；另据林亚茗、曾辉、徐浩平：《建科技强省 广东高校科研面向经济建设主战场》，见《南方日报》，2004-5-25。该中心研制开发的PCR检测试剂盒年产量14.63万盒，年收入1.02亿元，已获得乙肝、丙肝、结核杆菌、沙眼衣原体等四种产品新药证书，产品覆盖全国30个省350多家医院；用于SARS病人检测的新型冠状病毒基因检测试剂盒，已获得我国第二个新药生产批号。

⑦ 《我校"高水平大学建设计划"一期工程巡礼》，见《中山大学校报》（新）第60期，2004-1-12。

凭借教育人才优势，依托广东省广州市法律援助中心等机构，为需要法律援助的社会人士免费“把诊问脉”，并在专家的指导下选取并接办公益性案件，免费为当事人提供非诉和诉讼代理服务；① 心理学系成立了集科研教学、社区服务和实习培训于一体的对社会开放的心理服务中心；② 行政管理研究中心副主任刘恒教授主持完成了我国政府信息公开领域的第一部立法——《广州市政府信息公开规定》，该法规已于2003年1月1日正式生效实施；③ 管理学院连年举办少数民族经济管理干部培训班；由港澳珠江三角洲研究中心撰写的香港澳门系列研究报告，得到国家和广东省的高度重视；《广州市内环二、三、四期工程拆迁普查》、《广东社会基本调查》等一批咨询报告被委托部门采用。④

此外，中山大学还在旅游资源开发、区域规划、环境保护、地方治理等方面为社会发展服务。由水资源与环境研究中心陈晓宏教授主持的广东省水资源综合规划项目于2002年12月正式启动。该项目总经费2360万元，是广东省历史上规模最大、内容最全面、资料最深入完整、涉及领域最广泛的一次水资源综合规划。⑤ 地理科学与规划学院彭华教授从1987年起开始参与广东韶关丹霞山风景名胜区的开发建设和规划设计工作，由他主持开发丹霞山申报世界地质公园的工作得到了UNESCO专家组的高度评价。⑥ 地理科学与规划学院闫小培教授主持了由国家建设部和广东省政府联合组织的珠江三角洲城市群规划中的“经济与社会发展”专题研究。该规划调研汇集了部、省涉及规划、交通、房地产、环境等各方面的重要机构和高水平专家，中山大学是惟一参与的高校。⑦ 环境科学研究所陈新庚教授主持了广东省固体废物污染防治规划课题，总经费达100多万元。中山大学通过广东省8家科研单位的竞标，中标成为该课题的主承担单位。⑧ 旅游发展与规划研究中心在由国家旅游局、国家计委、国家西部开发办等国家主管部门共同组织的公开竞标中，获得西部旅游投资规划西南片区的编制权。中心与国家计委投资研究编制的西部旅游投资规划已经完成并通过专家组评审。⑨ 2003年5月，中山大学成立了地方治理研究所，致力于城乡社区治理、地方政府与公共治理改革和国际学术前沿的地方治理理论三大领域的研究。⑩

中山大学还尝试与地方政府开展多领域、全方位、深层次的合作，一方面拓展为社会服务的空间，另一方面也利用地方资源实现科研成果的产业化。

首先是与肇庆、佛山、潮州等市开展产学研的全方位合作。

2004年4月8日上午，中山大学与肇庆市在南校区小礼堂签订全面合作协议，双

---

① 《法律诊所成绩斐然》，见《中山大学校报》（新）第28期，2002-12-5。

② 《心理学系复办两周年的献礼》，见《中山大学校报》（新）第44期，2003-6-26。

③ 《开我国政府信息公开立法先河》，见《中山大学校报》（新）第31期，2003-1-9。

④ 《我校“高水平大学建设计划”一期工程巡礼》，见《中山大学校报》（新）第60期，2004-1-12。

⑤ 郭汝丽：《广东省最大的水资源综合规划项目启动》，见《中山大学校报》（新）第40期，2003-5-19。

⑥ 涂新军等：《彭华教授主持的丹霞山世界地质公园申报工作大功告成》，见《中山大学校报》（新）第61期，2004-2-23。

⑦ 《闫小培教授应邀主持“珠江三角洲城市群规划”专题研究》，见《中山大学校报》（新）第36期，2003-4-8。

⑧ 陈炳禄：《广东省固体废物污染防治规划达国内领先水平》，见《中山大学校报》（新）第26期，2002-11-18。

⑨ 《“西部旅游投资规划”获高度评价》，见《中山大学校报》（新）第36期，2003-4-8。

⑩ 《中山大学地方治理研究所成立》，见《中山大学校报》（新）第40期，2003-5-19。

方决定在教学、科研、开发、生产等方面进行校市间的深层次合作。

当天，肇庆市有关部门与中山大学相关学院签订了10份子项目合作协议，包括：①中大与肇庆校市全面合作协议；②肇庆市产业选择和发展研究项目；③肇庆市人才培训和引进合作项目；④肇庆市文化名市建设合作项目；⑤肇庆市“一站式”电子政务网络服务平台建设项目；⑥肇庆市环境保护规划合作项目；⑦肇庆市林业发展项目；⑧肇庆市农业发展项目（学院），即有机柑桔、有机稻米的研究与开发合作协议和罗氏沼虾养殖病害防治及无公害养殖技术推广合作协议；⑨肇庆市医疗卫生合作项目；⑩肇庆市电子信息（新）产品研制合作项目，内容涉及经济、教育、科技、文化、卫生、社会等多个领域。双方将在教学、科研、人才与资源及产业潜能等方面互为依托，走教学、科研、开发、生产相结合的路子，推动大学教学科研发展和地方经济社会全面进步，实现互惠双赢，开辟校市合作的新路。具体合作方式包括：项目研究和咨询论证、论坛及专题研讨，建立教学、科研、开发一体化基地，与企业共同组建公司制企业，加速科技成果产业化，联合创办学历教育，还包括双方协商认可的其他方式。双方还成立了中山大学与肇庆市校市合作委员会，作为双方进行全面合作的决策机构。[①] 如今，中山大学与肇庆市合作开发红豆杉、封开大斑石申报国家地质公园、肇庆市领导干部培训、附属口腔医院与肇庆医院高等专科学校等项目已逐项铺开。

2003年7月7日，中山大学与佛山市政府就组建中山大学佛山研究院签订协议，双方将在产学研方面进行更深层次的合作。早在2001年1月10日，双方已签订了长期合作协议。为进一步贯彻合作协议精神，促进产学研相结合体系的建立，经双方协商决定组建中山大学佛山研究院。根据协议，佛山市政府将为建立研究院提供资金补贴，并协助建院选址工作，今后还将向中山大学佛山研究院提供各种科研专项资金，中山大学则每年要有两三项高新技术成果在佛山市企业转化为生产力[②]。

2004年6月24日下午，中山大学与潮州市湘桥区人民政府、潮州市枫溪江南陶瓷有限公司分别签订合作协议。根据协议，人文科学学院与潮州市湘桥区人民政府以合作形式组建潮州历史文化研究传播中心，主要开展潮州历史文化研究传播工作；中山大学与潮州市枫溪江南陶瓷有限公司联合组建中山大学潮州陶瓷历史文化研究院，主要从事陶瓷历史文化的学术研究、学术交流、教育培训和传播推广活动，挖掘和弘扬潮州的陶瓷文化，提高潮州陶瓷的文化品位，推动潮州陶瓷产业的发展[③]。

其次是与湛江、东莞等市在海洋生物和生命科学方面展开合作。中山大学与湛江市合作建立了中山大学海洋生物技术中心及产业化基地，该基地于2002年7月3日下午在湛江东海岛举行挂牌仪式。[④] 学校还与东莞市合作建设中大松山湖生物技术学院暨国家生命科学与技术人才培养基地。根据协议，中山大学在东莞市设立松山湖生物技术学院和国家生命科学与技术人才培养基地，两者实行两块牌子一套班子，在师资、设备、经费等方面完全共享；东莞市政府则在办学场地、办学设备和办学资金方面提供便利条件。学院的学生将以中山大学生命科学学院高年级（三、四年级）本科生、硕士、博

① 《互为依托　互惠双赢》，见《中山大学校报》（新）第67期，2004－4－13。

② 赵琳琳、王伟：《中大建院佛山》。《广州日报》，2003－7－9。

③ 《中山大学与潮州合作组建潮州历史文化研究传播中心、中山大学潮州陶瓷历史文化研究院并研制巨型浮雕瓷壁画》，见《中山大学校报》（新）第75期，2004－7－2。

④ 《中山大学年鉴2002》“2002年中山大学大事记”，中山大学出版社2003年版，第367页。

士、博士后为主，4 年内达到 400 ~ 500 人的规模，其中研究生比例不低于 50%。中山大学委托生命科学学院实施规划管理。①

此外，中山大学还与广东以外的省市进行经贸合作。2004 年 7 月 14 日，在广州琶洲国际会展中心举办的首届泛珠三角区域经贸洽谈会上，中山大学分别与福建、江西、云南、海南等 4 个省的政府和企业签署协议，在三高农业、旅游规划、生物防治、生物制药等方面开展合作，还签署了福建省安溪 2 万亩有机茶产业化技术项目等 4 项合作协议书②。

三

2003 年，非典型肺炎疫情来袭，中山大学身处广东疫情前线，是全国遭遇非典型肺炎疫情最早、也是接受最严峻挑战的高校之一，还是与之抗争时间最久的高校之一。在这场特殊而艰苦的斗争中，各附属医院的医护人员和医科实习生临危不惧，书写了可歌可泣的篇章。学校还整合多学科科研精英进行科技攻关，充分发挥了综合性大学的学科优势和科研实力。

期间，中山大学附属医院收治了大量患者。2003 年 1 月 18 日到 4 月 23 日，各附属医院收治非典型肺炎确诊病例超过全广东省的十分之一③。

2003 年 2 月 23 日晚，因开车运送重症病人而染上非典型肺炎的附属第二医院司机范信德不幸离开了人世，他是广东省在抗击非典型肺炎战争中最早以身殉职的医务人员。附属第三医院传染科党支部书记、主任医师邓练贤在抢救病人连续 30 多个小时没有休息的情况下，不幸受到感染，于 2003 年 4 月 21 日以身殉职，终年 53 岁。2003 年 4 月 23 日，中共中央总书记、国家主席胡锦涛作出重要批示，对邓练贤的不幸逝世表示沉痛悼念，对邓练贤同志的亲属表示亲切慰问。广东省委、省政府号召全省干部群众和广大医务工作者以邓练贤为榜样，努力夺取防治非典型肺炎斗争的胜利④。卫生部追授在抗击非典型肺炎斗争中牺牲的邓练贤、范信德“人民健康好卫士”荣誉称号，并在全国卫生系统中开展向他们学习的活动⑤。中央组织部追授邓练贤、范信德“全国优秀共产党员”称号，号召全国的共产党员向他们学习⑥。国家人事部、卫生部、解放军总政治部追授邓练贤“白求恩奖章”。⑦

除此之外，中山大学还有一批默默无闻的医务人员和医科实习生奋战在抗击“非典”的第一线，仅附属二院参与救治的医务人员就达 500 多人，先后有 93 名医护人员染病。⑧ 附属三院传染科邓子德副教授是历史上第一份关于非典型肺炎的调查报告

---

① 《一个集研究开发、人才培养和产业于一体的生物科学基地诞生》，见《中山大学校报》（新）第 32 期，2003 - 2 - 25。

② 《泛珠三角区域合作我校凸显名校优势》，见《中山大学校报》（新）第 76 期，2004 - 8 - 30。

③ 《地处前沿 抢占科技攻关先机》，见《中山大学校报》（新）第 39 期，2003 - 5 - 13。

④ 车晓蕙、鞠青、段功伟：《用生命谱写的英雄赞歌（奋战在抗“非典”第一线）》，见《人民日报》，2003 - 4 - 26。

⑤ 《卫生部追授邓练贤等“人民健康好卫士”称号》，见《中山大学校报》（新）第 38 期，2003 - 4 - 29。

⑥ 《我校“抗非”英雄获殊荣》，见《中山大学校报》（新）第 39 期，2003 - 5 - 13。

⑦ 《邓练贤又获追授白求恩奖章》，见《中山大学校报》（新）第 41 期，2003 - 5 - 23。

⑧ 李士燕、张乐人：《从心存畏惧到满怀信心（热点解读）》，见《人民日报》，2003 - 4 - 14。

——《中山市不明原因肺炎调查报告》的执笔者，也是 广东省不明原因肺炎医疗救护专家指导小组第一位感染该病的专家①。

在科研攻关方面，中山大学化困境为动力，以非典型肺炎作为实现科技研发机制创新的契机，组织力量日夜攻关，共承担非典型肺炎病原学研究项目4项，非典型肺炎流行病学研究项目4项，非典型肺炎疫苗研究项目2项，非典型肺炎病毒快速检测诊断项目1项，SARS防治研究项目3项，申报教育部项目共19项，申报市科技局项目20项，申报国家自然科学基金等共6项。为配合全国防治SARS科技攻关的要求，中山大学投入400万元重点建设P3实验室，投入1300万元建立高水平实验动物中心，力争在病毒学研究上取得突破。

药学院专门成立了药学院非典型肺炎防治和控制工作领导小组，并与省疾病控制中心合作对现行西药及中草药中有效成分进行筛选。由校长黄达人任项目组组长的课题组与来自新加坡、西班牙、英国和荷兰等国家的冠状病毒及免疫学家合作，致力于在灭活的病毒疫苗、哺乳动物细胞中或植物表达系统中生产含有病毒的亚单位疫苗以及基于有复制能力、没有繁殖能力的病毒疫苗等方面的研究②。

在各方面的全力支持和配合下，中山大学的抗非典型肺炎科研攻关成绩斐然。2003年5月，附属三院李刚教授等专家经过对21例“非典”患者和100多例与“非典”患者密切接触的医务人员血清标本进行研究，发现了非典抗体的变化规律③。中山大学博士生导师李宝健教授负责的“防治SARS疾病特效siRNA药物研究”课题组在应用新技术研发SARS特效药方面取得阶段性重要成果。这一阶段研究成果所形成的科学论文，于5月25日正式发表在英国的国际权威刊物*Antiviral Therapy*（《抗病毒治疗》）2004年第3期上。④ 还有一批科研产品已经投放市场。产业集团药物开发中心成功研制出一种隐形手套（皮肤隔离膜）。中山大学生物技术研究所、卫生部医药生物工程技术研究中心（中大达安基因股份有限公司）与广州市疾病控制中心科技人员合作，成功建立荧光定量PCR快速检测SARS病毒的新技术，并开发生产出适用于临床检测的SARS病毒荧光定量PCR检测试剂盒，利用此试剂盒，只需2小时就可以从病人或SARS病毒携带者的漱口水里检测出SARS病毒，检出率达到65%以上。

中山大学还选送了大批专家参与国家及省、市有关工作，中山大学医学情报研究所承担了为国家科技攻关组提供最新国内外SARS动态的紧急工作任务，负责编译SARS每日国际动态，为科技攻关组提供最新信息。

中山大学还成立了中山大学人文社会科学SARS研究课题组，调动校内人文社会科学各专业有助于跨学科研究SARS的专家学者，组成了30人左右的科研攻关课题组，涉及学科包括经济学、管理学、法学、社会学、公共政策、政治学、教育学、心理学、国际关系、中国文化、公共关系等。⑤

（执笔：陈璜）

---

① 廖怀凌：《邓子德话说几个“第一”》，见《羊城晚报》，2003-5-20。

② 《地处前沿 抢占科技攻关先机》，见《中山大学校报》（新）第39期，2003-5-13。

③ 《中山大学“非典”研究又取得一新成果》，见《中山大学校报》（新）第40期，2003-5-19。

④ 杨霞：《SARS有望被降服》，见《中山大学校报》（新）第73期，2004-6-09。

⑤ 《地处前沿 抢占科技攻关先机》，见《中山大学校报》（新）第39期，2003-5-13。

参考文献

（以拼音为序）

1. 陈嘉编．抗日剧社和易扬．藏中山大学图书馆，2001
2. 广东抗战史研究——纪念抗日战争胜利四十周年论文集．广州：广东人民出版社，1987
3. 广东青运史研究委员会、共青团广东省委员会合编．广东青年运动史（1919－1949）．广州：广东高等教育出版社，1994
4. 广东文史资料（第33辑）．广州：广东人民出版社，1981
5. 广东文献．台湾：台北市广东同乡会，1980
6. 广州市政协文史资料委员会、广州市人民政府参事室、白云区政协文史资料委员会、从化市政协文史资料委员会合编．广州抗战纪实．广州：广东人民出版社，1995
7. 国立广东大学概览．藏中山大学图书馆校史室．1925
8. 国立广东大学概览．藏中山大学图书馆校史室．1926
9. 国立广东大学规程集．藏中山大学图书馆校史室．1926
10. 国立广东大学十三年度校务会议纪事录．藏中山大学图书馆校史室．1925
11. 国立广东大学十四年度校务会议纪事录．藏中山大学图书馆校史室．1926
12. 国立广东大学校务会议纪事录（1925—1926年）．藏中山大学图书馆校史室．1926
13. 国立中山大学潮籍学生抗敌工作团工作报告书．广州西湖路中英印刷局代印，藏中山大学图书馆校史室．1938
14. 国立中山大学成立十一周年纪念大学全部迁入新校典礼文理二院落成典礼纪念特刊．藏中山大学图书馆校史室．1935
15. 国立中山大学第二十二届毕业同学录．藏中山大学图书馆校史室．1948
16. 国立中山大学第二十一届毕业同学录．藏中山大学图书馆校史室．1947
17. 国立中山大学第十九届毕业同学录．藏中山大学图书馆校史室．1945
18. 国立中山大学二十年度下学期教务概况．藏中山大学图书馆校史室
19. 国立中山大学二十一年度概览．藏中山大学图书馆校史室．1933
20. 国立中山大学二十六年度教务会议纪录．藏中山大学图书馆校史室．1938
21. 国立中山大学二十周年校庆纪念暨响应知识青年从军运动特刊．藏中山大学图书馆校史室．1943
22. 国立中山大学法规集．藏中山大学图书馆校史室．1930
23. 国立中山大学法规集．藏中山大学图书馆校史室．1937
24. 国立中山大学规程．藏中山大学图书馆校史室．1929
25. 国立中山大学规程．藏中山大学图书馆校史室．1930
26. 国立中山大学兼办社会教育工作人员手册．社会教育推行委员会编印，藏中山大学图书馆校史室
27. 国立中山大学建筑石牌新校捐款征信录．1936
28. 国立中山大学教务会议议决各种章则．藏中山大学图书馆校史室．1929

29. 国立中山大学教务会议议决各种章则．藏中山大学图书馆校史室．1930
30. 国立中山大学开学纪念册．藏中山大学图书馆校史室
31. 国立中山大学理学院概览．藏中山大学图书馆校史室．1936
32. 国立中山大学日报 1927—1949．藏中山大学图书馆校史室
33. 国立中山大学十五年度校务会议纪事录．藏中山大学图书馆校史室．1930
34. 国立中山大学讨论号．藏中山大学图书馆校史室．1926
35. 国立中山大学文学院概览．藏中山大学图书馆校史室．1933
36. 国立中山大学文科概览．藏中山大学图书馆校史室．1930
37. 国立中山大学现状（1934）．藏中山大学图书馆校史室
38. 国立中山大学现状（1935）．台北：台湾传记文学出版社印行，1971
39. 国立中山大学现状（1935）．藏中山大学图书馆校史室
40. 国立中山大学现状（1937）．藏中山大学图书馆校史室
41. 郑彦棻主编．国立中山大学乡村服务实验区报告书（1）．藏中山大学图书馆校史室．1936
42. 郑彦棻主编．国立中山大学乡村服务实验区报告书（2）．藏中山大学图书馆校史室
43. 国立中山大学学生手册．藏中山大学图书馆校史室．1947
44. 国立中山大学新校概要．藏中山大学图书馆校史室．1935
45. 国立中山大学研究院年报．藏中山大学图书馆校史室．1937
46. 国立中山大学研究院年刊（1935—1936）．藏中山大学图书馆校史室
47. 国立中山大学语言历史学研究所概览．藏中山大学图书馆校史室．1930
48. 国立中山大学语言历史研究所年报（6）．藏中山大学图书馆校史室．1929
49. 国立中山大学预科概览．藏中山大学图书馆校史室．1929
50. 国立中山大学理科概览．藏中山大学图书馆校史室．1929
51. 国立中山大学理工学院概览．藏中山大学图书馆校史室．1936
52. 国立中山大学农学院概览．藏中山大学图书馆校史室．1938
53. 国立中山大学农林科概览．藏中山大学图书馆校史室．1927
54. 国立中山大学农科概览．藏中山大学图书馆校史室．1929
55. 国立中山大学战地服务团工作第一年．藏中山大学图书馆校史室
56. 黄福庆．近代中国高等教育研究国立中山大学（1924—1937）．台北：中央研究院近代史研究所，1988
57. 黄义祥，易汉文．中山大学大事记：1924—1996（征求意见稿）．广州：中山大学出版社，1999
58. 黄义祥．中山大学史稿（192—1949）．广州：中山大学出版社，1999
59. 梁山，李坚，张克谟．中山大学校史（1924—1949）．上海：上海教育出版社，1983
60. 梁山．中山大学六十年（上、下）．中山大学学报（哲社版），1986（4）；1987（1）
61. 梅海．活跃的中山大学战地服务团．中山大学学报（哲社版），1986（1）
62. 南方都市报．2001－10－26～2004－9－1

63. 南方日报．2001－10－26～2004－9－1
64. 人民日报．2001－10－26～2004－9－1
65. 人民日报海外版．2001－10－26～2004－9－1
66. 人民日报华南版．2001－10－26～2004－9－1
67. 孙中山．孙中山全集（2）．北京：中华书局，1982
68. 孙中山．孙中山选集．北京：人民出版社，1956
69. 孙中山．孙中山演讲说集（三编）．上海：上海民智书局，1925
70. 孙中山．孙中山全集（10）．北京：中华书局，1986
71. 孙中山．孙中山全集（9）．北京：中华书局，1986
72. 吴定宇主编．走近中大．成都：四川人民出版社，2001
73. 吴定宇：学人魂·陈寅恪传．上海：上海文艺出版社，1996
74. 萧冠英．一年来校务概要（稿抄本）．藏中山大学图书馆校史室．1938
75. 新快报．2001－10－26～2004－9－1
76. 信息时报．2001－10－26～2004－9－1
77. 羊城晚报．2001－10－26～2004－9－1
78. 杨应康．中山大学在澄江．中山大学学报（哲社版），1989（4）
79. 易汉文．中山大学编年史书稿（1924—2004）．1966—1968 年部分（未出版）．藏中山大学档案馆
80. 易汉文主编．流金岁月．广州：中山大学出版社，2001
81. 易汉文主编．南天风雷．广州：中山大学出版社，2002
82. 张江明，吴逸民，李坚，曾建昭．中山大学在坪石时期（1940—1945）的学生运动．中山大学学报（哲社版），1989（4）
83. 中大向导．学术新潮出版社．藏中山大学图书馆校史室．1941
84. 中大学子下乡接受再教育指挥部．下乡情况简报．藏中山大学档案馆．1969
85. 中共中山大学“五七”干校总支委员会．关于前段清查五·一六反革命阴谋集团运动情况报．藏中山大学档案馆．1971
86. 中共中山大学委员会．关于我校一九七〇年工作的总结报告．藏中山大学档案馆．1971
87. 中国第二历史档案馆编．中华民国档案资料汇编·第五辑第一编·教育（一）．南京：江苏古籍出版社，1994
88. 中国第二历史档案馆编．中华民国史档案资料汇编·第四辑（二）．南京：江苏古籍出版社，1991
89. 中国国民党历次代表大会及中央全会资料（下）．北京：光明日报出版社，1985
90. 中国人民政治协商会议广东省广州市委员会文史资料研究委员会编．广州百年大事记．广州：广东人民出版社，1984
91. 中国人民政治协商会议广东省委员会文史资料研究委员会编．广州文史资料．广州：广东人民出版社，1986
92. 中山大学查抄财物处理办公室．中山大学查抄财物处理工作总结．藏中山大学档案馆．1972
93. 中山大学档案馆编．孙中山与中山大学．广州：中山大学出版社，1999

94. 中山大学调查组．中山大学教师队伍基本状况．藏中山大学档案馆．1975
95. 中山大学高鹤文科试点教育革命组．中山大学高鹤文科试点工作汇报．藏中山大学档案馆．1969
96. 中山大学革命委员会．我校前段清理阶级队伍的情况和今后工作的意见．藏中山大学档案馆．1968
97. 中山大学革命委员会．中山大学部分专业试点招生方案．藏中山大学档案馆．1970
98. 中山大学革命委员会．中山大学教师队伍情况调查报告．藏中山大学档案馆．1976
99. 中山大学革命委员会．中山大学科学研究机构设置情况表．藏中山大学档案馆．1975
100. 中山大学革命委员会．中山大学理科科学研究情况汇报．藏中山大学档案馆．1973
101. 中山大学革命委员会教育革命组．多种形式办学方面的一些情况（初稿）．藏中山大学档案馆．1976
102. 中山大学革委会．中山大学建校方案（试行稿）．藏中山大学档案馆．1970
103. 中山大学革委会第三办公室，保卫办公室．我校“一打三反”运动十个月情况统计．藏中山大学档案馆．1971
104. 中山大学革委会教育革命组．关于我校新体制的初步方案（讨论稿）．藏中山大学档案馆．1970
105. 中山大学革委会教育革命组．中山大学教育革命基本情况．藏中山大学档案馆．1972
106. 中山大学教育革命组．关于69、70届毕业生工作汇报．藏中山大学档案馆．1970
107. 中山大学教育革命组．在斗争中建立教学、生产、科研三结合的新体制．藏中山大学档案馆．1976
108. 中山大学青工办．一九七三年新学员数字．藏中山大学档案馆．1973
109. 中山大学生产办．关于校办工厂的情况汇报．藏中山大学档案馆．1976
110. 中山大学天堂“五七干校”革委会委员名单．藏中山大学档案馆．1969
111. 中山大学下厂办公室．关于我校师生下厂情况汇报．藏中山大学档案馆．1969
112. 中山大学下乡支援秋收冬种临时指挥部．关于下乡参加秋收冬种情况报告．藏中山大学档案馆．1968
113. 中山大学校报．1980-6-15~2004-9-1（从（复）第106期起，《中山大学校刊》改名为《中山大学校报》，“中山大学校刊编辑室”更名为“中山大学校报编辑室”。）
114. 中山大学校长办公室．中山大学年鉴（1997）．广州：中山大学出版社，1998
115. 中山大学校长办公室．中山大学年鉴（1998）．广州：中山大学出版社，1999
116. 中山大学校长办公室．中山大学年鉴（1999）．广州：中山大学出版社，2000
117. 中山大学校长办公室．中山大学年鉴（2000）．广州：中山大学出版社，2001
118. 中山大学校长办公室．中山大学年鉴（2001）．广州：中山大学出版社，2002
119. 中山大学校长办公室．中山大学年鉴（2002）．广州：中山大学出版社，2003
120. 中山大学校史编写组．中山大学校史（1979年，未出版）．藏中山大学档案馆
121. 中山大学研究院概况．藏中山大学图书馆校史室．1935

122. 中山大学运动办．按照党的政策，抓好“清理”和“改造”．藏中山大学档案馆．1970
123. 中山医科大学 1991 年 ~ 2000 年大事记（电子版）．藏中山大学档案馆
124. 中山医科大学组织沿革（1866 ~ 1990）．藏中山大学档案馆
125. 邹鲁：回顾录．长沙：岳麓书社，2000

附录　一、中山大学历任领导（正职）

（截止2004年10月）

一、原中山大学（广东大学）

校长

1924创校—1925.11　邹　鲁

1925.11—1926.6　顾孟余（1925.11—1926.2 陈公博代；1926.2—1926.6 褚民谊代）

1926.8—1926.10　戴传贤（经亨颐代）

1926.10—1927.6　戴传贤（委员会主任）；顾孟余（副主任）；徐谦、丁维汾、朱家骅（委员）

1927.6—1930.9　戴传贤

1930.9—1931.6　朱家骅

1931.6—1932.1　许崇清（代）

1932.2—1940.4　邹　鲁

1940.4—1941.7　许崇清（代）

1941.7—1942.5　张　云（代）

1942.5—1945.12　金曾澄（代）

1945.12—1948.6　王星拱

1948.6—1948.10　张　云（陈可忠代）

1948.10—1949.6　陈可忠

1949.6—1949.9　张　云

1949.10—1950.2　李凡夫（广州市军事管制委员会接管中山大学，李凡夫任接管中山大学军管会代表）

1949.10—1950.2　刘　渠（接管国立中山大学军管委员会联络小组组长）

1950.1—1951.2　刘　渠（国立中山大学临时校务委员会副主任兼秘书长、代主任）

1951.2—1968.9　许崇清

1968.9—1973.1　崔金锡（革委会主任）

1973.1—1976.7　李嘉人（革委会主任）

1976.7—1977.12　杨　毅（革委会主任）

1977.12—1979.12　李嘉人

1979.12—1982.6　黄焕秋副校长（主持全面工作）

1982.6—1984.7　黄焕秋

1984.7—1991.4　李岳生

1991.4—1995.6　曾汉民

1995.6—1999.8　王珣章

1999.8—2001.10　黄达人

党委书记

1951.2—1953底　冯乃超（中山大学党支部书记、中山大学分党委党组书记）

1954.1—1955.6　冯乃超（中山大学分党委书记）

1955.8—1956.6　　龙　潜
1956.6—1965.2　　冯乃超（党委第一书记）
1965.2—1970.6　　李嘉人
1970.7—1973.1　　崔金锡
1973.1—1976.7　　李嘉人
1976.7—1977.12　　杨　毅
1977.12—1979.12　　李嘉人
1977.12—1979.12　　聂菊荪（未到职）
1979.12—1982.6　　黄焕秋（党委副书记，主持全面工作）
1982.6—1984.7　　黄焕秋
1984.7—1991.4　　张幼峰
1991.4—1996.9　　黄水生
1996.9—1998.4　　许学强
1998.11—2001.10　　李延保

二、原中山医科大学（医学院）

校长

1953.8—1955.1　　杜国庠
1955.1—1966.6　　柯　麟（院长）
1966.6—1968.11　　李静阳（革委会主任）
1968.11—1977.7　　孙金榜（革委会主任）
1977.8—1979.2　　王凤云（革委会第一副主任）
1976.1—1980.3　　李福海（革委会副主任）
1980.4—1984.4　　柯　麟（院长）
1984.4—1990.7　　彭文伟
1990.8—1996.1　　卢光启
1996.1—2001.10　　黄洁夫

党委书记

1955.1—1966.6　　柯　麟
1980.5—1984.4　　柯　麟
1984.4—1992.10　　刘希正
1992.10—1996.1　　卓大宏
1996.1——1997.12　　许发茂
1997.12——2001.10　　黄洁夫

三、合并后的中山大学

校长

2001.10—今　　黄达人

党委书记

2001.10—今　　李延保

二、中山大学现任领导及职责

（2004年10月）

党委书记李延保

主持党委全面工作，负责干部、组织、政策研究、信访工作。

校长黄达人

主持全校行政工作，负责学科建设、财务工作，兼任研究生院院长，兼管研究生教育工作。

副书记兼副校长陈玉川

负责统战、政保（安全、保密）工作，协助书记分管干部工作，分管校行政（校长办公室）、政策法规和制度建设、综合治理、80周年校庆筹备工作。

副书记兼纪委书记刘美南

负责纪检、监察、审计、工会、教代会、离退休教职工工作。

副书记陈伟林

负责学生思想教育、管理和就业工作（含研究生、本科生、专科生）、共青团、武装、学生军训、体育工作。

副书记兼副校长李萍

负责思想政治教育宣传工作、精神文明建设、"两课"教育工作，分管人事（含博士后工作）、计划生育、校友会、附属学校工作。

副校长徐远通

负责本科教育（含招生工作）、高等继续教育、网络与信息（数字化校园建设）工作。

副校长颜光美

负责理科科研、医科科研工作。

副校长陈汝筑

负责基建、东校区建设、图书馆、学报、档案馆工作。

副校长汪建平

负责附属医院、医学部的管理和建设，保健工作，教职工和学生公费医疗。

副校长许家瑞

负责实验室与设备建设、招投标、测试中心工作，协助校长分管财务工作。

副校长许宁生

负责外事工作（含国际交流、国际合作、国际教育等），协助校长分管学科建设。

副校长梁庆寅

负责文科科研（含文科学科建设与发展）、珠海校区、80周年校庆办公室工作。

副校长喻世友

负责总务（含卫生防疫等）、房地产、校办产业（含产业集团和产业改制）、后勤集团、保卫工作。

校长助理王珺

负责大学科技园、出版社工作，协助做好东校区建设工作。

三、中山大学现行管理机构

（2004 年 10 月）

类别	机构名称
（一）党政机构	党委办公室、宣传部联合办公室；纪委办公室、监察处、审计处联合办公室；党委学生工作部（学生处）；组织部、统战部联合办公室；校团委；离退休工作处；人事处；校工会；校长办公室；教务处；科学技术处；社会科学处；国际合作与交流处；设备与实验室管理处；财务与国有资产管理处；保卫处、武装部合署办公室；房地产管理处；总务处；基建处；成人教育管理处；珠海校区管理委员会；研究生院；医学部；培养处（学位评定委员会办公室）；发展规划办公室（“211 工程”办公室、“985 工程”办公室）
（二）校办产业	中山大学后勤集团；中大产业
（三）附属医院	附属第一医院；附属第二医院（又名孙逸仙纪念医院）；附属第三医院；中山眼科中心；肿瘤防治中心；附属口腔医院；附属第五医院（又名珠海医院）
（三）直属单位	教育教学评估中心；80 周年校庆办；就业指导中心；本科招生办公室；图书馆；校友工作办公室；古文献研究所；档案馆；期刊中心；学报；实验动物中心（挂靠药学院）；测试中心；附属学校；信息与网络中心（现代教育技术中心）；医学继续教育中心；出版社（音像出版社）
（四）常设委员会	中山大学校务委员会；中山大学医疗事故技术鉴定委员会；中山大学发展委员会（筹）；中山大学医学伦理委员会；中山大学精神文明建设委员会；中山大学纠正行业不正之风职业道德建设领导小组；中山大学学术委员会（文科、理科、医科）；中山大学党风廉政建设领导小组；中山大学学位评定委员会；中山大学校务公开工作领导小组；中山大学本科教学指导委员会；中山大学学科建设工作领导小组；中山大学高等继续教育指导委员会；中山大学人事工作领导小组；中山大学学生工作指导委员会；中山大学人才引进工作领导小组；中山大学关心下一代工作委员会；中山大学财经工作领导小组；中山大学保密委员会；中山大学学生工作领导小组（中山大学德育工作领导小组）；中山大学教职工奖教金（奖励金）评审委员会；中山大学基础科学人才培养基地领导小组（大学生文化素质教育基地建设领导小组）；中山大学计划生育委员会；中山大学留学生工作领导小组；中山大学爱国卫生运动委员会；中山大学离退休工作领导小组；中山大学体育运动委员会；中山大学校友工作领导小组；中山大学校园规划管理委员会（中山大学绿化委员会）；中山大学后勤改革领导小组；中山大学校园治安综合治理委员会；中山大学产业工作领导小组；中山大学医院管理委员会；中山大学教育技术工作领导小组；中山大学药事管理委员会；中山大学校园网络安全管理领导小组；中山大学临床医学考试委员会；中山大学住院医师规范化培训领导小组；中山大学护理委员会；中山大学校务公开工作监督小组；中山大学工会（临时）委员会
（五）其他机构	中山大学广东发展研究院；高等学术研究中心；中山大学创新科技研究院

四、中山大学院系及教学相关单位

（2004年10月统计）

院及教学相关单位	系
人文科学学院	中国语言文学系　历史学系　哲学系　人类学系
岭南学院	国际商务系　经济管理系　经济学系　金融系　财政税务系　风险管理与保险学系
外国语学院	外语一系　外语二系　英培中心　澳大利亚研究中心
大学外语教学中心	大学英语教学部　研究生外语教学部　应用外语项目部　大学外语教育研究所
法学院	法学
政治与公共事务管理学院	政治科学系　行政管理学系　社会学系　国际关系学系　公共传播学系　社会工作系
管理学院	工商管理系　会计学系　旅游酒店管理系　市场学系　财务与投资系
教育学院	社会科学教育系（两课）心理学系　体育教育系
传播与设计学院	新媒体与影视制作学系 新闻传播学系　艺术设计学系
数学与计算科学学院	数学系　统计科学系　科学计算与计算机应用系
物理科学与工程技术学院	物理学系　应用力学与工程学系
工学院	
化学与化学工程学院	化学系　应用化学系　高分子与材料科学系
地理科学与规划学院	城市与区域规划系　遥感与地理信息工程系　国土资源与环境系　水资源与环境系　旅游与休闲学系规划设计研究院
环境科学与工程学院	环境科学系　大气科学系　环境工程系
地球科学系	地球科学系
生命科学学院	生物科学与技术系　生物化学系
信息科学与技术学院	电子通信工程系　计算机科学系　信息管理系
软件学院	
国际交流学院	对外汉语系
中山医学院	
基础医学院	法医学系　生物医学工程系　检验医学系
公共卫生学院	预防医学系　妇幼卫生系　营养学系　医学统计与流行病学系

续上表

院及教学相关单位	系
光华口腔医学院	
护理学院	
药学院	实验动物中心
高等继续教育学院（网络教育学院）	

五、中山大学博士、硕士学位授权一级学科

（2004年10月统计）

一级学科代码	一级学科名称	所属门类	一级学科授权时间
0101	哲学	哲学	2003年9月
0501	中国语言文学	文学	2000年12月
0601	历史学	历史学	1998年6月
0701	数学	理学	1998年6月
0702	物理学	理学	1998年6月
0703	化学	理学	1998年6月
0705	地理学	理学	2000年12月
0710	生物学	理学	1998年6月
0803	光学工程	工学	2000年12月
0830	环境科学与工程	工学	2003年9月
0831	生物医学工程	工学	1998年6月
1001	基础医学	医学	1998年6月
1002	临床医学	医学	2003年9月
1004	公共卫生与预防医学	医学	2003年9月
1006	中西医结合	医学	2003年9月
1202	工商管理	管理学	2000年12月
1204	公共管理	管理学	2003年9月

六、中山大学博士学位授权点

（共146个，含9个自设专业）

（截至2004年10月）

学科代码及名称	专业代码	专业名称	授权时间	备注
0101 哲学	010101	马克思主义哲学	1990.11	
	010102	中国哲学	1986.07	
	010103	外国哲学	2003.07	
	010104	逻辑学	1998.06	
	010105	伦理学	2003.07	
	010106	美学	2003.07	
	010107	宗教学	2003.07	
	010108	科学技术哲学	2003.07	
0201 理论经济学	020104	西方经济学	2003.07	
	020105	世界经济	1998.06	
0202 应用经济学	020204	金融学	2003.07	
0302 政治学	030201	政治学理论	2003.07	
	030205	马克思主义理论与思想政治教育	1998.06	
0303 社会学	030301	社会学	2000.12	
	030303	人类学	1998.06	
	030304	民俗学	2003.07	
0501 中国语言文学	050101	文艺学	2000.12	
	050102	语言学及应用语言学	2000.12	
	050103	汉语言文字学	1981.11	
	050104	中国古典文献学	2000.12	
	050105	中国古代文学	1981.11	
	050106	中国现当代文学	1998.06	
	050107	中国少数民族语言文学（分语族）	2000.12	暂未招生
	050108	比较文学与世界文学	2000.12	
0502 外国语言文学	050201	英语语言文学	1981.11	

0601 历史学	060101	史学理论及史学史	1998.06	
	060102	考古学及博物馆学	1998.06	暂未招生
	060103	历史地理学	1998.06	暂未招生
	060104	历史文献学（含敦煌、古文字学）	1998.06	暂未招生
	060105	专门史	1986.07	
	060106	中国古代史	1990.11	
	060107	中国近现代史	1986.07	
	060108	世界史	1998.06	
0701 数学	070101	基础数学	1990.11	
	070102	计算数学	1984.01	
	070103	概率论与数理统计	1981.11	
	070104	应用数学	1998.06	
	070105	运筹学与控制论	1998.06	
	070120	信息计算科学	2003.03	自主设置专业
0702 物理学	070201	理论物理	1981.11	
	070202	粒子物理与原子核物理	1998.06	
	070203	原子与分子物理	1998.06	暂未招生
	070204	等离子体物理	1998.06	暂未招生
	070205	凝聚态物理	1986.07	
	070206	声学	1998.06	暂未招生
	070207	光学	1981.11	
	070208	无线电物理	1986.07	
0703 化学	070301	无机化学	1986.07	
	070302	分析化学	1986.07	
	070303	有机化学	1981.11	
	070304	物理化学（含化学物理）	1998.06	
	070305	高分子化学与物理	1984.01	
	070320	化学生物学	2003.03	自主设置专业
0705 地理学	070501	自然地理学	2000.12	
	070502	人文地理学	1990.11	
	070503	地图学与地理信息系统	2000.12	
	070520	海洋海岸地理学	2004.02	自主设置专业
0706 大气科学	070601	气象学	1998.06	

0707 海洋科学	070703	海洋生物学	2000.12	
0709 地质学	070901	矿物学、岩石学、矿床学	2000.12	
0710 生物学	071001	植物学	1981.11	
	071002	动物学	1981.11	
	071003	生理学	1984.01	医学、理学分别招生
	071004	水生生物学	1998.06	
	071005	微生物学	1981.11	医学、理学分别招生
	071006	神经生物学	1998.06	暂未招收博士
	071007	遗传学	1986.07	医学、理学分别招生
	071008	发育生物学	1998.06	
	071009	细胞生物学	1998.06	
	071010	生物化学与分子生物学	1990.11	医学、理学分别招生
	071011	生物物理学	1998.06	
	071012	生态学	1998.06	
	071020	食品安全生物学	2003.03	自主设置专业
	071021	生物技术	2003.03	自主设置专业
	071022	信息生物学	2004.02	自主设置专业
0801 力学	080103	流体力学	2003.07	
	080104	工程力学	2000.12	
0803 光学工程	080300	光学工程	2000.12	
0805 材料科学与工程	080501	材料物理与化学	2003.07	
0810 信息与通信工程	081001	通信与信息系统	2003.07	
0812 计算机科学与技术	081202	计算机软件与理论	2000.12	
0830 环境科学与工程	083001	环境科学	1998.06	
	083002	环境工程	2003.07	
0831 生物医学工程	083100	生物医学工程	1986.07	
0904 植物保护	090402	农业昆虫与害虫防治	2003.07	

1001 基础医学	100101	人体解剖和组织胚胎学	1981.11	
	100102	免疫学	1986.07	
	100103	病原生物学	1981.11	
	100104	病理学与病理生理学	1986.07	
	100105	法医学	1986.07	
	100106	放射医学	1998.06	暂未招生
	100107	航空、航天与航海医学	1998.06	暂未招生
	100120	干细胞与组织工程	2004.02	自主设置专业
1002 临床医学	100201	内科学（心血管病）	1998.06	
	100201	内科学（血液病）	2000.12	
	100201	内科学（呼吸系病）	2000.12	
	100201	内科学（消化系病）	1981.11	
	100201	内科学（内分泌与代谢病）	1984.01	
	100201	内科学（肾病）	1984.01	
	100201	内科学（风湿病）	2000.12	
	100201	内科学（传染病）	1984.01	
	100202	儿科学	1998.06	
	100203	老年医学	2003.07	
	100204	神经病学	1986.07	
	100205	精神病与精神卫生学	2003.07	
	100206	皮肤病与性病学	2003.07	
	100207	影像医学与核医学	1998.06	
	100208	临床检验诊断学	2003.07	
	100209	护理学	2003.07	
	100210	外科学（普外）	1986.07	
	100210	外科学（骨外）	1981.11	
	100210	外科学（泌尿外）	1990.11	
	100210	外科学（胸心外）	1986.07	
	100210	外科学（神外）	2000.12	
	100210	外科学（整形）	2000.12	暂未招生
	100210	外科学（烧伤）	2000.12	
	100210	外科学（野战外）	2000.12	暂未招生
	100211	妇产科学	1986.07	
	100212	眼科学	1981.11	

	100213	耳鼻咽喉科学	1998. 06	
	100214	肿瘤学	1986. 07	
	100215	康复医学与理疗学	2003. 07	
	100216	运动医学	2003. 07	
	100217	麻醉学	2003. 07	
	100218	急诊医学	2003. 07	
1003 口腔医学	100302	口腔临床医学	2003. 07	
1004 公共卫生与预防医学	100401	流行病与卫生统计学	1986. 07	
	100402	劳动卫生与环境卫生学	2003. 07	
	100403	营养与食品卫生学	2003. 07	
	100404	儿少卫生与妇幼保健学	2003. 07	
	100405	卫生毒理学	1998. 06	
	100406	军事预防医学	2003. 07	
1006 中西医结合	100601	中西医结合基础	1998. 06	
	100602	中西医结合临床	2003. 07	
1007 药学	100706	药理学	1981. 11	
1202 工商管理	120201	会计学	2000. 12	
	120202	企业管理（含财务管理、市场营销、人力资源管理）	1993. 12	
	120203	旅游管理	2000. 12	
	120204	技术经济及管理	2000. 12	
	120220	财务与投资管理	2003. 03	自主设置专业
	120221	产业组织与管理	2004. 02	自主设置专业
1204 公共管理	120401	行政管理	1998. 06	
	120402	社会医学与卫生事业管理	2003. 07	
	120403	教育经济与管理	2003. 07	
	120404	社会保障	2003. 07	
	120405	土地资源管理	2003. 07	

七、中山大学硕士学位授权点

（共205个，其中13个自设专业）

（截至2004年10月）

学科代码及名称	专业代码	专业名称	授权时间	备注
0101 哲学	010101	马克思主义哲学	1981.11	
	010102	中国哲学	1981.11	
	010103	外国哲学	1981.11	
	010104	逻辑学	1981.11	
	010105	伦理学	1993.12	
	010106	美学	2003.07	
	010107	宗教学	1996.05	
	010108	科学技术哲学	1981.11	
0201 理论经济学	020101	政治经济学	1984.01	
	020104	西方经济学	1998.06	
	020105	世界经济	1990.11	
	020106	人口、资源与环境经济学	2000.12	
0202 应用经济学	020202	区域经济学	2003.07	
	020203	财政学	1996.05	
	020204	金融学	1996.05	
	020206	国际贸易学	1998.06	
	020209	数量经济学	1990.11	
0301 法学	030101	法学理论	1998.06	
	030102	法律史	1986.07	
	030103	宪法学与行政法学	2000.12	
	030104	刑法学	1996.05	
	030105	民商法学	2000.12	
	030106	诉讼法学	1998.06	
	030107	经济法学	1990.11	
	030109	国际法学	1984.01	

0302 政治学	030201	政治学理论	1998. 06	
	030204	中共党史	2003. 07	
	030205	马克思主义理论与思想政治教育	1996. 05	
	030206	国际政治	2003. 07	
	030207	国际关系	2000. 12	
0303 社会学	030301	社会学	1981. 11	
	030302	人口学	1986. 07	
	030303	人类学	1998. 06	
	030304	民俗学	2000. 12	
0304 民族学	030401	民族学	2003. 07	
0401 教育学	040101	教育学原理	2003. 07	
	040106	高等教育学	1998. 06	
	040110	教育技术学	2003. 07	
0402 心理学	040201	基础心理学	2003. 07	
	040203	应用心理学	1990. 11	医学、教育学分别招生
0403 体育学	040303	体育教育训练学	2003. 07	
0501 中国语言文学	050101	文艺学	1981. 11	
	050102	语言学及应用语言学	2000. 12	
	050103	汉语言文字学	1981. 11	
	050104	中国古典文献学	2000. 12	
	050105	中国古代文学	1981. 11	
	050106	中国现当代文学	1981. 11	
	050107	中国少数民族语言文学（分语族）	2000. 12	暂未招生
	050108	比较文学与世界文学	1998. 06	
0502 外国语言文学	050201	英语语言文学	1981. 11	
	050203	法语语言文学	1998. 06	
	050204	德语语言文学	2003. 07	
	050205	日语语言文学	1998. 06	
	050211	外国语言学及应用语言学	1998. 06	

0601 历史学	060101	史学理论及史学史	1998.06	
	060102	考古学及博物馆学	1998.06	暂未招生
	060103	历史地理学	1998.06	暂未招生
	060104	历史文献学	1998.06	暂未招生
	060105	专门史	1981.11	
	060106	中国古代史	1984.01	
	060107	中国近现代史	1981.11	
	060108	世界史	1981.11	
0701 数学	070101	基础数学	1981.11	
	070102	计算数学	1981.11	
	070103	概率论与数理统计	1981.11	
	070104	应用数学	1984.01	
	070105	运筹学与控制论	1996.05	
	070120	信息计算科学	2003.03	自主设置专业
0702 物理学	070201	理论物理	1981.11	
	070202	粒子物理与原子核物理	1993.12	
	070203	原子与分子物理	1998.06	暂未招生
	070204	等离子体物理	1998.06	暂未招生
	070205	凝聚态物理	1981.11	
	070206	声学	1998.06	暂未招生
	070207	光学	1981.11	
	070208	无线电物理	1981.11	
0703 化学	070301	无机化学	1981.11	
	070302	分析化学	1981.11	
	070303	有机化学	1981.11	
	070304	物理化学	1981.11	
	070305	高分子化学与物理	1981.11	
	070320	化学生物学	2003.03	自主设置专业
0705 地理学	070501	自然地理学	1981.11	
	070502	人文地理学	1981.11	
	070503	地图学与地理信息系统	1984.01	
	070520	海洋海岸地理学	2004.02	自主设置专业
0706 大气科学	070601	气象学	1981.11	
	070602	大气物理学与大气环境	2000.12	

0707 海洋科学	070701	物理海洋学	2000. 12	
	070703	海洋生物学	2000. 12	
0709 地质学	070901	矿物学、岩石学、矿床学	1986. 07	
	070904	构造地质学	1984. 01	
	070905	第四纪地质学	2000. 12	
0710 生物学	071001	植物学	1981. 11	
	071002	动物学	1981. 11	医学、理学分别招生
	071003	生理学	1981. 11	医学、理学分别招生
	071004	水生生物学	1998. 06	
	071005	微生物学	1981. 11	医学、理学分别招生
	071006	神经生物学	1998. 06	
	071007	遗传学	1984. 01	医学、理学分别招生
	071008	发育生物学	1998. 06	
	071009	细胞生物学	1998. 06	医学、理学分别招生
	071010	生物化学与分子生物学	1981. 11	医学、理学分别招生
	071011	生物物理学	1998. 06	
	071012	生态学	1998. 06	
	071020	食品安全生物学	2003. 03	自主设置专业
	071021	生物技术	2003. 03	自主设置专业
	071022	信息生物学	2004. 02	自主设置专业
0801 力学	080102	固体力学	1986. 07	
	080103	流体力学	1984. 01	
	080104	工程力学	1998. 06	
0803 光学工程	080300	光学工程	2000. 12	
0805 材料科学与工程	080501	材料物理与化学	2000. 12	
0808 电气工程	080804	电力电子与电力传动	2003. 07	
0809 电子科学与技术	080902	电路与系统	2003. 07	
	080903	微电子学与固体电子学	1981. 11	
0810 信息与通信工程	081001	通信与信息系统	1990. 11	
	081002	信号与信息处理	2000. 12	
0811 控制科学与工程	081102	检测技术与自动化装置	1998. 06	

0812 计算机科学与技术	081201	计算机系统结构	2003.07	
	081202	计算机软件与理论	1981.11	
	081203	计算机应用技术	1998.06	
0814 土木工程	081401	岩土工程	2000.12	
0815 水利工程	081501	水文学及水资源	1998.06	
	081505	港口、海岸及近海工程	2000.12	
0823 交通运输工程	082302	交通信息工程及控制	2003.07	
0830 环境科学与工程	083001	环境科学	1981.11	
	083002	环境工程	2003.07	
0831 生物医学工程	083100	生物医学工程	1986.07	
0904 植物保护	090402	农业昆虫与害虫防治	2000.12	
0905 畜牧学	090503	草业科学	2003.07	
1001 基础医学	100101	人体解剖和组织胚胎学	1981.11	
	100102	免疫学	1981.11	
	100103	病原生物学	1981.11	
	100104	病理学与病理生理学	1981.11	
	100105	法医学	1981.11	
	100106	放射医学	1998.06	暂未招生
	100107	航空、航天与航海医学	1998.06	暂未招生
	100120	干细胞与组织工程	2004.02	自主设置专业

1002 临床医学	100201	内科学（心血管病）	1981.11	
	100201	内科学（血液病）	1996.05	
	100201	内科学（呼吸系病）	1984.01	
	100201	内科学（消化系病）	1981.11	
	100201	内科学（内分泌与代谢病）	1981.11	
	100201	内科学（肾病）	1984.01	
	100201	内科学（风湿病）	1998.06	
	100201	内科学（传染病）	1981.11	
	100202	儿科学	1984.01	
	100204	神经病学	1981.11	
	100205	精神病与精神卫生学	2003.07	
	100206	皮肤病与性病学	1984.01	
	100207	影像医学与核医学	1986.07	
	100208	临床检验诊断学	2000.12	
	100209	护理学	2000.12	
	100210	外科学（普外）	1981.11	
	100210	外科学（骨外）	1981.11	
	100210	外科学（泌尿外）	1984.01	
	100210	外科学（胸心外）	1981.11	
	100210	外科学（神外）	1993.12	
	100210	外科学（整形）	2000.12	暂未招生
	100210	外科学（烧伤）	1996.05	
	100210	外科学（野战外）	2000.12	暂未招生
	100211	妇产科学	1981.11	
	100212	眼科学	1981.11	
	100213	耳鼻咽喉科学	1986.07	
	100214	肿瘤学	1984.01	
	100215	康复医学与理疗学	1986.07	
	100216	运动医学	2003.07	
	100217	麻醉学	1990.11	
	100218	急诊医学	1996.05	
1003 口腔医学	100301	口腔基础医学	1998.06	
	100302	口腔临床医学	1986.07	

1004 公共卫生与预防医学	100401	流行病与卫生统计学	1984.01	
	100402	劳动卫生与环境卫生学	1981.11	
	100403	营养与食品卫生学	1986.07	
	100404	儿少卫生与妇幼保健学	1998.06	
	100405	卫生毒理学	1996.05	
	100406	军事预防医学	2003.07	
1006 中西医结合	100601	中西医结合基础	1996.05	
	100602	中西医结合临床	1981.11	
1007 药学	100701	药物化学	2003.07	
	100702	药剂学	2003.07	
	100703	生药学	2003.07	
	100704	药物分析学	2000.12	
	100706	药理学	1981.11	医学、理学分别招生
1201 管理科学与工程	1201	管理科学与工程	2003.07	
1202 工商管理	120201	会计学	1993.12	
	120202	企业管理（含财务管理、市场营销、人力资源管理）	1984.01	
	120203	旅游管理	1993.12	
	120204	技术经济及管理	2000.12	
	120220	财务与投资管理	2003.03	自主设置专业
	120222	营销学	2004.02	自主设置专业
	120221	产业组织与管理	2004.02	自主设置专业
1204 公共管理	120401	行政管理	1993.12	
	120402	社会医学与卫生事业管理	2000.12	
	120403	教育经济与管理	1996.05	
	120404	社会保障	2003.07	
	120405	土地资源管理	2003.07	
	120420	公共预算	2004.02	自主设置专业
	120421	公共关系	2004.02	自主设置专业
	120422	社会工作	2004.02	自主设置专业
1205 图书馆、情报与档案管理	120501	图书馆学	1990.11	
	120502	情报学	2000.12	
	120503	档案学	1993.12	

八、中山大学专业学位授权点

（截至2004年10月）

专业学位点名称	领 域	授权时间
临床医学博士专业学位		1998.07
临床医学硕士专业学位		1998.07
工商管理硕士（MBA）专业学位		1996.10
法律硕士专业学位		1997.12
工程硕士专业学位	计算机技术	1999.09
	环境工程	1999.09
	软件工程	2002.03
	电子与通信工程	2002.06
公共管理硕士（MPA）专业学位		2000.09
口腔医学硕士专业学位		2000.10
公共卫生硕士（MPH）专业学位		2001.12

九、中山大学本科专业设置

（截至2004年10月）

序号	专业代码	专业名称(全称)	年限	学位授予门类	所在院、系	批准文号
1	010101	哲学	4年	哲学	人文科学学院哲学系	
2	020101	经济	4年	经济学	岭南学院经济学系	
3	020102	国际经济与贸易	4年	经济学	岭南学院国际商贸系	
4	020103	财政学	4年	经济学	岭南学院财政税务系	
5	020104	金融学	4年	经济学	岭南学院金融系	
6	020107W	保险	4年	经济学	岭南学院金融系	教高函[2002]5号
7	030101	法学	4年	法学	政治与公共事务管理学院法律系	
8	030301	社会学	4年	法学	政治与公共事务管理学院社会学系	
9	030302	社会工作	4年	法学	政治与公共事务管理学院社会学系	教高函[2000]2号
10	030304W	人类学(由民族学专业调整)	4年	法学	人文科学学院人类学系	教高函[2003]2号
11	030401	政治学与行政学	4年	法学	政治与公共事务管理学院政治学系	
12	030402	国际政治	4年	法学	政治与公共事务管理学院国际关系系	教高函[2002]5号
13	030404	思想政治教育(第二学位)	2年	法学	教育学院	
14	050101	汉语言文学	4年	文学	人文科学学院中文系	
15	050102	汉语言	4年	文学	外语学院汉培中心	教高函[2002]5号
16	050201	英语	4年	文学	外国语学院一系	
17	050203	德语	4年	文学	外国语学院二系	
18	050204	法语	4年	文学	外国语学院二系	
19	050207	日语	4年	文学	外国语学院二系	
20	050301	新闻学	4年	文学	传播与设计学院	教高函[2002]5号
21	050407	艺术设计学	4年	文学	传播与设计学院	教高函[2003]2号
22	060101	历史学	4年	史学	人文科学学院历史系	
23	060103	考古学	4年	史学	人文科学学院人类学系	

24	070101	数学与应用数学	4年	理学	数学与计算科学学院数学系	
25	070102	信息与计算科学	4年	理学	数学与计算学院科学计算与计算机应用系	
26	070201	物理学	4年	理学	物理科学与工程技术学院物理系	
27	070301	化学	4年	理学	化学与化学工程学院化学系	
28	070302	应用化学	4年	理学	化学与化学工程学院应用化学系	
29	070401	生物科学	4年	理学	生命科学学院生物科学与技术系	
30	070402	生物技术	4年	理学	生命科学学院生物化学系	
31	070601	地质学	4年	理学	地球科学系	
32	070701	地理科学	4年	理学	地理科学与规划学院地国土资源与环境系	
33	070702	资源环境与城乡规划管理	4年	理学	地理科学与规划学学院	
34	070703	地理信息系统	4年	理学	地理科学与规划学学院遥感与地理信息工程系	教高函[2001]7号
35	070901	大气科学	4年	理学	环境科学与工程学院大气科学系	
36	070902	应用气象学	4年	理学	环境科学与工程学院大气科学系	
37	071101	理论与应用力学	4年	理学	物理科学与工程技术学院力学系	
38	071201	电子信息科学与技术	4年	理学	信息科学与技术学院电子学系	
39	071202	微电子学	4年	工学	物理科学与工程技术学院学院	教高函[2003]2号
40	071203	光信息科学与技术	4年	理学	物理科学与工程技术学院物理系	教高函[2001]7号
41	071301	材料物理	4年	理学	物理科学与工程技术学院物理系	
42	071302	材料化学	4年	理学	化学与化学工程学院高分子与材料科学系	
43	071401	环境科学	4年	理学	环境科学学院环科系	
44	071402	生态学	4年	理学	生命科学学院	教高函[2004]3号
45	071502	应用心理学	4年	理学	教育学院心理学系	教高函[2000]2号
46	071601	统计学	4年	理学	数学与计算科学学院统计学系	
47	080204	高分子材料与工程	4年	工学	化学与化学工程学院	教高函[2003]2号

48	080602	自动化	4年	工学	信息科学与技术学院电子系	
49	080604	通信工程	4年	工学	信息科学与技术学院电子系	
50	080605	计算机科学与技术	4年	理学	信息科学与技术学院计算机系	
51	080607	生物医学工程	4年	工学	中山医学院	教高函[2002]5号
52	080611W	软件工程	4年	工学	信息科学与技术学院	教高函[2002]5号
53	080613W	网络工程	4年	工学	信息科学与技术学院	教高函[2002]5号
54	080702	城市规划	5年	工学	地理科学与规划学院城市与区域规划系	教高函[2000]2号
55	080802	水文与水资源工程	4年	工学	地理科学与规划学院	教高函[2004]3号
56	081001	环境工程	4年	工学	环境科学学院环境工程系	教高函[2001]7号
57	081101	化学工程与工艺	4年	工学	化学与化学工程学院	教高函[2001]7号
58	081202	交通工程	4年	工学	物理科学与工程技术学院	教高函[2003]2号
59	100101	基础医学	5年	医学	中山医学院	
60	100201	预防医学	5年	医学	中山医学院	
61	100301	临床医学	5年/7年	医学	中山医学院	
62	100302	麻醉学	5年	医学	中山医学院	
63	100303	医学影像学	5年	医学	中山医学院	
64	100304	医学检验	5年	医学	中山医学院	教高函[2000]2号
65	100307W	康复治疗学	4年	理学	附属第一医院（待定）	教高函[2003]2号
66	100401	口腔医学	5年 7年	医学	光华口腔学院	
67	100601	法医学	5年	医学	中山医学院	
68	100701	护理学	4年	医学	护理学院	
69	100801	药学	4年	理学	药学院	
70	110102	信息管理与信息系统	4年	管理学	信息科学与技术学院信息管理系	
71	110201	工商管理	4年	管理学	管理学院工商管理系	
72	110202	市场营销	4年	管理学	管理学院市场学系	
73	110203	会计学	4年	管理学	管理学院会计学系	教高函[2001]7号
74	110204	财务管理	4年	管理学	管理学院工商管理系	
75	110206	旅游管理	4年	管理学	管理学院旅游酒店管理系	

76	110209W	电子商务	4年	管理学	管理学院	教高函[2002]5号
77	110210W	物流管理	4年	管理学	岭南学院	教高函[2003]2号
78	110301	行政管理	4年	管理学	政治与公共事务管理学院政治学与行政学系	
79	110302	公共事业管理	4年	管理学	政治与公共事务管理学院	教高函[2004]3号
80	110305W	公共关系学	4年	管理学	政治与公共事务管理学院政治学与行政学系	
81	110307W	公共政策学	4年	管理学	政治与公共事务管理学院政治学与行政学系	教高函[2002]5号
82	110501	图书馆学	4年	管理学	信息科学与技术学院信息管理系	
83	110502	档案学	4年	管理学	信息科学与技术学院信息管理系	

十、中山大学高等继续教育专业设置

（2004年度）

专科起点本科

形式	专业名称	学制	办学院系
脱产	临床医学	2	高等继续教育学院阳江分院
夜大	计算机网络	3	信息科学与技术学院计算机基础教育中心
	电子信息科学与技术	3	信息科学与技术学院电子与通信工程系
	通信工程	3	信息科学与技术学院电子与通讯工程系
	计算机科学与技术	3	信息科学与技术学院计算机科学系
	软件工程	3	数学与计算科学学院科学计算与计算机应用系
	信息与计算科学	3	数学与计算科学学院科学计算与计算机应用系
	数学与应用数学	3	数学与计算科学学院数学系
	计算机应用	3	物理科学与工程技术学院
	工程管理	3	物理科学与工程技术学院力学系
	电子商务	3	信息科学与技术学院
	会计学	3	管理学院
	工商管理	3	岭南学院
	药学	3	药学院
	金融学	3	高等继续教育学院
	国际经济与贸易	3	港澳珠江三角洲研究中心
	经济学	3	教育学院社科系
	英语	3	外国语学院
	英语	3	外国语学院
	口腔医学	3	口腔医学院
	临床医学	3	基础医学院
	临床医学	3	基础医学院
	医学影像学	3	基础医学院
	护理学	3	护理学院
	预防医学（含妇幼卫生方向）	3	公共卫生学院

函授	工商管理	3	岭南学院
	工商管理	3	高等继续教育学院
	会计学	3	管理学院
	会计学	3	管理学院
	会计学	3	管理学院
	行政管理	3	政治与公共事务管理学院
	行政管理	3	政治与公共事务管理学院
	新闻学	3	传播与设计学院
	法学	3	颐园学院
	政治学与行政学	3	人文科学学院哲学系
	政治学与行政学	3	人文科学学院哲学系

高中起点专科

形式	专业名称	学制	办学院系
脱产	商务英语	2	颐园学院
	工商管理	2	颐园学院
	会计学	2	颐园学院
	会计学	2	校工会
	英语	2	校工会
	电子商务	2	信息科学与技术学院
	临床医学	3	高等继续教育学院阳江分院
	临床医学	3	高等继续教育学院连州教学点
夜大	商务英语	3	颐园学院
	工商管理	3	颐园学院
	人力资源管理	3	颐园学院
	行政管理	3	颐园学院
	旅游管理	3	人文科学学院人类学系
	文化管理	3	人文科学学院人类学系
	金融证券	3	高等继续教育学院
	经济管理	3	高等继续教育学院
	会计学	3	高等继续教育学院
	电子商务	3	信息科学与技术学院

夜大	计算机应用（网络技术）	3	数学与计算科学学院数学系
	计算机应用（商业电脑）	3	数学与计算科学学院科学计算与计算机应用系
	微电子学	3	物理科学与工程技术学院
	电子技术与计算机应用	3	物理科学与工程技术学院
	医学检验	4	高等继续教育学院阳江分院
	临床医学	4	高等继续教育学院阳江分院
	临床医学	4	高等继续教育学院河源教学点
	口腔医学	4	口腔医学院
	护理学	3	护理学院
	护理学	3	高等继续教育学院阳江分院
	护理学	3	高等继续教育学院河源教学点
函授	计算机应用	3	信息科学与技术学院
	电子商务	3	高等继续教育学院
	人力资源管理	3	高等继续教育学院
	行政管理	3	高等继续教育学院
	行政管理	3	高等继续教育学院
	法学	3	颐园学院

十一、中山大学网络（现代远程）教育专业设置

（2004 年度）

专业	层次	学制	学位
法学	高中起点本科	4～6	法学
	高中起点专科	3～4	
	专科升本科	2～3	法学
行政管理	高中起点专科	3～4	
	专科升本科	2～3	管理学
汉语言文学	高中起点专科	3～4	
	专科升本科	2～3	文学
计算机科学与技术	高中起点本科	4～6	理学
	高中起点专科	3～4	
	专科升本科	2～3	理学
英语（商务）	高中起点专科	3～4	
	专科升本科	2～3	
英语（传媒）	高中起点专科	3～4	
	专科升本科	2～3	
中文与传媒	高中起点本科	4～6	文学
人力资源管理	高中起点本科	4～6	管理学
化学生物学	高中起点本科	4～6	理学

十二、中山大学国家基础科学研究与教学人才培养基地

（截至2004年10月）

单位	基地名称
生物学系	国家生物科学基础科学研究和教学人才培养基地
物理学系	国家物理学基础科学研究和教学人才培养基地
化学系	国家化学基础科学研究和教学人才培养基地
中国语言文学系	国家汉语言文学基础学科人才培养和科学研究基地
历史学系	国家历史学基础学科人才培养和科学研究基地
哲学系	国家哲学基础学科人才培养和科学研究基地
生命科学院	国家生命科学与技术人才培养基地
国家大学生文化素质教育基地	中国大学生（中山大学）体育训练基地

十三、中山大学国家、部、省重点实验室及专业实验室和工程研究中心

（2004 年 10 月统计）

国家重点实验室

生物防治国家重点实验室

光电材料与技术国家重点实验室

教育部重点实验室

基因工程教育部重点实验室

聚合物复合材料及功能材料教育部重点实验室

教育部眼科学重点实验室

教育部肾脏病临床研究重点实验室

肿瘤相关基因与抗肿瘤药物研究重点实验室（筹）

卫生部重点实验室

卫生部眼科学实验室

卫生部肾脏病研究实验室

卫生部辅助循环实验室

广东省（科技厅）重点实验室

广东省显示材料与技术重点实验室

广东省水生经济动物良种繁育重点实验室

广东省智能交通（1TS）实验室

广东省教育厅重点实验室

水生经济动物重点实验室

软件技术重点实验室

肾脏病重点实验室

眼科视觉科学重点实验室

国家专业实验室

水生经济动物繁殖营养与病害控制国家专业实验室

植物基因工程国家专业实验室

国家开放实验室

国家高技术研究发展计划海洋生物功能基因组开放实验室

国家工程技术研究中心

南海海洋生物技术国家工程研究中心

十四、中山大学国家级重点学科

（截至2004年10月）

代码	学科专业	代码	学科专业
010101	马克思主义哲学	010104	逻辑学
030205	马克思主义理论与思想政治教育	030303	人类学
060107	中国近现代史	070101	基础数学
070205	凝聚态物理	070305	高分子化学与物理
070502	人文地理学	071001	植物学
071002	动物学	071010	生物化学与分子生物学
100201	内科学（肾病）	100204	神经病学
100210	外科学（普外）	100212	眼科学
100214	肿瘤学	100706	药理学
120202	企业管理	120401	行政管理
2002年1月23日经教育部批准（共20个）			

十五、中山大学博士后科研流动站

（截至2004年10月）

流动站名	专业（方向）名称
生物学	1. 植物学 2. 动物学 3. 生物化学与分子生物学 4. 水生生物学 5. 微生物学 6. 遗传学 7. 生理学 8. 生物物理学 9. 生态学
化学	1. 无机化学 2. 有机化学 3. 分析化学 4. 物理化学 5. 高分子化学与物理
物理学	1. 光学 2. 凝聚态物理 3. 理论物理 4. 粒子物理与原子核物理 5. 无线电物理
数学	1. 基础数学 2. 概率论和数理统计 3. 计算数学 4. 应用数学 5. 运筹学与控制理论
历史学	1. 中国古代史 2. 中国近现代史 3. 专门史（中外关系史） 4. 世界史 5. 史学理论与史学史
工商管理	1. 企业管理 2. 会计学 3. 旅游管理
中国语言文学	1. 中国古代文学 2. 中国现当代文学 3. 汉语言文字学 4. 语言学与应用语言学 5. 比较文学与世界文学 6. 中国古典文献学
临床医学	1. 内科学（消化病学、肾脏病学、内分泌与代谢病、传染病学、心血管病＊、血液病＊）2. 外科学（骨外、普外、泌尿外、胸心外、神经外＊） 3. 神经病学 4. 眼科学 5. 妇产科学 6. 肿瘤学 7. 耳鼻咽喉科学＊
基础医学	1. 人体解剖与组织胚胎学 2. 免疫学 3. 病理与病理生理学 4. 病原生物学 5. 法医 6. 药理学 7. 生理学＊8. 遗传学＊9. 微生物学＊10. 生物化学＊11. 生物医学工程学＊12. 流行病与卫生统计学＊13. 卫生毒理学＊14. 中西医结合基础＊
公共管理	方向： 1. 公共管理与公共决策研究，领导生态与领导力研究 2. 地方政府与区域公共管理 3. 经济法与政府经济管理 4. 行政伦理、公共理论 5. 公共治理方向 6. 行政法治 7. 公共预算与财政管理
环境科学与工程	1. 环境科学 2. 环境工程
哲学	1. 马克思主义哲学 2. 中国哲学 3. 外国哲学 4. 伦理学 5. 宗教学 6. 逻辑学 7. 科学技术哲学 8. 美学

注：＊号表示博士后流动站内的挂靠专业。

后　　记

在2003年6月的一次会议上，学校领导把撰写《中山大学校史（1924—2004）》的任务交给我，要求尽快完稿。当时我就感到这个任务既光荣而又艰巨。我的研究和教学领域是中国现代文学，主攻方向是转型时期的中国文学与文化。我在中山大学学习和教书25年，对学校感情很深，虽然我也编写过涉及学校历史的书，但那只是业余爱好而已，并不专治校史。由于战乱、文革等原因，校史相关文献资料十分匮乏且比较分散，因此，搜集整理史料的工作相当艰巨。因为这些原因我曾一度想打退堂鼓，但又想到，学校培养了我，我天天生活和工作在康乐园这块土地上，不能知难而退！此时，师友们也给了我许多鼓励。我于是决心放下正在研究的课题和正在撰写的学术著作，将教学之外的主要精力和时间都投入到校史的编写中。

显然，只凭我个人的努力，根本不可能在短时期内写出近百万言的校史稿。于是，便组织成立了校史编写组，将我所带的陈伟华、李春梅、游修庆、邓伟、肖向明、李广琼、黄凰、于影、陈璜、宋婷婷等研究生吸纳进编写组，另有研究生李青果、王兰、谢渝、梁婵等人，虽然没有参加编写，但也担负了查找资料和校对等方面的工作。

巧妇难为无米之炊。接受编写任务之初，我们手头的校史资料几乎是一片空白。收集资料是编写校史的基础。于是，编写组的成员不辞辛劳地奔波于中山大学南、北校区的图书馆、档案馆和中山图书馆、广东省文献馆等处，全心投入到爬梳整理和钩稽考订校史材料的工作中。大家本着对学校负责和对历史负责的精神，认真阅读和抄写种种相关资料，不管是发黄、发霉的旧报刊，还是小五号竖排并且模糊不清的影印件，或者是字迹难辨的油印本和手抄本，只要是与校史相关的材料，都不轻易放过。为了能按时完成撰写任务，大家顶着酷暑，冒着严寒，放弃了几乎所有节假日，有的成员甚至春节也没有回家。2004年中山大学图书馆因扩建，有关资料一度被打包封存。为了抢时间，编写组的成员不惜花费大量的人力和物力，奔赴广州市内其他文献机构进行校史资料的查找。为了获得更全面的资料，有的还去了北京国家图书馆、北京大学图书馆等文献机构。个中艰辛，一言难尽。

上穷碧落下黄泉，动手动脚找资料。粗略估计，过眼的资料不下几千万字，经过筛选而抄写、复印或扫描、拍照的资料也有上千万字。在充分占有资料的情况下，我拟出了写作的纲要，提出总体思路、写作原则和方法，并初步拟就大致目录和要点。经过大家讨论，将各章节分工落实到人，分头撰写，各位编写者自负文责。

在这之前，已有几本校史问世，如梁山、李坚、张克谟合作编写的《中山大学校史（1924—1949）》（上海教育出版社，1983），黄义祥编著《中山大学史稿（1924—1949）》（中山大学出版社，1999），黄福庆的《国立中山大学（1924—1937）》（台湾中央研究院近代史研究所，1988）等。这些校史著作，为我们的校史编写奠定了很好的基础。我们的原则是，凡引用资料，一概注明出处。

我们力图在对每一阶段的教学、科研、管理、对外活动等方面基本情况的具体描述中，突出人物和事件，凸显每一阶段的教学理念、办学特点和对社会的贡献，注重对事件作客观如实的叙述，把评论留给读者，力求勾勒出中山大学建校80年来大致轮廓，倡扬中山大学精神，展现中山大学的主要成就和在中国教育史上的地位，以增强学校的凝聚力，促使学校在新世纪中再创辉煌。

在撰写过程中，我因劳累过度，几次住医院治疗。在这期间由副主编陈伟华代行主编职责，组织大家编写。2004年7月底写出初稿，由陈伟华、游修庆协助我第一次统稿，并提出各章的修改意见。2004年9至10月份，编写组成员写成第二稿，再由陈伟华、游修庆协助我对书稿进行统稿。我对全书逐章逐节进行了阅读和修改，补充了14余万字的内容，并提出进一步修改的具体意见。2005年6月，编写组写出第三稿，七八月，陈伟华协助我再度对全书统稿。可以说这本校史集中了大家的智慧，凝聚着各位编写者的心血和辛苦劳动，体现了中山先生所倡扬的“博学、审问、慎思、明辨、笃行”的精神。

全书共6编25章，总计近百万字。各部分编撰者如下：

第一编（共2章）：第一章吴定宇；第二章肖向明。

第二编（共6章）：第一至五章陈伟华；第六章第一、二节、三节陈伟华，第四节游修庆。

第三编（共2章）：第一章第一、二节游修庆，第三节肖向明；第二章第一、二节李春梅，第三节李广琼。

第四编中山大学篇（共4章）：第一、二章邓伟；第三章黄凰；第四章宋婷婷。第四编中山医科大学（医学院）篇（共2章）：第一章第一节、二节邓伟，第三节黄凰；第二章宋婷婷。

第五编中山大学篇（共2章）：第一章游修庆；第二章于影。

第五编中山医科大学（医学院）篇（共2章）：第一章游修庆；第二章于影。

第六编（共5章）：陈璜。

附录：陈伟华。

在校史的写作过程中，李延保书记、李萍副书记副校长、梁庆寅副校长等校领导给予了有力支持。尤其是主管校史编撰工作的梁庆寅副校长十分关心本书的写作，经常询问写作进度，并设法解决写作过程中遇到的一些困难。中文系吴宏聪教授、中山大学港澳珠江三角洲研究中心许锡辉教授和档案馆前馆长田清干等老中大人热情地提供了若干线索和情况；历史系张荣芳教授、邱捷教授等也提出过很好的建议；中山大学南、北校区图书馆、档案馆、研究生院、出版社、校报编辑部等单位为查阅资料和书稿的出版提供了方便。还承蒙李延保书记和88岁高龄的吴宏聪教授赐赠序言。谨此致谢！我在住院治疗期间，得到李延保书记，李萍副书记副校长，汪建平副校长，中山大学附属一院颜楚荣书记，王深明院长，萧海鹏、谢灿茂、余学清副院长，马虹教授，陈立中教授以及中山大学附二医院的王景峰教授的关心和照顾，尤其是博士生导师陈立中教授妙手操刀，为我解除病痛。手术后又得到陈国锐、郑克立、李佛保、纪玉莲、王长希、黄文起、杜志民、李晓曦、谢晓燕、何建桂、吴培根、许元文、何文、郑召民等教授和黄刚博士等人的关心和治疗，使我有充沛的精力完成这部校史的最后定稿工作。校史清样出来之后，又承蒙卢光启、徐远通、卢长玲、张文彪、林伟、邱捷、邬和镒等专家审阅并提出宝贵意见。现一并致谢。同时感谢所有关心和支持校史写作的人们。

编写校史是很繁重的工程，尽管我们作了很大努力，但由于时间仓促，加之编撰者学识有限，疏漏和不妥之处在所难免，敬祈读者批评指正。

吴定宇

2005年12月15日深夜

作者简介

吴定宇，1944 年出生于四川省岳池县，1982 年中山大学研究生毕业，现为中山大学中文系教授、博士生导师，《中山大学学报》主编，中山大学编辑学与出版研究中心主任，中国现代文学学会理事，中国郭沫若研究学会理事，广东省高校学报研究学会会长，广东省期刊协会副会长。主要成果有《学人魂·陈寅恪传》、《抉择与扬弃——郭沫若与中外文化》、《巴金与中外文化》（合著）等，在海内外学术刊物发表论文百余篇。

陈伟华，1976 年出生于湖南省常宁县，中山大学文学博士，在《中山大学学报》（社科版）、《学术研究》、《中国文学研究》、《鲁迅研究月刊》等刊物发表学术论文多篇。现在湖南大学文学院任教。

易汉文，研究员，广东省连州市人，中山大学毕业后留校工作，现任中山大学档案馆馆长。主编出版《孙中山与中山大学》、《巍巍中山》、《中山大学专家小传》等 12 部著作，发表论文及校史研究文章百余篇。